Lexikon der Autoren und Werke

Von
Christoph Wetzel

Ernst Klett Verlag

Geschichte der deutschen Literatur

Lexikon der Autoren und Werke
Von Christoph Wetzel

ISBN 3-12-347480-1

1. Auflage   1 5 4 3 2 1 | 1990 89 88 87 86

Alle Drucke dieser Auflage können im Unterricht nebeneinander benutzt werden, sie sind untereinander unverändert. Die letzte Zahl bezeichnet das Jahr dieses Druckes.
© Ernst Klett Verlage GmbH u. Co. KG, Stuttgart 1986. Alle Rechte vorbehalten.
Umschlag: Manfred Muraro
Satz: SCS Schwarz Computersatz, Stuttgart
Druck: Gutmann + Co., Heilbronn

Vorwort

Innerhalb der vielfältigen Formen des Dichterporträts gibt es eine Tradition, die sich über frühmittelalterliche Evangelistenbilder bis zu antiken Vorbildern zurückverfolgen läßt. Dieser Typus verbindet das Bild des Autors mit Darstellungen von Gestalten und Szenen aus seinen Werken, die rings um das eigentliche Bildnis gruppiert sind und gleichsam die geistig-künstlerische Biographie zur Anschauung bringen. In ähnlicher Weise verbindet das vorliegende Lexikon jeweils Person und Werk des vorzustellenden Autors zu einem Gesamtbild, wobei der begrenzte Raum die Beschränkung auf Konturen bedingt. Bei aller notwendigen und möglicherweise auch hilfreichen, die Orientierung erleichternden Kürze finden die Angaben zur Herkunft und zur Ausbildung besondere Berücksichtigung.

Bei einem Großteil der Autoren folgt dem Überblick über Leben und literarisches Schaffen sowie der Werkübersicht als dritter Teil die gesonderte Darstellung eines oder mehrerer repräsentativer Werke. Diese Artikel führen in den Inhalt und die Gestaltungsweise ein; sie verfolgen hiermit nicht zuletzt die Absicht, zur Lektüre des betreffenden Werkes anzuregen. Zeitlich und räumlich umfaßt die Auswahl der Autoren und Werke den gesamten deutschsprachigen Bereich bis zu den frühesten Literaturdenkmälern; der Schwerpunkt liegt allerdings auf der neueren Literatur. Dies verdeutlicht das die Seiten 318–321 umfassende abschließende chronologische Register der Werke, denen ein eigener Artikel gewidmet ist; es kann als Überblick der Entwicklung deutschsprachiger Literatur dienen.

Als eine Form der Interpretation und Verbreitung von Literatur bzw. literarisch geformten Themen sind neben Vertonungen auch Werkverfilmungen berücksichtigt. Genannt wird neben dem Herstellungsland und -jahr der Regisseur der Filmversion. Hinsichtlich der Erstveröffentlichung wird in Fällen, in denen es als sinnvoll erscheint (z. B. Klärung unterschiedlicher Datierungen in verschiedenen Nachschlagewerken), zwischen dem Vorabdruck in einer Zeitschrift (Zs) und der Publikation in Buchform (V) unterschieden. Fehlt diese Unterscheidung, so kann ein V sowohl die erstmalige Buch- als auch Zeitschriftenveröffentlichung bedeuten; dies gilt auch, wenn dem Titel lediglich eine Jahreszahl folgt.

Abgekürzt sind Herkunftsbezeichnungen auf -isch und deren Ableitungen (z. B. bayer. = bayerisch, Bayer. Wald = Bayerischer Wald). Im übrigen werden außer den allgemein üblichen die folgenden Abkürzungen verwendet:

afrz.	altfranzösisch	hg.	herausgegeben
ahdt.	althochdeutsch	kath.	katholisch
Bd., Bde.	Band, Bände	mhdt.	mittelhochdeutsch
B. D.	Bundesrepublik Deutschland	nhdt.	neuhochdeutsch
Bez.	Bezirk	Slg.	Sammlung
Dramat	Dramatisierung	Teil-U	Teiluraufführung
dt.	deutsch	Teil-V	Teilveröffentlichung
Dtl.	Deutschland	U	Uraufführung
E	Entstehung	Ü	Übersetzung
eigtl.	eigentlich	u. d. T.	unter dem Titel
ev.	evangelisch	V	Veröffentlichung
frz.	französisch	Verf	Verfilmung
Hg.	Herausgeber	Vert	Vertonung
		Zs	Zeitschrift

Herbert Achternbusch
*23. 11. 1938 in München

Der uneheliche Sohn eines Zahnarztes und einer Sportlehrerin wuchs im Bayer. Wald auf; nach dem Abitur studierte er in Nürnberg Kunst. Als Schriftsteller, Schauspieler und Filmemacher erwarb sich Achternbusch den Ruf eines „bayer. Buñuel" und legitimen Nachfolgers Karl Valentins. Grundthema seiner Prosa, Dramen und Filme ist die innere Verletzbarkeit des seiner Umwelt ausgelieferten, vereinsamten, der eigenen Geschichte entfremdeten Menschen. Formale Gestaltungsmittel sind das Wortspiel und alle Spielarten der provozierenden Farce. 1983 entzündete sich an dem als blasphemisch kritisierten Christus-Film *Das Gespenst* die Diskussion um Grenzen künstlerischer Freiheit.

Romane: *Der Tag wird kommen* (1973, als Drama *Ella* 1978), *Die Stunde des Todes* (1975). – Erzählungen: Slg. *Hülle* (1969), *Die Macht des Löwengebrülls* (1970). – Dramen: *Susn* (1980), *Gust* (U Paris 1980, dt. U 1985), *Plattling* (1982), *Mein Herbert* (1985). – Drehbücher (zu eigenen Filmen): *Das Andechser Gefühl* (1975), *Atlantikschwimmer* (1978), *Bierkampf* (1977), *Servus Bayern* (1978), *Das letzte Loch* (1981), *Der Neger Erwin* (1981), *Der Depp* (1982), *Die Olympiasiegerin* (1983), *Der Föhnforscher* (1985).

Ilse Aichinger
*1. 11. 1921 in Wien

Aichinger wuchs in Linz und Wien auf, war im II. Weltkrieg dienstverpflichtet und studierte nach 1945 Medizin. 1948 erschien als erste Veröffentlichung *Die größere Hoffnung*, eine Schilderung von Judenverfolgung und Krieg aus der Perspektive eines Mädchens, das die Wirklichkeit mit Hilfe seiner Hoffnungen und Träume zu verstehen versucht. Ab 1949 war die Autorin zugleich als Lektorin und als Mitarbeiterin der Ulmer Hochschule für Gestaltung tätig. Als Mitglied der „Gruppe 47" erhielt sie 1952 deren Preis. 1953 heiratete sie † Eich. 1957 wurde sie mit dem Bremer Literaturpreis ausgezeichnet. Das zentrale Thema ihrer Erzählungen, Hörspiele und Dialoge ist die Aufhebung einer vordergründigen, auf bloßes empirisches Wissen gestützten Realitätserfahrung. Die parabelhafte Gestaltung bedient sich einer realistischen Sprache.

Romane: *Die größere Hoffnung* (1948). – Erzählungen: *Spiegelgeschichte* (in der Slg. *Rede unter dem Galgen*, 1952; Neuausgabe 1953 *Der Gefesselte*), *Wo ich wohne* (1963), *Eliza, Eliza* (1965), *Nachricht vom Tag* (1970). – Hörspiele, Dialoge: *Knöpfe* (1953, als Drama 1957), *Zu keiner Stunde* (1957), *Besuch im Pfarrhaus* (1961), *Auckland* (1969).

Peter Altenberg (eigtl. Richard Engländer)
*9. 3. 1859 in Wien, †8. 1. 1919 in Wien

Der Abkömmling einer Kaufmannsfamilie entwickelte sich nach abgebrochenem Jura- und Medizinstudium zum Prototyp des Caféhausliteraten. Neben Auftragsarbeiten entstanden „private" Prosaskizzen, in denen sich Alltägliches durch die Schärfe der Beobachtung zu präzisen Momentaufnahmen verdichtet. Ihre erste Veröffentlichung unter dem Titel *Wie ich es sehe* wurde durch † Kraus angeregt, an dessen Zeitschrift „Die Fackel" Altenberg bis 1911 mitarbeitete.

Prosasammlungen: *Wie ich es sehe* (1896), *Was der Tag mir zuträgt* (1900), *Prodromos* (1905), *Märchen des Lebens* (1908), *Die Auswahl aus meinen Büchern* (1908), *Bilderbögen des kleinen Lebens* (1909), *Neues Altes* (1912), *Semmering* (1912), *Fechsung* (1914), *Nachfechsung* (1916), *Auswahl aus seinen Werken* (hg. von K. Kraus, 1932).

Günther Anders (eigtl. G. Stern)
*12. 7. 1902 in Breslau
Der Sohn des Psychologen William Stern lebte nach einem Philosophiestudium (1925 Promotion bei E. Husserl) als Kunstkritiker in Paris und Berlin. 1933 emigrierte er nach Paris, dann nach New York und Los Angeles; 1950 ließ er sich in Wien nieder. Seine zeitkritischen Studien beschäftigen sich mit der Fähigkeit des Menschen, Herr der von ihm geschaffenen Technik zu bleiben.

Erzählungen: *Der Hungermarsch* (1936), *Der Blick vom Turm* (1968). – Essays: *Über das Haben* (1927), *Kafka – pro und contra* (1951), *Die Antiquiertheit des Menschen* (4 Essays, 1956), *Off limits für das Gewissen – Der Briefwechsel mit dem Hiroshima-Piloten* (1961), *Wir Eichmannsöhne* (1964), *Visit beautiful Vietnam. ABC der Aggression heute* (1968), *Der Blick vom Mond* (1970), *Endzeit und Zeitenende* (1972). – Autobiographisches: *Die Schrift an der Wand – Tagebücher 1941–1966* (1967).

Alfred Andersch
*4. 2. 1914 in München, †21. 2. 1980 in Berzona bei Locarno
Politisch engagierte sich der 18jährige Buchhandelslehrling 1932 als Organisationsleiter des Jugendverbands Südbayern der KPD; 1933 wurde er für drei Monate im KZ Dachau inhaftiert. Seine journalistische Tätigkeit begann Andersch 1945 in München. 1947 gehörte er zu den Mitbegründern der „Gruppe 47"; bis 1958 war er als Rundfunkredakteur tätig.
1952 formulierte er mit dem provozierenden Bericht über seine Desertion im Jahr 1944 zu den Amerikanern *(Die Kirschen der Freiheit)* ein Grundthema des weiteren schriftstellerischen Schaffens: die Deutung von Flucht aus ideologischen, kollektiven oder auch privaten Bindungen *(Die Rote)* als Voraussetzung individueller Selbstfindung und verantwortlichen Handelns. 1976 zog Andersch mit dem Gedicht *artikel 3 (3)* Parallelen zwischen dem innenpolitischen Klima der B.D. („Radikalenerlaß") und der NS-Zeit.

Romane: *Sansibar oder Der letzte Grund* (1957), *Die Rote* (1960), *Efraim* (1967), *Winterspelt* (1974). – Erzählungen: *Geister und Leute* (1958), *Ein Liebhaber des Halbschattens* (1963), *Tochter* (1970), *Mein Verschwinden in Providence* (1971). – Hörspiele: *Fahrerflucht* (1965). – Reiseberichte: *Wanderungen im Norden* (1962), *Aus einem römischen Winter* (1966), *Hohe Breitengrade oder Nachrichten von der Grenze* (1969). – Essays: *Deutsche Literatur in der Entscheidung* (1948), *Die Blindheit des Kunstwerks* (1965), *Öffentlicher Brief an einen sowjetischen Schriftsteller, das Überholte betreffend. Reportagen und Aufsätze* (1977).

Sansibar oder Der letzte Grund. Roman, 1957; als Hörspiel *Aktion ohne Fahnen* 1958.
Die 1937 in einem dt. Ostseehafen angesiedelte Handlung kristallisiert sich um eine Plastik (sie ähnelt ↑ Barlachs „Lesendem Klosterschüler"), die der Pfarrer des Ortes, Mitglied der Bekennenden Kirche, vor der Vernichtung als „entartete Kunst" bewahren will. Der von seiner Partei sich lösende KPD-Funktionär Gregor leitet die Rettungsaktion, die auch einer Jüdin zur Flucht nach Schweden verhilft, „in eigenem Auftrag". In die Erwachsenenhandlung sind monologartige Abschnitte eingefügt, in denen die Hoffnung des am Unternehmen beteiligten Schiffsjungen auf ein Entkommen aus seinen beengten Verhältnissen Ausdruck findet. Seine letztlich ziellose Sehnsucht symbolisiert die ferne Insel Sansibar, der „letzte Grund" seines Wunsches, zu entfliehen. Wie Gregor wird sich der Junge der Selbstverantwortung bewußt: Er kehrt nach der Fahrt nach Schweden mit dem Bootsbesitzer Knudsen nach Deutschland zurück. Der Pfarrer wird ein Opfer der SA.

Angelus Silesius (eigtl. Johann Scheffler)
Taufe am 25. 12. 1624 in Breslau, †9. 7. 1677 in Breslau
Der Mediziner stand 1649–1652 im schles. Oes als Leibarzt im Dienst des Herzogs Sylvius Nimrod von Württemberg-Oes. Mystische Studien entfremdeten ihn der lutherischen Kirche; 1653 konvertierte er zum Katholizismus, erhielt 1661 die Priesterweihe und wurde als Hofmarschall des Fürstbischofs von Breslau zu einem der Führer der Gegenreformation in Schlesien. Das literarische Hauptwerk des „schlesischen Boten" sind epigrammatische Sinngedichte in zwei- und vierzeiligen Alexandrinern, die 1657 als *Geistreiche Sinn- und Schlußreime*, 1675 in erweiterter Form (1665 Gedichte) als *Cherubinischer Wandersmann* erschienen sind. Ihr Hauptthema ist – in der Tradition ↑ Böhmes – das Streben nach Überwindung des Zwiespalts zwischen Gott und Mensch durch mystische Versenkung. Durch den Pietismus sind zahlreiche Kirchenlieder Schefflers auch in die Gesangbücher ev. Landeskirchen gelangt.

Bruno Apitz
*28. 4. 1900 in Leipzig, †7. 4. 1979 in Ost-Berlin
Das zwölfte Kind einer Leipziger Arbeiterfamilie trat 1927 der KPD bei, 1930 dem „Bund Proletarisch-Revolutionärer Schriftsteller". 1934–1945 befand sich Apitz in Haft, zunächst im Zuchthaus Waldheim, dann im KZ Buchenwald. Nach 1945 lebte er in Leipzig, seit 1955 in Ost-Berlin. 1958 erschien sein Roman *Nackt unter Wölfen*. Zugrunde liegen ein authentisches Ereignis sowie das eigene KZ-Leiden: Unmittelbar vor dem Ausbruch eines vom Internationalen Lagerkomitee vorbereiteten Aufstands schmuggelt ein aus Auschwitz verlegter Jude einen dreijährigen Knaben ins KZ, um ihn so vor der SS zu schützen. In kolportagehaftem Realismus schildert Apitz die Konflikte zwischen den (weitgehend kommunistischen) Mitgliedern des Komitees, die Suche der folternden und mordenden Wachmannschaft nach dem Kind, schließlich die Befreiung durch die Rote Armee. *Nackt unter Wölfen* wurde in 28 Sprachen übersetzt und 1963 in der DDR nach einem Drehbuch von Apitz unter der Regie von Frank Beyer verfilmt.

Ernst Moritz Arndt
*26. 12. 1769 in Groß Schoritz bei Garz auf Rügen, †29. 1. 1860 in Bonn
Der Sohn eines zum Gutspächter aufgestiegenen Leibeigenen war nach historischen und theologischen Studien als Hauslehrer tätig und erhielt 1805 in Greifswald einen Lehrstuhl für Geschichte. Die Ende 1805 veröffentlichte Aufsatzslg. *Geist der Zeit* mit dem gegen Napoleon gerichteten Kapitel *Der Emporgekommene* ließ ihn als Staatsfeind der Franzosen erscheinen. Arndt flüchtete nach dem Zusammenbruch Preußens Ende 1806 nach Schweden; 1812 beauftragte ihn der in Petersburg als Emigrant lebende Freiherr vom Stein mit antinapoleonischen Flugschriften (*Der Rhein, Teutschlands Strom, aber nicht Teutschlands Gränze*, 1813). 1818 als Professor für Neuere Geschichte nach Bonn berufen, blieb er wegen seines Eintretens für ein liberales monarchisches Staatswesen (*Verfassung und Preßfreiheit*) als „Demagoge" von 1820 bis 1840 vom Dienst suspendiert. Als Abgeordneter der Frankfurter Nationalversammlung 1848/49 trat er für einen dt. Nationalstaat mit Erbkaisertum unter Führung Preußens ein.

Gedichtbände: *Bannergesänge und Wehrlieder* (1813). – Historische und zeitgeschichtliche Aufsätze: *Geist der Zeit* (1. Teil 1805, 2. Teil 1809, 3. Teil 1813, 4. Teil 1818).

Achim von Arnim (eigtl. Carl Joachim Friedrich Ludwig v. A.)
*26. 1. 1781 in Berlin, †21. 1. 1831 in Wiepersdorf bei Jüterbog (Bez. Potsdam)

Aus altem märkischem Adel stammend, studierte Arnim nach einer gymnasialen Ausbildung in Halle und Göttingen Jura, Physik, Mathematik und Chemie (Publikationen zur Elektrizität), wandte sich jedoch 1801 der Literatur zu. Sein Erstlingswerk, der Briefroman *Hollins Liebesleben*, folgt dem Vorbild von ↑Goethes „Werther". Die standesgemäße Bildungsreise (1801–1803) führte ihn in die Schweiz, nach Oberitalien, Frankreich, England und Schottland. 1805–1808 gab er gemeinsam mit ↑Brentano und in Verbindung mit den Brüdern ↑Grimm die Sammlung von (bearbeiteten) Volksliedern *Des Knaben Wunderhorn* heraus; 1808 gehörte er in Heidelberg zum Kreis der Romantiker um J. v. Görres. Fortan lebte Arnim mit seiner Familie (1811 heiratete er Brentanos Schwester B. v. ↑Arnim) zumeist in Berlin und Wiepersdorf.

Der mit Liedern, Gedichten, Erzählungen und Dialogspielen durchsetzte Zeitroman *Gräfin Dolores* (1810) beschwört neben der Rückbesinnung auf die „Frühzeit" die Ehe als reale wie sinnbildliche Grundlage der gesellschaftlichen Erneuerung. *Die Kronenwächter* (1817), ein unvollendeter historischer Roman mit zeitgeschichtlichen Bezügen (Kritik an einem idealisierenden oder rein konservatorischen Verhältnis zur Vergangenheit) aus dem Spätmittelalter, besitzen mit der Gestalt des angeblichen Hohenstaufen-Nachkommen Berthold den wohl frühesten Antihelden der dt. Literatur. In den Erzählungen überwiegt vielfach die von grotesker Verzerrung begleitete Gegenüberstellung von Wirklichkeit und Traum, Leben und Scheinleben, verbürgter Geschichte und Märchen.

Romane: *Hollins Liebesleben* (1802), *Armut, Reichtum, Schuld und Buße der Gräfin Dolores* (1810), *Die Kronenwächter* (1817). – Erzählungen: Slg. *Der Wintergarten* (1809), *Isabella von Ägypten, Kaiser Karls des Fünften erste Jugendliebe* (1812), *Fürst Ganzgott und Sänger Halbgott* (1818), *Der tolle Invalide auf dem Fort Ratonneau* (1818), *Die Majoratsherren* (1820). – Dramen: *Halle und Jerusalem. Studentenspiel und Pilgerabenteuer* (1811, bisher keine Aufführung).

Bettina von Arnim (eigtl. Anna Elisabeth v. A., geb. Brentano)
*4. 4. 1785 in Frankfurt a. M., †20. 1. 1859 in Berlin

Die Tochter eines Großkaufmanns und Diplomaten italien. Herkunft wurde durch ihre Großmutter, die Schriftstellerin Sophie von La Roche, erzogen. Sie stand in enger Verbindung zur Mutter ↑Goethes, den sie schwärmerisch verehrte, zu Romantikern wie den Brüdern ↑Grimm und zu K. v. ↑Günderode; 1811 heiratete sie A. v. ↑Arnim, den Freund ihres Bruders ↑Brentano. Ihr Berliner Salon bildete in den 40er und 50er Jahren einen kulturellen Treffpunkt.

Romantische Subjektivität verband sich in B. v. Arnims schriftstellerischer Arbeit zunehmend mit einem der Restauration scharf entgegengesetzten sozialen Engagement. 1835 veröffentlichte sie ihre (stark bearbeitete und ergänzte) Goethe-Korrespondenz *(Goethes Briefwechsel mit einem Kinde)*, 1840 die Brief-Slg. *Die Günderode*, 1844 die gleichfalls bearbeitete Korrespondenz mit ihrem Bruder aus den Jahren 1800–1803 *(Clemens Brentanos Frühlingskranz). Dies Buch gehört dem König* (gemeint ist Friedrich Wilhelm IV.), erschienen 1843, enthält in Form eines Gesprächs mit Goethes Mutter über deren Begegnungen mit Königin Luise konkrete Forderungen zur Beseitigung gesellschaftlicher Mißstände; 1852 folgte *Gespräche mit Dämonen. Des Königsbuches 2. Teil.*

Hans (Jean) Arp
*16. 9. 1887 in Straßburg, †7. 6. 1966 in Basel
Nach einer künstlerischen Ausbildung in Straßburg, Weimar und Paris trat der Bildhauer, Maler, Graphiker und Schriftsteller in München in Verbindung zum 1911 gegründeten „Blauen Reiter" und wurde Mitarbeiter des Berliner „Sturm". 1916 beteiligte er sich in Zürich am „Cabaret Voltaire" (↑ Ball), dem Ausgangspunkt der Dada-Bewegung, an deren Ausbreitung und Umformung zum Surrealismus er wesentlich mitwirkte (Zusammenarbeit mit Max Ernst und ↑ Schwitters). 1926 ließ er sich in Meudon bei Paris nieder, floh 1940 nach Südfrankreich, 1942 in die Schweiz und kehrte 1946 nach Meudon zurück.
In Lyrik und Prosa entwickelte Arp aus dem Spiel mit Lauten, Wortbildungen und herkömmlichen Bedeutungen neue Sinnzusammenhänge. Er knüpfte hierbei bewußt an Traditionen der Mystik an und nahm buddhistische Einflüsse auf.

Gedichtbände: *der vogel selbdritt* (1920), *die wolkenpumpe* (1920), *Der Pyramidenrock* (1924), *Weißt du schwarzt du* (1930), *Konfiguration* (1930), *Die Engelschrift* (1952), *Worte mit und ohne Anker* (1957), *Logbuch des Traumkapitäns* (1965). In frz. Sprache: *Le Siège de l'air. Poèmes 1915–45* (1946), *Vers le blanc infini* (1961). – Prosa: *Auch das ist nur eine Wolke* (1951), *vincente huidobro* (1964).

H(ans) C(arl) Artmann
*12. 6. 1921 in Wien
Nach vergleichenden Sprachstudien und ersten nachromantischen Gedichten bekämpfte Artmann Mitte der 50er Jahre als Mitglied der „Wiener Gruppe" restaurative kulturelle Betulichkeit. Als Mittel diente ihm die Erneuerung der dadaistischen Sprachexperimente einschließlich des Sprach-Happenings. Aufsehen erregte seine ebenso sprachspielerische wie inhaltlich engagierte Verwendung der Wiener Mundart in der Slg. *med ana schwoazzn dintn* (Mit schwarzer Tinte, 1958). Im Sinne einer „Erweiterung der Poesie" imitierte Artmann fremde Sprachen durch Wortneuschöpfungen bis zum reinen Lautgedicht. Materialien der Prosa sind u. a. Stilmuster des Barock und alter Fibeln (*fleiss und industrie,* 1967) sowie Motive der Schauerromantik (*Dracula, Dracula,* 1966; *frankenstein in sussex,* 1969). Artmann ist auch als Übersetzer und Kinderbuch-Autor tätig.

Gedichtbände: *med ana schwoazzn dintn* (1958), *hosn rosn baa* (Hosen, Rosen, Beine, mit Friedrich Achleitner und Gerhard Rühm, 1959), *Persische Quatrainen* (1966), *ein lilienweißer brief aus lincolnshire. gedichte aus 21 jahren* (1969).

Berthold Auerbach (eigtl. Moses Baruch Auerbacher)
*28. 2. 1812 in Nordstetten bei Horb a. N., †8. 2. 1882 in Cannes
Dem Sohn eines jüd. Kleinhändlers und Enkel eines Rabbiners blieb trotz akademischer Ausbildung die angestrebte öffentliche Laufbahn verwehrt. Seine ersten Romane, *Spinoza* (1837) und *Dichter und Kaufmann* (1840), treten für liberale Ideen und die Emanzipation der Juden ein. Weltruhm erlangte Auerbach als (neben ↑ Gotthelf) Begründer der realistischen Dorfgeschichte (*Schwarzwälder Dorfgeschichten,* 3 Bde. 1843–1853; *Barfüßele,* 1856), die fern aller romantischen Verklärung des „einfachen Lebens" das für die gesellschaftliche Entwicklung in Dtl. kennzeichnende „Provinzialleben" als „Zeitbild" gestaltet (*Vorreden spart Nachreden,* 1842). Weite Verbreitung fand auch *Auerbachs Volkskalender* (1858–1868).

Rose Ausländer (eigtl. Rosalie A., geb. Scherzer)
*11. 5. 1907 in Czernowitz (Bukowina, russ. Tschernowzy)
Die Lyrikerin jüd. Herkunft wanderte, nach einem Literatur- und Philosophiestudium, 1921 in die USA aus und kehrte 1931 in ihre (ab 1918 rumän.) Heimatstadt zurück. Nach Essays über Platon, Spinoza und Freud erschien 1939 ihr erster Gedichtband: *Der Regenbogen*. Die Naziherrschaft in der Ukraine (1941–1944) überlebte sie mit ihrer schwerkranken Mutter „im Kellerversteck". 1946–1963 lebte sie erneut in den USA, 1965 ließ sie sich in Düsseldorf nieder. Freundschaft verband sie mit † Celan, dem sie 1944 in Czernowitz und 1957 in Paris begegnete. Ein Grundthema ihrer in freien Rhythmen gestalteten Gedichte ist die Überwindung der traumatisch erfahrenen Heimatlosigkeit („Mein Vaterland ist tot / sie haben es begraben / im Feuer / / Ich lebe / in meinem Mutterland / Wort", *Mutterland*). Zu ihren Auszeichnungen gehören die Roswitha-Gedenkmedaille 1980 und der Literaturpreis der Bayer. Akademie der Schönen Künste 1984.

Gedichtbände: *Blinder Sommer* (1965), *Inventar* (1972), *Ohne Visum* (1974), *Andere Zeichen* (1975), *Noch ist Raum* (1976), *Doppelspiel* (1977), *Aschensommer* (1978), *Mutterland* (1978), *Einverständnis* (1980), *Mein Atem heißt jetzt* (1981), *Mein Venedig versinkt nicht* (1982).

Ingeborg Bachmann
*25. 6. 1926 in Klagenfurt, †17. 10. 1973 in Rom
Nach dem Studium in Innsbruck, Graz und Wien (Jura, Philosophie, Psychologie und Germanistik) und der Promotion (1950) mit einer Arbeit über *Die kritische Aufnahme der Existentialphilosophie Martin Heideggers* war Bachmann beim Rundfunk tätig; erste literarische Veröffentlichungen ab 1946. Als Mitglied der „Gruppe 47" (ab 1952) erhielt sie 1953 deren Preis. Sie lebte nun vorwiegend in Rom als freie Schriftstellerin (1955 politische Zeitungsbeiträge unter dem Pseudonym Ruth Keller). 1952 begann die Zusammenarbeit mit dem Komponisten Hans Werner Henze (Ballettpantomime *Der Idiot*, 1958 Libretto zu der Oper *Der Prinz von Homburg*, 1964 zu der Oper *Der junge Lord*). Dem Bremer Literaturpreis für 1956 folgten u. a. der Hörspielpreis der Kriegsblinden 1958 (Dankrede *Die Wahrheit ist dem Menschen zumutbar*), 1964 der Büchner-Preis und 1968 der Große Österreich. Staatspreis für Literatur. 1959/60 las Bachmann als erste Dozentin der neugegründeten Gastdozentur für Poetik an der Universität Frankfurt a. M. über *Fragen zeitgenössischer Dichtung*.
Bachmanns Lyrik und lyrisch gestimmte Erzählungen und Hörspiele entstanden im Spannungsfeld zwischen Sprachphilosophie (1953 erschien die Untersuchung *Ludwig Wittgenstein: Zu einem Kapitel der jüngsten Philosophie*) und unmittelbarem Empfindungsausdruck. Diesem Zwiespalt entspricht inhaltlich das Grundthema des Leidens an scheinbar unabdingbaren Ordnungen, die gleichwohl keine Geborgenheit bieten und selbst die intimsten zwischenmenschlichen Beziehungen in Vereinsamung verwandeln. So gewinnt im Hörspiel *Der gute Gott von Manhattan* (1958) der Mord an einer Liebenden eine im Ordnungsdenken verwurzelte Rechtfertigung. Die Gesellschaft erweist sich als „Traumwäscherei sei ohne sorge sei ohne sorge", bis „Totenstille eintritt" (so endet das Gedicht *Reklame*).

Gedichtbände: *Die gestundete Zeit* (1953), *Anrufung des Großen Bären* (1956). – Romane: *Malina* (1971). – Erzählungen: Slg. *Das dreißigste Jahr* (1961), Slg. *Simultan* (1972), *Gier* (1973). – Hörspiele: *Ein Geschäft mit Träumen* (1952), *Die Zikaden* (1955), *Der gute Gott von Manhattan* (1958).

Hermann Bahr
*19. 7. 1863 in Linz (Donau), †15. 1. 1934 in München
Der akademisch ausgebildete, vorübergehend vom Marxismus beeinflußte Schriftsteller artikulierte frühzeitig das Ungenügen am naturalistischen „Straßenbild der Wahrheit". Als Alternative proklamierte er eine „impressionistische", der Dekadenzströmung der Jahrhundertwende verwandte Subjektivität. Sie tritt in rund 40 Salon- und Konservationsstücken im Motiv der Täuschung in Erscheinung, am erfolgreichsten im Lustspiel *Das Konzert* (1909), in dem die Ehe eines von seinen Schülerinnen umworbenen Pianisten nur scheinbar gerettet wird. Zum Spätwerk gehört ein unvollendeter zeitgeschichtlicher Romanzyklus.

Romane: *Österreich in Ewigkeit* (1929). – Dramen: *Die neuen Menschen* (1887), *Der Star* (1898), *Wienerinnen* (1900), *Ringelspiel* (1906), *Das Konzert* (1909; Verf USA 1921, Dtl./ Frankr./USA 1931, Dtl. 1944, Österr. u.d.T. „Nichts als Ärger mit der Liebe" 1956), *Die Kinder* (1910). – Essays: *Zur Kritik der Moderne* (1890), *Die Überwindung des Naturalismus* (1891), *Expressionismus* (1916). – Autobiographisches: *Selbstbildnis* (1923).

Hugo Ball
*22. 2. 1886 in Pirmasens, †14. 9. 1927 in Gentilino bei Lugano
Einer kaufmännischen Lehre, dem Studium der Philosophie und Soziologie sowie einer Regieausbildung (Max Reinhardt) folgte die Tätigkeit als Dramaturg in Plauen und München. Erste Dichtungen sind dem Frühexpressionismus zuzurechnen. Der Kriegsfreiwillige wandelte sich zum entschiedenen Kriegsgegner und emigrierte in die Schweiz. In Zürich gehörte er 1916 mit ↑Arp zu den Begründern des „Cabaret Voltaire" und damit des Dadaismus, den Ball vor allem durch seine Lautgedichte und die Streitschrift *Zur Kritik der deutschen Intelligenz* (1919) prägte. Nach 1920 lebte er zurückgezogen als betont kath. Schriftsteller. Hohen dokumentarischen Wert besitzt sein Tagebuch *Die Flucht aus der Zeit* (1927). Postum erschienen der dadaistische Roman *Tenderenda der Phantast* (1967) und die *Gesammelten Gedichte* (1963).

Ernst Barlach
*2. 1. 1870 in Wedel (Holstein), †24. 10. 1938 in Rostock
Der Arztsohn erhielt seine künstlerische Ausbildung in Dresden und Berlin; Bedeutung gewann 1906 eine Rußlandreise. Seit 1910 lebte Barlach in Güstrow bei Rostock als freischaffender Bildhauer, Graphiker (Holzschnitt-Illustrationen u. a. zu Werken ↑Goethes und ↑Schillers) und Schriftsteller. In seinem Schaffen gewann das expressionistische Menschenbild eine von religiösen Fragen und oft quälender seelischer Anspannung geprägte Gestaltung. Erreichbar ist allenfalls die Einsicht in die Notwendigkeit der Leiderfahrung. Als Exponent des expressionistischen Dramas wurde Barlach 1924 mit dem Kleist-Preis ausgezeichnet und erhielt Anfang 1933 den Orden Pour le mérite. Schon vor 1933 als „entartet" und „ostisch" diffamiert, unterlag er im Dritten Reich einem Aufführungs- und ab 1937 einem Ausstellungsverbot.

Romane: *Der gestohlene Mond* (E 1936/37, V 1948). – Dramen: *Der tote Tag* (V 1912, U 1919), *Der arme Vetter* (V 1918, U 1921), *Die echten Sedemunds* (V 1920, U 1921), *Der Findling* (V 1922, U 1928), *Die Sündflut* (1924), *Der blaue Boll* (1926), *Die gute Zeit* (1929), *Der Graf von Ratzeburg* (E ab 1924, U 1951). – Autobiographisches: *Seespeck* (E 1913/14, V 1948), *Ein selbsterzähltes Leben* (1928).

Johannes R(obert) Becher
*22. 5. 1891 in München, †11. 10. 1958 in Ost-Berlin
Der Sohn eines Juristen lebte nach abgebrochenem Medizin- und Philosophiestudium als freier Schriftsteller in Berlin. Als Lyriker gehörte er zu den Hauptvertretern des ekstatischen Frühexpressionismus (Kleist-Hymne *Der Ringende*, 1911). In der Anthologie „Menschheitsdämmerung" (1920) ist er mit 14 Gedichten vertreten, darunter *Hymne an Rosa Luxemburg*. Als Mitglied der KPD wurde er 1928 der erste Vorsitzende des „Bunds Proletarisch-Revolutionärer Schriftsteller". Becher emigrierte 1933; ab 1935 war er in Moskau Chefredakteur der Zeitschrift „Internationale Literatur, Deutsche Blätter". Sein 1940 in Moskau erschienener autobiographischer Roman *Abschied* schildert den Konflikt eines sich zum Sozialisten entwickelnden Jugendlichen mit dem Elternhaus. Becher kehrte 1945 nach Ost-Berlin zurück und leitete ab 1954 das Ministerium für Kultur der DDR. Zu seinen Auszeichnungen gehört der Staatspreis der DDR 1949 und (gemeinsam mit Hanns Eisler für die Nationalhymne) 1950.

Gedichtbände: *Verfall und Triumph* (1914, der 2. Band enthält Prosa), *An Europa* (1916), *An Alle!* (1920), *Maschinenrhythmen* (1926), *Ausgewählte Dichtung aus der Zeit der Verbannung 1933–1945* (1945), *Sterne unendliches Glühen. Die Sowjetunion in meinen Gedichten 1917–1951* (1951). – Romane: *Abschied. Einer dt. Tragödie erster Teil 1900–1914* (1940, Verf 1967/68 DDR, Drehbuch ↑ Kunert). – Dramen: *Arbeiter, Bauern, Soldaten. Der Aufbruch eines Volkes zu Gott* (1921, Neufassung 1924 als *Entwurf zu einem revolutionären Kampfdrama*), *Winterschlacht* (*Schlacht um Moskau*, 1945). – Essays: *Verteidigung der Poesie. Vom Neuen in der Literatur* (1952).

Jurek Becker
*30. 9. 1937 in Lodz
Der Sohn eines jüd. Angestellten wuchs im 1939 errichteten Ghetto seiner Heimatstadt sowie in den KZs Ravensbrück und Sachsenhausen auf. Ab 1945 lebte er in Ost-Berlin, wo er nach einem Philosophiestudium (1957–1960) als freier Schriftsteller für Film und TV arbeitete. 1969 erschien sein erster, in mehrere Sprachen übersetzter Roman: *Jakob der Lügner* (Heinrich-Mann-Preis der DDR 1971). *Irreführung der Behörden* (1973) schildert die in Anpassung mündende Laufbahn eines Schriftstellers, *Der Boxer* (1976) die Versuche eines ehemaligen KZ-Häftlings, sich in West-, dann in Ost-Berlin eine Existenz aufzubauen. 1976 beteiligte sich Becker (Nationalpreisträger der DDR 1975) am Protest gegen die Ausbürgerung ↑ Biermanns, wurde aus der SED ausgeschlossen und erhielt 1977 ein Ausreisevisum (1979 auf zehn Jahre verlängert). Nach Aufenthalten in den USA und West-Berlin war er 1982 Stadtschreiber von Bergen-Enkheim. Sein DDR-Roman *Bronsteins Kinder* (1986) handelt von der Nachkriegsgeneration.

Jakob der Lügner. Roman, 1969 (Verf DDR 1975). Im Mittelpunkt steht der alte Jakob Heym, der angeblich ein Radio besitzt und durch erfundene Nachrichten über die bevorstehende Befreiung den Lebensmut seiner Leidensgefährten im Ghetto wachhält. Die humoristischen Elemente aus jüd. Erzähltradition verdeutlichen die Humanität im Verhalten des „Lügners".

Schlaflose Tage. Roman, 1978. Der 36jährige DDR-Lehrer Simrock wird, alarmiert durch Anzeichen einer Herzerkrankung, zum Protagonisten der Verweigerung: Er verläßt seine Familie, provoziert die Entlassung, wird Arbeiter in einer Brotfabrik und verweigert „Selbstkritik". Sein Weg mündet in die Einsicht, daß er sich nicht für sich selbst „zuständig gefühlt" hat.

Jürgen Becker
*10. 7. 1932 in Köln

Der ehemalige Verlagslektor und Villa-Massimo-Stipendiat vertritt eine Form der experimentellen Literatur, bei der die Texte ein Gefüge aus Beobachtungsfragmenten und Bewußtseinssignalen bilden. Der Prosaband *Ränder* (1968) zeigt zudem typographische Gestaltungsmittel, indem die Schrift zu einer im wörtlichen Sinne Randerscheinung der Buchseite schrumpft. Anregungen gingen von der Zusammenarbeit mit dem Happening-Künstler Wolf Vostell aus; gemeinsame Publikationen sind *Phasen, Texte und Typogramme* (1960) und die Dokumentation *Happenings* (1965). 1967 erhielt Becker den Preis der „Gruppe 47".

Gedichtbände: *Das Ende der Landschaftsmalerei* (1974). – Prosabände: *Felder* (1964), *Ränder* (1968), *Umgebungen* (1970). – Hörspiele: Slg. *Bilder, Häuser, Hausfreunde* (1969).

Gottfried Benn
*2. 5. 1886 in Mansfeld (Westprignitz), †7. 7. 1956 in West-Berlin

Die Verleihung des neu konstituierten Büchner-Preises an Benn im Jahr 1951 entfachte die Diskussion, inwiefern sein Eintreten für den Nationalsozialismus 1933 ein bloßer Irrtum oder aber die Konsequenz seines von Nietzsches Auffassung der Kunst als „letzte metaphysische Realität innerhalb des europäischen Nihilismus" geprägten Weltbilds gewesen sei.

Aus einem protestantischen Pfarrhaus stammend, wechselte Benn 1905 von der Theologie und Philosophie zur Medizin und promovierte 1912. Nach seinem Einsatz als Militärarzt in Belgien eröffnete er 1917 in Berlin eine Praxis für Haut- und Geschlechtskrankheiten (bis 1935 und 1945–1953). Als eine Form der Emigration wählte er 1935 die Reaktivierung als Militärarzt (bis 1945). Ab 1936 unter Zensur, wurde er 1938 aus der Reichsschrifttumskammer ausgeschlossen und erhielt Schreibverbot. Nach 1945 galt er zunächst als „unerwünschte Person"; seine Werke fanden jedoch ab 1949 wachsende Verbreitung.

Benns unbestrittene Modernität zeigt sich in seiner Auseinandersetzung mit der intellektuellen „Gehirnlichkeit" und dem Verlust umfassender Lebenswirklichkeit. Dieses Bewußtsein ließ ihn nach der absoluten künstlerischen Form im Sinne einer neuen Wirklichkeit der „Ausdruckswelt" streben.

Gedichtbände: *Morgue* (1912), *Söhne* (1913), *Fleisch* (1917), *Schutt* (1924), *Spaltung* (1925), *Betäubung* (1925), *Ausgewählte Gedichte* (1936, als *Trunkene Flut* 1949), *Statische Gedichte* (1948 in Zürich, dt. Lizenz 1949), *Fragmente* (1951), *Destillationen* (1953), *Aprèslude* (1955), postum *Späte Gedichte* (1961). – Erzählungen: Slg. *Gehirne* (1916), *Der Ptolemäer* (mit *Weinhaus Wolf* und *Roman des Phänotyp*, 1949). – Essays: *Das moderne Ich* (1919), *Nach dem Nihilismus* (1932), *Der neue Staat und die Intellektuellen* (1933), *Ausdruckswelt* (1949), *Probleme der Lyrik* (1951). – Autobiographisches: *Doppelleben* (1950).

Lyrik. Die frühen Gedichte (ab 1912) gehören dem Expressionismus an. Ihre Eigenart ergibt sich aus der Erfahrungswelt des Mediziners, die sich im Fachjargon und in der krassen Schilderung körperlichen Verfalls Ausdruck verschafft (*Mann und Frau gehn durch die Krebsbaracke*, mit 13 weiteren Gedichten Benns in der Anthologie „Menschheitsdämmerung", 1920).

Die „klassische" Form (oft vierzeilige gereimte Strophen) beruht auf dem Montage-Prinzip, nämlich der rhythmisch strukturierten Verknüpfung von Jargon, Fachbegriffen, Fremdsprachlichem, Namen, Evokationen: „Keime, Begriffsgenesen, / Broadways, Azimut, / Turf- und Nebelwesen / mischt der Sänger im Blut, (…)" (*Der Sänger*, in *Trunkene Flut*, 1949).

Werner Bergengruen
*16. 9. 1892 in Riga, †4. 9. 1964 in Baden-Baden
Der Arztsohn baltendt. Herkunft trat nach seinem Studium in Marburg, München und Berlin (Jura, Geschichte, Literaturgeschichte) 1914 als Kriegsfreiwilliger in die dt. Armee ein. Ab 1924 lebte er in Solln bei München als freier Schriftsteller. Zur zweiten Heimat wurde ihm Italien. Während des Dritten Reichs befand sich Bergengruen in der „inneren Emigration". Das zentrale Thema seiner historischen Novellen und Romane ist die religiös verstandene Läuterung durch physische und moralische Gefährdung. In den Gedichten der Slg. *Dies Irae* (1946) erscheinen NS-Terror und Krieg als durch Schuld herausgefordertes Strafgericht Gottes.

Gedichtbände: *Die Rose von Jerichow* (1936), *Zauber- und Segenssprüche* (1948), *Die heile Welt* (1950). – Romane: *Das große Alkahest* (1926, u. d. T. *Der Starost* 1938), *Der Großtyrann und das Gericht* (1935), *Am Himmel wie auf Erden* (1940), Trilogie *Der letzte Rittmeister, Die Rittmeisterin, Der dritte Kranz* (1952–1962). – Erzählungen: *Die Feuerprobe* (1933), *Der Tod von Reval* (1939), *Pelageja* (1946), *Räuberwunder* (1964). – Reisebücher: *Baedeker* (später *Badekur*) *des Herzens* (1932), *Römisches Erinnerungsbuch* (1950). – Autobiographisches: *Schreibtischerinnerungen* (1961).

Thomas Bernhard
*9. (oder 10.) 2. 1931 im Kloster Heerlen bei Maastricht (Niederlande)
Der uneheliche Sohn eines Landarbeiters wuchs in Oberösterreich auf. Der Heilung einer 1948 aufgetretenen Lungenerkrankung folgte eine Ausbildung in Gesang, Regie und Schauspielkunst am Mozarteum in Salzburg. Der erste Gedichtband: *Auf der Erde und in der Hölle* (1957), artikuliert das Grundthema der Todesverfallenheit. Der erste Roman, *Frost* (1963), türmt in monologartigen Passagen wahnhafte Bilder des Entsetzens angesichts der sinnlosen Existenz in einer „kalten" Welt. Das erste Drama, *Ein Fest für Boris* (1970), enthält das Sinnbild der Verkrüppelung. Zahlreiche Auszeichnungen ab 1965 (Bremer Literaturpreis, Großer Österreich. Staatspreis 1967, 1970 Büchner-Preis, 1971 Grillparzer-Preis) wurden zu einer Bestätigung der radikalen Absage des „österreichischen Beckett" an die Forderung gesellschaftlicher Analyse und „Relevanz". Der Zusammenarbeit mit dem Schauspieler Bernhard Minetti huldigt das Drama *Minetti. Ein Porträt des Künstlers als alter Mann* (1970).

Gedichtbände: *In hora mortis* (1958), *Unter dem Eisen des Mondes* (1958). – Romane: *Verstörung* (1967), *Das Kalkwerk* (1970), *Auslöschung – Ein Zerfall* (1986). – Erzählungen: *Amras* (1964), *Midland in Stilfs* (1971). – Dramen: *Der Ignorant und der Wahnsinnige* (1972), *Die Macht der Gewohnheit* (1974), *Immanuel Kant* (1978), *Vor dem Ruhestand* (1979), *Am Ziel* (1981), *Der Theatermacher* (1984, U 1985). – Autobiographisches: *Die Ursache. Eine Andeutung* (1975), *Der Keller. Eine Entziehung* (1976), *Der Atem. Eine Entscheidung* (1978), *Die Kälte. Eine Isolation* (1981), *Ein Kind* (1982).

Die Jagdgesellschaft. 1974. Das „Stück in 3 Sätzen" lehrt: „wenn wir einen Menschen anschauen / sehen wir einen Sterbenden / (...)." Da „alles tot" ist, fällt nach dem Tod der Hauptfigur (ein tödlich erkrankter und am grauen Star erblindender General, der sich in seinem Jagdhaus erschießt) der umgebende, von Borkenkäfern befallene Wald der Axt zum Opfer.

Der Weltverbesserer. Drama in 5 Szenen und einem Nachspiel, V 1978, U 1980. Der Verfasser eines „Traktats zur Verbesserung der Welt" widmet sich vor und während seiner akademischen Ehrung den Symptomen seines körperlichen und geistigen Verfalls. Seine Botschaft: „Wir können die Welt nur verbessern / wenn wir sie abschaffen." Die Welt als „Kloake gehört ausgeräumt".

Peter Bichsel
*24. 3. 1935 in Luzern
Der Sohn eines Handwerkers war 1955–1973 in Solothurn als Lehrer tätig. Sein schriftstellerisches Schaffen umfaßt Lyrik, Publizistik, Aufsätze (Slg. *Schulmeistereien*, 1985) und Erzählungen, die eine scheinbar distanzierte Schilderung des Alltäglichen in knappen Prosastücken kennzeichnet (21 Miniaturen *Eigentlich wollte Frau Blum den Milchmann kennenlernen*, 1964; *Geschichten zur falschen Zeit*, 1979). Die *Kindergeschichten* (1969) handeln u. a. von der sozialen Funktion der Sprache. 1967 erschien der experimentelle Anti-Roman *Die Jahreszeiten*. 1965 erhielt Bichsel den Preis der „Gruppe 47", 1981 das „Stadtschreiber"-Amt von Bergen-Enkheim. 1981/82 las er an der Universität Frankfurt a. M. über Poetik (*Der Leser. Das Erzählen*, 1982).

Manfred Bieler
*3. 7. 1934 in Zerbst (Bez. Magdeburg)
Nach einem Germanistikstudium in Ost-Berlin trat Bieler mit Erzählungen (*Der Vogelherd*, 1955) und Parodien (*Der Schuß auf die Kanzel oder...*, 1958) an die Öffentlichkeit. Im Zusammenhang der 1956 auch in der DDR eintretenden „Tauwetter-Periode" setzte er sich für eine kulturpolitische Liberalisierung ein. 1963 erschien in beiden dt. Staaten sein zeitkritischer Schelmenroman *Bonifaz oder Der Matrose in der Flasche*. In Konflikt mit der politischen Führung geriet Bieler Mitte der 60er Jahre. Sein 1965 verfilmter Roman *Das Kaninchen bin ich* (Erfahrungen einer aus politischen Gründen vom Studium ausgeschlossenen Abiturientin) durfte nicht erscheinen, auch der Film wurde verboten. 1967 ließ er sich in Prag, 1968 in München nieder. Ein breites Publikum erreichte der im Prag der 30er und 40er Jahre spielende Roman *Der Mädchenkrieg*, (1975, Verf 1976/77).

Romane: *Maria Morzeck oder Das Kaninchen bin ich* (Neufassung 1969). – Erzählungen: Slg. *Märchen und Zeitungen* (1966), Slg. (Satiren) *Der junge Roth* (1968). – Hörspiele: Auswahl in *Der letzte Penny* (1970).

Horst Bienek
*7. 5. 1930 in Gleiwitz (Oberschlesien, poln. Gliwice)
Mit 13 Jahren Flakhelfer, mit 15 Jahren bei der Demontage der oberschles. Hüttenwerke eingesetzt, wurde der 21jährige †Brecht-Schüler zu 25 Jahren Zwangsarbeit verurteilt; nach vier Jahren kehrte er aus Workuta (Sibirien) zurück. Ab 1957 war er in Frankfurt a. M. als Rundfunkredakteur tätig, ab 1961 in München als Verlagslektor. 1958–1961 gab er die Zeitschrift „blätter + bilder" heraus, 1962 veröffentlichte er 15 Interviews mit dt.sprachigen Autoren *(Werkstattgespräche mit Schriftstellern)*. Zentrales Thema des erzählerischen Werks der 50er und 60er Jahre ist die Erfahrung der Gefangenschaft; der 1968 erschienene Roman *Die Zelle* schildert die Justizmaschinerie eines totalitären Staates. Der Roman *Die erste Polka* (1975) spielt in Bieneks oberschles. Heimat; in der Konzentration auf die Ereignisse eines Tages im August 1939 gibt sich der Zerfall einer scheinbar in sich ruhenden Ordnung zu erkennen.

Gedichtbände: *was war was ist* (1966), *Gleiwitzer Kindheit* (1976). – Romane: Schlesien-Tetralogie *Die erste Polka, Septemberlicht, Zeit ohne Glocken, Erde und Feuer* (1975 bis 1982; hierzu *Werkkommentar und Tagebuchskizzen*, 1986). – Erzählungen: Slg. *Traumbuch eines Gefangenen* (1957), Slg. *Nachtstücke* (1959), *Bakunin. Eine Invention* (1970).

Wolf Biermann (eigtl. Karl-Wolf B.)
*15. 11. 1936 in Hamburg

Der Sohn eines 1943 im KZ Auschwitz ermordeten kommunistischen Werftarbeiters übersiedelte 1953 nach Ost-Berlin und studierte hier Politische Ökonomie. Der Tätigkeit als Regieassistent beim „Berliner Ensemble" (1957–1959, Förderung durch Hanns Eisler) folgte ein 1963 abgeschlossenes Philosophiestudium. Die ab 1960 entstandenen Texte des „Liedermachers" (Biermann prägte den Begriff 1961 in Anlehnung an ↑ Brechts Selbstbezeichnung als „Stückeschreiber") kritisierten den Widerspruch zwischen kommunistischer Theorie und sozialistischer Praxis; so enthält die *Tischrede des Dichters* (1962) die Aufforderung: „Schafft in der Wirklichkeit mehr Glück!/Dann braucht Ihr nicht so viel Ersatz/in meinen Worten."1963 wurde Biermann aus der SED ausgeschlossen. Einer erfolgreichen Tournee durch die B. D. folgte 1965 ein Auftrittsverbot. Im selben Jahr erschien in West-Berlin die Slg. *Die Drahtharfe;* sie enthält eine Ballade auf den „großen Bruder Franz Villon", der neben ↑ Heine, ↑ Tucholsky und ↑ Brecht zu Biermanns Vorbildern gehört. 1976 erhielt er die Erlaubnis zu einer B. D.-Tournee; nach seinem Auftritt in Köln wurde er wegen „Staatsfeindlichkeit" ausgebürgert – ein Schritt, gegen den namhafte Autoren und Künstler der DDR Protest einlegten. 1969 wurde er mit dem Fontane-Preis, 1975 mit dem Dt. Schallplattenpreis, 1979 mit dem Dt. Kleinkunstpreis ausgezeichnet.

Gedichtbände: *Mit Marx- und Engelszungen* (1968), *Deutschland. Ein Wintermärchen* (1971), *Für meine Genossen* (1972), *Verdrehte Welt – das seh' ich gern* (1982). – Dramen: *Der Dra-Dra* (U 1971). – Schallplatten: *Wolf Biermann (Ost) zu Gast bei Wolfgang Neuss (West)* (1965), *Es gibt ein Leben vor dem Tod* (1976), *Der Friedensclown* (1977), *Eins in die Fresse, mein Herzblatt* (1980), *Die Welt ist schön* (1985).

Johannes Bobrowski
*9. 4. 1917 in Tilsit, †2. 9. 1965 in Ost-Berlin

Dem in Königsberg abgelegten Abitur folgte in Berlin ein Studium der Kunstgeschichte. Als Anhänger der Bekennenden Kirche gehörte Bobrowski dem Widerstand an. 1939 wurde er zum Militärdienst eingezogen, 1949 kehrte er aus russ. Kriegsgefangenschaft nach Ost-Berlin zurück. Neben seiner schriftstellerischen Tätigkeit leitete er das Lektorat des Union-Verlags.

In Bobrowskis Lyrik wirken Eindrücke der im litau.-dt. Grenzgebiet verbrachten Jugend nach; erste Gedichte entstanden 1941, veranlaßt durch das Erlebnis der russ. Landschaft. Die zumeist in freien Rhythmen gestalteten Texte gründen auf „ein ungebrochenes Vertrauen zur Wirksamkeit (...) des Verses, der wahrscheinlich wieder mehr Zauberspruch, Beschwörungsformel wird werden müssen". Als Romancier setzte sich Bobrowski in Beschreibungsversuchen mit seiner dt. Heimatgeschichte auseinander, mit dem Verhalten der „Herrenmenschen" gegenüber Polen, Juden, Zigeunern; mit der Schilderung der Radikalisierung Mitte der 30er Jahre ist im Roman *Litauische Claviere* die Biographie des litau., im 18. Jahrhundert lebenden Dichters Donelaitis in einer spezifischen Form perspektivischen Erzählens verschränkt. 1962 wurde Bobrowski mit dem Preis der „Gruppe 47" ausgezeichnet, 1965 mit dem Heinrich-Mann-Preis der DDR.

Gedichtbände: *Sarmatische Zeit* (1961), *Schattenland Ströme* (1962), postum *Wetterzeichen* (1966), *Im Windgesträuch* (1970). – Romane: *Levins Mühle. 34 Sätze über meinen Großvater* (1964), postum *Litauische Claviere* (1966). – Erzählungen: *Mäusefest und andere Erzählungen* (1965), postum *Der Mahner. Erzählungen und andere Prosa aus dem Nachlaß* (1968).

Johann Jakob Bodmer
*19. 7. 1698 Greifensee bei Zürich, †2. 1. 1783 Gut Schönenberg bei Zürich
Ausgebildet als Theologe, unterrichtete Bodmer als Professor für Geschichte und Politik am Zürcher Gymnasium. Als Literaturtheoretiker nahm er zehn Jahre nach dem Erscheinen von ↑ Gottscheds „Versuch einer kritischen Dichtkunst vor die Deutschen" (1730) den Kampf gegen dessen am frz. „klassizistischen" Barock orientiertes Regelsystem auf. Seinen Widerspruch forderte die einseitige Betonung der Verstandeskräfte heraus, an die sich nach Gottscheds Auffassung die Dichtkunst halten mußte. Statt dessen verteidigte Bodmer in seiner 1740 veröffentlichten *Kritischen Abhandlung von dem Wunderbaren in der Poesie und dessen Verbindung mit dem Wahrscheinlichen* die Phantasiekraft. Ihr allein gelingt es, die tiefere Bedeutung der unmittelbaren Wahrnehmung zu erkennen und in bildhaftpoetischer („malender") Sprache auszudrücken, wobei die Grenzen der „Wahrscheinlichkeit" gewahrt werden müssen. Als Beispiel und Vorbild erläutert Bodmer das 1667 bzw. 1674 erschienene Epos „Paradise Lost" von John Milton, das er 1732 in dt. Übersetzung (*Verlust des Paradieses*, 6. Fassung 1780) herausgegeben hat. Ebenfalls 1740 veröffentlichte Bodmers Mitstreiter, der Philologe und Schriftsteller Johann Jakob Breitinger (*1. 3. 1701 in Zürich, †13. 12. 1776 in Zürich), drei gleichfalls der Verteidigung der „malenden Dichtkunst" und der Einwirkung der Literatur auf „die Kraft der Gemüter" gewidmete Schriften: *Kritische Abhandlung von der Natur, den Absichten und dem Gebrauch der Gleichnisse, Kritische Dichtkunst* Bd. 1 und (mit einem Vorwort Bodmers) Bd. 2. Damit bereiteten die beiden Schweizer dem Verständnis der Dichtkunst ↑ Klopstocks (der 1750 in Zürich mit Bodmer zusammentraf) und dem Sturm und Drang den Weg; 1750–1752 war ↑ Wieland Bodmers Gast.
Darüber hinaus war Bodmer ein Pionier der Wiederentdeckung der mhdt. Dichtung. 1753 veröffentlichte er die Teilübersetzung (in Hexametern!) *Der Parcival, ein Gedicht in Wolframs von Eschinbach Denkart, eines Poeten aus der Zeit Kaiser Heinrichs VI.*; 1774 erschien seine Bearbeitung von ↑ Wolfram von Eschenbachs Epos *Willehalm*. 1757 veranstaltete Bodmer einen Teildruck der zwei Jahre zuvor wiederentdeckten Handschrift des ↑ Nibelungenlieds.

Jakob Böhme
*1575 in Alt-Seidenberg bei Görlitz, †17. 11. 1624 in Görlitz
Seit 1599 in Görlitz als Schuhmacher tätig, entwickelte Böhme als Autodidakt ein aus dem Studium der Bibel und religiöser Versenkung gewonnenes, in der Tradition der Mystik stehendes Natur-, Menschen- und Gottesverständnis. Das 1612 entstandene Frühwerk *Aurora, das ist: Morgenröte im Aufgang und Mutter der Philosophie* (Teil-V 1634) hatte ein Schreibverbot durch den Görlitzer Rat zur Folge. 1619 entstand *Beschreibung der drei Prinzipien göttlichen Wesens* (V 1660), 1622/23 die Auslegung des 1. Buches Moses: *Mysterium magnum* (V 1640). Grundgedanken der keiner äußeren Systematik unterworfenen Schriften sind die Existenz von Licht und Finsternis, Gut und Böse in Gott selbst, ferner die Gleichsetzung von Gottes- und Selbstentfremdung mit dem Ziel der Rückkehr zur Gottebenbildlichkeit, zu der auch die Erneuerung der ganzheitlichen „Natursprache" gehört. Vor allem dieser Gedanke wurde von den Romantikern aufgegriffen. Als erster Autor philosophischer Schriftsteller in dt. Sprache erhielt Böhme den Beinamen „Philosophus Teutonicus". Hegel erkannte in Böhmes ansatzweisem dialektischem Verfahren den Beginn der dt. Philosophie.

Heinrich Böll
*21. 12. 1917 in Köln, †16. 7. 1985 in Hürtgenwald (Eifel)
Die Ehrung der Person und des Autors Böll durch die Verleihung des Literatur-Nobelpreises 1972 schien auch die B. D. zu ehren. Doch hier war das Echo geteilt. Der Repräsentant einer demokratisch, gesellschaftskritisch engagierten und eben hierdurch humanen Literatur war in den Verdacht des „geistigen Sympathisantentums" mit dem Terrorismus geraten.
Der Sohn eines Tischlers und Holzbildhauers legte 1937 in Köln das Abitur ab. In seinem Elternhaus fanden ab 1933 Zusammenkünfte verbotener kath. Jugendverbände statt. Nach einem Semester Studium der Germanistik und klassischen Philologie wurde Böll im Herbst 1939 zur Wehrmacht eingezogen. 1943/44 mehrfach in Rußland und Rumänien verwundet, desertierte er 1944 und kehrte 1945 aus amerikan. und engl. Kriegsgefangenschaft nach Köln zurück. Er nahm sein Studium wieder auf und arbeitete in der Schreinerei seines Bruders; ab 1947 Veröffentlichungen in Zeitschriften. Dem ersten Buch, *Der Zug war pünktlich* (1949), folgte 1951 der Preis der „Gruppe 47" (für die Satire *Die schwarzen Schafe*). Fortan lebte Böll als freischaffender Schriftsteller.
Der vom Ost-West-Konflikt begünstigten Restauration im Rahmen einer sich formierenden Wohlstandsgesellschaft setzte Böll 1952 sein *Bekenntnis zur Trümmerliteratur* entgegen. Sein Kampf galt dem Vertuschen der geschichtlichen Zusammenhänge *(Wanderer, kommst du nach Spa . . .)* und der menschlichen Misere im Wirtschaftswunderland, galt dem Chauvinismus, Militarismus und Klerikalismus (1976 Austritt aus der kath. Kirche). Er unterstützte die außerparlamentarische Opposition, den Protest gegen Notstandsgesetzgebung (1968) und Extremistenbeschluß (1972), gegen die Aushöhlung des Rechtsstaats angesichts des Terrorismus („Spiegel"-Artikel *Will Ulrike* [Meinhof] *Gnade oder freies Geleit?,* 1972) und die atomare „Nachrüstung" (1983 Beteiligung an einer Blockade des Raketenstützpunkts Mutlangen). In besonderem Maße setzte sich Böll für im Ostblock verfolgte Schriftsteller ein (UdSSR-Reisen 1962, 1966, 1972, Pragreise 1968); 1974 war der aus der UdSSR deportierte Alexander Solschenizyn zunächst Bölls Gast. Mit ↑ Grass und Carola Stern gab er ab 1976 die Zeitschrift „L 76. Demokratie und Sozialismus" heraus. 1969 beteiligte er sich an der Gründung des Verbands deutscher Schriftsteller (Rede *Das Ende der Bescheidenheit*). 1971–1974 war er Präsident des internationalen PEN-Club. Zu seinen zahlreichen Auszeichnungen gehören der Büchner-Preis des Jahres 1967 und die 1974 verliehene Carl-von-Ossietzky-Medaille der Internationalen Liga für Menschenrechte.
Gemeinsam mit seiner Frau Annemarie war Böll auch als Übersetzer engl. (u. a. G. Bernard Shaw) und amerikan. Literatur tätig.

Romane: *Wo warst du, Adam?* (1951), *Und sagte kein einziges Wort* (1953), *Haus ohne Hüter* (1954), *Billard um halbzehn* (1959, Verf B. D. 1965 Jean-Marie Straub), *Ansichten eines Clowns* (1963, Verf B. D. 1975), *Gruppenbild mit Dame* (1971, Verf B. D. 1977), *Fürsorgliche Belagerung* (1979), postum *Frauen vor Flußlandschaft* (1985, als Hörspiel 1986). – Erzählungen: Slg. *Wanderer, kommst du nach Spa . . .* (1950), *Nicht nur zur Weihnachtszeit* (Satire, 1952). *Das Brot der frühen Jahre* (1955, Verf B. D. 1962), Slg. *Doktor Murkes gesammeltes Schweigen* (Satiren, 1958), *Entfernung von der Truppe* (1964), *Ende einer Dienstfahrt* (1966, Verf B. D. 1971), *Die verlorene Ehre der Katharina Blum* (1974, Verf B. D. 1975 Volker Schlöndorff), *Berichte zur Gesinnungslage der Nation* (Satire, 1975), Slg. *Du fährst zu oft nach Heidelberg* (1979). – Dramen: *Ein Schluck Erde* (1962), *Aussatz* (1970). – Hörspiele: Slg. *Erzählungen, Hörspiele, Aufsätze* (1961), *Hausfriedensbruch* (1969). – Reisebücher: *Irisches Tagebuch* (1957). – Essays: *Frankfurter Vorlesungen* (1966), Slg. *Querschnitte* (1977).

Kurzgeschichten. Durch seine frühen Erzählungen gehört Böll neben ↑ Borchert und ↑ Schnurre zu den Begründern der dt. Kurzgeschichte der Nachkriegszeit, für die er 1952 mit dem *Bekenntnis zur Trümmerliteratur* eingetreten ist. An die Stelle der im traditionellen Sinne „unerhörten Begebenheit" tritt die schmucklose, scheinbar distanzierte und ausschnitthafte Schilderung eines anscheinend banalen Vorfalls. Beispielhaft zeigt dies *Die Postkarte*. Der Ich-Erzähler erinnert sich an den Tag, an dem er kurz vor Beginn des II. Weltkriegs zu einer Wehrübung einberufen wurde. Die zwischen dem erinnerten Vorfall und der Gegenwart des sich Erinnerns liegenden Ereignisse bleiben ausgespart. Die Titelgeschichte der Slg. *Wanderer, kommst du nach Spa...* (1950) verkürzt den Zeitraum zwischen Vergangenheit und Gegenwart auf wenige Wochen. Ein Junge wird schwer verwundet auf einer Bahre durch die Gänge einer Schule, die nun als Lazarett dient, zum Operationssaal getragen. In der Abfolge der Ausstattungsstücke an den Wänden – Abgüsse antiker Skulpturen, Reproduktionen preuß. Herrscherbildnisse, einer Ansicht der ehemaligen Kolonie Togo, rassenkundlicher Lehrtafeln – bereitet sich die Erkenntnis vor, daß der Schauplatz die eigene Schule ist, das humanistische Gymnasium „Friedrich der Große": An einer Wandtafel sieht der Junge das Fragment für den Opfertod des Leonidas und seiner Spartaner bei den Thermopylen verklärenden Verse: „Wanderer, kommst du nach Sparta, verkündige dorten, / du habest uns hier liegen gesehn, wie das Gesetz es befahl." Er selbst hat diese Verse – als Schönschreibübung – an die Tafel geschrieben. Dieses Relikt aus dem Leben in der Schule wird zum Inbegriff eines mörderischen „Humanismus", der Antike, Preußentum, Imperialismus und Rassenlehre in Einklang gebracht hat. Kennzeichnend für die Gestaltungsweise ist die nüchterne Sprache, mit der aus der Sicht des Jungen die Gegenstände in diesem „Museum einer Totenstadt" registriert werden.

Satiren. Neben der sachlich kühlen, in der Beschreibung von Personen und Gegenständen knappen Kurzgeschichte entwickelte Böll eine Form der Satire mit grotesker Ausgestaltung des Details. Eine Mittelstellung besitzen kurze Texte wie *Es wird etwas geschehen* (1954). Er karikiert den total verinnerlichten Leistungszwang; durch die Beisetzung seines dem Managertod erlegenen Arbeitgebers findet der Ich-Erzähler seinen Beruf als bezahlter Beerdigungsteilnehmer, einen „Beruf, bei dem (...) Nichtstun meine Pflicht war".
Nicht nur zur Weihnachtszeit (1952) schildert den Zerfall einer gutbürgerlichen Familie, deren weibliches Oberhaupt nach dem Verzicht auf die bisherige Ausstattung des Weihnachtsbaums während der Kriegsjahre beim ersten Nachkriegs-Weihnachtsfest dem Wahn zum Opfer fällt, von nun an sei allabendlich Hl. Abend. Nur die unablässige Wiederholung der schließlich von Schauspielern und mit Hilfe von Wachspuppen als Enkelersatz durchgeführten Zeremonie verhindert den Ausbruch der Hysterie. In der fixen Idee konzentriert sich der zwanghafte Wunsch nach Rückkehr zur „Normalität" der Vorkriegszeit.
Dr. Murkes gesammeltes Schweigen (1958) prangert am Beispiel des Betriebs in einer Rundfunkanstalt die Oberflächlichkeit des kulturellen Neubeginns an. Redakteur Murke hat die Aufgabe, die Korrektur zweier auf Band gesprochener Vorträge des Kulturphilosophen Bur-Malottke zu leiten. Statt „Gott" muß jeweils „jenes höhere Wesen, das wir verehren" eingefügt werden, eine Formulierung, die „mehr der Mentalität entsprach", zu der sich Bur-Malottke „vor 1945 bekannt hatte". Die Tonbandschnipsel mit „Gott" finden sofort in einem Hörspiel Verwendung, in dem zu oft „Schweigen" herrscht; diese Schnipsel wiederum werden in Murkes Besitz gelangen, der mehr als jeder andere an der ringsum dominierenden Geschwätzigkeit leidet und an einem Tonband arbeitet, das ausschließlich aus „beschwiegenen" Bandteilen besteht.

Wo warst du, Adam? Roman, 1951; das achte Kapitel 1952 als Hörspiel *Die Brücke von Berczaba*. Der Titel bezieht sich auf eines der beiden vorangestellten Motti, nämlich die Eintragung vom 31. März 1940 in „Tag- und Nachtbücher" (1947) von Theodor Haecker: „Eine Weltkatastrophe kann zu manchem dienen. Auch dazu, ein Alibi zu finden vor Gott. Wo warst du, Adam? ‚Ich war im Weltkrieg.'"
Der Roman gliedert sich in neun abgeschlossene Kapitel. Sie werden durch die Gestalt des Soldaten und Architekten Feinhals verbunden. Ein zweites Ordnungsprinzip ergibt sich aus der Abfolge der Schauplätze vom Balkan bis zu Feinhals' Heimatort im Rheinland. Sie entspricht dem Rückzug der dt. Truppen im letzten Kriegsjahr. In dieser zugleich episodischen und zyklischen Gestaltungsweise läßt sich das traditionelle Totentanz-Motiv erkennen: Der Krieg erweist sich als ein unablässiges Sterben, dessen Sinnlosigkeit und Grauen jede einzelne Sterbeszene zur Anklage werden läßt. Der Roman endet mit dem Tod Feinhals' vor seinem Elternhaus: „Er kroch schnell ans Haus heran, hörte den Abschuß der siebten Granate und schrie schon, bevor sie einschlug, er schrie sehr laut, einige Sekunden lang, und er wußte plötzlich, daß Sterben nicht das einfachste war – er schrie laut, bis die Granate ihn traf, und er rollte im Tod auf die Schwelle des Hauses."
Neben der knappen, zumeist parataktischen Sprache mit häufiger Wortwiederholung bedient sich Böll des bildhaften Vergleichs, etwa im Hinblick auf die Feldwebel, mit deren Sternen man „den Himmel einer stupiden Unterwelt (hätte) schmücken können".
Die Rangordnung der in Erscheinung tretenden Akteure reicht bis hinauf zu einem General mit „gelben Malariaaugen und dem schlaffen, dünnlippigen Mund eines Mannes, der Pech hat".
Die Befehlshaber sind Bestandteile einer Maschinerie; die Frage nach den eigentlichen Akteuren unterbleibt.
Bölls Antwort ist im zweiten Motto zu suchen: „Der Krieg ist eine Krankheit. Wie der Typhus" (Saint-Exupéry).

Das Brot der frühen Jahre. Erzählung, 1955. Der Ich-Erzähler Walter Fendrich schildert den Tag, an dem die Wiederbegegnung mit Hedwig, einer Bekannten aus seiner Kindheit, eine grundlegende Veränderung seines Lebens veranlaßt hat. Unter dem Eindruck dieser Begegnung hat er seine Anstellung als Waschmaschinen-Monteur aufgegeben und die aussichtsreiche Verbindung mit Ulla, der Tochter seines Chefs, gelöst. Dies bedeutet den Verzicht auf den Erfolg eines entbehrungsreichen Kampfes gegen Hunger und Mißachtung.
Das eigentliche Thema bilden die „frühen Jahre" der Nachkriegszeit. Aus assoziativ erinnerten Szenen fügt sich das Bild vom „Aufstieg" Fendrichs zusammen. Aus diesen Erinnerungen ergibt sich zugleich die letztlich moralische Begründung für den Verzicht auf das Erreichte. So sieht Fendrich etwa den Leichnam des Lehrjungen vor sich, der für den Chef eine Waschmaschine aus einer vor dem Abbruch stehenden Ruine holen wollte und dabei abstürzte, und er sieht vor sich, wie Ulla „mit einem Lineal seinen Namen aus der Lohnliste strich: es war ein gerader und sauberer Strich, und er war so rot wie Blut ..."
Das Leitmotiv der Erinnerungen ist das „wölfische" Verlangen nach Brot. Es verbindet die frühen demütigenden Kindheitserinnerungen mit den Etappen des Aufstiegs. Als Sinnbild des sich ausbreitenden Wohlstands dient die Praline. Im Kopf einer Café-Besitzerin „sitzt die ganze Pralinentopographie" der Stadt. „Welche Ehebrüche bevorstehen, welche schon vollzogen sind, liest sie aus dem Verbrauch gewisser Pralinenmischungen ab ..." In seiner Vorstellung konfrontiert Fendrich die Pralinen-Frau mit seinem Verlangen nach Brot: „... ihr Gesicht sah jetzt aus wie eine Praline, die in den Dreck gefallen ist und aus der die Füllung langsam in die Gosse rinnt, keine süße, eine saure Füllung."
Bölls Erzählung zielt darauf ab, die in menschlicher und sozialer Hinsicht brüchige Grundlage des wirtschaftlichen Aufschwungs der B. D. zu enthüllen.

Billard um halbzehn. Roman, 1959. Eingefügt in den Rahmen der Ereignisse eines einzigen Tages, entwickelt sich ein historischer Längsschnitt durch den Zeitraum dt. Geschichte von 1907 bis 1958, vom Wilhelminischen Kaiserreich bis zur Gegenwart des „Wirtschaftswunders" in der B.D. Als Leitfaden dient die Geschichte dreier Generationen einer rhein. Architektenfamilie und deren Beziehung zur Abtei St. Anton, die von der ersten Generation erbaut, die von der zweiten bei Kriegsende zerstört wurde und von der dritten neu errichtet wird. Träger der vorwiegend in der Form des inneren Monologs und des Dialogs zusammengefügten „Handlung" sind der Architekt Heinrich Fähmel und sein Sohn Robert.

Als Leitmotive, auf deren Gegensatz Böll die historische Entwicklung reduziert, dienen das „Sakrament des Büfels", Sinnbild für neugermanisches Heidentum, Nationalismus und kollektive Gewalt, und das „Sakrament des Lammes", Sinnbild einer christlich geprägten, zum Widerstand fähigen Lebenshaltung.

In weltanschaulicher Hinsicht steht der Roman im Zusammenhang von Bölls Auseinandersetzung mit der politischen Verantwortung des Katholizismus, ausgehend etwa von dessen Hinnahme, ja der Befürwortung und kirchlichen Unterstützung der Wiederbewaffnung der B.D. Unmittelbar vor Erscheinen des Romans richtete er eine scharfe Attacke gegen die „Turnlehrertheologie" und „Fast-Kongruenz von CDU und Kirche", die „verhängnisvoll ist, weil sie den Tod der Theologie zur Folge haben kann". Die in der Regel dann zitierten kath. Märtyrer, „wenn die Haltung der offiziellen kath. Kirche in Dtl. während der Nazizeit angezweifelt wird", handelten „nicht auf kirchlichen Befehl, sondern ihre Instanz war eine andere, deren Namen auszusprechen heute schon wieder verdächtig geworden ist: das Gewissen". Enthalten sind diese Sätze im *Brief an einen jungen Katholiken*. Er gehört zu den Beiträgen der Sammlung „Christ und Bürger heute und morgen" (1959).

Ansichten eines Clowns. Roman, 1963. Der Ich-Erzähler Hans Schnier, Sohn eines rhein. Braunkohlemillionärs und von Beruf Clown, ist finanziell, körperlich und seelisch am Ende. Nach einem Zusammenbruch auf offener Bühne ist er in seine Bonner Wohnung geflüchtet und versucht von hier aus, telefonisch mit seinen Angehörigen und Bekannten Kontakt aufzunehmen. Diese Gespräche sind Bestandteil einer umfassenden, Schniers Erinnerungen einbeziehenden Abrechnung mit einer durch Heuchelei und rücksichtsloses Machtstreben gekennzeichneten Umwelt; Schnier wird sich bewußt, daß er als Außenseiter in der „Gosse" enden muß. Prototyp der Erfolgreichen ist seine Mutter, die 1945 ihre einzige Tochter als Flakhelferin in den Kampf gegen die „jüd. Yankees" und damit in den Tod geschickt hat und als Präsidentin des „Zentralkomitees der Gesellschaft zur Versöhnung rassischer Gegensätze" Ansehen genießt.

Im Mittelpunkt der immer wieder aufflackernden Hoffnungen Schniers steht Marie. Die kath. Tochter eines Kommunisten hat ihn nach sechsjährigem Zusammenleben verlassen, um den einflußreichen Katholiken Züpfner zu heiraten und zur – wie Schnier voraussieht – „‚first lady' des dt. Katholicismus" zu avancieren. Maries Anlaß, sich von Schnier zu trennen, bildet dessen Weigerung, schriftlich die kath. Erziehung ihrer zukünftigen Kinder zu garantieren. Insofern ist der Einfluß, unter dem Marie gehandelt hat, Modell jeglicher Machtausübung, die das individuelle Glück des einzelnen mißachtet. Eine solche Macht besitzt, verkörpert durch Schniers Vater, das Geld – „nicht das konkrete, mit dem man Milch kauft und Taxi fährt, sich eine Geliebte hält und ins Kino geht", sondern das „abstrakte".

Der Roman endet mit einem Akt bewußter Selbsterniedrigung: Schnier läßt sich – inmitten des Karnevalstreibens – als kostümierter Bettler auf der Bahnhofstreppe nieder, in der Erwartung, hier Marie und Züpfner bei ihrer Rückkehr von der Hochzeitsreise nach Rom zu begegnen.

Die verlorene Ehre der Katharina Blum oder: Wie Gewalt entsteht und wohin sie führen kann. Erzählung, 1974. In der Form eines von Reflexionen des Erzählers über die Möglichkeiten der Rekonstruktion von Ereignissen und deren Darstellung begleiteten Berichts entsteht ein knapper Handlungsablauf, dessen Anfang und Ende die Erzählung einleiten: Die freiberuflich als Haushälterin tätige Katharina Blum hatte bei einem privaten Tanzabend zur Karnevalszeit Ludwig Götten kennengelernt und die Nacht mit ihm verbracht; vier Tage später erschoß sie Werner Töttges, einen Reporter des Boulevardblatts ZEITUNG. Die Verbindung zwischen diesen beiden Ereignissen erweist sich darin, daß Katharina Blum von der Polizei verdächtigt wurde, Komplizin des „Banditen" Götten zu sein, und die ZEITUNG diesen Verdacht zum Anlaß nahm, die junge Frau nach allen Regeln der Skandalpresse an den Pranger zu stellen. „Sollten bei der Schilderung gewisser journalistischer Praktiken", betont die Vorbemerkung, „Ähnlichkeiten mit den Praktiken der ‚Bild'-Zeitung ergeben haben, so sind diese Ähnlichkeiten weder beabsichtigt noch zufällig, sondern unvermeidlich."

Im Mittelpunkt des Erzählerinteresses steht (ähnlich wie im vorangegangenen Roman *Gruppenbild mit Dame,* 1971) die Empfindungsweise einer sensiblen Frau, die sich nach schwerer Kindheit und erniedrigender Ehe durch Fleiß und Korrektheit den Schutz ihrer Privatsphäre erarbeitet hat und unversehens zum Freiwild der öffentlichen Meinung, zum Objekt gemeiner Lügen und Lüsternheit erniedrigt wird.

Zu den Hauptgestalten gehört das Ehepaar Blorna, denen Katharina Blum den Haushalt geführt hat. Der Wirtschaftsanwalt und seine als Architektin tätige Frau werden in den Sumpf der Verdächtigungen mit hineingezogen und verlieren ihre gesellschaftliche Stellung. Zugleich werden ihnen die Augen für die politischen Machenschaften und moralischen Defekte ihrer bisherigen Freunde und Geschäftspartner geöffnet.

Fürsorgliche Belagerung. Roman, 1979. Im Mittelpunkt steht die Familie des nach dem Krieg vom Verleger einer Provinzzeitung zum Großverleger aufgestiegenen Fritz Tolm, des Besitzers eines Schlosses und neuerdings Verbandspräsidenten. Von den Kindern hat sich nur Sabine konform verhalten und eine standesgemäße, wenn auch unglückliche Ehe geschlossen. Der Sohn Rolf gehört, nachdem er wegen Beteiligung an gewaltsamen Demonstrationen zu Haft verurteilt worden ist, der alternativen Szene an. Andere Familienangehörige sind Kommunisten oder bekennen sich, wie die ehemalige Schwiegertochter Veronica, zum Terrorismus. Sämtliche Mitglieder der Familie stehen, soweit sie greifbar sind, als von terroristischen Anschlägen bedroht rund um die Uhr unter Sicherheitsschutz.

Die Zeitspanne der Gegenwartshandlung beschränkt sich auf zwei Tage; sie reicht von der Wahl Tolms zum Verbandspräsidenten bis zu seiner Teilnahme an der Beisetzung des in Istanbul erschossenen Terroristen Bewerloh, der früher in enger Verbindung zu der Familie Tolm stand. In diesen beiden Tagen wird auch klar, daß Sabine von einem ihrer Bewacher ein Kind erwartet. Am Ende stehen die Nachrichten, daß Sabine mit dem Polizisten „durchgebrannt" ist und der von Terroristen präparierte Enkel Holger das Schloß angezündet hat, worauf Tolm mit Gelächter reagiert.

Der Anteil dieser Gegenwartshandlung ist gering gegenüber der vergegenwärtigten Vergangenheit. Je näher die Erinnerungen an die Gegenwart heranrücken, desto deutlicher wird das dichte Gespinst der von den Sicherheitsbehörden ermittelten Informationen, um so größer wird aber auch die Sorge, daß das Sicherheitsnetz noch Lücken aufweist. So ist vor allem Tolm davon überzeugt, daß ihm aus seiner unmittelbaren Umgebung Gefahr droht. Der „Kapitalist" Tolm ist es auch, der den „Roman der siebziger Jahre" in die Überzeugung münden läßt: „Daß ein Sozialismus kommen muß, siegen muß . . ."

Bonaventura (Pseudonym)
1804 erschien der Roman *Nachtwachen. Von Bonaventura*. Er bringt in komprimierter Form das Lebensgefühl der „Zerrissenheit" in einer an kalter Vernünftigkeit erkrankten Welt zum Ausdruck und gehört insofern zu den Hauptwerken der Romantik. Der Text gliedert sich in 16 „Nachtwachen" des als Nachtwächter tätigen Ich-Erzählers Kreuzgang, der seinen Lebensstationen nachgeht. Als Findelkind aufgewachsen, büßt er für seine anläßlich einer Taufe gehaltene Leichenrede mit Haft; als Bänkelsänger zieht er sich Beleidigungsklagen zu; den einzigen „Wonnemonat" erlebt er im Irrenhaus. Kirchen reizen ihn stets zum Lachen, in Freudenhäusern wünscht er zu beten. Den metaphysischen Hintergrund deutet das Bild des „mit Vorsatz widersinnig gestimmten Saitenspiels" an.
Das Spektrum der in Erwägung gezogenen Autoren reicht von E. A. F. Klingemann, ↑ Brentano und ↑ Hoffmann bis zum Philosophen Schelling. Neuerdings gilt als wahrscheinlicher Verfasser Theodor Ferdinand Kajetan Arnold.

Wolfgang Borchert
*20. 5. 1921 in Hamburg, †20. 11. 1947 in Basel
Zunächst als Buchhändler, dann als Schauspieler tätig, kam der 20jährige Borchert 1941 an die Ostfront. Er wurde zweimal wegen „Wehrkraftzersetzung" zu Haft verurteilt und kehrte 1945 schwer erkrankt nach Hamburg zurück. In Kurzgeschichten *(Das Brot, Nachts schlafen die Ratten doch)* und manifestartigen Texten *(Generation ohne Abschied, Das ist unser Manifest, Dann gibt es nur eins: sag nein)* brachte er das Bewußtsein der vom Zusammenbruch aller Werte existentiell erschütterten „verlorenen Generation" zum Ausdruck. Zum Frühwerk gehören Gedichte und die Erzählung *Schischyphus oder Der Bekannte meines Onkels*, in der zwei vom gleichen Sprachfehler betroffene, völlig gegensätzliche Männer Freunde werden. Borchert starb einen Tag vor der Uraufführung seines kurz zuvor als Hörspiel gesendeten Dramas *Draußen vor der Tür*, das Wolfgang Liebeneiner 1948 u. d. T. „Liebe 47" verfilmt hat. 1949 erschien das *Gesamtwerk*.

Draußen vor der Tür. Drama, 1947. Ein Vorspiel zeigt den Tod als „total überfressenen" Beerdigungsunternehmer und einen alten, hilflosen Gottvater. Im Mittelpunkt steht der Kriegsheimkehrer Beckmann, ein „Gespenst". Er hat einen anderen bei seiner Frau vorgefunden und will sich das Leben nehmen. Doch die Elbe akzeptiert seinen Selbstmord nicht; er wird an die Menschen verwiesen, die ihm gewiß helfen werden. Eine Folge von Spielszenen in der Tradition des Stationendramas beweist das Gegenteil. Zwar nimmt eine Frau Beckmann auf, doch deren eigener vermißter Mann kehrt als Einbeiniger auf Krücken heim. Der Oberst, dem Beckmann die Verantwortung für den Tod der ihm bei einem Spähtruppunternehmen unterstellten Soldaten zurückgeben will, hat sich längst im Zivilleben eingenistet; Beckmanns Alptraum vom blutigen General mit Knochenxylophon belustigt ihn. Der Kabarettdirektor vermißt an Beckmanns Probevortrag „das Positive". Im Elternhaus berichtet eine kaltschnäuzige Frau Kramer vom Selbstmord der „alten Leute". Beckmanns eingefügte Monologe reflektieren die Szenen in einer eruptiven, zwischen schneidender Kälte und Aufschrei gespannten Sprache. Eine Traumszene reiht die „Mörder" Beckmanns, bis ihn der Einbeinige seinerseits zur Rechenschaft zieht und er erkennt: „Wir werden jeden Tag gemordet, und jeden Tag begehen wir einen Mord." Das Stück verhallt in dem Schrei: „Gibt denn keiner eine Antwort", nachdem auch der Jasager verschwunden ist.

Nicolas Born
*31. 12. 1937 in Duisburg, †7. 12. 1979 in Hamburg
Der hauptberuflich als Chemigraph tätige Schriftsteller beteiligte sich 1965 neben
↑Bichsel u. a. an dem von Walter Höllerer veranlaßten Gemeinschaftsroman
„Das Gästehaus" und veröffentlichte im selben Jahr den Roman *Der zweite Tag.*
Der Durchbruch gelang ihm 1976 mit *Die erdabgewandte Seite der Geschichte*
(Bremer Literaturpreis 1977). Kurz vor seinem Tod erschien *Die Fälschung,* ein
Roman um die beruflichen wie privaten Konflikte eines Journalisten, der im
Auftrag einer großen Illustrierten „ausgewogen" über den Bürgerkrieg in Libanon
berichten soll. Als Erzähler und Lyriker gestaltet Born, ausgehend von der
aktivistischen Aufbruchsstimmung der späten 60er Jahre (Studentenbewegung),
die Erfahrung von Vereinzelung und Entmündigung in einer von technologischen
Sachzwängen regierten Gesellschaft. Als Aufgabe der Literatur erweist sich der
Widerstand gegen den „gesellschaftlichen Übereinstimmungswahn" und den für
die Krise der sozialen Beziehungen symptomatischen Hang zur „Vereinheitlichung" durch ein exaktes Notieren persönlicher Wahrnehmungen.

Gedichtbände: *Marktlage* (1967), *Wo mir der Kopf steht* (1970), *Das Auge des Entdeckers*
(1972). – Romane: *Der zweite Tag* (1965), *Die Fälschung* (1979, Verf B.D. 1981 Volker
Schlöndorff). – Essays: *Die Welt der Maschine* (1977).

Die erdabgewandte Seite der Geschichte. Roman, 1976. An die Stelle einer die Personen – den Ich-Erzähler, dessen Freundin Maria, den Freund Lasski und die Tochter Ursula – verknüpfenden Handlung tritt ein Gefüge aus einzelnen Beobachtungen und Eindrücken. Sie kristallisieren sich um das Leitmotiv der Mittelbarkeit. Einer benutzt den anderen zu etwas, leitet sein Selbstgefühl von ihm ab. Die im persönlichen Bereich gewonnene Erfahrung eines „Lebens aus zweiter Hand" erscheint als Widerspiegelung der gesellschaftlichen Realität und ihrer Tendenz zur „Verwandlung jedes Wesens und jedes Gegenstandes in seine eigene Reproduktion". Die Bedeutung des Romans beruht auf der differenzierten Gestaltung der im Privaten wirksamen, nur hier erkennbaren sozialen Krise, zu deren Symptomen eine „allgemeine Widerspruchslosigkeit" gehört.

Ludwig Börne (eigtl. Löb Baruch)
*6. 5. 1786 in Frankfurt a. M., †12. 2. 1837 in Paris
Der 1818 zum Christentum konvertierte Schriftsteller jüd. Herkunft studierte in
Berlin, Halle, Heidelberg und Gießen Medizin und Jura. In Frankfurt a. M. war
Börne zunächst als Theaterkritiker tätig; ab 1818 gab er das liberale Blatt „Die
Waage. Eine Zeitschrift für Bürgerleben, Wissenschaft und Kunst" heraus, das
1821 verboten wurde. Im selben Jahr veröffentlichte er die Satire *Monographie der
deutschen Postschnecke,* 1826 die *Denkrede auf Jean Paul;* mit heftiger Polemik
wandte er sich gegen den „Philister" und „Fürstendiener" ↑Goethe. Unmittelbar
nach der Julirevolution 1830 ließ Börne sich in Paris nieder. In seinen an die
Freundin Jeannette Wohl gerichteten, für die Veröffentlichung bestimmten Briefen aus Paris (3 Bde. 1832 bis 1834) prangerte er die Restauration in Frankreich
und Deutschland an. 1837 richtete er gegen Wolfgang Menzel, dessen Polemik
1835 das Verbot der Schriften des „Jungen Deutschland" mitveranlaßt hatte, die
Streitschrift *Menzel, der Franzosenfresser.* ↑Heine, den Börne als bindungslosen
Schöngeist angegriffen hatte, antwortete 1840 mit der Kritik an Börnes kleinbürgerlichem Radikalismus („Ludwig Börne. Eine Denkschrift").

Thomas Brasch
*19. 2. 1945 in Westrow/Yorkshire (England)
Der Sohn jüd. Emigranten wuchs in Ost-Berlin auf und besuchte die Kadettenschule der Volksarmee. Während sein Vater eine steile Karriere als SED-Funktionär machte, geriet Brasch mehrfach in Konflikt mit der politischen Führung: 1965 wurde der Journalistikstudent in Leipzig zwangsexmatrikuliert, ebenso 1968 als Filmstudent in Potsdam-Babelsberg; sein Protest gegen den russ. Einmarsch in die ČSSR wurde mit Haft bestraft. Einer Anstellung beim Brecht-Archiv 1971/72 folgten Jahre schriftstellerischer Gelegenheitsarbeiten. Nach der Beteiligung am Protest gegen die Ausbürgerung ↑ Biermanns erhielt er Ende 1976 die Ausreisegenehmigung und ließ sich in West-Berlin nieder.
Die beiden ersten Publikationen des Jahres 1977 – die Prosa-Slg. *Vor den Vätern sterben die Söhne* und *Kargo* (Lyrik, Prosa, Dialoge, Fotos) – sind von subjektiver Verarbeitung der DDR-Erfahrungen und einem anarchischen Lebensgefühl geprägt. Den Dramen *Rotter. Ein deutsches Märchen* („Höllenfahrt eines Konformisten", 1977) und *Lovely Rita* (1978) folgte 1980 die szenische Collage *Lieber Georg. Ein Eiskunstläufer-Drama aus dem Vorkrieg* um den expressionistischen Dichter G. ↑ Heym. Für seinen Film *Engel aus Eisen* über die zur Zeit der Berliner Luftbrücke aktive Gladow-Bande (1981) erhielt Brasch 1982 den Bayer. Filmpreis. 1980 erschien der Gedichtband *Der schöne 27. September.*

Volker Braun
*7. 5. 1939 in Dresden
Der Lyriker, Erzähler und Dramatiker war nach dem Abitur als Arbeiter tätig und studierte 1960 bis 1964 in Leipzig Philosophie; 1965 ließ er sich in Ost-Berlin als Dramaturg („Berliner Ensemble", Dt. Theater) und freier Schriftsteller nieder. Brauns von kritischer Solidarität mit der DDR geprägtes literarisches Schaffen setzt sich vor allem mit Hemmnissen und Widersprüchen auf dem Weg der Fortentwicklung der sozialistischen Gesellschaft auseinander. Diese Grundhaltung führte ihn vor allem in seinen Gedichten auch zur Kritik an einem Verständnis der Literatur als Instrument politischer Agitation, die von den Belangen und der Befindlichkeit des Individuums absieht. 1971 wurde Braun mit dem Heinrich-Heine-Preis, 1980 mit dem Heinrich-Mann-Preis der DDR ausgezeichnet.

Gedichtbände: *Provokation für mich* (1965), *Wir und nicht sie* (1970), *Gegen die symmetrische Welt* (1974), *Training des aufrechten Gangs* (1979). – Romane: *Hinze-Kunze-Roman* (1985). – Erzählungen: *Das ungezwungene Leben Kasts* (1972). – Dramen: *Hans Faust* (1968, u. d. T. *Hinze und Kunze* 1973), *Tinka* (E 1973, U 1976), *Guevara oder Der Sonnenstaat* (1977), *Simplex Deutsch. Schauspielkasten für Theater und Schule* (1980).

Der Kipper. Drama, E 1962–1965, U 1972. Angesiedelt Ende der 50er Jahre, „nach der großen Vergesellschaftung der Maschinen", handelt das Stück vom individualistischen, als „Sport" betriebenen Leistungseifer des ungelernten Arbeiters Paul Bauch, der seine notwendige Grenze und Korrektur durch das Kollektiv findet. Es ist dies eine „Probe für andre Kämpfe der neuen Zeit" *(Vorspruch).*

Unvollendete Geschichte. Erzählung, 1975. Karin, Tochter eines SED-Funktionärs, wird unter Druck gesetzt, ihre Beziehung zu dem vorbestraften „Rowdy" Frank abzubrechen, zumal er angeblich „Republikflucht" plant. Während des Bangens um Frank, der einen Selbstmordversuch unternommen hat, wird sich Karin ihrer Entfremdung von den Eltern und dem durch sie repräsentierten Staat bewußt.

Bertolt Brecht (eigtl. Eugen Berthold Friedrich B.)
*10. 2. 1898 in Augsburg, †14. 8. 1956 in Ost-Berlin
1953 siegte Politik über Kunst: Nach dem Volksaufstand am 17. Juni veröffentlichte die DDR-Presse von einem kritischen Brief Brechts an Ulbricht lediglich die abschließende „Ergebenheitsadresse", worauf in der B. D. zum Boykott des Dramatikers aufgerufen wurde. Zwei Jahre später bestätigte das Internationale Theaterfestival in Paris den künstlerischen Weltrang des (parteilosen) Kommunisten: Das Programm trug die Überschrift „Hommage à Brecht" und würdigte somit ein Lebenswerk im Dienst der Erneuerung des künstlerischen und damit auch gesellschaftlichen Bewußtseins.
Der Sohn eines schließlich zum Direktor einer Papierfabrik aufgestiegenen Kaufmanns studierte 1917–1921 in München Medizin und Literatur, 1918 unterbrochen durch den Einsatz als Sanitätshelfer; 1920/21 verfaßte er Theaterkritiken für die Augsburger Zeitung der USPD. Als erstes Drama kam 1922 in München das Heimkehrer-Stück *Trommeln in der Nacht* zur Aufführung, für das Brecht mit dem Kleist-Preis ausgezeichnet wurde. 1923 folgten die Uraufführungen von *Im Dickicht der Städte* und dem expressionistischen Erstlingswerk *Baal*.
1924 ließ Brecht sich in Berlin nieder. Ausgehend von der Kritik am bestehenden Theaterbetrieb und in engem Zusammenhang mit seiner als Publizist entwickelten Gesellschaftskritik, erarbeitete er, zunächst unsystematisch, Theorie und Praxis des (u. a. auch vom ostasiatischen Theaterspiel beeinflußten) „epischen Theaters". Es zielt darauf ab, den Zuschauer durch verfremdende Mittel („V-Effekt", z. B. Heraustreten des Schauspielers aus seiner Rolle, Songs, Texttafeln) in ein kritisch-beobachtendes Verhältnis zum Bühnengeschehen zu versetzen („Glotzt nicht so romantisch!"). Die auf der Bühne vorgezeigten Verhaltensweisen sollen als gesellschaftlich bedingt und daher veränderbar erkannt werden. Die intensive Beschäftigung mit dem Marxismus (ab 1926) führte ihn zur Form des „Lehrstücks" (bestimmt zur Aufführung in Betrieben und auf Parteiversammlungen) mit dem zentralen Thema der Voraussetzungen eines angemessenen (sozialistischen) kollektiven Handelns. Zu Brechts eigenem „Kollektiv" gehörten Elisabeth Hauptmann und der Bühnenbildner Caspar Neher. Außerordentlichen Erfolg erlangte 1928 *Die Dreigroschenoper* (nach John Gays „The Beggar's Opera", 1728) mit der Musik von Kurt Weill. Bei den Lehrstücken arbeitete Brecht mit dem Komponisten Hanns Eisler zusammen (*Die Maßnahme*, 1930). 1932 inszenierte er seine Dramatisierung des Romans *Die Mutter* von Maxim Gorki; die Titelrolle spielte Helene Weigel, die Brecht 1928 in zweiter Ehe geheiratet hatte. Ab 1930 erschienen in der Heftreihe „Versuche" u. a. Anmerkungen zu eigenen Stücken und deren Aufführung. Neben den Bühnenliedern entstanden eigenständige Gedichte (*Hauspostille*, 1927) sowie parabelhafte Erzählungen (*Geschichten vom Herrn Keuner,* ab 1930).
1933 emigrierte Brecht mit seiner Familie über Prag und die Schweiz nach Dänemark (Svendborg), 1940 nach Finnland, 1941 über Moskau in die USA (Santa Monica bei Hollywood). Vom Theater zunächst abgeschnitten, arbeitete er als Romancier (*Dreigroschenroman*, 1934), Lyriker (*Svendborger Gedichte,* 1939), Essayist (*Fünf Schwierigkeiten beim Schreiben der Wahrheit,* 1934) und philosophisch-wissenschaftlicher Erzähler *(Me-ti/Buch der Wendungen).* 1936 gehörte Brecht zu den Gründungsherausgebern der in Moskau erscheinenden Zeitschrift „Die Waage", in der 1937/38 die sog. „Expressionismusdebatte" geführt wurde. 1938–1945 entstanden die „klassischen" Dramen, von denen drei während des

Krieges in Zürich uraufgeführt wurden: 1941 *Mutter Courage und ihre Kinder* (Musik Paul Dessau), 1943 *Der gute Mensch von Sezuan* und *Galileo Galilei*. In den Dialogen *Der Messingkauf* (1939/40, V 1963) klärte Brecht seine Konzeption des „epischen" bzw. „didaktischen Theaters". 1947 wurde Brecht vom antikommunistischen „Committee of Un-American Activities" vernommen; kurz darauf verließ er die USA. Über die Schweiz (1948 in Chur Uraufführung der „Antigone"-Bearbeitung) und Prag kehrte er nach Ost-Berlin zurück. 1949 gründete er gemeinsam mit Helene Weigel das „Berliner Ensemble", das 1954 das Theater am Schiffbauerdamm bezog. Im 1949 erschienen *Kleinen Organon für das Theater* entfaltete Brecht thesenartig die Vielfalt der Aspekte eines Theaters, das zwischen Belehrung und Vergnügen vermittelt: „Wie die Umgestaltung der Natur, so ist die Umgestaltung der Gesellschaft ein Befreiungsakt, und es sind die Freuden der Befreiung, welche das Theater eines wissenschaftlichen Zeitalters vermitteln sollte." Anläßlich seiner Inszenierung des Stücks „Katzgraben" von Erwin Strittmatter entwickelte er 1953 in den *Katzgraben-Notaten* eine explizit sozialistische, gegen „banale Durchidealisierung" gerichtete Dramaturgie. Brechts Arbeit galt nun vor allem den Modellinszenierungen eigener und fremder Stücke („Der Hofmeister" von J. M. R. ↑Lenz, „Der Biberpelz" und „Der rote Hahn" von ↑Hauptmann). Brechts Funktion als kulturpolitischer Repräsentant (Staatspreis der DDR 1951) schloß Spannungen mit der politischen Führung nicht aus; so drohte dem Träger des Internationalen Stalin-Friedenspreises 1954 im folgenden Jahr das Verbot seiner als einseitig pazifistisch kritisierten *Kriegsfibel*.

Gedichtbände: *Hauspostille* (1927, als *Taschenpostille* 1926), *Aus einem Lesebuch für Städtebewohner* (1930 in *Versuche*, Heft 2), *Lieder, Gedichte, Chöre* (1934), *Svendborger Gedichte* (1939), *Buckower Elegien* (Auswahl 1953, als Slg. 1961). – Erzählungen, Romane, Prosa: *Geschichten vom Herrn Keuner* (ab 1930), *Dreigroschenroman* (1934), *Me-ti/Buch der Wendungen* (ab 1934), *Der Tui-Roman* (ab 1934), *Die Geschäfte des Herrn Julius Cäsar* (E 1937–1939, V 1957, Verf Italien 1972 Jean-Marie Straub und Daniele Huillet), *Kalendergeschichten* (1949; darin *Die unwürdige Greisin*, E 1939, Verf Frankr. 1964 René Allio), *Flüchtlingsgespräche* (E 1940/41, V 1961). – Dramen: *Baal* (E 1918–1920, V 1920, U 1923, 5. Fassung 1955, Vert 1981 Friedrich Cerha), *Trommeln in der Nacht* (E 1919, U 1922), *Im Dickicht der Städte* (E 1921–1924, 1. Fassung U 1923), *Mann ist Mann* (E 1924–1926, U 1926), *Die Dreigroschenoper* (1928, Verf Dtld./USA 1930/31 G. W. Pabst, B. D./Frankr. 1963 Wolfgang Staudte), *Aufstieg und Fall der Stadt Mahagonny* (E 1928/29, U 1930), *Das Badener Lehrstück vom Einverständnis* (1929), *Der Jasager* und *Der Neinsager* (E 1929–1931, 1. Fassung *Der Jasager* U 1930), *Die Maßnahme* (1930), *Die heilige Johanna der Schlachthöfe* (E 1929/30, als Hörspiel-Kurzfassung 1932, U 1959), *Die Mutter* (E 1931, U 1932), *Die Rundköpfe und die Spitzköpfe* (E 1931–1934, U 1936), *Furcht und Elend des Dritten Reiches* (E 1935–1938, Teil-U 1938, U 1948), *Die Gewehre der Frau Carrar* (1937), *Leben des Galilei* (E 1938/39, U 1943, 2. [amerikan.] Fassung U 1947, 3. Fassung U 1957), *Mutter Courage und ihre Kinder* (E 1939, U 1941, Verf DDR 1960 Peter Palitzsch und Manfred Werkwerth), *Der gute Mensch von Sezuan* (E 1938–1940, U 1943), *Herr Puntila und sein Knecht Matti* (E 1940, U 1948, Verf Österr. 1955 Alberto Cavalcanti), *Der aufhaltsame Aufstieg des Arturo Ui* (E 1941, V 1957, U 1958), *Die Gesichte der Simone Machard* (E 1941–1943, U 1957), *Schweyk im Zweiten Weltkrieg* (E 1941–1944, U 1957, V 1959), *Der kaukasische Kreidekreis* (E 1944/45, U 1954), *Die Tage der Commune* (E 1948/49, U 1956), *Turandot oder Der Kongreß der Weißwäscher* (E 30er Jahre–1954, V 1967, U 1968). – Hörspiele: *Der Flug der Lindberghs* (1929, später: *Der Ozeanflug*), *Das Verhör des Lukullus* (E 1939, als Oper mit der Musik von Paul Dessau U 1951, 2. Fassung als *Die Verurteilung des Lukullus* U 1951). – Drehbücher: *Kuhle Wampe* (1932, Regie Slatan Dudow), *Hangmen also die! (Auch Henker sterben*, 1943, Regie Fritz Lang).

Die heilige Johanna der Schlachthöfe.
Drama, E 1929/30, V 1932, U 1959. In Chicago tobt ein Vernichtungswettbewerb unter den Produzenten von Büchsenfleisch. Er wird vom „Fleischkönig" Mauler gelenkt, dessen Entscheidungen wiederum von seinen Wallstreet-Beratern abhängen. Die zum Stillstand gelangte Produktion nimmt Tausenden ihre ohnehin erbärmliche Arbeit. Auf der Suche nach den Ursachen des Elends stößt Johanna Dark, Leutnant bei den „Schwarzen Strohhüten" (Heilsarmee), auf Mauler. Seine Bereitschaft, die Produktion wieder anzukurbeln, geht scheinbar auf ihren Einfluß zurück. Aus der Gemeinschaft der „Schwarzen Strohhüte" ausgeschlossen, reiht sich Johanna in das Heer der Arbeitslosen ein. Doch durch ihre Unwissenheit wird sie mitschuldig daran, daß ein Generalstreik niedergeschlagen wird. Das Bekenntnis der sterbenden, als „Trösterin der Armen" zur Kanonisierung vorgesehenen Johanna, daß, „wo Gewalt herrscht, nur Gewalt hilft", wird von den Chören der inzwischen geschäftlich verbundenen „Schwarzen Strohhüte" und Fleischproduzenten lauthals übertönt.
Das Drama steht im Zusammenhang der „Lehrstücke". Vor dem Hintergrund der Weltwirtschaftskrise exemplifiziert es die Mechanismen des Kapitalismus und deren ideologische Verschleierung: „Wehe! Ewig undurchsichtig / Sind die ewigen Gesetze / Der menschlichen Wirtschaft!" Zu den Gestaltungsmitteln gehört die distanzierende sprachliche Überhöhung (Blankverse) bis hin zur Nachahmung von Versen ↑ Hölderlins: „Den Preisen nämlich / War es gegeben, von Notierung zu Notierung zu fallen / Wie Wasser von Klippe zu Klippe geworfen / Tief ins Unendliche hinab. Bei dreißig erst hielten sie." Die Vorbemerkung interpretiert die literarischen Bezüge: Dargestellt ist „die heutige Entwicklungsstufe des faustischen Menschen".
Nach der dt. Besetzung Frankreichs schrieb Brecht 1941–1944 das Drama *Die Gesichte der Simone Machard*, dessen Titelgestalt sich mit Jeanne d'Arc identifiziert. 1952 bearbeitete er ↑ Seghers' Hörspiel *Der Prozeß der Jeanne d'Arc zu Rouen 1431* als Drama.

Die Gewehre der Frau Carrar. Drama in einem Akt, E, V und U 1937. Veranlaßt wurde das Stück durch den Span. Bürgerkrieg. Die Titelgestalt, Witwe eines bei einem Aufstand ums Leben gekommenen Fischers, will ihre beiden Söhne vom Krieg fernhalten. Erst der Tod ihres ältesten Sohns, der von Soldaten Francos als Arbeiter erkannt und erschossen worden ist, öffnet ihr die Augen, daß es keine Neutralität gibt. Sie gibt die von ihrem Mann versteckten Gewehre heraus und geht mit dem ihr verbliebenen Sohn an die Front.
Brecht kam zugunsten der agitatorischen Wirkungsabsicht von seiner auf Distanzierung gegenüber dem Bühnengeschehen zielenden Konzeption des „epischen Theaters" ab und bediente sich der „aristotelischen (Einfühlungs-)Dramatik", empfahl jedoch, das Stück „zusammen mit einem Dokumentenfilm, der die Vorgänge in Spanien zeigt, oder irgendeiner propagandistischen Veranstaltung" aufzuführen, um die „Nachteile dieser Technik" auszugleichen.

Furcht und Elend des Dritten Reiches. Drama in 24 Szenen, E 1935–1938, V 1938, Teil-U 1938, amerikan. U (u. d. T. „The Private Life of the Master Race") 1945. Die Szenen sind im Zeitraum 1933–1938 angesiedelt, ihre Schauplätze über ganz Dtl. verstreut. Einleitende Verse geben die jeweilige Personengruppe an, deren Verhalten zur (auf Augenzeugenberichte und Zeitungsnotizen gestützten) Darstellung kommt: SA- und SS-Leute, Juristen, Mediziner, Naturwissenschaftler, Arbeiter, aus dem KZ Entlassene, Bauern und Kleinbürger. Aus zumeist kurzen Dialogen entwickelt sich das Bild eines Volkes, in dem unter dem Druck des nationalsozialistischen Terrors Furcht, gegenseitiges Mißtrauen selbst unter den KZ-Gefangenen, Verrat herrschen: Kinder bespitzeln ihre Eltern, Eltern liefern ihre Kinder der Polizei aus. Der Endpunkt wird der Krieg sein, auf den die Machthaber hinarbeiten – als akustische Verbindung der Szenen dient das Rollen von Panzerketten.

Mutter Courage und ihre Kinder. Eine Chronik aus dem Dreißigjährigen Krieg. Drama in 12 Bildern, E 1939, U 1941, V 1949. Die Titelgestalt, die Marketenderin Anna Fierling, gen. „Mutter Courage", entnahm Brecht dem Roman „Trutz Simplex" (1670) über die „Erzbetrügerin und Landstörzerin Courasche" von ↑Grimmelshausen. Die Handlung reicht vom Frühjahr 1624 bis zum Januar 1641; die Schauplätze liegen in Schweden, Polen, Sachsen und Bayern. Äußeres Merkmal des wechselnden Kriegserfolgs im „Großen Glaubenskrieg" und damit auch des Handelserfolgs der Courage ist die Ausstattung ihres Wagens mit Waren bzw. deren Fehlen.

Die Courage zieht mit ihrem Wagen und ihren drei Kindern, den Söhnen Eilif und Schweizerkas und der stummen Kattrin, von einem Kriegsschauplatz zum anderen. In Schweden läßt sich Eilif als Soldat anwerben. Zwei Jahre später begegnen sich Mutter und Sohn wieder: Dieser wird vom Feldhauptmann dafür ausgezeichnet, daß er vier Bauern, die ihren Besitz verteidigen wollten, umgebracht hat; am nun fälligen Festessen verdient die Courage. Ihr Sohn Schweizerkas wird erschossen; er hat sich nach der Eroberung des Lagers geweigert, die ihm anvertraute Regimentskasse herauszugeben, und die Courage hat beim Versuch, die Richter zu bestechen, zu lange über die Höhe der Bestechungssumme verhandeln lassen. Um sich selbst zu schützen, muß sie ihren toten Sohn verleugnen. Kattrin wird, als sie aus der Stadt Waren bringt, überfallen und mißhandelt. Hier, am Ende des 6. Bildes, verflucht die Courage den Krieg. Doch schon das nächste Bild beginnt mit dem Bekenntnis der „auf der Höhe ihrer geschäftlichen Laufbahn" angelangten Händlerin: „Ich laß mir den Krieg von euch nicht madig machen. Es heißt, er vertilgt die Schwachen, aber die sind auch hin im Frieden. Nur, der Krieg nährt seine Leut besser." Der Tod Gustav Adolfs scheint den Krieg zu beenden, die Courage beeilt sich, ihre Waren loszuschlagen. Währenddessen wird Eilif, der trotz des Friedens erneut Bauern „gelegt" hat, hingerichtet. Die Courage wird bettelarm. Ein Koch, der sich ihr angeschlossen hat, bietet ihr an, gemeinsam in Utrecht eine Schenke zu führen, die er geerbt hat, allerdings ohne die verunstaltete Kattrin; die Courage bleibt bei ihrer Tochter. Während der Vorbereitung eines nächtlichen Überfalls auf Halle weckt Kattrin mit einer Trommel die Stadt und wird erschossen. Allein zieht die Courage hinter einem Regiment her.

Brecht mußte sich mit Mißverständnissen und Kritik verschiedener Herkunft auseinandersetzen: Mit der Auffassung, das Stück handle, als „Niobetragödie", von „der erschütternden Lebenskraft des Muttertiers" einerseits, mit der Frage andererseits: Wie können wir das dt. Volk „aus seinem Fatalismus aktivieren gegen einen neuen Krieg? Und da hätte ich mir die ‚Courage' noch wirksamer gedacht, wenn ihr Wort ‚Verflucht sei der Krieg!' zum Schluß (wie bei der Kattrin) bei der Mutter einen sichtbaren Handlungsausdruck, eine Konsequenz dieser Erkenntnis gewonnen hätte" (F. ↑Wolf). Brecht antwortete: „Dem Stückschreiber obliegt es nicht, die Courage am Ende sehend zu machen – (...), ihm kommt es darauf an, daß der Zuschauer sieht." Diesem Ziel dient neben dem Verzicht auf eine dem Zuschauer vorexerzierte Einsicht die konsequente Anwendung von Gestaltungsmittel des „epischen Theaters": einleitende Zusammenfassung des Inhalts der einzelnen Szenen (Projektionen), um das Interesse vom „Was" auf das „Wie" zu lenken; Songs, die in dialektischem Zusammenhang mit Bühnengestalten und dem Bühnengeschehen stehen.

Das Verhalten der Courage fordert Kritik heraus, die sich jedoch nicht gegen sie als Individuum bzw. „Charakter" richten darf, sondern zur Einsicht in den „entsetzlichen Widerspruch" führen muß, „der einen Menschen vernichtete, einen Widerspruch, der gelöst werden könnte, aber nur von der Gesellschaft selbst" *(Anmerkungen zur Aufführung).*

Leben des Galilei. Drama in 15 bzw. 14 Bildern. Das Stück besitzt drei Fassungen: Der 1938/39 entstandenen Erstfassung (U 1943) folgte eine mit dem Schauspieler Charles Laughton erarbeitete amerikan. Zweitfassung (1945–1947, U 1947), schließlich eine dritte Fassung für das „Berliner Ensemble" (1954–1956, U 1957).

Den Anstoß zur Dramatisierung des Lebens des Mathematikers, Astronomen und Physikers Galileo Galilei (1564–1642) gab die Nachricht von der ersten Spaltung von Uranatomkernen (Otto Hahn) 1938. Brecht erkannte darin den Beginn eines zunächst neuen wissenschaftlichen Zeitalters, in seiner Bedeutung der „kopernikanischen Wende" des 16. Jh.s (nicht die Erde, sondern die Sonne ist der Mittelpunkt des Sonnensystems) vergleichbar. Der Durchsetzung der Erkenntnisse des Kopernikus war u. a. Galileis wissenschaftliche Arbeit gewidmet.

Die Handlung reicht von 1609 bis 1642, beginnend mit dem Bekenntnis des im Padua tätigen Forschers: „Die alte Zeit ist herum, und es ist eine neue Zeit. Bald wird die Menschheit Bescheid wissen über ihre Wohnstätte, den Himmelskörper, auf dem sie haust. Was in den alten Büchern steht, genügt ihr nicht mehr." Um seine finanziellen Probleme zu lösen, gibt er die holländ. Erfindung des Fernrohrs als seine eigene aus. Mit der Entdeckung der Jupitermonde gelingt ihm ein entscheidender Beweis für das von Kopernikus theoretisch entwickelte Weltbild. Der Versuch, durch seine Entdeckung eine Anstellung am mediceischen Hof in Florenz zu erhalten, scheitert am Widerstand der Gelehrten gegen den Umsturz des Ptolemäischen Weltbilds. 1616 bestätigt zwar das vatikan. „Collegium Romanum" Galileis Entdeckung, doch setzt zugleich die Inquisition die Lehre des Kopernikus auf den Index, so daß Galilei zum Schweigen verurteilt ist. Acht Jahre später ermutigt der Regierungsbeginn des wissenschaftlich gebildeten Papstes Urban VIII. Galilei zur Fortsetzung seiner Forschungen, die neuen Erkenntnisse werden populär (Maskentreiben des 10. Bildes). 1633 zitiert ihn die Inquisition nach Rom; der Papst gestattet, Galilei zumindest die Folterinstrumente zu zeigen; Galilei widerruft. Von seinen enttäuschten Freunden und Schülern geschmäht und verlassen, verbringt er die letzten Lebensjahre als Gefangener der Kirche in seinem Haus. Das 14. Bild zeigt die Begegnung mit dem Lieblingsschüler Andrea Sarti, der im Begriff ist, nach Holland zu emigrieren. Ihm vertraut Galilei an, daß er heimlich seine „Discorsi" über Mechanik und Fallgesetze verfaßt hat; Sarti erhält die Abschrift, um sie ins Ausland zu bringen („Gib acht auf dich, wenn du durch Deutschland kommst, die Wahrheit unter dem Rock").

Die drei Fassungen unterscheiden sich vor allem in der Bewertung, die Galilei selbst im 14. Bild seinem Widerruf gibt. Bestätigt ihm Sarti in der Erstfassung, daß er, die Obrigkeit täuschend, „auch auf dem Gebiet der Ethik (...) um Jahrhunderte voraus" war, so klagt sich Galilei in der zweiten Fassung an: „Ich hatte als Wissenschaftler eine einzigartige Möglichkeit. In meiner Zeit erreichte die Astronomie die Marktplätze. Unter diesen ganz besonderen Umständen hätte die Standhaftigkeit eines Mannes große Erschütterungen hervorrufen können. Hätte ich widerstanden, hätten die Naturwissenschaftler etwas wie den hippokratischen Eid der Ärzte entwickeln können, das Gelöbnis, ihr Wissen einzig zum Wohle der Menschheit anzuwenden." Brecht selbst begründete diese in der dritten Fassung noch verstärkte Umdeutung Galileis zu einem „negativen Helden": „Das ‚atomarische' Zeitalter machte sein Debüt in Hiroshima in der Mitte unserer Arbeit. Von heut auf morgen las sich die Biographie des Begründers der neuen Physik anders." Der Verwendung von Gestaltungsmitteln des „epischen Theaters" beschränkt sich auf jeweils einleitende Hinweise zum Inhalt. Die Distanzierung zum Bühnengeschehen ergibt sich aus dem hohen Anteil disputartiger Dialoge, die zur eigenen Stellungnahme herausfordern.

Der gute Mensch von Sezuan. Ein Parabelstück. E 1938–1940, U 1943, V 1953. Da der Himmel „sehr beunruhigt (ist) wegen der vielen Klagen, die zu ihm aufsteigen", haben sich drei Götter auf die Erde begeben, um nach „guten Menschen" Ausschau zu halten. In der Hauptstadt der Provinz Sezuan werden sie von dem armen Wasserverkäufer Wang empfangen. Vergeblich bittet er bei seinen Mitbürgern um ein Nachtlager für die „Erleuchteten"; nur das Straßenmädchen Shen Te ist bereit, ihre Kammer zur Verfügung zu stellen. Die am anderen Morgen erbetene Entlohnung reicht aus, um einen Tabakladen zu kaufen. Doch Shen Tes Gutmütigkeit zieht scharenweise Schmarotzer an, die sie zu ruinieren drohen. Shen Te verwandelt sich in ihren angeblichen Vetter Shui Ta, der mit harter Hand Ordnung schafft. Erneut gerät Shen Te in Schwierigkeiten, als sie sich in den arbeitslosen Flieger Yang Sun verliebt. Für ihn nimmt sie Kredite auf und ist bereit, ihren Laden wieder zu verkaufen. Shui Ta findet jedoch heraus, daß es dem Geliebten nur um Shen Tes Geld geht; die Hochzeit findet nicht statt. Mit gestohlenen Tabakballen gründet Shui Ta eine durch Hungerlöhne gewinnbringende Tabakfabrik. Inzwischen erhebt sich der Verdacht, daß der rücksichtslose „Vetter" Shen Te umgebracht hat. Vor Gericht, dem die drei Götter vorsitzen, enthüllt Shen Te ihre Doppelrolle: „Euer einstiger Befehl, / Gut zu sein und doch zu leben / Zerriß mich wie ein Blitz in zwei Hälften. Ich / Weiß nicht, wie es kam: gut sein zu andern / Und zu mir konnte ich nicht zugleich." Der Epilog („Den Vorhang zu und alle Fragen offen") fordert auf: „Verehrtes Publikum, los, such dir selbst den Schluß! / Es muß ein guter da sein, muß, muß, muß!" Die Richtung, in der eine Antwort zu suchen ist, deutete Brecht in einer späteren Vorbemerkung im Hinblick auf die VR China an: „Die Provinz Sezuan der Fabel, die für alle Orte stand, an denen Menschen von Menschen ausgebeutet werden, gehört heute nicht mehr zu diesen Orten."

Der kaukasische Kreidekreis. Drama in 6 Bildern, E 1944/45, amerikan. U 1948, V 1949, dt. U 1954. Zugrunde liegt eine von Klabund (eigtl. Alfred Henschke) 1925 dramatisierte chines. Sage („Der Kreidekreis"), die Brecht 1940 als Erzählung bearbeitet hat *(Der Augsburger Kreidekreis)*. Das Drama setzt die Sage mit zwei anderen Themen in Beziehung: der Geschichte des Richters Azdak und einer nach dem II. Weltkrieg im Kaukasus angesiedelten Auseinandersetzung darüber, ob ein Tal den ehemaligen Dorfgemarkungen zugeschlagen oder als Kolchosebesitz Teil einer großen Bewässerungsanlage werden soll. *Der Streit um das Tal* (1. Bild) endet mit dem Sozialisierungsbeschluß. Im Anschluß führen Kolchosemitglieder das Stück *Der Kreidekreis* auf. Im Mittelpunkt steht die Magd Grusche. Sie rettet bei einem Aufstand das von seiner flüchtenden Mutter zurückgelassene Kind des Gouverneurs. Die 5. Szene handelt vom Dorfschreiber Azdak, dem die revoltierenden Soldaten das Richteramt übertragen; er übt es als „Armeleuterichter" aus und schafft so eine kurze „Goldne Zeit beinah der Gerechtigkeit". Beide parallelen Handlungsstränge laufen im 6. Bild zusammen. Die Gouverneursfrau hat inzwischen um des Erbes willen ihr Kind suchen lassen. Azdak muß entscheiden, wer die wirkliche Mutter ist. Die Gouverneursfrau und Grusche sollen das Kind aus einem Kreidekreis zu sich ziehen; Grusche erweist sich, indem sie losläßt, als die „Mütterliche" und erhält das Kind. Die Analogie zwischen dieser Entscheidung und jener für die Sozialisierung des Tales geben die Schlußverse zu erkennen: „Daß da gehören soll, was ist, denen, die für es gut sind, also / Die Kinder den Mütterlichen, damit sie gedeihen / (...) Und das Tal den Bewässerern, damit es Frucht bringt." Das Stück über das neue sozialistische Verständnis von Besitz und Gerechtigkeit zeigt zugleich eine Fülle von Gestaltungsmitteln des „epischen Theaters" (beispielsweise die Funktion des Sängers, der das „Spiel im Spiel" kommentiert).

Geschichten vom Herrn Keuner. Brecht veröffentlichte seine ersten Keuner-Geschichten 1930 in Heft 1 der „Versuche"; weitere folgten in den Heften 5 (1932) und 12 (1953); sie sind auch in den *Kalendergeschichten* (1949) enthalten. Die mitunter auf ein oder zwei Sätze reduzierten Geschichten sind insofern Parabeln, als sie Verhaltensweisen darstellen und Einstellungen zum Ausdruck bringen, die zum Vergleich mit herrschenden Normen herausfordern. Vielfach besitzen die Äußerungen Keuners einen Überraschungseffekt, etwa in *Mühsal der Besten:* „‚Woran arbeiten Sie?' wurde Herr K. gefragt. Herr K. antwortete: ‚Ich habe viel Mühe, ich bereite meinen nächsten Irrtum vor.'" Ein Grundmotiv ist die Notwendigkeit der Veränderung: „Ein Mann, der Herrn K. lange nicht gesehen hatte, begrüßte ihn mit den Worten: ‚Sie haben sich gar nicht verändert.' ‚Oh!' sagte Herr K. und erbleichte."

Me-ti/Buch der Wendungen. E ab 1934. Die von Brecht auch als „Büchlein mit Verhaltensregeln" bezeichnete Slg. von zumeist kurzen parabolischen Texten basiert auf einer Übersetzung von Schriften des chines. Sozialethikers Mo Di bzw. Mê Ti (470–400 v. Chr.). Eingefügt sind vom marxistischen Standpunkt aus angestellte Erörterungen sozialer und weltanschaulicher Fragen, gehüllt in das (verfremdende) Gewand chines. Philosophie. Neben Marx (Ka-meh), Engels (Meister Eh-fu, Fu-en, En-fu) und Lenin (Mi-en-leh) kommt, u. a. als Kin-jeh, auch Brecht selbst zu Wort: „Der Dichter Kin-jeh wurde aus seiner Heimat verjagt, weil man ihm niedrige Gesinnung vorwarf. Er selbst sagte, er sei der Gesinnung der Niedrigen beschuldigt worden. Das sei die beste." Trotz der „eklektischen Züge des Buches" erwartet Brecht im Vorwort: „Gerade die Einfügung moderner Gedankengänge und die teilweise recht amüsante Wahl der Vergleiche aus der modernen Geschichte für die Gedankengänge eines alten chines. Philosophen wird manchen Leser erfreuen."

Lyrik. Unter dem Aspekt ihrer Veröffentlichung gliedern sich die lyrischen Texte Brechts in zwei Hauptgruppen: in die Gedichte, Lieder, Songs der Dramen und die Texte der Gedichtbände. Grundsätzlich besteht jedoch kein Gegensatz, da die „Gedichte und Lieder aus Stücken" (erste Slg. 1963) durch ihre Selbständigkeit innerhalb der Stücke gekennzeichnet sind.

Nach expressionistischen Anfängen entwickelte Brecht seine Konzeption der „Gebrauchslyrik"; die *Anleitung zum Gebrauch der einzelnen Lektionen* der *Hauspostille* (1927) betont, daß diese Slg. „für den Gebrauch des Lesers bestimmt" ist. „Sie soll nicht sinnlos hineingefressen werden." Lehrhaften Charakter besitzen Gedichte wie *Lob der Dialektik:* „(…) An wem liegt es, wenn die Unterdrückung bleibt? An uns./An wem liegt es, wenn sie zerbrochen wird? An uns."

Zu der ihm eigenen Form des dialektischen Gedichts fand Brecht im „Kinderlied" *Der Schneider von Ulm. Ulm 1592* (in *Svendborger Gedichte,* 1939): Die Schlußverse der 2. Strophe („Es wird nie ein Mensch fliegen / Sagte der Bischof den Leuten") fordern den Widerspruch des Lesers heraus. Dieselbe Slg. enthält die *Legende von der Entstehung des Buches Taoteking auf dem Weg des Laotse in die Emigration* (Exilsituation) und die *Fragen eines lesenden Arbeiters* (Geschichtsbetrachtung „von unten"). Die im amerikan. Exil entstandenen Gedichte (*Hollywood:* „Jeden Morgen, mein Brot zu verdienen / Gehe ich auf den Markt, wo Lügen gekauft werden. / Hoffnungsvoll / Reihe ich mich zwischen die Verkäufer") entsprechen den im Aufsatz *Über reimlose Lyrik in unregelmäßigen Rhythmen* (E 1940, V 1953) entwickelten Überlegungen.

In der Lyrik der letzten Jahre herrscht neben dem Gestus der Ermutigung *(Aufbaulied)* der Ausdruck von Skepsis: „Ich sitze am Straßenrand / Der Fahrer wechselt das Rad. / Ich bin nicht gern, wo ich herkomme. / Ich bin nicht gern, wo ich hinfahre. / Warum sehe ich den Radwechsel / Mit Ungeduld?" (*Buckower Elegien,* 1953).

Willi Bredel
*2. 5. 1901 in Hamburg, †27. 10. 1964 in Ost-Berlin
Der Werftarbeiter trat 1923 der KPD bei; 1928 wurde er Mitglied des „Bundes Proletarisch-Revolutionärer Schriftsteller". 1933 im KZ Fuhlsbüttel inhaftiert, floh er 1934 über Prag nach Moskau, wo er mit ↑ Brecht die Exilzeitschrift „Das Wort" herausgab. Er nahm am Span. Bürgerkrieg teil und lebte seit 1945 in Ost-Berlin, zuletzt als Präsident der Deutschen Akademie der Künste. Bredels anfänglich reportagehafte und dokumentarische Romane sind dem sozialistischen Realismus verpflichtet. Der proletarischen Alltagsschilderung *Maschinenfabrik N & K* (1930) folgte der im Gefängnis konzipierte Roman *Die Prüfung* (1934), eine der frühesten Enthüllungen der Leiden der politischen Gefangenen unter dem Sadismus der KZ-Wächter. Die Romantrilogie *Verwandte und Bekannte* (1943–1953) handelt vom Schicksal einer Arbeiterfamilie 1890 bis 1948.

Johann Jakob Breitinger↑ Bodmer

Clemens Brentano
*8. 9. 1778 in Ehrenbreitstein (= Koblenz), †28. 7. 1842 in Aschaffenburg
Aus großbürgerlichem Hause stammend und vermögend, führte Brentano nach Studienjahren in Halle, Jena und Göttingen ein zur Exzentrik neigendes, freies Dichterleben. Gemeinsam mit A. v. ↑ Arnim, dem späteren Mann seiner Schwester B. v. ↑ Arnim, gab er 1805–1808 die Sammlung (bearbeiteter) Volkslieder *Des Knaben Wunderhorn* heraus. Ein kennzeichnendes Frühwerk ist der „verwilderte Roman" *Godwi* (1801), begonnen als Briefroman, mit eingefügten Gedichten und Erzählungen. Romantische „Zerrissenheit" spiegelt sich in der breiten Skala der Sprachmittel des Lyrikers und Erzählers vom innigsten Gefühlsausdruck bis hin zu beißender Ironie. Nach seiner Rückkehr zur kath. Kirche (sog. Generalbeichte 1817 in Berlin) zeichnete Brentano 1818–1823 die Visionen der stigmatisierten Nonne A. K. Emmerick auf (bearbeitete Fassung *Die bitteren Leiden unseres Herrn Jesu Christi,* anonym 1833).

Gedichtsammlungen: *Geistliche und weltliche Lieder* (Bd. 1 und 2 der *Gesammelten Schriften,* 1852), *Romanzen vom Rosenkranz* (Fragment, Bd. 3 der *Gesammelten Schriften,* 1852). – Romane: *Godwi oder Das steinerne Bild der Mutter* (1801). – Erzählungen: *Die Chronika des fahrenden Schülers* (Fragment, E ab 1803, V 1818), *Gockel, Hinkel und Gackeleia* (Märchen, E ab 1811, V 1838), *Die mehreren Wehmüller und ungarischen Nationalgesichter* (1817). Dramen: *Ponce de Leon* (E 1801, V 1804, U 1814), *Die Gründung Prags* (V 1815).

Geschichte vom braven Kasperl und dem schönen Annerl. Novelle, 1817. Der Erzähler wird von einer alten Bäuerin gebeten, eine Bittschrift zu verfassen, um für ihren Enkel Kaspar und ihr Patenkind Annerl ein christliches Begräbnis zu erwirken. Schrittweise enthüllt sich die Vorgeschichte. Annerls Verlobter, der Ulan Kaspar, hat sich das Leben genommen, nachdem er entdeckt hatte, daß sein Vater und Stiefbruder zu Dieben geworden sind. Das von einem Adligen verführte Annerl hat ihr Kind getötet und soll hingerichtet werden. Der Erzähler überbringt die Bittschrift. Der vom Herzog gewährte Pardon bleibt wirkungslos: Der Überbringer der Begnadigung (Annerls Verführer) kommt zu spät und nimmt sich angesichts des vollstreckten Urteils das Leben. Kaspar und Annerl erhalten ein ehrliches Begräbnis. Als Leitmotiv dient das Verständnis der „Ehre", sei es als Kaspars „Soldatenehre", sei es als Wissen der Bäuerin, daß Gott allein die Ehre gebührt. Im Ehrbegriff spiegeln sich die sozialen Gegensätze.

Rolf Dieter Brinkmann
*16. 4. 1940 in Vechta, †23. 4. 1975 in London
Nach einer Buchhandelslehre lebte Brinkmann in Köln als freier Schriftsteller. Seine erste Erzählung, *In der Grube*, erschien in dem von Dieter Wellershoff, dem Begründer des „Kölner Realismus", hg. Band „Ein Tag in der Stadt" (1962). Das Thema der Lyrik und Prosa Brinkmanns ist zumeist das banal Alltägliche. Als Material dienen vielfach Sprache und Figuren der Werbung, der Comic strips und des Films; insofern bestehen Entsprechungen zur Pop-art. Der Roman *Keiner weiß mehr* (1968) schildert in Form eines Stroms von Vorstellungen und Assoziationen die „private anhaltende Misere" eines jungen Mannes. 1975 war Brinkmann postum der erste Träger des Petrarca-Preises.

Gedichtbände: *Was fraglich ist wofür* (1967), *Die Piloten* (1968), *Gras* (1970), *Westwärts 1 & 2* (1975); als Hg. *Acid – Neue amerikanische Szene* (1969), *Silverscreen. Neue amerikanische Lyrik* (1969). – Erzählungen: *Die Umarmung* (1965), Slg. *Raupenbahn* (1966). – Essays: *Das Modell, das für Buick '69 Modell stand* (1969).

Georg Britting
*17. 2. 1891 in Regensburg, †27. 4. 1964 in München
Nach schwerer Kriegsverwundung lebte Britting ab 1920 in München als freier Schriftsteller. Anfängen als Dramatiker (*Der Mann im Mond*, 1922; *Das Storchennest*, 1923) folgte ein umfangreiches Schaffen als Lyriker und Erzähler. Den Höhepunkt bildete der 1925 begonnene Roman *Lebenslauf eines dicken Mannes, der Hamlet hieß* (1932). Er schildert den Weg eines äußerlich erfolgreichen Hamlet (z. B. erledigt er die ihm auferlegte Rache, indem er seinen Schwiegervater zwingt, sich zu Tode zu fressen) ins Kloster. In den bildreichen Gedichten herrscht die Hingabe an Natureindrücke vor.

Gedichtbände: *Der irdische Tag* (1935), *Rabe, Roß und Hahn* (1939), *Lob des Weines* (1944, erweitert 1947), *Unter hohen Bäumen* (1951). – Erzählungen: *Die kleine Welt am Strom* (1933), *Das treue Eheweib* (1934), *Der bekränzte Weiher* (1937), *Das gerettete Bild* (1938), *Der Schneckenweg* (1941), *Der Eisläufer* (1948), *Afrikanische Elegie* (1953).

Hermann Broch
*1. 11. 1886 in Wien, †30. 5. 1951 in New Haven (Connecticut, USA)
Der Sohn und Nachfolger eines jüd. Textilfabrikanten beendete 1927 seine Laufbahn als Industrieller (erste kulturkritische Aufsätze ab 1908). Die Analyse des modernen „Wertezerfalls" fand ihre komplexe literarische Gestaltung in der „polyhistorischen" Romantrilogie *Die Schlafwandler* (1931/32). Sie gliedert sich in die drei Querschnitte *1888. Pasenow oder die Romantik, 1903. Esch oder die Anarchie, 1918. Huguenau oder die Sachlichkeit.* Anfang 1938 aus politischen Gründen inhaftiert, emigrierte Broch Ende des „Anschluß"-Jahres in die USA. Der Roman *Der Tod des Vergil* (1945, Urfassung 1937) handelt vom Entschluß Vergils, angesichts der Wirkungslosigkeit der Kunst seine „Aeneis" zu vernichten. Der „Roman in elf Erzählungen" *Die Schuldlosen* (1950) mit den Hauptteilen 1913, 1923 und 1933 deckt das „Verbrechen der Gleichgültigkeit" als Nährboden des Nationalsozialismus auf. Der Titel bezieht sich auf die Tatsache, saß die handelnden Personen nur insofern „schuldlos" sind, als sie nicht unmittelbar und im herkömmlichen kriminalistischen Sinne strafbar sind. Kennzeichnende Gestaltungsmittel Brochs sind der innere Monolog, die Einbeziehung von Reflexionen und Träumen sowie der Übergang von Prosa in Lyrik.

Barthold H(e)inrich Brockes
*22. 9. 1680 in Hamburg, †16. 1. 1747 in Hamburg
1721 veröffentlichte der Hamburger Patrizier den ersten Band seiner schließlich neunbändigen Slg. (der letzte Band erschien postum 1748) *Irdisches Vergnügen in Gott bestehend in verschiedenen aus der Natur und Sittenlehre hergenommenen Gedichten.* Im Sinne der Frühaufklärung fordern die vielfach reflektierenden Gedichte zu der Einsicht auf, daß sich die Existenz Gottes in der zweckmäßigen Ordnung und vernünftigen Schönheit der Schöpfung manifestiert. Eingefügt sind Übersetzungen frz. und engl. Prosatexte. Bedeutung gewann die Slg. durch die vor allem in den ersten Bänden enthaltenen Naturschilderungen auf der Grundlage unmittelbarer Naturbeobachtung *(Frühe Knospen an einem Birnbaum, Kirschblüte bei Nacht, Die kleine Fliege).* 1745 veröffentlichte Brockes seine Übersetzung des Zyklus „The Seasons" *(Die Jahreszeiten)* von James Thomson.

Max Brod
*27. 5. 1884 in Prag, †20. 12. 1968 in Tel Aviv-Jaffa
Nach einem Jurastudium war Brod als Theater- und Musikkritiker tätig. 1913 schloß er sich dem Zionismus an. Als Romancier und Essayist setzte er sich vorwiegend mit der Geschichte des Judentums auseinander. Sein Hauptwerk *Tycho Brahes Weg zu Gott* (1916) konfrontiert den dän. Astronomen im Dienst Rudolfs II. mit dem jungen, der bloßen Empirie verpflichteten Johannes Kepler; die Einsicht in die Harmonie der Schöpfung gewinnt Brahe durch den Rabbi Löw. Entgegen dem Willen ↑ Kafkas, zu dessen Prager Freundeskreis Brod gehörte, gab er postum 1935–1937 Kafkas „Gesammelte Schriften" heraus, 1937 erschien seine Kafka-Biographie (erweitert 1954). 1939 emigrierte Brod nach Palästina, in Tel Aviv wurde er als Dramaturg tätig. Ab 1948 veröffentlichte er Kafka-Interpretationen (u. a. *Verzweiflung und Erlösung im Werke F. Kafkas,* 1959).

Romane: Trilogie *Tycho Brahes Weg zu Gott* (1916), *Rëubeni, Fürst der Juden* (1925), *Galilei in Gefangenschaft* (1948); *Der Meister* (Jesus-Roman, 1952). – Erzählungen: *Novellen aus Böhmen* (1936). – Dramen: *Das Schloß* (nach Kafka, 1953), *Amerika* (nach Kafka, 1957). – Essays: *Heidentum, Christentum, Judentum* (1921), *Rassentheorie und Judentum* (1936), *Das Unzerstörbare* (1968).

Arnolt Bronnen (eigtl. Arnold Bronner)
*19. 8. 1895 in Wien, †12. 10. 1959 in Ost-Berlin
Der Sohn des Schriftstellers Ferdinand Bronner verband in seinen frühen Dramen naturalistische und expressionistische Elemente. In Berlin (ab 1920) beteiligte er sich an ↑ Brechts Erarbeitung des „epischen Theaters" (Monodrama *Ostpolzug* mit dem Leitmotiv der Bezwingung des Mount Everest, 1926). Als Dramaturg des Berliner Rundfunks (1928–1933) bzw. der Reichsrundfunkgesellschaft (1933/34) förderte er das Hörspiel. Politisch schloß er sich dem Nationalsozialismus an, erhielt jedoch 1937 Berufsverbot und wandelte sich schließlich zum Kommunisten; 1955 ließ er sich in Ost-Berlin nieder.

Romane: *Film und Leben Barbara La Marr* (Hollywood-Roman, 1928), *Kampf im Äther* (1935), *Aisopos. Sieben Berichte aus Hellas* (1956). – Dramen: *Vatermord* (E vor 1914, V 1920, U 1922), *Die Geburt der Jugend* (E 1914, V 1922, U 1924), *N* (Napoleon-Drama, E 1935/36, V 1958), *Gloriana* (Satire um Elisabeth I. von England, E 1940, V 1958). – Autobiographisches: *a. b. gibt zu protokoll* (1954), *Tage mit Bertolt Brecht* (postum 1960).

Ferdinand Bruckner (eigtl. Theodor Tagger)
*26. 8. 1891 in Wien, †5. 12. 1958 in West-Berlin
Dem Medizinstudium folgte die Hinwendung zur Literatur. Nach expressionistischen Anfängen als Lyriker vertrat Bruckner als Dramatiker (er leitete 1923–1927 das Berliner Renaissance-Theater) einen krassen sozialkritischen Realismus: *Krankheit der Jugend* (1926) handelt am Beispiel einer Gruppe junger Mediziner vom Macht- und Sexualtrieb, *Die Verbrecher* (1928) schildern in sieben Parallelhandlungen (auf einer Simultanbühne) am Beispiel der Bewohner eines Miethauses Formen der Kriminalität. Mit *Elisabeth von England* (1930, Simultanschauplätze London und Madrid) begann eine Folge historischer Dramen mit dem zentralen Thema der Triebkräfte politischen Handelns. 1933 kehrte Bruckner nach Österreich zurück. Sein Ende des Jahres in Zürich uraufgeführtes Stück *Die Rassen* gehört zu den frühesten Anklagen gegen den nationalsozialistischen Antisemitismus. Bruckner bearbeitete auch zur Gegenwart in Beziehung gesetzte antike Stoffe (*Timon von Athen*, 1932, Neufassungen u. d. T. *Timon und das Gold* 1948 und 1956; *Pyrrhus und Andromache*, 1953). Aus dem amerikan. Exil kehrte er 1951 nach West-Berlin zurück, wo er als Dramaturg tätig wurde.

Günter de Bruyn
*1. 11. 1926 in Berlin
Nach Kriegsdienst (als 17jähriger Luftwaffenhelfer, dann Soldat) und -gefangenschaft absolvierte de Bruyn 1946 in Potsdam einen Neulehrerkursus und war bis 1949 in einem märk. Dorf Lehrer. Anschließend besuchte er die Bibliothekarschule in Ost-Berlin, gehörte ab 1953 dem Zentralinstitut für Bibliothekswesen an und machte sich 1961 als Schriftsteller selbständig. Zu seinen Vorbildern gehören ↑ Fontane und ↑ Jean Paul, dessen Biographie *Das Leben des Jean Paul Friedrich Richter* er 1975 veröffentlichte. Das Grundthema seiner humorvoll-kritischen, den Erzählvorgang reflektierenden Romane und Erzählungen sind die Verzerrungen einer ideologisch fixierten Betrachtung der Lebenswirklichkeit. 1964 wurde er mit dem Heinrich-Mann-Preis der DDR ausgezeichnet.

Romane: *Der Hohlweg* (1962), *Buridans Esel* (1969, Dramat ↑ Plenzdorf), *Preisverleihung* (1972). – Erzählungen: Slg. *Ein schwarzer, abgrundtiefer See* (1963), *Maskeraden* (Parodien, 1966). – Hörspiele: *Aussagen unter Eid* (1964).

Buridans Esel. Roman, 1969. Im Mittelpunkt dieses „Liebes-, Frauen-, Ehe-, Moral-, Bibliothekars-, Sitten-, Gegenwarts-, Gesellschafts-, Berlin-Berichts (oder im Verkaufsinteresse auch: -Romans)" steht der verheiratete Bibliothekar Karl Erp, den die „Produktivkraft Liebe", nämlich zu der Praktikantin Broder, einen neuen Anfang versuchen läßt. Schließlich kehrt er jedoch zu seiner Familie zurück, eingedenk der Lehre jener moralphilosophischen Erzählung des Johannes Buridan, in der ein Esel verhungert, da er sich nicht zwischen zwei gleich großen Heuhaufen entscheiden kann.

Märkische Forschungen. Erzählung für Freunde der Literaturgeschichte. 1979. Ein Professor und ein dilettierender Heimatforscher haben eines gemeinsam: das Interesse für einen vergessenen Historiker und Dichter namens Max von Schwedenow aus der Zeit der napoleonischen Fremdherrschaft und der Freiheitskriege. Sie werden zu Rivalen, als die akribische Kleinarbeit des einen das vom anderen mit Erfolg propagierte Bild des Freiheitsdichters zu zerstören droht. Ein parodistisches Glanzstück ist „Rotkäppchens Aufruf zur nationalen Erhebung. Literaturinterpretation nach Prof. Dr. Winfried Menzel".

Georg Büchner
*17. 10. 1813 in Goddelau (= Riedstadt) bei Darmstadt, †19. 2. 1837 in Zürich
Die neuere Geschichte der dt. Exilliteratur beginnt mit Georg Büchner. Autoren wie ↑ Börne und ↑ Heine hatten das restaurative Dtl. mehr oder weniger freiwillig verlassen, Büchner jedoch war, als er nach Frankr. floh, politisch verfolgt; ein am 13. Juni 1835 datierter Steckbrief bezichtigte ihn der „Teilnahme an staatsverräterischen Handlungen". Nach seinem Tod vergingen mehr als 50 Jahre, bis eine Gesamtausgabe seiner Werke erschien, und erst zu Beginn des 20. Jh.s, zur Zeit des Naturalismus und des Expressionismus, gewann das Schaffen des Dramatikers und Erzählers seine nun allerdings unauslöschliche Wirkung.
Der Sohn eines Amtsarztes wuchs in Darmstadt auf. Hier erhielt er seine Schulausbildung in einer Privatschule und ab 1825 im Gymnasium. 1831 begann er in Straßburg mit einem Medizinstudium; er wohnte bei dem Pfarrer Jaeglé, mit dessen Tochter Wilhelmine (Minna) er sich 1833 verlobte. Die politische Haltung des knapp 20jährigen Büchner zeigt ein Brief an die Eltern, in dem er über den gescheiterten „Frankfurter Putsch" (3. 4. 1833) schreibt: „Wenn in unserer Zeit etwas helfen soll, so ist es Gewalt. (. . .) Was nennt Ihr den gesetzlichen Zustand? Ein Gesetz, das die große Masse der Staatsbürger zum fronenden Vieh macht, um die unnatürlichen Bedürfnisse einer unbedeutenden und verdorbenen Minderzahl zu befriedigen? Und dies Gesetz, unterstützt durch eine rohe Militärgewalt und durch die dumme Pfiffigkeit seiner Agenten, ist eine ewige, rohe Gewalt, angetan dem Recht und der gesunden Vernunft, und ich werde mit Mund und Hand dagegen kämpfen, wo ich kann." Im Sommer führte ihn eine Vogesenwanderung vermutlich durchs Steintal, wo der Dichter J. M. R. ↑ Lenz 1778 in der Obhut des Pfarrers Oberlin lebte.
Im Herbst 1833 setzte Büchner sein Studium in Gießen fort. Hier trat er mit den „Oberhess. Verschwörern" um den Butzbacher Schulrektor Weidig in Verbindung, gründete in Gießen und später auch in Darmstadt eine geheime „Gesellschaft der Menschenrechte" und verfaßte die (von Weidig redigierte und ergänzte) Flugschrift *Der Hessische Landbote* (Druck Juli 1834), die unter dem Motto „Friede den Hütten! Krieg den Palästen!" mit statistischen Angaben die Unterdrückung und Ausbeutung des Volkes belegt. Denunziation führte zu Verhaftungen im Freundeskreis; Büchner selbst wurde Anfang 1835 verhört. In dieser Zeit entstand das Drama *Dantons Tod,* das im Juli 1835 (von ↑ Gutzkow bearbeitet) erschien. Anfang März entging Büchner der Verhaftung durch die Flucht nach Straßburg. Als Broterwerb übersetzte er die Dramen „Lukrezia Borgia" und „Maria Tudor" von Victor Hugo, im Oktober verfaßte er die Novelle *Lenz.* 1836 weckte er durch einen Vortrag über das Nervensystem der Fische, den die Straßburger „Gesellschaft für Naturwissenschaft" publizierte, die Aufmerksamkeit des in Zürich lehrenden Naturforschers Oken. Aufgrund seiner Dissertation *Über die Schädelnerven der Barben* promovierte ihn die Universität Zürich zum Dr. phil. An einem Wettbewerb des Cotta-Verlags beteiligte sich Büchner mit dem Lustspiel *Leonce und Lena,* das jedoch, da zu spät eingetroffen, ungelesen zurückging. Im Oktober 1836 zog Büchner nach Zürich und nahm seine Tätigkeit als Privatdozent auf. Zugleich begann er mit der Arbeit an *Woyzeck.* Im Alter von 23 Jahren erlag er einer Typhuserkrankung.
1922 stiftete der Volksstaat Hessen den Georg-Büchner-Preis für hess. Künstler (verliehen 1923–1932 und 1945–1950); er wird seit 1951 durch die „Dt. Akademie für Sprache und Dichtung" verliehen.

Dantons Tod. Drama in 4 Akten. E und V (in der Bearbeitung ↑ Gutzkows und mit dem Untertitel „Dramatische Bilder aus Frankreichs Schreckensherrschaft") 1835, U 1902. Dem nach Büchners Angaben „in höchstens fünf Wochen" Anfang 1835 verfaßten Stück liegen die Darstellungen der Frz. Revolution von Mignet und Thiers sowie die populäre Slg. „Unsere Zeit" zugrunde. Aus allen drei Werken hat Büchner Passagen übernommen. Das Bühnengeschehen reicht vom 24. 3. bis zum 5. 4. 1794 (Hinrichtung Dantons und seiner Freunde). Rückerinnerungen (etwa an Dantons Tätigkeit als Justizminister und seine Verantwortung für die Ermordung von mehr als 1000 Gefangenen im September 1792) und die Vorausdeutung auf die Hinrichtung Robespierres (28. 7. 1794) erweitern das Drama zu einer Gesamtdarstellung der jakobinischen Phase der Revolution.

Die Handlung gliedert sich in die Konfrontation zwischen Danton, der sich aus der Politik zurückgezogen hat und seinem Hang zum Wohlleben frönt, und Robespierre, dem sittenstrengen „Hüter" der Revolution (1. Akt), die Ereignisse um die Verhaftung Dantons (Warnungen, Verzicht auf Rettung durch Flucht), die Robespierre in einer Rede vor dem Nationalkonvent rechtfertigt (2. Akt), den Kampf gegen das Terrorregime, den Danton als Angeklagter vor dem Revolutionstribunal aufnimmt, und die erfolgreichen Gegenmaßnahmen seiner Gegner (3. Akt), schließlich die Vorbereitung Dantons und seiner Freunde im Gefängnis auf den Tod (4. Akt). Eingeflochten ist die Geschichte von Dantons Frau Julia, die sich das Leben nimmt, und Desmoulins' Frau Lucile, die im Wahnsinn endet.

Entscheidend für die dramatische Struktur und die inhaltliche Aussage ist jedoch nicht der Zusammenprall zweier durch Einzelgestalten und ihre Anhänger verkörperter politischer Auffassungen und Verhaltensweisen, sondern das Volk, das in Szenen von bisher unbekannter Ausdruckskraft in Erscheinung tritt. Zwar trifft Robespierres Analyse zu: „Die soziale Revolution ist noch nicht fertig; wer eine Revolution zur Hälfte vollendet, gräbt sich selbst sein Grab." Seine Folgerung („Das Laster muß bestraft werden, die Tugend muß durch den Schrecken herrschen") kann Danton leicht als Dogmatismus entlarven bzw. als Ausdruck individueller Bedürfnisse: „Es gibt nur Epikureer, und zwar grobe und feine, Christus war der feinste; das ist der einzige Unterschied, den ich zwischen den Menschen herausbringen kann. Jeder handelt seiner Natur gemäß, d. h. er tut, was ihm wohltut." Doch beide Protagonisten des politischen Kampfes verfehlen die Realität des Volkes, in dem das Bewußtsein lebt: „Unser Leben ist der Mord durch Arbeit; wir hängen sechzig Jahre lang am Strick und zappeln, aber wir werden uns losschneiden." Die Volksszenen entlarven durch ihren Realismus sowohl Robespierres Programm einer Schreckensherrschaft der Tugend als auch Dantons Epikureismus als Ideologien, die mit den Bedürfnissen des Volkes nichts zu tun haben.

Vielfach wurde der Interpretation des Dramas ein Ende 1833 (d. h. vor Beginn der revolutionären Tätigkeit Büchners) an die Braut gerichteter Brief zugrunde gelegt, in dem es heißt: „Ich studierte die Geschichte der Revolution. Ich fühlte mich wie zernichtet unter dem gräßlichen Fatalismus der Geschichte. Ich finde in der Menschennatur eine entsetzliche Gleichheit, in den menschlichen Verhältnissen eine unabwendbare Gewalt, allen und keinem verliehen." Es sind dies Überzeugungen, die im Stück zwar gleichfalls artikuliert werden, jedoch klar den letztlich sich verwandten Antagonisten Danton und Robespierre zugeordnet sind. Nicht die Revolution, sondern ihre Akteure sind zum Scheitern verurteilt. Damit steht im Einklang, daß die Szenen, die Danton und seine Freunde im Gefängnis zeigen, von erschütternder Expressivität geprägt sind und im Bekenntnis zum Nihilismus gipfeln: „Die Welt ist das Chaos. Das Nichts ist der zu gebärende Weltgott" (Danton).

Leonce und Lena. Drama in 3 Akten, E 1836, V 1838, U 1885. Büchner beteiligte sich mit diesem Stück an einem Wettbewerb des Cotta-Verlags um „das beste ein- oder zweiaktige Lustspiel in Prosa oder Versen"; es traf jedoch zu spät ein und blieb unberücksichtigt. Zu den Vorbildern gehören neben Shakespeares Komödien die Lustspiele „Ponce de Leon" von ↑Brentano, „Prinz Zerbino" von ↑Tieck und „Fantasio" von Musset.
Prinz Leonce von Popo leidet an grenzenloser Langeweile. Um der Ehe mit Prinzessin Lena von Pipi zu entgehen, bricht er mit seinem Freund Valerio nach Italien auf. Nachdem sie innerhalb eines halben Tages bereits „ein halbes Dutzend Großherzogtümer" und „ein paar Königreiche" durchquert haben, treffen sie auf die ihnen unbekannte Lena, die mit ihrer Gouvernante ebenfalls vor der bevorstehenden Hochzeit geflohen ist. Leonce verliebt sich in Lena und will, da er in diesem Augenblick sein „ganzes Sein" erfahren hat, Selbstmord begehen, doch hält ihn Valerio von solcher „Leutnantsromantik" ab. Leonce und Lena wollen heiraten. Als Automaten verkleidet treffen sie im Schloß des Königreichs Popo ein, wo die Hochzeitsvorbereitungen in vollem Gange sind (der Schulmeister zu den als Ehrenspalier angetretenen Bauern: „Erkennt, was man für euch tut: man hat euch grade so gestellt, daß der Wind von der Küche über euch geht und ihr auch einmal in eurem Leben einen Braten riecht"). Die Unbekannten werden „in effigie" getraut und erkennen erst jetzt, daß alles so gekommen ist, wie es geplant war. König Peter dankt ab; mit seinem Staatsminister Valerio, der alle Arbeit unter Strafe stellt, wird Leonce ein Reich ohne Uhren, Kalender und Winterkälte errichten. Das Stück bildet ebenso eine Satire auf das feudalistische System bzw. die Scheinwelt der Duodezstaaten wie auf die Romantik und deren Italiensehnsucht.
Die allumfassende Langeweile ist das Merkmal einer überlebten Gesellschaft.

Lenz. Erzählung, E 1835, V 1838, Verf 1970 B. D. George Moorse. Die Titelgestalt ist der Dichter J. M. R. ↑Lenz. Büchner hat sowohl dessen Briefe als auch die Tagebuchaufzeichnungen des Waldbacher Pfarrers Oberlin benutzt, in dessen Obhut sich Lenz vom 20. 1. bis 8. 2. 1778 befunden hat.
Die Erzählung verfolgt die Ereignisse dieser wenigen Tage protokollartig, jedoch in einer sprachlichen Form, die der Erlebnisweise des vom Wahnsinn bedrohten Dichters unmittelbar Ausdruck verleiht. So heißt es in der Schilderung der Wanderung nach Waldbach: „Müdigkeit spürte er keine, nur war es ihm manchmal unangenehm, daß er nicht auf dem Kopf gehen konnte (...) er wühlte sich in das All hinein, es war ihm eine Lust, die ihm wehe tat; oder er stand still und legte das Haupt ins Moos und schloß die Augen halb, und dann zog es weit von ihm, die Erde wich unter ihm, sie wurde klein wie ein wandelnder Stern."
Der Beruhigung, die zunächst im Waldbacher Pfarrhaus eintritt, folgen Anfälle von Selbstkasteiung und Selbstmordversuche, dann das „süße Gefühl unendlichen Wohls", als er eine Predigt halten darf, dann wieder das Bewußtsein der völligen Vereinsamung in einer von Hoffnungslosigkeit erfüllten Welt: „Das All war für ihn in Wunden; er fühlte tiefen, unnennbaren Schmerz davon." Der Zusammenbruch wird durch den Tod eines Kindes ausgelöst, das Lenz wieder zum Leben erwecken will; die Erfahrung seiner Ohnmacht treibt ihn zur Gotteslästerung: „Es war ihm, als könnte er (...) die Welt mit Zähnen zermalmen und sie dem Schöpfer ins Gesicht speien."
In die Darstellung einer sich selbst und der Welt zunehmend entfremdeten Psyche ist, in Form eines Kunstgesprächs, ein Bekenntnis zum Leben eingefügt. Hier verurteilt Lenz (und mit ihm Büchner) den Idealismus als „schmählichste Verachtung der menschlichen Natur": „Ich verlange in allem – Leben, Möglichkeit des Daseins, und dann ist's gut; wir haben dann nicht zu fragen, ob es schön, ob es häßlich ist."

Woyzeck. Drama, E 1836/37, V 1879 u. d. T. „Wozzeck. Ein Trauerspiel-Fragment", U 1913, Vert 1913 u. d. T. „Wozzeck" Alban Berg U 1925; Verf u. d. T. „Der Fall Wozzeck" DDR 1947 Georg C. Klaren, B. D. 1979 Werner Herzog, u. d. T. „Wodzeck" B. D. 1984 Oliver Herbrich.

Zugrunde liegt eine Begebenheit, deren medizinisch-psychologische Erörterung Büchner vermutlich durch „Henkes Zeitschrift für Staatsarzneikunde" kannte, die sein Vater abonniert hatte. 1821 erstach in Leipzig der Perückenmacher und Gelegenheitsarbeiter Johann Christian Woyzeck aus Eifersucht seine Geliebte. Ein Gutachten des Gerichtsmediziners Dr. Clarus erklärte ihn für voll zurechnungsfähig. Obwohl sich Zeugen für Anzeichen einer Geisteskrankheit Woyzecks fanden, wurde die Erstellung eines Gegengutachtens abgelehnt. Die öffentliche Hinrichtung fand 1824 statt.

Die überlieferten vier Handschriften lassen keine eindeutige Entscheidung über die von Büchner geplante Reihenfolge der Szenen und den vorgesehenen Schluß zu. So deutet etwa ein mit „Gerichtsdiener. Barbier. Arzt. Richter" überschriebenes Szenenfragment an, daß das Stück ursprünglich mit der Gerichtsverhandlung enden sollte.

Entsprechend den Handschriften H 2 und H 4 stellen die neueren Ausgaben eine Szene an den Anfang, in der Woyzecks Angstzustände zum Ausdruck kommen. Es folgt ein Dialog mit dem Hauptmann, den Woyzeck rasiert, über Moral und Tugend. Durch den an ihrem Fenster vorbeiziehenden Zapfenstreich bekommt Marie einen imposanten Tambourmajor zu Gesicht. Gemeinsam mit Marie besucht Woyzeck eine Schaubude, in der die „Vernunft" eines Pferdes demonstriert wird; Annäherung zwischen Marie und dem Tambourmajor. Woyzeck ertappt Marie, wie sie sich mit Ohrringen schmückt. Woyzeck beim Doktor, der an ihm die Folgen einer ausschließlichen Ernährung mit Erbsen erforscht. Marie gibt sich dem Tambourmajor hin. Der Hauptmann deutet gegenüber Woyzeck Maries Untreue an; Woyzecks Reaktion wird vom Doktor analysiert. Woyzeck fordert von Marie Rechenschaft. Er beobachtet sie beim Tanz mit dem Tambourmajor. Predigt eines Handwerksburschen („... alles Irdische ist übel, selbst das Geld geht in Verwesung über"). Woyzeck wird von Stimmen verfolgt („stich! stich!"), der Doktor präsentiert ihn seinen Studenten, der Tambourmajor verprügelt ihn. Marie liest in der Bibel die Erzählung von Jesus und der Ehebrecherin sowie von Maria von Bethanien, die Jesus die Füße salbte. Woyzeck kauft ein Messer; an einem Teich ersticht er Marie. Im Wirtshaus wird Blut an seiner Hand entdeckt; er kehrt zu Maries Leichnam zurück, wirft das Messer in den Teich und folgt ihm; zwei Personen hören einen Ton „wie ein Mensch, der stirbt".

Die vier handschriftlichen Fassungen enthalten mit unterschiedlicher Gewichtung drei Motivbereiche: das Leiden Woyzecks an halluzinatorischen „Stimmen" und (mit der Farbe Rot verbundenen) apokalyptischen Wahrnehmungen („Hörst du das fürchterliche Getöse am Himmel. Über der Stadt. Alles Glut! Sieh nicht hinter dich. Wie es herauffliegt, und alles darunter stürzt"); das von körperlicher Benachteiligung und materieller Not belastete Verhältnis zu Marie; schließlich die von Verachtung und Unterdrückung gekennzeichnete Beziehung zu übergeordneten Instanzen wie dem Hauptmann oder dem Arzt, der Woyzeck zu medizinischen Experimenten mißbraucht. Der gemeinsame Bezugspunkt ist das soziale Elend Woyzecks. Er selbst drückt das Bewußtsein der Deklassierung in dem Bild aus: „Unsereins ist doch einmal unselig in der und der andern Welt. Ich glaub, wenn wir in Himmel kämen, so müßten wir donnern helfen." Auf seinen Mangel an Tugend angesprochen, erwidert er: „Sehn Sie: wir gemeine Leut, das hat keine Tugend, es kommt einem nur so die Natur; aber wenn ich ein Herr wär und hätt un' Hut und eine Uhr und eine Anglaise und könnt vornehm reden, ich wollt schon tugendhaft sein. Es muß was Schönes sein um die Tugend, Herr Hauptmann. Aber ich bin ein armer Kerl!"

Gottfried August Bürger
*31. 12. 1747 in Molmerswende (Harz), †8. 6. 1794 in Göttingen
Der Sohn eines Pastors studierte ab 1764 in Halle Theologie, ab 1768 in Göttingen Jura. 1772 erhielt er eine kärglich besoldete Amtmannsstelle in Altengleichen bei Göttingen und heiratete zwei Jahre später Dorette Leonhart, doch verband ihn leidenschaftliche Liebe mit deren Schwester Auguste („Molly"). Nach dem Tod Dorettes ließ er sich 1784 in Göttingen als Privatdozent nieder und heiratete 1785 Auguste, die im folgenden Jahr starb. 1789 wurde er zum unbesoldeten ao. Professor ernannt. 1790–1792 war er in unglücklicher dritter Ehe mit Elise Hahn verheiratet.

Bürger stand in freundschaftlicher Verbindung mit den Mitgliedern des 1772 gegründeten Dichterbundes „Göttinger Hain" (bzw. „Hainbund" nach ↑ Klopstocks Ode „Der Hügel und der Hain"; ↑ Claudius, ↑ Hölty, ↑ Voß). Unter dem Einfluß der Schriften ↑ Herders über die Volkspoesie widmete er sich der Erneuerung der Ballade. Das herausragende Beispiel ist *Lenore* (erschienen 1773 im „Göttinger Musenalmanach"): Der Geist eines im Siebenjährigen Krieg gefallenen Soldaten holt als gespenstischer Reiter seine Braut ins Totenreich. 1776 erschien die Abhandlung *Herzensausguß über Volkspoesie*, 1784 *Von der Popularität der Poesie*. Dazwischen liegt das Erscheinen des Bandes *Gedichte* (1778), in dessen Vorwort Bürger sich als „Volkssänger" und die „Popularität" als „Siegel der Vollkommenheit" bezeichnet. Die *„Molly"-Lieder* dieser Slg. sind von einer neuen Unmittelbarkeit des Gefühlsausdrucks im Sinne des Sturm und Drang geprägt. Um so vernichtender kritisierte ↑ Schiller 1791 vom klassizistischen Standpunkt aus Bürgers Orientierung an der „Fassungskraft des großen Haufens" und Mangel an „Idealisierkunst". Volkstümlichkeit gewann Bürger durch seine Bearbeitung und Erweiterung der erstmals 1781 erschienenen, 1785 ins Engl. übersetzten „Münchhausiaden": *Wunderbare Reisen zu Wasser und zu Lande, Feldzüge und lustige Abenteuer des Freiherrn von Münchhausen* (1786, 2. erweiterte Auflage 1788).

Wilhelm Busch
*15. 4. 1832 in Wiedensahl bei Stadthagen, †9. 1. 1908 in Mechtshausen (Harz)
Nach einer künstlerischen Ausbildung in Düsseldorf und Antwerpen gehörte Busch 1859–1871 in München zu den Mitarbeitern der illustrierten „Fliegenden Blätter" und „Münchner Bilderbogen". Nach einem Aufenthalt in Frankfurt a. M. lebte er zurückgezogen in seinem Geburtsort, ab 1898 in Mechtshausen. In seinen mit Knittelversen unterlegten Bildfolgen – einer Vorform der Comic strips – übte Busch scharfsichtige, vielfach als gemütvoll-humoristisch mißverstandene Zeitkritik, die Bezüge zum Pessimismus der Philosophie Arthur Schopenhauers aufweist. Seine populärste Bildererzählung *Max und Moritz. Eine Bubengeschichte in sieben Streichen* (1865, erste Dramatisierung 1878, 39. Auflage 1897, mehrere Vert und Verf) geißelt die Beschränktheit und latente Aggressivität des Kleinbürgertums, dessen Lebenshorizont Lehrer Lämpel definiert: „Ach (...) die größte Freud / ist doch die Zufriedenheit!" *Die fromme Helene* und *Pater Filucius* handeln von scheinheiliger Sittsamkeit und Frömmigkeit, bürgerliches Ehe- und Familienglück gibt *Tobias Knopp* (3 Teile 1875–1877) der Lächerlichkeit preis. Als surreale Groteske gestaltet die Erzählung *Eduards Traum* (1891) die Verlebendigung der Gegenstände und die Verdinglichung des Menschlichen. 1909 erschien postum der Gedichtband *Schein und Sein*.

Elias Canetti
*25. 7. 1905 in Rustschuk (= Russe, Bulgarien)
Der Sohn span.-jüd. Eltern wuchs in Manchester und Wien auf, besuchte ein Internat in Zürich und legte das Abitur in Frankfurt a. M. ab; 1929 schloß er ein naturwissenschaftliches Studium in Wien mit der Promotion in Chemie ab. Bekanntschaft verband ihn mit ↑ Musil und ↑ Broch (1936 programmatische Rede zum 50. Geburtstag). Seit der Emigration (1938) lebt er in London.
Canettis Hauptwerk als Erzähler ist der Roman *Die Blendung* (E 1930/31, V 1935), dessen 3. Auflage (1963) seine Wirkung im dt. Sprachraum begründete. Im Mittelpunkt steht ein seiner monströsen Umwelt ausgelieferter Privatgelehrter, der sich am Ende auf dem aus seinen Büchern aufgetürmten Scheiterhaufen verbrennt. Als Dramatiker gestaltet Canetti eine groteske, vom Chaos bedrohte Welt; so endet *Hochzeit* mit dem Einsturz des Hauses, in dem die Feier stattfindet. Kennzeichnend für Canettis Literaturverständnis ist die Form der aphoristischen Aufzeichnungen, geprägt von der „Angst vor der Aristotelisierung meiner Gedanken; vor Einteilungen, Definitionen und ähnlichen leeren Spielereien". Zu seinen Auszeichnungen gehören der Große Österr. Staatspreis 1967, der Büchner-Preis 1972 und der Literaturnobelpreis 1981.

Dramen: *Hochzeit* (E 1932, V 1964, U 1965), *Komödie der Eitelkeit* (E 1934, V 1950, U 1965), *Die Befristeten* (engl. U 1956, V 1964, dt. U 1966). – Essays u. ä.: *Masse und Macht* (E ab 1939, V 1960), *Aufzeichnungen 1942–1948* (1965), *Die Stimmen von Marrakesch. Aufzeichnungen nach einer Reise* (1967), *Der andere Prozeß. Kafkas Briefe an Felice* (1969), *Alle vergeudete Verehrung. Aufzeichnungen 1949–1960* (1970), Slg. *Macht und Überleben* (1972), *Die Provinz des Menschen. Aufzeichnungen 1942–1972* (1973).

Die gerettete Zunge. Geschichte einer Jugend. 1977. Dieser 1. Teil der autobiographischen, bis 1937 reichenden Trilogie Canettis schildert die Kindheits- und Jugendjahre 1905–1921 in Bulgarien, England, Österreich und der Schweiz. Der Titel bezieht sich auf ein Erlebnis des Kindes: die Drohung, ihm werde die Zunge abgeschnitten, und zugleich auf ein Leitthema: den Spracherwerb. Das einschneidendste Erlebnis ist der Verlust des Vaters (1912). Die Erzählweise ist der Entwicklung des Heranwachsenden angepaßt. Zum Sprechen kommt durch Teil 2 (*Die Fackel im Ohr,* 1980) das Hören; Teil 3 (*Das Augenspiel,* 1985) besitzt das Leitmotiv des Sehens.

Hans Carossa
*15. 12. 1878 in Bad Tölz, †12. 9. 1956 in Rittsteig bei Passau
Nach einem Studium in München, Würzburg und Leipzig war Carossa ab 1903 als Arzt und Schriftsteller tätig (Passau, München, Würzburg, Seestetten a. d. Donau). Der Slg. *Gedichte* (1910) folgte 1913 als erste Erzählung *Doktor Bürgers Ende*. Ab 1929 lebte er bei Passau als freier Schriftsteller. Im Dritten Reich gehörte er zu den Vertretern der „inneren Emigration". Seine an der Klassik geschulte Lyrik und (zumeist autobiographische) Prosa ist vom Vertrauen in das „Licht" einer höheren geistigen Wirklichkeit geprägt.

Gedichtbände: *Ostern* (1920), *Verse an das Abendland* (1946), *Stern über der Lichtung* (1946). – Romane: *Der Arzt Gion* (1931), *Geheimnisse des reifen Lebens* (1936). – Autobiographisches: *Eine Kindheit* (1922), *Rumänisches Tagebuch* (1924, u. d. T. *Tagebuch im Kriege* 1938), *Verwandlungen einer Jugend* (1928), *Führung und Geleit* (1933), *Das Jahr der schönen Täuschungen* (1941), *Aufzeichnungen aus Italien 1925–1943* (1947), *Der Tag des jungen Arztes* (1955). – Essays: *Wirkungen Goethes in der Gegenwart* (1938).

Paul Celan (eigtl. P. Anczel bzw. Antschel)
*23. 11. 1920 in Czernowitz (Bukowina, russ. Tschernowzy), †1970 in Paris
Vor dem Hintergrund der Feststellung Theodor W. Adornos aus dem Jahr 1949, „daß es nach Auschwitz unmöglich ward, Gedichte zu schreiben", erweist sich das Werk Celans als Ringen um eine Neuschöpfung der Dichtung. „Der falschen Vertrautheit des Alletageredens enthoben, war er imstande, diese mit soviel Bitterkeit geliebte dt. Sprache für sich neu zu entdecken" (↑Kaschnitz anläßlich der Verleihung des Büchner-Preises 1960).
Der Sohn eines jüd. Bautechnikers und Maklers begann nach dem Abitur 1938 in Tours ein Medizinstudium, kehrte jedoch 1939 nach Czernowitz zurück und studierte Romanistik. Zu Beginn der dt. Besatzung der Bukowina 1941 lebte er mit seiner Familie im Ghetto. 1942 wurden seine Eltern in einem Vernichtungslager am Bug umgebracht, er selbst kam in ein Arbeitslager. Er konnte fliehen und setzte 1944 sein Studium in Czernowitz fort (Bekanntschaft mit ↑Ausländer). Ab 1945 war er in Bukarest als Redakteur, Lektor und Übersetzer tätig; erste Veröffentlichung von Gedichten in der rumän. Zeitschrift „Agora" (1947) und der österreich. Zeitschrift „Plan" unter dem Pseudonym Celan (Anagramm von Anczel). Im Juli 1948 siedelte Celan nach Paris über. Er studierte Germanistik und Sprachwissenschaft und arbeitete ab 1950 als Übersetzer und freier Schriftsteller. 1952 erschien die Slg. *Mohn und Gedächtnis*. Im selben Jahr war Celan Gast der „Gruppe 47" und heiratete die Graphikerin Gisèle Lestrange (sie stattete die bibliophilen Bände *Atemkristall, Schlafbrocken* und *Schwarzmaut* mit Radierungen aus). 1958 erhielt Celan den Bremer Literaturpreis, 1960 den Büchner-Preis (Dankrede *Meridian*). Lesungen führten ihn u. a. nach Tübingen, Hannover und Stuttgart (Hölderlin-Tagung 1970). 1969 sprach er in Israel vor dem Hebräischen Schriftstellerverband. Ende April 1970 nahm sich Celan in der Seine das Leben.

Gedichtbände: *Der Sand aus den Urnen* (1948), *Mohn und Gedächtnis* (1952), *Von Schwelle zu Schwelle* (1955), *Sprachgitter* (1959), *Die Niemandsrose* (1963), *Atemwende* (1967), *Lichtzwang* (1970), postum *Zeitgehöft. Späte Gedichte aus dem Nachlaß* (1976). – Übersetzungen aus dem Russ. (Block, Jessenin, Mandelstam), Frz. (Cocteau, Picasso, Rimbaud, Simenon, Valéry), Italien. (Ungaretti), Engl. (Sonette Shakespeares, 1967).

Lyrik. Schlüsselbegriffe in Äußerungen Celans über sein Schaffen sind die „Einsamkeit des Gedichts", „Konzentration" („Die Kunst erweitern? Nein. Sondern geh mit der Kunst in deine allereigenste Enge. Und setze dich frei"), aber auch „Begegnung" (das Gedicht „braucht ein Gegenüber. Es sucht es auf, es spricht sich ihm zu"). Ein drittes prägendes Element ist das Bewußtsein von der Notwendigkeit der „Ergriffenheit", das in Celans Herkunft aus dem jüd. Chassidismus und dessen Betonung der religiösen Verinnerlichung begründet ist. Ein kennzeichnendes Frühwerk ist *Todesfuge* (1952), das die Erfahrung des Grauens in das Fließen von Langversen hüllt: „Er ruft stecht tiefer ins Erdreich ihr einen ihr andern singet und spielet / Er greift nach dem Eisen im Gurt er schwingts seine Augen sind blau / Stecht tiefer die Spaten ihr einen ihr andern spielt weiter zum Tanz auf." Mit der Slg. *Sprachgitter* (1959) setzt ein Zerbrechen des sprachlichen Zusammenhangs ein. Die Slg. *Die Niemandsrose* (1963) enthält Verse als Ausdruck eines radikalen Versagens der Sprache: „Käme, / käme ein Mensch, / käme ein Mensch zur Welt, heute, mit / dem Lichtbart der Patriarchen: er dürfte, / spräch er von dieser Zeit, er dürfte / nur lallen und lallen, / immer-, immer- / zu-zu." Zum Sinnbild der Hoffnung wird das alle Sprachnot aufhebende Pfingst-Ereignis: „Ein Dröhnen: es ist / die Wahrheit selbst / unter die Menschen / getreten / mitten ins Metapherngestöber."

Adelbert von Chamisso (eigtl. Louis Charles Adélaïde de C. de Boncourt)
*30. 1. 1781 auf Schloß Boncourt (Champagne), †21. 8. 1838 in Berlin
1790 floh die aus lothring. Adel stammende Familie nach Preußen. Der 15jährige Chamisso wurde Page der Königin Luise, 1798–1807 diente er als Offizier im preuß. Heer. Zu seinem Bekanntenkreis gehörten ↑ Kleist sowie die Romantiker A. v. ↑ Arnim und ↑ Hoffmann (hinter Cyprian aus dem Kreis der „Serapionsbrüder" verbirgt sich Chamisso). 1815–1818 nahm er als Botaniker an einer Weltumseglung teil (eine kleine Insel in der Beringstraße erhielt Chamissos Namen). Nach seiner Rückkehr wurde er Leiter des Botanischen Gartens in Berlin, später des Herbariums. Als Lyriker gestaltete er Sagenstoffe und soziale Themen in Form von Balladen *(Das Riesenspielzeug, Die Sonne bringt es an den Tag, Die alte Waschfrau, Der Invalide)*. Seine 1831 erschienene Slg. *Gedichte* enthält den Zyklus *Frauen-Liebe und -Leben,* den Robert Schumann 1840 vertont hat.

Peter Schlemihls wundersame Geschichte. Erzählung, 1814. In elf an den fiktiven Herausgeber Chamisso gerichteten Briefen schildert der Ich-Erzähler Schlemihl sein Schicksal. Dessen Ausgangspunkt liegt im Verlangen nach Geld, dem Schlüssel zu gesellschaftlichem Ansehen. Schlemihl ist durch ein „Glückssäckel" reich geworden, das er von einem sonderbaren Mann (er kann alles Denkbare aus der Tasche ziehen) erhalten hat. Als Gegenleistung muß er seinen Schatten abgeben. Schattenlos gerät er in völlige Isolierung. Schließlich rettet ihn der Erwerb eines Paars Schuhe, die ihn als Siebenmeilenstiefel kreuz und quer über die Welt tragen: Von allem menschlichen Umgang ausgeschlossen, „ward ich zum Ersatz an die Natur, die stets geliebte, gewiesen, die Erde mir zu einem reichen Garten gegeben". Die Erzählung verbindet Märchen- und Sagenmotive (Teufelspakt) mit realistischer Gesellschaftsschilderung und dem romantischen Rückzug in eine hier als exotisch geschilderte, durch ihre Fremdheit und Unberührtheit zugleich den Forschergeist ansprechende Natur.

Peter O. Chotjewitz
*14. 6. 1934 in Berlin
Der Sohn eines Malermeisters besuchte neben einer Tätigkeit als Malergehilfe in Kassel das Abendgymnasium, studierte 1955–1960 Jura sowie während seines Referendariats in West-Berlin Publizistik, Geschichte und Philosophie. 1965 legte er die juristische Staatsprüfung ab, seit 1966 ist er freier Schriftsteller, z. T. gemeinsam mit seiner Frau Renate Chotjewitz-Häfner; 1967–1973 lebten sie in Rom. 1973 erschien der sozialkritische Bericht *Malavita. Mafia zwischen gestern und morgen,* 1975 *Die Briganten. Aus dem Leben süditalienischer Sozialrebellen.* Der Roman *Der dreißigjährige Friede* (1977) über eine kleinbürgerliche Familie in der Nachkriegszeit ist autobiographisch fundiert, ebenso *Die Herren des Morgengrauens* (1978): Geschildert wird der Druck, der auf einem dem Verdacht des Sympathisantentums mit dem Terrorismus ausgesetzten Schriftsteller lastet – 1975 hatte sich Chotjewitz als Wahlverteidiger des Andreas Baader gemeldet, 1977 verschickte er mit einer Hungerstreikerklärung Gudrun Ensslins einen Aufruf an Kollegen, worauf Anfang 1978 Anklage gegen ihn erhoben wurde. Als Übersetzer widmete er sich vor allem dem italien. Dramatiker Dario Fo.

Gedichtbände: *Ulmer Brettspiele* (1965). – Romane: *Die Insel. Erzählungen auf dem Bärenauge* (1968), *Vom Leben und Lernen, Stereostücke* (1969), *Saumlos* (1979; dazu die Dokumentation *Die mit Tränen säen,* 1980). – Erzählungen: Slg. *Durch Schaden wird man dumm. Erzählungen aus zehn Jahren* (1976).

Matthias Claudius
*15. 8. 1740 in Reinfeld (Holstein), †21. 1. 1815 in Hamburg

Der Sohn eines Pfarrers war nach einem Theologie- und Jurastudium in Jena ab 1768 in Hamburg als Bankrevisor und Schriftsteller tätig (Mitarbeiter der „Hamburgischen Adreß-Comptoir-Nachrichten"). 1771-1775 gab er in Wandsbek die viermal wöchentlich erscheinende Zeitung „Der Wandsbecker Bote" heraus (Beiträge u. a. von ↑ Bürger, ↑ Goethe, ↑ Herder, ↑ Lessing sowie den Mitgliedern des Göttinger „Hainbund", ↑ Hölty und ↑ Voß, mit denen Claudius sich durch die gemeinsame Verehrung ↑ Klopstocks verbunden fühlte). 1775-1812 erschien (unter dem Pseudonym „Asmus") das Sammelwerk *Asmus, omnia sua secum portans, oder Sämtliche Werke des Wandsbecker Boten* (8 Teile in 7 Bänden). Es enthält Aufsätze, Erzählungen, Rezensionen, Briefe und Lyrik.

Das Streben nach natürlicher Schlichtheit und Volkstümlichkeit ist in den Gedichten zu innigem, oft auch lapidarem lyrischem Empfindungsausdruck vertieft: *Abendlied* („Der Mond ist aufgegangen", 1779), *Der Krieg* („s'ist Krieg, s'ist Krieg! O Gottes Engel wehre", 1779), *Der Mensch* („Empfangen und genähret / Vom Weibe wunderbar", 1783). Satirische Züge besitzt das *Schreiben eines parforcegejagten Hirschen an den Fürsten, der ihn parforcegejagt hatte*. Der Brief *An meinen Sohn Johannes* verbindet Frömmigkeit mit Lebensklugheit („Sag nicht alles, was Du weißt, aber wisse immer, was Du sagst").

Heinz Czechowski
*7. 3. 1935 in Dresden

Der Sohn eines Beamten erhielt eine Ausbildung als Graphiker und Reklamefachmann. Einem Studium am Literaturinstitut Johannes R. Becher in Leipzig (ab 1958) schloß sich eine Tätigkeit als Lektor in Halle an (1961-1965). Als erste Gedichtsammlung erschien 1962 *Nachmittag eines Liebespaares*, 1967 folgte *Wasserfahrt*, 1974 *Schafe und Sterne*, 1981 *Was mich betrifft*. Kennzeichnend für Czechowskis freirhythmische Lyrik ist die Verknappung auf „Worte / Wie Schlüssel" *(Wir brauchen die Sprache)*.

Veröffentlichungen als Herausgeber: „Sieben Rosen hat der Strauch. Dt. Liebesgedichte und Volkslieder von Walther von der Vogelweide bis zur Gegenwart" (1964), „Zwischen Wäldern und Flüssen. Natur und Landschaft in vier Jahrhunderten dt. Dichtung" (1965), „Unser der Tag, unser das Wort. Lyrik und Prosa für Gedenk- und Feiertage" (1966).

Felix Dahn
*9. 2. 1834 in Hamburg, †3. 1. 1912 in Breslau

Dahn lehrte in Würzburg, Königsberg und Breslau Rechtswissenschaft. Als Schriftsteller widmete er sich dem historischen Roman nach dem Vorbild Walter Scotts. Populär wurde *Ein Kampf um Rom* (1876), die Schilderung des Untergangs der Ostgoten in Italien im Zeitraum vom Tod Theoderichs d. Gr. (526) bis zur Niederlage unter Teja gegen den byzantin. Feldherrn Narses bzw. zur endgültigen Vertreibung (552/53). Zeitgeschichtliche Bezugspunkte des 1859 begonnenen Romans verbergen sich in der Idealisierung des Germanentums. Vorherrschend ist jedoch die Vergegenwärtigung der fernen Ereignisse in Form einer spannenden, von menschlicher Leidenschaft geprägten Handlung, wobei zentrale Gestalten wie der machthungrige röm. Intrigant Cethegus freie Erfindungen des Autors sind. 1878 veröffentlichte Dahn die Slg. *Balladen und Lieder*, 1882-1901 erschienen seine *Kleinen Romane aus der Völkerwanderung* (13 Bde.).

Franz Josef Degenhardt
*3. 12. 1931 in Schwelm (Westfalen)
Im proletarischen Milieu des Ruhrgebiets aufgewachsen, promovierte Degenhardt nach einem Jurastudium 1966 und ließ sich 1969 als Anwalt in Hamburg nieder. Sein Eintreten für eine Zusammenarbeit von Sozialisten und Kommunisten hatte 1971 den Ausschluß aus der SPD zur Folge. Der zunehmend politisch engagierte „Liedermacher" begann Anfang der 60er Jahre mit satirischen Chansons, vorgetragen im Parlandostil mit Gitarrenbegleitung (*Spiel nicht mit den Schmuddelkindern*, 1967). Vier seit 1973 erschienene Romane mit autobiographischer bzw. dokumentarischer Grundlage behandeln zeitgeschichtliche Themen: Einbeziehung von Jugendlichen in den antifaschistischen Widerstand in den letzten Kriegsjahren *(Zündschnüre)*, Kampf einer Bürgerinitiative gegen einen NATO-Truppenübungsplatz *(Brandstellen)*, Kindesmißhandlung *(Die Mißhandlung)* und Kulturbetrieb (*Der Liedermacher*, 1981).

Textbücher: *Da habt ihr es! Stücke und Lieder für ein dt. Quartett* (1968, mit Wolfgang Neuß, Hanns-Dieter Hüsch, Dieter Süverkrüp), *Kommt an den Tisch unter Pflaumenbäumen. Alle Lieder von F. J. Degenhardt* (1979, mit Zeichnungen von Gertrude Degenhardt). – Schallplatten: *Zwischen Null Uhr und Mitternacht* (1963), *Väterchen Franz* (1966), *Mit aufrechtem Gang* (1975), *Der Wind hat sich gedreht im Lande* (1980), *Du bist anders als die andern* (1982). – Romane: *Zündschnüre* (1973, Verf B. D. 1974 Reinhard Hauff), *Brandstellen* (1975, Verf DDR 1977 H. E. Brandt), *Die Mißhandlung oder Der freihändige Gang über das Geländer der S-Bahn-Brücke* (1979).

Richard Dehmel
*18. 11. 1863 in Wendisch-Hermsdorf (Spreewald), †8. 2. 1920 in Blankenese
Der Sohn eines Försters studierte in Berlin und Leipzig Volkswirtschaft, Soziologie, Philosophie, Naturwissenschaften und promovierte 1887. Als Lyriker durchlief er eine Entwicklung vom Impressionismus (Einfluß ↑ Liliencrons) und Naturalismus *(Der Arbeitsmann)* über den Symbolismus (Verherrlichung der Macht des Eros) zum frühen Expressionismus. 1894 gehörte er zu den Gründern der Jugendstil-Kunstzeitschrift „Pan". Als Dramatiker debütierte er 1895 mit *Der Mitmensch. Die Menschenfreunde* (1917) handeln von einem Multimillionär und mutmaßlichen Mörder seiner Erbtante; das als Seelendrama angelegte Stück läßt die Schuldfrage offen. Dehmels Hauptwerk ist das Epos *Zwei Menschen* (1903).

Gedichtbände: *Erlösungen* (1891, neue Fassung 1898), *Aber die Liebe* (1893), *Weib und Welt* (1896), *Die Verwandlungen der Venus* (1907).

F (riedrich) C (hristian) Delius
*13. 2. 1943 in Rom
Der Sohn eines Pfarrers studierte in West-Berlin Germanistik und promovierte 1970 zum Dr. phil., anschließend war er Lektor beim Wagenbach-Verlag, 1973 bis 1978 beim Rotbuch-Verlag. Gesellschaftskritische Dokumentartexte sind *Wir Unternehmer. Über Arbeitgeber, Pinscher und das Volksganze* (Protokolle des CDU/CSU-Wirtschaftstags 1965, 1966) und die (gerichtlich angefochtene) Festschrift *Unsere Siemens-Welt* (1972, mit Anhang 1976). Der Roman *Ein Held der inneren Sicherheit* (1981) lehnt sich an die Schleyer-Entführung 1977 an.

Gedichtbände: *Kerbholz* (1965), *Ein Bankier auf der Flucht* (1975, darin die *Moritat auf Helmut Hortens Angst und Ende*), *Der unsichtbare Blitz* (1981).

Alfred Döblin
*10. 8. 1878 in Stettin, †28. 6. 1957 in Emmendingen bei Freiburg i. Br.

Das umfangreiche Romanwerk des Arztes und Schriftstellers – mit Schauplätzen in China, Indien, Südamerika, mit Themen aus Mythos, Geschichte und moderner technischer Entwicklung – liegt im Schatten des Welterfolgs, den ein Buch erlangt hat; 1955 merkte der Autor nicht ohne Enttäuschung an: „Und wenn man meinen Namen nannte, so fügte man ‚Berlin Alexanderplatz‘ hinzu."
Der Sohn eines jüd. Kaufmanns wuchs, nachdem der Vater die Familie verlassen hatte, seit 1888 in Berlin auf. Sein Medizinstudium schloß er 1905 in Freiburg i. Br. mit der Promotion ab; nach einer Tätigkeit in der psychiatrischen Anstalt in Regensburg eröffnete er 1911 im Berliner Osten eine kassenärztliche Praxis für Neurologie und Psychiatrie (bis 1931, anschließend bis 1933 Privatarzt im Berliner Westen). Im I. Weltkrieg war er als Militärarzt tätig. 1918 trat er der revolutionären USPD bei, 1921–1930 war er SPD-Mitglied.
In den Vorkriegsjahren gehörte Döblin zum Kreis um Herwarth Walden, den Förderer des Expressionismus, Kubismus und Futurismus. In Waldens Zeitschrift „Der Sturm" erschienen die frühen Erzählungen, etwa 1910 *Die Ermordung einer Butterblume*, eine Satire auf das oberflächliche Verlangen nach Harmonie im Verhältnis von Mensch und Natur. Für den weltanschaulich u. a. durch Arthur Schopenhauer geprägten Roman *Die drei Sprünge des Wang-lun* (1915) mit dem zentralen Motiv der freiwilligen Selbstaufgabe wurde Döblin mit dem Kleist- und dem Fontane-Preis ausgezeichnet. Unter dem Pseudonym „Linke Poot" (Linke Pfote) veröffentlichte er Satiren auf die reaktionären Tendenzen der Weimarer Republik (*Dt. Maskenball*, 1921); in *Manas* (1927) gestaltete er ein indisches mythologisches Thema in epischer Gedichtform.
Als Emigrant (ab 1933 in Paris) unterstützte Döblin die zionistische „Freilandbewegung". Sein 1935 erschienener Roman *Pardon wird nicht gegeben* schildert auf autobiographischer Grundlage (Werdegang des älteren Bruders) den äußeren Aufstieg und seelischen Niedergang eines Besitzbürgers im Wilhelminischen Dtl. Nach der Flucht in die USA (1940; New York, Los Angeles, Hollywood) konvertierte Döblin zum Katholizismus. 1945 kehrte er als kulturpolitischer Mitarbeiter der frz. Militärregierung nach Dtl. zurück; in Baden-Baden gab er 1946–1951 die Zeitschrift „Das goldene Tor" heraus, 1949 war er Mitbegründer und Vizepräsident der Akademie der Wissenschaften und der Literatur in Mainz. 1953–1956 lebte er erneut in Paris. Sein letzter Roman, *Hamlet oder Die lange Nacht nimmt ein Ende* (1956), handelt unter zeitkritischem, psychoanalytischem und religiösem Aspekt von der (u. a. anhand von Erzählungen durchgeführten) psychotherapeutischen Behandlung eines geistig umnachteten Kriegsheimkehrers. 1962 erschien postum der Auswahlband *Die Zeitlupe* mit Kurzprosa aus dem Zeitraum 1912–1950 und einem *Epilog* (1955).

Romane: *Die drei Sprünge des Wang-lun* (1915), *Wadzeks Kampf mit der Dampfturbine* (1918), *Der schwarze Vorhang* (E 1902/03, V 1919), *Wallenstein* (1920), *Berge, Meere und Giganten* (1924, Neufassung 1932 u. d. T. *Giganten. Ein Abenteuerbuch*), *Pardon wird nicht gegeben* (1935), Trilogie *Amazonas* (*Das Land ohne Tod, Der blaue Tiger, Der neue Urwald*, 1937–1948), Trilogie *November 1918* (1939–1950), *Hamlet oder Die lange Nacht nimmt ein Ende* (1956). – Erzählungen: Slg. *Die Ermordung einer Butterblume* (1913), *Der Oberst und der Dichter* (1946). – Dramen: *Die Nonnen von Kemnade* (1923), *Die Ehe* (1931). – Essays: *Futuristische Worttechnik* (1913), *Das Ich über der Natur* (1928), *Jüd. Erneuerung* (1933), *Flucht und Sammlung des Judenvolks* (1935), *Die dt. Literatur im Ausland seit 1933* (1938).

Berlin Alexanderplatz. Die Geschichte vom Franz Biberkopf. Roman, V 1929. Verf Dtl. 1931 Piel Jutzi, B. D. 1980 Rainer Werner Fassbinder.

Der Roman gliedert sich in neun durch Texte im Stil der Moritat bzw. von Stummfilm-Zwischentiteln eingeleitete Bücher: „Hier im Beginn verläßt Franz Biberkopf das Gefängnis Tegel." „Hier erlebt Franz Biberkopf, der anständige, gutwillige, den ersten Schlag. Er wird betrogen." „Er wird in ein Verbrechen hineingerissen (...)." Konkret heißt dies: Der ehemalige Beton- und Transportarbeiter Biberkopf, der seine Freundin Ida im Affekt tödlich verletzt hat, versucht nach seiner Entlassung aus dem Gefängnis, als Straßenhändler Fuß zu fassen. Er gerät jedoch ins Verbrechermilieu; als Mitwisser soll er umgebracht werden und verliert hierbei einen Arm. Biberkopf wird Zuhälter. Der Psychopath Reinhold ermordet seine Geliebte, die Prostituierte Mieze. Als mutmaßlicher Täter verhaftet, bricht er zusammen und kommt ins Irrenhaus. Reinhold wird als Täter entlarvt; Biberkopf erfährt eine innere Wandlung und erhält eine Anstellung als Hilfsportier.

Aufsehen erregte der Roman vor allem durch die Radikalität der Gestaltung der Großstadt als Panoptikum, in das die Biberkopf-Handlung eingebettet und mit dem sie verzahnt ist, und zwar ohne explizite psychologische oder soziologische Argumentation. Der Text bietet sich als Mosaik aus sprachlichen Realitätsfragmenten dar. Der Naturalismus der Dialoge (zumeist im Jargon des „kleinen Mannes" Berliner Prägung) und der Detailbeschreibungen ist durchsetzt von Schlager- und Reklamefetzen, Verlautbarungen, Presseberichten, Statistiken und Kinderversen. Straßenbahnfahrgäste und Mietskasernen, die ins Blickfeld rükken, geben Anlaß zu Kurzbiographien im Stil des Sozialreports. Einzelmotive entsprechen den Zeichnungen und Gemälden von George Grosz („Ecce Homo", 1922/23) und Otto Dix („Großstadt-Triptychon", 1928).

Die Möglichkeiten der filmischen Montagetechnik hatte 1927 Walther Ruttmann mit „Die Sinfonie der Großstadt" demonstriert. Döblin zeigte jedoch, daß die Sprache mehr als alle anderen Gestaltungsformen in der Lage ist, die Heterogenität und Simultaneität der Wahrnehmung nachzubilden – eine ästhetische Maxime, die um 1910 die Begründer des Futurismus aufgestellt hatten. Mit ihm setzte sich Döblin anläßlich der Berliner Futuristen-Ausstellung 1912 auseinander. Im folgenden Jahr erklärte er, sich gegen eine rein formalistische Aufhebung herkömmlicher Formen der Gegenstandsbeschreibung wendend: „Was nicht direkt, nicht unmittelbar, nicht gesättigt von Sachlichkeit ist, lehnen wir (...) ab." Solcher „Sättigung" diente Döblins Montage-Stil.

Ein zweites prägendes Stilmittel ist die Verwendung des inneren Monologs. Er setzt vielfach inmitten eines Dialogs oder einer Schilderung ein und dient dem Wechsel der Perspektive. Ihm entsprechen die reflektierenden, auch ironisierenden und vorausgreifenden Einschübe des Erzählers, zu dessen Funktionen es auch gehört, versuchsweise das Geschehen des Jahres 1928 auf den Hintergrund der antiken Mythologie zu projizieren oder einen Totschlag mit Hilfe physikalischer Gleichungen zu beschreiben.

Das offenkundige Ziel Döblins, ein „unmittelbares" Bild der „von Kriminalität unterwühlten" Gesellschaft am Beispiel Berlins zu gestalten, darf nicht darüber hinwegtäuschen, daß dem Roman eine religiöse Fragestellung zugrunde liegt. So gehören zu den „einmontierten" Fragmenten der Garten Eden und die Gestalten Hiob sowie Abraham und Isaak: „Das Opfer war das Thema des ‚Alexanderplatz'. Das Bild vom Schlachthof, von der Opferung Isaaks, das durchlaufende Zitat: ‚Es ist ein Schnitter, der heißt Tod' hätten aufmerksam machen sollen. Der ‚gute' Franz Biberkopf mit seinen Ansprüchen an das Leben läßt sich bis zu seinem Tod nicht brechen. Aber er sollte gebrochen werden, er mußte sich aufgeben, nicht bloß äußerlich. Ich wußte freilich selbst nicht wie" (Döblin in *Epilog*, 1955).

Heimito von Doderer
*5.9.1896 in Weidlingau bei Wien, †23.12.1966 in Wien
Der Sohn eines Architekten nahm am I. Weltkrieg als Dragoneroffizier teil und kam 1916 in russ. Gefangenschaft (1920 Heimkehr aus Sibirien). 1921–1925 studierte er in Wien Geschichte. 1933–1939 war er (infolge eines „theoretischen Irrtums", Doderer) Mitglied der NSDAP, 1939 konvertierte er zum Katholizismus. Im II. Weltkrieg war er Fliegeroffizier. Ab 1946 lebte er vorwiegend in Wien als freier Schriftsteller (erste Veröffentlichungen in den 20er Jahren). Das zentrale Thema der zumeist in Wien spielenden Romane Doderers ist die Personwerdung des einzelnen inmitten eines dichten, aus einer Vielzahl von Romanfiguren kunstvoll gefügten Geflechts schicksalhafter Bezüge. Ein zweites Merkmal ist die Unterscheidung zwischen einer „ersten" und einer „zweiten Wirklichkeit"; letzterer gehört alles Ideologische, aber auch das Krankhafte und Zerstörerische an, einschließlich zeitgeschichtlicher Ereignisse wie der Wiener Arbeiteraufstand 1927 (*Die Dämonen* schildern den Brand des Wiener Justizpalasts als Vorwegnahme späterer Verbrechen). Groteske Züge (mit Anleihen beim Grobianismus) besitzt der Roman *Die Merowinger oder Die totale Familie* (1962).

Romane: *Das Geheimnis des Reichs. Roman aus dem russ. Bürgerkrieg* (1930), *Ein Mord, den jeder begeht* (1938), *Ein Umweg* (1940), *Die erleuchteten Fenster oder Die Menschwerdung des Amtsrates Zihal* (1951), *Die Strudlhofstiege oder Melzer und die Tiefe der Jahre* (1951), *Die Dämonen. Nach der Chronik des Sektionsarztes Geyrenhoff* (E ab 1931, V 1956), *Roman Nr. 7* (Fragment, 2 Teile 1963 und postum 1967). – Erzählungen: *Die Bresche. Ein Vorgang in 24 Stunden* (1924), *Die Peinigung des Lederbeutelchens* (1959). – Essays: *Österreich* (1958), *Grundlagen und Funktion des Romans* (1958). – Autobiographisches: *Tangenten. Tagebuch eines Schriftstellers 1940–1950* (1964).

Hilde Domin (verh. Palm)
*27.7.1912 in Köln
Die Tochter eines jüd. Rechtsanwalts studierte in Heidelberg, Köln und Berlin Philosophie, Soziologie, Jura und Politologie. 1932 emigrierte sie nach Italien und promovierte 1935 in Florenz zum Dr. rer. pol. (Dissertation *Die Staatstheorie der Renaissance*). Ab 1940 lebte sie mit ihrem Mann, dem Kunstwissenschaftler Erwin Walter Palm, als Sprachlehrerin und Übersetzerin in der Dominikanischen Republik. 1954 kehrte sie über die USA nach Dtl. zurück und ließ sich 1961 in Heidelberg als freie Schriftstellerin nieder.
Als Lyrikerin setzte sich Domin mit der Erfahrung des Exils, mit Inhumanität und Konformismus auseinander, auf der Suche nach neuen Fundamenten der Sprache und menschlichen Gemeinschaft („Du fliehst und streust / die verwirrten Namen der Dinge / hinter dich. / Vertrauen, dieses schwerste / ABC" heißt es im *Lied zur Ermutigung II*, 1962).
Einen wesentlichen Beitrag zum Verständnis moderner Lyrik bildet ihre Anthologie *Doppelinterpretationen. Das zeitgenössische dt. Gedicht zwischen Autor und Leser* (1969) mit 31 Gedichten, die jeweils vom Autor selbst und von einem Kritiker oder Literaturwissenschaftler interpretiert werden.

Gedichtbände: *Nur eine Rose als Stütze* (1959), *Rückkehr der Schiffe* (1962), *Hier* (1964), *Höhlenbilder. Gedichte 1951–1952* (mit drei Ätzungen von Heinz Mack, 1968), *Ich will dich* (1970). – Romane: *Das zweite Paradies. Roman in Segmenten* (1968). – Essays: Slg. *Wozu Lyrik heute. Dichtung und Leser in der gesteuerten Gesellschaft* (1968), *Nachkrieg und Unfrieden. Gedichte als Index 1945–1970* (1970). – Autobiographisches: *Von der Natur nicht vorgesehen* (1974), *Aber die Hoffnung* (1982).

Tankred Dorst
*19.12.1925 in Oberlind bei Sonneberg (Thüringen)
Der Sohn eines Ingenieurs und Fabrikanten wurde 1942 als Oberschüler zur Wehrmacht eingezogen und 1947 aus amerikan. Gefangenschaft entlassen. Er studierte (ohne Abschluß) Germanistik, Theaterwissenschaft, Kunstgeschichte und lebt seit 1952 in München. Den ersten großen Erfolg als Dramatiker erzielte er 1961 mit dem auf einem chines. Schattenspiel basierenden Antikriegsstück *Große Schmährede an der Stadtmauer*. Mitte der 60er Jahre wandte sich Dorst historischen und zeitgeschichtlichen Themen zu: *Toller* (über den expressionistischen Dichter ↑ Toller und die Münchner Räterepublik 1919), *Sand* (über den Mörder des Dramatikers ↑ Kotzebue), *Eiszeit* (über Knut Hamsun als Kollaborateur zur Zeit der dt. Besetzung Norwegens), *Goncourt* (nach Tagebüchern Edmond Goncourts während der Pariser Kommune). Zum Projekt einer z.T. autobiographischen bürgerlichen Familiengeschichte gehören die Stücke *Auf dem Chimborazo* (1975), *Die Villa* (1980) und *Heinrich oder Der Schmerz der Phantasie* (1985) sowie die Fernsehspiele *Dorothea Merz* (1976) und *Klaras Mutter* (1978, Debüt Dorsts als Filmregisseur). In *Merlin oder Das wüste Land* (1981) dient der Stoff der Artus- und der Parzival-Sage der Demonstration des notwendigen Scheiterns utopischer Entwürfe (vgl. ↑ Immermann).

Dramen: *Gesellschaft im Herbst* (1959), *Große Schmährede an der Stadtmauer* (1961), *Toller. Szenen aus einer dt. Revolution* (1968, Verf B.D. 1969 u.d.T. *Rotmord* Peter Zadek), *Sand. Beschreibung eines Attentäters* (1971, Verf B.D. 1971 Peter Zadek), *Eiszeit* (1973), *Goncourt oder Die Abschaffung des Todes* (1977).

Ingeborg Drewitz (geb. Neubert)
*10.1.1923 in Berlin
Die Tochter eines Ingenieurs und einer Pianistin schloß ihr Studium (Geschichte, Philosophie, Germanistik) 1945 mit der Promotion zum Dr.phil. ab. In den Mittelpunkt ihrer schriftstellerischen Arbeit rückten die Lebensbedingungen der Großstadt (Roman *Das Hochhaus*, 1975: „In den 18 mal 6 Wohnungen werden 18 mal sechs Sprachen gesprochen") und das Rollenverständnis der Frau. „Frauenromane" in diesem Sinne sind *Oktoberlicht oder Ein Tag im Herbst* (1969), *Wer verteidigt Katrin Lambert?* (1974), ebenso die Biographie B. v. ↑ Arnims (1969). Bestandteil ihres sozialen Engagements ist die Gefangenenbetreuung; 1979 erschienen *Schatten im Kalk. Lyrik und Prosa aus dem Knast* und *Mit Sätzen Mauern eindrücken. Briefwechsel mit einem Strafgefangenen*. 1981 erhielt sie die Ossietzky-Medaille der Internationalen Liga für Menschenrechte.

Erzählungen: Slg. *Und hatte keinen Menschen* (1955), Slg. *Im Zeichen der Wölfe* (1963), Slg. *Der eine, der andere* (1976). – Hörspiele: *Labyrinth* (1962), *Sechs Stimmen* (1971). – Essays: *Berliner Salons. Gesellschaft und Literatur zwischen Aufklärung und Industriezeitalter* (1965), Slg. *Zeitverdichtung* (1980), *Kurz vor 1984. Literatur und Politik* (1981).

Gestern war Heute. Hundert Jahre Gegenwart. Roman, 1978. Die autobiographisch geprägte Handlung umfaßt den Zeitraum 1923–1977 und verfolgt den Lebensweg der Gabriele M. Sie erkämpft sich in der Nachkriegszeit neben ihrer Rolle als Ehefrau und Mutter die berufliche Selbständigkeit als Rundfunkjournalistin, erleidet jedoch die Entfremdung von Mann und Kindern. Vor allem in der Beziehung zur ältesten Tochter, Renate, die sich Ende der 60er Jahre politisch engagiert („Wir arbeiten für die Emanzipation aller"), wird sie sich der eigenen Sprachlosigkeit bewußt.

Annette von Droste-Hülshoff (eigtl. Anna Elisabeth Freiin Droste zu Hülshoff)
*10.1.1797 auf Schloß Hülshoff bei Münster, †24.5.1848 auf Schloß Meersburg
Aus altem kath. Adel stammend, sah sich die Dichterin als Frau in enge Konventionen eingeschlossen. Ihre Überwindung durch eine vom Drang nach Ausdruck der eigenen Individualität geprägte Dichtung kam einem Vergehen gleich. So steht im Gedicht *Am Turme* dem Wunschbild der Mänade der Zwang gegenüber: „Nun muß ich sitzen so fein und klar, / Gleich einem artigen Kinde, / Und darf nur heimlich lösen mein Haar / Und lassen es flattern im Winde."
Droste-Hülshoff erhielt ihre standesgemäße Ausbildung gemeinsam mit drei Geschwistern. Zum Bekanntenkreis gehörten die Brüder ↑Grimm (Wilhelm bemerkte 1813 an ihr „etwas Frühreifes bei vielen Anlagen"). 1815 erlitt sie eine schwere Erkrankung. 1819/20 entstanden die ersten 25, an die Evangelien der Sonn- und Feiertage anknüpfenden Gedichte (Neujahr bis Ostermontag) des späteren Zyklus *Das geistliche Jahr*; die Mißbilligung durch die Mutter verhinderte die Fortführung (die weiteren 47 Gedichte entstanden 1839/40, der Zyklus erschien postum 1851). Nach dem Tod des Vaters (1826) lebte sie mit Mutter und Schwester in Haus Rüschhaus bei Münster. Ab 1841 hielt sie sich mehrfach in Meersburg auf, dessen altes Schloß ihr Schwager Joseph von Laßberg 1838 gekauft hatte. 1843 erwarb sie das oberhalb der Stadt in einem Weinberg gelegene „Fürstenhäuschen". Seit Ende der 30er Jahre verband sie enge Freundschaft mit dem um 17 Jahre jüngeren Levin Schücking, der sich 1841/42 in Meersburg als Bibliothekar betätigte. Die letzten Lebensjahre waren durch Krankheit („Auszehrung") und die Trennung von Schücking überschattet.
Als erste Veröffentlichung erschien 1838 anonym der Band *Gedichte*. Die Slg. enthält u. a. drei Versepen bzw. -erzählungen: *Das Hospiz auf dem Großen Sankt Bernhard* (E ab 1828) schildert die Rettung eines alten Sennen und seines Enkels, die auf dem Weg über den Paß von einem Schneesturm überrascht wurden. *Des Arztes Vermächtnis* (E 1834) handelt vom Ursprung der seelischen Verdüsterung eines Arztes: Er war in seiner Jugend zu dem sterbenden Anführer einer Räuberbande im Böhmerwald geholt worden; auf dem Rückweg wurde er Zeuge der Ermordung der Geliebten des Toten und dadurch Mitwisser eines in spukhaftes Grauen gehüllten Verbrechens. Thema des „westfälischen Epos" *Die Schlacht im Loener Bruch* ist ein Ereignis aus dem Dreißigjährigen Krieg, die Niederlage des von der kath. Liga abgefallenen „tollen Herzogs" Christian von Braunschweig gegen Tilly am 6.8.1623 auf einem Heidefeld bei Münster; die Kritik warf dem Werk nach Bekanntwerden der Verfasserschaft eine „allzu männliche Neigung zu Krieg und Schlachtgetümmel" vor. Die 1842 im Cottaschen „Morgenblatt" veröffentlichte Novelle *Die Judenbuche* steht im Zusammenhang des Plans einer ganzen Reihe von westfälischen Erzählungen, die jedoch unausgeführt blieben. Die vermehrte Neuauflage der Slg. *Gedichte* (1844) enthält das balladenhafte Versepos *Der Spiritus familiaris des Roßtäuschers*, angeregt durch die Sage „Spiritus familiaris" der von den Brüdern Grimm herausgegebenen „Dt. Sagen": Der verhängnisvolle Bund mit dem Teufel wird schließlich durch die Einwirkung der göttlichen Gnade gelöst.

Gedichtbände: *Gedichte* (1838, darin die Versepen *Das Hospiz auf dem Großen Sankt Bernhard*, 1. und 2. Gesang, 3. Gesang postum 1879; *Des Arztes Vermächtnis*; *Die Schlacht im Loener Bruch*), *Gedichte* (vermehrte Neuauflage 1844, darin das Versepos *Der Spiritus familiaris des Roßtäuschers*), postum *Das geistliche Jahr* (1851), *Letzte Gaben* (1864).

Die Judenbuche. Ein Sittengemälde aus dem gebirgichten Westfalen. Novelle, E 1837–1841, V 1842. Zugrunde liegt eine wahre Begebenheit aus der 2. Hälfte des 18. Jh.s, die August von Haxthausen, der Onkel der Dichterin, nach Gerichtsakten aufgezeichnet und 1818 u. d. T. „Geschichte eines Algierer Sklaven" veröffentlicht hat.

Im Mittelpunkt steht Friedrich Mergel, der Sohn eines Säufers und Holzdiebs, der eines Nachts tot aufgefunden wird. Durch seinen Onkel Simon gerät Friedrich in das Milieu der Wilderer und Holzfrevler; er wird mitschuldig an der Ermordung eines Försters. Den Makel seiner Herkunft kompensiert er durch Prahlerei, Wagemut und Tücke. Als ihn bei einem Tanz Aaron durch die Forderung einer Restschuld bloßstellt, erschlägt er den Juden und flieht mit seinem Gefährten Johannes Niemand. Alle diese Verbrechen ereignen sich im Brederholz. Hier befindet sich eine Buche, unter der Aarons Stab gefunden wird. Die Juden der Umgegend kaufen den Baum und hauen in seine Rinde die Worte: „Wenn du dich diesem Ort nahest, so wird es dir ergehen, wie du mir getan hast." Nach 28 Jahren kehrt Friedrich (als Johannes) verkrüppelt aus türk. Sklaverei zurück. Vom Brederholz angezogen, erhängt er sich an der „Judenbuche".

Wesentlich für das Verständnis der Novelle ist die Erweiterung der Vorgeschichte des Judenmords und dessen Sühne (gegenüber der Vorlage). Hierdurch rückt das Motiv der Magie jenes in den Baum eingehauenen Fluches aus dem Handlungszentrum. Die Entwicklung Friedrichs tritt als Resultat eines in düsteren Naturbildern widergespiegelten sozialen Klimas in Erscheinung, in dem Vergehen nicht auf gesetzlichem Wege bekämpft werden, sondern „in stets neuen Versuchen, Gewalt und List mit gleichen Waffen zu überbieten". Das Interesse richtet sich nicht auf die äußere Handlung (Hauptereignisse wie die Bloßstellung Friedrichs und der Mord an Aaron werden indirekt geschildert), sondern auf das „arm verkümmert Sein" Friedrichs.

Lyrik. Den Ausgangspunkt bildete die (zunächst nicht für eine Veröffentlichung gedachte) Gestaltung religiöser Themen.
Die Erfahrung mangelnder Geborgenheit wurde durch die Hinwendung zur Natur gemildert, jedoch nicht aufgehoben. Selbst in den beseligten Ausdruck des Umfangenseins von den elementaren Sinneseindrücken des Naturerlebens mischt sich der Gedanke an den Tod: „Süße Ruh, süßer Taumel im Gras, / Von des Krautes Arome umhaucht, / Tiefe Flut, tief tief trunkene Flut, / Wenn die Wolke am Azur verraucht / (...) Liebe Stimme säuselt und träuft / Wie die Lindenblüt auf ein Grab" *(Im Grase).* Hierbei handelt es sich nicht um eine bloße Fortführung der Vergänglichkeitsthematik alles Irdischen, sondern um das Ringen mit einem als schuldhaft empfundenen Verlangen nach ungebrochener Kreatürlichkeit. Der Mond ist, „was dem kranken Sänger sein Gedicht, / Ein fremdes, aber o! ein mildes Licht!" *(Mondesaufgang).* Die innere Verbindung mit den Natureindrücken gewinnt in Vergleichen (der Weiher „liegt so still im Morgenlicht / So friedlich wie ein fromm Gewissen"), Metaphern und Allegorien Gestalt, doch heben Reflexionen den Einklang wieder auf. Innere und äußere Geschlossenheit besitzt die Beschreibung des kleinen Details; unter diesem Aspekt besteht eine gewisse Beziehung zum Biedermeier. Kühne Wortbildungen und moderne Vergleichsgegenstände („es beginnt zu ziehn / Gleich Bildern von Daguerre die Decke lang", *Durchwachte Nacht)* verwehren jedoch Behaglichkeit. In den Balladen gewinnt die Schilderung der Naturerscheinungen dramatische Funktion, etwa als Verkörperung der Bedrohung („O schaurig ist's übers Moor zu gehn, / Wenn es wimmelt vom Heiderauche", *Der Knabe im Moor)* oder als Szenerie eines blutigen Geschehens: „Wie dämmerschaurig ist der Wald / An neblichten Novembertagen, / Wie wunderlich die Wildnis hallt / Von Astgestöhn und Windesklagen!" *(Der Tod des Erzbischofs Engelbert von Köln).*

Friedrich Dürrenmatt
*5. 1. 1921 in Konolfingen (Kt. Bern)
Als Episode, die in die Theatergeschichte eingeht, wurde 1983 der Auftritt Dürrenmatts bei der Zürcher Uraufführung von *Achterloo* empfunden. Der Autor trat im weißen Kittel vor das Publikum und stammelte in der Art des zum Personal der Komödie zählenden Irrenarztes: „Ich habe dieses Stück im Auftrag der städtischen Klinik geschrieben. Mein Name ist... Gotthelf... Gotthold... Ephraim... Lessing." Der moderne Aristophanes und Moralist bekundete im Rollenspiel seine Skepsis gegenüber der Tradition der Aufklärung.
Der Sohn eines Pfarrers besuchte in Bern das Gymnasium und studierte in Zürich und Bern Theologie, Literatur, Philosophie sowie Naturwissenschaften; zugleich verfolgte er das Ziel, Maler zu werden. Erste literarische Arbeiten (Erzählungen unter dem Einfluß ↑ Kafkas) entstanden Anfang der 40er Jahre; 1947 erregte das Wiedertäufer-Drama *Es steht geschrieben* einen Theaterskandal. Seit 1952 lebt Dürrenmatt in Neuchâtel. Welterfolg errang er mit der 1956 in Zürich uraufgeführten Tragikomödie *Der Besuch der alten Dame*. Stets eng mit der Theaterpraxis verbunden, war er 1968/69 in Basel Theaterdirektor. Die meisten seiner Stücke erhielten Neufassungen; zu den bearbeiteten Dramen gehören Shakespeares „König Johann" und Strindbergs „Totentanz" (*Play Strindberg*, 1969).
Als Romancier und Erzähler bevorzugt Dürrenmatt das Genre der Detektivgeschichte, als Dramatiker die Form der Tragikomödie, verbunden mit Elementen der Satire und Farce, des schwarzen Humors und des Aberwitzes. Verfremdungseffekte sind äußerliche Entsprechungen zur Dramaturgie ↑ Brechts, dessen Forderung, die Welt als veränderbar darzustellen, Dürrenmatt ebenso wie ↑ Frisch als unrealistisch abgelehnt hat. Ein zentrales Thema seines Schaffens ist die Macht. Um ihretwillen weist Nebukadnezar die Liebe des von einem Engel auf die Erde gebrachten, dem niedrigsten Menschen zugedachten Mädchens Kurribi zurück *(Ein Engel kommt nach Babylon)*; Abscheu vor der Macht verbindet den letzten weström. Kaiser und seinen Gegner Odoaker *(Romulus der Große)*, die Macht des Geldes dient als tödliche Waffe *(Der Besuch der alten Dame)*, die Erkenntnisse der Wissenschaft werden von der Politik zur Massenvernichtung und insofern als Machtmittel mißbraucht *(Die Physiker)*; auch in *Achterloo*, der grotesken Widerspiegelung der Entwicklung in Polen unmittelbar vor Verhängung des Kriegsrechts 1981, stehen Machtstrukturen im Mittelpunkt des von den Insassen eines Irrenhauses in historischen Kostümen nachgespielten aktuellen Geschehens. Als Sinnbild der Unfähigkeit des Menschen, sich aus den Verstrickungen des Lebens zu lösen, dient in *Der Meteor* das Lazarus-Motiv der Auferweckung bzw. des Nichtsterbenkönnens. 1986 erhielt Dürrenmatt den Büchner-Preis.

Romane: *Der Richter und sein Henker* (1952), *Der Verdacht* (1953), *Grieche sucht Griechin* (1955, Verf B. D. 1956), *Das Versprechen* (1958), *Der Tunnel* (1964), *Justiz* (1985). – Erzählungen: Slg. *Die Stadt* (1952), *Die Panne* (1956), *Der Sturz* (1971). – Dramen: *Es steht geschrieben* (1947, Neufassung 1967 u. d. T. *Die Wiedertäufer*), *Romulus der Große* (1949), *Die Ehe des Herrn Mississippi* (1952, Verf B. D. 1961 Kurt Hoffmann), *Ein Engel kommt nach Babylon* (E ab 1948, U 1953), *Der Besuch der alten Dame* (1956, Verf USA 1964 Bernhard Wicki), *Frank der Fünfte. Oper einer Privatbank* (1959, Musik Paul Burkhard), *Die Physiker* (1962), *Der Meteor* (1966), *Der Mitmacher* (1973), *Die Frist* (1976), *Achterloo* (1983). – Hörspiele: *Herkules und der Stall des Augias* (1954, als Drama 1963), *Das Unternehmen der Wega* (1955, als Drama *Porträt eines Planeten* 1970), *Der Prozeß um des Esels Schatten* (1958), *Der Doppelgänger* (1960). – Essays: Slg. *Theaterprobleme* (1955), Slg. *Theater-Schriften und Reden* (2 Bde. 1966, 1972), *Zusammenhänge. Essays über Israel* (1976).

Romulus der Große. E 1947/48, U 1949, Neufassungen 1957 und 1980. Die „ungeschichtliche historische Komödie in 4 Akten" spielt an einem Märztag des Jahres 476 n. Chr. in der Villa des weström. Kaisers Romulus Augustus. Das Weltreich steht vor dem wirtschaftlichen und militärischen Zusammenbruch, sein Herrscher befaßt sich indessen mit der Hühnerzucht. Als Retter bietet sich der german. Hosenfabrikant Cäsar Rupf an, der den mit seinen Truppen anrückenden Germanenfürsten Odoaker bestechen und das Reich sanieren will; als Gegenleistung verlangt er die Kaisertochter Rea zur Frau. Romulus verschließt sich diesem Plan ebenso wie den Ratschlägen seiner Frau, der Minister, Militärs und des zu ihm geflüchteten oström. Kaisers Zeno der Isaurier, die allesamt ihre eigenen Interessen vertreten. Romulus bleibt entschlossen, sein Reich den Germanen zu übergeben. Beim Zusammentreffen mit Odoaker entpuppt sich dieser ebenfalls als Liebhaber der Hühnerzucht. Vor allem aber stellt sich heraus, daß sich der Sieger dem Besiegten unterwerfen will, um die blutige Machtentfaltung seines Neffen Theoderich zu verhindern. Damit wird Romulus um seinen Opfertod gebracht, mit dem er als Heros die Vergangenheit Roms sühnen wollte; als „gescheiterter Politiker" muß er sich damit begnügen, in Pension zu gehen. Odoaker nimmt es auf sich, für einige „unheldische Jahre" zu sorgen.

Die scheinbar paradoxe Fabel dient Dürrenmatt als Beispiel für die Fähigkeit des Menschen, die Notwendigkeit humanen Handelns zumindest zu erkennen. Der parodistische Effekt, den die Umdeutung eines historischen Ereignisses hervorruft, tritt demgegenüber in den Hintergrund. Zwar gilt auch für dieses Frühwerk das Verständnis der Bühne als „Instrument, dessen Möglichkeiten ich zu erkennen versuche, indem ich damit spiele" (Dürrenmatt in *Theaterprobleme*, 1955); die Absage an die Bühne als „Feld für Theorien, Weltanschauungen und Aussagen" besitzt dagegen noch keine strukturbildende Bedeutung.

Die Ehe des Herrn Mississippi. U, V 1952, 4 Neufassungen 1957–1980. Schauplatz der „ins Jahr 47 oder 48" datierten „Komödie in zwei Teilen" ist ein in „spätbürgerlicher Pracht und Herrlichkeit" eingerichteter Salon. Im Mittelpunkt steht Anastasia, um die vier Männer werben: der Generalstaatsanwalt Mississippi, der „durch das Gesetz Mosis", was für ihn heißt: die Todesstrafe, die Welt „restaurieren" will; der kommunistische Revolutionär Saint-Claude; der opportunistische Justizminister Diego; der Idealist Graf Bodo von Überlohe-Zabernsee. Die Handlung entwickelt sich aus dem Versuch Mississippis, Anastasia, die ihren Mann umgebracht hat, „durch die Ehe in einen Engel zu verwandeln"; er selbst will durch diese Ehe für den eigenen Mord an seiner Frau büßen. Mississippis ehemaliger Jugendfreund und Kontrahent Saint-Claude will, nachdem der von ihm angezettelte Aufstand niedergeschlagen wurde, mit Anastasia fliehen und sie im Ausland in einem Bordell „zum Wohle der Welt" einsetzen. Für Graf Bodo ist Anastasia die noch immer verehrte Jugendgeliebte, für Diego das begehrenswerte Weib. Mississippi und Anastasia sterben durch Gift, Saint-Claude läßt sich von seinen Parteigenossen erschießen.

Die monströse Handlung verliert ihre expressive Pathetik durch die Verwendung verfremdender Gestaltungsmittel. So beginnt das Stück mit der Erschießung Saint-Claudes, der sich daraufhin erhebt und das Publikum mit Thema und Verlauf der Darbietung vertraut macht. Auch während des Stückes wenden sich die Schauspieler an die Zuschauer und räsonieren u. a. über den Autor, den „Liebhaber grausamer Fabeln und nichtsnutziger Lustspiele". Ihm geht es, so vermutet Graf Bodo, darum, „zu untersuchen, was sich beim Zusammenprall bestimmter Ideen mit Menschen ereignet, die diese Ideen wirklich ernst nehmen und mit kühner Energie, mit rasender Tollheit und mit einer unerschöpflichen Gier nach Vollkommenheit zu verwirklichen trachten".

Der Richter und sein Henker. Roman, 1952, als Hörspiel 1957, Verf B.D. 1978 Maximilian Schell. Kommissar Bärlach von der Berner Kripo ist mit der Untersuchung der Ermordung seines Mitarbeiters Schmied beauftragt, der erschossen in seinem Auto aufgefunden worden ist; zu seiner Unterstützung läßt sich der schwerkranke Bärlach Schmieds Kollegen Tschanz zuweisen. Die Spuren deuten auf einen gewissen Gastmann, in dessen einsamer Villa Schmied mehrfach unter falschem Namen an Abendgesellschaften teilgenommen hat. Ein Gespräch zwischen Bärlach und Gastmann klärt darüber auf, daß beide vor 40 Jahren in der Türkei eine Wette abgeschlossen haben, die ihr weiteres Leben geprägt hat: Während Bärlach damals behauptete, ein Verbrechen zu begehen sei „eine Dummheit, weil es unmöglich sei, mit Menschen wie mit Schachfiguren zu operieren", stellte Gastmann die These auf, „daß gerade die Verworrenheit der menschlichen Beziehungen es möglich mache, Verbrechen zu begehen, die nicht erkannt werden könnten". Seitdem hat sich Bärlach zu einem der besten Kriminalisten, Gastmann zu einem souveränen Verbrecher entwickelt. Schmied diente Bärlach dazu, Belastungsmaterial gegen Gastmann zu sammeln.
Der Fall Schmied wird mit der Feststellung abgeschlossen, daß Gastmann Schmied umbringen ließ. In Wirklichkeit, so zeigt ein Gespräch zwischen Bärlach und Tschanz, ist dieser der Mörder Schmieds. Hierdurch wurde er zum Werkzeug Bärlachs: Tschanz mußte den verdächtigen Gastmann töten, um die eigene Schuld zu verdecken, und diente hierdurch als „Henker" im Auftrag des „Richters" Bärlach. Dürrenmatt entwickelt die Spannung, das Wesensmerkmal des Kriminalromans, aus der Zuspitzung der psychologischen Dramatik: Der Leser erahnt Bärlachs Verdacht gegen Tschanz und verfolgt die Schachzüge des Alten, dessen Herz inmitten einer ebenso spießigen wie korrupten Umgebung „ein wütendes Feuer verzehrt".

Das Versprechen. Requiem auf den Kriminalroman. Roman, 1958. Zugrunde liegt das Drehbuch zu Ladislao Vajdas Film „Es geschah am hellichten Tage" über das Thema Sexualverbrechen an Kindern. Dürrenmatt griff „die Fabel aufs neue auf und dachte sie weiter, jenseits des Pädagogischen. Aus einem bestimmten Fall wurde der Fall des Detektivs" als Inbegriff des logisch handelnden und daher am Zufall scheiternden Menschen.
Dieser Fall wird am Beispiel des mit der Ermordung eines Mädchens konfrontierten Kommissars Dr. Matthäi ad absurdum geführt. Der Schuldige schien in Gestalt eines Hausierers rasch gefunden zu sein: Nach stundenlangen Verhören gestand er und erhängte sich in seiner Zelle. Matthäi, der den Eltern des Kindes das Versprechen gegeben hat, den Mörder ausfindig zu machen, ist davon überzeugt, daß sich der tatsächliche Täter noch in Freiheit befindet. Er quittiert seinen Polizeidienst und erschließt aus den wenigen Anhaltspunkten, die er besitzt, Person und Verhaltensweise des mutmaßlichen Mörders; als Lockvogel dient ihm ein Mädchen, das er mit seiner Mutter bei sich aufgenommen hat. Als alles darauf hindeutet, daß der Mörder „angebissen" hat, kann Matthäi seinen ehemaligen Kommandanten dazu bewegen, eine entsprechende Aktion einzuleiten, die jedoch erfolglos verläuft. Matthäi erscheint als widerlegt und verkommt. Diese Geschichte wird dem Autor von jenem ehemaligen Vorgesetzten Matthäis erzählt, und zwar als Beispiel dafür, daß die wie eine „Rechnung" angelegten Kriminalromane nichts mit der Wirklichkeit gemeinsam haben. Zuletzt wird die „reichlich schäbige Pointe" nachgetragen: Durch Zufall kam der Kommandant an das Sterbebett einer Frau und erfuhr, daß deren Mann der Täter war, den Matthäi hinter einer Reihe von Mordtaten an Mädchen vermutet hatte. Die Polizeiaktion war nur deshalb ein Mißerfolg, weil der Mörder auf dem Weg zu der ihm gestellten Falle bei einem Autounfall ums Leben kam.

Der Besuch der alten Dame. Tragikomödie in 3 Akten, U 1955, V 1956.
Die völlig verarmte Kleinstadt Güllen „irgendwo in Mitteleuropa" erwartet Kläri Wäscher alias Claire Zachannasia. Sie hat vor 45 Jahren, gebrandmarkt als Mutter eines unehelichen Kindes, Güllen verlassen. Von einem Ölmagnaten aus dem Bordell geholt und zur dreifachen Milliardärin aufgestiegen, hat sie sich den Ruf einer großzügigen Wohltäterin erworben. Die Erwartungen scheinen sich zu erfüllen: Claire ist bereit, der Stadt eine Milliarde zu schenken; als Gegenleistung verlangt sie Gerechtigkeit, nämlich den Tod ihres Jugendgeliebten Alfred Ill, der seinerzeit mit Hilfe von zwei bestochenen Zeugen vor Gericht seine Vaterschaft an Kläris Kind bestreiten konnte. Die empörte Zurückweisung dieses Handels erlahmt nach und nach. Angesichts des greifbar nahen, irgendwie zu packenden Reichtums verfallen die Bewohner Güllens in einen Konsumrausch auf Pump und überzeugen sich, daß durchaus eine Verpflichtung besteht, das Kläri angetane Unrecht zu sühnen. Ill selbst entwickelt Schuldbewußtsein und gibt einen Fluchtversuch mehr oder weniger freiwillig auf. Allerdings weigert er sich, Selbstmord zu begehen. Die Mitbürger müssen ihn, um ihr Ziel zu erreichen, töten. Gegenüber den durch Claire angelockten Vertretern der Medien wird Ill in doppelsinniger Weise als der Mann ausgegeben, dem die (schließlich durch Gemeindebeschluß akzeptierte) Claire-Zachannasia-Stiftung zu verdanken ist. Als sich der um das Opfer geformte Kreis wieder öffnet und Ill tot am Boden liegt, kann daher der Bürgermeister „Tod durch Freude" feststellen und Claires Scheck entgegennehmen.
Die „alte Dame", die als „altes Götzenbild aus Stein" den Schauplatz verläßt, und ihre Umgebung besitzen dämonisch-groteske Züge. Als Diener und Sänftenträger hat Claire zwei Schwerverbrecher engagiert, die „Kaugummi kauenden Monstren" Toby und Roby. Zu ihrem Gefolge gehören als Koby und Loby jene meineidigen Zeugen, die sie ausfindig machte, blenden und kastrieren ließ, sowie als Butler der ehemalige Richter, der Ill von der Vaterschaft freigesprochen hat. Randfiguren sind Claires einander in rascher Folge ablösende Ehemänner VII–IX. Nach und nach enthüllt sich Claires planmäßige Vorbereitung ihrer Abrechnung mit Güllen: Der Vorschlag des Lehrers, ihr Geld doch lieber in die stillgelegten Betriebe der Stadt zu investieren und sich hierdurch „zur reinen Menschlichkeit" durchzuringen, ist gegenstandslos, da Claire schon die gesamte Stadt gekauft und die Armut selbst herbeigeführt hat. In ihrem Abschiedsgespräch mit Ill enthüllt sie das Kernmotiv ihres Handelns: „Deine Liebe ist gestorben vor vielen Jahren. Meine Liebe konnte nicht sterben. Aber auch nicht leben. Sie ist etwas Böses geworden wie ich selber (...), überwuchert von meinen goldenen Milliarden. Die haben nach dir gegriffen mit ihren Fangarmen, dein Leben zu suchen. Weil es mir gehört. Auf ewig."
Die an den Bewohnern Güllens demonstrierte Käuflichkeit der Moral wird zwar auf die Armut zurückgeführt und insofern in einen gesellschaftlichen Zusammenhang gestellt. Aber diese Erklärung nehmen die Güllener selbst vor, und zwar in der verfremdenden Form eines antikisierenden Chorgesangs, dem das 1. Standlied aus der „Antigone" des Sophokles zugrunde liegt: „Ungeheuer ist viel / Gewaltige Erdbeben / Feuerspeiende Berge / Fluten des Meeres / Krieg auch / Panzer durch Kornfelder rasselnd / Der sonnenhafte Pilz der Atombombe. / / Doch nichts ungeheurer als die / Armut / Die nämlich kennt kein Abenteuer / Trostlos umfängt sie das Menschengeschlecht / Reiht / Öde Tage an öden Tag."
Im Nachwort verwahrt sich Dürrenmatt dagegen, mit dem Stück eine „Moral" aufzustellen, „wie man mir bisweilen andichtet"; es wurde „geschrieben von einem, der sich von diesen Leuten durchaus nicht distanziert und der nicht so sicher ist, ob er anders handeln würde".

Die Physiker. U 1962, V 1963, Neufassung 1980. Die „Komödie in 2 Akten" spielt im Salon des Sanatoriums „Les Cerisiers", das von der verwachsenen Irrenärztin Dr. Mathilde von Zahnd geleitet wird. An den Salon grenzen die Zimmer dreier ehemaliger Physiker. Es sind dies: Beutler, der sich als Newton ausgibt, Ernesti, der sich für Einstein hält, und Möbius, der seine Eingebungen Salomo zu verdanken vorgibt. Das Stück beginnt mit der kriminaltechnischen Untersuchung des Leichnams der Pflegerin Straub; Ernesti hat sie erdrosselt und beruhigt sich durch Geigenspiel. Drei Monate zuvor hat Beutler die Pflegerin Moser umgebracht. Beide Mörder sind als Irre vor der Verhaftung geschützt, doch verlangt der Staatsanwalt, weiteren Gewalttaten durch den Austausch des weiblichen Personals gegen Pfleger vorzubeugen. Möbius erhält den Besuch seiner geschiedenen Frau und seiner drei Söhne; sie sind im Begriff, mit dem Missionar Rose zu den Marianen aufzubrechen. Möbius vertreibt die Gesellschaft mit dem „Psalm Salomos, den Weltraumfahrern zu singen", der als Schreckensbild der Raumfahrt in die Verse mündet: „In den Fratzen kein Erinnern mehr / An die atmende Erde." Mit Schwester Monika allein gelassen, erfährt Möbius, daß sie ihn für einen Simulanten hält; sie liebt Möbius und hat alles für ein gemeinsames Leben außerhalb des Sanatoriums vorbereitet. Möbius sieht sich durchschaut und erdrosselt Monika.
Der 2. Akt beginnt wie der erste, wobei der Inspektor seinen Dank ausdrückt, auch Möbius nicht verhaften zu müssen: „Die Gerechtigkeit macht zum ersten Male Ferien, ein immenses Gefühl." Der Dienstantritt der Pfleger zwingt „Newton" und „Einstein" zum Handeln. Sie sind im Auftrag zweier gegnerischer Geheimdienste als angebliche Irre in das Sanatorium gelangt, um Möbius, dessen Genialität als Physiker die beiden Staaten auf die Spur gekommen sind, zu entführen. Ihre Mordtaten dienten dazu, der Enthüllung ihrer Identität zuvorzukommen. Möbius gibt zu, während seines 15jährigen Aufenthalts im Sanatorium, durch den er seine Entdeckungen dem Zugriff entziehen wollte, das Problem der Gravitation gelöst, die einheitliche Theorie der Elementarteilchen aufgestellt und das „System aller möglichen Erfindungen" entwickelt zu haben; er hat seine Manuskripte jedoch verbrannt. Doch diese Vorsichtsmaßnahme erweist sich als vergeblich: Dr. von Zahnd, die sich als wahnsinnig entpuppt, hat längst die Papiere kopiert und einen Trust gegründet; sie wird „die Länder, die Kontinente erobern, das Sonnensystem ausbeuten, nach den Andromedanebeln fahren. Die Rechnung ist aufgegangen. Nicht zugunsten der Welt, aber zugunsten einer alten, buckligen Jungfrau." Möbius erkennt: „Was einmal gedacht wurde, kann nicht mehr zurückgenommen werden."
In seinen *21 Punkten zu den Physikern* stellt Dürrenmatt das Stück unter den Leitbegriff des Paradoxen, entsprechend der Einsicht, die sein Protagonist Möbius im Gespräch mit den enttarnten Fachkollegen formuliert: „Unsere Wissenschaft ist schrecklich geworden, unsere Forschung gefährlich, unsere Erkenntnisse tödlich. Es gibt für uns Physiker nur noch die Kapitulation vor der Wirklichkeit. Sie ist uns nicht gewachsen. Sie geht an uns zugrunde. (...) Entweder bleiben wir im Irrenhaus, oder die Welt wird eins. Entweder löschen wir uns im Gedächtnis der Menschen aus, oder die Menschheit erlischt." Die Entscheidung wird ohne ihr Zutun getroffen: Die drei Physiker bleiben gezwungenermaßen im Irrenhaus, während zugleich die „Welt in die Hände einer verrückten Irrenärztin" fällt.
Diese „Lösung" verdeutlicht, daß *Die Physiker* die Frage der Verantwortung des Wissenschaftlers nicht weniger als etwa ↑ Brechts thematisch verwandtes „Leben des Galilei" diskutieren, sondern vor allem Dürrenmatts dramaturgische Grundkonzeption realisieren, der zufolge eine „Geschichte dann zu Ende gedacht (ist), wenn sie ihre schlimmstmögliche Wendung genommen hat".

Marie von Ebner-Eschenbach (geb. Gräfin Dubsky)
*13.9.1830 auf Schloß Zdislawitz (Mähren), †12.3.1916 in Wien

Aus der kritischen Beobachtung ihrer Standesgenossen und der ländlichen Lebensverhältnisse entwickelte Ebner-Eschenbach eine vom sozialen Ethos des Mitgefühls und von sittlichen Normen geprägte Erzählweise. *Das Gemeindekind* schildert mit volkspädagogischer Absicht den Weg eines auf Gemeindekosten erzogenen Sohns eines Mörders zu einer geachteten Existenz. Die Titelgestalt der Novelle *Krambambuli* ist ein Jagdhund, der am Konflikt zwischen der Treue zu einem Wilderer und einem Jäger zugrunde geht.

Romane: *Božena* (1876), *Das Gemeindekind* (1887), *Unsühnbar* (1890), *Glaubenslos?* (1893). – Erzählungen: *Dorf- und Schloßgeschichten* (1883, darin *Krambambuli*, Verf Dtl. 1940, Österr. 1955 u. d. T. „Heimatland"), *Neue Dorf- und Schloßgeschichten* (1886, darin *Er laßt die Hand küssen*), Slg. *Aus Spätherbsttagen* (1901, darin *Mašlans Frau*).

Eckhart (Eckart, Eckehart, gen. Meister E.)
*um 1260 in Hochheim bei Gotha, †vor dem 30.4.1328 in Avignon (?)

Der Dominikaner war in verschiedenen Klöstern als Oberer und Lehrer tätig, ab 1302 in Paris als Magister der Theologie, ab 1323 in Köln. Zu seinen kleineren Schriften gehört *Das Buch der göttlichen Tröstung (Liber benedictus)*, das einen Grundgedanken der Mystik entwickelt: Loslösung von der äußeren Welt, um zur inneren Einheit mit dem Göttlichen zu gelangen. Diese „unio mystica" steht auch im Mittelpunkt der in über 200 Handschriften überlieferten, ab etwa 1314 in Straßburg und Köln in dt. Sprache gehaltenen *Predigten*, die zugleich eine sprachschöpferische Leistung bilden. 1326 wurde Meister Eckhart in einen Ketzerprozeß verwickelt und begab sich zur Rechtfertigung an den päpstlichen Hof in Avignon. Unmittelbar nach seinem Tod verurteilte Papst Johannes XXII. 26 Lehrsätze aus Meister Eckharts Schriften als häretisch. Bedeutende Schüler sind die Prediger Heinrich Seuse (Ulm) und ↑ Tauler (Straßburg).

Kasimir Edschmid (eigtl. Eduard Schmid)
*5.10.1890 in Darmstadt, †31.8.1966 in Vulpera (= Schuls, Kt. Graubünden)

Durch seine frühen Essays, Erzählungen und Romane gehört der spätere Reise- und Unterhaltungsschriftsteller zu den ersten Propagandisten des literarischen Expressionismus, als dessen Kern er die „Explosion" der Gefühlswelt verstand. Schauplätze sind exotische Gegenden (*Der Gott*, in der Slg. *Timur*) oder das Milieu der gesellschaftlichen Außenseiter: „Aus Dreck und Kot und Unzucht" kommen im Roman *Die achatnen Kugeln* für die Millionärin Daisy „die Übersicht und die Entscheidung in ihr Leben". Die Slg. *Das rasende Leben* ist ↑ Büchner gewidmet, über den Edschmid in den 20er Jahren mehrere Essays verfaßte (hess. Büchner-Preis 1927) sowie den Roman *Wenn es Rosen sind, werden sie blühen* (1950, u. d. T. *Georg Büchner. Eine dt. Revolution*, 1966): Neun Berichterstatter schildern die Ereignisse um den „Hessischen Landboten".

Romane: *Die achatnen Kugeln* (1920), *Der Engel mit dem Spleen* (1923), *Die gespenstigen Abenteuer des Hofrats Brüstlein* (1927, u. d. T. *Pourtalès Abenteuer* 1947). – Erzählungen: Slg. *Die sechs Mündungen* (1915), *Das rasende Leben* (1916), Slg. *Timur* (1916), Slg. *Frauen* (1920). – Reisebücher: *Basken, Stiere, Araber* (1926), *Glanz und Elend Süd-Amerikas* (1931), *Zauber und Größe des Mittelmeers* (1932, erweitert 1959 u. d. T. *Stille und Stürme am Mittelmeer*), *Italien* (5 Bde. 1935–1948). – Essays: *Über den Expressionismus in der Literatur und die neue Dichtung* (1919), *Lebendiger Expressionismus* (1961).

Günter Eich
*1.2.1907 in Lebus a. d. Oder, †20.12.1972 in Salzburg

Der Sohn eines Gutsverwalters ging in Berlin und Leipzig zur Schule. 1925 begann er ein Studium der Volkswirtschaft und der Sinologie (Leipzig, Berlin, Paris). Erste Gedichte erschienen 1927 (Verbindung mit ↑ Kasack und ↑ Loerke), als erstes Hörspiel wurde 1931 *Das Leben und Sterben des Sängers Caruso* (1929) gesendet. Ab 1931 lebte Eich vorwiegend in Berlin als freier Schriftsteller, 1933–1939 war er Mitarbeiter des Reichssenders Berlin (Hörspiele, Funkbearbeitungen). 1939 wurde er zur Wehrmacht eingezogen und 1946 aus amerikan. Gefangenschaft entlassen. 1947 gehörte er zu den Gründern der „Gruppe 47" (Preis der Gruppe 1950), 1953 heiratete er in zweiter Ehe ↑Aichinger. Nach verschiedenen Wohnorten in Oberbayern ließ er sich 1963 bei Salzburg nieder. Zu seinen Auszeichnungen gehören der Hörspielpreis der Kriegsblinden 1952, der Büchner-Preis 1959 und der Mannheimer Schiller-Gedächtnispreis 1968.

Als Lyriker gehörte Eich zu Beginn der 50er Jahre zu den Vertretern des „Kahlschlags": Gedichte als emotionslose Notate. So endet *Inventur* mit der Strophe: „Dies ist mein Notizbuch, / dies ist meine Zeltbahn, / dies ist mein Handtuch, / dies ist mein Zwirn." Ein zentrales Thema und zugleich wesentliches Gestaltungsmittel ist die Diskrepanz zwischen Wirklichkeit und Vorstellung. Die Möglichkeiten der akustischen Darstellung gewannen durch Eich eine maßgebende Bereicherung (Slg. *Träume*, 1953; Slg. *Stimmen*, 1958). Die späte Prosa *(Maulwürfe)* besitzt satirischen Charakter einschließlich des Kalauers: „Im Steiß meines Angesichts bemühe ich mich um Anfänge. Goethes Gespräche mit Nekkermann, das wärs."

Gedichtbände: *Gedichte* (1930), *Abgelegene Gehöfte* (1948), *Botschaften des Regens* (1955), *Zu den Akten* (1964), *Anlässe und Steingärten* (1966). – Erzählungen und Kurzprosa: *Züge im Nebel* (1947), Slg. *Maulwürfe* (1968), Slg. *Ein Tibeter in meinem Büro. 49 Maulwürfe* (1970). – Hörspiele: *Geh nicht nach El Kuwehd* (1950), *Die andere und ich* (1951), *Der Tiger Jussuf* (1952), *Blick auf Venedig* (1952), *Das Jahr Lazertis* (1954), *Zinngeschrei* (1955), *Allah hat hundert Namen* (1957), *Die Brandung von Setúbal* (1957), *Festianus, Märtyrer* (1958), *Man bittet zu läuten* (1964), *Zeit und Kartoffeln* (1972).

Träume. Hörspiel, U 1951, V 1953. Fünf lediglich durch Zwischentexte verbundene alptraumartige Szenen variieren das Motiv von Bedrohung und Vernichtung: Drei Generationen einer Familie sind in einem fensterlosen Güterwaggon eingeschlossen; ein türk. Beamter wird mit der Bedienung einer Anlage betraut, die sich als Fallbeil erweist; eine austral. Familie verfällt beim Anrücken eines einzelnen Feindes der Ächtung; ein Moskauer Kartenzeichner wird im afrikan. Urwald von seinen Trägern im Stich gelassen; eine Hausfrau in New York erkennt den drohenden Zusammenbruch ihres Hauses (Nagen von Termiten). An die Hörer gerichtete Appelle lauten: „Wacht auf!" Und: „Seid der Sand, nicht das Öl im Getriebe der Welt!"

Die Mädchen aus Viterbo. Hörspiel, U 1952, V 1958, 2. Fassung U 1959. Zwei in einer Berliner Wohnung versteckte Juden (Großvater und Enkelin) treten in imaginäre Beziehung zu einer Gruppe von Mädchen, die sich mit ihrem Lehrer in den Katakomben Roms verirrt haben. Der Versuch, im Gespräch das Schicksal der Schülerinnen zu erschließen, mündet in die Identifikation mit zwei der Gestalten. Hierdurch entwickelt sich der Wunschtraum, entdeckt zu werden, der jedoch nur in der Katakombe Gültigkeit hat. Dennoch gewinnt er in der eigenen Wirklichkeit, in der Entdeckung den Tod bedeutet, seine Wirkung: Als die Gestapo kommt, sind Gabriele und Großvater bereit, ihr in die Gegenwelt des Hoffens projiziertes Schicksal anzunehmen.

Joseph Freiherr von Eichendorff
*10. 3. 1788 auf Schloß Lubowitz bei Ratibor (= poln. Racibórz), †26. 11. 1857 in Neisse (= poln. Nysa)

„Laß es Deiner Begeisterung keinen Eintrag tun, daß er – Geheimer Regierungsrat ist", ermutigte Bismarck 1851 seine Ehefrau und Eichendorff-Verehrerin. Tatsächlich scheinen Werk und Lebenswirklichkeit des Dichters von Liedern im reinsten Volksliedton, der nahezu drei Jahrzehnte in der preuß. Kultusbürokratie tätig war, auf erschreckende Weise auseinanderzuklaffen. In Wahrheit erweist sich der „letzte Romantiker" – faßt man sein Gesamtwerk ins Auge – als engagierter Interpret seiner Zeit.

Eichendorff stammt aus einer schles. Adelsfamilie, deren Verarmung 1823 den Verkauf fast aller Besitzungen erzwang. Dem Jurastudium (1805–1812, Halle, Heidelberg, Wien) folgten die Teilnahme an den Befreiungskriegen, die Eheschließung (1815) mit Luise von Larisch, die ein Kind von Eichendorff erwartete, und der Eintritt in den Staatsdienst (1816–1844, Breslau, Danzig, Königsberg, Berlin). Konflikte mit der Staatsführung des protestantischen Preußen ergaben sich aus Eichendorffs Katholizismus und seiner Treue zu den Idealen der Steinschen Reformen. Die Kritik an der Restauration blieb gepaart mit Skepsis gegenüber der frühindustriellen Gesellschaft und dem Liberalismus.

Prägende Bedeutung gewann in der Studienzeit, in der Eichendorff (unter dem Pseudonym „Florens") erste Gedichte veröffentlichte, die Begegnung mit ↑ Brentano und A. v. ↑ Arnim (Heidelberg) sowie F. ↑ Schlegel (Wien). Hier wurzelt sein Verständnis der Volkspoesie als Ausdruck noch ungeteilter Lebenseinheit. Die Suche nach neuen Formen einer Einheit von Leben und Kunst führte zu einer gerade durch Schlichtheit äußerst kunstvollen Bildersprache, die vieles mit den Grundelementen der Landschaftsbilder C. D. Friedrichs (Nähe und Ferne, Licht und Raum) gemeinsam hat.

Eichendorffs Gesamtwerk umfaßt Lyrik, Prosa (Romane und Erzählungen mit eingefügten Gedichten) und Dramen (Literatursatire in der Nachfolge ↑Tiecks, Lustspiel, Historiendrama); zum Spätwerk gehören Versepen und literarhistorische Darstellungen mit publizistischer Prägung. Inhaltlich reicht das Spektrum von bewußt zeitgeschichtlicher Thematik, z. T. in satirischer Gestaltung *(Auch ich war in Arkadien)*, über die Auseinandersetzung mit der Frz. Revolution *(Das Schloß Dürande, Robert und Guiscard)* bis zur christlichen Spätantike *(Julian, Lucius)*. Zu den von Eichendorff übersetzten Werken der span. Barockliteratur gehört Calderóns „Großes Welttheater".

Lyrik: V ab 1808, 1.GA 1837 (erw. 1941), Vert u. a. R. Schumann („Liederkreis" op.39), F. Mendelssohn-Bartholdy, H. Wolf, H. Pfitzner. – Versepen: *Julian* (1853), *Robert und Guiscard* (1855), *Lucius* (1857). – Erzählungen: *Das Marmorbild* (1819), *Aus dem Leben eines Taugenichts* (E ab 1817, V 1826, Verf Dtl. 1921/22 C. Froelich, B. D. 1972/73 C. Bleichweiß, B. D. 1977 B. Sinkel), *Viel Lärmen um nichts* (1833), *Auch ich war in Arkadien* (E 1832, V 1866), *Das Schloß Dürande* (1836), *Die Glücksritter* (1841). – Romane: *Ahnung und Gegenwart* (E 1809–1812, V 1815), *Dichter und ihre Gesellen* (1834). – Dramen: *Krieg den Philistern* (satirisches „Märchen", 1824), *Der letzte Held von Marienburg* (historisches Trauerspiel, V 1830, U 1831), *Die Freier* (Lustspiel, V 1833, U 1849, Verf B.D. 1968 F. Umgelter). – Literaturgeschichte: *Zur Geschichte der neuern romantische Poesie in Dtl.* (1846), *Der dt. Roman des 18. Jh.s in seinem Verhältnis zum Christentum* (1851), *Zur Geschichte des Dramas* (1854). – Autobiographisches: *Erlebtes* (*Der Adel und die Revolution, Halle und Heidelberg*, E wohl 1857, V 1866). – Übersetzungen: *Graf Lucanor* (1840), *Aus dem Spanischen* (Romanzen, V 1841), *Geistliche Spiele von Calderón* (1846 und 1853).

Ahnung und Gegenwart. Roman, 1815. Im Entwurf zum Vorwort (1814) charakterisiert Eichendorff sein Jugendwerk als „getreues Bild jener gewitterschwülen Zeit der Erwartung, der Sehnsucht und Verwirrung" unmittelbar vor der Befreiung von der Napoleonischen Fremdherrschaft. Vorbilder sind sowohl der Zeitroman („Gräfin Dolores" von A. v. ↑Arnim) als auch der Bildungsroman („Wilhelm Meisters Lehrjahre" von ↑Goethe).

Im Mittelpunkt der Handlung steht der junge Graf Friedrich. Mit ihm begegnet der Leser den Repräsentanten ganz unterschiedlicher Lebensauffassungen: dem übermütigen Grafen Leontin, dessen ebenso schöner wie oberflächlicher Schwester Rosa, der klugen und triebhaften Gräfin Romana, dem auf die Vorrechte des Adels pochenden Erbprinzen. Die Kette von Enttäuschungen bis hin zum Scheitern des Tiroler Aufstands, an dem Friedrich teilnimmt, führt den Helden zur Weltentsagung in einem Kloster.

Ein Leitmotiv ist die Unfähigkeit der Menschen, „die eigentümliche Grundmelodie äußerlich zu gestalten, die jedem in tiefster Seele mitgegeben ist". Dies gelingt am ehesten Friedrich in Gestalt seiner Dichtungen: Der Großteil der über 50 eingefügten Lieder *(Die Welt ruht still im Hafen, O Täler weit, o Höhen, Die arme Schönheit irrt auf Erden)* wird von ihm gesungen. Die in vielfältiger Weise artikulierte Kritik an der „besseren Gesellschaft" konzentriert sich u. a. in der Schilderung einer „ästhetischen Teegesellschaft" (II, 12). Der Titel des Romans bezieht sich auf die schrittweise Klärung der Familiengeschichte des Protagonisten, die diesem zunächst nur ahnungsvoll bewußt war: Ein als Knabe verkleidetes Mädchen, das dem Grafen innig verbunden ist, erweist sich als die uneheliche Tochter von Friedrichs verschollen geglaubtem Bruder Rudolf, der gegen Ende des Romans auftaucht und schließlich nach Ägypten, dem „Land der alten Wunder", aufbricht. Der Kreis schließt sich durch den prächtigen Aufgang der Sonne, mit dem der Roman auch beginnt.

Das Marmorbild. Novelle, 1819. Die Vorstufe bildet eine Skizze *Die Zauberei im Herbste* (1808/09). Anregungen bot u. a. ↑Tiecks Erzählung „Der getreue Eckart und der Tannhäuser" (1799).

Den Schauplatz bildet Lucca zu einer nicht näher bestimmten Zeit. Hier begegnet der junge Dichter Florio dem Sänger Fortunato und dem geheimnisvollen Ritter Donati. In einer nächtlichen Szene gerät Florio in den Bann einer marmornen Venusstatue und damit psychisch in die Gewalt Donatis, der den Jüngling schließlich dazu verführt, den Palast der Liebesgöttin aufzusuchen. Die Erinnerung an Fortunato und ein Gebet bewahren Florio vor dem Schicksal Tannhäusers.

Die Bedeutung der Novelle beruht auf Eichendorffs differenzierter Gestaltung des Gegensatzes zwischen Heidentum und Christentum, antiker Sinnlichkeit und deren christlicher Überwindung, nächtlichem Dunkel und Tageshelle. Das Reich der Venus erscheint nicht als bloßes „Teufelswerk" im Sinne mittelalterlicher Dämonisierung der Antike, sondern besitzt ebenso den Charakter eines verlorenen Paradieses wie die reine Gottesliebe. Beides wurzelt in der Kindheit der Menschheit wie des einzelnen Menschen. Vor allem aber ist der Künstler durch den menschheitsgeschichtlichen Zwiespalt zwischen (in ↑Heines Terminologie) „Sensualismus" und „Spiritualismus" betroffen. Daß die „Verlockung" einen unabdingbaren Bestandteil der Künstlerexistenz bildet, hat Eichendorff in dem Gedicht *Schlimme Wahl* (1839) unter Verwendung des Loreley-Motivs mit den folgenden Versen zum Ausdruck gebracht: „(...) Doch streift beim Zug dich aus dem Walde eben / Der Feie Blick, und brennt dich nicht zu Asche: / Fahr wohl, bist nimmer ein Poet gewesen." Im *Marmorbild* bekennt Fortunato: „Glaubt mir, ein redlicher Dichter kann viel wagen, denn die Kunst, die ohne Stolz und Frevel, bespricht und bändigt die wilden Erdengeister, die aus der Tiefe nach uns langen."

Aus dem Leben eines Taugenichts.
Novelle, E ab 1817, 1. Kapitel V 1823, 1826 enthalten in der Slg. *Aus dem Leben eines Taugenichts und Das Marmorbild. Zwei Novellen nebst einem Anhang von Liedern und Romanzen von Joseph Freiherr von Eichendorff.*
Der Ich-Erzähler, Sohn eines Müllers, schildert rückblickend die Ereignisse des dreiviertel Jahres, das zwischen seinem Aufbruch von zu Hause („Der Frühling ist vor der Tür, geh auch einmal hinaus in die Welt und erwirb dir selber dein Brot!" befahl ihm sein Vater) und der Verlobung mit der Nichte eines Schloßportiers vergangen ist. Die erste Station auf dem Weg des „Taugenichts" (so nannte ihn sein Vater) ist ein bei Wien gelegenes Schloß, wo er eine Anstellung als Gärtnerjunge findet und zum Zolleinnehmer avanciert. Er verliebt sich in eine „schöne Fraue", deren angebliche Hochzeit ihm solchen Kummer bereitet, daß er heimlich das Schloß verläßt und in Richtung Italien wandert. Zwei Maler – Leonhard und Guido – nehmen ihn als Diener in Dienst, lassen ihn jedoch eines Nachts in einem Wirtshaus zurück, worauf er die nach genauem Plan verlaufende Kutschfahrt allein fortsetzt. Sie endet in einem einsamen Bergschloß, das sich nach dem Eintreffen einer geheimnisvollen Botschaft Aurelies, der „schönen Fraue", als Gefängnis erweist. Er kann entfliehen und gelangt nach Rom, wo er die Bekanntschaft eines dt. Malers macht und Hinweise auf die Anwesenheit seiner beiden Gefährten und Aurelies erhält, jedoch erfahren muß, daß diese schon nach Dtl. zurückgekehrt sind. So macht auch er sich auf den Heimweg. In Begleitung von Prager Studenten, die sich während der Ferien als Musikanten ihr Geld verdienen, gelangt er auf der Donau zu „seinem" Schloß, wo eine Hochzeit vorbereitet wird. Nun klärt sich alles auf: Der angebliche Maler Leonhard ist ein junger Graf, der seine als Guido verkleidete Braut Flora entführt hat, um Zeit zu gewinnen, die Ehehindernisse aus dem Weg zu räumen; die „schöne Fraue" und angebliche Gräfin Aurelie entpuppt sich als Nichte des Portiers, und somit „war alles, alles gut!" In die Erzählung sind Lieder eingefügt; sie werden zumeist vom „Taugenichts" gesungen: *Wem Gott will rechte Gunst erweisen, Wohin ich geh' und schaue, Wer in die Fremde will wandern.*

Der völligen Ablehnung durch Kritiker wie Wolfgang Menzel („Der Taugenichts taugt auch gar nichts, und hat nicht einen Fetzen von jener göttlichen Bettelhaftigkeit des Tagediebs bei Shakespeare und Cervantes", 1826) folgte schließlich die Erhebung des „Taugenichts" zum „rührenden und erhebenden Symbol (...) des dt. Menschen" (T. ↑ Mann in den „Betrachtungen eines Unpolitischen", 1918). Aus Manns Sicht ist die Erzählung bar „jedes sozialkritischen Willens und jeder intellektuellen Zucht"; sie ist „nichts als Traum, Musik, Gehenlassen, ziehender Posthornklang, Fernweh, Heimweh, Leuchtkugelfall auf nächtlichen Park, törichte Seligkeit, so daß einem die Ohren klingen und der Kopf summt vor poetischer Verzauberung und Verwirrung".

Demgegenüber ist festzuhalten, daß der Text eine Bedeutungsebene besitzt, auf der Eichendorffs Auseinandersetzung mit der bürgerlichen wie der feudalen Gesellschaft zur Geltung kommt. Um sie erschließen zu können, muß berücksichtigt werden, daß die Erzählung konsequent aus der arglosen Optik des Protagonisten gestaltet ist, so daß die Kritik mittelbar erfolgt. Ein Beispiel hierfür ist die im 1. Kapitel geschilderte Ankunft im Schloß, wobei sich das Bild einer hierarchischen Ordnung mit einem „großen Herrn in Staatskleidern" an der Spitze und hinab bis zum Gärtner (der sich seinerseits als über dem „Bauernlümmel" stehend begreift) entwickelt. Diese Ordnung wird durch den Vergleich des auf und ab schreitenden Portiers mit dem „Perpendikel einer Turmuhr" als mechanisch-leblos charakterisiert, vergleichbar dem Rumoren in der Mühle des Vaters. Zahlreich sind die Seitenhiebe gegen bürgerliches Philistertum auf der einen, gegen Standesdünkel auf der anderen Seite.

Lyrik. Eichendorffs lyrisches Schaffen besitzt zwei Ausgangspunkte, die beide in Heidelberg liegen. Hier lernte er 1807 die Slg. (bearbeiteter) Volkslieder „Des Knaben Wunderhorn" von A. v. ↑Arnim und ↑Brentano kennen. Zugleich gehörte er zum „Eleusischen Bund" des Dichters Otto Heinrich Graf von Loeben (gen. „Isidorus Orientalis"), durch dessen Vermittlung Eichendorff 1808 unter dem Pseudonym „Florens" erstmals Gedichte veröffentlichen konnte. Zwar wandte er sich bald vom Ästhetizismus Loebens ab und karikierte seinen Stil, indem er im 12. Kapitel des Romans *Ahnung und Gegenwart* einen „schmachtenden" Dichter u. a. das Sonett *Ein Wunderland ist oben aufgeschlagen* und „noch einen Haufen Sonette mit einer Art von priesterlicher Feierlichkeit" vortragen ließ. Dennoch nahm Eichendorff ausgerechnet dieses Gedicht 1841 in die Neuauflage seiner erstmals 1837 erschienenen Gesamtausgabe der Gedichte auf, allerdings mit einer kennzeichnenden Abwandlung: Aus dem Indikativ der Erstfassung („Wie bald liegt da tief unten alles Trübe! / Er kniet ewig betend einsam nieder") wurde der Konjunktiv: „Wie bald läg unten alles Bange, Trübe, / Du strebtest lauschend, blicktest nicht mehr nieder."

Die konjunktivische Umformung entspricht der „als ob"-Haltung vieler Gedichte Eichendorffs, die in *Mondnacht* unmittelbar ausgedrückt ist: „Es war, als hätt der Himmel / Die Erde still geküßt, / Daß sie im Blütenschimmer / Von ihm nur träumen müßt." Insofern ist Eichendorffs Lyrik nichts weniger als „naiv" bzw. „ungebrochen". Andererseits erlebte er, daß zumal seine frühen Gedichte als reine Volksliederdichtung verstanden wurden. 1838 nannte er *Das zerbrochene Ringlein* („In einem kühlen Grunde", E 1810/11, V 1813) „ein einfaches Liedchen, dem man vielfach die Ehre angetan, es für ein Volkslied zu halten, und das also wohl nicht das Schlechteste sein kann".

Die 1837 erschienene Gesamtausgabe ist in sieben thematische Gruppen gegliedert: Zu den *Wanderliedern* gehören das bekenntnishafte Lied *Frische Fahrt*, das in die Verse mündet: „Fahre zu! Ich mag nicht fragen, / Wo die Fahrt zu Ende geht!", und *Sehnsucht* („Es schienen so golden die Sterne") mit den charakteristischen Versen: „Ach, wer da mitreisen könnte / In der prächtigen Sommernacht!" Die umfangreiche Gruppe *Sängerleben* lotet das Verhältnis zwischen Kunst und Leben aus und mündet in *Wünschelrute* (E 1835): „Schläft ein Lied in allen Dingen, / Die da träumen fort und fort, / Und die Welt hebt an zu singen, / Triffst du nur das Zauberwort." Den Humoristen Eichendorff läßt das Gelegenheitsgedicht *Toast* erkennen: „Auf das Wohlsein der Poeten, / Die nicht schillern und nicht göthen, / Durch die Welt in Lust und Nöten / Segeln frisch auf eignen Böten." Die *Zeitlieder* enthalten u. a. Gedichte aus der Zeit der Befreiungskriege. *Frühling und Liebe* umfaßt auch Lieder der Klage und Einsamkeit. Im Mittelpunkt der Gruppe *Totenopfer* steht der Zyklus *Auf meines Kindes Tod*, entstanden 1832 nach dem Tod von Eichendorffs jüngstem Kind, Anna. Zu den *Geistlichen Liedern* gehören neben Marienliedern auch Gedichte, die den Jahres- und Tageszeiten gewidmet sind. Bei den *Romanzen* herrscht die volksliedhafte Verserzählung vor. Als achte Gruppe enthält die Neuauflage 1841 die Romanzen-Übersetzungen *Aus dem Spanischen*, denen u. a. die 1815 von J. ↑Grimm herausgegebene Slg. „Silva de romances viejos" zugrunde liegt.

Ein charakteristisches Spätwerk ist *Prinz Rokoko* (V 1854, enthalten auch in dem Memoiren-Fragment *Der Adel und die Revolution*): „Prinz Rokoko, hast dir Gassen / Abgezirkelt fein von Bäumen, / Und die Bäume scheren lassen, / Daß sie nicht vom Wald mehr träumen." Die Titelgestalt versinnbildlicht in ästhetischer, aber auch in gesellschaftlicher Hinsicht die Erstarrung alles Natürlichen unter dem Zwang künstlicher Regeln – eine Kritik, die Eichendorff ausdrücklich auf den „heutigen Aristokratismus" bezog.

Hans Magnus Enzensberger
*11.11.1929 in Kaufbeuren

Als 15jähriger zum Volkssturm eingezogen, besuchte Enzensberger nach dem Krieg die Oberschule, studierte ab 1949 in Erlangen, Freiburg, Hamburg, Paris (Literaturwissenschaft, Philosophie) und promovierte 1955 mit einer Dissertation über die Poetik ↑ Brentanos; im selben Jahr wurde er Mitglied der „Gruppe 47". Von 1957 an lebte er als freier Schriftsteller, Übersetzer und Gastdozent (Ulm, Frankfurt, Middletown in den USA) u. a. in Norwegen, West-Berlin, auf Kuba; 1983 ließ er sich in München nieder. 1963 erhielt er den Büchner-Preis, 1970 den Bremer Literaturpreis, 1982 den Pasolini-Preis der Stadt Rom. Seine umfangreiche Tätigkeit als Herausgeber reicht vom „Museum der modernen Poesie" (1960) über das „Kursbuch" (ab 1965) bis zur Buchreihe „Die andere Bibliothek".

Der Lyriker Enzensberger knüpfte als „zorniger junger Mann" an ↑ Brechts Konzeption des Gedichts als „Gebrauchsgegenstand" an. Als Essayist gelangte er von der Medienkritik (Sprache des „Spiegels" 1957, der FAZ 1962) zu gesellschaftskritischen Analysen, die wesentlich für die Studentenbewegung und die Neue Linke wurden. Tonbandprotokolle verwertet das als „Selbstbildnis der Konterrevolution" („Schweinebucht"-Invasion auf Kuba 1961) gestaltete Dokumentarspiel *Das Verhör von Habana* (U 1970, V 1973). Das Epos in 33 Gesängen *Der Untergang der Titanic* (1978) kam als Rezitationsstück auf die Bühne. Der radikalen Modernisierung von Molières „Menschenfeind" (1979) folgte die Diderot-Komödie *Der Menschenfreund* (1984).

Gedichtbände: *Verteidigung der Wölfe* (1957), *Landessprache* (1960), *Gedichte* (1962), *Blindenschrift* (1964), *Gedichte 1955–1970* (1971), *Mausoleum. 37 Balladen aus der Geschichte des Fortschritts* (1975), *Die Furie des Verschwindens* (1980). – Romane: *Der kurze Sommer der Anarchie. Buenaventura Durretis Leben und Tod* (1972). – Hörspiele: *Taube Ohren* (1971), *Die Bakunin-Kassette* (1977), *Der tote Mann und der Philosoph* (1978). – Essays: Slg. *Einzelheiten* (1962), Slg. *Politik und Verbrechen* (1964), Slg. *Palaver. Politische Überlegungen 1967–1973* (1974), Slg. *Politische Brosamen* (1982).

Hans Fallada (eigtl. Rudolf Ditzen)
*21.7.1893 in Greifswald, †5.2.1947 in Berlin

Der Sohn eines Reichsgerichtsrats wurde wegen eines Duells mit einem Mitschüler vom Gymnasium verwiesen; nach einer wegen Unterschlagung verbüßten Haftstrafe war er in Schleswig-Holstein Annoncenwerber und Berichterstatter einer Lokalzeitung. Hier sammelte er 1929 anläßlich des Landvolk-Prozesses in Neumünster das Material für seinen Roman *Bauern, Bonzen und Bomben* (1931) über eine blutig endende Bauerndemonstration gegen überhöhte Steuern und den sich anschließenden Prozeß. Breite Verbreitung fand der 1932 erschienene Roman *Kleiner Mann – was nun?* (Verf Dtl. 1933, USA 1934 u. d. T. „Little Man What Now?"). Er schildert in dichter Milieudarstellung den Abstieg des Angestellten Johannes Pinneberg, der subjektiv durch die Liebe zu seiner Frau „Lämmchen" aufgefangen wird. Es folgten die Romane *Wer einmal aus dem Blechnapf frißt* (1934, Scheitern eines entlassenen Strafgefangenen), *Wolf unter Wölfen* (1937, Chronik der Wirtschaftskrise), *Der eiserne Gustav* (1938, Zerfall einer Familie im Zeitraum 1914–1924, endend mit der Fahrt des Berliner Lohnkutschers Gustav Hackendahl nach Paris; Verf B. D. 1958). Humorvolle Erinnerungsbücher sind *Damals bei uns daheim* (1942) und *Heute bei uns zu Haus* (1943), autobiographisch geprägt ist der Roman *Der Trinker* (postum 1950).

Lion Feuchtwanger
*7.7.1884 in München, †21.12.1958 in Los Angeles

Nach Studienjahren in München und Berlin gehörte Feuchtwanger als Theaterkritiker zu den Mitarbeitern der „Schaubühne" und begründete 1908 die Kulturzeitschrift „Der Spiegel". Während des I. Weltkriegs war er zeitweilig in Tunis interniert; 1918 beteiligte er sich an der Novemberrevolution. Ab 1919 stand er in Verbindung mit ↑ Brecht (gemeinsame Bearbeitung von Christopher Marlowes „Leben Eduards II. von England", U 1924; sein 1944 erschienener Roman *Simone* liegt Brechts Stück „Die Gesichte der Simone Machard" zugrunde). Als Romancier entwickelte sich Feuchtwanger zu einem bedeutenden Vertreter des psychologischen historischen Romans mit zeitgeschichtlichen Bezügen. 1933 wurde er während einer Vortragsreise durch die USA aufgrund seiner jüd. Herkunft und linksliberalen Haltung ausgebürgert und ließ sich in Südfrankreich nieder. 1935 nahm er in Paris am „Kongreß zur Verteidigung der Kultur" teil, 1936 gehörte er zu den Gründungsherausgebern der in Moskau erscheinenden Zeitschrift „Das Wort". 1940 konnte er aus einem frz. Internierungslager in die USA fliehen. Er lebte bis zu seinem Tod in Pacific Palisades (Kalifornien).

Romane: *Die häßliche Herzogin Margarete Maultasch* (1923), *Josephus-Trilogie* (1932–1945: *Der Jüd. Krieg, Die Söhne, Der Tag wird kommen*), *Der falsche Nero* (1936), *Goya oder Der arge Weg der Erkenntnis* (1951, Verf DDR/UdSSR 1969–1971 Konrad Wolf), *Narrenweisheit oder Tod und Verklärung des Jean-Jacques Rousseau* (1952), *Jefta und seine Tochter* (1957). – Dramen: *Die Kriegsgefangenen* (1919), *Angelsächsische Trilogie* (1927). – Essays: *Vom Sinn und Unsinn des historischen Romans* (1936), Slg. *Centum Opuscula* (1956). – Autobiographisches: *Moskau* (1937), *Unholdes Frankreich* (1942).

Jud Süß. Roman, 1925; als Drama U 1917, V 1918; Verf England 1934, Dtl. 1940 Veit Harlan.
Die Titelgestalt ist der halbjüd. Finanzier Joseph Süß Oppenheimer. Als Berater des Herzogs (ab 1733) Karl Alexander von Württemberg initiierte er Maßnahmen zur rücksichtslosen Erhöhung der Staatseinnahmen. Nach dem Tod des Herzogs wurde er vor Gericht gestellt und hingerichtet.
Themenbereiche des durch die gleichnamige Erzählung von ↑ Hauff angeregten Romans sind die Formen brutaler (Herzog) und raffiniert gehandhabter Machtgier (Süß) und die Entfachung einer antisemitischen Psychose; zugleich gestaltete Feuchtwanger am Beispiel der Schicksalsergebenheit seines Protagonisten (z. B. Verzicht auf Rettung durch Konversion) sein Thema des vor allem für den jüd. Menschen kennzeichnenden Zwiespalts „zw. Tun und Nichttun, zw. Macht und Erkenntnis". 1933 in Dtl. verboten, diente der Roman in völlig verzerrter Form als Grundlage des gleichnamigen antisemitischen Hetzfilms.

Der Wartesaal. Romanzyklus als „Rechenschaftsbericht", 1930–1940.
Erfolg. Drei Jahre Geschichte einer Provinz (1930) spielt zu Beginn der 20er Jahre. Im Mittelpunkt steht der in einen Meineidsprozeß verwickelte Kunsthistoriker Dr. Krüger, der im Gefängnis einem Herzleiden erliegt. Die Haupthandlung ist in eine scharfsichtige Darstellung der Ausbreitung des Faschismus eingebettet.
Die Geschwister Oppenheim (1933, 1948 u. d. T. *Die Geschwister Oppermann*) schildern am Beispiel einer jüd. großbürgerlichen Familie den Beginn der Judenverfolgung 1933. Hauptgestalt ist der Schriftsteller und Unternehmer Gustav Oppenheim. Er kehrt nach kurzer Zeit des Exils illegal nach Dtl. zurück, um sich am antifaschistischen Widerstand zu beteiligen; er wird verhaftet und stirbt an den Folgen seiner Mißhandlung im KZ.
Exil (1940) spielt 1935 in Paris und handelt von der durch Hoffnung auf baldige Rückkehr nach Dtl. und völlige Verzweiflung gekennzeichneten Situation der Emigranten.

Hubert Fichte
*31.3.1935 in Perleberg (Westprignitz), †8.3.1986 in Hamburg
Aufgewachsen in Hamburg, in der Provence als Schafhirte und in Schweden als Landwirtschaftspraktikant tätig, ließ sich Fichte 1963 in Hamburg als freier Schriftsteller nieder (Julius-Campe-Stipendium für die Slg. von Erzählungen *Der Aufbruch nach Turku*). Sein zentrales Thema ist die Diskriminierung. Der Roman *Das Waisenhaus* (1965) schildert sie am Beispiel eines Jungen, der als unehelicher Sohn eines Juden von seiner protestantischen Mutter während des II. Weltkriegs in einem kath. Waisenhaus untergebracht wird. Der dokumentarische Roman *Die Palette* (1968) porträtiert mosaikartig das gleichnamige Hamburger „Gammler"-Lokal und die hier heimischen Außenseiter der Wohlstandsgesellschaft. 1972 folgten *Interviews aus dem Palais d'amour etc.* Fichte beschäftigte sich mit dem Wodu-Geheimkult (Drogen-Thematik).

Marieluise Fleißer
*23.11.1901 in Ingolstadt, †2.2.1974 in Ingolstadt
Die Tochter eines Handwerkers studierte ab 1919 in München, dann in Berlin Germanistik und Theaterwissenschaft; Freundschaft verband sie mit ↑ Brecht und ↑ Feuchtwanger. Als „unbarmherzige, barmherzige Seelenzustandsgestalterin" (Kurt Pinthus, 1926) erlebte sie heftige Anfeindung und zog sich 1932 in ihre Heimatstadt zurück. Ende der 60er Jahre kam es u. a. durch Autoren wie ↑ Kroetz und ↑ Sperr zu einer Wiederentdeckung der Dramatikerin als bedeutender Vertreterin des gesellschaftskritischen Volksstücks, dessen Realismus u. a. auf der Wiedergabe sprachlicher Deformation beruht.
Fegefeuer in Ingolstadt, „ein Stück über das Rudelgesetz und über die Ausgestoßenen" (Fleißer), schildert am Beispiel des um seine Identität ringenden Schülers Roelle die provinzielle Dumpfheit einer kath. Kleinstadt. Zentrales Thema von *Pioniere in Ingolstadt* sind Unterdrückung und Ausbeutung vor allem der Frau als Arbeitskraft und als geschlechtliches Wesen. In *Der starke Stamm* verkörpert die resolute Schwägerin eines Witwers das mit Herrschsucht gepaarte aggressive Gewinnstreben zu Beginn des wirtschaftlichen „Wiederaufbaus".

Romane: *Mehlreisende Frieda Geier* (1931, Neufassung *Eine Zierde für den Verein* 1972). – Erzählungen: Slg. *Ein Pfund Orangen* (1929), Slg. *Andorranische Abenteuer* (1932). – Dramen: *Fegefeuer in Ingolstadt* (1. Fassung E 1924, U 1926, 2. Fassung U 1971), *Pioniere in Ingolstadt* (1. Fassung U 1928, 2. Fassung U 1929, 3. Fassung U 1970, Verf B. D. 1971 Rainer Werner Fassbinder), *Der starke Stamm* (E 1944/45, U 1950).

Paul Fleming (Flemming)
*5.10.1609 in Hartenstein (Erzgebirge), †2.4.1640 in Hamburg
Nach einem Medizinstudium in Leipzig bereiste er 1633–1639 als Mitglied einer Gesandtschaft des Herzogs Friedrich von Holstein Rußland und Persien; kurz vor seinem Tod promovierte er in Leiden zum Dr. med. Flemings Barocklyrik (Liebes- und Trinklieder, Oden, Sonette und Epigramme) stehen im Zusammenhang des dt. Petrarkismus und zeigen die Entwicklung von sinnesfrohem Lebensgenuß zur Selbstbesinnung: „Was klagt, was lobt man doch? Sein Unglück und seine Glücke / Ist sich ein jeder selbst" heißt es in dem Sonett *An Sich*. Das Gedicht *Nach des VI. Psalmes Weise* („In allen meinen Taten / Laß ich den Höchsten raten") fand Eingang ins Ev. Kirchengesangbuch. 1642 erschien postum die Slg. *Teutsche Poemata*.

Theodor Fontane
*30. 12. 1819 in Neuruppin, †20. 9. 1898 in Berlin

„Viele, die eine Ahnung haben von ihren Möglichkeiten und ihren Bedürfnissen und dennoch das herrschende System in ihrem Kopf akzeptieren durch ihre Taten und es somit festigen und durchaus bestätigen" lautet der Untertitel von R. W. Fassbinders Filmversion (1974) des Romans *Effi Briest*, die zugleich eine Huldigung an den Schöpfer des dt. realistischen Gesellschaftsromans bildet.

Der Sohn eines Apothekers hugenott. Herkunft war ab 1836 im väterlichen Beruf tätig (Berlin, Leipzig, Dresden). Seine literarische Laufbahn begann 1839 (Novellen, Gedichte unter dem Einfluß ↑ Herweghs); 1844 trat er als „Lafontaine" dem Berliner Verein „Tunnel über der Spree" bei, dem ↑ Heyse und ↑ Storm angehörten. 1849 wechselte er zum Journalismus über, nachdem er im Revolutionsjahr 1848 Beiträge im radikaldemokratischen Blatt „Zeitungshalle" veröffentlicht hatte; als Mitarbeiter der „Dresdner Zeitung" nahm er an der Opposition gegen die preuß. Reaktion teil *(Die Wiedergeburt des Polizeistaats)*. 1855–1859 lebte Fontane mit seiner Familie als freier Korrespondent in England. 1860–1870 war er in Berlin Mitarbeiter der konservativen „Kreuz-Zeitung"; zugleich pflegte er die Gattung der kulturgeschichtlichen Reiseliteratur (*Wanderungen durch die Mark Brandenburg*, ab 1861). Als Kriegsberichterstatter hielt er sich 1865/66 in Dänemark und Böhmen, 1870 in Frankreich auf, wo er als mutmaßlicher Spion in Haft genommen wurde. Als Theaterkritiker der „Vossischen Zeitung" gehörte er Ende der 80er Jahre zu den Verteidigern des Naturalismus (Ibsen, ↑ Hauptmann) als Fortentwicklung des Realismus. 1880 erschien mit *L'Adultera* (benannt nach Tintorettos Gemälde „Die Ehebrecherin") Fontanes erster Berliner Gesellschaftsroman. 1891 wurde er mit dem Schiller-Preis ausgezeichnet, 1895 mit der Ehrendoktorwürde der Berliner Universität.

Im Mittelpunkt des lyrischen Schaffens steht die Ballade *(Archibald Douglas, Die Brücke am Tay, John Maynard, Herr von Ribbeck)*, gefolgt von ironisch-kritischer Alltagslyrik (*Fritz Kratzfuß*, Spruchdichtung *Aus der Gesellschaft*). Als Erzähler begann Fontane mit der Gestaltung historischer Stoffe, allerdings mit der Absicht, „nicht zu erschüttern, kaum stark zu fesseln"; die Hauptsache ist „anregendes, heiteres, wenn's sein kann geistvolles Geplauder" (1866 über den Roman *Vor dem Sturm*, angesiedelt 1812/13 unmittelbar vor Beginn der Befreiungskriege). Die Spiegelung gesellschaftlicher Verhältnisse im Dialog bzw. im Sprachverhalten ist ein durch ihren Perspektivismus auf die Moderne vorausweisendes Merkmal der gesellschaftskritischen Berliner Zeitromane.

Gedichtbände: *Männer und Helden. Acht Preußenlieder* (1849), *Gedichte* (1851, erweiterte Neuauflagen 1875, 1889, 1892). – Romane: *Vor dem Sturm* (E ab 1862, V 1878), *L'Adultera* (Zs 1880, V 1882), *Cécile* (Zs 1886, V 1887), *Irrungen Wirrungen* (1888), *Stine* (1890, Verf Dtl. 1944 u. d. T. „Das alte Lied", B. D. 1967 Wilm ten Haaf, DDR 1978 Thomas Langhoff), *Unwiederbringlich* (1891, Verf B. D. 1968 Falk Harnack), *Frau Jenny Treibel* (Zs 1892, V 1893), *Effi Briest* (1895), *Die Poggenpuhls* (1896), *Der Stechlin* (Zs 1897, V postum 1899), *Mathilde Möhring* (E 1891, Zs postum 1906, Verf DDR 1945/50, B. D. 1967/68 Claus Peter Witt). – Erzählungen: *Grete Minde* (Zs 1879, V 1880), *Ellernklipp. Nach einem Harzer Kirchenbuch* (1881), *Schach von Wuthenow* (Zs 1882, V 1883), *Unterm Birnbaum* (1885). – Essays, Rezensionen: *Unsere lyrische und epische Poesie seit 1848* (1853), „*Gottfried Keller". Essay von Otto Brahm* (1882), „*Die Wildente" von Henrik Ibsen* (1888). – Reiseberichte: *Ein Sommer in London* (1854), *Jenseits des Tweed. Bilder und Briefe aus Schottland* (1860), *Wanderungen durch die Mark Brandenburg* (4 Bde. 1862–1882). – Autobiographisches: *Meine Kinderjahre* (1893), *Von Zwanzig bis Dreißig* (1897).

Grete Minde. Nach einer altmärkischen Chronik. Erzählung, 1879 (in „Nord und Süd"), Buchausgabe 1880; Verf B. D. 1976 u. d. T. „Grete Minde – Der Wald ist voller Wölfe" Heidi Genée.

Schauplatz der historischen Erzählung ist Tangermünde um das Jahr 1615. Die Titelheldin, Tochter einer kath. Spanierin, wächst als Waise im Haus ihres Halbbruders Gerdt und dessen engherziger Frau Trud auf. Den ständig wachsenden Anfeindungen entzieht sie sich durch die Flucht, begleitet von ihrem Jugendgespielen Valtin. Nach drei Jahren kehren sie mit ihrem Kind nach Tangermünde zurück. Valtin stirbt, Grete wird die Aufnahme in Gerdts Haus versagt; ihr Anspruch auf das Erbteil wird vom Rat der Stadt, dem Gerdt Minde angehört, auf dessen falsche Aussagen hin zurückgewiesen. In ihrer völligen Verlassenheit bemächtigen sich Wahnvorstellungen der Frau; schon vor Jahren wurde Grete durch die Vorstellung eines Puppenspiels „Das Jüngste Gericht" zugleich geängstigt und fasziniert. Sie zündet in düsterer Rache- und Zerstörungslust ihr Vaterhaus und die Stadt an. Vor den Augen ihres Halbbruders wird sie mit dessen Sohn und ihrem eigenen Kind vom brennenden Kirchturm in die Tiefe gerissen.

Durch die dramatische, an die Balladendichtung anknüpfende Gestaltung vor allem des Finales bildet *Grete Minde* eine Ausnahme innerhalb Fontanes Erzählwerk. Dies gilt auch für den Charakter Gretes bzw. die in ihrem Handeln wirksame Getriebenheit. Wegweisend für das weitere Schaffen sind jedoch das Dominieren einer Frauengestalt und das Thema der Lebensfeindlichkeit starrer Moralvorstellungen.

Über seine Beziehung zur Geschichte als Stoff der Dichtung schrieb Fontane 1854 an ↑ Storm: „Von Kindesbeinen an hab ich eine ausgeprägte Vorliebe für die Historie gehabt (...). Nur sowie ich die Geschichte als Basis habe, gebiete ich über Kräfte, die mir sonst fremd sind, wie jener, dem auf heimatlicher Erde die Seele wieder stark werde."

Schach von Wuthenow. Erzählung aus der Zeit des Regiments Gensdarmes. Erzählung, 1882 (in der „Vossischen Zeitung"), Buchausgabe 1883; Verf B. D. 1966 u. d. T. „Die Geschichte des Rittmeisters Schach von Wuthenow" Hans Dieter Schwarze, 1976/77 DDR Richard Engel.

1879 faßte Fontane den Inhalt der Erzählung in dem Satz zusammen: „Eitlen, auf die Ehre dieser Welt gestellten Naturen ist der Spott und das Lachen der Gesellschaft derart unerträglich, daß sie lieber den Tod wählen, als eine Pflicht zu erfüllen, die sie selber klug und gut genug sind, als Pflicht zu erkennen, aber auch schwach genug sind, aus Furcht vor Verspottung nicht erfüllen zu wollen." Diese Verhaltensweise verkörpert die Titelgestalt, Offizier des Eliteregiments Gensdarmes. Nachdem er die geistreiche, jedoch durch Blatternnarben entstellte Victoire von Carayon verführt hat, muß er durch den Hof dazu ermahnt werden, den Ehrenkodex einzuhalten und die Ehe einzugehen; durch Schmähschriften verhöhnt, nimmt er sich auf der Heimfahrt von der Hochzeitsfeier das Leben.

Das (1815 vorgefallene) Ereignis ist in den geschichtlichen Zusammenhang des Jahres 1806 unmittelbar vor dem Zusammenbruch Preußens im Kampf gegen Napoleon verlegt. Hierdurch gewinnt das individuelle und zugleich gesellschaftlich beeinflußte Verhalten symptomatischen Charakter für eine Epoche der preuß. Geschichte, die Schachs Gegenspieler, der Napoleonverehrer von Bülow, durch die „falsche Ehre" Preußens gekennzeichnet sieht. Im Mittelpunkt der breit angelegten Dialogszenen steht u. a. die Berliner Uraufführung von Zacharias Werners Lutherdrama „Weihe der Kraft". In der Ablehnung des Stückes durch die Offiziere (sie parodieren in einem als „eine Art patriotische Pflicht" verstandenen Maskenumzug den Autor und sein Werk) zeigen sich Naivität und religiöse Erstarrung. Kennzeichnend für die schon durch die Gesprächsbeiträge angestrebte Vielfalt der Blickwinkel ist die Einfügung von Briefen.

Unterm Birnbaum. Erzählung, 1885 (in „Die Gartenlaube"), Buchausgabe 1885; Verf Dtl. 1944 Harald Braun, B. D. 1963 G. Klingenberg, B. D. 1964 Mark Lawton, DDR 1973 R. Kirsten.
Schauplatz ist das Dorf Tschechin im Oderbruch, den zeitgeschichtlichen Hintergrund bildet die poln. Erhebung 1830/31. Der Kaufmann und Gastwirt Abel Hradscheck ist in großer wirtschaftlicher Bedrängnis, während seine Frau Ursel nach dem Tod ihrer Kinder sich den Anschein eines vornehmen Lebens leistet. Als Hradscheck unter seinem Birnbaum den vor Jahren verscharrten Leichnam eines frz. Soldaten findet, verzichtet er auf die Meldung des Funds; er „hing all jenen Gedanken und Vorstellungen nach, wie sie seit Wochen ihm immer häufiger kamen". Der sich abzeichnende Zusammenbruch wird durch die Ermordung des Geldeintreibers der Krakauer Gläubiger verhindert. Die „Hexe" Jeschke beobachtet zwar, wie Hradscheck sich nachts im Garten zu schaffen macht, doch stößt die Polizei lediglich auf jenen toten Franzosen unterm Birnbaum, und der in Haft genommene Hradscheck gilt als rehabilitiert. Seine Frau jedoch siecht dahin und stirbt. Hradscheck gelangt zu einigem Wohlstand, doch halten die Geisterfurcht seiner Angestellten und die Andeutungen der Jeschke die Erinnerung an die Mordtat wach. Eines Tages wird Hradscheck tot im Keller aufgefunden, neben ihm die ausgegrabene Leiche des Ermordeten.
Als Kriminalerzählung handelt *Unterm Birnbaum* von der Vorbereitung und zeitweiligen Vertuschung eines Mordes und konzentriert sich auf die Erlebnisweise des Mörders. Hieraus ergibt sich die Einbeziehung seiner Umwelt, von der er die Entdeckung seiner Tat befürchten muß. Auf diese Weise entfaltet die Erzählung ein dichtes Geflecht von Motiven: Konfessionalismus (der Pfarrer des Dorfes deckt unwissend Hradscheck, da er stolz darauf ist, dessen kath. Frau zur „gereinigten Lehre" bekehrt zu haben), Aberglaube, Aufrechterhaltung der Fassade von Wohlstand. Teile der Gespräche werden in Mundart geführt.

Irrungen Wirrungen. Roman, 1887 (in der „Vossischen Zeitung"), Buchausgabe 1888, Verf B.D. 1966 Rudolf Noelte.
Schauplatz ist u. a. eine bei Berlin-Wilmersdorf gelegene Gärtnerei und das dazugehörige Häuschen der Waschfrau Nimptsch und ihrer Pflegetochter Lene. Bei den hier in bescheidenen Verhältnissen lebenden Menschen findet der junge Graf Botho von Rienäcker ein unverhofftes Glück durch die innige Liebe, die ihn mit Lene verbindet. Den Höhepunkt bildet die Schilderung einer Landpartie entlang der Spree. Doch vor allem Lene ist sich bewußt, daß Standesbarrieren zwischen ihr und dem Geliebten bestehen. Beide sind bereit, die bestehende Ordnung, „die Grundbedingung, auf der Staat und Familie beruhen", anzuerkennen. Diese Notwendigkeit wird ihnen u. a. durch das Eintreffen von drei Kameraden Bothos mit ihren „Damen" vor Augen geführt, durch das die gesellschaftlichen Vorurteile selbst in der ländlichen Idylle zur Wirkung gelangen. Botho beugt sich der Pflicht, durch die Heirat mit einer ebenso reichen wie oberflächlichen Kusine die Familiengüter zu sanieren. Jahre später heiratet Lene einen überaus ehrbaren Laienprediger. Die Wiederherstellung der konventionellen Ordnung wird nüchtern registriert und gewinnt eben hierdurch den Beiklang tiefer Resignation.
Die „Hurengeschichte", in der die Gefühle eines Mädchens aus den unteren Schichten als „einfach, wahr und natürlich" bezeichnet werden, rief sittliche Entrüstung hervor, mit der sich Fontane u.a. in einem Brief an seinen Sohn Theodor auseinandergesetzt hat: „Wir stecken ja bis über die Ohren in allerhand konventioneller Lüge und sollten uns schämen über die Heuchelei, die wir treiben, über das falsche Spiel, das wir spielen. Gibt es denn, außer ein paar Nachmittagspredigern, (...) noch irgendeinen gebildeten und herzensanständigen Menschen, der sich über eine Schneidermamsell mit einem freien Liebesverhältnis wirklich moralisch entrüstet?"

Frau Jenny Treibel oder „Wo sich Herz zu Herzen find't". Roman aus der Berliner Gesellschaft. 1892 (in der „Dt. Rundschau"), Buchausgabe 1893, Verf DDR 1951 u.d.T. „Corinna Schmidt" Artur Pohl.

Die Hauptpersonen verteilen sich auf zwei Generationen und zwei gesellschaftliche Gruppen: Repräsentanten des Besitz- und des Bildungsbürgertums. Die aus kleinbürgerlichem Milieu stammende Jenny Treibel, geb. Bürstenbinder, hat sich in ihrer Jugend für den Besitz und gegen die Bildung als Lebenssphäre entschieden, indem sie statt des (inzwischen immerhin zum Gymnasialprofessor avancierten) Willibald Schmidt den reichen Fabrikanten Treibel geheiratet hat. Als Schmidts Tochter Corinna den zweitältesten Treibelsohn, Leopold, heiraten will, fordert sie Jenny Treibels Widerstand heraus; in Frage kommt nur eine standesgemäße, d.h. eine Geldheirat. Es gelingt ihr, Leopold in Corinnas Augen unglaubwürdig zu machen, so daß diese sich auf ihren Vetter, den Archäologen Marcell, besinnt, der ihr im Unterschied zu Leopold ein intellektuell ebenbürtiger Partner ist. Für den Treibelsohn findet sich eine Ehepartnerin in der Familie des reichen Hamburger Holzhändlers, in die schon der älteste Treibelsohn eingeheiratet hat.

Die Verlobung, Trennung und jeweils anderweitige Verheiratung Corinnas und Leopolds sind alles, was der Roman an Handlung im engeren Sinne aufzuweisen hat. Diese ist eingebettet in ein vor allem durch Gespräche im größeren Kreis (Diner im Hause Treibel) oder paarweise (im Zusammenhang einer Landpartie) entfaltetes perspektivenreiches Bild des Bürgertums zu Beginn der Wilhelminischen Ära (der Roman spielt im Dreikaiserjahr 1888). Einzelaspekte sind die Orientierung des Besitzbürgertums am Adel; die mit innerlicher Verachtung gepaarte Willfährigkeit des Künstlers gegenüber den Besitzenden; die Sentimentalität, mit der die im Wohlstand Lebenden den geistigen Werten huldigen. So äußert etwa Jenny Treibel im Gespräch mit Schmidt in wehmütiger Erinnerung, daß sie „in einfacheren Verhältnissen und als Gattin eines in der Welt (...) des Idealen stehenden Mannes wahrscheinlich glücklicher geworden wäre"; das Bekenntnis zum Herzensbund (der Untertitel des Romans zitiert ein Gedicht Schmidts, das dieser seinerzeit Jenny gewidmet hat) bleibt jedoch ein Lippenbekenntnis. Die Vorherrschaft des Gesprächs als Mittel der Darstellung läßt den Erzähler in den Hintergrund treten. Die Personen charakterisieren sich wechselseitig und durch die Art und Weise ihres Sprechens zugleich sich selbst.

Den gesellschaftskritischen Kern des Romans hat Fontane 1888 in einem Brief an seinen Sohn Theodor mit der Absicht gekennzeichnet, „das Hohle, Phrasenhafte, Lügnerische, Hochmütige, Hartherzige des Bourgeoisstandpunkts zu zeigen". Die Kritik richtet sich gegen gesellschaftliche Verhältnisse, in denen Besitz und Bildung sich als Gegensatz erweisen. Nicht allein die Bourgeoisie ist durch Besitzstreben und Standesdünkel deformiert; ebenso fehlt dem Bildungsbürgertum die Fähigkeit zur (im Sinne der Klassik) harmonischen Entfaltung der Persönlichkeit. Dies verdeutlichen die zum Absonderlichen neigenden Kollegen Schmidts, aber auch die als geistreich charakterisierte Corinna, indem sie ihre Fähigkeiten als Mittel zum sozialen Aufstieg einsetzt. Die Annäherung zwischen Bildungs- und Besitzbürgertum unter der Vorherrschaft des letzteren hat Fontane in seiner Autobiographie *Von Zwanzig bis Dreißig* (1897) in folgender Weise konstatiert: „Denn der Bourgeois, wie ich ihn auffasse, wurzelt nicht eigentlich oder wenigstens nicht ausschließlich im Geldsack, viele Leute, darunter Geheimräte, Professoren und Geistliche, Leute, die gar keinen Geldsack haben oder einen sehr kleinen, haben trotzdem eine Geldsackgesinnung und sehen sich dadurch in der beneidenswerten oder auch nicht beneidenswerten Lage, mit dem schönsten Bourgeois wetteifern zu können."

Effi Briest. Roman, 1894/95 (in der „Dt. Rundschau"), Buchausgabe 1895; Verf Dtl. 1938 u.d.T. „Der Schritt vom Wege" Gustaf Gründgens, B.D. 1955 u.d.T. „Rosen im Herbst" Rudolf Jugert, DDR 1968/70 Wolfgang Luderer, B.D. 1974 Rainer Werner Fassbinder.

Baron von Innstetten, Landrat des Kreises Kessin in Hinterpommern, hält nach flüchtiger Bekanntschaft um die Hand der Tochter seiner Jugendfreundin Frau von Briest an. Im Hinblick auf die aussichtsreiche Zukunft an der Seite eines Mannes mit bestem Ruf und gesicherter Stellung wird die Ehe zwischen der 17jährigen Effi und dem um 21 Jahre älteren Baron geschlossen. Schon nach kurzer Zeit fühlt sich die im Grunde noch kindliche Frau des im Ausdruck von Empfindungen zurückhaltenden, auf Korrektheit bedachten Landrats vereinsamt; Innstetten war „lieb und gut, aber ein Liebhaber war er nicht". Nach der Geburt ihrer Tochter Anni macht Effi die Bekanntschaft des neuen Bezirkskommandanten Major von Crampas, bekannt als leichtsinniger „Damenmann". Diese Beziehung findet ihr von Effi letztlich als Befreiung empfundenes Ende durch Innstettens Versetzung nach Berlin. Nach Jahren entdeckt Innstetten die Briefe, die von Crampas in Kessin an Effi gerichtet hat. Er sieht sich gezwungen, den ehemaligen Rivalen zum Duell zu fordern. Der Gegner fällt, Innstetten läßt sich scheiden, wobei ihm die Tochter zugesprochen wird. Da Effi die Rückkehr in ihr Elternhaus verwehrt ist, lebt sie, zunehmend kränkelnd, in einer bescheidenen Berliner Wohnung. Das nach langem Bitten gewährte Wiedersehen mit der nun 10jährigen Tochter löst durch deren abweisendes Verhalten den physischen Zusammenbruch aus. Die Eltern lassen sich dazu bewegen, die todkranke Effi aufzunehmen. Sie stirbt ohne alle Bitterkeit gegenüber Innstetten, von dem sie weiß, daß er „so edel" war, „wie jemand sein kann, der ohne rechte Liebe ist". Die Frage der Schuld erscheint, so Effis Vater, als „ein zu weites Feld".

Dem Roman liegt ein Gesellschaftsskandal aus den 80er Jahren zugrunde. Fontane nahm jedoch einige entscheidende Änderungen vor: Effi ist um fast 10 Jahre jünger als ihr „Vorbild"; der Ehebruch und dessen Aufdeckung sind durch sieben Jahre voneinander getrennt. Hierdurch wird die Fragwürdigkeit der von Innstetten mittels des Duells angestrebten Wiederherstellung seiner Ehre zugespitzt. Innstetten selbst ist sich bewußt, daß er „einer Vorstellung, einem Begriff zuliebe" handelt, daß seine Ehrenrettung „eine gemachte Geschichte, halbe Komödie" ist, und er erkennt: „Diese Komödie muß ich nun fortsetzen und muß Effi wegschicken und sie ruinieren, und mich mit (...)." Dennoch beugt er sich dem Gesetz eines als inhaltsleer und lebensfeindlich durchschauten Ehrbegriffs.

Dies verdeutlicht – als Sinnbild einer Gegenwelt – die Schaukel Effis im Garten des Elternhauses. „Effi, eigentlich hättest du doch wohl Kunstreiterin werden müssen. Immer am Trapez, immer Tochter der Luft. Ich glaube fast, daß du so etwas möchtest", vermutet die Mutter. Nach Hause zurückgekehrt, überläßt sich Effi noch einmal ihrem Element: „Sie sprang hinauf mit einer Behendigkeit wie in ihren jüngsten Mädchentagen, und ehe sich noch der Alte, der ihr zusah, von seinem halben Schrecken erholen konnte, huckte sie schon zwischen den zwei Stricken nieder und setzte das Schaukelbrett durch ein geschicktes Auf- und Niederschnellen ihres Körpers in Bewegung. Ein paar Sekunden noch, und sie flog durch die Luft, und bloß mit einer Hand sich haltend, riß sie mit der andern ein kleines Seidentuch von Brust und Hals und schwenkte es wie in Glück und Übermut." Als „Tochter der Luft" steht Effi Briest in Beziehung zu etwas Elementarem, das außerhalb der gesellschaftlich geprägten und daher gebundenen Lebenssphäre liegt. Bezeichnend ist allerdings, daß die Romanentwürfe Fontanes, in denen märchenhafte Natur- und Elementarwesen vorkommen, unausgeführt geblieben sind.

Der Stechlin. Roman, 1897 (in der Zeitschrift „Über Land und Meer"), Buchausgabe postum 1899, Verf B. D. 1974/75 Rolf Hädrich.
Fontane hat sein letztes vollendetes Erzählwerk ausdrücklich als „politischen Roman" bezeichnet: „Gegenüberstellung von Adel, wie er bei uns sein *sollte* und wie er *ist*." Über das vorherrschende Gestaltungsmittel und damit die „gebotene Art, einen Zeitroman zu schreiben", bemerkte er 1897: „Von Verwicklungen und Lösungen, von Herzenskonflikten oder Konflikten überhaupt, von Spannungen und Überraschungen findet sich nichts. Einerseits auf einem altmodischen märkischen Gut, andererseits in einem neumodischen gräflichen Haus (Berlin) treffen sich verschiedene Personen und sprechen da Gott und die Welt durch. Alles Plauderei, Dialog, in dem sich die Charaktere geben, und mit ihnen die Geschichte."
Die Auflösung der Handlung in Gespräche ist mit einem Höchstmaß an Komposition in der Konstellation der Romanfiguren verbunden. Sie repräsentieren ein breites Spektrum sozialer, religiöser und politischer Positionen und Gegebenheiten. Hierbei unterscheiden sich zwei Hauptgruppen: Personen, die zur Relativierung ihrer Position fähig sind, und solche, die sich als befangen erweisen. Zu ersteren gehört der alte Dubslav von Stechlin, zu letzteren dessen Schwester, die Stiftsdame Adelheid, ein „aufgesteiftes Individuum". Während sich Dubslav als Konservativer versteht, vertritt sein Freund Graf Barby politisch den Liberalismus; der Katholik und Bayer Baron Berchtesgaden ist der Zentrumspartei zugeordnet. Die Sozialdemokratie vertritt der (nur mittelbar geschilderte) Torgelow (ihm unterliegt Dubslav bei der Reichstagswahl). Stechlins Diener Engelken und Barbys Diener Jeserich verkörpern den mit Mutterwitz begabten Volkstyp. Das Vertrauensverhältnis, das jeweils Diener und Herr verbindet, relativiert des Standesgrenzen. Der älteren Generation steht die jüngere gegenüber: Dubslavs Sohn Woldemar von Stechlin und dessen Offizierskameraden, der freisinnige Czako und der zu religiösem Moralismus neigende Rex, ferner Barbys Töchter Melusine und Armgard (sie wird Woldemars Frau). Zwei Gestalten, die als soziale Außenseiter außerhalb der gesellschaftlich definierten Lebensbereiche stehen und nicht zuletzt hierdurch zu dem sterbenden Dubslav in Beziehung treten, sind die alte Buschen, eine als Hexe beargwöhnte Kräuterfrau, und deren Enkelin Agnes. Durch sie wird die Sphäre des Naturhaften und Geheimnisvollen berührt, die schon zu Beginn in Gestalt des Sees „der Stechlin" zur Geltung kommt: „Alles still hier. Und doch, von Zeit zu Zeit wird es an dieser Stelle lebendig. Das ist, wenn es weit draußen in der Welt, sei's auf Island, sei's auf Java, zu rollen und zu grollen beginnt (...)." Der Wirkungszusammenhang der Naturerscheinungen verweist auf einen analogen Zusammenhang unter den so verschiedenen und doch durch ihr Menschsein miteinander verbundenen Einzelexistenzen, denn „wer demütig ist, der sieht die Scheidewände fallen und erblickt den Menschen im Menschen".
Ein immer bekenntnishafter Satz ist die Mahnung Dubslavs: „Alles Alte, soweit es Anspruch darauf hat, sollen wir lieben, aber für das Neue sollen wir recht eigentlich leben." Es bedeutet jedoch eine Verfälschung, Fontanes Alterswerk vor allem als Ausdruck seiner „Altersweisheit" zu betrachten oder in das andere Extrem einer Betonung der „Verflüchtigung des Stofflichen" als „artistisches Spiel von Geist und Ton" (T. ↑Mann) zu verfallen. Das Geflecht der Motive ist viel zu eng, als daß es sich in die eine oder andere Richtung auflösen ließe. Dies gilt beispielsweise für die Frage nach der sozialen Verantwortung des Christentums. Armgard von Barby etwa bekennt sich zum Vorbild der hl. Elisabeth von Thüringen: „Andern leben und der Armut das Brot geben – darin allein ruht das Glück. Ich möchte, daß ich mir *das* erringen könnte" – ein Bekenntnis, das Melusine mit dem Satz ironisiert: „Du wirst noch Unter den Linden für Geld gezeigt werden."

(Johann) Georg Forster
*27.11.1754 in Nassenhuben bei Danzig, †10.1.1794 in Paris

Der Sohn des naturwissenschaftlich engagierten Pfarrers Johann Reinhold Forster (ab 1780 Professor für Naturgeschichte in Halle) nahm gemeinsam mit diesem 1772–1775 an der 2. Forschungsreise James Cooks teil; sie führte u. a. zur Osterinsel, entdeckt wurde die Inselgruppe Neukaledonien. 1777 veröffentlichte er seinen Reisebericht *Reise um die Welt* (engl., dt. 2 Bde. 1779/80). 1778 erhielt er in Kassel eine Professur für Naturkunde, 1784 folgte er einem Ruf nach Wilna; 1784 nahm er eine Anstellung als kurfürstlicher Bibliothekar in Mainz an. Im Sommer 1790 unternahm er mit Alexander von Humboldt eine Reise durch Westeuropa, die ihren Niederschlag in den *Ansichten vom Niederrhein, von Brabant, Flandern, Holland, England und Frankreich* fand (1. und 2. Teil 1791, 3. Teil postum 1794). Dieser ersten dt. essayistischen Reisebeschreibung liegen die unterwegs verfaßten Briefe zugrunde. Kennzeichnend ist die Verbindung von Schilderung und Abstraktion, aus der ein fortwährender Reflexionsprozeß entsteht, als dessen Zielrichtung die Notwendigkeit des politischen Engagements im Interesse der Emanzipation erkennbar wird. Ab 1792 war Forster ein führendes Mitglied der Mainzer Jakobiner („Klubisten"), 1793 verfocht er die Bildung eines linksrheinischen Freistaats und dessen Anschluß an die Frz. Republik; als Leiter einer Deputation kam er nach Paris, wo er mit der jakobinischen Gewaltherrschaft konfrontiert wurde (Hinrichtung seines Begleiters Lax).

Ferdinand Freiligrath
*17.6.1810 in Detmold, †18.3.1876 in Cannstatt (= Stuttgart)

Der Sohn eines Kaufmanns war im Handel sowie als Banklehrling tätig; daneben studierte er engl. und frz. Literatur. Als Lyriker stand er zunächst unter dem Einfluß des Exotismus der frz. Romantik, den in der Malerei Eugène Delacroix vertrat: Die 1838 erschienene Slg. *Gedichte* enthält u. a. *Der Löwenritt* („Wüstenkönig ist der Löwe; will er sein Gebiet durchfliegen, / Wandelt er nach der Lagune, in dem hohen Schilf zu liegen") und *Der Mohrenfürst*. Der Erfolg der Slg. bewog ihn, sich ganz der Dichtung zu widmen; 1842 verlieh ihm der preuß. König Friedrich Wilhelm IV. ein Ehrengehalt. Unter dem Einfluß der Freundschaft mit Friedrich Engels und Karl Marx (Zusammenarbeit an der „Rheinischen Zeitung") widmete er sich einer (von ↑Heine als bloße „Tendenzpoesie" des guten Willens kritisierten) politisch und sozial engagierten Lyrik (1844 Slg. *Ein Glaubensbekenntnis*, darin *Aus dem schlesischen Gebirge*, die Darstellung eines hungernden Weberkinds, das auf Rübezahls Hilfe hofft). Im Schweizer Exil entstand 1845/46 der Zyklus *Ça Ira!*, dessen 6 Gedichte der Überzeugung von der Notwendigkeit einer proletarischen Revolution Ausdruck geben. So enthält das Gedicht *Von unten auf* die Verse: „Wir sind die Kraft! Wir hämmern jung das alte morsche Ding, den Staat / Die wir von Gottes Zorne sind bis jetzt das Proletariat!" Der Epilog *Springer*, in dem die verfolgten revolutionären Flüchtlinge mit der Springer-Figur des Schachspiels verglichen werden, endet zuversichtlich: „Kein Zug des Schicksals setzt mich matt: – / Matt werden kann ja nur der König!" Im Revolutionsjahr kehrte Freiligrath von London aus nach Dtl. zurück. 1849 veröffentlichte er die Slg. *Neuere politische und soziale Gedichte* (Bd. 2 1851). Wegen staatsgefährdender Umtriebe 1851 verhaftet, begab er sich nach seiner baldigen Freilassung ins engl. Exil; 1868 nach Dtl. zurückgekehrt, verfaßte er 1870 vaterländische Kriegslieder.

Gustav Freytag
*13. 7. 1816 in Kreuzburg (Oberschlesien), †30. 4. 1895 in Wiesbaden
Nach einem Germanistikstudium in Breslau (bei † Hoffmann von Fallersleben) und Berlin lehrte Freytag ab 1839 in Breslau als Dozent für dt. Sprache und Literatur. Als ihm seine kulturgeschichtlichen Vorlesungen untersagt wurden, gab er 1847 die akademische Laufbahn auf und leitete 1848–1870 in Leipzig gemeinsam mit Julian Schmidt die Wochenschrift „Der Grenzbote". 1867–1870 gehörte er als Abgeordneter der Nationalliberalen Partei dem Norddt. Reichstag an; am Dt.-Frz. Krieg nahm er bis zur Schlacht bei Sedan teil.
Der Schriftsteller Freytag begann mit Gedichten und Theaterstücken (Lustspiel *Die Journalisten*, E ab 1849, U 1852, V 1854). Der Roman *Soll und Haben* schildert den vorbildlichen Werdegang des Kaufmanns Anton Wohlfahrt und sollte laut Motto „das dt. Volk da suchen, wo es in seiner Tüchtigkeit zu finden ist, nämlich bei seiner Arbeit". Die Kontrastfiguren zweier unlauter spekulierender Juden lassen antisemitische Tendenzen erkennen. Die 1859–1867 erschienenen *Bilder aus der dt. Vergangenheit* bildeten die Grundlage für den Romanzyklus *Die Ahnen* (6 Bde. 1872–1880); Freytag verfolgte das Ziel, anhand der Geschlechterfolge einer Sippe vom 4. Jh. bis zum Jahr 1848 das historische Wachstum des 1870/71 geschaffenen Reichs darzustellen.

Erich Fried
*6. 5. 1921 in Wien
Der Schriftsteller jüd. Herkunft lebt seit 1938 (Flucht nach dem „Anschluß" Österreichs und der Ermordung des Vaters durch die Gestapo) in London. Er arbeitete u. a. als Chemiker, 1952–1968 war er Mitarbeiter der BBC. Als Lyriker gehört Fried seit Beginn der 60er Jahre zu den konsequentesten Vertretern des Kampfes mit literarischen Mitteln gegen staatliche Gewalt, ausgehend von dem als Völkermord verurteilten Krieg der USA in Vietnam (Slg. *und Vietnam und*, E ab 1962, V 1966). Die Slg. *Höre, Israel!* (1974) kritisiert die Politik Israels gegenüber den Palästinensern. 1980 erhielt er den Preis der Stadt Wien für Literatur.

Gedichtbände: *Deutschland* (1940), *Österreich* (1945), *Warngedichte* (1964), *Anfechtungen* (1968), *Befreiung von der Flucht. Gedichte und Gegengedichte* (1968), *Die Freiheit, den Mund aufzumachen* (1972), *Gegengift* (1974), *100 Gedichte ohne Vaterland* (1978), *Zur Zeit und zur Unzeit* (1981). – Romane: *Ein Soldat und ein Mädchen* (1960, Neuauflage 1982). – Hörspiele: *Erinnerung an einen Feiertag* (1958), *Die Beine der größeren Lügen* (1969). – Übersetzungen: Werke von Shakespeare, T. S. Eliot, Dylan Thomas.

Fritz Rudolf Fries
*19. 5. 1935 in Bilbao
Der Sohn eines dt. Kaufmanns und einer span. Mutter kam 1942 nach Dtl., studierte in Leipzig Romanistik, Anglistik, Germanistik und war 1960–1966 Assistent an der Dt. Akademie der Wissenschaften in Ost-Berlin. Sein 1966 in der B. D. erschienener Roman *Der Weg nach Oobliadooh* schildert zwei Hochschulabsolventen, die Jazz, Alkohol und Träume dem sozialistischen Engagement vorziehen und in einer Irrenanstalt landen. In der DDR erschien 1969 die Slg. von Erzählungen *Der Fernsehkrieg* (u. a. Kritik an der Fernsehberichterstattung über den Vietnam-Krieg). 1977 veröffentlichte Fries eine Biographie Lope de Vegas; als Übersetzer widmet er sich der span. und iberoamerikan. Literatur. 1979 erhielt er den Heinrich-Mann-Preis der DDR.

Max Frisch
*15.5.1911 in Zürich

Im sog. Zürcher Literaturstreit (1966/67) um eine Rede Prof. Staigers war Frisch einer der ersten, die sich öffentlich gegen die Diffamierung der „heutigen Literatur" und insbesondere der „littérature engagée" als dekadent und entartet zur Wehr setzten. In seiner *Antwort an Emil Staiger* (*Endlich darf man es wieder sagen*, 1966) gab er zu bedenken: „Hast nicht Du selbst einen entwaffnenden Witz gespendet? ‚Wenn solche Dichter behaupten, die Kloake sei ein Bild der wahren Welt, Zuhälter, Dirnen und Säufer Repräsentanten der wahren, ungeschminkten Menschheit, so frage ich: in welchen Kreisen verkehren sie?' Vielleicht in den gleichen wie wir, Emil Staiger, aber sie durchschauen sie etwas anders."

Der Sohn eines Architekten mußte 1932 nach dem Tod des Vaters sein in Zürich begonnenes Studium der Germanistik, Romanistik und Kunstgeschichte abbrechen. Gelegenheitsarbeiten als Journalist und dem Roman *Jürg Reinhart* (1934) folgte ab 1936 ein Architekturstudium, während dessen Frisch seine literarischen Ambitionen aufgab und sämtliche Manuskripte verbrannte. Ab 1939 wurde er mehrfach zum Militärdienst eingezogen; mit einer Art von Kriegstagebuch kehrte er 1940 zur Literatur zurück *(Blätter aus dem Brotsack)*. 1942 eröffnete er in Zürich ein Architekturbüro (bis 1955), ab 1944 stand er in enger Verbindung mit dem Zürcher Schauspielhaus (1945 Uraufführung von *Nun singen sie wieder. Versuch eines Requiems*, nämlich auf die Opfer des Kriegs und des Faschismus). 1947 machte er die persönliche Bekanntschaft ↑ Brechts. 1951/52 lebte er als Stipendiat der Rockefeller Foundation in den USA, 1960 ließ er sich in Rom nieder, seit 1965 lebt er im Tessin. Reisen führten ihn in die UdSSR und nach China. Zu Frischs Auszeichnungen gehören der Zürcher Literaturpreis und der Büchner-Preis (beide 1958), der Große Schillerpreis der Schweizerischen Schillerstiftung 1974 und der Friedenspreis des Dt. Buchhandels 1976. Sein größter Bühnenerfolg wurde *Andorra* (1961). Die meisten seiner Dramen sind in mehreren Fassungen erschienen.

Frischs literarischer Nährboden sind die mit fiktionalen Texten vermischten Tagebuchaufzeichnungen als Grundform der Suche nach der eigenen Identität, die sich in den Romanen und Dramen zum umfassenden, jedoch an die Grenzen bestimmter Grunderfahrungen stoßenden Rollenspiel erweitert. Beispielhaft zeigt dies *Biografie* (1967), ein „Spiel" mit verschiedenen Möglichkeiten der Entscheidung in einer bestimmten Lebenssituation des Protagonisten Kürmann. Ein weiteres zentrales Thema ist der Widerstand gegen Ideologien: „Was hassen sie denn mehr, hüben wie drüben, als Darstellung vom Menschen, die das Hüben und Drüben aufhebt?"

Romane: *Die Schwierigen oder J'adore ce qui me brûle* (1943, Neuausgabe 1957), *Stiller* (1954), *Homo faber* (1957), *Mein Name sei Gantenbein* (1964). – Erzählungen: *Bin oder Die Reise nach Peking* (1945), *Wilhelm Tell für die Schule* (1971), *Montauk* (1975), *Der Mensch erscheint im Holozän* (1979), *Blaubart* (1980). – Dramen: *Nun singen sie wieder* (U 1945, V 1946), *Die Chinesische Mauer* (U 1946, V 1947), *Als der Krieg zu Ende war* (1949), *Graf Öderland* (1951), *Don Juan oder Die Liebe zur Geometrie* (1953), *Die große Wut des Philipp Hotz* (1958), *Andorra* (1961), *Biographie: Ein Spiel* (1967), *Triptychon* (V 1978, frz. U 1979, dt. U 1981). – Hörspiele: *Rip van Winkle* (als Fernsehspiel *Zum Freispruch verurteilt* 1954), *Herr Biedermann und die Brandstifter* (1953, als Drama 1958). – Essays: *Erinnerungen an Brecht* (1966), Slg. *Öffentlichkeit als Partner* (1967), *Dramaturgisches. Briefwechsel mit Walter Höllerer* (1969). – Autobiographisches: *Blätter aus dem Brotsack* (1940), *Tagebuch 1946–1949* (1950), *Tagebuch 1966–1971* (1972), *Dienstbüchlein* (1974).

Die Chinesische Mauer. Farce in 23 Bildern. U 1946, V 1947, Neufassungen 1955, 1965 und (frz.) 1972.
Das Stück gliedert sich in eine Kernhandlung, deren Thema u. a. die Errichtung der Chinesischen Mauer bildet. Sie wird durch ein Welttheater-Maskenspiel durchkreuzt, in dem u. a. Pilatus, Brutus, Kleopatra, Kolumbus, Philipp II. von Spanien, Don Juan sowie Romeo und Julia auftreten. Mitspieler und Kommentator aus der Perspektive der Gegenwart (dem Zeitpunkt des Bühnen-Spiels: „heute abend") ist „der Heutige", ein Intellektueller; letztlich steht seine Fähigkeit zur Debatte, in den geschichtlichen Prozeß korrigierend einzugreifen und damit die atomare Selbstvernichtung der Menschheit zu verhindern: „Die Sintflut ist herstellbar. Der nächste Krieg, der ausbricht, wird der letzte sein. Unser Fortschritt läßt uns nur noch die Wahl, unterzugehen oder Mensch zu werden."
Im Mittelpunkt der Kernhandlung steht der tyrannische Kaiser Hwang Ti, der zum Schutz seines Reiches den Bau einer riesigen Mauer befiehlt – „Gegen die Barbaren; ich weiß", kommentiert „der Heutige". „Denn die Barbaren sind immer die andern. Das ist noch heute so, Majestät." Wiederholung im Kreislauf der Ereignisse erscheint als das Merkmal der Menschheitsgeschichte. Zugrunde liegt nicht nur der unausrottbare Machtwille, sondern zugleich die Beschränktheit und Unbelehrbarkeit des Volkes: Die Mutter des stummen Wasserträgers, der als angeblicher Rebell Min Ko (die „Stimme des Volkes") verhaftet und gefoltert wurde, zeigt sich stolz darauf, daß ihr Sohn ein „wichtiger Mann" geworden ist. Sein wirkungsloses Eintreten für den Wasserträger bringt dem „Heutigen" zwar einen Kuß Kleopatras ein, doch verliert er die Liebe der Prinzessin Mee Lan. Seine Selbstverteidigung, daß der „Mann, der die Unschuld verteidigt vor dem Herrscher unseres Reiches", von jeher „ein Narr" war, ist gleichzusetzen mit dem Eingeständnis der politischen und gesellschaftlichen Ohnmacht des Intellektuellen.

Don Juan oder Die Liebe zur Geometrie. Komödie in 5 Akten und 3 Intermezzi, U, V 1953, Neufassung 1962.
Nach altem Brauch geht der Hochzeit Don Juans, eines Offiziers und Liebhabers der „männlichen Geometrie", ein nächtliches Maskenfest voraus, auf dem sich die Brautleute kraft ihrer Liebe unter all den Vermummten herausfinden sollen. Am folgenden Tag verweigert Don Juan den Eheschwur: Die Frau, deren Gunst er in der Nacht gewonnen hat, war zwar Donna Anna, doch hat er sie für eine Fremde gehalten – „Ich weiß nicht, wen ich liebe. Ehrenwort. Mehr kann ich nicht sagen. Das beste wird sein, man läßt mich gehen, je rascher, um so besser." Verfolgt von den Verwandten Annas, landet er im Bett von Annas Mutter: Donna Elvira, dann im Bett der Braut seines Freundes Roderigo. Am andern Tag dringt das Straßenmädchen Miranda im Brautgewand bei Don Juan ein. Sie liebt ihn, seitdem sie ihn im Freudenhaus in ein Schachspiel vertieft gesehen hat, „der erste Mann, der den Mut hatte zu tun, was ihn wirklich gelüstet". Er glaubt, Donna Anna vor sich zu haben, doch diese hat sich ertränkt. An ihrem Leichnam ersticht er ihren Vater, Don Gonzalo, Komtur von Sevilla. Nach zwölf Jahren ist Don Juan seiner Verführungskünste überdrüssig. Mit Hilfe des Bischofs („Ohne Kirche keine Hölle") und der Kupplerin Celestine, die den „steinernen Gast" (das Grabmal des Komturs) spielt, inszeniert er vor einer Versammlung betrogener Frauen seine Höllenfahrt. Doch statt sich ins Kloster zurückzuziehen, folgt er Miranda auf deren Schloß. Hier erwartet er, während in den Theatern Sevillas Leben und Verdammnis des „Burlador von Sevilla" bejubelt wird, als Ehemann, daß ihm „das Geschlecht (...) auch noch die letzte Schlinge um den Hals wirft" und ihn „zum Vater macht".
Frischs Don Juan ist, wie das Nachwort erläutert, „ein Intellektueller, wenn auch von einem Wuchs und ohne alles Brillenhafte", sein Ruhm als Verführer ein „Mißverständnis seitens der Damen".

Stiller. Roman, V 1954.
Der Hauptteil umfaßt die sieben Hefte von *Stillers Aufzeichnungen im Gefängnis*. Verfaßt sind sie von einem unter dem Namen White in die Schweiz eingereisten Mann, der unter dem Verdacht verhaftet wurde, der 1946, vor knapp sieben Jahren, verschollene Bildhauer Anatol Ludwig Stiller zu sein, verheiratet mit der Tänzerin Julika Stiller-Tschudy. Die Aufzeichnungen verknüpfen die Gegenwartshandlung im Gefängnis und vor Gericht (Julika sowie andere Personen erkennen in White Stiller wieder) mit Erinnerungen (Scheitern als Künstler, als Ehemann und Liebhaber, als Freiwilliger im Span. Bürgerkrieg), die bis zu dem zwei Jahre zurückliegenden Selbstmordversuch führen: „Ich hatte die bestimmte Empfindung, jetzt erst geboren worden zu sein, und fühlte mich mit einer Unbedingtheit, die auch das Lächerliche nicht zu fürchten hat, bereit, niemand anders zu sein als der Mensch, als der ich eben geboren worden bin, und kein anderes Leben zu suchen als dieses(...)." Unmittelbar darauf erhält er das gerichtliche Urteil über seine Identität mit Stiller.
Das *Nachwort des Staatsanwaltes* schildert das Zusammenleben des als Töpfer tätigen Stiller mit Julika. Wieder scheitert Stillers Versuch, seine ebenso schöne wie verschlossene Frau zu „erlösen".
Das Thema der Identitätskrise wird durch zwei den Aufzeichnungen vorangestellte Zitate aus Kierkegaards „Entweder-Oder" in den Zusammenhang der Krise der modernen Menschen gestellt: „Sieh, darum ist es so schwer, sich selbst zu wählen, weil in dieser Wahl die absolute Isolation mit der tiefsten Kontinuität identisch ist, weil durch sie jede Möglichkeit, etwas anderes zu werden, vielmehr sich in etwas anderes umzudichten, unbedingt ausgeschlossen ist." Und: „–: indem die Leidenschaft der Freiheit in ihm erwacht (und sie erwacht in der Wahl, wie sie sich in der Wahl selbst voraussetzt), wählt er sich selbst und kämpft um diesen Besitz als um seine Seligkeit, und das ist seine Seligkeit."

Homo faber. Ein Bericht. Roman, V 1957. Elemente der Handlung enthält die *Kalendergeschichte* (1946) im *Tagebuch 1946–1949* (V 1950).
In Aufzeichnungen während eines Fluges nach Caracas und kurz vor seiner wahrscheinlich aussichtslosen Operation in einem Athener Krankenhaus rekonstruiert der erfolgreiche Ingenieur Walter Faber entscheidende Ereignisse seines Lebens. Sie konfrontieren den Rationalisten mit dem seiner Lebensauffassung widersprechenden „Zufall". Im Mittelpunkt dieses Konfliktes steht die junge Sabeth. Faber ist ihr während einer Schiffsreise begegnet und hat sie zu seiner Geliebten gemacht, unwissend, daß sie seine Tochter ist. Sabeths Mutter ist Fabers Freundin aus der Zürcher Studentenzeit, die Halbjüdin Hanna. Er hatte sie vor 20 Jahren verlassen und ein verlokkendes Angebot aus Bagdad angenommen; er war überzeugt, daß Hanna das Kind, das sie von ihm erwartete, abgetrieben habe und auch selbst tot sei. Und doch ahnte er im Grunde etwas von der Vater-Tochter-Beziehung zu Sabeth (sie ist, nicht ohne sein Mitverschulden, verunglückt). Hanna, der er in Athen begegnet, bestätigt diese Ahnung. Aus ihrer Sicht ist Faber (der Prototyp des sich die Natur unterwerfenden „Homo faber", wie sie ihn einst genannt hat) unfähig, die schicksalhafte Verstrickung („Was ist denn meine Schuld?") zu erkennen; er behandelt „das Leben nicht als Gestalt, sondern als bloße Addition, daher kein Verhältnis zur Zeit, weil kein Verhältnis zum Tod". Dies bedeutet zugleich, daß Liebe, Kunst und Religion außerhalb seines vom Vertrauen in die Kalkulierbarkeit des Lebens geprägten Erfahrungsvermögens liegen.
Durch die Form der Ich-Erzählung kommt die Subjektivität Fabers zur Geltung. In ihr dokumentiert sich trotz oder gerade wegen der Bereitschaft zur schonungslosen Selbstprüfung die Beschränkung der rationalen Weltsicht angesichts des Hintergründigen, das durch den Anklang der Ereignisse an den antiken Ödipus- bzw. Inzest-Mythos thematisiert wird.

Biedermann und die Brandstifter. Ein Lehrstück ohne Lehre. Drama in 6 Szenen, U, V 1958. Zugrunde liegt eine Notiz (1948) im *Tagebuch 1946–1949*; Hörspielfassung 1953.

In einer Stadt, in der Brandstifter ihr Unwesen treiben, nimmt der Haarwasserfabrikant Gottlieb Biedermann den obdachlosen Ringer Joseph Schmitz auf und weist ihm den Dachboden als Schlafstätte an. Der Versuch Babette Biedermanns, den Gast am andern Morgen aus dem Haus zu komplimentieren, mißlingt. Im Gegenteil: Zu Schmitz gesellt sich der Kellner Willi Eisenring. Gemeinsam lagern sie auf dem Dachboden Benzinfässer, hantieren mit Zündkapseln, Knallzündschnüren und versuchen, sich Holzwolle zu beschaffen – sie „trägt die Funken am weitesten". Biedermann tut alles, um die offenkundigen Vorbereitungen zur Brandstiftung leugnen zu können: Er übernimmt gegenüber dem Polizisten die Version, die Fässer enthielten Haarwasser, amüsiert sich über die Scherze Eisenrings („die beste und sicherste Tarnung ist immer noch die blanke und nackte Wahrheit. Komischerweise. Die glaubt keiner"), rechtfertigt sein Verhalten mit der Notwendigkeit, sich keine Feinde zu schaffen, und hilft schließlich selbst mit Streichhölzern aus. Ein antikisierender Chor aus Feuerwehrleuten schwankt zwischen Verständnis für Biedermann („Schwer hat es, wahrlich, der Bürger! / Der nämlich, hart im Geschäft, / Sonst aber Seele von Mensch, / Gern bereit ist, / Gutes zu tun") und Warnung, die sich Biedermann als lästige Einmischung verbittet.

Ein für die Erstaufführung in der B. D. (1959) verfaßtes *Nachspiel* zeigt das Ehepaar Biedermann in der Hölle. Da der Himmel die ordengeschmückten Großverbrecher zu amnestieren pflegt, kommt es zum Höllenstreik; der Chor der Feuerwehrleute löscht das Höllenfeuer, und die durch die Brandstifter zerstörte Stadt entsteht neu, „Turmhoch-modern, / Alles aus Glas und verchromt, / Aber im Herzen die alte": Die Katastrophe (des Faschismus und des Krieges) bleibt folgenlos.

Andorra. Drama in 12 Bildern, U, V 1961. Das *Tagebuch 1946–1949* enthält die Prosafassung *Der andorranische Jude*.

Schauplatz ist das fiktive Andorra. Im Mittelpunkt steht der junge Andri, der uneheliche Sohn des Lehrers Can und einer Frau aus dem feindlichen Land der „Schwarzen". Im Vertrauen auf die oft genug bekundete Bereitschaft der „weißen" Andorraner, sich Verfolgter anzunehmen, hat Can seinen Sohn zu seinem eigenen Schutz als Kind jüd. Herkunft ausgegeben, das er vor den antisemitischen „Schwarzen" retten konnte. Enge Freundschaft verbindet Andri und Cans Tochter Barblin.

Schritt für Schritt erweist sich, daß die Andorraner in Andri den „Andersartigen" sehen. Der Tischler, bei dem Andri in die Lehre gehen soll, will ihn durch ein ungewöhnlich hohes Lehrgeld von seiner Werkstatt fernhalten („Warum will er grad Tischler werden? Warum nicht Makler? Warum geht er nicht zur Börse?"); die mißratene Arbeit der anderen wird grundsätzlich Andri angelastet. Der Arzt verbindet patriotische Phrasen mit Schmähungen gegen die Juden. Der Soldat Peider, der Barblin nachstellt, bedroht ihn und nutzt wie die anderen jede Gelegenheit, Andri zu demütigen. Die Andorraner sehen sich in ihrem Verhalten bestätigt, als Can sich der Heirat Andris und Barblins widersetzt: „Auch einem Judenretter ist das eigene Kind zu schad für den Jud." Der Pater will Andri dazu bewegen, sich zu seinem Anderssein zu bekennen: „Wir müssen uns selbst annehmen, und das ist es, was du nicht tust." Als Andris Mutter in Andorra auftaucht und von Can fordert, die wahre Herkunft Andris zu bekennen, stößt sie auf Widerstand. Statt dessen übernimmt der Pater diese Aufgabe, doch Andri hat sich inzwischen in sein Anderssein geflüchtet; er hat sich als Jude „angenommen" und fordert: „Jetzt ist es an Euch, Hochwürden, Euren Juden anzunehmen." Als Spionin der „Schwarzen" verdächtigt, wird Andris Mutter umgebracht und dieser der Tat beschuldigt. Die „Schwarzen" nehmen den Mord zum

Anlaß für ihre längst geplante Invasion. Die Andorraner lassen sich widerstandslos entwaffnen. Cans Bekenntnis zu seinem Sohn stößt ebenso auf Hohn wie Barblins Bekenntnis zu ihrem Bruder, den sie vergeblich in ihrer Kammer versteckt hat. Die „Judenschau" wird angeordnet. Barblins Versuch, den Mitbürgern das Zeichen zur Rebellion zu geben, scheitert. Aus den mit verdeckten Köpfen und barfuß an ihm vorbeiziehenden Andorranern findet der „Judenschauer" der „Schwarzen" Andri als Juden heraus. Andri wird „selektiert" und erschossen, Can nimmt sich das Leben. Zurück bleibt die von den Soldaten ausgepeitschte und als „Judenhure" kahlgeschorene Barblin.

Zwischen die Handlungsszenen sind Szenen einer imaginären Gerichtsverhandlung eingefügt. Mit Ausnahme des Paters rechtfertigen die Andorraner ihr Verhalten: „Was hat unsereiner denn eigentlich getan? Überhaupt nichts."

Die Verbindung von Handlungsszenen und Gerichtsszenen betont den Modellcharakter des Stückes, das innerhalb des dramatischen Schaffens von Frisch am ehesten eine Nähe zur Dramaturgie ↑Brechts aufweist, sosehr auch hier die Skepsis gegenüber den Möglichkeiten des Theaters, Veränderungen zu bewirken, wirksam ist. So spricht Frisch im Hinblick auf *Andorra* von einem „tragischen Muster". Modellhaft ist das Stück im Sinne der Übertragbarkeit; Kollektivismus, Irrationalismus, Feigheit, Diskriminierung anderer, Suche nach einem Sündenbock treten als menschliche Grundeigenschaften in Erscheinung. Kennzeichnend ist die Verbindung von engagierter Anprangerung dieser Verhaltensweisen mit dem Thema der Identität bzw. des Rollenbewußtseins und der Notwendigkeit, „sich selbst anzunehmen". Hierauf bezieht sich die an *Andorra* geübte Kritik, Frisch deute zumindest an, daß zu den Voraussetzungen der Judenvernichtung die Bereitschaft der Juden gehört habe, ihre Außenseiterrolle zu akzeptieren.

Mein Name sei Gantenbein. Roman, 1964.

Die Erzählweise reflektiert das Rollenverhalten des Menschen. Alle Materialien der Darstellung (Namen, Berufe, Handlungsweisen, Ereignisse) erweisen sich als austauschbare Erfindungen, die dazu dienen, zwischen Erfahrung und deren Einkleidung eine Entsprechung in Form von Geschichten herzustellen, die bei unbefriedigendem Verlauf abgebrochen und durch neue ersetzt werden können. So tritt der Erzähler zunächst als Enderlin mit Lila Svoboda in Beziehung; als Gantenbein ist er mit Lila verheiratet; als Svoboda findet er sich mit der Rolle des ungeliebten Ehemanns ab.

Ähnlich wie in Frischs Konzeption des Dramas das Bühnengeschehen lediglich eine „spielbare, eine durchschaubare, eine Welt, die Varianten zuläßt", zur Darstellung bringt (am klarsten realisiert in dem Stück *Biografie*, 1967), so dient der Roman dazu, die Wirklichkeit variierend zu reflektieren. Hierbei handelt es sich um eine extreme Ausbildung der auktorialen Erzählweise, gekennzeichnet durch Kommentare und Absichtserklärungen des Erzählers. Diese Offenlegung des Erzählvorgangs wechselt mit dem Hineintauchen des Erzählers in seine Geschichten, so daß sich zwei kunstvoll aufeinander bezogene Erzählebenen ergeben.

Eine Episode des Romans hat Frisch zu *Zürich-Transit. Skizze eines Films* (1966) umgearbeitet. Der Ingenieur Theo Ehrismann gilt als bei einem Autounfall tödlich verunglückt. In Wirklichkeit ist ein Autodieb in Ehrismanns Porsche ums Leben gekommen. Der Impuls, das Mißverständnis aufzuklären, wird zunehmend schwächer. Ehrismann nimmt unbemerkt an seiner Bestattung teil; im Landesmuseum spielt er verschiedene Vorstellungen vom Ablauf der unverhofften Wiederbegegnung mit seiner Frau Monika durch; Vergangenheit und Gegenwart vermischen sich. Ehrismann stattet sich mit Geld aus („Mein Konto lebte noch"), doch die geplante Weltreise unterbleibt.

Barbara Frischmuth
*5. 7. 1941 in Altaussee (Salzkammergut)

Die Tochter eines im Krieg gefallenen Hoteliers erhielt ihre Schulausbildung u. a. in einem von Nonnen geleiteten Internat. In Graz, der Türkei, Ungarn und Wien studierte sie bis 1964 Orientalistik. Während der Grazer Studienzeit gehörte sie mit ↑ Handke zum Literaturkreis „Forum Stadtpark". Seit 1967 ist sie vorwiegend in Wien als freie Schriftstellerin und Übersetzerin tätig. Zu den prägenden Erfahrungen gehören die orientalische Welt und das Scheitern ihrer Ehe mit einem Trabrennfahrer, aus der ihr 1973 geborener Sohn stammt. 1978 wurde sie mit dem Preis der Stadt Wien ausgezeichnet.

Frischmuths Romane besitzen autobiographische Bezugspunkte: *Die Klosterschule* (1968), der Türkei-Roman *Das Verschwinden des Schattens in der Sonne* (1973) und die Trilogie *Die Mystifikationen der Sophie Silber* (1976), *Amy oder Die Metamorphose* (1978), *Kai und die Liebe zu den Modellen* (1979). Die drei Bände schildern, zunächst Märchen und Realität verknüpfend, die Geschichte der Mensch gewordenen Fee Amaryllis Sternwieser, die als Schriftstellerin und Mutter zu sich selbst findet. Schon die 1969 erschienene *Amoralische Kinderklapper* enthält das Ziel, offen zu sein für die natürliche Erlebnisweise von Kindern und deren animalisches Wesen. 1986 erschien der Erzählband *Traumgrenze*.

Walter Helmut Fritz
*26. 8. 1929 in Karlsruhe

Der Sohn eines Architekten studierte in Heidelberg Literatur, Philosophie und neuere Sprachen; 1954–1964 war er in Karlsruhe als Gymnasiallehrer, dann als Dozent an der TH, 1968–1970 in Frankfurt a. M. als Verlagslektor tätig. Er lebt als freier Schriftsteller in Karlsruhe. Als Lyriker entwickelte Fritz nach Anfängen unter dem Einfluß ↑ Krolows eine Gestaltungsform der sprachlichen Verknappung, die sein Essay *Die Lakonie des zeitgenössischen Gedichts* (1979) reflektiert. Auch als Erzähler verwendet er eine behutsam registrierende Sprache, geprägt von der „Geduld zur Skepsis".

Gedichtbände: *Achtsam sein* (1956), *Treibholz* (1964), *Die Zuverlässigkeit der Unruhe* (1966), *Schwierige Überfahrt* (1976), *Werkzeuge der Freiheit* (1983). – Romane: *Abweichung* (1965, als Hörspiel 1966), *Verwechslung* (1970), *Bevor uns Hören und Sehen vergeht* (1975). – Erzählungen: Slg. *Cornelias Traum und andere Aufzeichnungen* (1985).

Günter Bruno Fuchs
*3. 7. 1928 in Berlin, † 19. 4. 1977 in West-Berlin

Der uneheliche Sohn einer Stenotypistin und eines Kellners wurde 16jährig als Luftwaffenhelfer eingezogen und befand sich bis Ende 1945 in Kriegsgefangenschaft. In Berlin studierte er Kunst und Bautechnik, ab 1950 arbeitete er im Ruhrgebiet in einer Zeche und beim Zirkus, 1952–1958 in Reutlingen u. a. als Zeichenlehrer. 1959 gründete er in Berlin-Kreuzberg die Galerie „Zinke", 1963 die „Rixdorfer Drucke". Der „Malerpoet" schuf eine in Hinterhöfen, Kneipen und auf Rummelplätzen angesiedelte skurrile Großstadtpoesie in Form von Gedichten und Geschichten, Ansprachen und Hörspielen; 1972 drehte er den Film *Denkmalforschung*. Mit eigenen Holzschnitten illustriert sind seine Gedichtbände *Nach der Haussuchung* (1957) und *Brevier eines Degenschluckers* (1960), Zeichnungen enthält *Herrn Eules Kreuzberger Kneipentraum* (Prosa, 1966).

Franz Fühmann
*15.1.1922 in Rochlitz (Riesengebirge), † 8.7.1984 in Ost-Berlin
Der Sohn eines Apothekers kam als überzeugter Nationalsozialist in russ. Kriegsgefangenschaft und gelangte hier zu einer sozialistischen Einstellung; nach seiner Entlassung ließ er sich 1949 in Ost-Berlin nieder. Der autobiographische Roman *Das Judenauto* (E ab 1959, V 1962) reflektiert in Form von Ich-Berichten die Erfahrungen des Zeitraums 1929–1949; das „Prinzip der Selbstironie" weicht im letzten Kapitel „einer Haltung absoluter Übereinstimmung zwischen dem Individuum und der von ihm zur Lebenssphäre gewählten Gesellschaft" (Fühmann). 1961 veröffentlichte er Reportagen *(Kabelkran und Blauer Peter).*

Gedichtbände: *Die Fahrt nach Stalingrad* (1953), *Aber die Schöpfung soll dauern* (1957), *Die Richtung der Märchen* (1962). – Erzählungen: Slg. *Kameraden* (1955), Slg. *Der Jongleur im Kino oder Die Insel der Träume* (1970), *Der Geliebte der Morgenröte* (1978). – Autobiographisches: *Der Sturz des Engels. Erfahrungen mit Dichtung* (1982).

Emanuel Geibel
*17.10.1815 in Lübeck, † 6.4.1884 in Lübeck
Im Bewußtsein seines Epigonentums („Was schön ist, ist schon dagewesen, / Und nachgeahmt ist, was uns glückt", heißt es im Gedicht *Bildhauer des Hadrian,* 1840) pflegte Geibel eine bewußt apolitische Lyrik, u. a. im Volksliedton *(Der Mai ist gekommen).* Als formaler Virtuose erwies er sich in Übersetzungen griech., lat., span. und frz. Gedichte. 1852 wurde er als Professor für Ästhetik nach München berufen; hier gehörte er zur literarischen Tafelrunde Maximilians II. Joseph und bildete das Haupt des Münchner Dichterkreises. Der dt. Einigung unter preuß. Führung widmete er *Heroldsrufe* (1871). Der Slg. *Gedichte* (1840, 100. Auflage 1884) folgten die Gedichtbände *Juniuslieder* (1848), *Neue Gedichte* (1856), *Gedichte und Gedenkblätter* (1864) und *Spätherbstblätter* (1877).

Christian Fürchtegott Gellert
*4.7.1715 in Hainichen, † 13.12.1769 in Leipzig
Der Schulausbildung an der Fürstenschule in Meißen (1729–1734) folgte ein Studium der Theologie und Philosophie in Leipzig (Beziehung zu ↑Gottsched). Ab 1745 lehrte Gellert in Leipzig Poesie, Beredsamkeit und Moral.
Als Schriftsteller vertrat Gellert (nach ↑Goethes Urteil der „Gewissensrat von ganz Dtl.") im Sinne der Frühaufklärung eine Auffassung des Lebens als ein Gut, das „uns die Vorsehung zum Vergnügen und zur Ausübung der Tugend geschenkt hat". Diese Maxime befindet sich in dem 1747/48 anonym in 2 Bde. erschienenen Roman *Das Leben der schwed. Gräfin von G...*; er schildert als Ich-Erzählung der Titelgestalt, wie sich Gefühls- und Eheverwicklungen höchst vernünftig lösen lassen, wobei das Schicksal einzelner Nebenfiguren eine im Sturm und Drang zum Durchbruch gelangende Unbedingtheit des Gefühls erkennen läßt. Zwei 1745 durch die Theatertruppe der Caroline Neuber aufgeführte Lustspiele *(Die Betschwester* und *Die zärtlichen Schwestern)* geißeln als „Familiengemälde" Heuchelei und Habgier. Zu einem Hausbuch bürgerlicher Lebensklugheit entwickelten sich Gellerts *Fabeln und Erzählungen* (3 Bde. 1746–1754); über den Zweck der Fabeldichtung heißt es in der „Moral" zu *Die Biene und die Henne*: „Dem, der nicht viel Verstand besitzt, / die Wahrheit durch ein Bild zu sagen." 1757 erschien die Slg. *Geistliche Oden und Lieder* (Vert von Philipp Emanuel Bach, Johann Adam Hiller, Ludwig van Beethoven).

Stefan George
*12.7.1868 in Büdesheim bei Bingen, †4.12.1933 in Minusio bei Locarno

Ein Foto aus dem Jahr 1904 zeigt George als Dante, begleitet von dem als Florentiner Edelknabe kostümierten „Maximin". Die Gruppe aus einem Faschings-„Dichterzug" der Freunde spiegelt das Streben des George-Kreises nach einer letztlich im Mythos wurzelnden Kunstwelt. „Was uns not tat", schreibt George über den 16jährig verstorbenen Maximilian Kronberger, „war Einer der (...) uns die dinge zeigte wie die augen der götter sie sehen" (*Maximin. Ein Gedenkbuch*, 1906).

Der Sohn eines Gastwirts legte 1888 in Darmstadt das Abitur ab und bereiste England, die Schweiz, Italien, Spanien und Frankreich; in Paris lernte er Stéphane Mallarmé kennen. 1889–1891 studierte er in Berlin Germanistik, Romanistik, Philosophie und Kunstgeschichte; danach lebte er zumeist ohne festen Wohnsitz als freier Schriftsteller. Sein erster Gedichtband, *Hymnen,* erschien 1890, ab 1892 gab George die zunächst als Zirkular im Freundeskreis gedachte, der Verbreitung zeitgenössischer Lyrik gewidmete Zeitschrift „Blätter für die Kunst" heraus. Nach und nach bildete sich der schließlich als „Staat" bezeichnete, von George als „Meister" geführte George-Kreis, dem u. a. die Literaturwissenschaftler Friedrich Gundolf und Max Kommerell angehörten. Der Jugendstilgraphiker Melchior Lechter gestaltete die in einer eigens für George entworfenen Schrift gedruckten Gedichtbände. Scheinbar der konkreten Gegenwart zugewandt, sprach George in seiner letzten Slg. (*Das Neue Reich*) von den Deutschen als dem „Volk dem noch viel verheißung innewohnt / Und das darum nicht untergehen wird". 1927 war er der erste Träger des Goethe-Preises der Stadt Frankfurt a. M. Dem Versuch der NS-Kulturpolitik, sich seiner Person zu bedienen, entzog sich George im Juli 1933 durch das freiwillige Schweizer Exil.

Gedichtbände: *Pilgerfahrten* (1891), *Algabal* (1892), *Die Bücher der Hirten- und Preisgedichte, der Sagen und Sänge und der Hängenden Gärten* (1895), *Das Jahr der Seele* (1897), *Der Teppich des Lebens und die Lieder von Traum und Tod. Mit einem Vorspiel* (1899), *Der siebente Ring* (1907), *Der Stern des Bundes* (1914), *Das Neue Reich* (1928). – Übersetzungen: Werke von Baudelaire, Dante, Mallarmé, Rimbaud, Shakespeare.

Lyrik. Georges lyrisches Schaffen wurzelt in der Ablehnung des auf einen kommerzialisierten Literaturbetrieb zugeschnittenen Epigonentums sowie des Naturalismus als Inbegriff einer oberflächlichen Auffassung der Wirklichkeit. Das Vorbild einer radikalen Alternative fand er innerhalb der engl. und frz. Literatur im Symbolismus, zu dessen bedeutendstem dt. Vertreter sich George entwickelt hat. Merkmale der von ihm angestrebten erlesenen, bildhaften, in strengem Vers- und Strophenbau gestalteten Sprache des „Künders" verbildlichen die folgenden Verse aus dem Gedicht *Die Spange*: „Nun aber soll sie also sein: / Wie eine große fremde dolde, / Geformt aus feuerrotem golde / und reichem blitzendem gestein."

Die im Frühwerk vorherrschenden Themenbereiche bezeichnet der Titel der 1895 erschienenen Slg. *Die Bücher der Hirten- und Preisgedichte, der Sagen und Sänge und der Hängenden Gärten*: Antike, christliches Mittelalter und Orient werden als neu ins Bewußtsein zu hebende Grundlagen der abendländischen Kultur vergegenwärtigt. Auf dem Weg über eine Beseelung des Naturbildes (mit dem zentralen Motiv des Parks) gelangte George in den Gedichten der Slg. *Der Stern des Bundes* (1914) zum bekenntnishaften und Bekenntnis fordernden Appell: „Wer je die flamme umschritt / Bleibe der flamme trabant! (...) Nur wenn sein blick sie verlor / Eigener schimmer ihn trügt: / Fehlt ihm der mitte gesetz / Treibt er verstiebend ins all."

Paul Gerhardt
*12.3.1607 in Gräfenhainichen bei Wittenberg, † 27.5.1676 in Lübben
Nach einer Tätigkeit als Erzieher in Wittenberg und Berlin wurde Gerhardt 1651 in Mittenwalde (Mark Brandenburg) Propst und 1657 Pfarrer an der Berliner Nikolaikirche. Als Anhänger der lutherischen Orthodoxie widersetzte er sich der vom Kurfürsten Friedrich Wilhelm angestrebten Union zwischen lutherischer und reformierter (calvinistischer) Kirche und wurde 1666 entlassen. 1669 erhielt er im kursächsischen Lübben a. d. Spree das Amt des Archidiakons. Gerhardt entwickelte sich zu dem nach Luther bedeutendsten protestantischen Kirchenliederdichter. Die Lieder erschienen ab 1647 in dem für Hausandachten bestimmten Gesangbuch „Praxis pietatis melica" des Berliner Kantors Johann Crüger. Im Unterschied zu Luthers vom Gedanken des Gemeindegesangs geprägten Liedern sind sie zumeist Ausdruck persönlichen religiösen Empfindens. Die Slg. *Geistliche Andachten* (1667) enthält 55 Eigenschöpfungen und 75 Nachdichtungen (u. a. *O Haupt voll Blut und Wunden* nach dem Lied „Salve caput cruentatum" des Zisterziensermönchs Arnulf von Löwen, † um 1250). Das Ev. Kirchengesangbuch enthält 38 Lieder Gerhardts, darunter *Nun ruhen alle Wälder* (1648), *Befiehl du deine Wege* (1656) und *Geh aus, mein Herz, und suche Freud* (1656).

Salomon Geßner
*1.4.1730 in Zürich, † 2.3.1788 in Zürich
Der Sohn eines Buchhändlers führte das väterliche Geschäft fort. Zugleich betätigte er sich als Maler und Graphiker. Schließlich stand er als Ratsherr und Kantonalbeamter im Dienst seiner Vaterstadt.
Als Schriftsteller pflegte Geßner zunächst die vom Geist des Rokoko wie der Empfindsamkeit gleichermaßen geprägte Kleinform der Idylle, deren Ursprung in der Antike liegt (Theokrits „Hirtengedichte", Vergils „Bucolica", Longos' „Daphnis und Cloë"). 1756 erschien anonym („von dem Verfasser des Daphnis") der Band *Idyllen*, eine Sammlung kurzer Prosatexte (mit Illustrationen Geßners). Sie handeln von antikischen, im Grunde zeitlosen Schäfern und Schäferinnen, Sängern, Flötenspielern, Jägern und Faunen inmitten einer allenfalls von einem Gewitter in ihrer paradiesischen Unberührtheit gestörten Natur. Programmatisch erklärt die Vorrede: „Nicht den blutbespritzten kühnen Helden, nicht das öde Schlacht-Feld singt die frohe Muse; sanft und schüchtern flieht sie das Gewühl, die leichte Flöt' in ihrer Hand." Der 2. Bd. (*Neue Idyllen*) folgte 1772.
Unter dem Einfluß ↑ Bodmers wandte sich Geßner biblischen Themen zu. Sein Prosaepos *Der Tod Abels* (1758) schildert in 5 Gesängen Adam, Eva, Kain, Abel und deren Frauen gemäß der zeitgenössischen Affektenlehre.

Adolf Glaßbrenner (Pseudonym Adolf Brennglas)
*27.3.1810 in Berlin, † 25.9.1876 in Berlin
Nach einer kaufmännischen Lehre lebte Glaßbrenner ab 1830 in Berlin, ab 1841 in Neustrelitz als freier Schriftsteller. Seine bevorzugte Darstellungsform war die neue Gattung der Prosaskizze mit Themen aus dem alltäglichen Leben, das er mit Ironie und volkstümlichem Witz aus der Sicht der „kleinen Leute" schilderte. 1832–1850 erschien seine Groschenheftserie *Berlin, wie es ist – und trinkt* (mit den Figuren des „Eckenstehers" und des „Guckkästners"), 1834 die Slg. *Leben und Treiben der feinen Welt*, 1836 der Reisebericht *Bilder und Träume aus Wien*. 1850 aus Preußen ausgewiesen, hielt sich Glaßbrenner bis 1858 in Hamburg auf.

Johann Wolfgang (von) Goethe
*28. 8. 1749 in Frankfurt a. M., †22. 3. 1832 in Weimar

Goethe ist der einzige dt. Schriftsteller, nach dem eine kulturgeschichtliche Epoche benannt ist: die „Goethezeit" vom Sturm und Drang bis zur Klassik und Romantik. Schon ↑ Heine betonte seine repräsentative Bedeutung, indem er 1831 von der „Kunstperiode" sprach, „die bei der Wiege Goethes anfing und bei seinem Sarge enden wird", sowie später, die Bezeichnung als „Dichterfürst" steigernd, von der „Goetheschen Kaiserzeit", die freilich auch von erbitterter Opposition etwa gegen den „Heiden" Goethe gekennzeichnet war. Der „Olympier" selbst zog kurz vor seinem Tode die Bilanz: „Wenn ich aber aussprechen soll, was ich den Deutschen überhaupt, besonders den jungen Dichtern geworden bin, so darf ich mich wohl ihren *Befreier* nennen; denn sie sind an mir gewahr geworden, daß, wie der Mensch von innen heraus leben, der Künstler von innen heraus wirken müsse, indem er, gebärde er sich wie er will, immer nur sein Individuum fördern will" *(Noch ein Wort für junge Dichter).* Um diese Beziehung zwischen Ich und Welt kreist, als eine „einzige Konfession", das in seiner Spannweite einzigartige Gesamtwerk des Lyrikers, Dramatikers, Erzählers, Literatur- und Kunstkritikers, Naturforschers und Zeichners, dessen Person und Schaffen ebensooft mythisch überhöht wie „demaskiert" worden ist.

Der Sohn des vermögenden privatisierenden Juristen Johann Kaspar Goethe (mit dem Ehrentitel eines kaiserlichen Rates) und der Tochter eines Frankfurter Schultheißen, Katharina Elisabeth Textor („Frau Rat" gen.), erhielt seine Schulausbildung durch den Vater sowie Hauslehrer. 1765 begann er in Leipzig ein Jurastudium, das er 1768 wegen eines Lungenleidens abbrechen mußte. Zu den Leipziger Lehrern gehörten ↑ Gottsched und (als Zeichenlehrer) Adam Friedrich Oeser, ein Anhänger des Klassizismus. Goethes literarische Frühwerke gehören dagegen dem Rokoko an: die Lieder der handschriftlichen Slg. *Annette* ebenso wie das Schäferspiel *Die Laune des Verliebten* (E 1767/68); als erste Veröffentlichung erschien 1769 die Slg. *Neue Lieder.* Während der Genesungszeit im Elternhaus stand Goethe unter dem Einfluß pietistischer und mystischer Schriften. 1770/71 brachte Goethe in Straßburg das Jurastudium zum Abschluß. Seine im Sturm und Drang gipfelnde neue Auffassung von Leben und Kunst entwickelte sich nicht zuletzt aus der durch ↑ Herder vermittelten Beschäftigung mit Homer, Shakespeare, Rousseau und der Volkspoesie. In der sog. Sesenheimer Lyrik (Liebe zu der Pfarrerstochter Friederike Brion) streifte Goethe alle Konventionen des Empfindungsausdrucks ab *(Willkommen und Abschied).* Im Aufsatz *Von deutscher Baukunst* (V 1772) huldigte er dem Genie des angeblichen Erbauers des Straßburger Münsters, Erwin von Steinbach. Im Sommer 1772 arbeitete der Advokat Goethe als Praktikant am Reichskammergericht in Wetzlar (Liebe zur verlobten Charlotte Buff). Durch die 1774 uraufgeführten Dramen *Götz von Berlichingen mit der eisernen Hand* (2. Fassung) und *Clavigo* erwarb er sich den Ruf eines führenden Mitglieds der Opposition gegen das bestehende Theater. Seine Dichtung steigerte sich zur freien expressiven Form der Hymnen *(Prometheus, Ganymed).* 1774 löste der Briefroman *Die Leiden des jungen Werthers* das „Werther-Fieber" eines mit Lebensüberdruß gepaarten Protests gegen das Philistertum aus. Vorübergehend mit der Frankfurter Bankierstochter „Lili" Schönemann verlobt, nahm Goethe im Oktober 1775 nach einer Schweizreise (Besuch bei ↑ Lavater) die Einladung des durch seine Volljährigkeit zur Regierung gelangten Herzogs Karl August von Sachsen-Weimar-Eisenach an den Hof in Weimar an.

Als (1782 geadelter) Minister leitete Goethe in Weimar die Finanzen, das Bergbau- und das Militärwesen, später auch das Theater- und Bildungswesen; zugleich diente er dem ungestümen Herzog als Gefährte („Geniereise") in die Schweiz 1779). Zum „Musenhof" der Herzoginmutter Anna Amalia gehörten Herder und ↑ Wieland. Leidenschaftliche Zuneigung verband Goethe mit der verheirateten Freifrau Charlotte von Stein. Zu den literarischen Werken, die er nach Weimar mitbrachte, gehörten der *„Urfaust"* und eine erste Fassung des *Egmont*; als neue Arbeiten entstanden die ersten Fassungen des *Wilhelm Meister*-Romans sowie der Dramen *Iphigenie auf Tauris* (U 1779) und *Torquato Tasso*. Im Zusammenhang der vielfältigen naturwissenschaftlichen Studien steht die Entdeckung des menschlichen Zwischenkieferknochens.

Den Weimarer Verhältnissen entzog sich Goethe im Herbst 1786 durch eine in Karlsbad fluchtartig angetretene Reise nach Italien (Hauptaufenthalt Rom, Reise nach Neapel und Sizilien), von der er Mitte 1788 zurückkehrte. In Italien fand Goethe das Erlebnis der Antike und einer sich in Natur und Gesellschaft frei entfaltenden Sinnlichkeit; sie sind Themen der *Römischen Elegien* (E 1788–1790, 1. Titel *Erotica Romana*), die zugleich den Beginn der Lebensgemeinschaft mit Christiane Vulpius spiegeln (1789 Geburt des Sohns August, Trauung 1806). Die Entstehung der neuen Konzeption der „Klassik" bezeugen die in Italien entstandenen Neufassungen der Weimarer Dramen; kennzeichnend für Goethes organische Auffassung aller Naturphänomene ist die 1788 entwickelte Idee einer „Urpflanze". 1787–1790 erschien die erste autorisierte Werkausgabe (8 Bde.), darin enthalten *Faust. Ein Fragment* (1790). Einen zweiten Italienaufenthalt brachte 1790 eine Reise nach Venedig (Beginn der Auseinandersetzung mit der Frz. Revolution in den *Venetianischen Epigrammen*). 1791 übernahm Goethe die Leitung des Weimarer Hoftheaters (bis 1817), im 1. Koalitionskrieg gegen die frz. Republik gehörte er zur Begleitung des in preuß. Dienst kämpfenden Herzogs (1792 Kanonade von Valmy, 1793 Rückeroberung von Mainz).

Goethes enge Verbindung mit ↑ Schiller von 1794 bis zu dessen Tod 1805 bildete den produktiven Mittelpunkt der „Weimarer Klassik": Zusammenarbeit an Schillers „Horen" und „Musenalmanach" (darin 1797 die zeit- und literaturkritischen *Xenien*, 1798 „Balladenalmanach") sowie an Goethes Kunstzeitschrift „Propyläen" (1798–1800, Beginn der Beziehung zum Verlag Cotta), literaturtheoretische Erörterungen (Gattungsgesetze der Epik und Dramatik), gemeinsame Theaterarbeit. Unter Schillers kritischer Anteilnahme kam *Wilhelm Meisters Lehrjahre* zum Abschluß (V 1795/96), entstand das Versepos *Hermann und Dorothea* und nahm Goethe sein Faust-Drama wieder in Arbeit (*Faust. Der Tragödie erster Teil*, V 1808; Beginn der Arbeit an *Faust, II. Teil* um 1800, V postum 1833). Goethes wissenschaftliche Tätigkeit war vor allem der Widerlegung der mechanistischen Erklärung der Licht- und Farberscheinungen durch Newton gewidmet (*Zur Farbenlehre*, 2 Bde. 1810, Tafelband 1812).

Zunehmende Bedeutung gewann die Auseinandersetzung mit der Literatur- und Geschichtsauffassung sowie Naturphilosophie der Romantiker (A. W. ↑ Schlegel, F. ↑ Schlegel, Schelling, 1807 Beginn des Umgangs mit B. v. ↑ Arnim). Sie spiegelt sich u. a. in dem Eheroman *Die Wahlverwandtschaften*. 1814 und 1815 reiste Goethe ins Rhein-Main-Gebiet; in Wiesbaden lernte er Marianne von Willemer kennen, die „Suleika" des unter dem Eindruck pers. Dichtung entstandenen *West-östlichen Divan* (V 1819). Die Slg. steht im Zusammenhang der von Goethe entwickelten Vorstellung einer sich heranbildenden „Weltliteratur".

Zum Alterswerk gehören die mit *Aus meinem Leben. Dichtung und Wahrheit* (V ab 1811) begonnenen autobiographischen Schriften, der Roman *Wilhelm Meisters Wanderjahre oder Die Entsagenden* (vollständig 1829), die „Wundersprüche über Menschenschicksale" *Urworte. Orphisch* (1820) und die nach dem Tod des Herzogs 1828 entstandenen *Dornburger Gedichte*, aber auch die *Trilogie der Leidenschaft* mit der *Marienbader Elegie*, veranlaßt durch die Abweisung der Werbung um die 19jährige Ulrike von Levetzow im Sommer 1823. Zähmung der Leidenschaft durch Kunst ist das Thema der Erzählung *Novelle* (V 1828, in diesem Zusammenhang Definition der Gattung Novelle als „ereignete, unerhörte Begebenheit"). Goethes lebenslange Beschäftigung mit der bildenden Kunst dokumentieren seine Beiträge in der gemeinsam mit J. P. Meyer 1816–1832 hg. Zeitschrift „Über Kunst und Altertum". Goethes letzter Sekretär (ab 1823) war Johann Peter Eckermann („Gespräche mit Goethe", 1836–1848).

Gedichtbände und Zyklen: *Neue Lieder* (1769), *Hymnen* (E ab 1772, V teilweise 1775 in „Iris"), *Gedichte* (1789, Bd. 8 von *Goethes Schriften*), *Römische Elegien* (E 1788–1790, V 1795), *Venetianische Epigramme* (E ab 1790, V 1796), *Xenien* (1797), *Balladen* (1786 in Schillers „Musenalmanach für das Jahr 1786", u. a. *Der Schatzgräber, Der Zauberlehrling, Die Braut von Korinth, Der Gott und die Bajadere*; 1782 erschien *Der Erlkönig*), *Gedichte* (1800, Bd. 7 von *Goethes neue Schriften*), *Gedichte* (1806, Bd. 1 von *Goethes Werke*), *Gedichte* (1815, Bd. 1 und 2 von *Goethes Werke*; darin *Sonette*, E 1807/08), *West-östlicher Divan* (E ab 1814, V 1819, erweiterte Fassung 1827), *Urworte. Orphisch* (1820), *Gedichte* (1827, Bd. 1–4 von *Goethes Werke. Vollständige Ausgabe letzter Hand*; darin *Trilogie der Leidenschaft*, E ab 1823), *Chinesisch-deutsche Jahres- und Tageszeiten* (1830). – Epen: *Reineke Fuchs* (1794), *Hermann und Dorothea* (1797), *Achilleis* (Fragment, E 1797–1799, V 1808). – Romane: *Die Leiden des jungen Werthers* (1774, Neufassung 1787), *Wilhelm Meisters Lehrjahre* (1. Fassung *Wilhelm Meisters theatralische Sendung* 1776, Neufassung ab 1788, V 1795/96), *Die Wahlverwandtschaften* (E ab 1807, V 1809), *Wilhelm Meisters Wanderjahre oder Die Entsagenden* (E ab 1807, 1. Fassung V 1821, 2. Fassung V 1829). – Erzählungen: *Unterhaltungen deutscher Ausgewanderten* (1795, darin *Das Märchen*), *Novelle* (1. Plan 1797, E 1826/27, V 1828). – Dramen: *Götz von Berlichingen mit der eisernen Hand* („Urgötz" 1771, 2. Fassung V 1773, U 1774), *Faust* („Urfaust" 1772–1775), *Clavigo* (1776), *Stella. Ein Schauspiel für Liebende* (1776; 2. Fassung U 1806, V 1816), *Egmont* (E ab 1774, V 1788, U 1789), *Torquato Tasso* (E ab 1780, V 1790, U 1807), *Faust. Ein Fragment* (V 1790), *Iphigenie auf Tauris* (E ab 1776, 1. Fassung U 1779; 2. Fassung 1780; 3. Fassung 1781; 4. Fassung 1786, U 1800), *Der Groß-Cophta* (U 1791, V 1792), *Der Bürgergeneral* (1793), *Die natürliche Tochter* (U 1803, V 1804), *Faust. Der Tragödie erster Teil* (E ab 1797, V 1808, Teil-U 1819, U 1829), *Faust, II. Teil* (E ab etwa 1800, Teil-V 1828, V postum 1833, U 1854). – Schriften zur Kunst: *Von deutscher Baukunst. D. M. Ervini a Steinbach* (1772), *Einfache Nachahmung der Natur, Manier, Stil* (1789), *Über Laokoon* (1798), *Von deutscher Baukunst* (1823). – Schriften zur Literatur: *Zum Shakespeares-Tag* (E 1771, V 1854), *Literarischer Sansculottismus* (1795), *Über epische und dramatische Dichtung* (E 1797, V 1227), *Shakespeare und kein Ende* (Teil I und II E 1813, V 1815, Teil III E 1816, V 1826), *Nachlese zu Aristoteles' Poetik* (V 1827). – Schriften zur Naturwissenschaft: *Versuch die Metamorphose der Pflanzen zu erklären* (1790), *Beiträge zur Optik* (2 Bde. 1791/92), *Sammlung zur Kenntnis der Gebirge in und um Karlsbad* (1807), *Zur Farbenlehre* (1. Bd. 1808), *Zur Farbenlehre* (2 Bde. 1810, Tafelband 1812), *Zur Naturwissenschaft überhaupt, besonders zur Morphologie* (2 Bde. mit je 6 Heften 1817–1824; darin *Dem Menschen wie den Tieren ist ein Zwischenkieferknochen der obern Kinnlade zuzuschreiben*, E 1782–1786, V 1820, 2. Fassung u. d. T. *Über den Zwischenkieferknochen des Menschen und der Tiere* 1831). – Autobiographisches: *Aus meinem Leben. Dichtung und Wahrheit* (3 Bde. V 1811–1814, Bd. 4 E 1816–1831, V postum 1833), *Kunstschätze am Rhein, Main und Neckar* (1816), *Italienische Reise* (1816/17, erweiterte Fassung 1829), *Campagne in Frankreich 1792* und *Belagerung von Mainz 1793* (1822), *Tages- und Jahreshefte* (1830).

Götz von Berlichingen mit der eisernen Hand. Schauspiel in 5 Akten, E 1773, V 1773, U 1774. Der „Urgötz" *Geschichte Gottfriedens von Berlichingen mit der eisernen Hand, dramatisiert,* entstanden 1771, erschien postum 1832. Die Hauptquelle bildete die 1731 veröffentlichte Autobiographie „Lebensbeschreibung Herrn Goezens von Berlichingen, zugenannt mit der eisernen Hand" des am Bauernkrieg beteiligten Reichsritters Götz (Gottfried) von Berlichingen (1480–1562).

Die Schauplätze der Handlung gliedern sich in zwei Hauptbereiche: die Burg Jagsthausen des Götz von Berlichingen und den Hof des Bischofs von Bamberg. Sie repräsentieren den historischen Gegensatz zwischen freiem Reichsrittertum und der neuen Macht der (weltlichen und geistlichen) Landesfürsten. Höhepunkte der auf die Fehde zwischen Götz und dem Bischof bezogenen Handlung sind die Gefangennahme des in bischöflichem Dienst stehenden Jugendfreundes Adelbert von Weislingen und die Befreiung des gefangenen Götz durch Franz von Sikkingen; zum Verhängnis wird Götz die Beteiligung am Bauernkrieg 1525; er stirbt als Gefangener. In diese Grundstruktur des Gegensatzes von Freiheit und Gefangenschaft ist die (fiktive) Gestalt Weislingens dialektisch einbezogen: Als Gefangener des Götz soll er sich von seiner aus der Sicht des Ritters unwürdigen Bindung an den Hof befreien; wieder auf freiem Fuß, fesselt ihn in Bamberg erneut der aus „Weiber-, Fürstengunst und Schmeichelei" gedrehte Strick. Weislingen läßt sich von der verführerischen Adelheid zum doppelten Treubruch gegenüber Götz und dessen Schwester Maria, mit der er sich verlobt hat, verleiten und wird zum Anführer im Kampf gegen den vom Reich Geächteten. Doch Weislingen bleibt ein bloßes Werkzeug, das sich notfalls beseitigen läßt: Er wird, inzwischen mit Adelheid verheiratet, durch den ihm hörigen Pagen Franz vergiftet; Adelheid selbst fällt der Rache eines Femegerichts zum Opfer. In krassem Gegensatz hierzu umgibt die Sterbeszene des Götz etwas Verklärendes; seine letzten Worte im Gärtchen beim Gefängnisturm sind: „Himmlische Luft. – Freiheit! Freiheit!"

Vom „Urgötz" unterscheidet sich die 2. Fassung vor allem hinsichtlich des Anteils, den der Themenbereich des Bauernkriegs besitzt. Während der „Urgötz" Gewicht auch auf die Gründe des Aufstands legt, reduziert die Neufassung die Auftritte des Bauernheers, das den Ritter zur Teilnahme zwingt, und verstärkt hierdurch den Eindruck, als handle es sich bei den Bauern um eine brand- und mordlüsterne Bande. So hat Goethe – wohl um der Profilierung seines Titelhelden willen – die sog. Helfenstein-Szene gestrichen, in der die Frau des gefangenen Otto von Helfenstein vergeblich um dessen Freiheit fleht; Metzler, ein Anführer der Bauern, erinnert in diesem Zusammenhang an eine Schandtat des Adligen: „Er stund der Abscheu wie ein eherner Teufel, stund er und grinste uns an. Verfaulen sollen sie lebendig und verhungern im Turm knirscht er. Damals war kein Gott für uns im Himmel, jetzt soll auch keiner für ihn sein."

Die revolutionäre Wirkung des Dramas beruhte auf der an Shakespeare geschulten freien Form in Gestalt der hier erstmals radikal durchgeführten Aufhebung der Einheit von Zeit, Ort und Handlung, die sich in mehr als 50 Einzelszenen gliedert. Ein zweites wesentliches Merkmal bildet die Einbeziehung von Repräsentanten sämtlicher Schichten und Institutionen vom Kaiser über den Kaufmann bis hinab zum Köhler und deren realistische Charakterisierung durch ihr jeweiliges Sprachverhalten. Hinzu kam, daß sich zumindest ein Teil der Leserschaft und des Publikums mit der Auflehnung des „Selbsthelfers" Götz gegen die Fürstenmacht identifizieren konnte. Brennende Aktualität besaßen beispielsweise die Worte des sterbenden Gefangenen: „Es kommen die Zeiten des Betrugs, es ist ihm Freiheit gegeben. Die Nichtswürdigen werden regieren mit List, und der Edle wird in ihre Netze fallen."

Die Leiden des jungen Werthers. Briefroman in 2 Teilen, 1774; Neufassung u. d. T. *Die Leiden des jungen Werther* ab 1782, V 1787, Vert 1891 J. E. F. Massenet, Verf u. a. Frankr. 1938 Max Ophüls, vgl. ↑ Plenzdorf.

Das nach Goethes Erinnerung im Februar/März 1774 in vier Wochen niedergeschriebene Werk, „ohne daß ein Schema des Ganzen, oder die Behandlung eines Teils irgend vorher wäre zu Papier gebracht gewesen", besitzt autobiographische Elemente: 1772 befand sich Goethe in Wetzlar in einem „Dreiecksverhältnis" mit Charlotte Buff und ihrem Verlobten Kestner; bald nach Goethes fluchtartiger Abreise aus Wetzlar nahm sich der Leipziger Studienfreund und ebenfalls in Wetzlar tätige Jurist Karl Wilhelm Jerusalem aus Verzweiflung über seine aussichtslose Liebe zu einer verheirateten Frau das Leben; Anfang 1774 unterband Peter Anton Brentano (der spätere Vater ↑Brentanos und B. v. ↑Arnims) Goethes Freundschaft zu Maximiliane von La Roche, die er soeben geheiratet hatte. Die Motive der Liebe zu einer „gebundenen" Frau und des Selbstmords angesichts unerfüllbarer Liebe ergeben im wesentlichen die Handlung des Romans.

Der Text besteht zum Großteil aus Briefen, die Werther an seinen Freund Wilhelm richtet. Hierdurch ist gewährleistet, daß die dargestellte Realität als subjektive Spiegelung in Erscheinung tritt. Im 2. Brief wird diese Erlebnis- und Gestaltungsweise unmittelbar angesprochen: „Ach, könntest du das wieder ausdrücken, könntest du dem Papier das einhauchen, was so voll, so warm in dir lebt, daß es würde der Spiegel deiner Seele, wie deine Seele der Spiegel des unendlichen Gottes ist!" Unmittelbar darauf klingt, gleichsam als „Exposition", das Todesmotiv an: „Aber ich gehe darüber zugrunde, ich erliege unter der Herrlichkeit dieser Erscheinungen."

Der Spannungsbogen des 1. Teils reicht von der ersten Begegnung mit Lotte, die Werther zu einem Ball begleitet, über den fast täglichen Umgang mit Lotte und ihrem Verlobten Albert, die Verzweiflung über Lottes Unerreichbarkeit, bis Werthers freiwilligem Entschluß, zu weichen. Ein Höhepunkt ist die Auseinandersetzung mit Albert über „Vernunft" und „Leidenschaft", „Nüchternheit" und „Trunkenheit" sowie über die Berechtigung zum Selbstmord, den Werther als Ausdruck einer psychischen „Krankheit zum Tode" verteidigt.

Der 2. Teil zeigt Werther im Dienst eines Gesandten, dessen Pedanterie ihm viel Verdruß bereitet. Der Schilderung des „glänzenden Elends" des Hoflebens folgen Episoden, in denen Werther tiefe Kränkungen durch Standesdünkel und die Herabwürdigung seiner Person erfährt. Er nimmt seinen Abschied und kehrt zu Lotte und Albert zurück. Er glaubt zu erkennen, daß die Verlobten in ihren Empfindungen nicht völlig übereinstimmen, und spielt mit der Vorstellung vom Tod Alberts; Werthers Naturschilderungen enthalten Bilder der Zerstörung, an die Stelle Homers tritt Ossian.

Den Schlußteil bildet ein Bericht des Herausgebers, in den die Abschiedsbriefe Werthers an Wilhelm und an Lotte eingefügt sind: Hingerissen von der eigenen Lesung seiner Ossian-Übersetzung, überwältigt Werther die sinnliche Leidenschaft, doch Lotte entzieht sich und verbietet ihm das Haus. Seinen Selbstmord deutet Werther als Opfer für die Geliebte.

Durch die (in der Neufassung noch verstärkte) Einbettung der Haupthandlung in korrespondierende Nebenhandlungen wird der exemplarische Charakter unglücklicher Liebe betont. Im Grunde ist jedoch allein schon die bedingungslose Subjektivität Werthers der „objektive" Ausdruck des Problems der Beschränkung und Erniedrigung des Reichtums an Empfindung, Gefühl und Phantasie, den Werther verkörpert. Dem ungeheuren Erfolg des Romans (für den die Nachgestaltung als Bänkelsang, aber auch zahlreiche Parodien kennzeichnend sind) liegt nicht zuletzt die Unmittelbarkeit zugrunde, mit der die Skala von Empfindungen zwischen höchster Wonne und tiefster Verzweiflung ihre sprachliche Gestalt gefunden hat.

Clavigo. Schauspiel in 5 Akten, U, V (1. Veröffentlichung unter Goethes Namen) 1774. Zugrunde liegt eine Episode aus den Memoiren des Dramatikers Beaumarchais. Sie handelt von der Wiederherstellung der Ehre seiner Schwester: Beaumarchais verlangte dem treulosen Verlobten, dem span. Dichter José Clavijo y Fajardo, ein Schuldbekenntnis ab, dessen Veröffentlichung die Entlassung Clavijos aus dem Hofdienst zur Folge hatte. Goethe gab der Nachgestaltung dieses Ereignisses einen tragischen (von Beaumarchais mißbilligten) Ausgang. Clavigo steht am Beginn einer glanzvollen Karriere, um derentwillen er die in gesellschaftlicher Hinsicht hinderliche Verbindung mit Marie gelöst hat. Von Beaumarchais zur Rede gestellt, erklärt sich Clavigo bereit, sein Eheversprechen einzulösen, doch sein Freund Carlos bewegt ihn zum erneuten Wortbruch und setzt eine Intrige in Gang, indem er Beaumarchais aufgrund der Clavigo in gewisser Weise unter Gewalt abverlangten Ehrenerklärung für Marie unter Anklage stellen läßt. Marie stirbt; an ihrem Leichnam wird Clavigo von Beaumarchais erstochen und sieht sich nun mit der Geliebten auf ewig vereint.

Clavigo verkörpert den Konflikt zwischen freiwilliger Beschränkung auf ein auf Zuneigung und Treue gegründetes „kleines" Glück und der bedingungslosen Verwirklichung der eigenen Anlagen im Sinne des Geniebegriffs des Sturm und Drang, zwischen bürgerlicher Ordnung und der Außerordentlichkeit der Künstlerexistenz. Den autobiographischen Zusammenhang des Motivs des treulosen Liebhabers hat Goethe in *Dichtung und Wahrheit* offengelegt: Das Schuldgefühl gegenüber Friederike Brion veranlaßte ihn zu einer „poetischen Beichte (...), um durch diese selbstquälerische Büßung einer innern Absolution würdig zu werden. Die beiden Marien in *Götz von Berlichingen* und *Clavigo* und die beiden schlechten Figuren, die ihre Liebhaber spielen, möchten wohl Resultate solcher reuigen Betrachtungen gewesen sein."

Egmont. Trauerspiel in 5 Akten, E 1774–1787, V 1788, U 1789, Bühnenbearbeitung ↑Schillers (aus Goethes Sicht „grausam, aber konsequent") 1796, Beethovens Bühnenmusik 1809/10. Die Charakterisierung der Titelgestalt hat nur wenig mit dem Grafen Egmont (1522–1568), Statthalter von Flandern und Artois, gemein. Den historischen Zusammenhang der Egmont-Handlung bildet der Beginn des Freiheitskampfs der Niederlande: Bildersturm, Ablösung der Regentin Margarete von Parma durch Herzog Alba, Formierung der Adelsopposition unter Wilhelm von Oranien. Der Schauplatz ist Brüssel.

Die drei Szenen des 1. Akts beleuchten Egmont aus der Sicht des Volkes (Leutseligkeit, Toleranz, Wertschätzung des „freien Lebens"), der Regentin (Sorge über Egmonts Popularität) und aus der Sicht Klärchens, der bürgerlichen Geliebten des Grafen: Für sie ist Egmont „nur Mensch, nur Freund, nur Liebster". Der 2. Akt zeigt Egmont als politischen Menschen, der zwar den Aufruhr dämpft, jedoch die Kritik an der span. Gewaltherrschaft teilt. Den Höhepunkt der politischen Auseinandersetzung bildet der Disput Egmonts mit Alba über die verbürgte Freiheit der Niederlande im 4. Akt; Egmont wird verhaftet. Vergeblich versucht Klärchen, das Volk zum Aufstand zu bewegen; sie nimmt Gift. Im Kerker erscheint sie Egmont als Allegorie der Freiheit und gibt dem zum Tode Verurteilten die Gewißheit, daß der Freiheitskampf der Niederländer siegreich enden wird.

Aufgrund der langen Entstehungszeit des „vertrödelten Stücks" (Goethe 1781 an Charlotte von Stein) enthält es Elemente aus verschiedenen Entwicklungsstufen im Schaffen Goethes: Mit der Sturm-und-Drang-Gestalt des Götz von Berlichingen teilt Egmont das blinde Vertrauen in die eigenen Rechte; in demselben Zusammenhang steht die beißende Kritik am Absolutismus. Die Darstellung des Adligen Egmont als Anwalt bürgerlicher humaner Freiheit entspricht Goethes frühklassischer Gesellschaftskonzeption.

Iphigenie auf Tauris. Schauspiel in 5 Akten. 1. Fassung (Prosa) 1779 als vom Weimarer Hof in Auftrag gegebenes Festspiel, U 1779 (mit Goethe in der Rolle des Orest); 2. Fassung (freie Jamben) 1780; 3. Fassung (Prosa) 1781; 4. Fassung (Jamben) 1786, V 1787, U in ↑Schillers Bearbeitung 1802. Goethe stützte sich vor allem auf die Gestaltung des Stoffes aus der Tantaliden-Sage durch Euripides („Iphigenie bei den Tauriern").

Der Schauplatz ist der Hain vor dem Tempel der Diana auf Tauris (= Halbinsel Krim). Das Schauspiel beginnt mit der Bitte Iphigenies an Diana, deren Dienst sie als Priesterin versieht, um die Rückkehr in die Heimat: „(...) Und an dem Ufer steh ich lange Tage, / Das Land der Griechen mit der Seele suchend; / Und gegen meine Seufzer bringt die Welle / Nur dumpfe Töne brausend mir herüber" (in der Prosafassung von 1779: „[...] denn mein Verlangen steht hinüber nach dem schönen Lande der Griechen, und immer mögt ich übers Meer hinüber das Schicksal meiner Vielgeliebten teilen"). Arkas kündigt die Ankunft des Königs Thoas an, der erneut um die Priesterin werben will. Iphigenie, die bisher ihre Herkunft verschwiegen hat, schildert dem König die Verbrechen ihrer Vorfahren seit Tantalus sowie ihre durch Diana verhinderte Opferung bei der Ausfahrt der Griechen gegen Troja. Thoas spricht von der Gefangennahme zweier Fremder. Es sind dies Iphigenies Bruder Orest und dessen Freund Pylades. Durch ihn erfährt Iphigenie vom Ausgang des Trojanischen Krieges und der Ermordung ihres Vaters Agamemnon, durch Orest von der Ermordung ihrer Mutter Klytämnestra. Orest gibt sich als Bruder und Muttermörder zu erkennen und erkennt in Iphigenie die totgeglaubte Schwester. In ihrem Auftrag, an den beiden Fremden das Menschenopfer vorzunehmen, sieht er die Bestätigung des auf der Familie lastenden Fluchs: „Der Brudermord ist hergebrachte Sitte / Des alten Stammes (...)." Zugleich ahnt er seine bevorstehende Befreiung von der Verfolgung durch die Erinnyen, und zwar mittels des Raubs des Diana-Kultbilds, den ein Orakelspruch Apollons als Voraussetzung für Orests Entsühnung genannt hat. Iphigenie ist zunächst bereit, an dem von Pylades entwickelten Plan der gemeinsamen Rettung mitzuwirken, enthüllt ihn jedoch nach schwerem innerem Kampf dem König, der seinerseits zur reinen Humanität gelangt, indem er schließlich die Geschwister und Pylades in die Heimat ziehen läßt. Die einzige Bedingung des Thoas, das Diana-Kultbild müsse auf Tauris bleiben, erweist sich als erfüllbar, indem die Orakel-Formulierung „seine Schwester" nicht auf Apollons Schwester Diana bzw. Artemis, sondern auf Iphigenie als die Schwester des Orest bezogen wird.

Die ausschließliche Deutung des Stücks als Inbegriff des klassischen, in Iphigenie verkörperten Humanitätsideals („Alle menschlichen Gebrechen / sühnet reine Menschlichkeit") verkennt die skeptischen Töne, die vor allem in der Beziehung zwischen Iphigenie und Thoas anklingen. So antwortet der „barbarische" Skythenkönig auf Iphigenies im Grunde herablassende Herausforderung „Verdirb uns – wenn du darfst" mit bitterer Ironie: „Du glaubst, es höre / Der rohe Skythe, der Barbar, die Stimme / Der Wahrheit und der Menschlichkeit, die Atreus / Der Grieche nicht vernahm?" Theodor W. Adorno geht in seinem Aufsatz „Zum Klassizismus in Goethes Iphigenie" (1967) auf das „Gefühl einer Ungerechtigkeit" ein, das daher rührt, „daß Thoas, der Barbar, mehr gibt als die Griechen, die ihm, mit Einverständnis der Dichtung, human überlegen sich dünken". Thoas „darf, um eine Sprachfigur Goethes anzuwenden, an der höchsten Humanität nicht teilhaben, ist verurteilt, deren Objekt zu bleiben, während er als ihr Subjekt handelte". Der Verzicht des Thoas auf eine Verbindung mit Iphigenie enthält das Motiv der Entsagung.

In autobiographischer Hinsicht ist Iphigenie als Widerspiegelung der Persönlichkeit Charlotte von Steins zu verstehen.

Torquato Tasso. Schauspiel in 5 Akten, E ab 1780, V 1790, U (in einer gekürzten Bühnenbearbeitung Goethes) 1807. Während der Arbeit an dem als Prosadrama begonnenen Stück in Italien konnte die 1785 in Rom erschienene Biographie des Dichters Torquato Tasso (1544–1595) von Pierantonio Serassi herangezogen werden. Tassos Hauptwerk „Das befreite Jerusalem" kannte Goethe von früher Jugend an (Tasso war ein Lieblingsdichter Johann Kaspar Goethes). Den autobiographischen Zusammenhang bildet der Zwiespalt, in den Goethe in Weimar als Künstler und als mit Ämtern und Pflichten überhäufter Hofmann geraten war.

Der Schauplatz ist das Lustschloß Belriguardo des Herzogs von Ferrara, Alfons II. d'Este. Im Park flechten dessen Schwester Leonore und die Gräfin von Scandiano Kränze, mit denen sie die Hermen der Dichter Vergil und Ariost schmücken. Ihr Gespräch über Tasso kennzeichnet ihn als „in den Reichen süßer Träume" schwebenden Künstler, den zugleich „das Wirkliche gewaltig anzuziehn und festzuhalten" scheint. Tasso übergibt dem Herzog das vollendete Manuskript seines Epos „Das befreite Jerusalem" und wird von Leonore mit einem jener Kränze gekrönt. Der Hofmann Antonio Montecatino äußert sich herablassend und kränkend über Tasso. Im Dialog mit Leonore schwärmt Tasso von jener „goldnen Zeit", in der „jedes Tier, durch Berg' und Täler schweifend, / Zum Menschen sprach: Erlaubt ist, was gefällt". Die Prinzessin erkennt Tassos Bereitschaft, die ihm gesetzten Grenzen zu überschreiten, und entgegnet: „Noch treffen sich verwandte Herzen an / Und teilen den Genuß der schönen Welt; / Nur in dem Wahlspruch ändert sich, mein Freund, / Ein einzig Wort: Erlaubt ist, was sich ziemt." Vergeblich versucht Tasso auf Leonores Bitte hin, die Freundschaft Antonios zu gewinnen; Alfons muß ein Degenduell verhindern und stellt Tasso vorübergehend unter Arrest. Dem Beispiel der „Geduld und Langmut" anderer Mäzene folgend, bewilligt Alfons Tassos Bitte um Urlaub vom Hof; Tassos Bekenntnis zur Unbedingtheit seines Schaffens begegnet der Herzog mit dem Rat zu ausgleichendem „Genuß des Lebens". Beim Abschied von Leonore, die ihre unwandelbare Zuneigung zu erkennen gibt, läßt sich Tasso zu einer leidenschaftlichen Umarmung hinreißen – eine sträfliche Übertretung der Standesgrenzen, die der Herzog durch Tassos Verhaftung ahndet. Zurück bleibt Tassos ehemaliger Kontrahent Antonio, auf dessen Mahnung, sich zu fassen, der Dichter mit der Klage antwortet: „Die Träne hat uns die Natur verliehen, / Den Schrei des Schmerzes, wenn der Mann zuletzt / Es nicht mehr trägt – Und mir noch über alles – / Sie ließ im Schmerz mir Melodie und Rede, / Die tiefste Fülle meiner Not zu klagen: / Und wenn der Mensch in seiner Qual verstummt, / Gab mir ein Gott, zu sagen, wie ich leide."

Ähnlich wie *Egmont* enthält *Torquato Tasso* unterschiedliche Bezugspunkte: Als „gesteigerter Werther" übt Tasso in seinem Unglück radikale Kritik an den Schranken der Konvention und an der Verfügbarkeit über Menschen („So hat man mich bekränzt, um mich geschmückt / Als Opfertier vor den Altar zu führen!"). Leonore dagegen verkörpert das für die klassische Lebens- und Kunstauffassung kennzeichnende Streben nach den im Besonderen enthaltenen allgemeinen Gesetzmäßigkeiten; es drückt sich in sentenzenhaften Äußerungen aus, etwa: „Nach Freiheit strebt der Mann, das Weib nach Sitte." Auch die durchgehende Verwendung von Blankversen (fünfhebige Jamben ohne Endreim) zielt auf Mäßigung und Bändigung der (im Götz-Drama noch extrem individualisierten) Sprache. Dennoch hat *Tasso Torquato* gesellschaftskritische Schärfe behalten. Yaak Karsunke hat sie 1969 in seinem Gedicht „simples sonett auf Torquato Tasso: für Bruno Ganz" (Tasso-Darsteller der Bremer Inszenierung Peter Steins) auf diese Weise betont: „daß der beherrschte sich nicht selbst beherrscht, heißt: schuld."

Wilhelm Meisters Lehrjahre. E ab 1794, V 1795/96. Als Grundlage diente das Fragment *Wilhelm Meisters theatralische Sendung*, E 1777–1785, V (nach einer 1910 wiederentdeckten Abschrift) 1911.
Im Mittelpunkt der fragmentarischen Erstfassung steht Wilhelm als von Jugend an mit dem Theater vertrauter Schriftsteller, der sich zum Theaterdichter und Regisseur entwickelt. Zahlreiche autobiographische Bezüge lassen das Werk als Darstellung von Goethes eigener „theatralischer Sendung" erscheinen.
Durch die Neufassung hat Goethe den modernen Erziehungs- und Bildungsroman begründet. Die letztere Bezeichnung deutet an, daß diese Ausprägung des Romans das breite Spektrum der im weitesten Sinne „bildenden" Kräfte einer Zeit zur Darstellung bringt, und zwar anhand der Entwicklung der handelnden Personen. Wilhelm nennt in einem Brief an seinen zukünftigen Schwager eine Voraussetzung, die hierbei bestehen muß, nämlich die Bereitschaft der Protagonisten, sich den Entwicklungsmöglichkeiten zu öffnen: „Mich selbst, ganz wie ich da bin, auszubilden, das war dunkel von Jugend auf mein Wunsch und meine Absicht."
Allerdings sind *Wilhelm Meisters Lehrjahre* nichts weniger als eine „soziokulturelle" Bestandsaufnahme, so reich das Werk an konkreten Zeitbezügen auch ist. Die unerschöpfliche Fülle resultiert aus der romanhaften „Aufhebung" der Zeitdarstellung durch die Vielfalt der Gestaltungsmittel; sie erzeugen Spannung, bieten Abenteuerliches, lassen manches im Geheimnisvollen, verknüpfen Reflexionen mit Liedern, den programmatischen Disput mit der ironischen Brechung. Die Haupthandlung führt Wilhelm aus dem bürgerlichen Elternhaus über die Mitgliedschaft in einer Theatergruppe bis hin zur „Turmgesellschaft", die Züge des Freimaurertums aufweist. Daneben zeichnen die Bekenntnisse einer schönen Seele (6. Buch) ein Bild des Pietismus. Irrationale und tragische Aspekte der Kunst verkörpern Mignon und der Harfner.

Wilhelm Meisters Wanderjahre oder Die Entsagenden. E ab 1807, 1. Fassung V 1821, 2. Fassung V 1829.
Das nach Goethes eigenem Urteil „wenn nicht aus einem Stück, so doch aus einem Sinne" geformte Werk schließt insofern an die *Lehrjahre* an, als Wilhelm im Auftrag der „Turmgesellschaft" eine ihm von diesem Orden der Entsagenden genau vorgeschriebene Bildungsreise in Mignons Heimat unternimmt.
Das 2. Buch handelt von der „Pädagogischen Provinz", in der Wilhelm seinen Sohn Felix erziehen lassen will. Die jungen Menschen werden zu den drei Formen der Ehrfurcht angehalten: zur Ehrfurcht vor dem, was über uns, was neben uns und was unter uns ist. „Aus diesen drei Ehrfurchten entspringt die oberste Ehrfurcht, die Ehrfurcht vor sich selbst, und jene entwickeln sich abermals aus dieser, so daß der Mensch zum Höchsten gelangt, [...] ohne durch Dünkel und Selbstheit wieder ins Gemeine gezogen zu werden."
Zugleich tritt an die Stelle der individuellen Selbstentfaltung die Bindung an die Gemeinschaft: „Narrenpossen sind eure allgemeine Bildung und alle Anstalten dazu. Daß ein Mensch etwas ganz entschieden verstehe, vorzüglich leiste, wie nicht leicht ein anderer in der nächsten Umgebung, darauf kommt es an." Hierbei ist Goethes Blick in die Zukunft, auf die sich entwickelnde Industriegesellschaft, gerichtet. Als Summe aller Weisheit nennt Wilhelm „Denken und Tun, Tun und Denken". Ein schon in den *Lehrjahren* angesprochenes Thema ist das der Auswanderung nach Amerika, verstanden als ein Land ohne belastende Vergangenheit, in dem das soziale Leben etwa in Form von Arbeitergenossenschaften neue Entwicklungsformen erreichen kann.
Dem in loser Form aus erzählenden Teilen, Briefen, Abhandlungen und aphoristischer Spruchweisheit gestalteten Wilhelm-Meister-Bereich ist ein Zyklus von Novellen eingefügt, u. a. *Die neue Melusine* und *Der Mann von fünfzig Jahren.*

Die Wahlverwandtschaften. Roman, E ab 1807, V 1809. Der Titel bezieht sich auf die als „Wahlverwandtschaft" bezeichnete Fähigkeit chemischer Elemente, eine Verbindung aufzulösen und mit dem frei gewordenen Element eine neue Verbindung einzugehen. Goethes Absicht war es, in einem „sittlichen Falle eine chemische Gleichnisrede zu ihrem geistigen Ursprung zurückzuführen". Zugrunde liegt die Überzeugung, daß „überall nur *eine* Natur ist und auch durch das Reich der heiteren Vernunftfreiheit die Spuren trüber, leidenschaftlicher Notwendigkeit sich unaufhaltsam hindurchziehen, die nur durch eine höhere Hand und vielleicht auch nicht in diesem Leben völlig auszulöschen sind" (Vorankündigung des Romans, 1809).
Die Protagonisten der ins Sittliche gewendeten „chemischen Gleichnisrede" sind der Baron Eduard und seine Frau Charlotte, ein Hauptmann und die junge Ottilie. Den äußeren Rahmen bildet das zurückgezogene Zusammenleben auf Eduards Landgut; man beschäftigt sich mit allerlei Verschönerungsarbeiten in Haus und Landschaftsgarten. Zum Symbol des „geistigen Ehebruchs", den Eduard mit Ottilie, der Hauptmann mit Charlotte begeht, wird Charlottes Kind, das Züge Ottiles und des Hauptmanns trägt. Eine tragische Wendung nimmt die Handlung, als Charlottes Kind durch die Schuld Ottiles ums Leben kommt; sie stirbt an den Folgen ihres Fastens. Eine Gegenfigur zu Ottilie (sie trägt Züge der von Goethe verehrten, in seinen Sonetten besungenen Wilhelmine Herzlieb) ist Charlottes Tochter aus erster Ehe, die „luziferische" Luciane, ein Ausbund an veräußerlichter Schönheit und Vitalität mit einer Vorliebe etwa für Affen; über sie notiert Ottilie in ihrem Tagebuch: „Durch nichts bezeichnen die Menschen ihren Charakter mehr als durch das, was sie lächerlich finden."
Entstanden in einer Zeit weit verbreiteter Eheskepsis, ist das von den Romantikern begeistert aufgenommene Werk als der erste moderne Eheroman der dt. Literatur zu betrachten.

Hermann und Dorothea. Versepos in 9 Gesängen, 1797. Die Handlung folgt einer Episode aus der 1734 erschienenen „Vollkommenen Emigrationsgeschichte von denen aus dem Erzbistum Salzburg vertriebenen Lutheranern" von Gottlieb Günther Göcking; Goethe verlegte sie ins Rheinland und in die unmittelbare Gegenwart (Flucht vor den im 1. Koalitionskrieg die linksrheinischen Gebiete besetzenden frz. Truppen).
Hermann, der schüchterne Sohn eines Gastwirts, lernt unter den in der Nähe seines Heimatorts vorbeiziehenden Emigranten Dorothea kennen und verliebt sich in sie. Seinen ungeschickt vorgebrachten Antrag mißversteht sie als Angebot einer Anstellung als Dienstmagd; dennoch willigt sie ein. Obwohl Hermanns Wahl den auf eine wohlhabende Schwiegertochter gerichteten Erwartungen des Vaters widerspricht, kann der Wirt zum „Goldenen Löwen" durch die Fürsprache von Pfarrer und Apotheker zur Zustimmung bewegt werden.
Ende 1796 hat Goethe seine Intention in einem an Johann Heinrich Meyer gerichteten Brief als Versuch charakterisiert, „das rein Menschliche der Existenz einer kleinen dt. Stadt in dem epischen Tiegel von seinen Schlacken abzuscheiden (...) und zugleich die großen Bewegungen und Veränderungen des Welttheaters aus einem kleinen Spiegel zurückzuwerfen". Nicht zuletzt unter dem Einfluß ↑Schillers bediente sich Goethe hierbei des Vorbilds der antiken Epik, vor allem Homers: Die einzelnen Gesänge sind jeweils einer der neun Musen gewidmet, die Schilderung besitzt alle Merkmale „epischer Breite", als Versmaß dient der Hexameter: „Da versetzte behend die gute, verständige Mutter: ,Stehen wie Felsen doch zwei Männer gegeneinander! (...).'" Das Zitat verweist auf das mehrfach anklingende Motiv des Vater-Sohn-Konflikts, der sich harmonisch auflöst, indem Hermann, der „Stubenhocker", kämpferische Züge annimmt: Er stellt als nunmehr Verlobter „die Brust dem Feinde sicher entgegen".

Lyrik. V ab 1769, Vert Karl Friedrich Zelter (Goethes „Hauskomponist", u. a. *Es war ein König in Thule*), Ludwig van Beethoven *(Kennst du das Land, Nur wer die Sehnsucht kennt)*, Franz Schubert *(Heidenröslein, An Schwager Kronos, Prometheus, Wandrers Nachtlied, Grenzen der Menschheit, Erlkönig, Suleika-Lieder)*, Robert Schumann *(Wandrers Nachtlied,* Lieder aus Goethes *Wilhelm Meister)*, Johannes Brahms *(Harzreise im Winter* und *Gesang der Parzen* für Chor und Orchester), Hugo Wolf (Lieder aus *Wilhelm Meister* und dem *West-östlichen Divan, Balladen)*, Richard Strauss (*Wanderers Sturmlied* für Chor und Orchester).

Bei der Herausgabe seiner ersten Werkausgabe (*Schriften*, 8 Bde., 1787–1790) stellte Goethe die 1784 entstandenen Stanzen *Zueignung* als Einleitung in das Gesamtwerk an den Beginn des 1. Bandes. Das Gedicht handelt von der Erscheinung eines „göttlichen Weibes", das dem Dichter eine Gabe überreicht: „Der Dichtung Schleier aus der Hand der Wahrheit." Dieses Bild kann als Grundzug in Goethes lyrischem Schaffen verstanden werden: Alle im Gedicht erfaßte sinnliche und geistige Wahrnehmung verweist auf eine tiefere Bedeutung, ohne sich dualistisch als „vordergründig" von einem „Hintergrund" zu trennen. Es gehört zum Wesen der Wahrheit, daß sie nur im „Schleier" der Dichtung in Erscheinung treten kann. Diese Auffassung liegt insgesamt Goethes Symbolbegriff zugrunde und verbindet die Vielfalt der Themen und Formen seiner Lyrik.

Das erste erhaltene Gedicht hat der 7jährige Goethe an den „Erhabnen Großpapa!" und die „Erhabne Großmama!" gerichtet *(Bei dem erfreulichen Anbruche des Jahres 1757)*. Zehn Jahre später entstand als erste handschriftliche Sammlung das Buch *Annette*, dessen Lieder der spielerisch-heiteren, pointierten Liebeslyrik der Anakreontik angehören. Aus demselben Jahr stammen aber auch die drei *Oden an meinen Freund* (veranlaßt durch den erzwungenen Abschied Ernst Wolfgang Behrischs aus Leipzig), in denen sich die Verse finden: „Gebärort / Schädlicher Insekten, / Mörderhülle / Ihrer Bosheit." Das Grundthema der Betroffenheit durch die Erscheinungen der Natur schlägt das Lied *Maifest* mit der Durchbrechung des metrischen Schemas (Auftakt kurz-lang) im 2. Vers der 1. Strophe an: „Wie herrlich leuchtet / Mir die Natur!" Es steht im Zusammenhang der Sesenheimer Lieder (1770/71), zugleich entstanden volksliedhafte Gedichte (*Heidenröslein,* von ↑ Herder 1773 und 1779 als authentisches Volkslied veröffentlicht). Ab 1772 folgte Goethe mit der Verwendung freier Rhythmen dem Vorbild ↑ Klopstocks (Hymnen der „Geniezeit" des Sturm und Drang: *Wandrers Sturmlied, Mahomets-Gesang, Prometheus, Ganymed, An Schwager Kronos, Harzreise im Winter*). Der Zeit unmittelbar vor der Übersiedlung nach Weimar gehören die an Goethes Verlobte Lili Schönemann gerichteten Lieder an.

Die Spannweite des lyrischen Schaffens der ersten Weimarer Jahre reicht vom geselligen Gelegenheitsgedicht über die an Charlotte von Stein gerichteten Liebesgedichte bis zur Natur- und Weltanschauungslyrik *(An den Mond, Wandrers Nachtlied, Gesang der Geister über den Wassern, Grenzen der Menschheit, Das Göttliche)*. Dem Vorbild der Antike (Tibull, Properz, Ovid) folgen die *Römischen Elegien* (1788–1790); ihr zentrales Thema ist Rom als Stadt der Antike und erfüllter Liebe: „Froh empfind' ich mich nun auf klassischem Boden begeistert, / Vor- und Mitwelt spricht lauter und reizender mir" (V. Elegie). In stofflicher und formaler Hinsicht machte sich Goethe zunehmend fremde Anregungen in schöpferischer Neugestaltung zu eigen: Die 1797 im Wettstreit mit ↑ Schiller entstandenen *Balladen* verarbeiten z. T. antike Stoffe, die *Sonette* (1807/08) zeigen den Einfluß der Romantik, der *West-östliche Divan* (ab 1814, V 1819) ist unter dem Eindruck pers. Dichtung entstanden (Beginn der Rezeption der orientalischen Lyrik in Dtl.). Die Vielfalt des lyrischen Schaffens gipfelt in Goethes letztem Drama, dem zweiten Teil der *Faust*-Dichtung.

Faust. Der Tragödie erster Teil. E dieser 3. Fassung ab 1797 (↑Schillers Ermutigung zur erneuten Arbeit am Faust-Stoff), V 1808 *(Faust. Eine Tragödie)*, U von Einzelszenen 1819, vollständig 1829; Vert Hector Berlioz „Acht Szenen aus Goethes Faust" 1829 (Endfassung „Fausts Verdammnis" 1846), Richard Wagner „Faust-Ouvertüre" 1840, Franz Liszt „Faust-Sinfonie" 1857, Charles Gounod „Faust" bzw. „Margarete" 1859; Verf Dtl. 1926 „Faust. Eine dt. Volkssage" F. W. Murnau, B. D. 1960 als Aufzeichnung der Hamburger Inszenierung von Gustaf Gründgens.
Vorstufen: „Urfaust", E 1772–1775, V (nach einer 1887 wiederentdeckten Abschrift) 1887; *Faust. Ein Fragment,* V 1790. Zu den Quellen gehören das Volksbuch „Historia von D. Johann Fausten" (V 1587) über den historischen Johannes bzw. Georg Faust (um 1480 – um 1540), das Goethe vermutlich in einer der späteren Bearbeitungen kennengelernt hat, und die Puppenspiele, denen die erste Dramatisierung des Stoffes durch Christopher Marlowe „The tragical history of Doctor Faustus" (E um 1589, V 1604) zugrunde liegt. Bekannt war Goethe auch ↑Lessings Faust-Fragment (erstmals Möglichkeit der Rettung Fausts). Schon im „Urfaust" verband Goethe die „Gelehrtentragödie" mit der „Gretchentragödie", veranlaßt durch die Hinrichtung der Kindsmörderin Susanna Margaretha Brandt 1772 in Frankfurt (Akten über den Prozeß befanden sich im Besitz Johann Kaspar Goethes). *Faust. Ein Fragment* bricht nach der *Domszene* ab, enthält also nicht den Abschluß der „Gretchentragödie" *(Kerkerszene);* neu ist gegenüber dem „Urfaust" die 1788 in Italien entstandene Szene *Hexenküche* (Fausts Verjüngung). In beiden Vorstufen fehlen noch der *Osterspaziergang,* Fausts erste Begegnung mit dem in Gestalt eines Pudels in Fausts Studierstube gelangten Mephisto und die *Walpurgisnacht.*
Faust. Der Tragödie erster Teil besitzt drei Prologe: *Zueignung* (Reflexionen des Autors über die Beziehung zu seinen Dramengestalten), *Vorspiel auf dem Theater* (Gespräch zwischen Dichter, Theaterdirektor und Lustiger Person über das Verhältnis zwischen Theaterdichtung und deren publikumswirksamer Darbietung) und *Prolog im Himmel* (Wette zwischen dem „Herrn" und Mephisto: Die Seele Fausts soll dem Teufel gehören, wenn es diesem gelingt, den Gelehrten vom „richtigen Weg" abzubringen).
Der Eingangsmonolog zeigt Faust in seiner Qual angesichts der Begrenztheit menschlicher Erkenntnis; verborgen bleibt ihm trotz aller Kenntnisse, „was die Welt / Im Innersten zusammenhält". Die Hinwendung zur Magie in der Form naturphilosophisch-alchimistischer Weltdeutung bringt Begeisterung und Ernüchterung: „Welch Schauspiel! Aber ach! ein Schauspiel nur!" Angesichts der Erscheinung des Erdgeistes wird Faust zum „furchtsam weggekrümmten Wurm". Dem Dialog mit dem pedantischen Famulus Wagner folgt Fausts Selbstmordversuch, den Glocken und Gesänge des Ostermorgens verhindern.
Fausts Pakt mit Mephisto enthält die Bedingung: Sollte er jemals einen Augenblick der Zufriedenheit erleben, gehört seine Seele dem Teufel. Die anschließende *Schülerszene* verzerrt die Gelehrtentragödie zur Wissenschaftskomödie. Dem Spuk in Auerbachs Keller folgen Fausts Verjüngung und der Anblick Helenas in einem Zauberspiegel; Faust verlangt ihren leibhaftigen Besitz. In rascher Szenenfolge entwickelt sich nun die „Gretchentragödie": erste Begegnung, wechselseitige Zuneigung, Liebesnacht, Verbrechen: Gretchens Mutter ist an dem ihr eingegebenen Schlafpulver gestorben, Faust tötet ihren Bruder Valentin, das verlassene Gretchen tötet ihr Kind und verfällt in Wahnsinn; Fausts Versuch, sie aus dem Kerker zu befreien, mißlingt. Eingefügt ist die gespenstische *Walpurgisnacht,* in der Faust Gretchen in Gestalt der Medusa mit abgeschlagenem Haupt erblickt. Faust erlebt sich als „Unmensch ohne Zweck und Ruh". Mephistos Urteil über Gretchen („Sie ist gerichtet!") hebt eine „Stimme von oben" auf: „Ist gerettet!"

Faust. Der Tragödie zweiter Teil.
Drama in 5 Akten, E um 1800–1831, Teil-V *Helena, klassisch-romantische Phantasmagorie. Zwischenspiel zu Faust* (3. Akt von *Faust II*) 1827, Szenen am Kaiserhof (Teile des 1. Akts von *Faust II*) 1828, vollständig postum 1833 (1. Band der „Nachgelassenen Werke"), U 1854, erste gemeinsame Inszenierung beider Teile (in der Bühnenbearbeitung von Otto Devrient) 1876, alljährliche Aufführung von *Faust I und II* am anthroposophischen Goetheanum in Dornach.

Faust wird in den Schlaf des Vergessens gesungen. Erwachend beobachtet er den Übergang von der Dämmerung zum Aufgang der Sonne, deren blendende Helle (Sinnbild des Göttlichen) ihn belehrt: „Am farbigen Abglanz haben wir das Leben." Nicht Unmittelbarkeit der (Gottes-, Natur-)Erkenntnis, sondern die Hinwendung zu den Phänomenen bildet für Fausts Streben das neue Ziel.

„Wir sehn die kleine, dann die große Welt" – mit diesen Worten hat in *Faust I* der gemeinsame Aufbruch mit Mephisto begonnen. Der „kleinen Welt" der mittelalterlichen Stadt als Schauplatz der „Gretchentragödie" folgt nun die „große Welt" der Kaiserpfalz. Der Kaiser erhält Bericht über die erbärmliche Lage des Reiches; Mephisto verweist auf Schätze, die „im Boden" liegen. In einem ausgelassenen Mummenschanz wird der Zerfall der höfischen Gesellschaft dargestellt; Faust tritt in der Kostümierung als Plutus (Gott des Reichtums) auf und demonstriert die Allmacht des Goldes; als Fausts Gegenspieler erfindet Mephisto Papiergeld (Sinnbild des Übergangs modernen Wirtschaftsform). Im Auftrag des Hofes sollen Mephisto und Faust Paris und Helena heraufbeschwören; Faust wagt den Gang zu den „Müttern". Das Wunderspiel gelingt, doch als Faust Helena ergreifen will, beendet eine Explosion die Szene.

Der 2. Akt zeigt den Famulus Wagner, der während Fausts Abwesenheit erstaunliche Fortschritte gemacht hat: Soeben entsteht in seinem Laboratorium das künstliche „Menschlein" Homunculus. Dieser vermag, Fausts Traum von der Begegnung Ledas mit dem Schwan, d. h. von der Zeugung Helenas, mitzuerleben, und erkennt Fausts Sehnsucht nach der antiken Welt. Unter der Führung des Homunculus brechen Faust und Mephisto nach Süden auf, um an der *Klassischen Walpurgisnacht* teilzunehmen.

Der 3. Akt vereinigt Faust und Helena; ihr Sohn Euphorion (eine Huldigung Goethes an den philhellenischen Dichter Lord Byron) stürzt gleich Ikarus zu Tode; auch Helenas „Körperliches" entschwindet, ihr Gewand löst sich in Wolken auf, die Faust umgeben und in die Höhe tragen.

Der 4. und 5. Akt zeigen Faust und Mephisto als Kriegshelden und bei der Landgewinnung. Faust wird schuldig, indem er duldet, daß die Hütte von Philemon und Baucis seinen Plänen zum Opfer fällt. Der erblindete Faust hat die Vision der durch seine Kultivierungsarbeit für Millionen eröffneten Räume: „Solch ein Gewimmel möcht' ich sehn, / Auf freiem Grund mit freiem Volke stehn! / Zum Augenblicke dürft' ich sagen: ‚Verweile doch, du bist so schön! (....).'" Damit hat Mephisto formal das Anrecht auf Fausts Seele gewonnen, doch muß er erfahren: „Herkömmliche Gewohnheit, altes Recht, / Man kann auf gar nichts mehr vertrauen!" Die Faust-Gestalt ist dem mittelalterlichen Teufels- und Höllenwesen entwachsen; die Mephisto narrenden Engel erheben sich schließlich, „Faustens Unsterbliches entführend".

Goethe sah voraus, daß seine Faust-Dichtung „ein offenes Rätsel bleibe, die Menschen fort und fort ergötze und ihnen zu schaffen mache" (an Zelter, 1831). Diese Offenheit gewährleistet nicht zuletzt die in *Faust II* unerschöpfliche Vielfalt der Motive, Bezüge und Gestaltungsformen (allein schon in metrischer Hinsicht); sie bietet im Grunde zu jeder Interpretation auch deren gegenteilige Verständnismöglichkeit und relativiert Maximen wie die vielzitierte, als Zitat in den Text eingefügte „Quintessenz": „‚Wer immer strebend sich bemüht, / Den können wir erlösen.'"

Yvan (Iwan) Goll
*29. 3. 1891 in Saint-Dié, †27. 2. 1950 in Paris

Der Sohn eines Elsässers und einer Lothringerin empfand sich als heimatlos: „durch Schicksal Jude, durch Zufall in Frankreich geboren, durch ein Stempelpapier als Deutscher bezeichnet". Er besuchte das dt. Gymnasium in Metz und promovierte 1912 in Straßburg zum Dr. phil. Während des I. Weltkriegs lebte er in der Schweiz (in Zürich Freundschaft mit ↑ Arp und Joyce). 1919 ließ er sich mit seiner Frau Claire in Paris nieder; 1939 emigrierte das Ehepaar nach New York und kehrte 1947 nach Paris zurück.

Als Lyriker ging Goll vom Expressionismus aus; die Anthologie „Menschheitsdämmerung" (1920) enthält u. a. die beiden Fassungen von *Der Panamakanal* aus den Jahren 1912 (Verse) und 1918 (Prosa). Als Dramatiker forderte er schon zu Beginn der 20er Jahre einen „Überrealismus", den er 1924 mit seiner Zeitschrift „Surréalisme" (1 Nummer) propagierte und mit Dramen wie *Methusalem oder Der ewige Bürger* auf die Bühne brachte (U Berlin 1924). Ein Hauptwerk ist der Gedichtzyklus *Jean sans terre* (E 1934–1944, V vollständig 1957, dt. *Johann Ohneland* 1960). Mitautorin der frz. Zyklen von Liebesliedern (z. T. illustriert von Chagall) ist Claire Goll.

Gedichtbände: *Lothringische Volkslieder* (1912), *Films* (1913), *Requiem pour les morts de l'Europe* (1916, dt. *Requiem für die Gefallenen von Europa* 1917), *Dithyramben* (1918), *Die Chapliniade, eine Kinodichtung* (1920, mit Illustrationen von Fernand Léger), *Der Eiffelturm* (1924), *Die siebente Rose* (1928, mit Illustrationen von ↑ Arp), *Chansons malaises* (1934, dt. *Malaiische Liebeslieder* 1952), *Les cercles magiques* (1951, mit Illustrationen von Fernand Léger, dt. *Die magischen Kreise* 1960). – Romane: *Die Eurokokke* (1927), *Der Mitropäer* (1928). – Dramen: *Die Unsterblichen* (2 „Überdramen: *Die Unsterblichen, Der Ungeborene*), *Methusalem oder Der ewige Bürger* (V 1922, mit Illustrationen von George Grosz, U 1924). – Essays: *Die drei guten Geister Frankreichs* (1919), *Der Expressionismus stirbt* (1921), *Das Lächeln Voltaires* (1921).

Eugen Gomringer
*20. 1. 1925 in Cachuela Esperanza (Bolivien)

Nach einem Studium in Bern und Rom war der Schweizer Schriftsteller und Werbefachmann 1954–1958 Sekretär von Max Bill an der Hochschule für Gestaltung in Ulm. 1960 gründete er in Frauenfeld (Kt. Thurgau) die „eugen gomringer press für konkrete poesie". 1962 wurde er Geschäftsführer des Werkbunds der Schweiz, 1967 Kulturbeauftragter der Firma Rosenthal. Als Dozent für Ästhetik an der Kunstakademie in Düsseldorf stand er mit der Gruppe „Zero" in Verbindung (*Wie Weiß ist, wissen die Weisen. Hommage à Uecker*, 1975).

Gomringer ist neben ↑ Heißenbüttel, ↑ Jandl und ↑ Mayröcker ein Hauptvertreter der „konkreten Poesie"; 1955 übertrug er die Bezeichnung „konkret" im Sinne von autonom, ohne Nachahmungsfunktion von der abstrakten Malerei auf die Literatur. Die Grundelemente der Sprache (Laute bzw. Schriftzeichen, Wörter) werden experimentell zu Textstrukturen kombiniert, wobei nicht zuletzt die visuellen Eigenschaften der Schrift strukturbildend sind. Gomringer nannte seine ab 1953 veröffentlichten „absoluten" Gedichte „Konstellationen".

Gedichtbände: *Worte sind Schatten. Die Konstellationen 1951–1968* (1969), *Konstellationen, Ideogramme, Stundenbuch* (1977). – Essays: *Josef Albers. Das Werk des Malers und Bauhausmeisters als Beitrag zur visuellen Gestaltung im 20. Jh.* (1968, überarbeitet 1971), *Poesie als Mittel der Umweltgestaltung* (1969).

Gottfried von Straßburg
†um 1210

Neben †Hartmann von Aue und †Wolfram von Eschenbach ist Gottfried von Straßburg der dritte herausragende Epiker der dt. Literatur des Hochmittelalters. Über seine Person ist so gut wie nichts bekannt. Wahrscheinlich war er ein Kleriker bürgerlicher Herkunft (seine Darstellung in der „Manessischen Liederhandschrift" zeigt ihn ohne ein Wappen) und besaß einen städtischen Lebensumkreis. Neben einigen Liedern ist sein Hauptwerk das Fragment gebliebene Epos *Tristan*.

Tristan (Tristan und Isolt, Tristan und Isolde). Mhdt. Versepos, um 1200 bis um 1210, fortgesetzt von Ulrich von Türheim (um 1230) und Heinrich von Freiberg (um 1290). 11 Handschriften und 12 Bruchstücke, 1. Druckausgabe 1821, 1. nhdt. Übersetzung (H. Kurz) 1844. Dramat †Sachs u. d. T. „Tragödie mit 23 Personen von der strengen Lieb' Herrn Tristans mit der schönen Königin Isolden" (1553). Vert Richard Wagner (U 1865).

Dem Tristan-Stoff liegt eine keltische Sage zugrunde. Ihre erste dt. Bearbeitung ist das (nur in einer Überarbeitung aus dem 13. Jh. erhaltene frühhöfische Versepos „Tristrant und Isalde" (E um 1160) des Eilhart von Oberge. Gottfrieds Vorlage war das afrz. Versepos „Tristan" von Thomas d'Angleterre bzw. von Britanje.

Tristan wächst als Waise auf und wird entführt; schließlich erhält er bei seinem Onkel, König Marke, die Schwertleite. Er rächt seinen Vater und besiegt den irischen König Morolt, wobei er sich eine Verwundung durch Morolts vergiftetes Schwert zuzieht. Heilung findet er durch Morolts Schwester Isolde, deren gleichnamiger Tochter er als Erzieher und Musiklehrer zugeführt wird. Zu Marke zurückgekehrt, schildert Tristan Isoldes Schönheit und wird als Brautwerber nach Irland gesandt. Bei der Rückfahrt trinken Isolde und Tristan von dem eigentlich für Marke bestimmten Liebeszaubertrank. Nach Isoldes Verheiratung mit Marke können die Liebenden ihr Verhältnis lange Zeit geheimhalten; ein Gottesurteil fällt zu ihren Gunsten aus. Aus einer zeitweiligen Verbannung, die sie in der Höhle eines Venusberges verbracht haben, zurückgekehrt, verläßt Tristan Isolde. Er tritt in fremde Kriegsdienste; seine Frau wird die Königstochter Isolde Weißhand. Hier bricht Gottfrieds Epos ab. Seine Nachfolger schildern den Liebestod Tristans und Isoldes. Schwer verwundet, schickt Tristan ein Schiff zu Isolde mit der Bitte, ihm durch ihre Zauberkraft Heilung zu bringen. Ein weißes Segel soll zu erkennen geben, daß Isolde sich auf dem zurückkehrenden Schiff befindet. Von Isolde Weißhand gezwungen, berichten der am Strand wartenden Boten fälschlich von schwarzen Segeln. Tristan bricht tot zusammen. An seinem Leichnam wird Isolde vom Schmerz überwältigt und stirbt ebenfalls. Der Rosenstock auf Tristans Grab und der Weinstock auf Isoldes Grab verschlingen sich.

Ein schon im Prolog vorbereitetes Leitthema ist die Nähe von Leben und Tod. So stirbt etwa Tristans Mutter, als sie vom Tod ihres Mannes erfährt, während Tristans Geburt. In der Liebestrank-Szene gibt Tristan selbst dem Bewußtsein Ausdruck, daß Tod auch Leben bedeuten kann: „dirre tôt, der tuot mir wol, / solte diu wuneclîche Isôt / iemer alsus sîn min tôt, / so wolte ich gerne werben / umb ein êweclîches sterben" („Dieser Tod, der tut mir wohl, / Sollte die wonnigliche Isolde / Immer so mein Tod sein, / So wollte ich gerne werben / Um ein ewiges Sterben"). Hier wird zugleich der Einfluß der Mystik erkennbar, d. h. der Auffassung der bedingungslosen Liebe als Sinnbild der „unio mystica" zwischen Gott und der Seele des Menschen. In diesem Zusammenhang steht auch das „falsche" Ergebnis des Gottesurteils, das dazu dient, Tristans und Isoldes Liebe zu schützen.

Jeremias Gotthelf (eigtl. Albert Bitzius)
*4. 10. 1797 in Murten (Kt. Freiburg), †22. 10. 1854 in Lützelflüh (Kt. Bern)
Der Sohn eines Pfarrers aus einer Altberner Patrizierfamilie besuchte das Berner Gymnasium und studierte Theologie. Während seines Vikariats in der Gemeinde seines Vaters besuchte er 1821/22 Göttingen. Ab 1830 war er Vikar, ab 1832 Pfarrer der Gemeinde Lützelflüh im Emmental. Als u. a. von Pestalozzi beeinflußter Schriftsteller ist er (neben ↑ Auerbach) der Begründer des realistischen Dorfromans. Als Erstlingswerk erschien 1837 *Der Bauernspiegel oder Lebensgeschichte des Jeremias Gotthelf. Von ihm selbst beschrieben.* Es folgten die beiden Dorfromane *Uli der Knecht* (1846, Erstfassung u. d. T. *Wie Uli der Knecht glücklich wird* 1841) und *Uli der Pächter* (1849), die das Grundmuster der Zeitkritik Gotthelfs aus konservativer Sicht enthalten: Warnung vor der Versuchung, vom rechten Weg der Bescheidenheit, der Ordnungsliebe und der Übereinstimmung mit dem Herkommen abzuweichen. In seiner Rezension (1849) bestätigt ↑ Keller die Leistung Gotthelfs als „vortrefflicher Maler des Volkslebens, der Bauerndiplomatik, der Dorfintrigen, des Familienglücks und des Familienleids", kritisiert jedoch die Verwendung des Dorfromans (in seiner Eigenschaft als „Volkspoesie") zu volkspädagogischer Belehrung. Gotthelfs realistische Darstellungsweise kommt vor allem in der Schilderung von Fehlverhalten zur Geltung.

Romane: *Wie Uli der Knecht glücklich wird* (1841, Neufassung u. d. T. *Uli der Knecht* 1846, Verf Schweiz 1954 Franz Schnyder), *Geld und Geist oder Die Versöhnung* (1843), *Wie Anne Bäbi Jowäger haushaltet und wie es mit dem Doktern geht* (1843/44), *Uli der Pächter* (1849, Verf Schweiz 1956 Franz Schnyder), *Zeitgeist und Berner Geist* (1852), *Erlebnisse eines Schuldenbauers* (1854). – Erzählungen: *Wie Joggeli eine Frau sucht* (1841), *Elsi, die seltsame Magd* (1843), *Wie Christen eine Frau gewinnt* (1845), *Michels Brautschau* (1849), *Die Käserei in der Vehfreude* (1850), *Das Erdbeeri Mareili* (1851).

Die schwarze Spinne. Erzählung, 1842 (in der Slg. *Bilder und Sagen aus der Schweiz*, Bd. 1), Vert 1932 J. M. Hauer (U 1966), Heinrich Sutermeister (Funkoper 1936, Kammeroper 1949). Als Rahmenhandlung dient ein Tauffest auf einem reichen Emmentaler Bauernhof. Die als Erzählung des Großvaters gestaltete Binnenhandlung beruht auf der Sage „Vo dr schwarze Spinnele". Veranlaßt wird die Erzählung durch einen alten Fensterpfosten, der dem Haus „übel ansteht", sich jedoch als mahnendes Sinnbild der Gottesfurcht erweist.
Vor langer Zeit litten die Bauern von Sumiswald unter harter Fronarbeit. Eines Tages bot der Teufel seine Hilfe an; als Lohn verlangte er ein neugeborenes, ungetauftes Kind. Stellvertretend für das Dorf schloß Christine den Pakt, den der Teufel mit einem Kuß auf die Backe der Frau besiegelte.
Nachdem der Teufel seinen Teil geleistet hatte, wurde er mit Hilfe des Priesters um seinen Lohn gebracht und gab sich anscheinend geschlagen; lediglich auf Christines Backe wuchs ein spinnenförmiges Mal. Dieses platzte, als der Teufel zum zweitenmal hintergangen wurde, und entließ Tausende kleiner Spinnen, denen das gesamte Vieh zum Opfer fiel. Als eine dritte Geburt bevorstand, gelang es Christine, sich des Kindes zu bemächtigen; doch bevor es in die Hände des Teufels gelangte, trat der Priester dazwischen. Christine verwandelte sich in eine Giftspinne, die nahezu das gesamte Dorf ausrottete. Der Mutter des geretteten Kindes gelang es, das Untier in einem Loch im Fensterpfosten einzuschließen. Zwei Jahrhunderte später kam die Spinne durch die Freveltat eines Knechts erneut frei. Diesmal war es der Besitzer des Hofes, der sich opferte und die todbringende Spinne ins Pfostenloch bannte, in dem sie sich der Überlieferung zufolge noch immer befindet.

Johann Christoph Gottsched
*2. 2. 1700 in Juditten bei Königsberg, †12. 12. 1766 in Leipzig
Nach einem Studium der Theologie, Philosophie und Philologie in Königsberg floh Gottsched 1724 vor den Werbern des preuß. „Soldatenkönigs" Friedrich Wilhelm I. nach Leipzig, wo er sich im folgenden Jahr habilitierte (Philosophie und Dichtkunst). 1725/26 gab er die moralische Wochenschrift „Die vernünftigen Tadlerinnen", 1727/28 die entsprechende Publikation „Der Biedermann" heraus. Ab 1730 lehrte er an der Leipziger Universität als Dozent Poesie, ab 1734 als Professor Logik und Metaphysik.
Als sprach- und literaturreformerisches Hauptwerk erschien 1730 der *Versuch einer kritischen Dichtkunst vor die Deutschen* (Neuauflagen 1737–1751); 1732–1744 folgte die Literaturzeitschrift „Beiträge zur kritischen Historie der dt. Sprache, Poesie und Beredsamkeit" (8 Sammelbände). Beide Publikationen verfolgten die Ziele einer Reinigung der Sprache von mundartlichen Provinzialismen und barockem Schwulst sowie einer Hebung des Niveaus der dt. Literatur und der Theaterpraxis. In diesem Zusammenhang steht die 1737 gemeinsam mit der Theaterleiterin Friederike Caroline Neuber in einem allegorischen Spiel durchgeführte Vertreibung des Hanswursts von der Bühne. Als Muster für die Orientierung der Dramatik am Vorbild des frz. Klassizismus (Einheit von Zeit, Ort und Handlung, Alexandriner-Versmaß) brachte Gottsched 1731 die Tragödie *Sterbender Cato* zur Uraufführung (V 1732). 1741–1745 gab er die Slg. „Dt. Schaubühne nach den Regeln und Exempeln der Alten" (6 Bde.) heraus. Sie enthält 38 Dramen, darunter 16 Übersetzungen bzw. Nachgestaltungen (u. a. Werke von Pierre Corneille, Molière, Racine, Voltaire und dem Dänen Ludvig Holberg); die dt. Originalwerke stammen u. a. von Johann Elias Schlegel, Gottsched selbst (*Die Parisische Bluthochzeit König Heinrichs von Navarra* über die „Bartholomäusnacht") und dessen Frau ↑ L. A. V. Gottsched. Durch die einseitige Betonung des Vernünftigen im Sinne der Frühaufklärung zog sich Gottsched die Gegnerschaft ↑ Bodmers, ↑ Herders und ↑ Lessings zu.
Als Lyriker ist Gottsched ein Repräsentant der allegorischen höfischen Huldigungsdichtung. So feierte er 1733 in einem Nekrolog August den Starken als sächs. Trajan; 1730 verfaßte er eine *Jubelode auf die Augsburger Konfession*. Die Slg. *Gedichte* (1736) erlebte 1751 eine Neuauflage.

Luise Adelgunde Victorie Gottsched (geb. Kulmus)
*11. 4. 1713 in Danzig, †26. 6. 1762 in Leipzig
Als Schriftstellerin besaß die hochgebildete „Gottschedin", seit 1735 nach fast sechsjähriger Verlobungszeit verheiratet mit J. C. ↑ Gottsched, wesentlichen Anteil an den praktischen Bemühungen ihres Mannes um eine Reform der dt. Literatur und des Theaters. Aufsehen erregte sie 1736 durch ihr Lustspiel *Die Pietisterey im Fischbein-Rocke oder Die doctormäßige Frau* über den Gegensatz zwischen Pietismus und Orthodoxie mit den Motiven Frömmelei und heuchlerischer Betrug; zugrunde liegt ein frz. Lustspiel von Père Bougeant über den Gegensatz zwischen Jansenisten und Jesuiten. Die Slg. „Dt. Schaubühne nach den Regeln und Exempeln der Alten" (6 Bde., 1741–1745) enthält ihre Lustspiele *Das Testament* und *Der Unempfindliche* im Stil der sog. „sächs. Typenkomödie", das Trauerspiel *Panthea* sowie die Übersetzungen von Molières „Menschenfeind" und drei Lustspielen von Destouches. Sie übersetzte auch Werke der engl. Literatur (Joseph Addison, Alexander Pope, Richard Steele).

Christian Dietrich Grabbe
*11. 12. 1801 in Detmold, †12. 9. 1836 in Detmold

Wie sein Zeitgenosse ↑ Büchner ist Grabbe erst Ende des 19. Jh.s wiederentdeckt worden, ohne jedoch eine breite Bühnenwirkung zu erreichen; allzu konsequent hat er die „Geschlossenheit" der Form gesprengt. Seine persönliche „Zerrissenheit" hat ↑ Immermann von Grabbes Physiognomie abgelesen: „Eine Stirn, hoch, oval, gewölbt, wie ich sie nur in Shakespeares Bildnis von ähnlicher Pracht gesehen habe, darunter große, geisterhaft weite Augenhöhlen und Augen von tiefer, seelenvoller Bläue, eine zierlich gebildete Nase [. . .]. Und von da hinunter alles häßlich, verworren, ungereimt." Das 1917 uraufgeführte Grabbe-Drama „Der Einsame. Ein Menschenuntergang" von Hanns Johst veranlaßte ↑ Brecht zu seinem dramatischen Erstlingswerk „Baal".

Der Sohn des Detmolder Zuchthausverwalters brach sein 1820 in Leipzig begonnenes und in Berlin fortgeführtes Jurastudium 1823 ab, um Schauspieler zu werden. Diesem Ziel diente ein Aufenthalt in Dresden bei ↑ Tieck, der im Vorjahr über das Manuskript der Tragödie *Herzog Theodor von Gothland* an Grabbe geschrieben hatte, es unterscheide sich „sehr von dem gewöhnlichen Troß" der Theaterstücke, besitze jedoch eine tadelnswerte „Seltsamkeit, Härte, Bizarrerie" und einen „unpoetischen Materialismus". 1824 holte Grabbe sein Staatsexamen nach und war ab 1827 in Detmold Militärauditor. Im selben Jahr erschienen seine *Dramatischen Dichtungen* (2 Bde.), 1829 kam in Detmold als erstes (und einziges) Drama *Don Juan und Faust* zur Aufführung. Seine 1833 mit der Schriftstellerin Luise Klostermeyer geschlossene Ehe war unglücklich; 1834 wurde er, von Alkoholexzessen zerrüttet, entlassen. Der Versuch einer Zusammenarbeit mit dem Düsseldorfer Theaterleiter ↑ Immermann endete im Zerwürfnis. Grabbe starb kurz nach seiner Rückkehr in die Heimatstadt an Rückenmarkschwindsucht.

Die unter dem Einfluß Shakespeares und der Dramen des Sturm und Drang weitgehend „offene", den szenischen Zusammenhang auflösende Dramaturgie Grabbes entspricht einer Auffassung der Weltgeschichte als Schauspiel, dem jegliche Größe mangelt. Ein kennzeichnender Held Grabbes ist Hannibal, der an der Mittelmäßigkeit seiner Zeitgenossen zugrunde geht; die Nachricht von seinem Sieg bei Cannae ist auf dem Marktplatz im heimischen Karthago nur eine jener Botschaften, die „keinen Scheffel Weizen einbringen". Schlachtenszenen dienen dazu, an die Stelle dramatischer Höhepunkte ein zersplittertes Ereignisbild zu setzen. Auch der Konflikt zwischen den Figuren verliert an Bedeutung. Dies gilt vor allem für *Don Juan und Faust,* dessen Hauptgestalten in gleicher Weise dem jeweiligen Prinzip ihrer Existenz verfallen sind: der Romane dem Lebensgenuß, der Nordländer dem Streben nach Allwissenheit, wobei beide dem in Gestalt eines Ritters auftretenden Teufel zum Opfer fallen; ihr Wettstreit um Donna Anna erweist sich als belanglos. In der (allerdings Fragment gebliebenen) Tragödie *Marius und Sulla* kommt es zu keiner einzigen Begegnung zwischen den Kontrahenten.

Dramen: *Herzog Theodor von Gothland* (E 1819–1822, V 1827, U 1892), *Scherz, Satire, Ironie und tiefere Bedeutung* (E 1822, V 1827, U 1876 bzw. 1907), *Marius und Sulla* (Fragment, E ab 1823, V 1827), *Don Juan und Faust* (E ab 1823, V, U 1827, Bühnenmusik Albert Lortzing 1829), *Die Hohenstaufen* (Doppeldrama *Kaiser Friedrich Barbarossa* und *Kaiser Heinrich VI.*, E 1827–1829, U 1875), *Napoleon oder Die hundert Tage* (E 1829/30, V 1831, U 1868 bzw. 1895), *Hannibal* (E 1834, V 1835, U 1918), *Die Hermannsschlacht* (E 1835/36, V 1838, U 1936). – Essays: *Über die Shakespearomanie* (1827), *Das Theater zu Düsseldorf* (1835).

Scherz, Satire, Ironie und tiefere Bedeutung. Lustspiel in 3 Akten, E 1822, V 1827, U 1876 (Privataufführung) bzw. 1907 (in der Bearbeitung von Max Halbe). Da in der Hölle ein Großputz stattfindet, muß der Teufel auf die Erde ausweichen, wo ihn vier Naturforscher vor dem Tod durch Erfrieren retten. Aus dieser einleitenden Episode entwickelt sich eine aus Versatzstücken (romantische Literatursatire mit Seitenhieben etwa auf ↑ Klopstock, Schauerdrama) zusammengefügte Handlung, in die schließlich der (von seinen eigenen Gestalten verhöhnte) Autor eingreift. Zu den prägnantesten Figuren gehört der Modedichter Rattengift. In satirischer Überspitzung bringt der Teufel Grabbes eigene Auffassung zum Ausdruck, daß die Welt nichts ist „als ein mittelmäßiges Lustspiel, welches ein unbärtiger, gelbschnabeliger Engel, der (...) noch in Prima sitzt, während seiner Schulferien zusammengeschmiert hat"; die Hölle bildet „die ironische Partie des Stücks".

Napoleon oder Die hundert Tage. Drama in 5 Akten, E 1829/30, V 1831, U 1868 (mit verstümmeltem Text) bzw. 1895, Vert E. v. Borek 1942. Die Ereignisse des Zeitraums zwischen der Rückkehr Napoleons von Elba (1. 3. 1815) und seiner endgültigen Niederlage bei Waterloo (18. 6. 1815) spiegeln das generelle Verhältnis zwischen Revolution und Restauration in Europa zu Beginn des 19. Jh.s. Napoleon ist nicht der legitime Erbe der Revolution, sondern der Träger eines Mythos, seine Größe ist das Resultat des Kontrastes zur Umwelt. In der Praxis erweist sich sein Handeln als ebenso restaurativ wie das der vertriebenen Bourbonen. Diese Einsicht ergibt sich aus der Perspektive des einfachen Volkes, das zugleich den Kreislauf der Geschichte als „Komödie" erfaßt. Die Handlung ist in eine panoramaartige Szenenfolge mit rasch wechselnden Schauplätzen aufgelöst, in der vielfältige Gestaltungsmittel bis hin zur Desillusionierung Verwendung finden.

Oskar Maria Graf
*22. 7. 1894 in Berg am Starnberger See, †28. 6. 1967 in New York

Der Sohn eines Bäckers erlernte das väterliche Handwerk; 1911 entfloh er dem Elternhaus und lebte in München, Oberitalien und Berlin in Bohemekreisen. 1915 entzog er sich dem Wehrdienst; in eine Irrenanstalt gebracht, wurde er 1917 entlassen. Graf nahm an der Novemberrevolution teil (erste Publikation 1918 der Gedichtzyklus *Die Revolutionäre*) und beteiligte sich an der Errichtung der bayer. Räterepublik. Der Schwerpunkt seiner Arbeit als Schriftsteller lag auf autobiographischen Schriften; daneben entstanden sozialkritische, mitunter derb-erotische sowie volkstümlich-humorvolle Dorf- und Kleinstadtromane und Erzählungen *(Das bayr. Dekameron)*. 1933 emigrierte Graf über Wien und Prag (Mitherausgeber der „Neuen Dt. Blätter") sowie Moskau in die USA (1938). In dem Roman *Unruhe um einen Friedfertigen* (1947) zeichnete er die Ausbreitung des Faschismus im dt. Kleinbürgertum nach. Seine pazifistisch-sozialistische Grundposition verdeutlicht die pessimistische Zukunftsvision *Die Eroberung der Welt* (1949, Neufassung u. d. T. *Die Erben des Untergangs* 1959).

Gedichtbände: *Die Revolutionäre* (1918), *Altmodische Gedichte eines Dutzendmenschen* (1962). – Romane: *Die Chronik von Flechting* (1925), *Bolwieser* (1931, Verf B. D. 1976/77 Rainer Werner Fassbinder), *Anton Sittinger* (1937), *Mitmenschen* (1947), *Der große Bauernspiegel* (1962), *Die Ehe des Herrn Bolwieser* (1964). – Erzählungen: *Das bayr. Dekameron* (1927, 1940, 1959), *Kalender-Geschichten* (1929, erweitert 1957). – Dramen: *Kleinstadtballade* (1950). – Autobiographisches: *Frühzeit* (1920, u. d. T. *Dorfbanditen* 1932), *Wir sind Gefangene* (1927), *Das Leben meiner Mutter* (engl. 1940, dt. 1946), *Größtenteils schimpflich* (1962), *Gelächter von außen. Aus meinem Leben 1918–1933* (1966).

Günter Grass
*16. 10. 1927 in Danzig

Ähnlich wie sein „Lehrer" ↑ Döblin wurde Grass lange Zeit mit einem seiner Bücher identifiziert und attackiert: Als Autor der *Blechtrommel* zog er sich den Vorwurf der Blasphemie und Pornographie zu, Grund genug für den Bremer Senat, 1960 den von einer unabhängigen Jury Grass zugesprochenen Bremer Literaturpreis zu widerrufen; 1965 zählte Bundeskanzler Erhard ihn zu den „Pinschern" und verbrannten Jugendliche in Düsseldorf Grass-Werke. Oft genug diente die „moralische" Entrüstung dazu, den Wahlhelfer der SPD zu diskreditieren.
Der Sohn dt.-poln. Eltern besuchte in Danzig das Gymnasium und wurde 1944 zum Arbeitsdienst, dann zum Kriegsdienst eingezogen. 1945 verwundet, geriet er in Bayern in amerikan. Kriegsgefangenschaft, aus der er 1946 entlassen wurde. Im Rheinland war er als Landarbeiter und im Bergbau tätig. 1947 machte er in Düsseldorf eine Steinmetz- und Bildhauerlehre, anschließend studierte er an der Düsseldorfer, ab 1953 an der Westberliner Kunstakademie Malerei, Graphik und Bildhauerei (Schüler von Karl Hartung). 1955 wurde er Mitglied der „Gruppe 47", deren Preis er 1958 für *Die Blechtrommel* (V 1959) erhielt. 1956–1959 lebte er als freier Künstler und Schriftsteller in Paris, 1960 ließ er sich in West-Berlin nieder. Ab 1961 unterstützte er die SPD in Bundes- und Landtagswahlkämpfen (sozialdemokratische Wählerinitiative, Symbolfigur der Es-Pe-De krähende Hahn, Freundschaft mit Willy Brandt, 1970 Teilnahme an der Unterzeichnung des Polenvertrages, 1974 Rede vor der SPD-Bundestagsfraktion). Eine Eintragung im *Tagebuch einer Schnecke* (1972) lautet: „Ich bin Sozialdemokrat, weil mir der Sozialismus ohne Demokratie nichts gilt und weil eine unsoziale Demokratie keine Demokratie ist." Ab 1976 gab er mit ↑ Böll und Carola Stern die Zeitschrift „L 76. Demokratie und Sozialismus" heraus. Zu seinen Auszeichnungen gehören der Büchner-Preis des Jahres 1965 und die 1968 verliehene Carl-von-Ossietzky-Medaille der Internationalen Liga für Menschenrechte. Sein kulturpolitisches Engagement gilt u. a. dem Kontakt zwischen den Schriftstellern der beiden dt. Staaten. 1978 stiftete Grass den Döblin-Preis, 1986 verließ er die B. D., um ein Jahr in Indien zu leben.
Im Mittelpunkt der öffentlichen Auseinandersetzung und Anerkennung steht der Erzähler und Essayist Grass. Sein Gesamtwerk umfaßt jedoch ebenso das Drama (mit Anfängen unter dem Einfluß des absurden Theaters) und eine dem graphischen Schaffen vielfach verwandte bildhafte, aber auch reflektierende Lyrik. Graphische Gestaltungen begleiten die Entstehung der Erzählwerke; so sind Butt und Rättin Figuren des literarischen wie des bildnerischen Schaffens.

Gedichtbände: *Die Vorzüge der Windhühner* (1956), *Gleisdreieck* (1960), *Ausgefragt. Gedichte und Zeichnungen* (1967), *Die Schweinekopfsülze* (1969, mit Illustrationen von Horst Janssen), *Gesammelte Gedichte* (1971). – Romane: *Die Blechtrommel* (1959), *Hundejahre* (1963), *Örtlich betäubt* (1969, als Drama u. d. T. *Davor*, U 1969), *Der Butt* (1977), *Die Rättin* (1986). – Erzählungen: *Katz und Maus* (1961), *Geschichten* (u. d. Pseudonym Artur Knoff, 1968), *Liebe geprüft. 7 Geschichten und 7 Radierungen* (1974), *Das Treffen in Telgte* (1979). – Dramen: *Noch zehn Minuten bis Buffalo* (E 1954, U 1959), *Hochwasser* (1957), *Onkel, Onkel* (1958), *Die bösen Köche* (E 1956, U 1961), *Die Plebejer proben den Aufstand* (1966), Slg. *Theaterspiele* (1970). – Essays und andere Prosa: *Dich singe ich, Demokratie. 5 Wahlreden* (1965), *Über das Selbstverständliche. Reden, Aufsätze, Offene Briefe, Kommentare* (1968), *Über meinen Lehrer Döblin und andere Vorträge* (1968), *Günter Grass – Pavel Kohout, Briefe über die Grenze* (1968), *Aus dem Tagebuch einer Schnecke* (1972), *Der Schriftsteller als Bürger – eine Siebenjahresbilanz* (1973), *Der Bürger und seine Stimme. Reden, Aufsätze, Kommentare* (1974), *Kopfgeburten* (1980).

Die Blechtrommel. Roman, E ab 1954, V 1959, Verf B. D. 1979 Volker Schlöndorf.

Als Erzähler dient der 30jährige Oskar Matzerath (Größe 1,32 m), der im Gitterbett einer Heil- und Pflegeanstalt seine Lebensgeschichte aufschreibt. Er beginnt bei der mutmaßlichen Zeugung seiner Mutter im Oktober 1899 durch den Brandstifter Koljaicek, der – von zwei Landgendarmen verfolgt – unter den Röcken der im Herzen der Kaschubei am Rande eines Kartoffelackers sitzenden Anna Bronski Unterschlupf gefunden hatte. Oskar selbst wurde 1924 in Danzig als Sohn des Kolonialwarenhändlers Alfred Matzerath oder seines Onkels Jan Bronski geboren. Er „gehörte zu den Säuglingen, deren geistige Entwicklung schon bei der Geburt abgeschlossen ist"; von den Äußerungen seiner Eltern angesichts des Neugeborenen erschien ihm lediglich die Zusage der Mutter verlokkend, zum 3. Geburtstag eine Blechtrommel zu erhalten. Seinen Entschluß, als Dreijähriger nach Erhalt der Trommel sein Wachstum einzustellen, motivierte er während des Geburtstagsfestes durch einen selbst herbeigeführten Sturz von der Kellertreppe. 18 Jahre später holte er ein Stückchen Wachstum nach, wodurch er zugleich einen Buckel erhielt. Schauplätze des mit Hilfe der Blechtrommel erinnerten Geschehens sind Danzig, die Westfront (Oskars Mitgliedschaft in einer Fronttheatertruppe) und nach 1945 Westdeutschland. Familiäre Ereignisse wie der Tod der Mutter und der beiden als Väter in Frage kommenden Männer oder Oskars Vaterschaft an Kurt, dem Sohn seiner späteren Stiefmutter Maria, sind verwoben mit zeitgeschichtlichen Ereignissen, etwa dem Beginn der „Zeit der Fackelzüge und Aufmärsche vor Tribünen" im Jahr 1933, dem russ. Einmarsch in Danzig oder mit satirischen Miniaturen aus der westdt. Nachkriegs-Kulturszene (Oskar als Modell an der Düsseldorfer Kunstakademie).

Äußerlich infantil, mit der Waffe einer glaszersingenden Stimme ausgestattet und mit seiner Trommel die eigene Welt entwickelnd, hat Oskar 30 Jahre dt. Geschichte als Außenseiter erlebt und schildert sie aus dieser Perspektive. Die hieraus sich ergebenden Verzerrungen und Mißverhältnisse zwischen Oskar und dem Milieu seiner kleinbürgerlichen Umwelt dienen dem Zweck, die dargestellte Realität als ihrerseits deformiert erkennbar werden zu lassen. Je provozierender Oskars Erlebnisse und Handlungsweisen erscheinen, desto stärker rücken die Voraussetzungen der Provokation ins Blickfeld. Dies gilt für den sexuellen Bereich ebenso wie für den religiösen. Im Mittelpunkt steht jedoch die Frage nach dem Zusammenhang zwischen der Ausbreitung des Faschismus und dem depravierten Kleinbürgertum, wobei Grass seinen Protagonisten und Erzähler als „Teil dieser Kleinbürgerschicht" verstanden wissen will, „als deren Sprachrohr er sich zu Wort meldet".

Aufsehen erregte der Roman zunächst als Ausdruck einer scheinbar verlorenen epischen Phantasie und Erzähllust von barocker Wort- und Bildfülle, anknüpfend an die Tradition des pikarischen bzw. Schelmenromans. Grass/Oskar reflektiert diese Rezeptionsbedingungen im 1. Kapitel in folgender Weise: „Man kann sich modern geben, alle Zeiten, Entfernungen wegstreichen und hinterher verkünden oder verkünden lassen, man habe endlich und in letzter Stunde das Raum-Zeit-Problem gelöst. Man kann auch ganz zu Anfang behaupten, es sei heutzutage unmöglich, einen Roman zu schreiben, dann aber, sozusagen hinter dem eigenen Rücken, einen kräftigen Knüller hinlegen, um schließlich als letztmöglicher Romanschreiber dazustehn. Auch habe ich mir sagen lassen, daß es sich gut und bescheiden ausnimmt, wenn man anfangs beteuert: Es gibt keinen Romanhelden mehr, weil es keine Individualisten mehr gibt, weil die Individualität verlorengegangen" ist. Diesem „Der Roman ist tot"-Bewußtsein setzte Grass ein Erzählwerk entgegen, das – wenn auch mit Hilfe einer „gebrochenen" Hauptfigur – eine neue Unmittelbarkeit und Unbefangenheit zur Geltung brachte.

Katz und Maus. Novelle, V 1961, Verf B. D. 1968 Hansjürgen Pohland. Nach dem Roman *Die Blechtrommel* der 2. Teil der *Danziger Trilogie*. Der Schauplatz ist Danzig während des II. Weltkriegs. Als Ausgangspunkt dient ein für die weiteren Ereignisse paradigmatischer Vorfall: Der aggressive Schüler Pilenz setzte einst eine Katze auf den zuckenden, an eine Maus erinnernden überdimensionalen Adamsapfel des frühreifen Mitschülers Joachim Mahlke an. Als Erzähler vergegenwärtigt Pilenz den Kampf Mahlkes gegen die Wirkung Spott und Neugier, die fortan sein „Knorpel" hervorrief. Allerlei Halsumhänger vom Schraubenzieher über Orden bis hin zu einem Madonnenmedaillon sowie sportliche Höchstleistungen, die sich Mahlke mit „Leidensmiene" abrang, sollten „die ewige Katze von der ewigen Maus ablenken". Zuflucht fand Mahlke in der Kabine eines untergegangenen U-Boots, die er ausgestaltete und als Renommierstück einsetzte. Befriedigung fand er jedoch erst durch ein Ritterkreuz, das seinen Adamsapfel völlig verdeckte. Da er den Orden jedoch einem vor den Schülern auftretenden Kapitänleutnant gestohlen hat, wird er von der Schule verwiesen. Bald darauf als Panzerkommandant selbst mit einem Ritterkreuz ausgezeichnet, will er sich durch einen eigenen Auftritt in seiner ehemaligen Schule rehabilitieren, wird jedoch abgewiesen. Mahlke desertiert und kommt vermutlich bei dem Versuch, zu seinem U-Boot-Versteck zu tauchen, ums Leben.
Die Novelle gestaltet in 13 lose verknüpften, zugleich durch das „Knorpel"-Sinnbild zentrierten Abschnitten ein Zeitbild von eindringlicher Wirkung. Symptomatisch ist Mahlkes Flucht in den „Heroismus", die Grass im Zusammenhang der pubertierenden Schülergruppe und einer gegenüber dem psychischen Notstand des „Großen Mahlke" verständnislosen Erwachsenenwelt schildert. Durch die Erzählstruktur des Erinnerns stellt sich die Frage nach der Schuld der Beteiligten am Schicksal Mahlkes.

Hundejahre. Roman, V 1963. 3. Teil der *Danziger Trilogie*.
Im Unterschied zur einheitlichen Erzählperspektive von *Die Blechtrommel* und *Katz und Maus* gliedert sich der mehr noch als die vorausgehenden Werke von „anarchischer Einbildungskraft" geprägte Roman in drei von verschiedenen Erzählern stammende Hauptteile: in 33 Frühschichten von Brauxel alias Haseloff alias Eduard Amsel, als Liebesbriefe an Tulla Pokriefke (eine Gestalt aus *Katz und Maus*) etikettierte Erinnerungen Harry Liebenaus und 103 Materniaden von Walter Matern. Der erste Teil schildert die Danziger Ereignisse (Freundschaft, dann Feindschaft zwischen Matern und dem Halbjuden Amsel), der zweite die 30er Jahre bis 1945, der dritte die Nachkriegsepoche. Zu den zentralen Motivreihen gehört Amsels Bau von Vogelscheuchen, die Menschen und Situationen nachbilden; Matern vertritt den Typus des Mitläufers, der von der DKP zur SA wechselt, zum Opfer wird und sich schließlich durch die Übertragung von Geschlechtskrankheit an seinen Peinigern bzw. deren Frauen rächt. Der Titel bezieht sich auf den die drei Teile verbindenden Hund, der, aus einer Danziger Zucht stammend, Hitler geschenkt wurde und diesem 1945 in den Westen entlaufen ist. Er wird zuletzt zum Wächter Pluto eines Bergwerks, in dessen Schächten Amsel-Brauxel eine von Matern im letzten Kapitel besichtigte „Hölle" nach dem Vorbild von Dantes „Inferno" eingerichtet hat. In dieser Unterwelt sind in der Art eines Pop-Environments die Repräsentanten des politischen, militärischen, kirchlichen und „zivilen Alltags" der Bundesrepublik versammelt; „Vogelscheuchenfamilien – denn sie sind die Keimzelle des Staates! – werden über alle Artikel des Grundgesetzes belehrt". Als Vertreter der „philosophischen Erkenntnisse" dienen eine Heidegger-Vogelscheuche und „hundert angepaßte Philosophen", die vom Tonband den Lehrsatz verkünden: „Ge-scheucht-Sein heißt: Hineingehalten-Sein in das Nichts."

Die Plebejer proben den Aufstand. Ein dt. Trauerspiel. Drama in 4 Akten, U, V 1966.
Das Stück spielt am 17. Juni 1953, dem „Datum einer d., also gescheiterten Revolution"; der Schauplatz ist die Probenbühne des „Berliner Ensembles", mit dem Brecht (im Stück „Der Chef") seine Bearbeitung von Shakespeares „Coriolan" einstudiert. Drei Vertreter der gegen die Normenerhöhung protestierenden Maurer bitten Brecht um die Verdeutlichung ihrer Forderungen durch ein von ihm verfaßtes Manifest. Brecht jedoch verschanzt sich hinter seinem „alten Übel", der „Neugierde", bzw. wehrt sich gegen die „Teigkneter", die aus ihm einen „rasselnden Helden backen wollen". Weitere Arbeiter dringen ein und werden in die Probenarbeit einbezogen: die „Wirklichkeit" beflügelt die Fiktion. Doch während sich der Aufstand ausbreitet, spitzt sich auch im Theater die Lage zu: Eine ironische Adresse des „Chefs" an Ulbricht weckt den Zorn der Arbeiter, die schließlich die Schauspieler dazu bewegen können, mit auf die Straße zu gehen, wo sowjetische Panzer Stellung bezogen haben. Der allein zurückgebliebene „Chef" erkennt: „Ich, wissend, listig, kühl, allein, / war ein Gedicht lang fast dabei. / (. . .) Es atmete der heilige Geist. / Ich hielt 's für Zugluft, / rief: wer stört!" Nachdem er sich doch zu einem kritischen Brief an Ulbricht entschlossen hat, sieht er voraus, daß der Wortlaut nur verstümmelt wiedergegeben werden wird; zum Zweck seiner Rechtfertigung sollte „die Kopie bei Freunden im Westen sicher liegen".
Grass bedient sich der Mittel des Dokumentartheaters und steht daher vor dem Problem, über den „Einzelfall" hinauszugelangen, zumal bezweifelt werden muß, daß Brechts Konzeption des Theaters angemessen im Verhalten des „Chefs" zur Darstellung gelangt. In formaler Hinsicht thematisiert der Wechsel von Prosa und gebundener Sprache den Konflikt zwischen Kunst und Realität; Anspielungen auf Stücke Brechts sind in die Bühnenhandlung integriert.

Der Butt. Roman, V 1977.
Als äußeres Gliederungsprinzip dienen die neun Monate (= Kapitel) der Schwangerschaft Ilsebills, der Frau des Erzählers. Dieser bildet die jüngste Wiederverkörperung des Fischers Edek aus der Jungsteinzeit; die Jahrtausende durchlebter Kulturgeschichte bilden den Stoff der Romanhandlung. Jener Edek hat einst einen sprechenden Plattfisch, den Butt, gefangen, einen entschiedenen Verfechter der „Männersache". Unter seinem Einfluß entzog sich Edek der dreibrüstigen Köchin und Priesterin Aua. Auch Edeks Nachfolger ließen sich vom Butt beraten, was jedoch nicht verhindern konnte, daß sie allesamt zu Köchinnen in Beziehung getreten sind: zur bronzezeitlichen Wigga, zur eisenzeitlichen Mestwina, zu Dorothea von Montau, Margarete Rusch, zur Gesindeköchin Amanda Woyke bis hin zu Lena Stubbe, Verfasserin eines „Proletarischen Kochbuchs". Themengerecht sind Kochrezepte eingefügt.
Während der neunmonatigen Erzählzeit fällt jener Butt drei Frauen in die Hände, die ihn, in einer Zinkbadewanne aufbewahrt, in einem Berliner Kino vor ein feministisches Tribunal stellen: das „Feminal". Die Verhandlung verwandelt den jahrtausendelangen Verfechter männlicher Vorherrschaft, der „den Krieg zum Vater der Dinge" erklärt hat, in einen Anwalt der „Frauensache". Schon während des Tribunals hat er der „internationalen Frauenbewegung" geraten, „überall in der Welt feministische Klöster mit durchaus irdischer Zielsetzung zu gründen und so wirtschaftlich machtvolle Gegengewichte zu den allerorts herrschenden Männerbünden zu schaffen. So, nur so, im Zustand ökonomischer und sexueller Unabhängigkeit, könne die verlernte weibliche Solidarität wieder geübt und endlich im Sinne der Gleichberechtigung beider Geschlechter geübt werden." Die insgesamt vorherrschende Ironie der Erzählweise gibt dem Roman die Balance zwischen den Fronten patriarchalischer und matriarchalischer Positionen.

Das Treffen in Telgte. Erzählung, V 1979.
Hans Werner Richter gewidmet und im selben Jahr wie dessen Erinnerungsband „Das war die Gruppe 47" erschienen, schildert die historische Erzählung eine ins Jahr 1647 datierte fiktive Versammlung dt. Dichter in Telgte, einem Ort zwischen Münster und Osnabrück, den beiden Städten, in denen im folgenden Jahr die beiden Verträge des Westfälischen Friedens unterzeichnet wurden. Grass versammelt u. a. ↑Gerhardt, ↑Grimmelshausen, ↑Gryphius, ↑Hofmann von Hofmannswaldau und ↑Logau. Sie tragen Streitigkeiten aus, wie sie so oder ähnlich 300 Jahre später bei der Gründung der „Gruppe 47" stattgefunden haben, getreu dem Motto: „Unsere Geschichten von heute müssen sich nicht jetzt zugetragen haben." Unter den Gestalten des historischen Treffens ist unschwer Richter in der Gestalt des Königsberger Organisators des Treffens, Simon Dach, zu erkennen: „Mit seiner selbst in ernster Lage leichthin plaudernden Stimme, die immer sagen wollte: Ist ja gut, Kinder. Nehmt euch nur halb so ernst..., schaffte er Ruhe (...)." Sowohl das Vorlesen aus neuen Werken und deren Erörterung als auch die Anwesenheit von Verlegern (sie ließen sich „nicht davon abhalten, um den Tisch zu wieseln und nach geglückten Manuskripten zu fahnden") entsprechen den Gepflogenheiten der 1947 begonnenen Zusammenkünfte. Zugleich hat Grass eine anschauliche literaturgeschichtliche Schilderung aus der Epoche des Barock geliefert, in der sich die Bemühungen um die Schaffung einer die politische Zersplitterung und konfessionellen Gegensätze überwindenden dt. Nationalliteratur abzuzeichnen begannen. Grass versäumt es hierbei nicht, seinem Thema des Speisens und der Speisen breiten Raum zu geben. Als satirische Schlußpointe wird beim Brand der Versammlungsstätte der „Friedensaufruf der dt. Poeten" ein Opfer der Flammen: Er war zwischen „den Gräten des Fischgerichtes" vergessen worden.

Die Rättin. Roman, V 1986.
Was den Abschluß einer Endzeitvision bilden könnte, steht am Anfang: „Schluß! sagte sie. Euch gab es mal. Gewesen seid ihr, erinnert als Wahn. Nie wieder werdet ihr Daten setzen. Alle Perspektiven gelöscht. Ausgeschissen habt ihr. Und zwar restlos. Wurde auch Zeit!" Es sind dies Feststellungen der Rättin, die dem Erzähler im Traum erscheint, nachdem sein Weihnachtswunsch, eine graubraune Wanderratte (im Unterschied zu weißen Laborratten, wie sie „bei Schering oder Bayer-Leverkusen in Gebrauch sind"), erfüllt worden ist. Sie wird zum Dialogpartner im Sinne einer noch offenen Auseinandersetzung, die jedoch in Gefahr steht, ins Leere zu laufen, indem alles, was sich noch sagen läßt, zum „Nachtrag" wird.
Zwei andere Handlungsstränge knüpfen an Grass-Romane an: Fünf Frauen gehen mit dem Schiff „Die neue Ilsebill" auf Forschungsreise auf der Ostsee, die „von Algen verkrautet, vergreist durch Tangbärte, von Quallen übersättigt, obendrein quecksilbrig, bleihaltig, was sonst alles ist"; sie kommen mit dem Butt in Kontakt und steuern dem geheimnisvollen Vineta zu. Und der um 30 Jahre gealterte Oskar Mazerath tritt auf, inzwischen ein erfolgreicher Videoproduzent. Durch ihn wird die Gegenwart der 80er Jahre mit den 50er Jahren verknüpft, mit der Zeit des „fundierten Schwindels", des „soliden Betrugs". Sie setzt sich in Szenen wie derjenigen fort, in der ein Kanzler mit seiner Frau eine dem abgestorbenen Gehölz vorgeblendete Waldattrappe besichtigt.
Eine von der Rättin „zum Ausklang" angebotene Anekdote lautet: „Als die betagten Staatsoberhäupter der beiden Schutzmächte in ihren Endspieltheatern zusehen mußten, wie sich ihre tausend und mehr Interkontinentalraketen, die Friedensmacher, Völkerfreund und ähnlich hießen, ihren jeweiligen Zielen, also auch den strategischen Sicherheitszentren näherten, baten sie einander, von Dolmetschern unterstützt, wiederholt um Verzeihung; eine durch und durch menschliche Geste."

Franz Grillparzer
*15. 1. 1791 in Wien, †21. 1. 1872 in Wien

„Eines nur ist Glück hienieden, / Eins: des Innern stiller Frieden / Und die schuldbefreite Brust! / Und die Größe ist gefährlich, / Und der Ruhm ein leeres Spiel; / Was er gibt, sind nicht'ge Schatten, / Was er nimmt, es ist so viel." Mit diesen vielzitierten Versen Rustans aus dem „dramatischen Märchen" *Der Traum ein Leben* hat Grillparzer einerseits eine Grundüberzeugung der Biedermeier-Epoche formuliert, die er zugleich weit überragt als in weltgeschichtlichen Zusammenhängen und in innerseelischen Tiefen beheimateter Künstler, der sich bewußt war: „Mein ganzer Anteil blieb immer der Poesie vorbehalten, und ich schaudere über meinen Zustand als Mensch, wenn die immer seltener und schwerer werdenden Anmahnungen von Poesie endlich ganz aufhören sollten" (Tagebucheintrag 1827). Der Sohn eines Juristen studierte 1807–1811 in Wien Rechtswissenschaft; zugleich mußte er nach dem Tod des Vaters (1809) als Hofmeister zum Lebensunterhalt der Familie beitragen. Nach einem Praktikum an der Hofbibliothek war er ab 1814 in der Finanzverwaltung tätig, 1832 bis zu seiner Pensionierung 1856 leitete er das Hofkammerarchiv. Nach dem Selbstmord der Mutter (1819) unternahm Grillparzer eine Italienreise. 1826 führte ihn eine Dtl.-Reise nach Berlin (Hegel) und Weimar (↑Goethe), 1836 besuchte er Paris (↑Heine) und London, 1843 Athen und Konstantinopel, 1847 Hamburg. 1821 lernte er „Kathi" Fröhlich kennen, mit der er zeitlebens verlobt blieb; Freundschaft verband ihn mit Franz Schubert und im Alter mit dem Maler Moritz von Schwind. Zum 80. Geburtstag wurde er vom Kaiser als „der echte Patriot" geehrt.

Grillparzers Karriere als Dramatiker begann mit den Bühnenerfolgen der Schicksalstragödie *Die Ahnfrau* (1817) und des *Sappho*-Dramas (1818) über den Zwiespalt zwischen Kunst und Leben. In der Trilogie *Das Goldene Vlies* unterwarf er den antiken Stoff eindringlicher Psychologisierung; die antike Sage von Hero und Leander liegt dem Seelendrama *Des Meeres und der Liebe Wellen* zugrunde. Die span. Barockdramatik (Calderón, Lope de Vega) beeinflußte *Der Traum ein Leben* und *Die Jüdin von Toledo*. Nach vielfachem Kampf mit der Zensur der Metternich-Ära (u. a. 1823–1825 um die Aufführung von *König Ottokars Glück und Ende*) und dem völligen Mißerfolg des Lustspiels *Weh dem, der lügt!* (1838) zog sich Grillparzer aus der Öffentlichkeit zurück. Seine weiteren Stücke kamen erst postum zur Veröffentlichung bzw. Aufführung, darunter das Schauspiel *Libussa* über die Gründung Prags. Die Empfindung der Isolierung als „Spätgeborener" hat Grillparzer in den Versen ausgedrückt: „Will unsere Zeit mich bestreiten / Ich laß es ruhig geschehn, / Ich komme aus besseren Zeiten / Und hoffe in andre zu gehn."

Gedichtzyklen: *Trista ex Ponto* (E 1824–1833, V 1835). – Erzählungen: *Das Kloster bei Sendomir* (1828), *Der arme Spielmann* (E 1831–1844, V 1847). – Dramen: *Die Ahnfrau* (E 1816, U, V 1817), *Sappho* (E 1817, U, V 1818), Trilogie *Das Goldene Vlies* (*Der Gastfreund, Die Argonauten, Medea;* E 1818–1820, U 1821, V 1822), *König Ottokars Glück und Ende* (E 1822/23, U, V 1825), *Ein treuer Diener seines Herrn* (E 1826/27, U 1828, V 1830), *Des Meeres und der Liebe Wellen* (E ab 1825, U 1831, V 1840), *Der Traum ein Leben* (1. Plan 1817, E 1829–1831, U 1834, V 1840), *Weh dem, der lügt!* (E 1834–1837, U 1838, V 1840), *Libussa* (1. Notizen 1822, Gesamtplan 1825/26, E 1827–um 1848, V 1872, U 1874), *Die Jüdin von Toledo* (E ab 1824 bzw. 1839, V, U 1872), *Ein Bruderzwist in Habsburg* (E ab 1825, V, U 1872). – Essays: *Über den Gebrauch des Ausdrucks „romantisch" in der neueren Kunstkritik* (1818), *Goethe und Schiller* (1836), *Worin unterscheidet sich der österreich. Dichter von den anderen?* (1837), *Über Genialität* (um 1850, V 1872). – Autobiographisches: *Selbstbiographie* (1853).

König Ottokars Glück und Ende. Tragödie in 5 Akten, E 1822/23, U, V 1825. Als Quelle diente u. a. die „Österr. Reimchronik" (um 1320) Ottokars von Steiermark und der ab 1807 erschienene „Österreichische Plutarch" von Josef von Hormayr. Für die Stoffwahl dürfte die Vorliebe des Wiener Volkstheaters für nationalhistorische Stoffe ausschlaggebend gewesen sein.
Der historische Zeitraum der Bühnenhandlung reicht von 1261 bis 1282. König Ottokar II. von Böhmen bereitet seinen weiteren Aufstieg mit dem Ziel der Kaiserkrone vor. Als ein Mittel dient ihm die Trennung von seiner Gemahlin Margarete von Österreich, an deren Stelle die Tochter des Königs von Ungarn treten soll. In diesem Treubruch ist aus der Sicht Grillparzers der Niedergang des Herrschers begründet. Dieser wird durch die Wahl Rudolfs von Habsburg zum dt. König eingeleitet (1273). Zunächst zum Widerstand entschlossen, muß Ottokar aufgrund militärischer Schwäche den Lehnseid leisten, wodurch er die Achtung seiner Gefolgsleute verliert. Um diese wiederzugewinnen, erhebt er sich gegen den König, wird jedoch in der Schlacht erschlagen. Voraus geht eine Klagesezene am Leichnam Margaretes, in der Ottokar sein Scheitern erkennt und den Tod vorausahnt. Hierdurch gelangt er zur Erlösung von schuldhafter menschenverachtender Verblendung – ein Motiv, das Grillparzer in der span. Barockdramatik vorgebildet fand.
1866 deutete Grillparzer das Drama als Widerspiegelung der Entwicklung im Leben Napoleons: „Selbst die beiden Frauen, von denen er die erste, die sein Glück begründen half und die an gebrochenem Herzen stirbt, die er verstößt, um eine jüngere an sich zu ziehen – sogar diese Symptome menschlichen Ehrgeizes und Übermutes, welche ich an Napoleon sich entwickeln sah, haben mir bei Ottokar vorgeschwebt." Napoleons wie Ottokars Schuld ist der „Aufbau eines großen Reiches ohne Rücksicht auf Nationalität und Humanität, bloß um der Herrschaft willen".

Weh dem, der lügt! Lustspiel in 5 Akten, E 1834–1837, U 1838, V 1840. Zugrunde liegt eine Episode aus der „Historia Francorum" des Bischofs Gregor von Tours (6. Jh.).
Der Küchenjunge Leon im Dienst des Bischofs Gregor von Chalons übt harte Kritik am Geiz seines Herrn, wird jedoch belehrt, daß dieser das Lösegeld für seinen Neffen Atalus zusammenspart, der sich in der Gewalt des heidnischen Grafen Kattwald befindet. Leon erbietet sich, Atalus zu befreien, muß allerdings absolute Wahrhaftigkeit geloben. In den Dienst Kattwalds gelangt, kann Leon gerade durch seine als Lügnerei verstandene Aufrichtigkeit den Befreiungsplan verwirklichen (Kattwald hält etwa den von Leon als vertauscht bezeichneten Schlüssel für den „rechten / Weil du's bezweifelst grad!"). Hilfe finden Leon und Atalus durch die Grafentochter Edrita, die den einfältigen Galomir heiraten soll; sie folgt den Flüchtenden. Vor den Mauern von Metz durch die Verfolger gestellt, ergibt sich unverhoffte Rettung: Die Stadt ist in der Nacht zuvor in die Hände der Christen gefallen, und der Bischof kann seinen Neffen in die Arme schließen. Zu seinem Kummer muß Leon miterleben, wie Atalus Edrita als Braut erhält, doch der Bischof erkennt rechtzeitig, daß Edrita eigentlich den Küchenjungen liebt. Ihr Disput mit Leon bringt Gregor zu der Einsicht: „Sie reden alle Wahrheit, sind drauf stolz, / Und sie belügt sich selbst und ihn; er mich / Und wieder sie; der lügt, weil man ihm log – / Und reden alle Wahrheit, alle. Alle. Das Unkraut, merk ich, rottet man nicht aus, / Glück auf, wächst nur der Weizen etwas drüber."
Der Bischof akzeptiert die Verhältnisse der „buntverworrenen Welt", die selbst die edelsten Tugenden in ihr Gegenteil verkehren. Hierin zeigt sich eine Analogie zu der in Grillparzers historischen Dramen herrschenden Skepsis gegenüber dem Handeln, das stets in Schuld verstrickt. Das eigentliche Thema des Lustspiels bildet die Sprache, die unwillkürlich zum Hilfsmittel der Täuschung wird.

Der arme Spielmann. Erzählung, E 1831–1844, V 1847.

Auf dem Brigittenkirchtag, einem Wiener Volksfest, begegnet der Erzähler einem wunderlichen Musikanten, den er dazu bewegen kann, ihm seine Lebensgeschichte zu erzählen. Als Sohn eines hohen Staatsbeamten gelang es Jakob nicht, die an ihn gestellten Erwartungen zu erfüllen; von der Schule genommen, mußte er als Schreiber in einem Büro arbeiten. Zum Lebensinhalt wurde ihm die Musik und die Liebe zu Barbara, der Tochter eines Pastetenbäckers. Doch auch hier scheiterte er an seiner Verinnerlichung (er wagte es lediglich, Barbara durch eine Glasscheibe zu küssen); er verlor die Geliebte an einen Schlachtermeister. Nach dem Tod seines Vaters wurde er um sein Erbe betrogen; seitdem zieht er als Straßenmusikant durch Wien. Was er jedoch seiner Geige abringt, steht in extremem Kontrast zu seiner Vorstellung vom absoluten Kunstschaffen: Er ist kaum in der Lage, eine einfache Walzermelodie fehlerfrei zu spielen. Jahre später trifft der Erzähler den Spielmann, der bei einer Überschwemmung sein Leben für andere aufs Spiel gesetzt hat, auf dem Sterbebett wieder; bei ihm ist Barbara, die ihm letztlich die Treue gehalten hat.

Hinter der realistischen Gestaltungsweise verbirgt sich ein vielfältiges Bezugssystem mythologischer Motive (Demeter-Persephone-Mythos als ursprüngliche Gestaltung der Beziehung zwischen Leben und Tod) und kunsttheoretischer Positionen (Trennung zwischen dem Ideal und seiner Realisierung). Unverkennbar besitzt die Erzählung autobiographische Züge sowie zeitgeschichtliche Bezugspunkte (Überschwemmung als Sinnbild revolutionärer Veränderung). Die Nachwirkung reicht über ↑Stifter und T. ↑Mann (Lebensuntüchtigkeit des Künstlers) bis hin zu ↑Kafka, der eine Wesensverwandtschaft mit jenem Spielmann und seinem in der Kunstfigur gespiegelten Autor empfunden hat (Dominanz des Vater, problematische Beziehung zur Frau).

Ein Bruderzwist in Habsburg. Trauerspiel in 5 Akten, E ab 1825, V, U postum 1872.

Die Handlung spielt unmittelbar vor dem Ausbruch des Dreißigjährigen Kriegs. Im Mittelpunkt steht Kaiser Rudolf II., ein der Kunst und Wissenschaft, Astrologie und Alchimie verbundener Herrscher. Während das Reich an seiner konfessionellen Spaltung zugrunde zu gehen droht und die kath. Seite ein energisches Vorgehen gegen die Lutheraner fordert, versucht der Kaiser, sich über den politischen Alltag zu erheben; gemeinsam mit dem (protestantischen) Herzog Julius von Braunschweig plant er die Gründung eines Ordens der Friedensritter. Vor allem aber prägt ihn „das Bewußtsein, daß im Handeln, / Ob so nun oder so, der Zündstoff liegt, / Der diese Mine donnernd sprengt gen Himmel". Zum Gegenspieler Rudolfs wird sein vom Erzbischof Klesel beratener Bruder Mathias, der das Kommando in Ungarn im Kampf mit den Türken führt. Er mißbraucht seine Machtstellung, schließt einen Separatfrieden und setzt den Kaiser auf dem Hradschin gefangen. Abweichend von den historischen Fakten faßt Grillparzer den Tod Rudolfs (in Wirklichkeit 1612), den Herrschaftsantritt des Bruders und den Prager Fenstersturz zeitlich zusammen. Als skrupelloser Tatmensch tritt im letzten Akt Wallenstein auf, erfüllt von Genugtuung über den bevorstehenden Krieg. Mathias dagegen fühlt sich vom Haß Rudolfs verfolgt und bricht zusammen, während von der Straße die Vivatrufe zu Ehren des neuen Kaisers hereinklingen.

Den weltanschaulichen Rahmen des Historiendramas bildet die Unterscheidung zwischen der ewigen, göttlichen Ordnung, wie sie die Gestirne verkörpern, und der irdischen Ordnung der geschichtlichen Welt. Angesichts der Unüberwindbarkeit des Zwiespalts kann allenfalls Passivität dazu dienen, einer weiteren Zuspitzung der Opposition zwischen irdischer und überirdischer Ordnung vorzubeugen – eine Haltung, deren Tragik Grillparzer vor Augen führt.

Jacob Grimm
*4. 1. 1785 in Hanau, †20. 9. 1863 in Berlin

Der Sohn des Hanauer Stadt- und Landschreibers wuchs in Steinau auf, erhielt seine höhere Schulbildung in Kassel und studierte ab 1802 in Marburg Jura. Zu seinen Lehrern gehörte der Begründer der „Historischen Rechtsschule", Savigny, als dessen Mitarbeiter er 1805 in Paris Quellenstudien trieb; durch Savigny kam er mit A. v. ↑Arnim und ↑Brentano in Verbindung. 1806 trat Jacob Grimm in kurhess. Dienst, 1808 in den Dienst des von Napoleon geschaffenen Königreichs Westfalen (ab 1809 Mitglied des Staatsrats). Im Dienst des wiederhergestellten Kurfürstentums Hessen-Kassel hielt er sich 1814 und 1815 erneut in Paris auf; dazwischen liegt die Teilnahme am Wiener Kongreß. 1816–1829 war er Bibliothekar in Kassel, 1830 bis zur Amtsenthebung und Ausweisung als Mitglied der gegen den Verfassungsbruch durch König Ernst August von Hannover protestierenden „Göttinger Sieben" Bibliothekar und Professor in Göttingen. Von 1841 an lebte er in Berlin. 1846 leitete er in Frankfurt a. M. den ersten Germanistentag, 1847 die zweite Versammlung in Lübeck. 1848 gehörte er der Frankfurter Nationalversammlung an. Reisen führten ihn 1831 in die Schweiz, 1834 nach Belgien, 1843 nach Italien, 1844 nach Skandinavien, 1853 nach Südfrankreich.

Neben der Zusammenarbeit mit ↑Wilhelm Grimm vor allem am *Dt. Wörterbuch* (Vorarbeiten ab 1838, 1. Lieferung 1852, Fertigstellung 1863 bis zum Stichwort „Frucht", Vollendung in 16 Doppelbänden 1961) galt Jacob Grimms Hauptarbeit der Erforschung der dt. Sprachgeschichte (*Dt. Grammatik*, 1. Bd. 1819, ab 1822 Umarbeitung, bis 1837 4 Teile; *Geschichte der dt. Sprache*, 1848); er entdeckte die Gesetzmäßigkeiten der Lautveränderung, der Lautverschiebungen, den Umfang der Verwandtschaft der germanischen und indogermanischen Sprachen. Als Hg. veröffentlichte er Quellen zur Rechtsgeschichte sowie Werke der altdt., altnord., angelsächs., lat., mittellat. und span. Literatur.

Wilhelm Grimm
*24. 2. 1786 in Hanau, †16. 12. 1859 in Berlin

Der jüngere Bruder ↑Jacob Grimms teilte weitgehend dessen Ausbildungs- (Kassel, Marburg) und Lebensweg; auch Wilhelm wurde 1837 als Mitglied der „Göttinger Sieben" seines Lehramts enthoben und folgte freiwillig seinem zugleich des Landes verwiesenen Bruder; gemeinsam lebten sie ab 1841 in Berlin. Zu den wenigen Reisen Wilhelms gehört ein Aufenthalt in Halle und Weimar (Besuch bei ↑Goethe) im Jahr 1809; 1825 heiratete er „Dortchen" Wild.

Ab etwa 1806 zeichneten die Brüder Märchen als Dokumente der Volkspoesie auf, 1813 erschien der 1. Bd. der *Kinder- und Hausmärchen. Gesammelt von den Brüdern Grimm* (Bd. 2 1815, 2. Auflage 1819–1822, 7. Auflage 1857; daneben „Kleine Ausgabe" 1825 mit Illustrationen des „Malerbruders" Emil Ludwig Grimm, der ab 1832 an der Kunstakademie in Kassel lehrte). Ein weiteres Gemeinschaftswerk ist die Slg. *Dt. Sagen* (2 Bde., 1816 und 1818). Für das *Dt. Wörterbuch* bearbeitete Wilhelm den Buchstaben D. Zu seinen wissenschaftlichen Forschungsgebieten gehörte die Motivforschung (*Die dt. Heldensage*, 1829). Im Unterschied zu Jacob widmete sich Wilhelm stärker der Übersetzung von Sprachdenkmälern; 1811 erschien die Slg. *Altdän. Heldenlieder, Balladen und Märchen* (ursprünglich für den nicht erschienenen 4. Bd. von „Des Knaben Wunderhorn" gedacht). Der klassische „Märchenton" der Grimmschen Märchen wurde vor allem durch Wilhelms Bearbeitung geschaffen.

Johann (Hans) Jakob Christoffel von Grimmelshausen
*1621/22 in Gelnhausen, †17. 8. 1676 in Renchen (Lkr. Kehl)

Der Sohn eines Gastwirts, Schüler der lutherischen Pfarrschule in Gelnhausen, wurde nach der Verwüstung seiner Heimatstadt durch Kroaten in span. Dienst (1634) in die Kriegsereignisse des Dreißigjährigen Kriegs verwickelt (1638 Teilnahme an der Schlacht bei Wittenweil). Im Regiment des kaiserlichen Obersts Freiherr von Schauenburg brachte er es zum Regimentsschreiber; in diese Zeit fällt wohl seine Konversion zum Katholizismus. 1649 heiratete er in Offenburg und gab bald darauf seine militärische Laufbahn auf. Bis 1660 diente er den Herren von Schauenburg in Gaisbach im oberen Renchtal als Verwalter; zugleich erwarb er Grundbesitz und führte ein Wirtshaus. 1662–1665 stand er als Burgvogt im Dienst des Straßburger Arztes Dr. Küffer, durch den er zu verschiedenen Straßburger literarischen Gesellschaften in Beziehung trat. Im Dienst des Bischofs von Straßburg versah er von 1667 bis zu seinem Tod das Schultheißenamt in Renchen.

Ebenfalls 1667 trat Grimmelshausen als Schriftsteller an die Öffentlichkeit (*Der satirische Pilgram*, angekündigt 1665; *Exempel unveränderlicher Vorsehung Gottes/unter der Historie des keuschen Josephs in Ägypten* vorgestellt). Dem überaus erfolgreichen Roman *Der Abentheuerliche Simplicissimus Teutsch* (1669) folgten als weitere „Simpliciaden" 1670 *Trutz Simplex oder Ausführliche und wunderseltsame Lebensbeschreibung der Erzbetrügerin und Landstörzerin Courasche* (Grundlage für ↑Brechts Drama „Mutter Courage und ihre Kinder") und *Der seltsame Springinsfeld*, 1672 *Das wunderbarliche Vogel-Nest* (2. Teil 1675). 1671 setzte sich Grimmelshausen mit der Schrift *Simplicissimi Prahlerei und Gepränge mit seinem teutschen Michel* für die Ziele der Sprachgesellschaften (Reinheit der dt. Sprache) ein.

Der Abentheuerliche Simplicissimus Teutsch (auch *Simplicius Simplicissimus* gen.). Roman in 5 Büchern, V 1669 (u. d. Pseudonym German Schleifheim von Sulsfort); als 6. Buch *Continuatio des Abenteuerlichen Simplicissimus*, 1670; nach der stark mundartlich gefärbten Ausgabe erschien die „gereinigte" Fassung eines Korrektors. Zugrunde liegen neben den eigenen Kriegserlebnissen literarisch vorgeformte, von Grimmelshausen neu bearbeitete Episoden und Motive der Schwank- und der Erbauungsliteratur. Gattungsgeschichtlich besteht eine Verwandtschaft mit dem (span.) pikarischen und Schelmenroman.
Die Gliederung des einerseits durch bunte Stoffülle geprägten Romans weist andererseits eine klare symmetrische Ordnung auf: Das 1. Buch handelt von der Vertreibung des 10jährigen Knaben vom väterlichen Bauernhof durch plündernde Soldaten und seinem zweijährigen Aufenthalt bei einem Eremiten, der ihm den Namen „Simplex" (der „Einfältige") gegeben hat. Entsprechend endet das 5. Buch mit der zurückgezogenen Existenz des Ich-Erzählers als Einsiedler, nachdem er von seiner adligen Herkunft erfahren und eine Weltreise unternommen hat. Das 2. und 4. Buch zeigen ihn im Strudel der Ereignisse, nachdem er (vergleichbar Parzival, ↑Wolfram von Eschenbach) als „tumber" Tor in die Welt aufgebrochen ist. Er lebt als Narr, Soldat, Quacksalber und Pilger; zu den Schauplätzen gehören ein Kloster und der Pariser „Venusberg" ebenso wie verschiedene Heerlager. Das mittlere 3. Buch schildert die Taten des Simplicius als „Jäger von Soest".
Als ein Hauptwerk der auf Volkstümlichkeit bedachten dt. Barockliteratur bildet der *Simplicissimus* nicht allein ein reiches Epochenbild aus der Zeit des Dreißigjährigen Krieges, sondern spiegelt darüber hinaus das Ringen um Wertmaßstäbe in einer chaotischen Welt, in der „nichts Beständigeres ist als die Unbeständigkeit selbsten".

Anastasius Grün (eigtl. Anton Alexander Graf Auersperg)
*11. 4. 1806 in Laibach (= Ljubljana), †12. 9. 1876 in Graz
Das Mitglied eines bis ins 13. Jh. zurückreichenden Krainer Adelsgeschlechts studierte in Graz und Wien Jura, bereiste Italien, Frankreich, England und war als Verwalter der Grafschaft Thurn tätig. Politisch gehörte er der liberalen Opposition gegen das Metternich-System an. 1848 war er Mitglied des Vorparlaments in Frankfurt a. M.; zu Beginn der liberalen Ära in Österreich (u. a. Ministerpräsidentschaft des Fürsten Anton Auersperg 1871–1879) war er 1868 Präsident der Reichsratsdelegation. Freundschaft verband ihn mit ↑ Lenau.
Als politischer Lyriker steht Grün im Zusammenhang des Vormärz. 1831 erschien anonym seine Slg. *Spaziergänge eines Wiener Poeten* (u. a. Kritik am Klerikalismus und an der Zensur). Gegen christliche Weltverneinung richtet sich die Slg. *Schutt* (1835). Die *Nibelungen im Frack* (1843) sind ein humoristisches Kleinepos. Dem mit lehrhaften Sentenzen durchsetzten „ländlichen Gedicht" *Der Pfaff vom Kahlenberg* (1850) liegt die bis ins 14. Jh. zurückreichende Schwanksammlung „Des Pfaffen Geschicht und Histori vom Kalenberg" (V 1572/73) zugrunde.

Max von der Grün
*25. 5. 1926 in Bayreuth
Der Enkel eines Kutschers und Sohn eines Schusters machte eine kaufmännische Lehre. 1943 wurde er als Soldat gefangengenommen und verbrachte drei Jahre in einem Lager in den USA. 1951–1963 war er im Ruhrgebiet als Bergmann tätig (Kohlenschlepper und -hauer, nach einem Unfall Grubenlokführer). Seit 1964 lebt er als freier Schriftsteller in Dortmund.
Grün verfaßte ab Mitte der 50er Jahre Gedichte und Essays. 1961 gehörte er zu den Begründern der „Gruppe 61" zur Förderung der literarischen Bearbeitung des Themenbereichs Arbeitswelt, die sich 1972 aufgelöst hat; 1966 war er Mithg. des Gruppenalmanachs „Aus der Welt der Arbeit". Der Durchbruch als Erzähler gelang ihm mit dem inzwischen in knapp 20 Sprachen übersetzten Ruhrrevier-Roman *Irrlicht und Feuer* (1963), der Grün allerdings auch die Entlassung aus der beschriebenen Zeche einbrachte; Angriffen war er nicht allein von Unternehmer-, sondern auch von Gewerkschaftsseite ausgesetzt. Im Unterschied zur im Prinzip dokumentarischen Literatur ↑ Wallraffs verarbeitet Grün seine Erfahrungen mit den Mitteln der realistischen fiktionalen Schilderung. Neben Romanen bis hin zum „Wirtschaftskrimi" *Die Lawine* (1986) und Erzählungen entstanden Funk- und Fernsehspiele sowie zahlreiche Beiträge für Zeitschriften und Anthologien.

Gedichtbände: *Wir tragen ein Licht durch die Nacht* (1964). – Romane: *Männer in zweifacher Nacht* (1962), *Zwei Briefe an Pospischiel* (1968), *Stellenweise Glatteis* (1973, Verf. B.D. 1974/75 Wolfgang Petersen), *Flächenbrand* (1979), *Die Lawine* (1986). – Erzählungen: Slg. *Fahrtunterbrechung* (1965), *Menschen in Dtl. 7 Porträts* (1973), Slg. *Vorstadtkrokodile* (1976).

Irrlicht und Feuer. Roman, V 1963, TV-Verfilmung DDR 1966 (Ausstrahlung in der B.D. 1968). Der Hauer Formann berichtet von seiner unter Leistungsdruck zu verrichtenden Arbeit in der Zeche; nach ihrer Stillegung gelangt er schließlich zur „sauberen", aber ebenso entfremdeten Fließbandarbeit. Die Kritik richtet sich ebenso gegen die Ausbeutung der Arbeitskraft wie gegen nur lohnbewußte, um Positionen kämpfende Gewerkschaftsfunktionäre und bürgerliches Besitzstreben (verkörpert durch die Ehefrau). Nebenfiguren (Verfolger wie Verfolgte der Nazizeit) erweitern den Arbeiterroman zum zeitgeschichtlichen Gesellschaftspanorama.

Andreas Gryphius (eigtl. A. Greif)
*2. 10. 1616 in Glogau (Schlesien, poln. Glogów), †16. 7. 1664 in Glogau
Der Barockdichter der Vergänglichkeit und christlich-stoischen Weltüberwindung angesichts der Verheerungen des Dreißigjährigen Krieges gewann in der Nachkriegszeit neue Aktualität: Es ist kein Zufall, daß zu den Preisstiftungen der 50er Jahre der ab 1957 verliehene Andreas-Gryphius-Preis gehört.
Gryphius verlor mit 4 Jahren den Vater, mit 12 Jahren die Mutter; er erlebte in seiner Jugend Religionsverfolgung und die Zerstörung Glogaus. In Fraustadt, einem Sammelplatz der Protestanten, besuchte er das Gymnasium. 1634–1636 war er in Danzig als Hauslehrer tätig; zugleich verfaßte er lat. Epen über biblische Themen (u. a. *Herodis furiae et Rachelis lachrymae*), die ihm 1637 die Krönung zum Poeta laureatus eintrugen. Ab 1638 studierte und lehrte er in Leiden. 1644–1647 führte ihn eine Studienreise nach Paris, Florenz, Rom (Beziehung zu dem Gelehrten Athanasius Kircher), Venedig und zurück über Straßburg und Amsterdam nach Stettin. Von 1650 bis zu seinem Tod übte er als ein in hohem Ansehen stehender Gelehrter und Dichter das Amt des Syndikus (Führung der Sitzungsprotokolle) der Landstände in Glogau aus. 1662 wurde er als „der Unsterbliche" Mitglied des um 1617 in Weimar als erste dt. Sprachgesellschaft gegründeten „Palmordens" (auch „Fruchtbringende Gesellschaft" genannt).
In seinem literarischen Schaffen bewahrte Gryphius Selbständigkeit gegenüber dem Regelwerk seines schles. Landsmanns ↑ Opitz. Als Lyriker bevorzugte er die Formen der Ode und des Sonetts. In zunehmend freier rhythmischer Gestaltung entwickelte er das Gedicht zum eindringlichen, bildreichen Ausdruck des Strebens nach Überwindung des Irdischen im Licht der Jenseitshoffnung.
Als Dramatiker stand Gryphius unter dem Eindruck des Jesuitendramas sowie der Tragödien des Holländers Joost van den Vondel und der fr. „Klassizisten" (Thomas und Pierre Corneille). Er strebte nach einer für die Gebildeten bestimmten dt. Bühnenkultur im Unterschied zur vorherrschenden Bühnenpraxis der volkstümlichen Wandertheater. Das Hauptthema seiner Trauerspiele ist der schuldlose Untergang, das (christliche wie weltliche) Martyrium. Die Stoffe fand Gryphius sowohl in der Spätantike bzw. im Frühmittelalter (*Leo Armenius* handelt vom Sturz des byzantinischen Kaisers Leon V. im Jahr 820) als auch in der unmittelbaren Gegenwart (*Carolus Stuardus* über Sturz und Hinrichtung König Karls I. von England 1649). Das Versmaß der in fünf Akte gegliederten Trauerspiele ist der Alexandriner, dem Vorbild des antiken Chores folgt der kommentierende „Reyen" am Aktschluß bzw. zwischen den Akten. Die Darstellung der Vergänglichkeit alles Irdischen reicht bis hin zu Schauermotiven: In der Liebestragödie *Cardenio und Celinde* verwandelt sich die (vermeintliche) Geliebte auf offener Bühne in ein Totengerippe. Als Lustspielautor setzte sich Gryphius u. a. mit dem barocken Sprachbombast auseinander *(Horribilicribrifax)*.

Gedichtbände: *Sonette* (1637), *Sonn- und Feiertagssonette* (1634), *Teutsche Reimgedichte* (1650), *Dt. Gedichte* (1657, Sonette, Oden, Epigramme, 2 Zyklen: *Tränen über die Leiden des Herrn* und *Kirchhofsgedanken*). – Dramen: *Leo Armenius oder Fürstenmord* (E um 1646, V 1650, U 1651), *Catharina von Georgien oder Bewährte Beständigkeit* (E 1646/47, U 1651, V 1657), *Ermordete Majestät oder Carolus Stuardus* (E 1649, U 1650, V 1657; 2. Fassung V 1663), *Absurda comica oder Herr Peter Squentz* (E 1647/50, V 1657), *Horribilicribrifax oder Wählende Liebhaber* (E 1647/50, V 1663), *Cardenio und Celinde oder Unglücklich Verliebte* (E um 1650, V 1657, U 1661), *Großmütiger Rechtsgelehrter oder Sterbender Aemilius Paulus Papinianus* (V 1659, U 1660).

Catharina von Georgien oder Bewährte Beständigkeit. Trauerspiel in 5 Akten, E 1646/47, U 1651, V 1657. Das Drama handelt vom Tod der Königin Catharina von Georgien in pers. Gefangenschaft im Jahr 1624. Es ist jedoch nicht als zeitgeschichtliche Darstellung im engeren Sinne gedacht; vielmehr wird sein Inhalt im Prolog als zeitloses „Beispiel unaussprechlicher Beständigkeit" charakterisiert. „Verlacht" soll werden, was „hier (auf Erden) vergeht".

Im Mittelpunkt der Handlung stehen die seit Jahren als Gefangene am pers. Hof lebende Christin Catharina und Schah Abas. Dieser liebt die entmachtete Königin leidenschaftlich, wird von ihr jedoch als Heide zurückgewiesen. Vor die Wahl gestellt, Abas zu heiraten oder hingerichtet zu werden, bleibt Catharina ihrem ermordeten Ehemann, ihrem Volk und ihrem Glauben treu. Die Reue des Schahs und der Widerruf seines Todesurteils kommen zu spät; die Schlußszene zeigt die verklärte Märtyrerin, wie sie Abas die Strafe Gottes prophezeit. Die Gefangenschaft Catharinas ist ein Sinnbild des Lebens; Befreiung bringt allein der Tod als Zugang zum „gewünschten Reich der ewig steten Lust". Abas dagegen bleibt ein Gefangener seiner Leidenschaft.

Trotz häufigen Schauplatzwechsels ist die Einheit des Ortes (Hof des Abas in Schiras) gewahrt. Ebenso hält Gryphius die Einheit der Zeit und der Handlung ein: Das Bühnengeschehen beschränkt sich auf den letzten Tag im Leben der Titelheldin, die Vorgeschichte fügt sich aus verschiedenen Berichten zusammen. Dieses epische Gestaltungsmittel wechselt mit Monologen und zumeist knappen Dialogen; der „Reyen" (als Form des Chores) kommentiert die Handlung. Auf die allegorische Grundhaltung verweist die (der Beschreibung eines riesigen Vanitas-Stillebens ähnelnde) Szenenanweisung: „Der Schauplatz liegt voller Leichen, Bilder, Kronen, Szepter, Schwerter. Über dem Schauplatz öffnet sich der Himmel, unter dem Schauplatz die Hölle."

Absurda comica oder Herr Peter Squentz. Lustspiel in 3 Akten, E 1647/50, V 1657. Dem „Schimpfspiel" liegen die Rüpelszenen in Shakespeares „Sommernachtstraum" zugrunde, die schon von engl. Komödianten als selbständiges Schauspiel aufgeführt wurden. Ungewiß ist, ob Gryphius vom Originaltext ausgegangen ist oder den Stoff lediglich in der Bearbeitung durch den Mathematikprofessor Daniel Schwenter kennengelernt hat. Deutlich ist die von Gryphius vorgenommene Verstärkung der satirischen Elemente.

Der Schreiber und Schulmeister Peter Squentz studiert mit einer Gruppe von Handwerkern die Tragödie von Pyramus und Thisbe ein, um sie dem durchreisenden König und seinem Gefolge vorzuführen. Mit großem Eifer widmen sich die Laienschauspieler der Aufgabe, den Liebestod des Pyramus (er glaubt, seine Geliebte sei das Opfer eines Löwen geworden, und ersticht sich) und der Thisbe (sie nimmt sich am Leichnam des Prinzen ebenfalls das Leben) als Trauerspiel zur Darstellung zu bringen. Sie wecken jedoch zunehmende Heiterkeit, etwa indem sie aus ihren Rollen fallen, und werden schließlich entsprechend der Anzahl ihrer „Säue" (d. h. der ihnen unterlaufenen Fehler) belohnt.

Der Autor steht auf der Seite des höfischen Bühnenpublikums und gibt die „Volkskünstler" damit ebenso dem Gelächter des realen Publikums preis. Insofern spiegelt das Lustspiel die Kluft zwischen den Gebildeten, an die sich Gryphius mit seinen Trauerspielen gewandt hat, und dem breiten Volk bzw. den kleinbürgerlichen Schichten. Dennoch ist die *Absurda comica* nicht allein von Herablassung geprägt. Sie gewinnt ihre Komik nicht zuletzt aus dem Sprachwitz, mit dem sich die biederen Handwerker und ihr Lehrmeister Squenz zu behaupten wissen; sie wandeln sich gleichsam unter der nachsichtigen Leitung des Autors vom Objekt zum Subjekt des Lustspiels. Erhalten bleibt jedoch das Mißverhältnis zwischen künstlerischem Wollen und Können.

Lyrik. Neben Gedichten in lat. Sprache und Übersetzungen bzw. Nachgestaltungen lat. Gedichte hat Gryphius ein bedeutendes lyrisches Werk in dt. Sprache geschaffen. Als Form des Gedichts bevorzugte er neben der Ode das Sonett mit seiner antithetischen Struktur (Gegensatz zwischen den beiden Quartetten und Terzetten). Das in Titeln wie *Alles ist eitel* oder *Vanitas! Vanitatum vanitas!* ausgedrückte Grundthema ist die Vergänglichkeit alles Irdischen. Es bezieht sich vielfach konkret auf die Schrecken des Krieges. So zeichnet der 20jährige Gryphius im 18. Jahr des Dreißigjährigen Krieges ein Bild der Verwüstung: „Wir sind ja nunmehr ganz, ja mehr denn ganz verheeret, / Der frechen Völker Schar, die rasende Posaun, / Das vom Blut fette Schwert, die donnernde Kartaun, / Hat aller Schweiß und Fleiß und Vorrat aufgezehret." Den Blickwinkel dieses 1. Quartetts von *Tränen des Vaterlandes. Anno 1636* erweitert das letzte Terzett: „Doch schweig ich noch von dem, was ärger als der Tod, / Was grimmer denn die Pest und Glut und Hungersnot: / Daß auch der Seelen Schatz so vielen abgezwungen." Während hier noch ein konfessioneller Standpunkt anklingt, überwiegt in den späteren Gedichten die grundsätzliche Gegenüberstellung von Diesseits und Jenseits, aus der sich die Einsicht in die Scheinhaftigkeit des irdischen Lebens ergibt. Um diese zu kennzeichnen, bedient sich Gryphius mitunter des Totentanz-Motivs: „Wir sind zwar gleich am Fleisch, doch nicht von gleichem Stande: / Der trägt ein Purpurkleid, und jener gräbt im Sande, / Bis nach entraubtem Schmuck der Tod uns gleiche macht" (*Ebenbild unsres Lebens*). Als Gesetz des irdischen Lebens erweist sich der ständige Wechsel von Aufwärts und Abwärts gemäß der Bewegung des Schicksalsrades, das Fortuna dreht; dieser Wechsel spiegelt sich auch im zyklischen Ablauf des Naturgeschehens; über dem Menschen schwebt das Damoklesschwert: „(...) Der steigt und jener fällt, der suchet die Paläste, / Und der ein schlechtes Dach; der herrscht und jener webt; / / Was gestern war, ist hin; was itzt das Glück erhebt, / Wird morgen untergehn; die vordem grünen Äste / Sind nunmehr dürr und tot; wir Armen sind nur Gäste, / Ob denen ein scharf Schwert an zarter Seide schwebt" (*Ebenbild unsres Lebens*).

Bildhafte Vergleiche und Metaphern sind ein wesentliches Gestaltungsmittel, wobei Gryphius ihre bloß schmückende Verwendung ebenso vermeidet wie die im Barock oft genug anzutreffende schwülstige Üppigkeit des bildhaften Sprechens. Geradezu „katalogartig" reiht das Gedicht *An die Sternen* vergleichende Bilder: Die Sterne sind Lichter, Fackeln, Diamanten, Blumen als Schmuck der Himmelsaue, schließlich Wächter; diese Reihenfolge dringt vom unmittelbaren sinnlichen Eindruck zu einer geistigen Bedeutung vor. Das breiteste Spektrum an bildhaften Vergleichen ergibt sich aus der Frage nach der Natur des Menschen als irdisches Wesen: Er ist ein „Wohnhaus grimmer Schmerzen", ein „Ball des falschen Glücks", ein „Irrlicht dieser Zeit", ein „Schauplatz herber Angst", ein „Spiel der Zeit". Lapidar stellt das Sonett *Menschliches Elend* fest: Der Mensch ist „ein bald verschmelzter Schnee und abgebrannte Kerzen". Es endet, die Vanitas-Motive (z. B. Kerze) im Bild des Allerflüchtigsten verdichtend: „(...) Was sag ich? Wir vergehn, wie Rauch von starken Winden."

Die lyrische Bildsprache wandelt sich zum Appell: „Spielt denn dies ernste Spiel, weil es die Zeit noch leidet, / Und lernt, daß wenn man vom Bankett des Lebens scheidet, / Kron, Weisheit, Stärk und Gut sei eine leere Pracht!" (*Ebenbild unsres Lebens*).

Das Gedicht kann aber auch zum Gebet werden, etwa ausgehend vom Vergleich des Lebens mit einer „Rennebahn": „Laß, höchster Gott, mich doch nicht auf dem Laufplatz gleiten! / Laß mich nicht Ach, nicht Pracht, nicht Lust, nicht Angst verleiten! / Dein ewig heller Glanz sei vor und neben mir! (...) So reiß ich mich aus dem Tal der Finsternis zu Dir!" (*Abend*).

Karoline von Günderode (Günderrode)
*11. 2. 1780 in Karlsruhe, † 26. 7. 1806 in Winkel am Rhein (Rheingaukreis)
Die „Sappho der Romantik" stand in enger freundschaftlicher Beziehung zu
↑ Brentano und dessen Schwester Bettina (B. v. ↑ Arnim). 1804 veröffentlichte sie
unter dem (männlichen) Pseudonym Tian die Slg. *Gedichte und Phantasien.* Der
von intensiver Beschäftigung mit Literatur und Philosophie geprägte Umkreis der
Themen und Motive reicht von der altnordischen Sagenwelt über die antike
Mythologie bis hin zum Orient und zu Anklängen an altpers. und altind. Mythen.
So lehnt sich die Ballade *Darthula* an die Ossian-Dichtung an; neben dem Gedicht
Ariadne auf Naxos findet sich das Gedicht *Mahomeds Traum in der Wüste.*
Letzteres gehört mit dem Prosastück *Ein apokalyptisches Fragment* zu den Texten,
in denen am stärksten die Sehnsucht nach Entgrenzung zum Ausdruck kommt.
1805 folgte die Slg. *Poetische Fragmente,* die u. a. das Drama *Mahomed, der
Prophet von Mekka* enthält.
1804 lernte Karoline von Günderode den in Heidelberg lehrenden Philologen und
Mythenforscher Georg Friedrich Creuzer kennen, mit dessen „Genius" Eusebio
sie einen „poetischen Briefwechsel" führte. Die unglückliche, zunehmend von
Enttäuschungen gezeichnete Liebe zu Creuzer spiegelt der Gedichtzyklus *Melete,*
gewidmet der „sinnenden Muse". Das Gedicht *Die eine Klage* enthält das
Wunschbild, daß „der Zweiheit Grenzen schwinden / Und des Dasein Pein". Wie
kaum ein anderer Repräsentant der Romantik war die Schriftstellerin von dem
Bewußtsein geprägt, daß ein Teil unseres Lebens „im Halbschlaf gehalten wird
und sich in den kurzen Augenblicken, da er hellwach wird, in Sehnsucht verzehrt".
Im Alter von 26 Jahren nahm sie sich das Leben. Ihrem Andenken widmete
Bettina von Arnim 1840 die (bearbeitete) Brief-Slg. „Die Günderode". Die von
Creuzer gesammelten Dichtungen sind erst 1906 zur Veröffentlichung gelangt.

Johann Christian Günther
*8. 4. 1695 in Striegau (Schlesien, poln. Strzegom), †15. 3. 1723 in Jena
Der Sohn eines Arztes besuchte 1710–1715 das ev. Gymnasium in Schweidnitz
(poln. Świdnica). In dieser Zeit begann er im galanten Stil zu dichten, versuchte
sich als Dramatiker (1715 kam sein Trauerspiel *Die von Theodosio bereute Eifersucht* zur Aufführung) und verfaßte Satiren zur Verteidigung seines Gönners, des
Rektors Leubscher, der wegen allzu großzügiger Erziehungsgrundsätze gemaßre-
gelt worden war. Der Anstoß, den Günther in der Öffentlichkeit erregte, führte
zum Bruch mit dem Elternhaus. Die Studienzeit in Wittenberg (bis 1717) und
Leipzig (bis 1719) erlebte er als gefeierter Dichter von Trink- und Liebesliedern –
ein Ruf, der die Kluft zwischen Vater und Sohn noch vertiefte. Die Aussicht auf
eine Anstellung als sächs. Hofdichter zerschlug sich. Schwer erkrankt, lebte
Günther 1720 im Armenhaus von Lauban. Die wenigen Jahre bis zu seinem
frühen Tod verbrachte er als vom Vater zurückgewiesener, vielfach gedemütigter
Wanderdichter. Zwar fand er in Jena einen schles. Edelmann, der für seinen
Unterhalt aufkam, doch starb er kurz nach dieser Wende der äußeren Lebensverhältnisse. Seine lat. und dt. Gedichte erschienen postum 1724–1735 (4 Bde.).
Literaturgeschichtliche Bedeutung besitzt Günthers Auffassung der Dichtung als
Bekenntnis und unmittelbarer Ausdruck des eigenen Erlebens. Er bereitete damit
nicht zuletzt ↑ Goethe die Bahn, der das Urteil gefällt hat: „Er wußte sich nicht zu
zähmen, und so zerrann ihm sein Leben wie sein Dichten."

Karl Gutzkow
*17. 3. 1811 in Berlin, †16. 12. 1878 in Sachsenhausen (= Frankfurt a. M.)

Im Dezember 1835 beantragte der Gesandte Österreichs in der Bundesversammlung des Dt. Bundes das Publikationsverbot für Mitglieder der „unter der Bezeichnung ‚das junge Deutschland' oder ‚die junge Literatur' bekannten literarischen Schule". Vorbereitet war der pauschale Zensurakt durch eine Serie von Hetzartikeln Wolfgang Menzels (das „kranke, entnervte und dennoch junge Deutschland wankt aus dem Bordell herbei, worin es seinen neuen Gottesdienst gefeiert hat") und Gutachten der einzelnen Zensurbehörden. Der rasch gefaßte Beschluß über das Verbot des „Jungen Deutschland" nennt als dessen Hauptvertreter an zweiter Stelle nach ↑Heine Karl Gutzkow, gefolgt von ↑Laube, Ludolf Wienbarg und Theodor Mundt.

Der Sohn eines preuß. Hofbediensteten studierte 1829/30 in Berlin Theologie, war 1831/32 in Stuttgart Mitarbeiter an dem von Menzel hg. „Literaturblatt" und promovierte 1833 in Jena. Im Jahr zuvor veröffentlichte er die *Briefe eines Narren an eine Närrin;* in ihnen stellte er fest: „Die Notwendigkeit der Politisierung unserer Literatur ist unleugbar." Diesem Ziel diente die Tätigkeit in Frankfurt a. M. als Redakteur der Zeitschrift „Phönix, Frühlingszeitung für Deutschland"; in ihr erschien 1835 als Vorabdruck der Buchausgabe ↑Büchners erstes Drama: „Dantons Tod" (in der Bearbeitung Gutzkows). Im selben Jahr veröffentlichte Gutzkow den freisinnigen und erotischen Roman *Wally, die Zweiflerin*. Er gehörte zu den Neuerscheinungen, die das Verbot des „Jungen Deutschland" auslösten; der Autor mußte 1836 in Mannheim eine Gefängnisstrafe verbüßen. Nach seiner Entlassung war Gutzkow in Frankfurt und Hamburg als Redakteur des „Telegraph" tätig. 1846–1861 lebte er in Dresden, zunächst als Dramaturg des Hoftheaters, ab 1852 als Redakteur der Zeitschrift „Unterhaltungen am häuslichen Herd".

Gutzkow gehört zu den entschiedenen liberalen Kritikern der politischen Restauration und der kirchlichen Orthodoxie. Zu den von ihm verfochtenen Zielen zählt die Emanzipation der Frau. „Eure Weiber sollen euch in den Himmel führen, und ihr lehrt sie nur die Hölle kennen!" heißt es in den *Briefen eines Narren an eine Närrin*. In *Wally, die Zweiflerin* schildert Gutzkow die „geistige Vermählung" der Titelheldin mit ihrem Geliebten am Tag der erzwungenen Hochzeit mit einem Diplomaten, der ihre Schönheit als bloßes Werkzeug benutzt. Literaturgeschichtliche Bedeutung hat der als zeitgeschichtliches Panorama mit Repräsentanten sämtlicher Bevölkerungsschichten konzipierte Roman *Die Ritter vom Geiste*. Als Lustspielautor verwendete Gutzkow historische Stoffe: *Das Urbild des Tartüffe* handelt vom Kampf Molières um die von klerikaler Seite hintertriebene Aufführung seines „Tartuffe".

Romane: *Maha Guru* (1833), *Wally, die Zweiflerin* (1835), *Seraphine* (1837), *Blasedow und seine Söhne* (1838), *Die Ritter vom Geiste* (1850/51, 5. gekürzte Auflage 1868), *Die Diakonissin* (1855), *Der Zauberer von Rom* (1858/61). – Dramen: *Zopf und Schwert* (U, V 1844, Verf B. D. 1974 Helmut Käutner), *Das Urbild des Tartüffe* (U 1844, V 1847), *Uriel Acosta* (U 1846, V 1847; als Erzählung *Der Sadduzäer von Amsterdam* 1834). – Essays und andere Prosa: *Briefe eines Narren an eine Närrin* (1832), *Reiseskizzen* (1834), *Öffentliche Charaktere* (1835), Vorrede zu Schleiermachers „*Vertrauten Briefen über die Lucinde*" (1835, vgl. F. ↑Schlegel), *Goethe im Wendepunkt zweier Jahrhunderte* (1836), Slg. *Die Zeitgenossen, ihre Schicksale, ihre Tendenzen, ihre großen Charaktere* (1837), Slg. *Götter, Helden, Don Quijote* (1838), *Beiträge zur Geschichte der neuesten Literatur* (1839), *Skizzenbuch* (1839), *Ludwig Börnes Leben* (1840).

Peter Hacks
*21. 3. 1928 in Breslau
Der Sohn eines Rechtsanwalts machte 1946 in Wuppertal das Abitur. Ein 1947 in München begonnenes Studium (Soziologie, Philosophie, Literatur- und Theaterwissenschaft) schloß er 1951 mit der Promotion ab (*Das Theaterstück des Biedermeier*). Seine ab 1953 entstandenen Dramen (*Das Volksbuch vom Herzog Ernst*, U 1967) zeigen den Einfluß ↑ Brechts. 1955 gelangte in München das Kolumbus-Schauspiel *Eröffnung des indischen Zeitalters* zur Aufführung; im selben Jahr siedelte Hacks nach Ost-Berlin über und wurde Mitarbeiter beim „Berliner Ensemble". Ab 1960 Dramaturg und Theaterdichter am Dt. Theater, mußte er 1963 im Zusammenhang der Auseinandersetzung um seine Darstellung der sozialistischen Gesellschaft diese Anstellung aufgeben und lebte fortan als freier Schriftsteller. 1974 und 1977 wurde er mit dem Nationalpreis, 1981 mit dem Heinrich-Mann-Preis der DDR ausgezeichnet.

Das dramatische Gesamtwerk gliedert sich in vier Hauptgruppen. Die frühen „historischen Komödien" demontieren den Typus des geschichtlichen Helden, indem sie sein Handeln in den Zusammenhang der Klassengegensätze stellen. So schildert *Der Müller von Sanssouci* (1958) Friedrich II. als absolutistischen Herrscher, der die berühmte Anekdote vom Müllermeister Arnold, der zu seinem Recht gelangt, aus propagandistischen Gründen inszenieren läßt. Die in der DDR angesiedelten Zeitstücke unterscheiden zwischen Anspruch und Wirklichkeit des Sozialismus, sie malen „mit den grauen Tinten / Der Gegenwart der Zukunft buntes Bild" (*Die Sorgen und die Macht*, 1962). Eine dritte Gruppe bilden die Bearbeitungen (*Der Frieden* und *Die Vögel* nach Aristophanes, letzteres als Opernlibretto) und Parodien (Kriminaloper *Noch ein Löffel Gift, Liebling?*, U 1972). Schließlich beteiligte sich Hacks an der Entwicklung einer „sozialistischen Klassik" mit stilisierenden Tendenzen. Kennzeichnend hierfür ist das Monodrama *Ein Gespräch im Hause Stein über den abwesenden Herrn von Goethe* (U 1976), in dem sich Charlotte von Stein mit ihrem als Puppe anwesenden Mann darauf vorbereitet, von ↑ Goethe einen Heiratsantrag entgegenzunehmen. Eine breite Leserschaft erreichte Hacks als Kinderbuchautor; als Verserzählung gestaltete er die parodistische Herakles-Geschichte *Der Mann mit dem schwärzlichen Hintern* (1980).

Dramen: *Das Volksbuch vom Herzog Ernst* (E 1953, V 1957, U 1967), *Eröffnung des indischen Zeitalters* (U 1955, V 1957; Neufassung *Columbus oder Die Weltidee zu Schiff*, E 1970, U 1975), *Die Schlacht bei Lobositz* (U 1956, V 1957), *Der Müller von Sanssouci* (U, V 1958), *Die Sorgen und die Macht* (E 1959, U 2. und 3. Fassung 1962), *Polly oder Die Bataille am Bluewater Creek* (nach John Gay, U 1965), *Amphitryon* (U, V 1968), *Das Jahrmarktsfest zu Plundersweiler* (nach Goethe, U 1975), *Senecas Tod* (U 1980, V 1981), *Pandora* (nach Goethe, V 1980, U 1982). – Essays: Slg. *Das Poetische. Ansätze zu einer postrevolutionären Dramaturgie* (1972), *Versuch über das Libretto* (1973).

Moritz Tassow. Komödie in 13 Bildern, E 1960, U, V 1965.
Als „Zeitstück" konfrontiert das Schauspiel am Beispiel der Gründung der Land-„Kommune 3. Jahrtausend" durch Tassow im Jahr 1945 dessen individualistisches revolutionäres Vorgehen mit der planvollen Handlungsweise des Berufsrevolutionärs Mattukat, als dessen Nachfolger der Funktionär Blasche das Feld behauptet. Nicht nur dieser kritische Schluß, sondern ebenso die relative Ausgewogenheit zwischen den beiden Grundpositionen (z. B. Befriedigung individueller Bedürfnisse kontra Beachtung gesellschaftlicher Notwendigkeiten) erregten in der DDR Mißfallen.

Friedrich von Hagedorn
*23. 4. 1708 in Hamburg, †28. 10. 1754 in Hamburg
Als Mitglied einer hanseatischen Diplomaten- und Juristenfamilie studierte Hagedorn 1726/27 in Jena Rechtswissenschaft, war 1729–1731 in London als Sekretär des dän. Gesandten tätig und erhielt 1733 das Amt des Sekretärs der „Company of Merchants Adventures of England" in Hamburg. Durch die Slg. *Versuch in poetischen Fabeln und Erzählungen* (1738) und die *Sammlung neuer Oden und Lieder* (3 Teile 1742–1752) wurde er zum Begründer der dt. Anakreontik. Themen seiner häufig vertonten Lieder sind Jugend, Freundschaft, Liebe und ein arkadisch getöntes Landleben: „Wie munter sind Schäfer und Herde!/ Wie lieblich beblümt sich die Erde!/ Wie lebhaft ist jetzo die Welt" *(Der Mai).*

Albrecht (von) Haller
*16. 10. 1708 in Bern, †12. 12. 1777 in Bern
Als 15jähriger begann Haller in Tübingen ein Studium der Medizin, das er in Leiden fortsetzte. 1736 folgte er einem Ruf als Professor für Anatomie, Chirurgie und Botanik nach Göttingen; hier wurde er 1749 geadelt. 1753 kehrte er nach Bern zurück und verfaßte sein medizinisches Hauptwerk *Elementa physiologiae corporis humani* (8 Bde. 1757–1766). In drei Romanen legte er seine staatsphilosophischen Vorstellungen dar. Hallers literaturgeschichtliche Bedeutung gründet sich auf das 1732 in der Slg. *Versuch Schweizerischer Gedichte* veröffentlichte Lehrgedicht (in Alexandrinern) *Die Alpen*, entstanden unter dem Eindruck einer Studienreise im Jahr 1728. Obwohl vom antiken Topos des „Goldenen Zeitalters" beeinflußt und in der Darstellung der gefühlstiefen Liebe der einfachen bäuerlichen Menschen idealisierend, gab Haller erstmals in dt. Sprache dem Naturerleben – vom Umkreis der Berggipfel bis hin zur Kleinform der Pflanze – unmittelbaren dichterischen Ausdruck. Das kulturkritische Grundgerüst bildet die auf Rousseau vorausweisende Gegenüberstellung von unverfälschter genügsamer Lebensweise im Einklang mit der Natur und durch Zivilisation verdorbenem städtischem Leben.

Johann Georg Hamann
*27. 8. 1730 in Königsberg, †21. 6. 1788 in Münster (Westfalen)
Der Sohn eines Baders studierte in seiner Heimatstadt Rechtswissenschaft und Theologie, wurde als Hauslehrer tätig und kam 1757 als Beauftragter des Rigaer Handelshauses Behrens nach London. Beruflich gescheitert, wurde sich Hamann der religiösen Grundbedingung seines persönlichen Lebens bewußt. Von hier aus entwickelte er eine am Vorbild der „Unwissenheit" des Sokrates wie an der Mystik ↑ Böhmes orientierte Gegenposition zur Vernunftautonomie der Aufklärung; seine 1759 veröffentlichten *Sokratischen Denkwürdigkeiten* spiegeln die unmittelbare Auseinandersetzung mit Kant. Die Slg. *Kreuzzüge des Philologen* (1762) enthält die Auffassung von Gott als dem „Poeten am Anfang der Taten" und der Poesie als der „Muttersprache des menschlichen Geschlechts". „Sinne und Empfindungen" sind das allein taugliche Mittel der Erkenntnis; entsprechend bediente sich Hamann einer weithin alogischen bildhaften Sprache. Vermittelt durch seinen „Schüler" ↑ Herder, wurde der „Magus des Nordens" zu einem Initiator des Sturm und Drang. Als Spätwerke erschienen 1784 *Golgatha und Scheblimini* und *Metakritik über den Purismus des reinen Verstandes.*

Peter Handke
*6. 12. 1942 in Griffen (Kärnten)

1966 bezichtigte der 23jährige Debütant Handke die in Princeton (USA) versammelten Mitglieder der „Gruppe 47" der „Beschreibungsimpotenz" – ein Vorwurf, zu dem er sich sieben Jahre später weiterhin bekannte: „Ein großer Teil der Literatur besteht aus Beschreibungen, die einfach Ausdruck von Hilflosigkeit, die nur Eselsbrücken sind zu dem, um was es dem Autor geht." Mit der Forderung nach individueller Entfaltung der „zukunftsmächtigen Kraft des poetischen Denkens" wurde er zum Repräsentanten einer neuen Subjektivität.

Der leibliche Sohn eines verheirateten dt. Zahlmeisters bekam kurz vor seiner Geburt einen Berliner Straßenbahnfahrer als Stiefvater. 1944–1948 lebte er in Berlin-Pankow, anschließend mit seiner Familie im Haus des Großvaters, eines Bauern und Zimmermanns, in Griffin. 1954–1959 besuchte er als Internatsschüler das kath.-humanistische Gymnasium in Tanzenberg, 1961 machte er in Klagenfurt das Abitur und begann in Graz ein Jurastudium. Mit ↑ Frischmuth gehörte er zur literarischen Vereinigung „Forum Stadtpark". Aufsehen erregte er 1966 durch die Uraufführungen der ab 1964 entstandenen „Sprechstücke" *Publikumsbeschimpfung, Weissagung* und *Selbstbezichtigung*. Seitdem lebt Handke als freier Schriftsteller. Nach Aufenthalten u. a. in Berlin, Düsseldorf, Köln und Paris (ab 1975) sowie einer USA-Reise ließ er sich 1979 in Salzburg nieder. Zu seinen Auszeichnungen gehören der Gerhart-Hauptmann-Preis 1967 und der Büchner-Preis 1973. 1975 erhielt er für das Drehbuch des Films „Falsche Bewegung" von Wim Wenders den Bundesfilmpreis in Gold.

Ein wesentlicher Ausgangspunkt Handkes ist das Sprachexperiment im Sinne einer Bloßstellung sprachlicher Fixierungen, „unbewußter literarischer Schemata". Aufgabe der Literatur ist das „Zerbrechen aller endgültig scheinenden Weltbilder". Diese grundsätzlich gesellschaftskritische Funktion verteidigte er gegen eine Politisierung der Literatur durch unmittelbare Kritik, Parteinahme, Bereitstellung von Alternativen. Den zahlreichen „Häutungen", die sich an der Entwicklung seines Schaffens ablesen lassen, liegt die Überzeugung zugrunde: „Eine Möglichkeit (die Welt darzustellen) besteht für mich jeweils nur einmal. Die Nachahmung dieser Möglichkeit ist dann schon unmöglich." Und doch besteht eine schon im Aufsatz *Ich bin ein Bewohner des Elfenbeinturms* (1967) benannte Konstante: „Ich habe nur ein Thema: Über mich selbst klar, klarer zu werden, (...) sensibler, empfindlicher, genauer zu machen und zu werden (...)."

Gedichtbände: *Die Innenwelt der Außenwelt der Innenwelt* (1969), *Das Ende des Flanierens* (1977). – Romane: *Die Hornissen* (1966, überarbeitet 1978), *Der Hausierer* (1967). – Erzählungen: Slg. *Die Begrüßung des Aufsichtsrats* (1967), *Die Angst des Tormanns beim Elfmeter* (1970), *Der kurze Brief zum langen Abschied* (1972, Verf B. D. 1976/77 Herbert Vesely), *Wunschloses Unglück* (1972), *Die Stunde der wahren Empfindung* (1975), *Die linkshändige Frau* (1976, Verf B. D. 1977 Peter Handke), *Langsame Heimkehr* (1979), *Der Chinese des Schmerzes* (1983), *Die Wiederholung* (1986). – Dramen: *Publikumsbeschimpfung, Weissagung, Selbstbezichtigung* (U, V 1966), *Hilferufe* (U, V 1967), *Kaspar* (U, V 1968, als Hörspiel 1981), *Das Mündel will Vormund sein* (U, V 1969), *Quodlibet* (U, V 1970), *Der Ritt über den Bodensee* (V 1970, U 1971), *Die Unvernünftigen sterben aus* (V 1973, U 1974), *Über die Dörfer* (V 1981, U 1982). – Hörspiele: *Hörspiel* (1968), *Hörspiel Nr. 2* (1969), *Geräusch eines Geräusches* (1970), *Wind und Meer* (1971). – Autobiographisches: *Das Gewicht der Welt. Ein Journal* (Aufzeichnungen 1975–1977, V 1977), *Die Lehre der Sainte-Victoire* (1980), *Die Geschichte des Bleistifts* (Aufzeichnungen 1976–1980, V 1982), *Phantasien der Wiederholung* (Aufzeichnungen 1981/82, V 1983).

Publikumsbeschimpfung. Drama, sog. „Sprechstück", E 1965, U, V 1966. Nach akustisch vorgetäuschten betriebsamen Bühnenvorbereitungen treten vier Sprecher ohne besondere Kennzeichen und bestimmte Textrollen (sie „sind ungefähr gleich viel beschäftigt") auf die leere Bühne, um nach einer kurzen „Schimpfprobe" auf das Publikum einzureden. Ihr Thema ist die dadurch geschaffene Situation, daß keinerlei theatralische Darbietung vorgesehen ist, die über die (räumliche) Trennung zwischen Publikum und Schauspielern hinausreichen würde. Als sprachliches Material dienen geläufige Formeln und deren Anwendung auf das Hier und Jetzt: „Die Handlung ist nicht frei erfunden, denn es gibt keine Handlung. Weil es keine Handlung gibt, ist auch kein Zufall möglich. Eine Ähnlichkeit mit noch lebenden oder gerade sterbenden oder schon toten Personen ist nicht zufällig, sondern unmöglich." Die vom Titel angekündigte Beschimpfung bildet das Finale, ausgehend von der Charakterisierung der Zuschauer als Schauspieler: „Ihr wart lebensecht. Ihr wart wirklichkeitsnah. (...) Ihr zeugtet von hoher Spielkultur, ihr Gauner, ihr Schrumpfgermanen, ihr Ohrfeigengesichter." Was immer zur Sprache kommt („ihr Kriegstreiber, ihr Untermenschen, ihr roten Horden, ihr Bestien in Menschengestalt, ihr Nazischweine"), erscheint als Worthülse.
Dieses wie die weiteren „Sprechstücke" sind „Schauspiele ohne Bilder, insofern, als sie kein Bild von der Welt geben. Sie zeigen auf die Welt nicht in der Form von Bildern, sondern in der Form von Worten, und die Worte der Sprechstücke zeigen nicht auf die Welt als etwas außerhalb der Worte Liegendes, sondern auf die Welt in den Worten selber. (...) Sie wollen nicht revolutionieren, sondern aufmerksam machen" (*Bemerkung zu meinen Sprechstücken,* 1967). In ihrem Ziel, nichts „vorzumachen" bzw. den Vorgang der Trennung zwischen Zeichen und Bezeichnetem bewußtzumachen, berühren sich die „Sprechstücke" mit der Konzeptkunst.

Kaspar. Drama, U, V 1968, als Hörspiel 1981. Der Titel bezieht sich auf die Gestalt des Kaspar Hauser, der 1828 in Nürnberg als etwa 16jähriger Knabe aufgegriffen worden ist und, offensichtlich unter den Folgen einer Gefangenschaft leidend, kaum sprechen konnte. Das Stück bildet jedoch nicht den Versuch, einen Beitrag zur Erhellung des Schicksals des historischen Kaspar Hauser zu leisten. Der thematische Zusammenhang beschränkt sich auf die Frage des Spracherwerbs unter dem Gesichtspunkt der Funktion von Sprache bzw. ihrer Verwendung als Instrument der sozialen Einordnung und Anpassung.
Kaspar besitzt zunächst den Satz: „Ich möcht' ein solcher werden, wie einmal ein andrer gewesen ist." Unter dem Einfluß der Einsager, die diesen Satz in ein System von Sätzen einbauen, gewinnt Kaspar zwar eine Erweiterung seiner sprachlichen Möglichkeiten, wird aber zugleich austauschbar und endet wieder beim Gestammel seiner Sprachlosigkeit.

Das Mündel will Vormund sein. Drama, U, V 1969. Der Titel bezieht sich auf Prosperos Frage in Shakespeares Romanze „Der Sturm": „Was, das Mündel will Vormund sein?"
Während Handkes „Sprechstücke" auf jegliches „Bild von der Welt" verzichten, beschränkt sich dieses Stück auf das „Bild". Gestaltungsmittel sind Gestik, kleine Handlungsabläufe, Beziehungen im Raum, Bühnenbild (Front und Interieur eines Bauernhauses) und Requisiten. Als Akteure dienen neben einer Katze (sie „tut, was sie tut") der „Vormund" und das „Mündel". Die in einer z. T. raschen Folge von Szenen sich entwickelnde Handlung deutet ein sich zuspitzendes Spannungsverhältnis zwischen den beiden Personen an, ohne das Herr-Knecht-Verhältnis aufzuheben. Die Schlußszene (das „Mündel" läßt Sand in eine Wasserwanne rinnen) könnte wie viele anderen der Aktionen des Bühnengeschehens aus einem Happening stammen. Musik und Geräusche begleiten das pantomimische Bild-Stück.

Die Angst des Tormanns beim Elfmeter. Erzählung, V 1970, Verf B.D. 1971 Wim Wenders.

Die Schauplätze liegen in Wien und einem „südlichen Grenzort"; als Protagonist, aus dessen Perspektive (in der dritten Person) erzählt wird, dient der „Monteur Josef Bloch, der früher ein bekannter Tormann gewesen war". Das durchgängige Thema ist Blochs Schwierigkeit, die „Signale" seiner Umgebung richtig zu deuten. So stellt der erste Satz der Erzählung fest: Bloch wurde „mitgeteilt, daß er entlassen sei"; der zweite relativiert: „Jedenfalls legte Bloch die Tatsache, daß bei seinem Erscheinen in der Tür der Bauhütte, wo sich die Arbeiter gerade aufhielten, nur der Polier von der Jause aufschaute, als eine solche Mitteilung aus." In einer diffusen bzw. als eine solche wahrgenommenen Umwelt gewinnt Bloch durch den Mord an einer Kinokassiererin gleichsam einen roten Faden für sein Handeln und die Suche nach Mitteilungen: Er sieht sich gezwungen, Wien zu verlassen, und verfolgt an Hand der Zeitungen, ob ihm die Polizei auf die Spur gekommen ist. Tatsächlich wird nach mehreren Tagen eine Täterbeschreibung veröffentlicht, doch die betreffende Überschrift erscheint Bloch als fingiert, „wie auf die Zeitung aufgeklebt; wie Zeitungen im Film, dachte er: dort waren auch die wirklichen Schlagzeilen ersetzt", und zwar durch solche, „die auf den Film paßten".

Die Versuche Blochs, seine Situation zu analysieren, treiben ihn immer stärker in seine „verhaßte Wortspielkrankheit": Alle Bezeichnungen und die mit ihnen verbundenen Gegenstände oder Geräusche sind mehrdeutig und lassen keine Rückschlüsse auf die bestehenden Absichten zu – vergleichbar dem Elfmeterschützen, der über seine Schußrichtung hinwegzutäuschen versucht und hierdurch den Tormann in ein nervös Hin und Her versetzt. Die Erzählung endet mit dem Gegenbild: einem Schützen, der dem völlig unbeweglichen, von Deutungszwängen unberührten Tormann den Ball in die Hände schießt.

Wunschloses Unglück. Erzählung, V 1972.

Ebenso wie *Der kurze Brief zum langen Abschied* (1972, Beziehung zur Ehefrau, der Schauspielerin Libgart Schwarz) und *Kindergeschichte* (1981, Zusammenleben mit der Tochter Amina) ist auch dieser Text autobiographisch fundiert. Den Anlaß bildete der Selbstmord der Mutter im Jahr 1971.

Handke zeichnet das eindringliche Lebensbild einer Frau, die in engen dörflichen Verhältnissen aufgewachsen war und als Mädchen keine Möglichkeit besaß, ihrer Begabung und Lernfreude gerecht zu werden. „Doch immerhin gab es in der Bevölkerung eine überlieferte Achtung vor den vollendeten Tatsachen: eine Schwangerschaft, der Krieg, der Staat, das Brauchtum und der Tod. Als meine Mutter einfach von zu Hause wegging, mit fünfzehn oder sechzehn Jahren, und in einem Hotel am See kochen lernte, ließ der Großvater ihr den Willen, ‚weil sie nun schon einmal weggegangen war'; außerdem war beim Kochen wenig zu lernen." Der erste Mann, in den sie sich verliebte (Handkes leiblicher Vater, „im Zivilberuf Sparkassenangestellter, nun als militärischer Zahlmeister ein bißchen etwas Besonderes"), blieb in der Erinnerung trotz der Eheschließung mit einem anderen der einzige Mann, „es gab keinen ‚anderen' mehr: die Lebensumstände hatten sie zu einer Liebe erzogen, die auf einen nicht austauschbaren, nicht ersetzbaren Gegenstand fixiert bleiben mußte".

Eingeflochten sind Reflexionen des Erzählers über die psychische Funktion seines Erzählens und dessen Ziel, sich „mit gleichbleibend starrem Ernst an jemanden heranzuschreiben, den ich doch mit keinem Satz ganz fassen kann, so daß ich immer neu anfangen muß und nicht zu der üblichen abgeklärten Vogelperspektive komme". Distanzieren kann sich der Erzähler nur von sich selber, „meine Mutter wird und wird nicht, wie ich sonst mir selber, zu einer beschwingten und in sich schwingenden, mehr und mehr heitern Kunstfigur".

Peter Härtling
*13. 11. 1933 in Chemnitz (= Karl-Marx-Stadt)
Der Sohn eines Rechtsanwalts verlor 13jährig die Eltern (1946 Tod des Vaters in russ. Kriegsgefangenschaft, Freitod der Mutter nach der Flucht über Zwettl in Niederösterreich nach Nürtingen a. N.). Nach abgebrochener Gymnasialzeit begann Härtling 1952 mit einer Ausbildung als Zeitungsredakteur; 1953 erschien sein erster Gedichtband: *Poeme und Songs.* Ab 1956 war er Feuilletonredakteur der „Dt. Zeitung", ab 1962 Mitarbeiter bzw. Hg. der Zeitschrift „Der Monat" (bis 1970), ab 1967 Cheflektor des S. Fischer Verlags. Seit 1973 lebt er in Nürtingen als freier Schriftsteller. Zu Härtlings Auszeichnungen gehören der Dt. Jugendbuchpreis 1976, 1977 das Stadtschreiberamt in Bergen-Enkheim. 1983/84 hatte er die Dozentur für Poetik der Universität Frankfurt a. M. inne (Vorlesungen *Der spanische Soldat oder Finden und Erfinden,* V 1984).

Als Erzähler setzte sich Härtling mit der eigenen wie mit fremden Biographien auseinander; der Roman *Niembsch oder Der Stillstand* (1964) ist dem Leben ↑Lenaus gewidmet. Zu den unmittelbar autobiographischen Werken gehört *Zwettl. Nachprüfung einer Erinnerung* (1973). Hier deutet sich die Überwindung des Mißtrauens gegenüber der Möglichkeit einer realistischen Vergegenwärtigung des Vergangenen an. Dennoch sind die einfühlsame Romanbiographie *Hölderlin* (1976) und der Mörike-Roman *Die dreifache Maria* (1982) von der Spannung zwischen historischer Authentizität und Fiktion geprägt. Der Roman *Das Windrad* (1983, der Titel bezieht sich auf die Nutzung von Windenergie) steht im Zusammenhang mit der politischen Entwicklung Härtlings vom SPD-Wahlhelfer zum Mitglied der Friedens- und Ökologiebewegung. Breiten Raum nehmen für Kinder (und Erwachsene) bestimmte Erzählungen ein; sie fordern zum Abbau von Vorurteilen und zur Entwicklung von Kritikfähigkeit und selbstverantwortlichem Handeln auf.

Gedichtbände: *Yamins Stationen* (1955), *Spielgeist – Spiegelgeist* (1962), *Anreden* (1977), *Vorwarnung* (1983). – Romane: *Im Schein des Kometen* (1959), *Das Familienfest oder Das Ende der Geschichte* (1969), *Eine Frau* (1974, Verf u. d. T. „Intermezzo für fünf Hände" B.D. 1978). – Kinderliteratur: *Zum laut und leise Lesen. Geschichten und Gedichte für Kinder* (1975), *Oma* (1975), *Theo haut ab* (1977), *Ben liebt Anna* (1979), Slg. *Sofie macht Geschichten* (1980), *Alter John* (1981), *Jakob hinter der blauen Tür* (1983), *Krücke* (1986). – Essays: *Literatur, Politik, Polemik* (1962), *Das Ende der Geschichte. Über die Arbeit an einem „historischen Roman"* (1968), *Die Wirklichkeit der Kinder* (1969), *Über Heimat* (1982).

Hubert oder Die Rückkehr nach Casablanca. Roman, 1978. Das alltägliche Leben des Hubert Windisch, Sohn eines hohen SS-Offiziers, während des Krieges und der Nachkriegszeit setzt sich aus kleinen Erfolgen und Niederlagen zusammen; was um ihn vorgeht, bleibt im Grunde unverbindlich. Seine „Geschichte" gewinnt er durch die Identifikation mit Filmhelden, vor allem mit Humphrey Bogart in „Casablanca". Huberts Flucht in eine Scheinwelt erweist sich als Reflex der inhalts- und geschichtslos gewordenen Zeit des „Wiederaufbaus".

Nachgetragene Liebe. Erzählung, 1982. Härtling schildert seine Kindheit bis zum Tod des Vaters 1946. Ziel des autobiographischen Berichts ist es, die während des unmittelbaren Zusammenlebens mit dem Vater unterdrückte menschliche Begegnung erzählend nachzuholen. Vergegenwärtigt wird die kindliche Erlebniswelt. Zu ihr gehörte nicht zuletzt die Einsicht in die Ohnmacht des scheinbar allmächtigen Vaters, der zwar Opfer des Naziregimes verteidigt, aber keinen aktiven Widerstand gegen den Nationalsozialismus geleistet hat.

Hartmann von Aue (H. ze Ouwe)
*um 1165, †um 1215
Über die Lebensumstände des neben ↑Gottfried von Straßburg und ↑Wolfram von Eschenbach bedeutendsten mhdt. Lyrikers und Epikers ist kaum etwas bekannt. Er selbst bezeichnet sich als gelehrten Ritter und spricht von einem Dienstherrn, ohne dessen Namen zu nennen. Worauf sich „Ouwe" („Aue") bezieht (Eglisau im Kt. Zürich, Reichenau, Au bei Freiburg i. Br., Obernau bei Tübingen), bleibt umstritten. Das Wappen seines Autorenbildes in der „Großen Heidelberger Liederhandschrift" (Codex Manesse) ist als das der Herren von Wespersbühl bei Andelfingen (Kt. Zürich) belegt. Als sicher gilt, daß er sich an der Kreuzzugsbewegung beteiligt hat (3 *Kreuzlieder*), entweder als Mitglied des 1189 unter der Führung Friedrichs I. Barbarossa begonnenen 3. Kreuzzugs oder in der Absicht, am Kreuzzug Heinrichs VI. teilzunehmen, der jedoch am Tod des Kaisers 1197 in Messina gescheitert ist.
Als Frühwerk gilt das sog. „Büchlein", ein Minne-Lehrgedicht mit den Leitbegriffen „milte, zuht, diemut, triuwe, staete, kiuscheit, gewislichiu (zuverlässige) manheit". Zu den im Codex Manesse enthaltenen Liedern gehört das älteste Lied der „niederen Minne". Den beiden Artusromanen *Erec* und *Iwein* liegen Epen von Chrétien de Troyes zugrunde. An Erec, Mitglied der Artus-Tafelrunde, wird ein zweifaches Abweichen vom ritterlichen Ideal der „mâze" vor Augen geführt: Er verabsolutiert zunächst die „minne", dann die „êre", bis er gemeinsam mit seiner Frau Enite zum harmonischen Ausgleich im Sinne höfischer Gesittung gelangt. Iwein vergißt über seinen Abenteuern seine Frau Laudine, wird verflucht, verfällt in Wahnsinn und muß sich durch schwere Buße (u. a. beschämt durch die Treue eines Löwen) den Weg zurück in die höfische Gesellschaft erkämpfen.

Gregorius. Mhdt. Verslegende, E um 1188 oder zwischen 1190 und 1197, überliefert in 11 Handschriften aus dem 13.–15. Jh., 1. Druckausgabe 1838. Zugrunde liegt die „Vie du pape Grégoire"; erneute Bearbeitung des Stoffes durch T. ↑Mann.
Gregorius ist das Kind eines herzoglichen Geschwisterpaares. In einer Barke ausgesetzt, gelangt das Neugeborene zu einer Insel, auf der es im Kloster erzogen wird. Der Herangewachsene folgt seinem Wunsch, Ritter zu werden, und befreit schließlich die Hauptstadt des Reiches, in dem seine Mutter regiert. Er heiratet diese unwissend. Nachdem die Blutschande zutage gekommen ist, läßt sich Gregorius auf einer Insel an einen Felsen anschmieden. Nach 17jähriger Buße wird er auf Geheiß Gottes befreit und in Rom als Papst inthronisiert. Als „guter Sünder" (Hartmann im Prolog) verkörpert Gregorius ein Übermaß (schuldloser) Schuld, dem ein Übermaß der Gnade Gottes entspricht.

Der arme Heinrich. Mhdt. Verslegende, E um 1195, 1. Druckausgabe 1815. Erneute Bearbeitung des Stoffes durch ↑Hauptmann.
Der mit „êre unde guot" gesegnete Heinrich, ein Repräsentant des höfischen Rittertums, wird vom Aussatz befallen und damit zur Hiob-Gestalt. Das einzige Rettungsmittel ist das „herzbluot" einer Jungfrau. Diese findet sich in Gestalt der Tochter des Pächters, bei dem Heinrich lebt: Liebe und Todessehnsucht haben sie zu ihrem Entschluß gebracht. Obwohl Heinrich inzwischen zur Einsicht gelangt ist, daß die Krankheit eine Strafe für seine Weltverfallenheit bildet, nimmt er das Opfer an. Erst im letzten Augenblick bekennt er sich zu der von Gott auferlegten eigenen Buße. Auf wunderbare Weise genesen, heiratet er die verhinderte Märtyrerin. Durch diese Wendung verliert die Verurteilung des Weltlebens ihre Radikalität; gefordert ist die Anerkennung der über allen Dingen stehenden Allmacht Gottes.

Walter Hasenclever
*8. 7. 1890 in Aachen, †21. 6. 1940 in Les Milles (Bouches-du-Rhône)
Der Sohn eines Arztes studierte 1908 in Oxford und Lausanne, ab 1909 in Leipzig Philosophie, Geschichte und Literatur; 1910 erschien sein erster Gedichtband: *Städte, Nächte und Menschen, Erlebnisse.* Mit seinem Drama *Der Sohn* (V 1914, U mit Ernst Deutsch, Kleist-Preis 1917) rebellierte er gegen die im Vater verkörperten lebensfeindlichen Autoritäten: In Ketten aus einem Bordell ins Elternhaus zurückgeschleppt, zieht der Sohn gegen den Vater den Revolver und triumphiert über den am Schlag Gestorbenen. Ausdruck der Wandlung Hasenclevers vom Kriegsfreiwilligen des Jahres 1914 zum Pazifisten ist das 1917 uraufgeführte Drama *Antigone* (ekstatischer Aufruf gegen Krieg und Massenbeeinflussung). In der expressionistischen Anthologie „Menschheitsdämmerung" (1920) ist er mit 19 Gedichten einer der am stärksten vertretenen Dichter. Anfang der 20er Jahre beschäftigte er sich mit dem Mystizismus Swedenborgs (1925 erschienen Nachdichtungen seiner theosophischen Gedichte u. d. T. *Himmel, Hölle, Geisterwelt*). Ab 1924 in Paris als Korrespondent des Berliner „8-Uhr-Abendblatts" tätig, verfaßte er mehrere Lustspiele, darunter *Ein besserer Herr* (U 1927) über einen Heiratsschwindler; 1930 war er als Drehbuchautor in Hollywood („Anna Christie", verfilmt mit Greta Garbo). 1933 in Dtl. verboten und anschließend ausgebürgert, lebte er als Exilant in Südfrankreich, Italien, England; 1939 in Antibes zweimal interniert und beim Einmarsch der dt. Truppen 1940 im Lager Les Milles inhaftiert, nahm er sich das Leben. Sein 1939 abgeschlossener autobiographischer Roman *Irrtum und Leidenschaft* erschien postum 1969.

Gedichtbände: *Der Jüngling* (1913), *Tod und Auferstehung* (1917), *Gedichte an Frauen* (1922). – Dramen: *Die Menschen* (1918), *Der Retter* (1919), *Jenseits* (1920), *Gobseck* (1922), *Ehen werden im Himmel geschlossen* (1928), *Christoph Columbus oder Die Entdeckung Amerikas* (mit ↑Tucholsky, 1932, Verf B. D. 1969 Helmut Käutner), *Münchhausen* (1934, V 1952).

Wilhelm Hauff
*29. 11. 1802 in Stuttgart, †18. 11. 1827 in Stuttgart
Dem Theologiestudium am Tübinger Stift (ab 1820) und der Promotion zum Dr. phil. (1825) folgte 1827 die Anstellung als Redakteur des „Morgenblatts für gebildete Stände"; am Ende desselben Jahres starb Hauff an einem Nervenfieber. An den Gedichtband *Kriegs- und Volkslieder* (1824) schloß sich ein umfangreiches erzählerisches Werk an, in dessen Mittelpunkt der dem Vorbild der historischen Romane Walter Scotts folgende Roman *Lichtenstein. Romantische Sage aus der württemberg. Geschichte* (1826) steht, eine Verbindung von Geschichte (Herzog Ulrich von Württemberg), Fiktion (Hauptgestalt Georg von Sturmfeder) und Landschaftsschilderung (Schwäbische Alb). Ein Stoff aus dem 18. Jh. behandelt die Erzählung *Jud Süß* (1827, ↑Feuchtwanger). In verschiedener Hinsicht ist Hauff als „Schüler" ↑Hoffmanns zu betrachten. Dies betrifft die Pflege der Gattung des Kunstmärchens (3 „Märchen-Almanache") sowie die Vorliebe für die Gestaltung des Spukhaften, der Realität des Irrealen (*Phantasien im Bremer Ratskeller,* 1827).

Märchen: 3 „Märchen-Almanache" (auf das Jahr 1826, 1827, 1828) mit den Rahmenerzählungen *Die Karawane* (eingefügt u. a. *Kalif Storch, Geschichte vom kleinen Muck*), *Der Scheikh von Alessandria* (eingefügt u. a. *Zwerg Nase, Der Affe als Mensch*) und *Das Wirtshaus im Spessart* (eingefügt u. a. *Sage vom Hirschgulden, Das kalte Herz*).

Carl Hauptmann
*11. 5. 1858 in Bad Salzbrunn (Schlesien), †4. 2. 1921 in Schreiberhau

Der ältere Bruder ↑ Gerhart Hauptmanns studierte in Jena Philosophie und Biologie (Promotion über Keimblättertheorie), wandte sich jedoch der Literatur zu. Das zentrale Thema seiner naturalistisch gestalteten Dramen (*Ephraims Breite*, 1900, 1920 u. d. T. *Ephraims Tochter*) und Prosawerke ist das Leben der einfachen Leute seiner schles. Heimat, im Spätwerk verknüpft mit Märchenmotiven (*Die armseligen Besenbinder*, 1913). Der Künstlerroman *Einhart der Lächler* (1907), dessen Titelgestalt das spätere „Brücke"-Mitglied Otto Mueller als Vorbild besitzt, schildert den Rückzug aus der Gesellschaft; autobiographische Züge besitzt die Gestalt des Wissenschaftlers Dr. Poncet. Im Zusammenhang des Expressionismus stehen die Dramen *Krieg. Ein Tedeum* (1914) und *Aus dem großen Kriege* (1915) sowie die Dramen-Trilogie *Die goldenen Straßen* mit den Themen des genialen Erfinders (*Tobias Buntschuh*, 1916), Schauspielers (*Gaukler, Tod und Juwelier*, 1917) und Musikers (*Musik*, 1919). Hauptmanns Beschäftigung mit der schles. Mystik bezeugen die Aufzeichnungen *Aus meinem Tagebuch* (1900).

Gerhart Hauptmann
*15. 11. 1862 in Bad Salzbrunn (Schlesien), †6. 6. 1946 in Agnetendorf

Als 1894 das zwei Jahre zuvor mit Aufführungsverbot belegte Drama *Die Weber* erstmals öffentlich gezeigt wurde, kündigte Wilhelm II. die kaiserliche Loge im „Dt. Theater". Aus demselben Anlaß schrieb ↑ Fontane als Theaterrezensent: „Was Gerhart Hauptmann für seinen Stoff begeisterte, das war zunächst wohl das Revolutionäre darin; aber nicht ein berechnender Politiker schrieb das Stück, sondern ein echter Dichter, den einzig das Elementare, das Bild von Druck und Gegendruck reizte." In der Tat verbindet die Suche nach Gestaltungsformen des „Elementaren" die vielgestaltigen Teile, in die sich das in rund 60 Jahren entstandene Gesamtwerk des Dramatikers und Epikers gliedert.

Der Sohn eines Gastwirts und jüngere Bruder ↑ Carl Hauptmanns studierte nach abgebrochener Realschulzeit und landwirtschaftlicher Ausbildung ab 1880 in Breslau und Dresden Bildhauerei, in Jena und Berlin Philosophie, Geschichte und Naturwissenschaften (Ernst Haeckel). Nach einem Romaufenthalt (1884) lebte er in bzw. bei Berlin (1885 Heirat mit der Großkaufmannstochter Marie Thienemann). Hauptmann trat in Verbindung mit dem Theoretiker des Naturalismus ↑ Holz und mit Otto Brahm, dem Gründer des literarischen Vereins „Die freie Bühne", dessen Theateraufführungen 1889 mit Ibsens „Die Gespenster" begannen. Als zweite Inszenierung folgte *Vor Sonnenaufgang*, ein „soziales Drama", das sowohl einen Skandal verursachte als auch dem dt. naturalistischen Drama zum Durchbruch verhalf. Von hier aus führt in Hauptmanns Schaffen eine Linie bis hin zu *Vor Sonnenuntergang* (1932), gekennzeichnet durch die Gestaltung der Abhängigkeit des Menschen von Milieu, Triebwelt und Konventionen. Daneben karikierte Hauptmann den Wilhelminismus (*Der Biberpelz*, 1893), näherte sich aber auch der Neuromantik an (*Hanneles Himmelfahrt*, 1893), setzte sich mit dem Historiendrama auseinander (Bauernkriegs-Tragödie *Florian Geyer*, 1896) und bearbeitete mittelalterliche Stoffe (*Der arme Heinrich*, 1902). Ein Prosahauptwerk der Vorkriegszeit ist *Der Narr in Christo Emanuel Quint* (1910), die Lebensgeschichte eines tragisch scheiternden, um 1890 in Schlesien aufgetretenen Bußpredigers. Die Macht naturhaft-antiker Sinnlichkeit ist das Thema der Erzählung *Der*

Ketzer von Soana (1918), in der das Erlebnis der Griechenlandreise des Jahres 1907 nachwirkt.
1891 war Hauptmann nach Schlesien zurückgekehrt, ab 1901 lebte er vorwiegend in Agnetendorf im Riesengebirge (1904 Heirat mit Margarete Marschalk). 1894 reiste er in die USA (Amerikanismus-Kritik enthält der Roman *Atlantis,* 1912; 2. Amerika-Aufenthalt 1932). 1896 untersagte Wilhelm II. die Verleihung des Schillerpreises, 1912 wurde Hauptmann nach Theodor Mommsen und ↑ Heyse der dritte dt. Träger des Nobelpreises.
Als zeitgeschichtliches und zugleich universelles Werk mit Bezügen u. a. zu ↑ Goethes „Faust" entstand ab 1919 das *Till Eulenspiegel*-Epos (in Hexametern, V 1928); als Kriegsheimkehrer erlebt Eulenspiegel eine chaotische Gegenwart, die zunehmend durch visionäre Erlebnisse überlagert wird. Parodistische Züge besitzt der Roman *Die Insel der großen Mutter* (1924) über einen matriarchalischen Inselstaat „Mütterland", der sich schließlich dem „Mannland" bzw. dem geschlechtlichen Eros beugen muß. Von Hauptmanns Auseinandersetzung mit Gestalten der Weltliteratur zeugen die Dramen *Shakespeares tragische Geschichte von Hamlet, Prinzen von Dänemark* (1930) und *Hamlet in Wittenberg* (1935).
Während des Dritten Reichs gehörte Hauptmann zu den geduldeten Autoren. Unveröffentlicht blieb sein Versuch, zur Judenverfolgung Stellung zu nehmen (*Die Finsternisse. Requiem,* E 1937, V postum 1947). Die Hoffnung auf eine Wiedergeburt der Humanität nach dem Greuel fortwährender Bluttaten liegt der *Atriden-Tetralogie* zugrunde; sie gestaltet den antiken Stoff im antiklassischen Sinne als Tragödie des Untergangs und endet mit dem Opfertod Iphigenies.

Gedichtbände: *Das bunte Buch* (1888), *Sonette* (1921), *Neue Gedichte* (1946). – Versepen: *Promethidenlos* (1885), *Anna* (1921), *Die blaue Blume* (1927), *Des großen Kampffliegers, Landfahrers, Gauklers und Magiers Till Eulenspiegel Abenteuer, Streiche, Gaukeleien, Gesichte und Träume* (E 1919–1927, V 1928), *Mary* (1931), *Der große Traum* (1942). – Romane: *Der Narr in Christo Emanuel Quint* (E ab 1901/02, V 1910), *Atlantis* (V 1912, Verf Dänemark 1913 August Blom), *Phantom* (V 1922, Verf Dtl. 1922 F. W. Murnau), *Die Insel der großen Mutter oder Das Wunder von Ile des Dames. Eine Geschichte aus dem utopischen Archipelagus* (1924), *Wanda* (1928). – Erzählungen: *Bahnwärter Thiel* (E 1887, Zs 1888, V 1892), *Der Ketzer von Soana* (E ab 1911, V 1918), *Der Schuß im Park* (nach der Sage von der Doppelehe des Grafen von Gleichen, 1939). – Dramen: *Vor Sonnenaufgang* (U, V 1889), *Das Friedensfest* (U, V 1890), *Einsame Menschen* (U, V 1891), *Kollege Crampton* (U, V 1892), *Der Biberpelz* (U, V 1893), *Die Weber* (Dialektfassung *De Waber* V 1892, dem Hdt. angenäherte Fassung V 1892, U 1893 bzw. 1894), *Hanneles Himmelfahrt* (U u. d. T. *Hannele* 1893, V u. d. T. *Hannele* 1894, ab 1896 u. d. T. *Hanneles Himmelfahrt*), *Die versunkene Glocke. Ein dt. Märchendrama* (U, V 1896), *Florian Geyer* (U, V 1896), *Fuhrmann Henschel* (U, V 1898), *Michael Kramer* (U, V 1900), *Schluck und Jau* (U, V 1900), *Der rote Hahn* (U, V 1901), *Der arme Heinrich* (nach ↑ Hartmann von Aue, U, V 1902), *Rose Bernd* (U, V 1903), *Elga* (nach ↑ Grillparzers Novelle „Das Kloster von Sendomir", E 1896, U, V 1905, Vert Erwin Lendvai 1916, Verf Dtl. 1919), *Und Pippa tanzt. Ein Glashüttenmärchen* (U, V 1906), *Die Jungfern vom Bischofsberg* (U, V 1907, Verf Dtl. 1942/43 P. P. Brauer), *Kaiser Karls Geisel. Ein Legendenspiel* (U, V 1908), *Die Ratten* (U, V 1911), *Gabriel Schillings Flucht* (E 1905/06, U, V 1912), *Der Bogen des Odysseus* (E 1907–1913, U, V 1914), *Winterballade* (nach Selma Lagerlöfs Novelle „Herrn Arnes Schatz", U, V 1917), *Vor Sonnenuntergang* (E 1928–1931, U, V 1932, Verf Dtl. 1937 Veit Harlan), *Die Tochter der Kathedrale* (E 1935–1938, U, V 1939), *Die Atriden-Tetralogie:* 1. Teil *Iphigenie in Aulis* (U 1943, V 1944), 2. Teil *Agamemnons Tod* (als Hörspiel 1946, U 1947, V 1948), 3. Teil *Elektra* (U 1947, V 1948), 4. Teil *Iphigenie in Delphi* (U 1941, V 1942), *Die Finsternisse. Requiem* (E 1937, V 1947). – Autobiographisches: *Griechischer Frühling* (Tagebuch, 1908), *Buch der Leidenschaft* (1929), *Im Wirbel der Berufung* (1936).

Bahnwärter Thiel. Novellistische Studie aus dem märkischen Kiefernforst. E 1887, V 1888.
Der pflichtbewußte, äußerlich robuste Bahnwärter Thiel heiratet nach dem Tod seiner kränklichen Frau Minna die derb-sinnliche Bauernmagd Lene, um seinen Sohn Tobias versorgt zu wissen. In sexuelle Abhängigkeit geraten, muß er hilflos zusehen, wie Lene das Stiefkind gegenüber dem eigenen Kind zurücksetzt, es vernachlässigt und mißhandelt. Als Lenes Unachtsamkeit dazu führt, daß Tobias von einem Zug überfahren wird, schlägt Thiels Dumpfheit in Raserei um; er tötet Lene und ihr Kind mit einem Beil, verfällt in Wahnsinn und wird in eine Irrenanstalt eingeliefert.
Die knappe Schilderung der äußeren Handlung gibt zugleich Einblick in Thiels Psyche. In einer nächtlichen Erscheinung sieht er, das Unglück vorausahnend, seine Frau Minna mit einem blutigen Bündel auf dem Arm, verfolgt von einem Zug. Unmittelbar vor der Mordtat hält er Zwiesprache mit Minna, wobei die abgehackten Sätze („und da will ich mit dem Beil – siehst du? – Küchenbeil – mit dem Küchenbeil will ich sie schlagen") nicht zufällig an die Tötungsvorstellungen Woyzecks erinnern (1887 hat Hauptmann im sozialdemokratisch orientierten literarischen Verein „Durch!" einen Vortrag über ↑ Büchner gehalten).
Im Sinne des Naturalismus bildet die „Studie" eine vorurteilsfreie Darstellung des Wirkungszusammenhangs von Hilflosigkeit, Triebhaftigkeit und Gewalt, verursacht durch die Lebensverhältnisse der Unterschicht. Als Sinnbild einer in Thiels kleine Welt einbrechenden fremden Übermacht erscheint der vorbeirasende Zug: „Ein Keuchen und Brausen schwoll stoßweise fernher durch die Luft. Dann plötzlich zerriß die Stille. Ein rasendes Tosen und Toben erfüllte den Raum, die Geleise bogen sich, die Erde zitterte – ein starker Luftdruck – eine Wolke von Staub, Dampf und Qualm, und das schwarze, schnaubende Ungetüm war vorüber."

Vor Sonnenaufgang. Soziales Drama. V 1889, U (geschlossene Vorstellung des literarischen Vereins „Die freie Bühne", danach auch öffentliche Aufführung) 1889.
Das Stück verbindet die Schilderung der sozialen Verhältnisse im Kohlerevier Schlesiens (Verarmung der Bergbauern, Spekulantentum, Ausbeutung der Bergleute) mit der Darstellung des moralischen Verfalls der Neureichen. Der Bauer Scholz, durch Landverkäufe an Bergwerksgesellschaften zum Millionär geworden, verkommt als Säufer; seine triebhafte zweite Frau, eine ehemalige Magd mit Allüren, betrügt ihn; die Tochter aus erster Ehe ist ebenfalls dem Alkohol verfallen; ihr Mann, der Ingenieur Hoffmann, frönt seiner Genußsucht und Profitgier. In dieser Umgebung erscheint Hoffmanns Studiengenosse Alfred Loth, ein Sozialreformer und Gesundheitsfanatiker, der als intellektueller Außenseiter die sozialen Mißstände analysiert. In ihm sieht die vom sittlichen Niedergang noch verschonte Tochter Helene den Retter; Loth scheint bereit zu sein, sie zu heiraten. Doch vom Arzt der Familie über das ganze Ausmaß der auch biologischen Verderbnis ins Bild gesetzt, verläßt Loth aus Furcht vor Erbschäden Helenes das Haus; die Verlassene nimmt sich das Leben.
Dem Naturalismus verpflichtet sind die sozialkritische Perspektive, der sprachliche Realismus, der Verzicht auf jegliche „künstlerische Überhöhung". Allerdings stellte schon ↑ Fontane (der das Stück Otto Brahm zur Aufführung empfohlen hatte) in seiner Rezension fest: „Es ist töricht, in naturalistischen Derbheiten immer Kunstlosigkeit zu vermuten." Im Hinblick auf den Einfluß Ibsens (z. B. dramaturgisch: Enthüllung der die Gegenwart bedingenden Vergangenheit, Motiv der erblichen gesundheitlichen Belastung) urteilte Fontane in einem Brief: „Ibsen mag die größere Natur, die stärkere Persönlichkeit, das überlegene bahnbrechende Genie sein, dichterisch steht mir G. Hauptmann höher, weil er menschlicher, natürlicher, wahrer ist."

Die Weber. Schauspiel aus den vierziger Jahren. Drama in 5 Akten, E 1891/92, Dialektfassung *De Waber* V 1892, dem Hdt. angenäherte Fassung V 1892, U (geschlossene Vorstellung des literarischen Vereins „Die freie Bühne") 1893, erste öffentliche Aufführung 1894, Zyklus von Radierungen „Ein Weberaufstand" von Käthe Kollwitz 1897/98, Verf Dtl. 1927 Friedrich Zelnik (unter der Mitarbeit von George Grosz). Zugrunde liegen Erzählungen von Hauptmanns Vater (dessen Vater selbst als Weber tätig war) und Quellenstudien über den Weberaufstand in Schlesien im Jahr 1844 (vgl. ↑ Heines „Weberlied", 1844) sowie Reisen, die Hauptmann während der Arbeit an dem Stück durch die Weberdörfer im Eulengebirge unternommen hat und die ihm das unveränderte Elend vor Augen führten. Insofern argwöhnte die Zensur zu Recht, daß *Die Weber* keineswegs als historisches, sondern als aktuelles Drama mit entsprechender politischer Wirkung aufgefaßt würden.

Der 1. Akt zeigt eine Gruppe von Webern, wie sie im Kontor des Parchentfabrikanten Dreißiger in Peterswaldau ihre Ware abliefern. Widerspruchslos nehmen sie es hin, daß der Expedient Pfeifer jeden sich bietenden Vorwand dazu benutzt, den Preis zu drücken; allein der „rote Bäcker" brandmarkt die Ausbeutung. Ein vor Entkräftung ohnmächtiger Junge dient Dreißiger dazu, über die Verantwortungslosigkeit der Eltern herzuziehen. Der Fabrikant lamentiert über die Risiken des freien Unternehmertums, ist jedoch „aus Barmherzigkeit" bereit, zusätzlich 200 Webern Arbeit zu geben; allerdings wird der Preis ein weiteres Mal gesenkt. Schauplatz des 2. Akts ist die Hütte des Häuslers Ansorge. Hier haust die Weberfamilie Baumert in tiefem Elend. Der in sein Heimatdorf zurückkehrende Reservist Jäger hat ein Flugblatt mit dem Lied vom Blutgericht bei sich, dessen Text den alten Baumert „zu deliranter Raserei" hinreißt und Ansorge die Worte stammeln läßt: „Mir leiden's nimehr! Mir leiden's nimehr, mag kommen, was will." Im Gasthaus von Peterswaldau (3. Akt) treffen Vertreter der verschiedenen Bevölkerungsgruppen aufeinander, vom Forstmeister im Adelsdienst über Bauern und Handwerker bis hin zu den Webern, die sich unter der Führung Jägers und Bäckers zu einem Zug formieren und das Lied vom Blutgericht singen. Im 4. Akt erleben das Ehepaar Dreißiger und das Pfarrehepaar Kittelhaus den Beginn des Aufstands: Die Menge befreit den gefangenen Jäger aus den Händen der Polizei und stürmt das Haus Dreißigers, nachdem dieser geflohen ist. Bäcker gibt die Parole aus: „Von hier aus geh mer nach Bielau nieder, zu Dittrichen, der de mechan'schen Webstühle hat. Das ganze Elend kommt von a Fabriken." Im 5. Akt erreicht der Aufstand Langenbielau; als Schauplatz dient die Hütte der Hilses, deren Oberhaupt aus Gottvertrauen jegliche Gewalt ablehnt. Während es den Webern gelingt, das Militär mit Pflastersteinen zum Rückzug zu zwingen, bricht der alte Hilse, von einer verirrten Kugel getroffen, tot am Webstuhl zusammen.

Die außerordentliche Bedeutung des Dramas beruht auf der mosaikartigen Darstellung der sozialen Verhältnisse, die durch eine große Anzahl prägnanter Einzelgestalten vor Augen geführt werden. Vor allem die „Masse" der Weber gliedert sich in Repräsentanten unterschiedlicher Verhaltensweisen, ohne die Merkmale der gemeinsamen Deklassierung zu verlieren. Auf den Vorwurf, das Schauspiel besitze keinen „Helden", antwortete Hauptmann mit den Versen: „Heldlos scheint euch das Stück? Wie denn? Durch sämtliche Akte, / Wachsend ein riesiges Maß, schreitet als Heldin die Not." Den Widerspruch, der zwischen den „revolutionären" Akten 1–4 und dem „antirevolutionären" 5. Akt (Tod des unschuldigen Hilse) besteht, hat ↑ Fontane in seiner Rezension aus dem Jahr 1894 als „doppelte Mahnung" gedeutet, „eine, die sich nach oben, und eine andere, die sich nach unten wendet und beiden Parteien ins Gewissen spricht".

Hanneles Himmelfahrt. Traumdichtung. Drama in 2 Akten, E, V, U (u. d. T. *Hannele*) 1893.
Der Schauplatz ist eine Kammer im Armenhaus eines Bergdorfs in Schlesien. Zunächst beherrschen vier Armenhäusler die Szene. Ihr Streit um die armselige Beute ihrer Betteltour wird durch die Ankunft des Lehrers Gottwald unterbrochen; auf den Armen trägt er das halberfrorene Hannele Mattern, das der Waldarbeiter Seidel aus dem Teich gezogen hat. Aus Furcht vor ihrem brutalen Stiefvater wollte sich das Mädchen das Leben nehmen. Nachdem sich der Amtsvorsteher, begleitet vom Amtsdiener, und der Arzt um das Kind gekümmert haben, bleibt es mit einer zu seiner Pflege herbeigerufenen Diakonisse allein. Nach und nach nehmen die Fieberträume Hanneles Gestalt an: Dem Schreckbild des Stiefvaters folgt die erbarmungswürdige Erscheinung der verstorbenen Mutter, die ihrem Kind als „Gottes Pfand" Himmelsschlüsselblumen in die Hand legt. Die Erscheinungen des 2. Akts steigern sich zur Einkleidung Hanneles in märchenhaft schöne Gewänder und zu ihrer Beisetzung in einem gläsernen Sarg; ihrer Verehrung als Heilige folgt, nachdem nochmals der Stiefvater Schrecken verbreitet hat, die Auferweckung durch einen an Gottwald erinnernden „Fremden", der die als „wunderschöne Stadt" und üppige Landschaft vorzustellende „Seligkeit" schildert; ein Engelchor trägt Hannele „verschwiegen und weich / eia popeia ins himmlische Reich". Kaum ist der Gesang verklungen, stellt der Arzt den Tod des auf seinem Bett im Armenhauszimmer liegenden Kindes fest.
Das Schauspiel verbindet die in krassem Naturalismus gestaltete Rahmenhandlung mit einer Bilderbuch-Traumwelt, die gleichwohl – als Ausdruck der kindlichen Wunschvorstellungen – als „realistisch" zu betrachten ist. Insofern läßt sich das Werk nur bedingt der Strömung der Neuromantik zuordnen; eine reine Märchendichtung ist dagegen das „dt. Märchendrama" *Die versunkene Glocke*.

Der Biberpelz. Eine Diebskomödie. Drama in 4 Akten, E 1892/93, U, V 1893.
Der Ort des Geschehens liegt „irgendwo um Berlin", als Zeitpunkt der Handlung wird der „Septennatskampf" (7jähriger Militärhaushalt) Ende der 80er Jahre angegeben. Als Schauplätze dienen abwechselnd die Küche der Familie Wolff und eine Amtsstube; erstere wird von „Mutter Wolffen", letztere vom Amtsvorsteher Baron von Wehrhahn beherrscht, den beiden eigentlichen Kontrahenten. In Wirklichkeit trägt Wehrhahns Fixierung auf die Entlarvung von „reichs- und königsfeindlichen Elementen" wesentlich dazu bei, daß die mit einem Schiffszimmermann verheiratete Waschfrau Wolff bei ihrem Wild-, Holz- und schließlich Pelzdiebstahl unentdeckt bleibt. Ihr gemeinsames Opfer ist der Rentier Krüger, der rechtmäßige Besitzer des Biberpelzes, den die Wolffen für ihren Kunden, den Schiffer Wulkow, entwendet hat; denselben Krüger hat Wehrhahn im Verdacht, mit dem freisinnigen Privatgelehrten Dr. Fleischer subversiv tätig zu sein, so daß Krügers Drängen auf Wiederbeschaffung seines Besitzes wirkungslos bleibt. Dieses Grundmuster der Handlung gewinnt seine „Farbe" durch die Gewitztheit der Wolffen, die alle Fäden in der Hand behält; zuletzt muß sie es jedoch hinnehmen, von Wehrhahn als naive „ehrliche Haut" tituliert zu werden. „Da weeß ich nu nich...", kann sie darauf nur kopfschüttelnd antworten.
Als eine Art Fortsetzung entstand die Tragikomödie *Der rote Hahn* (1901). Die verwitwete Frau Wolff, verheiratet mit dem Schuster und Polizeispitzel Fielitz, begeht durch Brandstiftung einen Versicherungsbetrug und kann den Verdacht auf den schwachsinnigen Sohn des pensionierten Wachtmeisters Rauchhaupt lenken. Letzterer setzt jedoch der Betrügerin so zu, daß sie stirbt. 1950/51 faßte ↑ Brecht beide Stücke (stark bearbeitet, z. B. ist Rauchhaupt durch den klassenbewußten Arbeiter Rauert ersetzt) zu einem Schauspiel zusammen.

Michael Kramer. Drama in 4 Akten, E, U, V 1900.
Die in einer Provinzstadt angesiedelte Tragödie verknüpft das Thema des Vater-Sohn-Konflikts mit der Künstlerproblematik. Michael Kramer ist Lehrer an einer Kunstschule. Auch seine nur mäßig begabte Tochter Michalina unterrichtet Malerei. Der äußerlich abstoßende, als Künstler hochbegabte Sohn Arnold hat nach frühen Erfolgen in München jegliche Tätigkeit aufgegeben und droht zu verkommen; er ist in die Gastwirtstochter Liese Bänsch vernarrt und macht sich hierdurch zum Hanswurst.
Die Akte 1–3 schildern Ereignisse eines Tages: Kramers ehemaliger Schüler Lachmann ist zu Besuch gekommen; beruflich und in seiner Ehe gescheitert, verkörpert er jene Resignation, der Arnold durch die Rebellion gegen alle an ihn gerichteten Forderungen zu entgehen hofft. Eine Auseinandersetzung zwischen Vater und Sohn mündet in den Fluch Michael Kramers: „Mich ekelt's! Du ekelst mich an!!" Im Gasthaus Bänsch wird Arnold von den betrunkenen Stammtisch-Honoratioren gereizt, bis er einen Revolver zieht; von den Gästen überwältigt, kann er (vorbei an Michalina und Lachmann, die unwissentlich Zeugen der Szene im Nebenraum waren) entkommen; er nimmt sich das Leben.
Der 4. Akt spielt im Atelier Kramers, in dem Arnold aufgebahrt ist. In Lachmanns Anwesenheit ringt Kramer um eine Deutung des Schicksals seines Sohnes. Das Pathos ist sprachlich gebrochen durch die Vermischung „hoher" und „niederer" Sprachformen: „Nun ist alles voll Klarheit um ihn her, das geht von ihm aus, von dem Antlitz, Lachmann, und hör'n Se, ich buhle um dieses Licht, wie so'n schwarzer, betrunkener Schmetterling." Im Bewußtsein der eigenen Mitschuld richtet Kramer seine Anklage zugleich gegen eine borniert Umwelt: „Was haben die Gecken von dem da gewußt (...)!? Von dem und von mir und von unseren Schmerzen!?" Sie haben ihn mir zu Tode gehetzt."

Rose Bernd. Drama in 5 Akten, E, U, V 1903, Verf Dtl. 1919 A. Halm, B. D. 1957 Wolfgang Staudte. Zugrunde liegt ein authentischer Fall (Kindsmord und Meineid einer ledigen Arbeiterin), an dessen Verhandlung vor Gericht im März 1903 in Hirschberg (Schlesien) Hauptmann als Geschworener teilgenommen hat.
Rose Bernd, „ein schönes und kräftiges Bauernmädchen von 22 Jahren", erwartet von dem an eine kranke Frau gebundenen Gutsbesitzer Flamm ein Kind. Der Maschinist Streckmann, der Rose schon lange vergeblich nachgestellt hat, weiß von ihrem Verhältnis mit Flamm; er erpreßt und vergewaltigt sie. Noch hofft Rose, durch die baldige Heirat mit dem biederen und wie ihr eigener Vater frommen Buchbinder Keil die eigene Schande vertuschen zu können. Streckmann beschuldigt sie jedoch bei einer handgreiflichen Auseinandersetzung mit Bernd und Keil, „mit all'r Welt a Gesteck" zu haben. Der alte Bernd klagt vor Gericht wegen Beleidigung, Rose schwört einen Meineid; hierdurch verliert sie das Vertrauen von Flamms Frau, die bisher dem Mädchen Trost und Hilfe geboten hat. Rose bringt ihr Kind um und sucht Zuflucht im Vaterhaus. Hier gesteht sie dem alten Bernd und Keil Meineid und Mord. Ihre Anklage richtet sich gegen ihre Verfolger: „Ich hab mich gefircht! Ich hab solche Angst vor a Männer gehabt! 's half nischt, 's ward immer schlimmer dahier! Hernach bin ich von Schlinge zu Schlinge getreten, daß ich gar ni mehr zur Besinnung gekomm." Die Schuld des Vaters und des Bräutigams: „Ihr seht ebens nischt! Ihr habt nischt gesehn mit offnen Augen."
Den Kern der sozialkritischen Darstellung von menschlicher Blindheit, religiös verbrämter Selbstsucht und Streben nach Sexualprestige bildet Rose Bernds Erfahrung: „'s hat een kee Mensch ne genung liebgehat." Ein wesentliches Gestaltungsmittel ist die sprachliche Charakterisierung. Sie steigert die ohnehin durch den Dialekt gebrochene Redeweise zum unmittelbaren Ausdruck der Qual.

Die Ratten. Berliner Tragikomödie. Drama in 5 Akten, E 1909/10, U, V 1911, Verf Dtl. 1921 Hans Kobe, B. D. 1955 Robert Siodmak.
Die beiden Schauplätze (vom ehemaligen Theaterbesitzer Hassenreuter bewohnter, mit seinem Theaterfundus ausgestatteter Dachboden und die Wohnung des Ehepaars John) befinden sich in einer ehemaligen Berliner Kavalleriekaserne, die jetzt als Mietskaserne dient.
Entsprechend gliedert sich das Drama in zwei aufeinander kontrastierend bezogene Handlungsstränge. Frau John will um jeden Preis den Wunsch ihres als Maurerpolier auswärts tätigen Mannes nach einem Kind erfüllen. Sie bringt das schwangere ledige Dienstmädchen Piperkarcka dazu, ihr das Neugeborene zu überlassen. Doch die wirkliche Mutter überlegt es sich anders. Frau John unterschiebt ihr das todkranke Kind der Morphinistin Knobbe. Doch inzwischen hat Frau Johns Bruder die Piperkarcka, statt sie lediglich einzuschüchtern, ermordet. Als Betrügerin entlarvt und der Anstiftung zum Mord verdächtigt, nimmt sich Frau John das Leben. Der Kleinbürger-Tragödie steht die Hassenreuter-Komödie des verstiegenen Idealismus und des (durch die Person des seinen „verlorenen Sohn" im Sodom Berlin suchenden Landpfarrers Spitta verkörperten) weltfremden Frömmlertums gegenüber.
Zu den Berührungspunkten gehören literaturtheoretische Anspielungen; so preist Hassenreuter das „stille, eingezogene, friedliche Leben" der Frau John, das sie „zur tragischen Heldin ungeeignet macht". Das beide Handlungsbereiche verbindende Sinnbild sind die Ratten und deren unaufhaltsame Zerstörung des Hauses, das stellvertretend für die Gesellschaft steht. „Allens unterminiert von Unjeziefer", erkennt John, „von Ratten und Mäusen zerfressen! – Allens schwankt! Allens kann jeden Oojenblick bis in Keller durchbrechen." Die groteske Kehrseite bildet Hassenreuthers Beschimpfung des jungen Spitta als Ratte im „Garten der dt. Kunst".

Der Ketzer von Soana. Erzählung, E ab 1911, V 1918.
Der Erzähler begegnet in den Tessiner Bergen dem im Volksmund als „Ketzer von Soana" bezeichneten Hirten Ludovico, der ihm die Geschichte des ehemaligen Priesters Francesco Vela (= Ludovico) vorliest.
Das einschneidende Ereignis im Leben Francescos bildete der seelsorgerische Auftrag, ein in blutschänderischer Ehe in den Bergen lebendes Hirtenpaar aufzusuchen. Überwältigt von der grandiosen Natur, fühlte der junge, in asketischer Weltabgewandtheit aufgewachsene Priester „eine klare und große Empfindung vom Dasein durch sich hindurchbrausen, die ihn augenblicklich vergessen ließ, daß er Priester und weshalb er gekommen war". Dieses neue Lebensgefühl findet seine Verkörperung in Agata, der Tochter des verfemten Paares. Vergeblich versucht Francesco, sich der zunächst als satanische Versuchung bekämpften Übermacht zu entziehen. Ruhe findet er erst in der Vereinigung mit Agata, durch die er den in Liebe und Natur gleichermaßen waltenden Eros unmittelbar erlebt. Im Eros vereinigen sich für ihn dionysisches und christliches Evangelium.
Die Erzählung spiegelt inhaltlich wie in ihrer bis zur Euphorie gesteigerten Sprachform Hauptmanns Erlebnis der südlichen Natur und Kultur während der Griechenlandreise des Jahres 1907. Ihren unmittelbaren Reflex bildet das 1907 auf Korfu begonnene Schauspiel *Der Bogen des Odysseus* (nach Homer, U, V 1914). Die Auseinandersetzung mit der Antike bildete fortan ein Element im Schaffen Hauptmanns bis hin zum Spätwerk der *Atriden-Tetralogie*. Im 1908 veröffentlichten Tagebuch *Griechischer Frühling* lautet ein Eintrag: „Ich habe das schwächliche Griechisieren, die blutlose Liebe zu einem blutlosen Griechentum niemals leiden mögen." Zu Hauptmanns Bild der griech. Antike gehört deren „barbarisches" Wesen; er begegnete ihm sowohl in der Kunst als auch in der als urwüchsig erlebten griech. Landschaft.

Albrecht Haushofer
*7. 1. 1903 in München, †23. 4. 1945 in Berlin-Moabit

Der Sohn des Geopolitikers Karl Haushofer studierte in München Geschichte und Geographie, habilitierte sich 1933, leitete das geopolitische Seminar der Hochschule für Politik in Berlin und wurde Mitarbeiter des Auswärtigen Amts. Aufgrund seiner ab 1940 bestehenden Beziehung zum Widerstand kam er vorübergehend in Haft; als Teilnehmer der Verschwörung des 20. Juli 1944 wurde er erneut verhaftet und unmittelbar vor Kriegsende umgebracht.

Neben seiner wissenschaftlichen und politischen Tätigkeit trat Haushofer als Lyriker (Privatdrucke ab 1920) und Dramatiker an die Öffentlichkeit. Seine Römerdramen (*Scipio*, 1934; *Sulla*, 1938; *Augustus*, 1939) üben in verschlüsselter Form Kritik am Faschismus. Das in Todesnähe entstandene Vermächtnis bilden die 79 *Moabiter Sonette* (V postum 1946) mit z. T. historischen Themen (Boethius und Thomas Morus als Gefangene) und der Absage an jegliche Heroisierung des Untergangs: „Der Heldenkampf in Etzels Hunnensaal / Ist heute nur mehr Mord und Todesqual."

Marlen Haushofer (eigtl. Marie Helene H., geb. Frauendorfer)
*11. 4. 1920 in Frauenstein (Oberösterreich), †21. 3. 1970 in Wien

Die Tochter eines Revierförsters trat 1930 in die Internatsschule der Ursulinenschwestern in Linz ein; 1939 legte sie hier das Abitur ab und leistete in Ostpreußen Arbeitsdienst, 1940 begann sie ein Germanistikstudium (Wien, Graz). Von 1947 an lebte sie in Steyr. Neben ihrer Tätigkeit als Hausfrau und Sprechstundenhilfe ihres Mannes, des Zahnarztes Manfred Haushofer (die 1956 ausgesprochene Scheidung wurde 1958 wiederaufgehoben), widmete sie sich ihrer schriftstellerischen Arbeit; 1952 erschien die Erzählung *Das fünfte Jahr*, 1955 als erster Roman *Eine Handvoll Leben*.

Zentrales Thema der autobiographisch geprägten Erzählwerke Marlen Haushofers ist die Selbstentfremdung der Frau in einer von häuslichen, familiären und gesellschaftlichen Pflichten regulierten Scheinwelt; geschildert wird vielfach die Suche nach realen bzw. fiktiven Zufluchtsorten einschließlich der Stätten der Kindheit. Das Gesamtwerk führt gleichsam an die Schwelle des literarischen Feminismus. Zu ihren Auszeichnungen gehören der Arthur-Schnitzler-Preis 1963 und der Österreich. Staatspreis für Literatur 1968; die eigentliche Entdeckung der Autorin erfolgte zu Beginn der 80er Jahre.

Romane: *Die Tapetentür* (1957), *Himmel, der nirgendwo endet* (1966), *Die Mansarde* (1969). – Erzählungen: Slg. *Die Vergißmeinnichtquelle* (1956), *Wir töten Stella* (1958), Slg. *Schreckliche Treue* (1968), Slg. *Begegnung mit dem Fremden* (postum 1985). – Kinderbücher: *Bartls Abenteuer* (1964), *Brav sein ist schwer* (1965), *Müssen Tiere draußen bleiben?* (1967), *Wohin mit dem Dackel?* (1968).

Die Wand. Roman, 1963, Neuausgaben 1968 und 1983.

Im Mittelpunkt steht eine namenlose Frau, die eines Tages feststellt, daß sich zwischen ihr und der Umwelt eine unsichtbare Wand befindet. Diese Spaltung und Trennung betrifft als Identitätskrise die gesamte Persönlichkeit der Erzählerin: „Wenn ich jetzt an die Frau denke, die ich einmal war, ehe die Wand in mein Leben trat, erkenne ich mich nicht in ihr." Sie entdeckt als eine Art weiblicher Robinson eine „einfache" Gegenwelt, frei von technologischen Zerstörungsprozessen. Und doch bestehen spiegelbildliche Bezüge, die das utopische Element jener Gegenwelt relativieren.

Christian Friedrich Hebbel
*18. 3. 1813 in Wesselburen (Holstein), †13. 12. 1863 in Wien

Das „Märchenlustspiel" *Der Rubin* endet mit einer Amnestie, die der ehemalige Fischerjunge Assad als neuer Kalif erläßt. Der Beifall, den diese Szene bei der Uraufführung im Wiener Burgtheater Ende 1849 fand, glich einer politischen Demonstration und widersprach damit der Auffassung Hebbels vom Wesen des Theaters. Die dramatische Kunst durfte sich nicht an Zeitereignisse binden, sondern mußte, wie es in einer Eintragung in den *Tagebüchern* heißt, „die Grundverhältnisse, innerhalb deren alles vereinzelte Dasein entsteht und vergeht, ins Auge fassen, und die sind bei dem beschränkten Gesichtskreis des Menschen grauenhaft". Sein „Pantragismus" setzte Hebbel auch in extremen Gegensatz zur scheinbar idyllischen Welt ↑ Stifters, auf den er Ende der 40er Jahre das Epigramm münzte: „Wißt ihr, warum euch die Käfer, die Butterblumen so glücken? / Weil ihr die Menschen nicht kennt, weil ihr die Sterne nicht seht!"

Der Sohn eines armen Maurers wurde als 13jähriger zur Maurerlehre gezwungen; ab 1827 (Tod des Vaters) war er als Laufbursche und Schreiber beschäftigt. Erste Gedichte weckten die Aufmerksamkeit der Dichterin Amalie Schoppe, mit deren Unterstützung Hebbel 1835 nach Hamburg zog, um ein Studium zu beginnen; versorgt wurde er jahrelang durch die Näherin Elise Lensing, mit der er zwei Kinder hatte. Studienjahren in Heidelberg und München (Jura, Geschichte) folgte 1840 die Rückkehr nach Hamburg; im selben Jahr kam in Berlin sein Drama *Judith* zur Uraufführung. Ein Reisestipendium des dän. Königs Christian VIII. ermöglichte Hebbel 1843/44 Aufenthalte in Paris und Rom. Auf der Rückreise ließ er sich 1845, statt sein Eheversprechen gegenüber Lensing einzulösen, in Wien nieder, wo er 1846 die Burgschauspielerin Christine Enghaus heiratete. Die Krönung seines Schaffens als Dramatiker bildete 1863 die Verleihung des Schiller-Preises.

Hebbel strebte nach einer Verbindung von Idealismus und Realismus durch die Gestaltung der Unfähigkeit des Individuums, sich angesichts des „Weltgesetzes" (im Sinne Hegels) zu behaupten. Indem die „tragische Kunst" das „individuelle Leben der Idee gegenüber vernichtet", wird sie zum „leuchtenden Blitz des menschlichen Bewußtseins, der aber freilich nichts erhellen kann, was er nicht zugleich verzehrte" *(Tagebücher)*. Die Handlung der Tragödien ist zumeist in geschichtlichen Umbruchssituationen angesiedelt bzw. konfrontiert menschliche Grundhaltungen: Beharren auf Machtvollkommenheit und Menschenwürde *(Herodes und Mariamne)*, Asiatentum, Griechentum und in der indischen Kultur verwurzeltes Keuschheitsideal *(Gyges und sein Ring)*, heidnisches Germanentum und Christentum (die *Nibelungen*-Trilogie endet mit dem Herrschaftsantritt Dietrichs von Bern im „Namen dessen, der am Kreuz erblich").

Gedichtbände: *Gedichte* (1842), *Neue Gedichte* (1848, Gesamtausgabe 1857). – Versepen: *Mutter und Kind* (1859). – Erzählungen: *Anna* (1836), *Matteo* (1839), *Die Kuh* (1849), Slg. *Erzählungen und Novellen* (1855). – Dramen: *Judith* (E 1839/40, U 1840, V 1841), *Genoveva* (E 1840/41, V 1843, U in tschech. Übersetzung 1849, dt. 1854), *Maria Magdalene* (E 1843, V 1844, U 1846), *Der Diamant* (E 1838–1841, V 1847, U 1852), *Herodes und Mariamne* (E 1847/48, U 1849, V 1850), *Der Rubin* (als Märchen 1837, U 1849, V 1851), *Agnes Bernauer* (E 1851, U 1852, V 1855), *Gyges und sein Ring* (E 1853/54, V 1856, U 1889), *Die Nibelungen*, Trilogie: *Der gehörnte Siegfried, Siegfrieds Tod, Kriemhilds Rache* (E 1855–1860, U 1861, V 1862), *Demetrius* (Fragment, V postum 1864). – Autobiographisches: *Tagebücher* (E 1835–1863, V 2 Bde. postum 1885–1887).

Maria Magdalene. Drama in 3 Akten, E 1843, V 1844, U 1846.
Klara, die Tochter des Tischlermeisters Anton, ist mit dem Schreiber Leonhard verlobt. Als ihr Bruder Karl in den Verdacht gerät, einen Diebstahl begangen zu haben, und verhaftet wird, benutzt Leonhard dies als Vorwand, Klara um einer besseren Partie willen zu verlassen, obwohl sie ein Kind von ihm erwartet. Klaras eigentliche Liebe gehört einem Sekretär, der jedoch ihre Hingabe an den Nebenbuhler nicht verwinden kann („Darüber kommt kein Mann hinweg"); statt dessen erschießt er Leonhard im Duell. Klara, die am Sterbebett der Mutter ihrem Vater schwören mußte, ihm niemals als sündige Maria Magdalena Schande zu machen, sieht den einzigen Ausweg im Selbstmord, den sie vergeblich als Unfall (Sturz in den Brunnen) zu tarnen versucht. Auf dem als „Kerker" und „Grab" charakterisierten Schauplatz bleibt Meister Anton zurück, der seine Verlassenheit in den Satz faßt: „Ich verstehe die Welt nicht mehr."
Das einzige Gegenwartsdrama Hebbels verfolgt das Ziel einer „Regenerierung" des von ↑Lessing und ↑Schiller noch aus dem Konflikt zwischen Adel und Bürgertum entwickelten bürgerlichen Trauerspiels, und zwar durch den Nachweis, „daß auch im eingeschränktesten Kreis eine zerschmetternde Tragik möglich ist". Diese Konzeption weist auf das „soziale Drama" ↑Hauptmanns im kleinbürgerlichen Milieu („Rose Bernd", „Die Ratten") voraus. Vorgebildet sind sowohl die Handlungsmotive sittlicher und religiöser Erstarrtheit als auch die sprachliche Verkümmerung der Handelnden bzw. zum Handeln Getriebenen. In sozialgeschichtlicher Hinsicht reflektiert das Drama die Deklassierung des ökonomisch überholten Handwerkerstands, zu dessen moralischer Grundlage die persönliche Integrität gehört. Hieraus resultieren die „schroffe Geschlossenheit, womit die aller Dialektik unfähigen Individuen sich in dem beschränkten Kreis gegenüber stehen", und die „schreckliche Gebundenheit des Lebens".

Agnes Bernauer. Ein dt. Trauerspiel. Drama in 5 Akten, E 1851, U 1852, V 1855.
Zugrunde liegt die historisch verbürgte Geschichte der unstandesgemäßen Eheschließung (1342) zwischen dem bayer. Thronfolger Albrecht und der Augsburger Badertochter Agnes Bernauer, die als angebliche Hexe in der Donau ertränkt worden ist.
Den Ausgangspunkt für Hebbels Gestaltung des Stoffes bildete die Absicht, „die Schönheit einmal von der tragischen, den Untergang durch sich selbst bedingenden Seite darzustellen". Zum Gegenpol entwickelte sich der Konflikt zwischen Einzelinteresse und Staatsinteresse. Die klar gegliederte Handlung führt vom Kennenlernen zwischen Agnes und Albrecht während eines Turniers in Augsburg und der Eheschließung über die Konfrontation zwischen Vater und Sohn, die Weigerung der Bernauerin, auf ihre Ehe zu verzichten und ins Kloster zu gehen, ihre Verurteilung und Hinrichtung bis hin zur Erhebung Albrechts und schließlich zur Abdankung Herzog Ernsts zugunsten seines Sohnes; der Vater zieht sich ins Kloster zurück, um dort „als Mensch zu büßen", was er als Herrscher um der Staatsnotwendigkeit willen tat".
Innerhalb Hebbels Konzeption der in dramaturgischer und tragischer Hinsicht fruchtbaren historischen Wendepunkte reflektiert das Schicksal der Agnes Bernauer den Übergang vom ständisch gebundenen Mittelalter zur Neuzeit, an deren Beginn die Entdeckung des Individuums steht. In dieser geschichtlichen Situation, in der sich eine neue Form der Sittlichkeit ankündigt, sind die Handelnden schuldlos und schuldig zugleich, wobei Hebbel in seiner Titelheldin das „reinste Opfer" sah, „das der Notwendigkeit im Laufe aller Jahrhunderte gefallen ist". Die sprachliche Gestaltung vermeidet ebenso pathetische Überhöhung wie gedankliche Überfrachtung, die in *Gyges und sein Ring* oder der *Nibelungen*-Trilogie die Kunst der psychologischen Differenzierung überlagern.

Johann Peter Hebel
*10. 5. 1760 in Basel, †22. 9. 1826 in Schwetzingen

Der Sohn armer Dienstleute wuchs in Basel und in Hausen im Wiesental (Baden) auf. Nach einem Theologiestudium in Erlangen lehrte er am Pädagogium in Lörrach, ab 1791 war er Lehrer, 1808–1814 Direktor des Gymnasiums in Karlsruhe, ab 1819 Prälat der ev. Landeskirche Badens.
1803 veröffentlichte Hebel die Slg. *Alemannische Gedichte*. Sie enthält mundartliche Schilderungen des Natur- und Dorflebens; beides verbindet sich in Gedichten wie *Sonntagsfrühe:* „Wie glitzeret uf Gras und Laub / Vom Morgetau der Silberstaub! / Wie weiht e frische Maieluft / Voll Chriesibluest und Schlecheduft! / Und d'Immli sammle flink und frisch, / Sie wüsse nit, aß's Sunntig isch" („Wie glitzert rings auf Gras und Laub / Vom Morgentau der Silberstaub! / Wie weht so frische Maienluft / Voll Kirschenblüt und Schlehenduft! / Und 's Bienlein sammelt ohne Frist; / Es weiß nicht, daß es Sonntag ist"). ↑ Goethe urteilte in seiner Rezension aus dem Jahr 1805: „Hebel verbauert auf die naivste, anmutigste Weise durchaus das Universum." Als Mitarbeiter (ab 1803) und Hg. (1808–1811) des Landkalenders „Der Rheinländische Hausfreund oder: Neuer Kalender, mit lehrreichen Nachrichten und lustigen Erzählungen" (Karlsruhe) veröffentlichte Hebel eine Vielzahl von Erzählungen und Anekdoten, die 1811 als *Schatzkästlein des Rheinischen Hausfreundes* gesammelt erschienen sind (u. a. *Kannitverstan*). Sie scheinen, wie Hebel selbst bemerkte, „leicht hingegossen", entwickeln jedoch die Schilderung von Tugend und Torheit aus einer bewußten Handhabung der sprachlichen Mittel mit dem Ziel, Belehrung mit Vergnügen zu verbinden; in der genüßlichen Darstellung von Spitzbübereien ist die Abscheu vor jeglicher Scheinmoral spürbar.

Christoph Hein
*8. 4. 1944 in Heinzendorf (Schlesien)

Der Sohn eines Pfarrers wuchs in Bad Düben bei Leipzig auf. 1958 besuchte er ein Gymnasium in West-Berlin, 1960 kehrte er in die DDR zurück und war nach dem Abitur in verschiedenen Berufen tätig, u. a. als Montagearbeiter, Schauspieler und Regieassistent. 1967–1971 studierte er in Leipzig und Ost-Berlin Philosophie und Logik, anschließend gehörte er als Dramaturg, ab 1974 als Autor der Volksbühne in Ost-Berlin an. Hier lebt er seit 1979 als freier Schriftsteller. 1982 erhielt er den Heinrich-Mann-Preis der DDR.
Als Dramatiker ging Hein vom Konflikt zwischen dem aufklärerischen Intellektuellen und den nur über ein ausschnitthaftes Bewußtsein der geschichtlich-gesellschaftlichen Entwicklung verfügenden Mitbürgern aus (*Schlötel oder Was solls*, 1974). Es folgten Stücke, die am Beispiel der antimonarchistischen Revolution Cromwells und der Entstehung der sozialistischen Arbeiterbewegung den geschichtlichen Prozeß reflektieren, wobei die Gestalt Lasalles die Frage nach der Beziehung zwischen öffentlicher Funktion und privatem Verhalten aufwirft. *Der fremde Freund* (1982) schildert als Ich-Erzählung mit Rückblendetechnik den in Belanglosigkeit mündenden Lebensweg einer erfolgreichen Ärztin in Ost-Berlin.

Erzählungen: Slg. *Einladung zum Lever Bourgeois* (1980, in der B. D. 1982 u. d. T. *Nachtfahrt und früher Morgen*), *Der fremde Freund* (1982, in der B. D. 1983 u. d. T. *Drachenblut*). – Dramen: *Vom hungrigen Hennecke* (U 1974), *Schlötel oder Was solls* (U 1974, V 1981), *Die Geschäfte des Herrn John D.* (U 1979), *Cromwell* (U, V 1978), *Lasalle fragt Herrn Herbert nach Sonja* (U 1980, V 1981), *Der neue Menoza oder Geschichte des kumbanischen Prinzen Tandi* (V 1981, U 1982), *Die wahre Geschichte des Ah Q* (U 1983, V 1984).

Heinrich Heine (bis 1825 Harry H.)
*13. 12. 1797 in Düsseldorf, 17. 2. 1856 in Paris

Kein anderer dt. Schriftsteller ist nicht allein zu Lebzeiten, sondern über den Tod hinaus mit derart beharrlichem Haß verfolgt worden wie Heine, sei es im Zeichen des Antisemitismus, des Nationalismus, sei es im Zeichen der Verteidigung von Sitte und Anstand, des religiösen Empfindens oder der Würde der Kunst. Allerdings ist auch kein anderer mit solcher Beharrlichkeit für die Freiheit als „Religion unserer Zeit" und für das Leben als „ein Recht" eingetreten: „Das Leben will dieses Recht geltend machen gegen den erstarrenden Tod, gegen die Vergangenheit, und dieses Geltendmachen ist die Revolution. Der elegische Indifferentismus der Historiker und Poeten soll unsere Energie nicht lähmen bei diesem Geschäfte; und die Schwärmerei der Zukunftsbeglücker soll uns nicht verleiten, die Interessen der Gegenwart und das zunächst zu verfechtende Menschenrecht, das Recht zu leben, aufs Spiel zu setzen" (*Verschiedenartige Geschichtsauffassung*, um 1830).

Der Sohn eines jüd. Textilkaufmanns besuchte 1810–1814 das Lyzeum in Düsseldorf und war 1815/16 Bankvolontär in Frankfurt a. M. und Hamburg. 1817 veröffentlichte er erste Gedichte. Sein 1818 vom Onkel Salomon Heine eingerichtetes Manufakturwarengeschäft mußte im folgenden Jahr liquidieren. Der Onkel erklärte sich nun bereit, ein Studium zu finanzieren, das Heine 1819 in Bonn begann (Jura, Geschichte, Literatur; ↑ Arndt, A. W. ↑ Schlegel), 1820 in Göttingen (Relegierung wegen einer Duellaffäre) und 1821 in Berlin fortsetzte (↑ Hegel, Verkehr im Haus des Ehepaars ↑ Varnhagen von Ense, Mitgliedschaft im „Verein für Kultur und Wissenschaft der Juden"); 1822 erschienen die *Briefe aus Berlin*. Zum Studienabschluß kehrte Heine 1824 nach Göttingen zurück (im Herbst Wanderung durch den Harz und Besuch ↑ Goethes in Weimar). 1825 legte er das juristische Examen ab, konvertierte zum Protestantismus und promovierte zum Dr. jur. mit dem Ziel, sich in Hamburg als Anwalt niederzulassen.

Mit der Veröffentlichung des 1. Teils der *Reisebilder* (1826) und der Slg. *Buch der Lieder* (1827) begann die lebenslange Zusammenarbeit mit dem Hamburger Verleger Julius Campe. Anfang 1828 übernahm Heine in München die Redaktion der „Neuen allgemeinen politischen Annalen"; die zweite Hälfte des Jahres verbrachte er in Italien. Nachdem ↑ Platen ihn im satirischen Schauspiel „Der romantische Ödipus" (V 1829) als Parteigänger ↑ Immermanns mit antisemitischer Bosheit angegriffen hatte, antwortete Heine in *Die Bäder von Lucca* (1830 im 3. Teil der *Reisebilder*) mit Anspielungen auf die homoerotische Neigung des Dichters und erregte damit eine heftige Auseinandersetzung.

Nachdem alle beruflichen Pläne (u. a. Professur in München oder Berlin) gescheitert waren, ließ Heine sich (wie zuvor ↑ Börne) Mitte 1831 in Paris, dem Schauplatz der „heiligen Tage" der Julirevolution, nieder. Als Korrespondent der Cottaschen „Allgemeinen Zeitung" (Augsburg) schrieb er über den „Salon" 1831 sowie in „Tagesberichten" über die restaurative Entwicklung in Frankreich unter dem „Bürgerkönig" Louis-Philippe (Buchausgabe *Französische Zustände* 1832). Nicht zuletzt an das frz. Publikum wandte sich Heine mit seinen beiden kultur- und zeitgeschichtlichen Abhandlungen *Zur Geschichte der neueren schönen Literatur in Dtl.* (1833, erweitert 1835 als *Die Romantische Schule*) und *Zur Geschichte der Religion und Philosophie in Dtl.* (frz. 1834, dt. 1835); der Leitgedanke ist die Verdeutlichung der in der dt. (Geistes-)Geschichte antizipierten, in der Realität unterdrückten politischen, sozialen und religiösen Emanzipation.

Ende 1835 gehörte Heine zu den vom Verbot des „Jungen Deutschland" betroffenen Autoren (vgl. ↑Gutzkow); die frz. Regierung gewährte ihm daraufhin eine Pension (bis 1848). 1840–1844 war Heine erneut für die „Allgemeine Zeitung" tätig. 1841 heiratete er seine Lebensgefährtin (ab 1834) „Mathilde" Mirat, 1843 reiste er inkognito nach Hamburg (Besuch der Mutter), Ende 1843 lernte er in Paris Karl Marx kennen. Nach dem Tod des Onkels begann 1845 der auch in der Öffentlichkeit ausgetragene Erbschaftsstreit. Heines literarischer Kampf der 40er Jahre galt dem kleinbürgerlichen Republikanismus (*Ludwig Börne. Eine Denkschrift*, 1840) und der „Tendenzpoesie" ↑Freiligraths und ↑Herweghs ebenso wie der Reaktion (*Deutschland. Ein Wintermärchen*, 1844). Ihren klarsten kämpferischen Ausdruck fand Heines politische Lyrik in den *Zeitgedichten* der Slg. *Neue Gedichte* (1844).

Die seit Jahren aufgrund einer Rückenmarksschwindsucht auftretenden Lähmungserscheinungen banden Heine ans Krankenbett. Am Beginn der achtjährigen körperlichen Leiden in der „Matratzengruft" steht die Slg. *Romanzero* (1851); im Nachwort bekennt Heine seine Rückkehr zu einem „persönlichen Gott". Das schon in den Frühwerken erörterte Thema des Antagonismus zwischen „Spiritualismus" und „Sensualismus" reflektiert der Essay *Die Götter im Exil* (1853) anhand der Gegenüberstellung von „nazarenischem" und „hellenischem" Lebensprinzip. Als gesellschaftskritisches Vermächtnis ist die bearbeitete Buchfassung der Korrespondentenberichte vom Beginn der 40er Jahre zu betrachten (*Lutetia. Berichte über Politik, Kunst und Volksleben*, 1854); das Vorwort zur frz. Ausgabe (1855) enthält Heines Auseinandersetzung mit dem Kommunismus; weckt der Gedanke an die Zeit, in der „jene dunklen Bilderstürmer zur Herrschaft gelangen werden", einerseits „Grauen und Schrecken", so besitzt die proletarische Bewegung andererseits ihre historische Notwendigkeit aufgrund ihrer „obersten Prinzipien" des „absolutesten Kosmopolitismus, einer allgemeinen Völkerliebe, einer auf Gleichheit beruhenden Verbrüderung aller Menschen, freier Bürger dieses Erdballs".

Gedichtbände und -zyklen: *Gedichte* (E ab 1816, V 1822), *Lyrisches Intermezzo* (E 1821/22, V 1823), *Buch der Lieder* (1827, 10. Auflage 1852), *Neue Gedichte* (1844, 3. erweiterte Auflage 1852), *Romanzero* (1851), *Gedichte 1853 und 1854* (1854). – Versepen: *Atta Troll. Ein Sommernachtstraum* (Zs 1843, V 1847), *Deutschland. Ein Wintermärchen* (1844). – Erzählungen: *Aus den Memoiren des Herren von Schnabelewopski* (E 1827–1833, V 1834), *Florentinische Nächte* (E 1835/36, V 1837), *Der Rabbi von Bacherach* (Fragment, E 1824/25 und 1840, V 1840). – Dramen und andere Bühnenwerke: *Almansor* (E 1820–1822, U, V 1823), *William Ratcliff* (E 1822, V 1823), *La légende du docteur Jean Faust* (E 1846/47, V 1847, u.d.T. *Der Doktor Faust. Ein Tanzpoem nebst kuriosen Berichten über Teufel, Hexen und Dichtkunst* 1851), *Die Göttin Diana* (1854). – Reisebilder: *Erster Teil* (1826, darin u.a.: *Die Harzreise*, E 1824–1826), *Zweiter Teil* (1827, darin u.a.: *Die Nordsee. 3. Abteilung*, E 1826/27), *Dritter Teil* (1830, darin u.a.: *Reise von München nach Genua*, E 1828/29; *Die Bäder von Lucca*, E 1828/29), *Nachträge zu den Reisebildern* (1831, darin: *Die Stadt Lucca*, E 1829/30; *Englische Fragmente*, E 1827–1830). – Kultur- und zeitgeschichtliche Abhandlungen, Korrespondentenberichte: *Französische Maler* (Zs u.d.T. *Gemäldeausstellung in Paris 1831*, erweiterte Fassung 1834), *Französische Zustände* (Zs 1831/32, V 1832), *Zur Geschichte der neueren schönen Literatur in Dtl.* (1833, erweiterte Fassung *Die Romantische Schule* 1835), *De l'Allemagne depuis Luther* (1834, u.d.T. *Zur Geschichte der Religion und Philosophie in Dtl.* 1835), *Elementargeister* (1837), *Ludwig Börne. Eine Denkschrift* (E 1830, und 1837–1840, V 1840), *Lutetia. Berichte über Politik, Kunst und Volksleben* (Zs 1840–1844, V 1854), *Les dieux en exil* (1853, u.d.T. *Die Götter im Exil* 1854). – Autobiographisches: *Ideen. Das Buch Le Grand* (1827), *Geständnisse* (1854), *Memoiren* (postum 1884).

Die Harzreise. Reisebeschreibung, E 1824/25, Zs 1826, V (im 1. Teil der Slg. *Reisebilder*) 1826, frz. Ü 1834.

Mit diesem ersten seiner *Reisebilder* gab Heine einen wesentlichen Anstoß zur breiten Entfaltung einer engagierten Literatur, deren kritisches Potential weniger in den vorgetragenen Überzeugungen, sondern vielmehr im Stilprinzip der freien assoziativen Verknüpfung, des Witzes sowie in der Subjektivität der Betrachtungsweise bestand. Hieraus ergab sich gleichsam von selbst die Kritik an philisterhafter Spießbürgerlichkeit, an hohlem Pathos, an Dünkelhaftigkeit, beschränkter Gelehrsamkeit – kurz: an allem, was sich dem Drang nach geistiger und politischer „Bewegung" in den Weg stellte.

Zugrunde liegt die Wanderung, die Heine im September/Oktober 1824 durch den Harz unternommen hat; geschildert wird der erste Teil mit dem Ausgangspunkt Göttingen und den Stationen Northeim, Osterode, Clausthal, Goslar, dem Brocken und dem Ilsetal. Nichts liegt Heine ferner, als topographische Angaben zu sammeln (die Stadt Göttingen ist „berühmt durch ihre Würste und Universität", Osterode hat „soundsoviel Häuser, verschiedene Einwohner, darunter auch mehrere Seelen"). Annähernd beschreibende Passagen mit physiognomischen Kuriositäten („ein rotes Quadratmeilengesicht mit Grübchen in den Wangen, die wie Spucknäpfe für Liebesgötter aussahen", ein anderes Gesicht ist „nur ein Mund zwischen zwei Ohren"), grotesken Traumbildern, Liedern und Romanzen, literaturkritischen Seitenhieben und anekdotischen Schilderungen, die in den Szenen eines Trinkgelages in der Brockenhütte gipfeln, einem Zerrbild der Walpurgisnacht, in welcher der Brocken „seine Nebelkappe jubelnd in die Luft (wirft) und, ebensogut wie wir übrigen, recht echtdeutsch romantisch verrückt" wird. Kennzeichnend sind Kontraste, etwa zwischen einem sehnsuchtvollen Morgenlied und der „Sehnsucht nach einem Frühstück".

Reise von München nach Genua. Reisebeschreibung, E 1828/29, Teildruck 1828 (u. d. T. „Reise nach Italien") und 1829 („Italienische Fragmente") im „Morgenblatt für gebildete Stände", V (im 3. Teil der *Reisebilder*) 1830.

Wie die *Englischen Fragmente*, so verknüpfen auch die drei *Reisebilder* aus Italien die Schilderung der wechselnden Eindrücke mit perspektivenreichen kultur- und zeitgeschichtlichen, stets „bildhaften" Reflexionen. In diesem ersten Teil tritt Italien vornehmlich als Schauplatz der Napoleonischen Herrschaft und der nachfolgenden Unterdrückung durch Österreich in Erscheinung. Kennzeichnend für Heines „Reflexionsstil" ist die Deutung beispielsweise der Opera buffa als Ausdruck des „Grolls gegen fremde Herrschaft"; das ist „der esoterische Sinn", während die „exoterische Schildwache, in deren Gegenwart sie gesungen und dargestellt wird, nimmermehr die Bedeutung dieser heiteren Liebesgeschichten, Liebesnöten und Liebesneckereien (ahnt), worunter der Italiener seine tödlichsten Befreiungsgedanken verbirgt". Dieses Verfahren der Enthüllung von unter der Oberfläche verborgenen Bedeutungen hat Heine vor allem in seinen Pariser Korrespondenzberichten weiterentwickelt und hierdurch die Trennung zwischen „Politik, Kunst und Volksleben" (Untertitel von *Lutetia*) im Interesse der Erhellung wechselseitiger Bedingungsverhältnisse aufgehoben. (Wobei Heine bekannte: „Was ich aus den Dingen nicht hinaussehe, das sehe ich hinein.")

Einen thematischen Schwerpunkt der *Reise von München nach Genua* bildet die Gestalt Napoleons. Der (fiktive) Besuch des Schlachtfelds bei Marengo (hier siegte Napoleon 1800 über Österreich) bildet den Anlaß, zwischen den „Handlungen" und dem „Genius des Mannes" als Testamentsvollstrecker der Revolution zu unterscheiden – eine Fragestellung, die Heine, der im Napoleonischen Königreich Westfalen aufgewachsen ist, zeitlebens beschäftigte.

Lyrik. Heines Gedichte gliedern sich hinsichtlich ihrer Veröffentlichung in drei Hauptgruppen, zwischen denen die beiden wesentlichen Zäsuren seines Lebenswegs (Übersiedlung nach Paris 1831, Beginn der Leiden in der „Matratzengruft" 1848) liegen. Es sind dies: das *Buch der Lieder* (E ab 1816, V 1827, gegliedert in: *Junge Leiden, Lyrisches Intermezzo, Die Heimkehr, Aus der Harzreise, Die Nordsee*), Vert einzelner Lieder durch Franz Schubert *(Der Atlas, Der Doppelgänger)*, Friedrich Silcher *(Loreley)*, Franz Liszt *(Loreley)*, Richard Wagner, Johannes Brahms, vor allem aber durch Robert Schumann („Liederkreis", op. 24; „Dichterliebe", op. 48; Balladen *Belsazar, Zwei Grenadiere*); *Neue Gedichte* (1844, gegliedert in: *Neuer Frühling, Verschiedene* [Geliebte: *Seraphine, Angelique, Diana* u. a.], *Romanzen, Zur Olla, Zeitgedichte*), Vert Felix Mendelssohn-Bartholdy *(Leise zieht durch mein Gemüt)*, Richard Strauss *(Frühlingsfeier); Romanzero* (1851, gegliedert in: *Historien, Lamentationen, Hebräische Melodien*). Hieran schließt sich die Slg. *Gedichte 1853 und 1854* an (mit *Zum Lazarus*).

Aufsehen erregten zunächst Heines souveräne Handhabung der Motive und Themen der klassischen und romantischen Natur- und Liebeslyrik, seine Verbindung von Kunst- und Volkspoesie, die verschwenderische Fülle des poetischen Empfindungsausdrucks von zumeist unglücklicher Liebe. In diesem Sinne beginnt das der 3. Auflage (1839) des *Buchs der Lieder* vorangestellte Gedicht mit den Versen: „Das ist der alte Märchenwald!/Es duftet die Lindenblüte!/Der wunderbare Mondenglanz/Bezaubert mein Gemüte." Es mündet in die Klage: „O Liebe! was soll es bedeuten,/Daß du vermischest mit Todesqual/All deine Seligkeiten?" Zugleich thematisieren die meisten der frühen Gedichte direkt oder indirekt die Diskrepanz zwischen literarisch geformter bzw. vermittelter Empfindung und realer Verhaltensweise: „Und als ich euch meine Schmerzen geklagt,/Da habt ihr gegähnt und nichts gesagt;/Doch als ich sie zierlich in Verse gebracht,/Da habt ihr mir große Elogen gemacht." Spott („Philister im Sonntagsröcklein/Spazieren durch Wald und Flur;/Sie jauchzen, sie hüpfen wie Böcklein,/Begrüßen die schöne Natur") und Ironie wechseln mit dem bildhaften Ausdruck unerfüllbarer Sehnsucht: „Ein Fichtenbaum steht einsam/Im Norden auf kahler Höh'./Ihn schläfert; mit weißer Decke/Umhüllen ihn Eis und Schnee.//Er träumt von einer Palme,/Die fern im Morgenland/Einsam und schweigend trauert/Auf brennender Felsenwand."

Der thematische Bogen der Slg. *Neue Gedichte* spannt sich von der Gebundenheit durch die „Blumenketten" der Liebe, wobei der Ausdruck sinnenfroher Beglückung vorherrscht („Holdes Zittern, süßes Beben,/Furchtsam zärtliches Umschlingen –/Und die jungen Rosen lauschen,/Und die Nachtigallen singen"), bis hin zur politischen Satire (*Der Kaiser von China* über Friedrich Wilhelm IV. von Preußen); eingeleitet werden diese *Zeitgedichte* durch *Doktrin*: „Schlage die Trommel und fürchte dich nicht,/Und küsse die Marketenderin!/Das ist die ganze Wissenschaft,/Das ist der Bücher tiefster Sinn. (...)" Dazwischen liegen die ironisch-erotischen Lieder der Abteilung *Verschiedene*: „(...) Die Göttin der Gelegenheit,/Wie'n Zöfchen, flink und heiter,/Kam sie vorbei und sah uns stehn,/Und lachend ging sie weiter."

In den *Historien* des *Romanzero* gewinnen Heines politische und weltanschauliche Reflexionen ihre umfassende dichterische Gestalt (z. B. *Vitzliputzli* über die Eroberung Mexikos durch Cortez). In den *Lamentationen* wird Lazarus zur Identifikationsfigur, in deren *Rückschau* Heine resümiert: „Ich habe gerochen alle Gerüche/In dieser holden Erdenküche;/(...) Lebt wohl! Dort oben, ihr christlichen Brüder,/Ja, das versteht sich, dort sehn wir uns wieder." Eines der letzten Gedichte Heines ist das Elise Krinitz gewidmete Liebesgedicht *Für die Mouche.*

Atta Troll. Ein Sommernachtstraum.
Versepos in 27 Kapiteln, E 1841, Zs 1843, Buchausgabe (in bearbeiteter Form) 1847.
Als Handlungsgerüst dient die Verfolgung des in den Pyrenäen entlaufenen Tanzbären Atta Troll durch den als versierter „Bärenjäger" ausgewiesenen Erzähler. Die Inschrift des Denkmals, das dem schließlich erlegten Bären in der „Walhalla" Ludwigs I. von Bayern gesetzt wird, faßt die Hauptzielrichtung der Satire zusammen: „Atta Troll, Tendenzbär; sittlich / Religiös; als Gatte brünstig; / Durch Verführtsein von dem Zeitgeist, / Waldursprünglich Sansculotte; // Sehr schlecht tanzend, doch Gesinnung / Tragend in der zott' gen Hochbrust; / Manchmal auch gestunken habend; / Kein Talent, doch ein Charakter!" Der Bär verkörpert ein ebenso pathetisches wie simplifiziertes Freiheits- und Gleichheitsstreben, das sich in blindem Enthusiasmus selbst vor den Karren der „christlich germanischen Nationalität" spannen läßt. Genannt wird ↑ Freiligrath, aus dessen Gedicht „Der Mohrenfürst" das Motto stammt. Eingeflochten sind u. a. Attacken auf die romantische „Schwäbische Dichterschule" (↑ Kerner, Gustav Pfizer, Gustav Schwab); zugleich bezeichnet Heine sein Epos als das „vielleicht letzte freie Waldlied der Romantik".
In der Vorrede zur Buchausgabe rechtfertigt Heine seinen Angriff auf die ja durchaus oppositionelle „Tendenzpoesie" Freiligraths und ↑ Herweghs gegen den Vorwurf „nicht bloß der literarischen, sondern auch der gesellschaftlichen Reaktion, ja sogar der Verhöhnung heiligster Menschheitsideen": „Nein, eben weil dem Dichter jene Ideen in herrlichster Klarheit und Größe beständig vorschweben, ergreift ihn desto unwiderstehlicher die Lachlust, wenn er sieht, wie roh, plump und täppisch von der beschränkten Zeitgenossenschaft jene Ideen aufgefaßt werden können." (...) Es gibt Spiegel, welche so verschroben geschliffen sind, daß selbst ein Apollo sich darin als eine Karikatur abspiegeln muß und zum Lachen reizt."

Deutschland. Ein Wintermärchen.
Versepos in 27 Kapiteln, E 1843 / 44, V 1844 (in *Neue Gedichte* und als Separatdruck).
Der in *Atta Troll* karikierten „Tendenzpoesie" setzte Heine mit seinem zweiten Versepos das Gegenbeispiel einer politischen Dichtung entgegen, die in formaler und inhaltlicher Hinsicht differenziert genug ist, um der politischen, sozialen und kulturellen Misere nachhaltig entgegenzuwirken. Das „versifizierte Reisebild" schildert den Deutschlandaufenthalt Heines im Herbst 1843 (u. a. Besuch der Mutter). Der Untertitel bezieht sich auf den Vers „Ein traurig Märchen paßt für den Winter in Shakespeares „The Winter's Tale".
Programmatisch konfrontiert Caput I das „alte Entsagungslied" eines Harfnermädchens, „das Eiapopeia vom Himmel / Womit man einlullt, wenn es greint, / Das Volk, den großen Lümmel", mit dem „neuen", dem „besseren Lied" des Erzählers vom Glück auf Erden, das unabdingbar mit der politischen, moralischen und religiösen Emanzipation verbunden ist: „Die Jungfer Europa ist verlobt / Mit dem schönen Geniusse / Der Freiheit, sie liegen einander im Arm, / Sie schwelgen im ersten Kusse. // Und fehlt der Pfaffensegen dabei, / Die Ehe wird gültig nicht minder – / Es lebe Bräutigam und Braut, / Und ihre zukünftigen Kinder." Aus dieser Perspektive entwickelt Heine anhand der Stationen von Aachen über Köln und den Teutoburger Wald bis Hamburg ein kritisches Profil der dt. politischen und kulturellen Landschaft, gekennzeichnet durch Zensur (sie „gibt die innere Einheit uns"), Militarismus, Nationalismus und Franzosenhaß; ein zentrales Thema ist die Auseinandersetzung mit der Propagierung der Idee des mittelalterlichen Kaisertums (Kyffhäuser-Traumszenen). Zahlreiche Impressionen, Erinnerungen und Anspielungen ergeben zugleich den vorherrschenden Eindruck subjektiver Betroffenheit bis hin zur Traumgestalt des Mannes mit dem Richtbeil, der Personifikation der „Tat" des Gedankens.

Helmut Heißenbüttel
*21. 6. 1921 in Rüstringen (= Wilhelmshaven)
Der Sohn eines Gerichtsvollziehers legte 1939 in Papenburg das Abitur ab. Nach einer schweren Verwundung in Rußland wurde er vom Kriegsdienst entbunden; 1942 studierte er in Dresden Architektur, ab 1943 in Leipzig und 1945 / 46 in Hamburg Germanistik und Kunstgeschichte. 1954 erschien Heißenbüttels erster Gedichtband: *Kombinationen*, 1960 das erste *Textbuch*. Einer Tätigkeit als Lektor (ab 1955) folgte 1957 die Mitarbeit in der Redaktion „Radio-Essay" des Süddt. Rundfunks in Stuttgart, die er 1959–1981 leitete. 1963 war er Gastdozent für Poetik an der Universität in Frankfurt a. M. (Vorlesungen *Grundbegriffe der Poetik im 20. Jh.*, V 1970). Zu Heißenbüttels Auszeichnungen gehören der Büchner-Preis 1969 und der Hörspielpreis der Kriegsblinden 1970.
Als der neben ↑ Gomringer bedeutendste Vertreter der experimentellen Literatur entwickelte Heißenbüttel, parallel zu einem umfangreichen essayistischen Werk, konsequent das Montageprinzip. Als Material dienen sprachliche Grundelemente („zu / rück / rücken // zu rück // zu rücken // rück", *Textbuch 4*) und Zitate. Zu den Kombinationstechniken gehört die Auswertung von Mehrdeutigkeit („Seine Sitten sind englisch und sein Essen ist himmlisch", in: *D'Alemberts Ende*).

Gedichtbände: *Kombinationen. Gedichte 1951–1954* (1954), *Topographien. Gedichte 1954 / 55* (1956). – *Textbücher 1–6* (1960–1967, Sammelausgabe 1970). – *Projekte: Nr. 1: D'Alemberts Ende* (1970), *Nr. 2: Das Durchhauen des Kohlhaupts* (1974), *Nr. 3 / 1: Eichendorffs Untergang und andere Märchen* (1978), *Nr. 3 / 2: Wenn Adolf Hitler den Krieg gewonnen hätte. Historische Novellen und andere Begebenheiten* (1979), *Nr. 3 / 3: Das Ende der Alternative. Einfache Geschichten* (1980). – Hörspiele: *Was sollen wir überhaupt senden?* (1970), *Marlowes Ende* (1971), *Warzen und alles* (1980), *Zwei oder drei Porträts* (1981). – Essays: Slg. *Über Literatur* (1970), Slg. *Zur Tradition der Moderne* (1972), *13 Thesen über ästhetische Grenzüberschreitung* (1978), *Von fliegenden Fröschen, libidinösen Epen, vaterländischen Romanen, Sprechblasen und Ohrwürmern* (1982).

Johann Gottfried (von) Herder
*25. 8. 1744 in Mohrungen (Ostpreußen), †18. 12. 1803 in Weimar
Einem Studium der Theologie, Philosophie und Literatur in Königsberg (1762–1764; Kant, ↑ Hamann) folgte die Tätigkeit als Lehrer, ab 1767 als Prediger in Riga. Aus den beruflichen Bindungen löste sich Herder 1769 durch eine Reise nach Nantes. 1770 / 71 hielt er sich in Straßburg auf, wo er Einfluß auf ↑ Goethes Entwicklung gewann; nach einer Amtszeit als Konsistorialrat in Bückeburg folgte er diesem 1776 nach Weimar (Generalsuperintendent und erster Prediger, Verbindung mit ↑ Schiller und ↑ Wieland; 1802 geadelt).
Herder besaß wesentlichen Anteil an der Überwindung des Rationalismus durch den Sturm und Drang (Hinwendung zu Shakespeare und zur Volksdichtung). Seine Sprach-, Literatur- und Geschichtsphilosophie schuf Grundlagen für das Verständnis der Kulturgeschichte im Sinne eines organischen Entwicklungsprozesses unter bestimmten natürlichen Gegebenheiten; in den Mittelpunkt rückte der Gedanke der fortschreitenden Entfaltung der Humanität. Hauptwerke sind die *Kritischen Wälder* (1769), die *Abhandlung über den Ursprung der Sprache* (1772), *Auch eine Philosophie der Geschichte zur Bildung der Menschheit* (1774) und *Briefe zur Beförderung der Humanität* (10 Bde., 1793–1797); die Slg. *Volkslieder* (Nachdichtungen) erschien postum (1807) als Neuauflage u. d. T. *Stimmen der Völker in Liedern*.

Stephan Hermlin (eigentl. Rudolf Leder)
*13. 4. 1915 in Chemnitz (Karl-Marx-Stadt)
Aus gutbürgerlichem Haus stammend (der Vater war ein passionierter Kunstsammler; er wurde im KZ umgebracht), trat Hermlin nach einer Schulzeit in Dresden 1931 in Berlin dem kommunistischen Jugendverband bei und beteiligte sich ab 1933 am Widerstand. 1936 emigrierte er über Ägypten und Palästina nach England; er nahm am Span. Bürgerkrieg teil, gehörte 1940 der frz. Armee an und war 1944 in der Schweiz interniert. 1945 wurde er literarischer Mitarbeiter beim Radio Frankfurt a. M., 1947 ließ er sich in Ost-Berlin nieder. Seine kulturpolitischen Ämter legte Hermlin 1963, von der SED mangelnder Treue zum sozialistischen Realismus beschuldigt, nieder. Zu seinen Auszeichnungen gehören der Heine-Preis (1948, 1972) und der Nationalpreis der DDR (1950, 1954, 1975).
Themen der Lyrik Hermlins in den 40er und 50er Jahren sind der antifaschistische Kampf und der Aufbau der sozialistischen Gesellschaft. Wesentlicher Bezugspunkt ist ↑Hölderlin; ihm sind der Essay *Gesang vom Künftigen* (1944/45) und das als Zitatcollage gestaltete Hörspiel *Scardanelli* (1970) gewidmet. Die Erzählung *Der Leutnant Yorck von Wartenburg* (1945) hebt die Realität (Folterung und Hinrichtung von Mitgliedern der Verschwörung des 20. Juli 1944) durch die Schilderung einer erfolgreichen Befreiungsaktion auf im Sinne einer Darstellung von Geschichte, wie sie hätte sein sollen. Der Titel der Slg. *Abendlicht* (1979) verweist auf die mit arkadischen Motiven gestaltete Utopie, auf welche die hier zusammengestellten, autobiographisch geprägten Lebensläufe ausgerichtet sind.

Gedichtbände: *12 Balladen von den großen Städten* (1945), *Die Straßen der Furcht* (1946), *22 Balladen* (1947), *Der Flug der Taube* (1952), *Dichtungen* (1956). – Erzählungen: *Reise eines Malers in Paris* (1947), Slg. *Die Zeit der Gemeinsamkeit* (1949), *Die Zeit der Einsamkeit* (1951), *Die Kommandeuse* (1954). – Essays: *Wo bleibt die junge Dichtung* (1947), *Der Kampf um eine Nationalliteratur* (1952), Slg. *Die Sache des Friedens* (1953), Slg. *Aufsätze, Reportagen, Reden, Interviews* (1980). – Autobiographisches: *Dt. Tagebuch in Ost und West* (1951), *Kassberg* (1965), *Corneliusbrücke* (1968), *Mein Friede* (1975).

Georg Herwegh
*31. 5. 1817 in Stuttgart, †7. 4. 1875 in Lichtenthal (= Baden-Baden)
Nachdem er 1835 in Tübingen ein Theologiestudium begonnen hatte, lebte Herwegh ab 1836 als freier Schriftsteller in Stuttgart; 1839 floh er anläßlich eines Ehrenhandels aus dem Militärdienst in die Schweiz (Zürich). Hier veröffentlichte er 1841 die Slg. *Gedichte eines Lebendigen* (2. Bd. 1843), die beispielsweise ↑Keller als „Trompetenstoß" empfand, während ↑Heine mit dem (Herwegh im Winter 1841 in Paris übergebenen) Gedicht „An Herwegh" („Herwegh, du eiserne Lerche") reagierte, anspielend auf das Gedicht *Aufruf*: „Reißt die Kreuze aus der Erden! / Alle sollen Schwerter werden, / Gott im Himmel wird's verzeihn. / Laßt, o laßt das Verse schweißen! / Auf den Amboß legt das Eisen! (...)." Sein für den Vormärz kennzeichnendes Dichtungsverständnis hatte er zuvor theoretisch artikuliert, u. a. in *Die neue Literatur* („kein Interesse des Volkes bleibt seinem [des Dichters] Herzen fremd", 1839). Herweghs Versuch, Friedrich Wilhelm IV. von Preußen 1842 in einer Audienz zu einer Liberalisierung zu bewegen, blieb erfolglos; er wurde kurz darauf aus Preußen ausgewiesen. 1848 beteiligte er sich mit einer dt.-frz. Arbeiterkolonne am Aufstand in Baden, wurde jedoch geschlagen und floh erneut in die Schweiz. Für den 1865 gegründeten „Allgemeinen dt. Arbeiterverein" dichtete Herwegh das Bundeslied *Mann der Arbeit, aufgewacht*.

Hermann Hesse
*2. 7. 1877 in Calw, †9. 8. 1962 in Montagnola (Tessin)

Zu den Überraschungen in der Wirkungsgeschichte der „klassischen" modernen Literatur gehörte Ende der 60er Jahre die (von den USA ausgehende) Hesse-Renaissance im Zusammenhang der neuen „Jugendbewegung": Vor allem im Roman *Der Steppenwolf* fanden die „Blumenkinder" der Hippie-Kultur ein frühes Vorbild für die radikale Absage an gesellschaftliche Normen und die Zuflucht bei der psychedelischen Traumwelt der Drogen, die der Schriftsteller in den 20er Jahren auch als Maler gestaltet hat.

Hesse ist der Sohn eines aus dem Baltikum stammenden Missionspredigers pietistischer Prägung, die Eltern der Mutter stammten aus dem Schwäbischen und der frz. Schweiz (ihr Vater war zeitweise in Indien missionarisch tätig). Als zukünftiger Theologe trat er 1891 in das ev.-theologische Seminar im ehemaligen Kloster Maulbronn ein, das er jedoch 1892 wieder verlassen mußte (vgl. *Unterm Rad*). Nach mehreren fehlgeschlagenen Berufsversuchen war er in Tübingen und Basel im Buchhandel tätig, 1899 erschien seine Slg. *Romantische Lieder*. 1904, im Jahr des Erscheinens seines ersten erfolgreichen Erzählwerks, *Peter Camenzind*, ließ er sich als freier Schriftsteller in Gaienhofen am Bodensee nieder. 1905 gründete er mit ↑Thoma die oppositionelle Zeitschrift „März". 1911 reiste er nach Indien. 1912 siedelte er in die Schweiz über; in Bern gehörte er ab 1914 der „Dt. Gefangenenfürsorge" an, ab 1919 lebte er in Montagnola bei Lugano (Schweizer Staatsbürgerschaft 1923). Freundschaft verband ihn mit ↑Ball (der 1927 eine Monographie über Hesse veröffentlichte) und T. ↑Mann (der Briefwechsel ist 1968 erschienen). Während des Dritten Reichs fand Hesse in Dtl. kaum Publikationsmöglichkeiten, er galt als „Verräter der dt. Literatur an das Judentum". 1946 wurde er mit dem Frankfurter Goethe- und dem Literaturnobelpreis ausgezeichnet, 1955 erhielt er den Friedenspreis des Dt. Buchhandels.

Ein Grundthema Hesses ist der Widerstreit zwischen Geist und Natur, Kunst und Leben. So versteht sich die Titelgestalt der Künstlererzählung *Klingsors letzter Sommer* (1920) als der „müde, gierige, wilde, kindliche und raffinierte Mensch unserer späten Zeit, der sterbende, sterbenwollende Europamensch (...), Tier und Weiser". Zu Hesses Konzeption einer Aufhebung des Widerstreits gehören die Idylle (etwa im Vagabundenroman *Knulp* [1915]) ebenso wie die Utopie des Landes Kastalien, in dem (im Jahr 2400) das *Glasperlenspiel* angesiedelt ist. Der ab 1934 in Teilen, 1943 bzw. 1946 (erste Ausgabe in Dtl.) vollständig erschienene Roman handelt vom Weg einer Gemeinschaft auserlesener Geister „weg von den Worten, hin zur Musik, weg von den Gedanken, hin zur Einheit"; der Glasperlenspielmeister Knecht allerdings kehrt als Erzieher in die „minderwertige Welt" zurück im Dienst der „schönen Bestimmung des Menschen, zu lieben und tätig zu sein". Als Lyriker gelangte Hesse zum bildhaften Ausdruck der Empfindungsweise der modernen „Wind- und Seifenblasenseelen" (*In Sand geschrieben*, 1947).

Gedichtbände: *Romantische Lieder* (1899), *Unterwegs* (1911), *Musik des Einsamen* (1915), *Gedichte des Malers* (1920), *Krisis* (1928), *Vom Baum des Lebens* (1934), *Die Gedichte* (Gesamtausgabe 1942 und 1947). – Romane: *Unterm Rad* (1905), *Gertrud* (1910), *Roßhalde* (1914), *Knulp* (1915), *Siddharta* (1922), *Der Steppenwolf* (1927), *Das Glasperlenspiel* (1943). – Erzählungen: *Peter Camenzind* (1904), *Demian* (1919), *Klingsors letzter Sommer* (1920), *Narziß und Goldmund* (1930), Slg. *Die Morgenlandfahrt* (1932). – Essays: *Franz von Assisi* (1904), *Faust und Zarathustra* (1909), *Zarathustras Wiederkehr* (1919), *Eine Bibliothek der Weltliteratur* (1929), *Dank an Goethe* (1946), *Musikalische Notizen* (1948).

Peter Camenzind. Erzählung, 1904.
Die autobiographisch geprägte Darstellung eines „Bildungsweges" besitzt die Form des Lebensrückblicks der Titelgestalt. Anfangs- und Endpunkt liegen im Seeort Nimikon in der Schweiz. Hier ist Camenzind als Dorfhirte in enger Naturverbundenheit herangewachsen. Seine „Zickzackwege im Reich des Geistes und der Bildung" beginnen mit Schuljahren in klösterlicher Umgebung; die Studienjahre in der Stadt, publizistische und schriftstellerische Tätigkeit sowie Reisen bringen es nicht zuwege, ihn zum „Stadt- und Weltmenschen" zu formen, und finden ihr Gegengewicht in der Beschäftigung mit dem Leben des Franz von Assisi, in der sich Camenzinds Abwendung von der „großen Welt" ankündigt. Der Verlust des Freundes und enttäuschte Liebe veranlassen ihn, in den Heimatort zurückzukehren und damit zur Natur; in ihr redet „laut und ungebrochen die Stimme Gottes, wie sie nie über eines Menschen Lippen kam". Zuvor findet Camenzind eine ihn erfüllende Aufgabe in der aufopferungsvollen Pflege des Krüppels Boppi.
Wie Hesses frühe Lyrik, so steht auch die Erzählung im Zusammenhang der Neuromantik der Jahrhundertwende. Das zuletzt religiös überhöhte Naturerlebnis gehört zu den ursprünglichen „Bildungserlebnissen" Camenzinds: „Berge, See, Sturm und Sonne waren meine Freunde, erzählten mir und erzogen mich und waren mir lange Zeit lieber und bekannter als irgend Menschen und Menschenschicksale. Meine Lieblinge aber, die ich dem glänzenden See und den traurigen Föhren und sonnigen Felsen vorzog, waren die Wolken." Alles, was aus dieser seelischen Heimat hinwegführt, mündet letztlich in Resignation und benötigt die Lebensweisheit, „daß die Fische ins Wasser und die Bauern aufs Land gehören". In mancher Hinsicht knüpft Hesse an ↑Keller an, dessen Bildungs- und Entwicklungsroman „Der grüne Heinrich" zu den wichtigen Leseeindrücken des jungen Camenzind gehört.

Unterm Rad. Roman, E 1903, Zs 1904, V 1905. Zugrunde liegt Hesses Internatszeit in Maulbronn 1891 / 92.
Auf dem ebenso begabten wie fleißigen Schüler Hans Giebenrath lastet die Verantwortung für ein erfolgreiches Abschneiden beim württemberg. Landexamen. Das Bestehen der Prüfung öffnet den Weg ins ev.-theologische Seminar Maulbronn (vgl. ↑Hölderlin) und befriedigt zugleich den Ehrgeiz des Vaters, der Lehrer, des an der Vorbereitung beteiligten Pfarrers, ja des ganzen Heimatstädtchens. Tatsächlich schneidet Hans nach pausenlosem Lerndrill als Zweitbester ab. Im Seminar befreundet er sich mit dem musischen und frühreifen Hermann Heilner, der sich den strengen schulischen Anforderungen nicht beugt und dafür verantwortlich gemacht wird, daß Hans in seinen Leistungen absinkt. Nachdem Heilner des Seminars verwiesen worden ist, gerät Hans in eine schwere seelische und körperliche Krise und muß die Schule ebenfalls verlassen. Zu Hause beginnt er eine Lehre als Mechaniker. Nach einem feuchtfröhlichen Ausflug mit den Gesellen der Werkstatt ertrinkt er auf dem Nachhauseweg; „wieder nahmen die Lehrer, der Rektor und der Stadtpfarrer an seinem Schicksal teil". Eingefügt sind idyllische Szenen, beispielsweise die Schilderung der wenigen arbeitsfreien Tage zwischen Landexamen und Schulbeginn.
In autobiographischer Hinsicht bilden Giebenrath und Heilner zwei Ausprägungen der Persönlichkeit des jungen Hesse. Die detailgenaue Darstellung der Vorbereitungszeit sowie des Schul- und Internatslebens bildet eine in ihrer generellen Aktualität kaum geminderte Kritik an einem Erziehungs- und Ausbildungssystem, das den Schüler als Mittel zum Zweck mißbraucht. Literaturgeschichtlich steht *Unterm Rad* im Zusammenhang der um die Jahrhundertwende zahlreichen Darstellungen des Unverständnisses von Eltern und Lehrern gegenüber den ihnen anvertrauten Heranwachsenden (H. ↑Mann, T. ↑Mann, ↑Musil, ↑Wedekind).

Siddharta. Eine indische Dichtung. Roman, 1922. Zugrunde liegt das Erlebnis der Indienreise (1911), über die Hesse in *Aus Indien* (1913) berichtet hat.

Im Mittelpunkt steht der Brahmanensohn Siddharta, der mit seinem Freund Govinda aufbricht, um die Erfahrung des „Innersten des Wesens, das nicht mehr Ich ist", zu suchen. Während Govinda ein Schüler des Gautama Buddha wird, ist dieser in Siddhartas Augen noch in dogmatischer Lehrweisheit befangen. Das Streben nach Selbsterkundung führt Siddharta zur Kurtisane Kamala und zum Kaufmann Kamaswami; erstere lehrt ihn die Liebeskunst, letzterer verhilft ihm zu Reichtum. Von derlei „Kinderspielen" sich abwendend, lernt er, nachdem er als Gehilfe eines Fährmanns der sterbenden Kamala begegnet ist und diese ihm ihr gemeinsames Kind hinterlassen hat, durch seinen Sohn, indem dieser ihn verläßt, die Leiden der Vaterliebe kennen. Siddhartas Weg mündet in die Fähigkeit, „den Gedanken der Einheit zu denken, die Einheit fühlen und einatmen zu können"; sein Freund Govinda erkennt auf dem Antlitz des im Ruf eines Heiligen Stehenden das „Lächeln der Einheit über den strömenden Gestaltungen". Als Sinnbild der Lehre vom Bleibenden im Wechsel der Erscheinungen dient der Fluß; die Vollkommenheit erweist sich in der Wahrnehmung der „Musik des Lebens", in der Freude und Leid ihre Aufhebung finden. Die sprachliche Gestaltung ist archaisierend; Leitmotive wecken den Eindruck des Rituellen.

Bei allem Einfühlungsvermögen Hesses in die indische Geisteswelt ist doch eine letztlich „westliche" sowie autobiographische Grundhaltung erkennbar. So erscheint Gautama Buddha als Christusgestalt und verweist auf Hesses Ablehnung jeglicher religiösen Dogmatik. In *Mein Glaube* (1931) bekannte sich Hesse zu einer Religiosität, die „nicht die Erkenntnis, sondern die Liebe obenanstellt" und deren „einziges Dogma der Gedanke der Einheit ist".

Der Steppenwolf. Roman, 1927.
In Form von Aufzeichnungen des vereinsamten „Steppenwolfs" Harry Haller entsteht das Bild einer zutiefst zwiespältigen Welt. Bezugspunkte sind Mozart, ↑Goethe und ↑Nietzsche (vgl. Hesses Essay *Faust und Zarathustra,* 1909). Gegensätze bestehen zwischen dem überalterten Europa und dem technokratisch aufgerüsteten Amerika, zwischen Geistigkeit und Animalität, zwischen Individuum und (kleinbürgerlicher) Umwelt, Realität und Vorstellungswelt. Letztere wird zum eigentlichen Schauplatz und Zielpunkt der Entwicklung Hallers, und zwar in Gestalt der Drogenorgie des „Magischen Theaters" unter der Regie des Jazztrompeters Pablo, mit dem Haller durch das Mädchen Hermine in Verbindung tritt. In Pablos Panoptikum werden in einer „Hochjagd" Autos abgeschossen, dem „Aufbau der Persönlichkeit" dient die Zergliederung in eine Vielzahl von „Seelen" und „Ichs", Wunsch- und Angstvorstellungen nehmen Gestalt an: Ein vorgetäuschtes Liebesspiel zwischen Pablo und Hermine verwirrt Haller, so daß er die Geliebte ersticht und damit zugleich deren Wunsch erfüllt. War Siddharta, der Held der legendenhaften „indischen Dichtung", zur alle Anfechtung aufhebenden „Musik des Lebens" vorgedrungen, so soll Haller lernen, die „verfluchte Radiomusik des Lebens" anzuhören und „über den Klimbim in ihr" zu „lachen". Das alptraumartige Gegenbild zur Gestalt des von Neurosen geschüttelten Außenseiters der Gesellschaft ist der leistungsorientierte „moderne Mensch" mit den Merkmalen „schneidig, tüchtig, gesund, kühl und straff, ein vortrefflicher Typ", der sich „im nächsten Krieg vortrefflich bewähren" wird.

Trotz des kulturpessimistischen Befunds dieser Diagnose der „Krankheit der Zeit" betonte Hesse, daß der Roman „zwar von Leiden und Nöten berichtet, aber keineswegs das Buch eines Verzweifelten ist, sondern das eines Gläubigen", dessen Hoffnung über den Horizont der Weltverneinung hinausweist.

Georg Heym
*30. 10. 1887 in Hirschberg (Schlesien), †16. 1. 1912 in Berlin

Der Sohn eines Staats- und Militäranwalts studierte 1907–1910 in Würzburg, Jena und Berlin Jura und 1911 Orientalistik mit dem Ziel einer diplomatischen Laufbahn. Er ertrank beim Eislaufen auf der Havel. Als Lyriker steigerte Heym den freien bildhaften Ausdruck ↑ Hölderlins und ↑ Georges zu einer von Enthusiasmus und Grauen geprägten visionären Bildsprache, in der die expressionistische Dichtung ihren ersten Höhepunkt fand. Das Leben („wie gehetzt, wie hohl, wie gottverlassen. Das kann nicht bleiben, das muß zugrunde gehen", notierte Heym) treibt der Apokalypse zu, die das Gedicht *Der Krieg* beschwört. Dem Gedichtband *Der ewige Tag* (1911) folgten postum 1912 Der Gedichtband *Umbra vitae* (1924 mit Holzschnitten Ernst Ludwig Kirchners), 1913 der Novellenband *Der Dieb*, 1914 die Slg. *Sonette*.

Stefan Heym (eigentl. Hellmuth Fliegel)
*10. 4. 1913 in Chemnitz (Karl-Marx-Stadt)

Der Sohn eines jüd. Kaufmanns emigrierte 1933 nach Prag und 1935 in die USA, 1937–1939 leitete er die Wochenzeitung „Dt. Volksecho" (New York). Als US-Soldat (ab 1943) nahm er an der Invasion teil, ab Ende 1945 lebte er in den USA als freier Schriftsteller. 1952 ließ sich Heym in Ost-Berlin nieder (1953 Heinrich-Mann-Preis, bis 1956 Kolumnist der „Berliner Zeitung"). 1959 verzichtete er „freiwillig-gezwungen" auf die Veröffentlichung von *7 Tage im Juni,* 1976 (↑ Biermann-Petition) verlor er die Möglichkeit, in der DDR zu publizieren, 1979 wurde er aus dem Schriftstellerverband ausgeschlossen.

In der Form spannend erzählter Romane (Erstfassung früher Werke engl.) setzt sich Heym kritisch mit dem Handeln des einzelnen im geschichtlichen Prozeß auseinander. Der Zeit- und Gesellschaftsroman *Collin* (1979) vergegenwärtigt anhand der Vergangenheitsbewältigung durch den Schriftsteller Collin und den Stasi-Chef Uruk (beide sind Patienten einer Privilegiertenklinik) die stalinistische Anfangszeit der DDR. Der Roman *Schwarzenberg* (1984) schildert am Beispiel eines 1945 besatzungsfrei gebliebenen, von ehemaligen Widerstandsgruppen verwalteten Kreises eine dt. „Revolution aus eigener Kraft".

Romane: *Hostages* (1942, dt. *Der Fall Glasenapp* 1958), *The Crusaders* (1948, dt. 1950 in der DDR u. d. T. *Kreuzfahrer von heute,* in der B. D. u. d. T. *Bitterer Lorbeer*), *Der König-David-Bericht* (1972), *Ahasver* (1981). – Erzählungen: Slg. *Die Kannibalen und andere Erzählungen* (1953), *Schatten und Licht. Geschichten aus einem geteilten Land* (1960), *Die Schmähschrift oder Königin gegen Defoe* (1970), Slg. *Die richtige Einstellung* (1977). – Kinderbücher: *Casimir und Cymbelinchen. Zwei Märchen* (1966), Slg. *Märchen für kluge Kinder* (1984). – Berichte: *Forschungsreise ins Herz der dt. Arbeiterklasse* (1953), *Reise ins Land der unbegrenzten Möglichkeiten* (1954, in der B. D. 1955 u. d. T. *Keine Angst vor Rußlands Bären*). – Essays: *Streitbare Schriften aus 5 Jahrzehnten* (1980).

5 Tage im Juni.
Roman, E Mitte der 50er und in den 60er Jahren (Arbeitstitel „Tag X"), V 1974 (B. D.). Der Handlungszeitraum 13.–17. Juni 1953 umfaßt die unmittelbare Vorgeschichte und den Verlauf des Aufstands am 17. Juni 1953. Im Mittelpunkt steht der Gewerkschaftssekretär Witte, der als überzeugter Kommunist Kritik an einer von der Basis losgelösten politischen Führung übt und zugleich der Ausübung des Streikrechts entgegenwirkt. Unterstützt durch dokumentarisches Material, widerspricht die Darstellung der westlichen wie der östlichen Interpretation des 17. Juni als ausschließlich spontaner Arbeiteraufstand bzw. westlich gelenkter Umsturzversuch.

Paul (von) Heyse
*15. 3. 1830 in Berlin, †2. 4. 1914 in München

Der Sohn des Philologieprofessors Karl Heyse studierte ab 1847 in Berlin klassische Philologie; als „Hölty" gehörte er der literarischen Vereinigung „Tunnel über der Spree" an (↑ Fontane). 1854 folgte er der Einladung Maximilians II. Joseph von Bayern; mit einem Ehrensold bedacht, bildete er neben ↑ Geibel den Mittelpunkt des Münchner Dichterkreises. Von 1857 an stand er in persönlicher Verbindung mit ↑ Keller, zu seinen Briefpartnern gehörten Jacob Burckhardt und ↑ Storm. 1910 wurde Heyse geadelt und nach Theodor Mommsen (1902) als zweiter dt. Schriftsteller mit dem Literaturnobelpreis ausgezeichnet.

Der Großteil der Novellen Heyses spielt in Italien, dem Land der „einfachen und großen Leidenschaften" im Sinne der durch Burckhardts kulturgeschichtliche Darstellungen eingeleiteten Neorenaissance (vgl. ↑ Meyer). In der Einleitung zur gemeinsam mit Hermann Kurz hg. Slg. „Dt. Novellenschatz" (1871) legte er seine „Falkentheorie" zur Gestaltungsweise einer Novelle dar. Sie besagt, daß die epische Kleinform eines prägnanten Gegenstandes oder eines bestimmten Ereignisses als Leitmotiv bedarf, wie dies beispielhaft die 9. Erzählung des 5. Tages in Boccaccios „Decamerone" vorführt (ein Falke als letzter Besitz des verarmten Federigo, der die Liebe der Monna Giovanna dadurch gewinnt, daß er den Falken opfert und ihr als Mahlzeit vorsetzt). In diesem Sinne besitzt etwa die Novelle *L'Arrabbiata* ihren „Falken" durch den Biß, mit dem die spröde Laurella den um sie werbenden Schiffer Antonio verletzt und der zugleich die Wendung der Handlung einleitet.

Gedichtbände: Slg. *Skizzenbuch* (1877). – Romane: *Kinder der Welt* (1873), *Im Paradiese* (1874), *Merlin* (1892), *Gegen den Strom* (1907). – Erzählungen: Slg. *Novellen* (1855, darin *L'Arrabbiata*), Slg. *Neue Novellen* (1862, darin *Andrea Delfin*), Slg. *Troubadour-Novellen* (1882). – Dramen: *Die Sabinerinnen* (1859), *Colberg* (1868), *Don Juans Ende* (1883). – Autobiographisches: *Das Ewigmenschliche* (1910).

Hildebrandslied

Das einzige erhaltene german. Heldenlied in ahdt. Sprache erzählt von der Begegnung zwischen Hildebrand, einem Gefolgsmann Dietrichs von Bern, und Hadubrand: „Ik gihorta dat seggen, / dat sih urhettun aenon muotin, / hiltibrant enti hadubrant untar heriun tuem / sunufatarungo (...)" (Ich hörte das sagen, daß sich Streiter allein begegneten, Hildebrand und Hadubrand, zwischen zwei Heeren, Vater und Sohn). Während sich Hildebrand bewußt wird, daß er nach 30jähriger Trennung seinen Sohn vor sich hat, glaubt dieser an den Tod des Vaters, und es kommt zum Zweikampf; mitten in der Schilderung des Kampfes bricht der Text ab. Aufgrund der nordischen Überlieferung des Stoffes (der als Wandersage zu betrachten ist) kann angenommen werden, daß das *Ältere Hildebrandslied* mit dem Tod des Sohnes endete, während das wohl im 13. Jh. entstandene, aus dem 15. Jh. überlieferte *Jüngere Hildebrandslied* einen glücklichen Ausgang besitzt.

Erhalten sind 68 stabreimende Langzeilen (**h**iltubrant enti **h**adubrant unter **h**eriun tuem), die zwei Mönche zu Beginn des 9. Jh.s in der Abtei Fulda auf der ersten und der letzten Seite einer Sammelhandschrift biblischer und apokrypher Schriften niedergeschrieben haben (heute im Besitz der Landesbibliothek Kassel). Nach Veröffentlichungen in den Jahren 1729 und 1808 gaben die Brüder ↑ Grimm den Text 1812 erstmals unter Berücksichtigung des stabreimenden Metrums heraus.

Wolfgang Hildesheimer
*9. 12. 1916 in Hamburg

Der Sohn jüd. Eltern (sein Vater war Chemiker) wuchs in Hamburg, Berlin, Kleve und Nijmwegen auf, ab 1929 besuchte er die Odenwaldschule. 1933 emigrierte die Familie über England nach Palästina. 1937–1939 studierte Hildesheimer in London Kunst, in Tel Aviv war er als Englischlehrer tätig. Als Dolmetscher nahm er 1946–1949 am Nürnberger Kriegsverbrecherprozeß teil.
Ab 1949 lebte Hildesheimer am Starnberger See, dann in München als freier Künstler, Schriftsteller und Übersetzer, 1957 ließ er sich in Poschiavo (Kt. Graubünden) nieder. 1952 veröffentlichte er eine Slg. von Satiren auf den Kulturbetrieb (*Lieblose Legenden*, Illustrationen Paul Flora) und trat der „Gruppe 47" bei, 1955 erhielt er den Hörspielpreis der Kriegsblinden. Er wurde zu einem Hauptvertreter des „Absurdismus"; zentrales Thema ist die Verstrickung in das Netz von Assoziationen (1966 Bremer Literaturpreis und Büchner-Preis, 1968/69 Poetik-Dozentur an der Universität Frankfurt a. M.: *Zwei Interpretationen. Joyce, Büchner*). Thema der Hörspiele *Hauskauf* (1974) und *Biosphärenklänge* (1977) ist die drohende Selbstvernichtung der Menschheit. Aufsehen erregte die Biographie *Mozart* (1977), der 1981 die fiktive Biographie *Marbot* folgte.

Romane: *Paradies der falschen Vögel* (1953), *Tynset* (1965), *Masante* (1973). – Dramen: *Der Drachenthron* (U, V 1955, Neufassung *Die Eroberung der Prinzessin Turandot* 1961), Slg. *Spiele, in denen es dunkel wird* (1958, darin: *Pastorale oder Die Zeit für Kakao*, U 1958; *Landschaft mit Figuren*, U 1959; *Die Uhren*, U 1959), *Mary Stuart* (U 1970, V 1971). – Hörspiele: *Begegnung im Balkanexpreß* (1953), *Herrn Walsers Raben* (1960).

Rolf Hochhuth
*1. 4. 1931 in Eschwege (Nordhessen)

Der Sohn eines Kaufmanns war nach der mittleren Reife im Buchhandel und ab 1955 als Verlagslektor tätig, seit 1963 lebt er als freier Schriftsteller in Basel und Wien. Die Berliner Uraufführung des „christlichen Trauerspiels" *Der Stellvertreter* (in der Bearbeitung des Regisseurs Erwin Piscator) 1963 ist als Beginn des dokumentarischen Theaters in der B. D. zu betrachten. Steht hier die Mitverantwortung der kath. Kirche unter Papst Pius XII. an der Judenvernichtung zur Diskussion, so im „Nekrolog auf Genf" (Genfer Kriegsrechtskonvention von 1864) *Soldaten* (U, V 1967) die Mitverantwortung Churchills am totalen Bombenkrieg. *Die Hebamme* (V 1971, U 1972) kritisiert den Sozialstaat B. D. am Beispiel einer Barackensiedlung, in *Lysistrate und die Nato* (V 1973, U 1974) kämpfen griech. Inselbewohnerinnen nach dem Vorbild der Aristophanes-Komödie gegen den Bau einer Militärbasis. Im Mittelpunkt des Monodramas *Der Jäger* (V 1976, U 1977) steht Hemingway unmittelbar vor seinem (angeblichen) Selbstmord. Politische Folgen (Rücktritt des baden-württemberg. Ministerpräsidenten und ehemaligen Marinerichters Filbinger 1978) hatten Hochhuths Recherchen über NS-Richter zum Roman *Eine Liebe in Dtl.* (1978, Verf B. D. 1983 Andrzej Wajda) und zum Stück *Juristen* (V 1979, U 1980). *Ärztinnen* (U, V 1980) attackiert inhumane Tendenzen der modernen Medizin, *Judith* (U, V 1984) handelt von der Ermordung eines US-Präsidenten (Reagan), der die Aufrüstung mit chemischen Waffen anordnet. Eine 1945 angesiedelte Bearbeitung der Sophokleischen Tragödie ist die Erzählung *Berliner Antigone* (1965). Zu Hochhuths Auszeichnungen gehört der Hamburger Lessing-Preis (1981).

Jakob van Hoddis (eigtl. Hans Davidsohn)
*16. 5. 1887 in Berlin, †30. 4. 1942 bei Koblenz
Der Sohn eines jüd. Arztes und einer schles. Gutsbesitzerstochter studierte 1906 Architektur, ab 1907 Griechisch und Philosophie; zugleich erste Dichtungen. 1909 gehörte er in Berlin zu den Mitbegründern der frühexpressionistischen Vereinigung „Neuer Club", in dem 1910 ↑Heym mit Lesungen auftrat. 1912 zeigten sich erste Anzeichen einer Schizophrenie, ab 1914 lebte Hoddis zumeist in Pflege. 1918 erschien sein Gedichtband *Weltende,* dessen Titelgedicht die Anthologie „Menschheitsdämmerung" (1920) einleitet: „Dem Bürger fliegt vom spitzen Kopf der Hut, / In allen Lüften hallt es wie Geschrei. / Dachdecker stürzen ab und gehn entzwei, / Und an den Küsten – liest man – steigt die Flut. (. . .)." 1933 in der Heilanstalt Bendorf-Sayn bei Koblenz interniert, wurde er beim Abtransport in die Deportation umgebracht.

E(rnst) T(heodor) A(madeus) Hoffmann
(eigtl. Ernst Theodor Wilhelm H.)
*24. 1. 1776 in Königsberg, †25. 6. 1822 in Berlin
Als 1980 der Bamberger Kunstverein eine Ausstellung über „Künstlerische Doppelbegabungen" veranstaltete, diente Hoffmann als „Grundpfeiler" und „Inbegriff der Vielseitigkeit": Als bildender Künstler, Komponist und Schriftsteller verkörperte er das Streben der Romantik nach universellem künstlerischem Ausdruck. Philipp Otto Runge nannte das Ziel aller wahren Kunsttätigkeit „eine abstrakte malerische phantastisch-musikalische Dichtung mit Chören, eine Komposition für alle drei Künste zusammen, wofür die Baukunst ein ganz eigenes Gebäude aufführen sollte". Dennoch entspricht diese Konzeption des schließlich von Richard Wagner verwirklichten Gesamtkunstwerks nichts weniger als Leben und Werk des „Gespenster-Hoffmann", dessen Modernität sich auf die Auseinandersetzung mit der Disharmonie zwischen Leben und Kunst gründet.
Der Sohn eines Juristen wurde bei der Scheidung der Eltern 1778 der Mutter zugesprochen, die in ihr Elternhaus zurückkehrte; die Erziehung des Kindes lag in den Händen von Großmutter, Tante und Onkel. Dem Schulbesuch, begleitet von musikalischer Ausbildung, folgte 1792–1795 ein Jurastudium in Königsberg mit anschließendem Referendariat; Anstoß erregte die Beziehung Hoffmanns zu seiner um 10 Jahre älteren Klavierschülerin Dora Hatt, Ehefrau eines Weinhändlers. Nach weiterer Lehrzeit in Glogau und Berlin wurde Hoffmann als Assessor nach Posen versetzt; in der Berliner Zeit entstanden das Singspiel *Die Maske,* eine Bühnenmusik zu Goethes „Scherz, List und Rache", sowie zahlreiche Zeichnungen, darunter Straßenszenen mit Figurentypen, die auf spätere literarische Gestalten vorausweisen. 1802 wurde er in einen Skandal (Karikaturen Posener Honoratioren) verwickelt und zwar zum Hofrat befördert, jedoch zugleich nach Płock an der Weichsel (straf)versetzt. Im selben Jahr heiratete er seine Geliebte „Mischa" Rohrer. In Płock entstand 1803 als erste Publikation das *Schreiben eines Klostergeistlichen an seinen Freund in der Hauptstadt* (über Schillers Erneuerung des antiken Chors in „Die Braut von Messina"). 1804 bis Ende 1806 (Einmarsch Napoleons) gehörte Hoffmann im seit 1795 preuß. Warschau der südpreuß. Regierung an; 1807 (Zusammenbruch Preußens) lebte er in Berlin als einer von Tausenden stellungsloser Beamter. 1808 erhielt er eine Anstellung am Bamberger Theater als Kapellmeister, Komponist und Bühnenbildner.

Neben seiner Bamberger Theatertätigkeit war Hoffmann als Rezensent für die Leipziger „Allgemeine Musikalische Zeitung" tätig; hier erschien 1809 als erste Erzählung *Ritter Gluck*. Leidenschaftliche und unglückliche Liebe empfand er zu seiner Gesangschülerin Julia Mark. 1813/14 war er abwechselnd in Leipzig und Dresden Kapellmeister, 1814 kehrte er in den preuß. Staatsdienst zurück und lebte fortan in Berlin (Mitglied des Kammergerichts, ab 1819 der „Immediatskommission zur Ermittlung hochverräterischer Verbindungen und anderer gefährlicher Umtriebe", z. B. gegen „Turnvater" Jahn, 1821 des Oberappellationssenats). 1816 kam Hoffmanns Oper *Undine* (nach einem Libretto von Friedrich de La Motte-Fouqué) zur Uraufführung (Bühnenbild: Karl Friedrich Schinkel); im selben Jahr begannen die Seraphinen- bzw. Serapionsabende (u. a. mit ↑Chamisso), deren Atmosphäre die Rahmenhandlung der Slg. *Die Serapionsbrüder* spiegelt. Hoffmanns tödliche Erkrankung 1822 machte das gegen ihn u. a. wegen der Erzählung *Meister Floh* in die Wege geleitete Disziplinarverfahren gegenstandslos.

Hoffmanns umfangreiches erzählerisches Werk besitzt eine Voraussetzung in der romantischen Entdeckung der (nach G. H. Schubert) „Nachtseite der Naturwissenschaft" (z. B. psychischer Magnetismus) im Unterschied zur „Tageshelle" des rationalen Verstandes. Die grundlegende Erfahrung des Gegensatzes zwischen künstlerischer und prosaischer, innerer und äußerer Welt verdichtete sich bei Hoffmann zur Doppelgesichtigkeit der Erscheinungen; in diesem Zusammenhang steht das Motiv des Doppelgängers. Als Vor- und Gegenbild dient der Einsiedler Serapion, dessen Wahnsinn darin besteht, daß er „die Erkenntnis der Duplizität" verloren hat, „von der eigentlich unser irdisches Dasein bedingt ist". Auf die Anerkennung der Ambivalenz der Wahrnehmung gründet sich Hoffmanns (satirischer, grotesker) Realismus. Das Reich der Phantasie erscheint letztlich als Funktion der Realität und bildet deren gleichsam entzerrte Widerspiegelung.

Romane: *Die Elixiere des Teufels. Nachgelassene Papiere des Bruders Medardus, eines Kapuziners* (2 Bde. 1815/16, Verf B. D. 1976 Manfred Purzer), *Lebensansichten des Katers Murr nebst fragmentarischer Biographie des Kapellmeisters Johannes Kreisler in zufälligen Makulaturblättern* (2 Bde. 1819–1821). – Erzählungen: Slg. *Fantasiestücke in Callot's Manier* (4 Bde. 1814/15, darin u. a.: *Ritter Gluck*, 1809; *Kreisleriana*, 1810–1814; *Don Juan*, 1813; Nachrichten von den neuesten Schicksalen des Hundes Berganza; Der Goldne Topf; Die Abenteuer der Silvester-Nacht; Kreisleriana*, 1814), *Nußknacker und Mausekönig* (1816, Vert als Ballett „Der Nußknacker" und „Nußknackersuite" 1892 Peter Tschaikowski), *Nachtstücke* (2 Teile 1816/17, darin: *Der Sandmann, Ignaz Denner, Die Jesuitenkirche in G., Das Sanctus, Das öde Haus, Das Majorat, Das Gelübde, Das steinerne Herz*), *Klein Zaches genannt Zinnober* (1819), *Die Brautwahl* (1819, Vert 1894 Ferruccio Busoni, Verf B.D. 1971 Helmut Käutner), Slg. *Die Serapionsbrüder* (4 Bde. 1819–1821, darin u. a.: *Der Einsiedler Serapion*, 1819; *Der Rat Crespel*, 1818; *Die Fermate*, 1816; *Der Artushof*, 1817; *Das Bergwerk zu Falun; Der Kampf der Sänger*, Vert u. d. T. „Tannhäuser und der Sängerkrieg auf der Wartburg" 1845 Richard Wagner; *Die Automate*, 1814; *Doge und Dogaresse*, 1819; *Meister Küfer und seine Gesellen*, 1819; *Das fremde Kind*, 1817; *Das Fräulein von Scuderi*, 1820, Vert u. d. T. „Cardillac" 1926 bzw. 1952 Paul Hindemith, Verf u. d. T. „Cardillac" B. D. 1968 Edgar Reitz; *Signor Formica*, 1820; *Die Königsbraut*); *Prinzessin Brambilla* (1820), *Meister Floh* (1822), *Des Vetters Eckfenster* (1822). – Dem Theaterstück „Les Contes d'Hoffmann" (U 1851) von Jules Barbier und Michel Carré bzw. dessen Vertonung als Oper durch Jacques Offenbach (U 1881, dt. Erstaufführung „Hoffmanns Erzählungen" 1881) liegen folgende Erzählungen zugrunde: *Don Juan, Der Goldne Topf, Der Sandmann, Die Geschichte vom verlorenen Spiegelbild* (in: *Die Abenteuer der Silvester-Nacht*), *Der Rat Crespel, Klein Zaches genannt Zinnober, Signor Formica*; Verf Österr. 1911, Dtl. 1915, Österr. 1923 Max Neufeld, England 1951 Michael Powell und Emeric Pressburger.

Der Goldne Topf. Ein Märchen aus der neuen Zeit. V 1814 im 3. Bd. der Slg. *Fanatasiestücke in Callot's Manier.*
Im Mittelpunkt steht der Student Anselmus. Dieser rennt „am Himmelfahrtstag [...] in Dresden durchs Schwarze Tor und geradezu in einen Korb mit Äpfeln und Kuchen hinein, die ein altes häßliches Weib feilbot". Von nun an lebt er in einer vexierbildhaften Welt: Die Spiegelungen der Abendsonne im Blattwerk eines Holunderbusches sind zugleich drei goldene Schlangen, ein Feuerlilienbusch erweist sich als Herr in einem in Gold und Rot glänzenden Schlafrock, ein Gehrock verwandelt sich in die Flügel eines riesigen Vogels. Inmitten des Natürlichen und Alltäglichen (repräsentiert durch den Konrektor Paulmann, dessen Tochter Veronika und den Registrator Heerbrand) scheint eine andere Wirklichkeit auf, die ihrerseits in zwei „Prinzipien" geteilt ist. Das eine wird vom Archivarius Lindhorst alias der Elementargeist Salamander vertreten, das andere von jenem alten Weib, einer Hexe, hervorgegangen aus der Verbindung einer Runkelrübe mit einer Drachenfeder. Anselmus ist dazu ausersehen, durch seine Liebe zu Serpentina, einer der Schlangentöchter des Salamanders, an der Erlösung Lindhorsts mitzuwirken; doch die Hexe fesselt ihn durch Zauberkraft an Veronika. Der Anselmus prophezeite „Sturz ins Kristall" tritt ein, aber der Sieg des Salamanders über das Rübenweib führt zu seiner Befreiung und Vereinigung mit Serpentina auf einem Rittergut in Atlantis. In der letzten der 12 „Vigilien" wird dem Erzähler durch Lindhorsts Hilfe die Schau der „Seligkeit" des Anselmus zuteil. Diese ist, so vermutet der Erzähler, nichts anderes als „das Leben in der Poesie", wobei der goldne Topf mit der aus ihm emporsteigenden Lilie das „tiefste Geheimnis der Natur" symbolisiert: den Einklang aller Wesen. Doch auch diese Vision unterliegt dem Gesetz der ständigen Verschränkung zwischen mythischer („Märchen") und alltäglicher Realität („aus neuer Zeit").

Der Sandmann. Erzählung, V 1816 im 1. Teil der Slg. *Nachtstücke,* Vert als Ballett „Coppélia ou La poupée animée" 1870 Léo Delibes, Verf Frkr. 1900 und 1909 Georges Méliès; die Erzählung liegt dem 1. Akt der Oper „Hoffmanns Erzählungen" (1881) von Jacques Offenbach zugrunde.
Der Student Nathanael, verlobt mit Clara, berichtet deren Bruder Lothar in einem Brief über das schlimme Treiben des „Sandmanns" Coppelius in seinem Elternhaus; Nathanaels Vater wurde das Opfer seiner gemeinsam mit Coppelius unternommenen alchimistischen Experimente. Veranlaßt wurde dieser Bericht durch die Begegnung mit dem an Coppelius erinnernden Händler Coppola, die in Nathanael die „dunkle Ahnung" eines ihm drohenden „gräßlichen Geschicks" geweckt hat. Zwar kann ihn Clara davon überzeugen, daß er das Opfer eines „Phantoms" ist; dennoch gerät Nathanael in den Bann Coppolas: Gerade um sich von seiner „kindischen Gespensterfurcht" zu befreien, kauft er ihm ein Taschenfernglas ab, durch dessen Optik ihm die Tochter seines Professors Spalanzani als Inbegriff der Schönheit erscheint. Nathanaels Wünsche finden ihre Erfüllung im Tanz mit Olimpia; am Ende des Festes wird er jedoch Zeuge einer Auseinandersetzung zwischen Spalanzani und Coppola, in deren Verlauf diese ihr gemeinsames Werk – Olimpia ist ein Automat – zerstören. Von schwerer Krankheit genesen, bereitet sich Nathanael auf die Hochzeit mit Clara vor; als er von einem Turm aus in der Menge Coppola erblickt, packt ihn der Wahnsinn; er will Clara in die Tiefe schleudern und stürzt selbst zu Tode.
Neben satirischen Aspekten (Anerkennung Olimpias durch die „Gesellschaft") enthält die Erzählung das Thema des Zwiespalts zwischen objektiver und übermächtiger subjektiver Wahrnehmung, die sich als pathologisch erweist. Nathanaels Furcht vor dem Verlust seiner Augen hat Freud im Hinblick auf die Selbstblendung des Ödipus als Kastrationsangst gedeutet („Das Unheimliche", 1919).

Lebensansichten des Katers Murr nebst fragmentarischer Biographie des Kapellmeisters Johannes Kreisler in zufälligen Makulaturblättern. Roman (2 Bde., der 3. Bd. blieb unausgeführt), V 1819–1821.

„Keinem Buch", so räumt der Herausgeber Hoffmann ein, „ist ein Vorwort nötiger, als gegenwärtigem, da es, wird nicht erklärt, auf welche wunderliche Weise es sich zusammengefügt hat, als ein zusammengewürfeltes Durcheinander erscheinen dürfte." Eigentlich handelt es sich um ein autobiographisches Werk des Katers Murr, der während seiner Arbeit ein Buch, die Biographie des Kapellmeisters Kreisler, zerrissen und die Blätter „harmlos teils zur Unterlage, teils zum Löschen" verwendet hat; diese Blätter „blieben im Manuskript und – wurden, als zu demselben gehörig, aus Versehen mit abgedruckt".

Die Murr-Abschnitte bilden einen fortlaufenden Bericht über den Bildungsgang des bei Meister Abraham aufgewachsenen Katers, der ↑Tiecks gestiefelten Kater seinen Ahnherrn nennt. Zu Murrs frühesten Erfahrungen gehörte die von „moralischer Ursache und Wirkung": Kratzen hatte Schläge zur Folge. Er fand Interesse an Abrahams Bibliothek und gelangte zur Schreibkunst, was seinem Herrn den Vorwurf eintrug, er dressiere das Tier seine Künste. Fortan mußte Murr seine Fortbildung heimlich betreiben, doch stellte sich das Gefühl der „Übersättigung" ein. Sein Lehrmeister in Fragen der Weltklugheit wurde der Pudel Ponto. Murrs ziellose Verliebtheit führte ihn schließlich zu Miesmies, doch es folgte Enttäuschung. Murr geriet durch träumerisches Nichtstun in die Gefahr, ein „Katzphilister" zu werden; um dies zu vermeiden, führte ihn der Kater Muzius in die „Katzburschenschaft" ein, die der Fleischerhund Achilles verfolgte. Durch Ponto wurde Murr in die besseren Kreise der Windhunde und Spitze eingeführt; sein Werben um das Windspiel Minona blieb erfolglos. Abraham, der verreist, übergibt Murr seinem Freund Johannes Kreisler.

An dieses Ende der Murr-Geschichte knüpft das erste Kreisler-Fragment an. Es handelt (neben der ersten Bekanntschaft zwischen Murr und Kreisler) von den turbulenten Ereignissen der Doppelhochzeit der Prinzessin Hedwiga mit Prinz Hektor und des Prinzen Ignatius mit Julia. Ihr hing Kreisler mit enthusiastischer, jener mit leidenschaftlicher Liebe an. Diese unglücklichen Liebesgeschichten, ferner Kreislers Jugend, die Zustände im ehemaligen Duodezfürstentum Sieghartsweiler, die Machenschaften im Umkreis des Fürsten Irenäus, Kreislers Aufenthalt in einem Kloster sind Themen der weiteren Kreisler-Fragmente, die (wie schon die *Kreisleriana* in der Slg. *Fantasiestücke in Callot's Manier*) autobiographisch fundiert sind.

Es liegt nahe, die „dualistische" Struktur des Romans, den Gegensatz zwischen der geordneten Murr-Erzählung und dem fragmentierten Lebensbild Kreislers, als Ausdruck des Kontrastes zwischen philisterhafter Selbstgefälligkeit (Murr) und zutiefst problematischer Künstlerexistenz (Kreisler) aufzufassen. Dies trifft jedoch nur für eine der verschiedenen Bedeutungsebenen zu. Im Sinne der „romantischen Ironie" heben zahlreiche Querverbindungen und Analogien den Kontrast bis zu einem gewissen Grade auf. Der Murr- und der Kreisler-Handlung ist beispielsweise die gesellschaftskritische Grundhaltung gemeinsam, die im einen Fall die Form der Parodie, im anderen die Form der Satire annimmt. Entscheidend ist jedoch, daß Hoffmann Murr und Kreisler zusammenführt, statt die Polarisierung zu vertiefen, wobei vollkommen offen ist, in welcher Weise der geplante 3. Bd. das Zusammenleben darstellen sollte. Es kann lediglich vermutet werden, daß Hoffmann eine die Gegensätze überwindende „höhere Einheit" angestrebt hat, die sich schon im vorliegenden Fragment ankündigt, beispielsweise in Kreislers Ahnung vom „Geistesvermögen der Tiere", das sich oft auf die wunderbarste Weise äußert" und fälschlich „mit der Bezeichnung Instinkt abgefertigt" wird.

August Heinrich Hoffmann von Fallersleben (eigtl. A. H. Hoffmann)
*2. 4. 1798 in Fallersleben bei Braunschweig, †19. 1. 1874 auf Schloß Corvey
Seit 1830 in Breslau als Professor für Germanistik tätig, wurde Hoffmann von Fallersleben 1842 seines Amtes enthoben und aus Preußen ausgewiesen (Rehabilitierung 1848). Den Anlaß boten die von nationalliberaler Gesinnung geprägten Gedichte der Slg. *Unpolitische Lieder* (2 Bde. 1840 / 41). Der 2. Bd. enthält das am 26. 8. 1841 auf der (engl.) Insel Helgoland entstandene und zunächst als Flugblatt verbreitete *Lied der Deutschen* („Deutschland, Deutschland über alles", seit etwa 1870 – mit der Melodie von Joseph Haydns „Kaiserhymne" „Gott erhalte Franz den Kaiser" aus dem Jahr 1797 – populär, 1922–1945 dt. Nationalhymne; seit 1952 dient die 3. Strophe, „Einigkeit und Recht und Freiheit", als Hymne der B. D.). Von 1860 an war Hoffmann von Fallersleben in Corvey (Westfalen) Bibliothekar des Herzogs von Ratibor. Zu seinen Kinderliedern gehören „Alle Vögel sind schon da" und „Kuckuck, Kuckuck, ruft's aus dem Wald".

Hugo von Hofmannsthal
*1. 2. 1874 in Wien, †15. 7. 1929 in Rodaun (= Wien)
Als ↑George sich 1891 in Wien aufhielt, suchte er im Café Griensteidl den 17jährigen Hofmannsthal auf und eröffnete ihm, daß er „unter den wenigen sei (und hier in Österreich der einzige), mit denen er Verbindung zu suchen habe: es handle sich um die Vereinigung derer, welche ahnten, was das Dichterische sei". Vieles deutete darauf hin, daß der junge Dichter zu den Frühvollendeten zählen würde, zumal er 1902 im *Chandos-Brief* vom „Anstand des Schweigens" sprach. Statt dessen gewann Hofmannsthal als Dramatiker wie als Repräsentant der „konservativen Revolution" einen breiten Wirkungsbereich. „Nur in der Literatur", schrieb er 1923 im Vorwort seiner Slg. *Dt. Lesebuch. Eine Auswahl dt. Prosastücke aus dem Jahrhundert 1750–1850*, „finden wir unsere Physiognomie, da blickt hinter jedem einzelnen Gesicht (. . .) noch aus dunklem Spiegelgrund das rätselhafte Nationalgesicht hervor."
Hofmannsthals Urgroßvater war als Isaak Löw Hofmann von Prag nach Wien gekommen und nach erfolgreicher Wirtschaftstätigkeit geadelt worden, der Großvater trat zum Katholizismus über, der Vater war Jurist und im Bankwesen tätig. Nach dem Besuch des Gymnasiums studierte Hofmannsthal in Wien Jura und Romanistik, promovierte 1898 zum Dr. phil. und begann eine Habilitationsarbeit, ohne sie jedoch zum Abschluß zu bringen. Unter dem Pseudonym „Loris" veröffentlichte er ab 1890 Gedichte, Dramen und Rezensionen, die rasch Aufmerksamkeit weckten. Mit ↑Bahr und ↑Schnitzler bildete er den Mittelpunkt der „Wiener Gruppe", als Mitarbeiter an den „Blättern für die Kunst" stand er mit dem George-Kreis in Verbindung. 1898 brachte die Berliner Uraufführung des Einakters *Die Frau im Fenster* (u. d. T. *Madonna Dianora*) sein Bühnendebüt: Der Versmonolog Dianoras steigert sich zum umfassenden Liebes- und erhöhten Lebensbekenntnis, doch das niedere „wirkliche" Leben greift vernichtend ein – der Ehemann erdrosselt seine Frau mit der seidenen Strickleiter, die sie für den Geliebten bereitgehalten hat. *Der Thor und der Tod* (U 1898) handelt in erlesener Bildsprache vom Ästheten Claudio, dem das Leben „mit kleinem Leid und schaler Lust" entglitten ist. 1901 fand in München anläßlich einer Totenfeier für den symbolistischen Maler Arnold Böcklin die Uraufführung des lyrischen Fragments *Der Tod des Tizian* statt, eine von Tizians Schülern vorgetragene Klage über den Verlust der künstlerischen „Unbefangenheit".

Nach seiner Eheschließung ließ sich Hofmannsthal 1901 in Rodaun bei Wien nieder. Neben regelmäßigen Sommeraufenthalten in Altaussee im Salzkammergut führten ihn Reisen nach Italien, Griechenland, Nordafrika, Frankreich und England. Die Lyrik und lyrische Dramatik traten völlig in den Hintergrund. Statt dessen richtete sich Hofmannsthals Interesse nach der Bilanz des *Chandos-Briefes* auf das vom Ich-Ausdruck befreite Drama, ausgehend von der Bearbeitung antiker Stoffe. *Elektra* (nach Sophokles, U 1903) und der Tragödie *Ödipus und die Sphinx* (1905) folgte 1910 Max Reinhardts Inszenierung des Sophokleischen „König Oidipus" in Hofmannsthals Bearbeitung. Mit der Umarbeitung von *Elektra* zu einem Opernlibretto (1905/06, U 1909) begann die lebenslange Zusammenarbeit mit Richard Strauss. Zugrunde lag die Opernkonzeption einer wirkungsvollen Durchdringung des Drastischen und des Sublimen bzw. einer Einwirkung „auf die groben und feinen Elemente des Publikums" (Notiz Hofmannsthals, 1909). Den größten Erfolg errang *Der Rosenkavalier* (1911), ein erotisches Reigenspiel im Rokoko-Kostüm, in dem sich unter dem Schmelz der Walzerklänge der Niedergang der Adelsgesellschaft ankündigt. Als Symbolfigur des 18. Jh.s übte Casanova seine Anziehungskraft auf Hofmannsthal aus; den Memoiren des Liebesabenteurers entnahm er den Stoff zu *Cristinas Heimreise* (U 1910) mit der Gestalt des betörenden Florindo, dem Cristina schließlich die Ehe mit dem biederen Kapitän Tomaso verdankt.

Im Weltkrieg war Hofmannsthal zunächst Reserveoffizier in Istrien. In kulturpolitischer Mission reiste er 1916 nach Skandinavien und in die Schweiz. 1917 initiierte er gemeinsam mit Reinhardt und Strauss die Gründung der „Salzburger Festspielhausgemeinde" (1. Festspiel mit Reinhardts Inszenierung des 1911 uraufgeführten *Jedermann* 1920, *Das Salzburger große Welttheater* 1922). Den Zusammenbruch der Donaumonarchie erlebte Hofmannsthal als tiefe Erschütterung, die seine schon früh angelegte Konzeption der kulturgeschichtlichen Identität verstärkte. Zunehmende Resignation spiegelt die Umarbeitung des letzten Akts des Trauerspiels *Der Turm* (V 1923–1925 bzw. 1927): Zwar scheitert hier wie dort der Versuch des poln. „Zwischenkönigs" Sigismund, zwischen erstarrter Tradition und revolutionärer Bewegung zu vermitteln, doch fehlt der 2. Fassung der versöhnende Abschluß in Gestalt der Utopie eines Friedensreiches.

Gedichtbände: *Ausgewählte Gedichte* (1903), *Die gesammelten Gedichte* (1907), *Nachlese der Gedichte* (postum 1934). – Romane: *Andreas oder Die Vereinigten* (Fragment, E 1907 bis 1913, V postum 1930). – Erzählungen: *Das Märchen der 672. Nacht* (1895), *Reitergeschichte* (1899), *Das Erlebnis des Marschalls von Bassompierre* (1900), *Die Frau ohne Schatten* (E ab 1913, V 1919). – Dramen: *Gestern* (V 1891, U 1928), *Der Tod des Tizian* (V 1892, U 1901), *Der Thor und der Tod* (E 1893, V 1894, U 1898), *Die Frau im Fenster* (U, V 1898), *Die Hochzeit der Sobeide* (U, V 1899), *Der Abenteurer und die Sängerin oder Die Geschenke des Lebens* (U, V 1899), *Der Kaiser und die Hexe* (V 1900, U 1927), *Das kleine Welttheater oder Die Glücklichen* (E 1897, V 1903, U 1929), *Das gerettete Venedig* (V 1904, U 1905), *Cristinas Heimreise* (U, V 1910), *Jedermann* (E ab 1903, U 1911), *Der Schwierige* (U, V 1921), *Das Salzburger große Welttheater* (nach Calderòn, U, V 1922), *Der Unbestechliche* (U, V 1923), *Der Turm* (1. Fassung V 1923–1925, U 1948; 2. Fassung V 1927, U 1928). – Libretti zu Opern von Richard Strauss: *Elektra* (als Drama U 1903, V 1904, Umarbeitung zum Libretto 1905/06, U 1909), *Der Rosenkavalier* (U 1911), *Ariadne auf Naxos* (U 1912), *Die Frau ohne Schatten* (E 1911–1916, U 1919), *Die ägyptische Helena* (U 1928), *Arabella oder Der Fiakerball* (E 1927–1929, U 1933). – Essays und andere Prosa: *Ein Brief* (Brief des Lord Chandos, 1902), *Der Dichter in dieser Zeit* (1907), *Buch der Freunde* (Aphorismen, 1922), *Das Schrifttum als geistiger Raum der Nation* (1926), Slg. *Die Berührung der Sphären* (V postum 1931).

Lyrik. Als „lyrisch" bietet sich das gesamte Frühwerk Hofmannsthals dar. Dieser Grundcharakter entspricht dem Selbstverständnis als „Dichter, organisiert, den zarten Zusammenhang des Daseins zu hören". Neuromantik und Fin-de-siècle-Ästhetizismus sind zwei Begriffe, die dieses Selbstverständnis und dessen sprachlichen Ausdruck annähernd kennzeichnen; als Bezugspunkt erweist sich zugleich – wie im späteren dramatischen Schaffen – die Epoche des Barock. An sie knüpft das Vanitas-Thema an, das in einer dem Schaffen von ↑ Gryphius vergleichbaren Intensität zur Gestaltung gelangt: „Dies ist ein Ding, das keiner voll aussinnt, / Und viel zu grauenvoll, als daß man klage: / Daß alles gleitet und vorüberrinnt" *(Über Vergänglichkeit).* Ein zweites zentrales Thema bildet das Bewußtsein der Verwobenheit zwischen Gegenwart und Vergangenheit: „Ganz vergessener Völker Müdigkeiten / Kann ich nicht abtun von meinen Lidern, / Noch weghalten von der erschrockenen Seele / Stummes Niederfallen ferner Sterne" *(Manche freilich . . .).* Die Welt erscheint als „Buch, das du im Leben nicht ergründest" *(Was ist die Welt?):* „All in einem, Kern und Schale, / Dieses Glück gehört dem Traum . . . / Tief begreifen und besitzen! / Hat dies wohl im Leben Raum?" *(Besitz).* Das Bekenntnis zum Leben findet seinen Ausdruck in einem leisen „Dennoch". So mündet die *Ballade des äußeren Lebens* in das Terzett und die Schlußzeile: „Was frommt's, dergleichen viel gesehen haben? / Und dennoch sagt der viel, der ‚Abend' sagt, / Ein Wort, daraus Tiefsinn und Trauer rinnt // Wie schwerer Honig aus den hohlen Waben." Eines der zartesten Gedichte *(Vorfrühling)* gelangt mit seiner melodischen sprachlichen Nachbildung des laufenden, sie wiegenden und schmiegenden, gleitenden, fliegenden Frühlingswindes („Durch die glatten / Kahlen Alleen / Treibt sein Wehn / Blasse Schatten") schließlich zur Empfindung von „Duft / Den er gebracht, / Von wo er gekommen / Seit gestern Nacht."

Reitergeschichte. Erzählung, V 1899.
Die Schauplätze der Handlung liegen bei und in Mailand, ihr Zeitpunkt ist der 22. Juli 1848. Eingeleitet wird die Erzählung durch den Ritt einer österreich. Schwadron unter der Führung des Rittmeisters Baron Rofrano durch die aufständische Lombardei. Die Landschaft ist gleichsam durchsetzt von Feindseligkeit, doch der Ritt mündet im Einzug in Mailand, der „wehrlos daliegenden Stadt". Von nun an steht der Wachtmeister Anton Lerch im Mittelpunkt. Auf eigene Faust dringt er in ein Haus ein, an dessen Fenster er beim Vorbeiritt eine flüchtige frühere Bekannte, die „üppige" Vuic, erblickt hat. Mit besitzergreifendem Gehabe kündigt er seine baldige Einquartierung an. Der Gedanke an Vuic wird zum „Splitter im Fleisch, um den herum es von Wünschen und Begierden schwärt". Lerch gelangt in ein ödes Dorf, in dessen von widerlichen Hunden bevölkerter trostloser Szenerie ihm sein ihm entgegenreitendes Ebenbild begegnet. Unvermittelt in ein Gefecht seiner Schwadron verwickelt, erbeutet Lerch ein prachtvolles Pferd. Von Rofrano, der in Lerchs Verhalten Insubordination spürt, zur Freilassung des Beutetiers aufgefordert, zögert Lerch und wird vom Rittmeister erschossen.
Ein „bestialischer Zorn gegen den Menschen da vor ihm" steigt in Lerch unmittelbar vor seinem Tod auf, und zwar „aus einer ihm selbst völlig unbegreiflichen Tiefe seines Innern". Die dumpfe Rebellion gegen seine Gebundenheit, die sich im ersten Teil der Erzählung im Wunschbild (sexueller) Verfügungsgewalt äußert, richtet sich zuletzt gegen den Repräsentanten der Unterdrückung. Lerch befindet sich damit unmittelbar vor der Überwindung einer Daseinsweise, für die Hofmannsthal den Begriff der „Praeexistenz" geprägt hat. Die Begegnung Lerchs mit seinem Ebenbild verdeutlicht, daß die Erzählung von einem Ritt „nach innen" handelt und hierdurch den anfänglichen Eindruck einer „schönen Schwadron" als Trugbild entlarvt.

Ein Brief (Brief des Lord Chandos) V 1902.
Der (fiktive) Schriftsteller Philip Lord Chandos versucht, in einem 1603 an den Philosophen und Naturforscher Francis Bacon gerichteten Brief seinen Verzicht auf jegliche weitere literarische Betätigung zu erklären. Sein „Fall" besteht darin, daß ihm „völlig die Fähigkeit abhanden gekommen [ist], über irgend etwas zusammenhängend zu denken oder zu sprechen". An die Stelle der Übereinstimmung zwischen Wörtern und der sie bezeichnenden Wirklichkeit ist ein Mißverhältnis getreten (Begriffe zerfallen wie „modrige Pilze"), so daß die Voraussetzung für eine sprachliche Mitteilung im herkömmlichen Sinne als zerstört erscheint. Statt dessen ist Chandos von einer ungeheuren „Anteilnahme" erfüllt; diese drängt zwar zur Gestaltung, aber „in einem Material, das unmittelbar, flüssiger, glühender ist als Worte".
Als autobiographisches Zeugnis ordnet sich der *Chandos-Brief* zugleich in die geistige und künstlerische Krisensituation der Jahrhundertwende ein und verweist durch die hier artikulierte Sprachskepsis (vgl. *Der Schwierige*) auf Grundbedingungen der modernen Literatur. Parallelen lassen sich auch in der avantgardistischen Malerei der Jahrhunderwende erkennen, etwa in der Aufhebung einer einheitlichen, die Gegenstände ordnenden Perspektive bei Cézanne.
Obwohl Chandos selbst die Konsequenz zieht, den „Anstand des Schweigens" zu wahren, liegt die eigentliche Funktion des Essays in Briefform darin, die gewandelten Voraussetzungen des künstlerischen Schaffens zu reflektieren. Innerhalb der Entwicklung im Schaffen Hofmannsthals markiert der Brief die Abkehr vom Sprachzauber der Lyrik und lyrischen Dramatik (Chandos spricht von seinen „unter dem Prunk ihrer Worte hintaumelnden" Schäferspielen) und die Hinwendung zu einer gleichsam kulturgeschichtshaltigen Dramatik (z. B. Erneuerung des Mysterienspiels) sowie zur Oper.

Jedermann. Das Spiel vom Sterben des reichen Mannes. E ab 1903, U 1911, 1. Salzburger Festspielaufführung 1920, Verf Österr. 1961 G. Reinhardt.
Zugrunde liegen das 1529 als Buch erschienene engl. Spiel vom Everyman und das Schuldrama Hecastus (1539) in der Übersetzung von ↑Sachs („Comedi von dem reichen sterbenden Menschen, der Hecastus genannt", 1549).
Im Vorspiel schickt Gott den Tod aus, um Jedermann vor das göttliche Gericht zu bringen. Zu Beginn des Hauptteils zeigt sich dieser als der Reiche, der sein ganzes Vertrauen auf den Besitz setzt. Die Begegnung mit einem verarmten Nachbarn, einem seiner Schuldner, und der Mutter verdüstert Jedermanns Stimmung, bis die Geliebte („Buhlschaft"), Freunde und Musikanten zu einem Bankett eintreffen. Inmitten des festlichen Trubels tritt der Tod auf, um Jedermann vor den Thron Gottes zu führen, gewährt ihm jedoch eine kurze Frist, in der sich Jedermann einen Begleiter suchen darf. Von allen verlassen und von seinem scheinbaren Diener und eigentlichen Herrn, dem aus der Schatztruhe hervorsteigenden Mammon, verhöhnt, bleiben Jedermann lediglich zwei Allegorien: seine gebrechlichen „Werke" und der „Glaube". Dieser erschließt ihm das Verständnis für die Erlösungstat Christi, so daß nun auch die „Werke" an Kraft gewinnen und ihn vor dem Zugriff des Teufels zu schützen vermögen.
Hofmannsthals Absicht war es, das Mysterienspiel als Bestandteil des kulturellen Erbes zu erneuern, und zwar als „zweidimensionale" Kunstform, deren dritte Dimension die „Glaubenswahrheit" bildet. Zugleich betonte er die Unabhängigkeit des Jedermann-Spiels vom christlichen Dogma: „nur daß dem Menschen ein unbedingtes Streben nach dem Höheren, Höchsten dann entscheidend zu Hilfe kommen muß, wenn sich alle irdischen Treu- und Besitzverhältnisse als scheinhaft und löslich erwiesen, ist hier in allegorisch-dramatische Form gebracht" (*Das alte Spiel von Jedermann*, 1911).

Der Schwierige. Drama in 3 Akten, U, V 1921.

Unter Berufung auf das Wort des ↑ Novalis, man müsse nach verlorenen Kriegen Lustspiele schreiben, hat Hofmannsthal seinen Abgesang auf die Adelsgesellschaft der Donaumonarchie als Komödie gestaltet. Die Schauplätze des 1918/19 angesiedelten Schauspiels sind ein als Arbeitszimmer des Hausherrn eingerichteter Raum im Wiener Stadtpalais des Grafen Hans Karl Bühl, ein Salon im Hause Altenwyl und dessen Vorsaal. Die Haupthandlung beschränkt sich darauf, daß der vom traumatischen Kriegserlebnis des Verschüttetseins belastete, aus allen gesellschaftlichen Bindungen sich lösende Bühl durch die junge Helene Altenwyl zur Ehe und damit zur Rückkehr ins „Soziale" bekehrt wird bzw. daß er den Mut findet, sich zur Tatsache seiner Liebe zu Helene zu bekennen. Am Ende steht, wie Bühls Neffe Stani feststellt, „wenn mans Kind beim Namen nennt, eine Verlobung", wobei das Paar freilich zu „bizarr" ist, um die für solche Fälle vorgesehene Umarmung auf der Bühne vorzuführen.

Seinen Lustspielcharakter gewinnt das Stück durch die Häufung von Mißverständnissen, Fehlschlägen und Irritationen. Eigentlich hat Bühl die Aufgabe übernommen, im Rahmen einer Soiree bei Altenwyls die Verlobung Helenes mit Stani anzubahnen. Daß dieses Unternehmen scheitern muß, ergibt sich schon allein daraus, daß es mit einer „Absicht" verbunden ist und damit Bühls Lebensauffassung fundamental widerspricht. So erhält etwa seine Schwester Crescence auf die Frage nach seiner Teilnahme an jener Soiree Bühls (sprachlich) kennzeichnende Antwort: „Wenns dir gleich gewesen wäre, hätte ich mich eventuell später entschlossen und vom Kasino aus eventuell abtelephoniert. Du weißt, ich binde mich so ungern." Selten sieht Bühl „das Definitive" vor sich. Ein „bißl lächerlich" erscheint ihm die Einbildung, „durch wohlgesetzte Wörter eine weiß Gott wie große Wirkung auszuüben, in einem Leben, wo doch schließlich alles auf das Letzte, Unaussprechliche ankommt"; das Reden „basiert auf einer indezenten Selbstüberschätzung".

Ist Bühl auch alles andere als ein Idealbild, so erscheint er doch vor dem Hintergrund einer Gruppe von Gegenfiguren in einem verklärten Licht. Neben dem „neuen" Diener, der zu Beginn in das Haus Bühl eingeführt wird, alles darauf anlegt, Bühl „in den Griff zu bekommen", und am Ende entlassen wird, sowie Bühls Sekretär Neugebauer ist vor allem Baron Neuhoff das Zerrbild einer scheinbar die Zukunft in Händen haltenden neuen Generation: „Ihr habt dem schönen Schein alles geopfert", erklärt er Helene, „auch die Kraft. Wir, dort in unserm nordischen Winkel, wo uns die Jahrhunderte vergessen, wir haben die Kraft behalten. So stehen wir gleich zu gleich und doch ungleich zu ungleich, und aus dieser Ungleichheit ist mir mein Recht über Sie erwachsen." Derlei Anmaßung muß zumindest im Hause Altenwyl scheitern. Verständnis hat Helene statt dessen für die Faszination, die der Clown Furlani auf Bühl ausübt, denn er „tut scheinbar nicht mit Absicht – er geht immer auf die Absicht der andern ein". In ähnlichem Sinne definiert Altenwyl sein Verständnis von Konversation: „Nicht selbst perorieren, wie ein Wasserfall, sondern dem andern das Stichwort geben." Die Charakterisierung des Lustspiels als Konversationsstück bezieht sich auf den hier angesprochenen Gesichtspunkt der Art und Weise sprachlicher Kommunikation; ihr Mißlingen (grotesk gesteigert im Telefongespräch zwischen Bühl und seinem Freund Hechingen) wird zur Signatur einer überlebten Epoche, als deren Repräsentant Bühl sich der politischen Öffentlichkeit entzieht: „Ich soll aufstehen und eine Rede halten, über Völkerversöhnung und über das Zusammenleben der Nationen – ich, ein Mensch, der durchdrungen ist von einer Sache auf der Welt: daß es unmöglich ist, den Mund aufzumachen, ohne die heillosesten Konfusionen anzurichten!"

Christian Hofmann von Hofmannswaldau
*25. 12. 1617 in Breslau, †18. 4. 1679 in Breslau

Der Sohn eines Kammerrates besuchte die Gymnasien in Breslau und Danzig (Beziehung zu ↑Opitz), studierte in Leiden und hielt sich anschließend in England, Paris, Oberitalien und Rom – fern den Schauplätzen des Dreißigjährigen Krieges – auf. 1642 kehrte er nach Breslau zurück, heiratete im folgenden Jahr und wurde 1646 in den Rat gewählt. Er vertrat die Interessen der Stadt 1653 auf dem Regensburger Reichstag und verschiedentlich am Hof in Wien, 1677 erhielt er das Amt des Ratspräsidenten. Eine noch von ihm betreute Slg. seiner Gedichte erschien 1679 / 80, 1695–1727 folgte die Slg. *Herrn von Hofmannswaldau und anderer Deutschen auserlesene und bisher ungedruckte Gedichte* (7 Bde.).

Hofmann von Hofmannswaldau ist der Begründer des nach Giambattista Marino benannten Marinismus innerhalb der dt. Dichtung, gekennzeichnet durch eine gesteigerte Kunstfertigkeit der Metaphorik. Dem Vorbild der „Epistolae" bzw. „Heroides" Ovids folgen seine *Helden-Briefe* (E 1663 / 64): fiktive, zumeist erotische Briefe in Versform, die zwischen berühmten Liebespaaren gewechselt werden (Abälard und Héloise, Karl V. unter dem Decknamen „Siegreich" und Barbara Blomberg als „Rosamunde"). Zwar findet sich auch bei Hofmann von Hofmannswaldau die barocke Vanitas-Thematik: „Es wird der bleiche Tod mit seiner kalten Hand / Dir endlich mit der Zeit um deine Brüste streichen, / (...)" *(Vergänglichkeit der Schönheit)*. Die hier gleichsam schuldbewußt überlagerte Sinnlichkeit fand jedoch auch ihre unmittelbare, von den Zeitgenossen und späteren Sittenrichtern beanstandete dichterische Gestaltung.

Friedrich Hölderlin
*20. 3. 1770 in Lauffen a. N., †7. 6. 1843 in Tübingen

„Dem dt. Hölderlin-Bild", schrieb 1966 der frz. Hölderlin-Forscher Pierre Bertaux, „das in ‚lieblicher Bläue blühet', fehlt eine Farbe: das Rote. Als ob die dt. Forschung rotblind wäre; oder vielleicht rotscheu." Mit seiner These vom „Jakobiner Hölderlin", der (neben der Begegnung mit dem Griechentum und der Liebe zu Susette Gontard) entscheidend durch die Frz. Revolution geprägt worden sei, leitete Bertaux eine neue Phase der Hölderlin-Wirkungsgeschichte ein, an deren Beginn (fast 100 Jahre nach dem „Verstummen" des Dichters 1807) die Entdeckung als „Seher" und „Künder" durch ↑George und seinen Kreis gestanden hatte, gefolgt von nationalistischer Inanspruchnahme als Leitbild des im Kampf zum Heroismus sich steigernden Jünglings („Im Ersten Weltkrieg führte unsere edelste Jugend den Hyperion mit sich ins Feld wie den Faust und den Zarathustra", Wilhelm Böhm) und faschistischer Propagierung Hölderlins als der „größte Sänger unter den Deutschen und zarteste Künder ihrer Seele" (Rosenberg). Bertaux' zweiter Angriffspunkt war Hölderlins „Geisteskrankheit"; der „romantischen Legende seiner ‚Umnachtung'" stellte Bertaux die Überzeugung entgegen, daß Hölderlin sich bewußt aus der ihm unerträglich gewordenen Gesellschaft zurückzog, ohne seine dichterische Schaffenskraft eingebüßt zu haben.

Johann Christoph Friedrich Hölderlin ist der älteste Sohn des Juristen und Verwalters des ehemaligen Regiswindis-Klosters in Lauffen, Heinrich Friedrich Hölderlin; dieser starb 1772. Die Mutter, Johanna Hölderlin, heiratete 1774 den Schreiber Gok, der 1776 Bürgermeister in Nürtingen wurde (im selben Jahr trat Hölderlin in die dortige Lateinschule ein) und 1779 gestorben ist.

Als Hölderlins Berufsziel bestimmte seine pietistisch geprägte Mutter das Pfarramt. 1784 trat er in die ev. Klosterschule in Denkendorf ein, 1786 in das ev.-theologische Seminar im ehemaligen Kloster Maulbronn (↑ Hesse). Zu seinen bevorzugten Dichtern gehörten ↑ Schiller, ↑ Klopstock und ↑ Schubart; eine Auswahl der eigenen Gedichte stellte er am Ende der Maulbronner Schulzeit im sog. „Marbacher Quartheft" zusammen. Von 1788 bis 1793 gehörte er als Theologiestudent dem Tübinger Stift an; Zimmergenossen waren Hegel und (ab 1790) Schelling. Die Frz. Revolution hatte eine Verschärfung des Stiftreglements zur Folge; Hegel galt als „derber Jakobiner", und auch Hölderlin war „dieser Richtung zugetan". 1790 besuchte er in Zürich ↑ Lavater, 1791 erschienen im „Musenalmanach" des Stuttgarter Kaufmanns und Literaturförderers Stäudlin die Gedichte *Hymne an die Freiheit, Hymne an die Muse, Hymne an die Göttin der Harmonie* und *Meine Genesung,* 1792 begann Hölderlin mit seinem *Hyperion-*Roman. Mehrfach bat er die Mutter vergeblich um ihre Zustimmung zum Wechsel des Studiums (Jura). Die Beurteilung des Abschlußexamens bescheinigte „anhaltende Pflege" der griech. Philologie und der Philosophie Kants.
Ende 1793 trat Hölderlin in Waltershausen (bei Jena) im Haus Charlotte von Kalbs eine Stelle als Hofmeister an, die er Anfang 1795 aufgab; nach Aufenthalten in Weimar und Jena (Vorlesungen Fichtes) kehrte er nach Nürtingen zurück. 1794 erschien in Schillers „Neuer Thalia" das *Fragment von Hyperion* und die Hymne *Das Schicksal,* 1795 im „Musenalmanach" *Der Gott der Jugend* und *An die Natur.* Von 1796 an war Hölderlin Hofmeister im Haus des Frankfurter Bankiers Gontard, mit dessen Frau Susette („Diotima") ihn eine enge, von Heimlichkeit belastete Liebesbeziehung verband. 1798 des Hauses verwiesen, fand er bei seinem Freund (ab 1793) Isaak von Sinclair Unterkunft in Bad Homburg (Zusammenkünfte mit Susette). 1797–1799 erschien der Briefroman *Hyperion oder der Eremit in Griechenland* (2 Bde.). Die literarische Arbeit galt dem 1797 begonnenen Trauerspiel *Der Tod des Empedokles* (Titelgestalt ist der Philosoph, Arzt, Magier und Staatsmann Empedokles von Agrigent aus dem 5. Jh. v. Chr.; Thema ist die Aufhebung der Dissonanzen des Lebens durch den Opfertod). Der Plan einer „poetischen Monatszeitschrift" („Iduna"), für die Hölderlin eine Reihe von Aufsätzen konzipierte, scheiterte. 1800 hielt er sich in Stuttgart bei dem Kaufmann Landauer auf (Oden *Der Frieden, An die Deutschen, Der Neckar*), 1801 war er für kurze Zeit Hofmeister in Hauptwil bei St. Gallen (Ode *Unter den Alpen gesungen*), 1802 in Bordeaux (Rückkehr über Paris nach Nürtingen; es wird vermutet, daß er sich im Juli am Sterbebett Susettes befunden hat). 1804 erschien *Trauerspiele des Sophokles* („Antigone", „König Oidipus"); im selben Jahr erhielt Hölderlin eine Anstellung als Hofbibliothekar in Bad Homburg, die 1806 gekündigt wurde. Inzwischen hatte ein Hochverratsprozeß gegen den „Jakobiner" Sinclair stattgefunden; Hölderlin entging der Verhaftung durch die Fürsprache des hess. Landgrafen, der auf den „höchst traurigen Gemütszustand" des Dichters verwies. Gewaltsam in die Authenrietsche Klinik in Tübingen eingewiesen, wurde Hölderlin 1807 als unheilbar entlassen und lebte fortan in der Obhut der Familie des Schreinermeisters Zimmer im Tübinger „Hölderlinturm" am Neckar. Das hier entstandene Spätwerk enthält zahlreiche Jahreszeiten-Gedichte.

Gedichtbände: *Gedichte* (1826, hg. von Gustav Schwab und ↑ Uhland). – Romane: *Hyperion oder der Eremit in Griechenland* (E ab 1792, *Fragment von Hyperion* V 1794, Gesamtausgabe 2 Bde. 1797–1799). – Dramen: *Der Tod des Empedokles* (Fragment, V 1826, U in der Bearbeitung von W. v. Scholz 1916). – Übersetzungen: *Trauerspiele des Sophokles* (1804).

Hyperion oder der Eremit in Griechenland. Briefroman, E ab 1792, V 1797–1799 (2 Bde.). Vorstufen: *Fragment von Hyperion* (V 1794), *Metrische Fassung, Hyperions Jugend*.
Der Roman besteht nahezu ausschließlich aus Briefen Hyperions an seinen dt. Freund Bellarmin; eine Ausnahme bilden einige wenige zwischen Hyperion und Diotima gewechselte Briefe, die der Freund in einer Abschrift erhält. Anders als etwa ↑ Goethes Werther, dessen Briefe Schritt für Schritt den Gang der Handlung und die seelische Entwicklung des Schreibers widerspiegeln, schildert Hyperion sein Leben aus der Rückschau, d. h. reflektierend. Diese Form der Darstellung entspricht dem zentralen Thema der Rückerinnerung an eine Daseinsform ursprünglicher Einheit (Kindheit), deren Erneuerung (angedeutet im seelischen Einklang mit der Natur) in der Zukunft liegt.
Hyperion ist auf der Kykladen-Insel Tina aufgewachsen; hier führt ihn sein Lehrmeister Adamas in die antike Mythologie und Geschichte seines griech. Heimatlandes ein. In Smyrna lernt er die „schale Kost des gewohnten Umgangs" kennen, Alabanda wird ihm zum Seelenfreund, durch Diotima findet er das höchste Liebesglück, nämlich die Ahnung des „Eins und Alles": „O ihr, die ihr das Höchste und Beste sucht, in der Tiefe des Wissens, im Getümmel des Handelns, im Dunkel der Vergangenheit, im Labyrinthe der Zukunft, in den Gräbern oder über den Sternen! wißt ihr seinen Namen? den Namen des, das Eins und Alles? Sein Name ist Schönheit." Der gemeinsame Besuch Athens weckt die Gewißheit, daß sich die Menschheit verjüngen wird; Diotima sieht in Hyperion den zukünftigen „Erzieher unsers Volks", er steht inmitten der Trümmer des antiken Athen „wie der Ackersmann auf dem Brachfeld" (Ende von Bd. 1). Zu unmittelbarem Handeln wird Hyperion durch Alabanda aufgerufen: Rußland hat das Signal zur Befreiung Griechenlands von der türk. Oberherrschaft gegeben (1770). Bald tritt jedoch tiefe Enttäuschung ein: „Es ist aus, Diotima! unsre Leute haben geplündert, gemordet, ohne Unterschied (...) In der Tat! es war ein außerordentliches Projekt, durch eine Räuberbande mein Elysium zu pflanzen." In einem Seegefecht sucht Hyperion den Tod, wird jedoch nur verwundet. Nach seiner Genesung erhält er den Abschiedsbrief Diotimas, den sie kurz vor ihrem Tod geschrieben hat. Hyperion verläßt Griechenland und kommt „unter die Deutschen", demütig wie der „heimatlose blinde Oedipus zum Tore von Athen, wo ihn der Götterhain empfing; und schöne Seelen ihm begegneten – Wie anders ging es mir! Barbaren von alters her, durch Fleiß und Wissenschaft und selbst durch Religion barbarischer geworden, tiefunfähig jedes göttlichen Gefühls, verdorben bis ins Mark zum Glück der heiligen Grazien, in jedem Grad der Übertreibung und der Ärmlichkeit beleidigend für jede gutgeartete Seele, dumpf und harmonielos, wie die Scherben eines weggeworfenen Gefäßes – das, mein Bellarmin! waren meine Tröster" (Beginn der sog. „Scheltrede"). Was Hyperion jedoch zunächst von der Heimkehr abhält, ist der „himmlische Frühling", er „war die einzige Freude, die mir übrig war, er war ja meine letzte Liebe (...)".
Der bekenntnishafte Entwicklungsroman bezeugt Hölderlins Streben nach Vergegenwärtigung der griech. Antike im geschichtsphilosophischen Sinne – eine Perspektive, die zur radikalen Kritik an den zeitgeschichtlichen Verhältnissen führt; so spiegelt etwa Hyperions Enttäuschung über den Verlauf des aus seiner Sicht von der Antike inspirierten griech. Freiheitskampfs die Kritik am Verlauf der Frz. Revolution. Die reinste Form der Vermittlung zwischen Vergangenheit und erhoffter zukünftiger Harmonie verkörpert die in mythisches Licht getauchte Diotima-Gestalt; ihrem innersten Wesen weiß sich Hyperion im Frühlingserlebnis verbunden: „Auch wir sind nicht geschieden, Diotima, (...). Lebendige Töne sind wir, stimmen zusammen in deinem Wohllaut, Natur!"

Lyrik. V ab 1791, z. T. erst im 20. Jh. (*Wie wenn am Feiertage* 1910, *Friedensfeier* 1954), einzige Slg. zu Lebzeiten 1826, Vert Johannes Brahms („Schicksalslied" aus *Hyperion*, Chor und Orchester, op. 54, 1871), Hermann Reutter („Drei Gesänge", op. 56: *An die Parzen, Hälfte des Lebens, Abendphantasie;* „Lieder nach Hölderlin", op. 67), Wolfgang Fortner („Hyperions Schicksalslied", 1940).

Das sog. „Älteste Systemprogramm des Idealismus" (vermutlich ein Gemeinschaftswerk Hölderlins, Hegels und Schellings aus dem Jahr 1796) enthält die Erwartung, daß die Poesie „am Ende wieder (wird), was sie am Anfang war – Lehrerin der Menschheit; denn es gibt keine Philosophie, keine Geschichte mehr, die Dichtkunst allein wird alle übrigen Wissenschaften und Künste überleben". Damit ist ein wesentlicher Bezugsrahmen der Lyrik Hölderlins angedeutet: Das dichterische Sprechen, seine Verse und Bilder weisen über die Gegenwart hinaus und nehmen eine neue „Volkstümlichkeit" vorweg im Dienst einer (wie es ebenfalls im „Systemprogramm" heißt) „sinnlichen Religion"; gleiches gilt für die Philosophie: „Ehe wir die Ideen ästhetisch, d. h. mythologisch machen, haben sie für das Volk kein Interesse (...)."

Das Ziel der Vereinigung der scheinbaren Gegensätze (Sinnlichkeit und Religion, Ästhetik und Philosophie) liegt den vielfältigen Formen der Verknüpfung unterschiedlicher Gegenstandsbereiche zugrunde. So schweifen etwa die Erinnerung an den heimatlichen Neckar als Schauplatz der Kindheit ab zu antiken Schauplätzen: „Zu euch, ihr Inseln! bringt mich vielleicht, zu euch / Mein Schutzgott einst; doch weicht mir aus treuem Sinn / Auch da mein Neckar nicht mit seinen / Lieblichen Wiesen und Uferweiden" (*Der Neckar*). Weitere Stromgedichte sind *Der Main, Der Rhein, Am Quell der Donau*); eine Stadtlandschaft schildert die an der „Vaterlandsstädte ländlichschönste" gerichtete Ode *Heidelberg* (mit dem Bild der „schicksalskundigen Burg").

Die Elegie *Brot und Wein* erinnert an die heidnische Grundlage der Eucharistie-Symbolik: „Brot ist der Erde Frucht, doch ists vom Lichte gesegnet, / Und vom donnernden Gott kommet die Freude des Weins. / Darum denken wir auch dabei der Himmlischen, die sonst / Da gewesen und die kehren in richtiger Zeit, / Darum singen sie auch mit Ernst, die Sänger, den Weingott / Und nicht eitel erdacht tönet dem Alten das Lob."

Vielfach besitzt das Streben nach Synthese die Form der antithetischen Gegenüberstellung, etwa in *Hälfte des Lebens* durch den Kontrast von erster und zweiter Strophe, von sanfter Melodik im Bild der „holden Schwäne" („Und trunken von Küssen / Tunkt ihr das Haupt / Ins heilignüchterne Wasser") und greller Disharmonie: „(...) Die Mauern stehn / Sprachlos und kalt, im Winde / Klirren die Fahnen." Die Kühnheit solcher Vorstellungsbilder, die den sinnlichen Eindruck radikal steigern (klirrende Fahnen), weist auf den Expressionismus voraus.

Seine frühen Vorbilder fand Hölderlin in den Hymnen ↑Schillers und den Oden ↑Klopstocks, vor allem aber in der griech. Lyrik selbst. Zu den um 1800 entstandenen Übersetzungen gehören etwa 20 Oden Pindars. Keimzellen der nach 1800 sich entfaltenden Odendichtung sind die sog. „epigrammatischen Oden" des Jahres 1798. Zu ihnen gehört die frühe „Diotima"-Dichtung als unmittelbarer Empfindungsausdruck der Liebe zu Susette Gontard: „O vergiß es, vergib! gleich dem Gewölk dort / Vor dem friedlichen Mond, geh ich dahin, und du / Ruhst und glänzest in deiner / Schöne wieder, du süßes Licht!" (*Abbitte*).

Zu den *Vaterländischen Gesängen* (die nichts mit Patriotismus im nationalen Sinne zu tun haben) gehört der *Gesang des Deutschen* („O heilig Herz der Völker"), in dem Hölderlin seine Beziehung zum Heimatland mit den Versen ausdrückt: „Du Land des hohen ernsteren Genius! / Du Land der Liebe! Bin ich der deine schon, / Oft zürnt' ich weinend, daß du immer / Blöde die eigne Seele leugnest."

Ludwig Christoph Heinrich Hölty
*21. 12. 1748 in Mariensee bei Hannover, †1. 9. 1776 in Hannover
Der Sohn eines Pfarrers gehörte 1772 in Göttingen mit ↑ Voß zu den Begründern des Freundschaftsbundes „Hainbund" (nach ↑ Klopstocks Ode „Der Hügel und der Hain"), dem ↑ Bürger beitrat und ↑ Claudius nahestand. Neben Idyllen, Hymnen und Oden verfaßte Hölty Lieder in schlichter, von aller Rokokoverspieltheit befreiter Sprache: „Die Luft ist blau, das Tal ist grün, / Die kleinen Maienglocken blühn, / Und Schlüsselblumen drunter; / Der Wiesengrund / Ist schon so bunt, / Und malt sich täglich bunter" *(Frühlingslied)*. Populär wurde sein Lied „Üb' immer Treu und Redlichkeit". Hölty gehört zu den frühesten dt. Balladendichtern, in der Liebeslyrik knüpfte er an den Minnesang an. Die Slg. *Gedichte* erschien postum 1782 / 83 (bearbeitet von Voß, 1. Originalausgabe 1869). Vert u. a. von Brahms und Werner Egk („Göttinger Kantate": „Natur – Liebe – Tod", 1937).

Arno Holz
*26. 4. 1863 in Rastenburg (Ostpreußen), †26. 10. 1929 in Berlin
Der Sohn eines Apothekers kam als 12jähriger nach Berlin, wo er als Redakteur, dann als freier Schriftsteller tätig war. Gemeinsam mit Johannes Schlaf (*21. 6. 1862 in Querfurt, †2. 2. 1941 in Querfurt) erarbeitete Holz 1889 / 90 Musterwerke des „konsequenten Naturalismus", dessen Programm er 1891 / 92 in *Die Kunst, ihr Wesen und ihre Gesetze* darlegte: „Die Kunst hat die Tendenz, wieder Natur zu sein", als Formel: „Kunst = Natur − x" (letzteres symbolisiert die unvermeidliche Unzulänglichkeit der „Reproduktion" von Natur im Sinne von Realität). Die Titelgestalt der Erzählung *Papa Hamlet* (in der gleichnamigen Slg., V 1889) ist ein gescheiterter Schauspieler, der sein Dasein in einer Dachstube fristet; er erwürgt sein schreiendes Kind und verkommt im Alkohol; Themen der beiden weiteren Erzählungen der Slg. sind das Leiden eines Schülers unter einem sadistischen Lehrer *(Der erste Schultag)* und der Tod eines Duellanten *(Ein Tod). Die Familie Selicke* (U, V 1890, das Stück verhalf neben G. ↑ Hauptmanns „Vor Sonnenaufgang" dem dt. Naturalismus zum Durchbruch) handelt von den zerrütteten menschlichen Verhältnissen einer im Norden Berlins hausenden kleinbürgerlichen Familie (Heimkehr des betrunkenen Vaters am Weihnachtsabend, Tod einer Tochter). 1896 veröffentlichte Holz als 1. Teil eines auf 10 Dramen berechneten Zyklus *Berlin. Das Ende einer Zeit in Dramen* die Komödie *Socialaristokraten* (im Mittelpunkt der Satire auf den Literaturbetrieb steht die gleichnamige Literaturzeitschrift einer Gruppe völlig unbedeutender Literaten), gemeinsam mit Oskar Jerschke schrieb Holz das Drama *Traumulus* (U 1904, V 1905, Verf Dtl. 1935 Carl Froelich), eine Schüler-Lehrer-Tragödie mit dem zentralen Motiv mangelnden Vertrauens des Lehrers zu seinem in den Verdacht der Unsittlichkeit geratenen Schüler. Als Lyriker erschloß Holz Themen der Großstadt und des sozialen Kampfes (*Buch der Zeit. Lieder eines Modernen*, 1886; theoretische Begründung in *Revolution der Lyrik*, 1899). Die Slg. *Phantasus* (V 1898 / 99) enthält in freirhythmischer Gestaltung (Druckbild: mittelachsig) einerseits Berliner Milieuschilderungen, andererseits Vorstellungsbilder; beides steht unter dem Leitbegriff der dichterischen Metamorphose gemäß Ernst Haeckels biogenetischer Theorie der Entwicklungsstadien der Lebenssubstanz. Der als Lesedrama konzipierten Literatursatire *Die Blechschmiede* (1902) folgte 1904 mit *Dafnis* (1. Fassung u. d. T. *Lieder auf einer alten Laute* 1903) eine Slg. von Gedichten des fiktiven Dichters Dafnis als „Reproduktion" eines „Barockmenschen".

Ödön von Horváth
*9. 12. 1901 in Sušak bei Fiume (= Rijeka, Jugoslawien), †1. 6. 1938 in Paris
Unter der Überschrift „Horváth ist besser" (gemeint ist: als ↑ Brecht) erklärte 1968
↑ Handke: „Als reine Formspiele kann ich die Stücke Brechts noch ertragen, als
unwirkliche, aber doch ergreifende Weihnachtsmärchen, weil sie mir eine Einfachheit und Ordnung zeigen, die es nicht gibt. Ich ziehe Ödön von Horváth und
seine Unordnung und unstilisierte Sentimentalität vor. Die verwirrten Sätze seiner
Personen erschrecken mich, die Modelle der Bösartigkeit, der Hilflosigkeit, der
Verwirrung in einer bestimmten Gesellschaft werden bei Horváth viel deutlicher.
Und wie mag diese irren Sätze bei ihm, die die Sprünge und Widersprüche des
Bewußtseins zeigen, wie man das sonst nur bei Tschechow oder Shakespeare
findet." Handkes provokantes Schiedsurteil steht im Zusammenhang mit der
Wiederentdeckung der sozialkritischen „Volksstück"-Tradition und ihrer Wiederbelebung durch Autoren wie ↑ Kroetz und ↑ Sperr, für die neben ↑ Fleißer der in
den 40er und 50er Jahren nahezu vollständig in Vergessenheit geratene Horváth
zum Vorbild wurde.
Der Sohn eines Diplomaten aus ungar. Kleinadel wuchs in Belgrad, Budapest,
München, Preßburg und Wien auf. Er studierte in München Philosophie und
Germanistik und lebte von 1923 an abwechselnd in Murnau, Berlin, Wien und in
Henndorf bei Salzburg. Nach ersten Veröffentlichungen als Erzähler (1924
erschien im „Simplicissimus" das *Sportmärchen*) wandte sich Horváth dem
Drama zu. Freundschaft verband ihn mit ↑ Werfel und ↑ Zuckmayer, auf dessen
Vorschlag hin er 1931 für *Geschichten aus dem Wienerwald* mit dem Kleist-Preis
ausgezeichnet wurde. Das 1932 entstandene Drama *Glaube Liebe Hoffnung* fand
im nationalsozialistischen Dtl. keine Bühne (U u. d. T. *Liebe, Pflicht und Hoffnung*
1936 in Wien). 1930 erschien mit *Der ewige Spießer* sein erster Roman. 1938
emigrierte Horváth in die Schweiz; bei einem Aufenthalt in Paris kam er durch
einen Unglücksfall (herabstürzender Ast) ums Leben.
Horváths Interesse galt der Darstellung der kleinbürgerlichen Durchschnittsmenschen, denn Dtl. besteht „zu 90 Prozent aus vollendeten oder verhinderten
Kleinbürgern (...). Will ich also das Volk schildern, darf ich natürlich nicht nur
die zehn Prozent schildern, sondern als treuer Chronist meiner Zeit die große
Masse" (*Gebrauchsanweisung*, 1932). Von „Masse" ist jedoch nicht im Sinne des
Expressionismus die Rede (↑ Toller). Im Mittelpunkt der Romane und Dramen
stehen vielmehr Einzelschicksale, beispielsweise der Leidensweg Elisabeths, die
vergeblich versucht, einen Gewerbeschein für den Straßenhandel zu erhalten, und
durch die „kleinen Paragraphen" sowie die Feigheit und Engherzigkeit ihrer
Mitmenschen in den Tod getrieben wird *(Glaube Liebe Hoffnung)*. Die Tradition
des Naturalismus ist in der Darstellung der Unfähigkeit der Protagonisten wirksam, ihre Lebenssituation zu reflektieren; ihr Handeln geschieht „unbewußt"
(berufliches Versagen und Mord des Bahnhofvorstehers Hudetz in *Der jüngste
Tag*). Die Verwurzelung im Wiener Volksstück (↑ Nestroy) zeigt sich in der
„Synthese von Ernst und Ironie", die sich vor allem aus der Charakterisierung des
Sprachverhaltens ergibt.

Romane: *Der ewige Spießer* (1930), *Jugend ohne Gott* (1937), *Ein Kind unserer Zeit* (1938). –
Dramen: *Revolte auf Côte 3018* (U 1927, Neufassung *Die Bergbahn* U 1929), *Italienische
Nacht* (V 1930, U 1931), *Geschichten aus dem Wienerwald* (U, V 1931), *Kasimir und Karoline*
(U 1932, V 1961), *Glaube Liebe Hoffnung. Ein kleiner Totentanz* (U 1936, V 1961), *Der jüngste
Tag* (U 1937, V 1955), *Figaro läßt sich scheiden* (U 1937, V 1959, Vert 1963 Giselher Klebe).

Italienische Nacht. Drama in 7 Bildern, V 1930, U 1931.

Als „Chronist" seiner Zeit hat sich Horváth sowohl mit den ökonomischen Krisen der 20er Jahre als auch mit dem Nationalsozialismus auseinandergesetzt. Thema der *Italienischen Nacht* ist die Blindheit der Gegner der Hitler-Partei gegenüber dem Ausmaß der faschistischen Gefahr.

Den Titel des „Volksstücks" bildet das Motto eines Volksfests, das die Sozialdemokraten einer süddt. Kleinstadt organisiert haben. Der Protest der jüngeren Parteimitglieder gegen gemütliche Tanzabende angesichts der Schießübungen und Aufmärsche der Nationalsozialisten bleibt wirkungslos. Wortführer der Jungen ist Martin, der sein Privatleben mit dem politischen Kampf verknüpft: Er zwingt seine Braut, sich mit SA-Leuten einzulassen, um deren Bewaffnung und Kampfstärke auszuspionieren. Während der „Italienischen Nacht", der im selben Biergarten ein „Deutscher Tag" der Faschisten vorausgeht, wirft Karl der Parteiführung Trägheit und Ziellosigkeit vor und sprengt damit das Fest. Ein Schlägertrupp der NSDAP dringt ein, um die Verschandelung des Kaiserdenkmals am Initiator des Festes, dem SPD-Stadtrat, zu rächen. Mit knapper Not bleibt dieser vor der Mißhandlung bewahrt. Dennoch versagt er sich als Repräsentant der verbürgerlichten Generation von Sozialisten, die Politik mit Vereinswesen gleichsetzt, der Einsicht in die Unterhöhlung des Staatswesens. Sein unerschütterlicher Grundsatz lautet: „Solange es einen republikanischen Schutzverband gibt, so lange kann die Republik ruhig schlafen."

Das Stück gibt die borniert Beruhigungsstrategie der Lächerlichkeit preis (der Kritiker Alfred Kerr sprach vom „besten Zeitspaß dieser Läufte"), getreu Horváths dramaturgischer Maxime: „Ich schreibe nicht gegen, ich zeige nur." Dennoch besitzt das Stück, je unbarmherziger es sich gegen die Apathie der Gegner des Nationalsozialismus wendet, eine politische Zielrichtung.

Geschichten aus dem Wienerwald. Drama in 3 Akten, U, V 1931, Verf B. D. 1978 Maximilian Schell.

Im Mittelpunkt des Volksstücks steht die unerfahrene, verträumte Marianne, Tochter eines Spielzeughändlers und als Puppenmacherin tätig; sie ist dem biederen Metzger Oskar versprochen. Während eines Picknicks im Wienerwald verliebt sie sich in den Vorstadtcasanova Alfred, einen typischen „Strizzi" von leicht schmieriger Eleganz; er lebt von Gelegenheitsarbeiten und allerlei dunklen Geschäften und ist mit der resoluten Trafikinhaberin Valerie liiert. Vom Vater verstoßen, zieht Marianne zu ihrem Geliebten und bringt ihr Kind zur Welt. Alfred wird Mariannes überdrüssig und bringt sie bei einer Tingeltangel-Tanzgruppe unter; im Nachtlokal „Maxim" muß sie an „lebenden Bildern" mitwirken, ihr Kind lebt bei Alfreds Mutter und Großmutter. Als Taschendiebin ertappt, kommt Marianne ins Gefängnis. Durch den von den Pflegeeltern bewußt herbeigeführten Tod des Kindes (es wurde der Zugluft ausgesetzt) verliert sie ihren letzten Halt. Nach der Rückkehr ins Elternhaus scheinen Elend und Erniedrigung zwar ein Ende zu finden, da der Vater Marianne verzeiht und Oskar nach wie vor bereit ist, sie zu heiraten, doch ist deutlich, daß sie ein ödes Eheleben erwartet.

Die beklemmende Wirkung geht von den Widersprüchen aus, die zwischen Vorstellung und Realität, Erwartung und Erfüllung bestehen. Kennzeichnend hierfür ist allein schon der Titel, der eine gefühlvoll-heitere Idylle verspricht, während das Bühnengeschehen nichts weniger als dies zur Darstellung bringt. Walzerklänge und Heurigenseligkeit kommen als bloße Klischees ins Spiel und bilden den makabren Hintergrund für die schäbige Wirklichkeit des kleinbürgerlichen Alltags, der selbst das „kleine Glück" verwehrt. Wer in dieser bedrängten Welt liebt, wird schutzlos und fällt der Ausbeutung zum Opfer. Als Grundhaltung Horváths ist ein unsentimentales Mitgefühl gegenüber seinen scheiternden Bühnengestalten spürbar.

Kasimir und Karoline. Drama in 9 Bildern, U 1932, V 1961.
Als Schauplatz dient das Münchner Oktoberfest. Im lärmenden Rummel geraten der soeben arbeitslos gewordene Chauffeur Kasimir und seine Braut Karoline, eine kleine Angestellte mit dem Hang zum Höheren, in Streit und trennen sich. Karoline findet in dem Kanzlisten Schürzinger einen neuen Begleiter; die zufällige Begegnung mit dessen Chef, dem Kommerzienrat Rauch, weckt in Karoline Ambitionen, zumal Rauch offensichtlich Gefallen an ihr findet und es so einzurichten weiß, daß Schürzinger die beiden allein läßt. Inzwischen hat sich Kasimir dem Gaunerduo Franz und Erna angeschlossen; während Franz das Auto Rauchs ausraubt, stehen Kasimir und Erna Schmiere. Doch das „Karussell" dreht sich weiter: Rauch, der nach einer Herzattacke in der Sanitätsstation aufwacht, will nichts mehr von Karoline wissen, so daß Schürzinger zum Zuge kommt, während Kasimir Erna tröstet, deren Franz ertappt und von der Polizei abgeführt worden ist: Die Liebe höret nimmer auf – so lautet ironisch das Motto dieser „Ballade von stiller Trauer, gemildert durch Humor" (Horváth).
Das prägende Gestaltungsmittel ist die Aufsplitterung des Bühnengeschehens in 118 Einzelszenen. Ihr rascher Wechsel entspricht sowohl der Volksfestatmosphäre als auch der Brüchigkeit der Beziehungen zwischen den Personen. Vielfach bildet Musik (ein Marsch, ein vom Publikum mitgesungener Schlager) das Thema einer Szene. Ein wesentliches Mittel der sozialen Charakterisierung ist die Sprache vom derben Dialekt bis zur gehobenen Ausdrucksweise, wobei dem „Bildungsjargon" als Resultat der „Zersetzung der eigentlichen Dialekte" durch das Kleinbürgertum besondere Bedeutung zukommt; aus dem Bildungsjargon „entsteht der Dialog des neuen Volksstückes" (*Gebrauchsanweisung,* 1932). In diesem Zusammenhang steht das Thema der Verstädterung des Volksvergnügens.

Jugend ohne Gott. Roman, V 1937, Verf u. d. T. „Wie ich ein Neger wurde" B. D. 1969 Roland Gall.
Der Ich-Erzähler, ein idealistisch gesinnter Lehrer, erlebt unmittelbar vor der nationalsozialistischen Machtergreifung die Anzeichen des kommenden Unheils, und zwar am Verhalten seiner Klasse. Den Schülern ist alles Denken „verhaßt", sie „pfeifen auf den Menschen", ihr „Ideal ist der Hohn". Die Spannungen innerhalb der Klasse eskalieren bei einem Aufenthalt in einem vormilitärischen Ausbildungslager bis hin zu einem Mord, ausgehend vom Diebstahl eines Fotoapparats. Der Lehrer wird selbst an der Eskalation mitschuldig, als er bei seinen heimlichen Nachforschungen das Kästchen, in dem ein Schüler sein Tagebuch aufbewahrt, beschädigt und dies aus Feigheit verschweigt. Verstrickt in ein „Leben des Elends und der Widersprüche", richtet sich seine Hoffnung auf die „göttliche Gnade"; unmittelbar vom Gott angerufen, leistet er schließlich seinen Beitrag zur Enthüllung des Verbrechens und gibt damit auch anderen Zeugen Mut. Dennoch emigriert er im Bewußtsein der Ohnmacht nach Afrika und überläßt die „Divisionen der Charakterlosen" dem „Kommando von Idioten".
1953 erschien der Roman zusammen mit *Ein Kind unserer Zeit* (V 1938) unter dem gemeinsamen Obertitel *Zeitalter der Fische,* bezogen auf die gleichsam geschichtsastrologische Feststellung: „Die Erde dreht sich in das Zeichen der Fische hinein. Da wird die Seele des Menschen unbeweglich wie das Antlitz eines Fisches" *(Jugend ohne Gott).* Auch *Ein Kind unserer Zeit* ist als Ich-Erzählung gestaltet und handelt von der schrittweisen Einsicht in den beherrschenden Zusammenhang von Lüge („Ohne Lüge gibt's kein Leben"), Anpassung und Menschenverachtung. („Unsere Führer sind eben große Betrüger"). Der Protagonist setzt sich schließlich dem Erfrierungstod aus in der Erwartung: Die „Kälte wird wärmer werden", wärmer als die unter den Menschen herrschende Gefühlskälte.

Peter Huchel
*3. 4. 1903 in Berlin-Lichterfelde, †30. 4. 1981 in Staufen bei Freiburg i. Br.
Der Sohn eines Ministerialbeamten verbrachte die Kindheit auf dem großväterlichen Gut in Alt-Langerwisch (Mark Brandenburg), besuchte in Potsdam das Gymnasium und studierte in Berlin, Freiburg i. Br. und Wien Literatur und Philosophie. Reisen führten ihn durch Frankreich, auf den Balkan und durch die Türkei. Von 1930 an war er in Berlin Mitarbeiter der Zeitschriften „Die literarische Welt", „Die Kolonne", „Das innere Reich" sowie beim Berliner Rundfunk. 1945 aus russ. Kriegsgefangenschaft entlassen, ließ er sich in Ost-Berlin nieder und stieg bis zum Sendeleiter und künstlerischen Direktor des Ostberliner Rundfunks auf; 1949 übernahm er die Leitung der Zeitschrift „Sinn und Form". Huchels anfänglichem literarischem Eintreten für den Aufbau der sozialistischen Gesellschaft (Zyklus *Das Gesetz* über die Bodenreform 1950, Nationalpreis der DDR 1951) folgte die Rückkehr zur mittelbaren politischen Stellungnahme in Gestalt der Naturlyrik; kennzeichnend ist das Gedicht *Winterpsalm* mit seinen Bildern von Kälte und Erstarrung (1963 in *Chausseen Chausseen*). Die Kritik, „Sinn und Form" bewege sich in einem „imaginären ästhetischen Raum", ohne sich „eindeutig auf den Sieg der Arbeiterklasse" zu orientieren, zwang ihn 1962, sein Amt als Cheflektor niederzulegen. Mit Ausreise- und wiederholtem Besuchsverbot belegt, lebte er in Wilmershorst bei Potsdam (Publikationen in der B. D.) und siedelte 1971 nach Rom über. Nach Aufenthalten in mehreren europäischen Ländern ließ er sich in Staufen bei Freiburg nieder. Zu seinen Auszeichnungen gehören der Fontane-Preis der DDR (1951) und der Westberliner Fontane-Preis (1963) sowie der Europalia-Preis (Brüssel, 1977).

Gedichtbände: *Gedichte* (1948), *Chausseen Chausseen* (1963), *Die Sternenreuse. Gedichte 1925–1947* (1967), *Gezählte Tage* (1972), *Die neunte Stunde* (1979).

Karl Leberecht Immermann
*24. 4. 1796 in Magdeburg, †25. 8. 1840 in Düsseldorf
Der Sohn eines Beamten studierte ab 1813 in Halle Jura, nahm 1815 am letzten Kriegszug der Befreiungskriege teil, trat 1817 in den preuß. Staatsdienst ein und amtierte ab 1827 in Düsseldorf als Landgerichtsrat. 1834–1837 leitete er das Düsseldorfer Stadttheater als Musterbühne, wobei vorübergehend ↑Grabbe zu seinen Mitarbeitern gehörte. Von 1822 an stand er in Verbindung mit ↑Heine, der Immermanns gegen ↑Platen gerichtete *Xenien* in den 2. Teil der „Reisebilder" aufnahm, worauf Platen in „Der romantische Ödipus" (V 1829) einen Dramatiker namens Nimmermann verspottete. Heine besaß Anteil an der Endfassung des satirischen Märchenepos *Tulifäntchen. Ein Heldengedicht in 3 Gesängen* (V 1830). Immermanns bedeutendste Werke sind zwei zeitkritische Romane: *Die Epigonen. Familienmemoiren in 9 Büchern* (V 1836, Teil-V ab 1825) schildern anhand des Lebenswegs eines illegitimen Adelssprosses die Wende vom Feudalismus zum Industrialismus, vom Idealismus zum Materialismus; im (Zeit-)Gefühl des Epigonentums kommt die „Last" zum Ausdruck, „die jeder Erb- und Nachgeborenschaft anzukleben pflegt". Im Mittelpunkt des humoristischen Romans *Münchhausen* (V 1838 / 39) steht ein Nachkomme des Lügenbarons, Verkörperung einer Scheinexistenz; als Kontrast ist die *Oberhof*-Erzählung um einen westfälischen Freigrafenhof einbezogen. Das Drama *Merlin. Eine Mythe* (V 1832, U 1918) verbindet die Gralssage mit dem Satanssohn Merlin (vgl. ↑Dorst).

Urs Jaeggi
*23. 6. 1931 in Solothurn

Nach einer Tätigkeit im Bankwesen studierte Jaeggi in Genf, Bern und West-Berlin Nationalökonomie und Soziologie, promovierte 1959 und erhielt 1966 eine Professur an der Berliner FU; 1970/71 besaß er einen Lehrauftrag in New York. Das zentrale Thema der Erzählungen (Slg. *Die Wohltaten des Mondes,* 1963) und Romane Jaeggis ist der Versuch der Befreiung aus etablierten Verhältnissen, ausgehend von Grenzüberschreitungen zwischen Realität und Fiktion. Im Roman *Die Komplicen* (1964, der Titel bezieht sich auf das Verhältnis zwischen dem Erzähler und seinem fiktiven Protagonisten) schließt sich der Lehrer Josef Hügi einem Zirkus an, kommt jedoch zu der Einsicht, daß „lockere elastische Fesseln schwerwiegender sind als harte". Autobiographische Züge trägt der Roman *Brandeis* (1978): Ein Soziologieprofessor vertritt aus der Lust heraus, „die gegebenen Verhältnisse aufzuheben, ins Gegenteil zu verkehren", die Interessen der rebellierenden Studenten und gerät zwischen die Fronten. *Grundrisse* ist als Berlin-Roman konzipiert und diagnostiziert den „Verletzungszustand" der Stadt. Zu Jaeggis wissenschaftlichen Arbeiten gehört *Kapital und Arbeit in der Bundesrepublik* (1973); die Aufsatz-Slg. *Was auf den Tisch kommt, wird gegessen* (1981) verbindet wissenschaftliche und literarische Darstellungsweise.

Hans Henny Jahnn
*17. 12. 1894 in Stellingen (= Hamburg), †29. 11. 1959 in Hamburg

Aus einer Familie von Schiff- und Instrumentenbauern stammend, war Jahnn als Schriftsteller, Orgelbauer, Pferdezüchter und Hormonforscher tätig. 1915–1918 lebte er aufgrund seiner pazifistischen Überzeugung im norweg. Exil, 1933 emigrierte er nach dem Verbot seiner Bücher in die Schweiz, ab 1934 lebte er auf der dän. Insel Bornholm. 1950 kehrte er nach Hamburg zurück, Mitte der 50er Jahre engagierte er sich politisch gegen die atomare Bewaffnung (Essays: *Der Dichter im Atomzeitalter,* 1956; *Thesen gegen Atomrüstung,* 1957).

Bis zu seinem 20. Lebensjahr schrieb Jahnn etwa 20 Dramen; der Durchbruch gelang ihm mit dem 1919 veröffentlichten Stück *Pastor Ephraim Magnus* (Kleist-Preis 1920, U 1923): Pathologische Sexualität (z. B. verdrängte Homoerotik) und masochistische Religiosität sind Leitthemen des vor allem sprachlich revolutionären Dramas, die im fragmentarischen Roman *Perrudja* (V 1929) wiederkehren; zu den tiefenpsychologischen Motiven dieser expressionistischen Darstellung eines Erkenntnisweges gehört das körperliche Versagen Perrudjas in der Hochzeitsnacht mit Signe, nachdem er deren Verlobten umgebracht hat. Zwischen beiden Werken liegt die Episode der von Jahnn gegründeten Sekte „Glaubensgemeinschaft Ugrino" (1921–1925). Mitte der 20er Jahre gehörte Jahnn zu den Hauptvertretern der dt. „Orgelbewegung" (er hat etwa 100 Orgeln gebaut).

Zu den Hauptwerken der 50er Jahre gehört das Drama *Thomas Chatterton* (V 1955, U 1956) über den engl. Schriftsteller und Literaturfälscher aus dem 18. Jh., gestaltet als Lebensbild eines an der Gesellschaft scheiternden Genies. Unvollendet blieb der Roman in 3 Teilen *Fluß ohne Ufer* (V 1949/50 und postum 1961), eine „fast naturwissenschaftliche Betrachtung oder Erforschung des Wesens der Schöpfung, der Geschlechtlichkeit des Menschen und der interstellaren Einsamkeit seines Herzens" (Jahnn).

Dramen: *Der Arzt, sein Weib, sein Sohn* (V 1922, U 1923), *Medea* (U, V 1926, Vert 1967 Bernd Alois Zimmermann), *Armut, Reichtum, Mensch und Tier* (Drehbuch 1933, U, V 1948).

Ernst Jandl
*1. 8. 1925 in Wien

Nach dem Abitur 1943 zum Kriegsdienst eingezogen, studierte Jandl nach seiner Entlassung aus amerikan. Kriegsgefangenschaft in Wien Germanistik und Anglistik und promovierte 1950 zum Dr. phil.; von 1949 an war er im höheren Lehramt tätig. 1971 hielt er sich als Stipendiat in Austin (Texas) auf, 1972 unternahm er in staatlichem Auftrag eine Vortragsreise durch die USA, 1973 war er Mitbegründer der Grazer Autorenversammlung. Zu seinen Auszeichnungen gehören der Wiener Literaturpreis 1976 und der Büchner-Preis 1984.
Anknüpfend an die dadaistischen Lautgedichte (↑Arp, ↑Ball, ↑Schwitters) und parallel zur „Wiener Gruppe" (↑Artmann), entwickelte Jandl seine Form der experimentellen Poesie mit vorwiegend spielerischem Charakter einschließlich des Kalauers bzw. der willkürlichen Verfremdung (Anfang des Johannesevangeliums: „schim schanflang war das wort schund das wort war blei flott"), gerichtet gegen „humorlosigkeit, diese dt. krankheit, die auch österreicher mitunter befällt". Berührungspunkte ergeben sich mit der Konkreten Poesie (↑Gomringer, ↑Heißenbüttel). 1957 trug Jandl seine ersten „Sprechgedichte" vor. Die Zusammenarbeit mit ↑Mayröcker (ab 1954) wurde auch im Bereich des Hörspiels fruchtbar (*Fünf Mann Menschen*, 1968; *Der Gigant*, 1969; *Spaltungen*, 1970; gemeinsam erhielten sie 1968 den Hörspielpreis der Kriegsblinden). Der Bühne näherte sich Jandl mit seinem Stück ohne Schauspieler *der raum, szenisches gedicht für beleuchter und tontechniker* (U 1973). Erfolgreich war die „Sprechoper in 7 Szenen" *Aus der Fremde* (U 1979, V 1980): Der Ablauf alltäglicher Verrichtungen des Schriftstellers ER und der Schriftstellerin SIE ist mit einem Arbeitsgespräch über ein Stück verknüpft, konzipiert als „chronik der laufenden / ereignislosigkeit / mit ihm, ihr und dem erwarteten", nämlich dem Intellektuellen ER 2, der nun in die im neuen Stück reproduzierte Bühnenhandlung einbezogen wird.

Gedichtbände: *lange gedichte* (1964), *klare gerührt* (1964), *Hosi-Anna!* (1965), *Laut und Luise* (1966), *Sprechblasen* (1968), *flöda und der schwan* (1971), *serienfuss* (1974), *der gelbe hund* (1980). – Essays: *Poetologische Reflexionen eines Schriftstellers* (1971), *Ein neuer poetischer Raum. Zur Prosa von Friederike Mayröcker* (1974).

Jean Paul (eigtl. Johann Paul Friedrich Richter)
*21. 3. 1763 in Wunsiedel (Fichtelgebirge), †14. 11. 1825 in Bayreuth

Von ↑Goethe und ↑Schiller auf Distanz gehalten, ja mit Unverständnis betrachtet („subjektivisch, überspannt, einseitig" nannte Schiller ihn und ↑Hölderlin), wurde Jean Paul von ↑Börne und den Jungdeutschen als erster bedeutender Vertreter des emanzipatorischen „witzigen Stils" verehrt. Allerdings schränkte Ludolf Wienbarg in seinen „Ästhetischen Feldzügen" (1834) ein: „Wenn er einmal eine starke Lanze einlegte und gegen einen bestimmten Feind zu Felde zog, so war ihm dieser eher das Nachdruckergesindel und sonstige dt. Schofel und Schofeleien als die großen Landesfeinde und Landesübel, die der Patriot aufs Korn nimmt." Der Kontrast der Urteile reicht hin bis zur Wertschätzung durch ↑Stifter und ↑Hesse einerseits, zur Verurteilung als „Verhängnis im Schlafrock" durch ↑Nietzsche andererseits.
Der Sohn eines zugleich als Lehrer tätigen Hilfsgeistlichen und Organisten wuchs in Joditz und Schwarzenbach a. d. Saale auf. Ab 1779 (Tod des Vaters) besuchte er das Gymnasium in Hof; sein 1781 in Leipzig begonnenes Theologiestudium

mußte er aus finanziellen Gründen 1784 abbrechen. Während der Studienzeit entstanden der Briefroman *Abelard und Heloise,* ein *Lob der Dummheit* und *Grönländische Prozesse* (V anonym 1783). Er lebte nun zunächst bei der Mutter in Hof, war 1787–1789 als Hauslehrer in Töpen tätig und gründete 1790 in Schwarzenbach eine Elementarschule, die er bis 1794 leitete; zugleich entstanden *Die unsichtbare Loge* (mit *Schulmeisterlein Wuz,* V 1793), *Hesperus* (V 1795) und *Quintus Fixlein* (V 1796). Einem ersten Besuch in Weimar auf Einladung Charlotte von Kalbs im Jahr 1796 (Freundschaft mit ↑Herder) folgte 1798 die Übersiedlung; 1800 ließ er sich in Berlin nieder (Begegnungen mit Fichte, Schleiermacher, F. ↑Schlegel und ↑Tieck), 1801 in Meiningen, 1802 in Coburg. Von 1804 an lebte er, verheiratet mit Karoline Mayer (ab 1801) in Bayreuth. 1817 verlieh ihm die Heidelberger Universität die Ehrendoktorwürde, 1820 wurde er Ehrenmitglied der Bayer. Akademie.

Jean Pauls poetologisches Werk *Vorschule der Ästhetik* (1804, mit Erörterungen *Über das Lächerliche, Über die humoristische Dichtkunst, Über den Witz*) enthält eine Typologie seiner Romane; unterschieden wird zwischen dem italien. „hohen" Stil (Erziehungsroman *Titan*), der „Tiefe" der niederländ. idyllischen Darstellungen *(Schulmeisterlein Wuz, Quintus Fixlein)* und der „Ebene" der dt. Romane *(Siebenkäs, Flegeljahre).* Gemeinsam ist jedoch allen drei „Gattungen" das Streben nach Totalität der Weltdarstellung unter den Bedingungen disparater Welterfahrung. Als Vorbilder konnten Jean Paul engl. Autoren des 18. Jh.s dienen, vor allem Laurence Sterne. Der Handlungsentwurf bildet lediglich das Grundmuster eines vielschichtigen Geflechts, als dessen „Webmeister" sich der auktoriale Erzähler Geltung verschafft. Er kommentiert, assoziiert, läßt seine Belesenheit erkennen, rechtfertigt Abschweifungen und glänzt durch überraschende, mitunter surreal anmutende Bildhaftigkeit; Erbanwärter, die ihre Enttäuschung unterdrücken, spannen „alle Spring- und Schlagfedern an ihren Gesichtern wie an Fallen wieder an" *(Flegeljahre),* ein Bräutigam übersteht eine Wartezeit ohne Ungeduld, da er dank seines „Schmetterlingrüssels" in „jeder blauen Distelblüte des Schicksals offne Honiggefäße" findet *(Siebenkäs).*

Von besonderer geistesgeschichtlicher Bedeutung ist die im *Siebenkäs*-Roman enthaltene *Rede des toten Christus vom Weltgebäude herab, daß kein Gott sei* (1. Entwurf 1789 u. d. T. *Schilderung des Atheismus*): Christus, der vergeblich seinen Vater gesucht hat, hob „die Augen empor gegen das Nichts und gegen die leere Unermeßlichkeit und sagte: ‚Starres, stummes Nichts! Kalte, ewige Notwendigkeit! Wahnsinniger Zufall! (...) Ach wenn jedes Ich sein eigner Vater und Schöpfer ist, warum kann es nicht auch sein eigner Würgengel sein?' "

Romane: *Die unsichtbare Loge. Eine Biographie* (im Anhang: *Leben des vergnügten Schulmeisterlein Maria Wuz in Auenthal. Eine Art Idylle,* 1793), *Hesperus, oder 45 Hundsposttage. Eine Biographie* (1795), *Leben des Quintus Fixlein, aus 15 Zettelkästen gezogen; nebst einem Mußteil und einigen Jus de tablette* (1796), *Blumen-, Frucht- und Dornenstücke oder Ehestand, Tod und Hochzeit des Armenadvokaten F. St. Siebenkäs im Reichsmarktflecken Kuhschnappel* (1796/97), *Titan* (1800–1803), *Komischer Anhang zum Titan* (darin: *Des Luftschiffers Giannozzo Seebuch,* 1800–1801), *Flegeljahre. Eine Biographie* (1804/05), *Dr. Katzenbergers Badereise; nebst einer Auswahl verbesserter Werkchen* (1809), *Leben Fibels, des Verfassers der Bienrodischen Fibel* (1811), *Der Komet, oder Nikolaus Marggraf* (Fragment, 1820–1822). – Erzählungen: *Das Kapauner Tal oder Über die Unsterblichkeit der Seele* (1797), *Des Feldpredigers Schmelzle Reise nach Flätz mit fortgehenden Noten; nebst der Beichte des Teufels bei einem Staatsmanne* (1809).

Leben des vergnügten Schulmeisterlein Maria Wuz in Auenthal. Eine Art Idylle. Erzählung, V 1793 im Anhang zum Roman *Die unsichtbare Loge*.

Der Erzähler entwirft das Lebensbild eines in einfachsten dörflichen Verhältnissen lebenden Landschulmeisters. Das vorherrschende Wesensmerkmal ist eine bis ins Alter bewahrte Kindlichkeit. So beschäftigt sich der vom Schlag halb gelähmte Wuz mit seinen treulich in der „Kindheitsantikenstiftshütte" unter der Treppe aufbewahrten Spielsachen. Bezeichnend für die Art und Weise, in der Wuz jeglichen Mangel kompensiert, ist die selbstverfaßte Bibliothek („wie hätte der Mann sich eine kaufen können?"). Er war „kein verdammter Nachdrukker, der das Original hinlegt und oft das meiste daraus abdruckt: sondern er nahm gar keines zu Hand", wobei sich bei Wuz die Überzeugung bildete, seine von den Titeln der Neuerscheinungen angeregten Werke seien „die kanonischen Urkunden, und die gedruckten wären bloße Nachstiche seiner geschriebnen". Schon in früher Jugend entwickelt er die „Kunst, stets fröhlich zu sein", nämlich sich in jeder Situation auf etwas zu freuen. Solche Widerstandskraft inmitten der „Hatztage" war „nicht Ergebung, die das unvermeidliche Übel aufnimmt, nicht Abhärtung, die das ungefühlte trägt, nicht Philosophie, die das verdünnte verdauet, oder Religion, die das belohnte verwindet: sondern der Gedanke ans warme Bett war's".

Als „Art Idylle" ist die Erzählung weit entfernt von den arkadischen Miniaturen ↑ Geßners. Die Realität wird nicht ausgeblendet, sondern bleibt durch das Medium der Wuzschen Heiterkeit erkennbar. Als entsprechende Darstellungsweise dient die humoristische Bildhaftigkeit, die beispielsweise die Verliebtheit des jungen Wuz zum „mit dem Gas der Liebe aufgefüllten und emporgetriebnen Herzballon" vergegenständlicht. Ein melancholischer Grundton ist in der Anteilnahme des Erzählers an seinem „kindischen" Helden spürbar, dessen Freude wir „nie so voll bekommen".

Flegeljahre. Eine Biographie. Roman, E ab 1795, V 1804 / 05.

Als Ausgangspunkt dient das ungewöhnliche Testament des „Krösus" van der Kabel, der als seinen Universalerben den angehenden Juristen und Poeten Gottwalt („Walt") Peter Harnisch eingesetzt hat, allerdings unter der Bedingung, daß dieser bestimmte Stationen des Kabelschen Lebenswegs nacherlebt. Der Verlauf dieses Experiments soll durch einen geeigneten Schriftsteller aufgezeichnet werden, der als Lohn Stücke aus Kabels Naturalienkabinett erhält (von kostbaren Mineralien über das Modell eines Hebammenstuhls bis hin zum Heller in einem Straußenmagen); diese „Nummern" dienen als Haupttitel der einzelnen Romankapitel.

Der weltfremde Walt besitzt einen zur Skepsis neigenden, der Wirklichkeit stärker verhafteten Zwillingsbruder Vult, der als Musiker tätig ist. Dieser erbietet sich, bei der Erfüllung der Testamentsbedingungen behilflich zu sein. Zugleich machen sich Walt und Vult daran, gemeinsam einen – zunächst mit „Flegeljahre", dann mit „Hoppelpoppel oder Das Herz" betitelten – Roman zu verfassen. Eine weitere Differenzierung der Darstellungsebenen bewirken die Korrespondenz des Erzählers mit seinen Auftraggebern, ein Tagebuch Vults über Walt, die „Streckverse" des Dichters und seine als „Polymeter" bezeichneten lyrischen Prosatexte. In den Mittelpunkt des Interesses rückt das Brüderpaar, das als Verkörperung des Gegensatzes zwischen „idealistischem" und „realistischem" Weltverständnis zu betrachten ist. Aus diesem Blickwinkel entfaltet sich ein breites soziales Spektrum von kleinbürgerlicher Enge bis hin zu feudaler Lebensweise, widergespiegelt u. a. in Walts Träumen.

Der Roman bricht mit der Trennung der (in dasselbe Mädchen verliebten) Brüder ab, nachdem Vult zu der Einsicht gelangt ist, daß Walt „nicht zu ändern", er selbst „nicht zu bessern" ist. Die Handlung verklingt gleichsam im Flötenspiel das davonziehenden Vult.

Elfriede Jelinek
*20. 10. 1946 in Mürzzuschlag (Steiermark)

Aufgewachsen in Wien, studierte Jelinek ab 1964 an der Wiener Universität Kunstgeschichte und Theaterwissenschaft; ihr Musikstudium schloß sie 1971 als Organistin ab. Sie lebt als freie Schriftstellerin in Wien, München und Paris. Jelineks literarische Anfänge liegen im Bereich der literarischen Pop-art in Form von Montagen aus dem sprachlichen Material der Trivialliteratur vom Horrorcomic bis zum Heimatroman (*wir sind lockvögel baby!*, 1970). Klischees der Fernsehserien strukturieren *Michael. Ein Jugendbuch für die Infantilgesellschaft* (1972). Der Roman *Die Liebhaberinnen* (1975) brachte die Hinwendung zur unmittelbar gesellschaftskritischen Darstellungsweise unter feministischer Perspektive. Dem Drama *Was geschah, nachdem Nora ihren Mann verlassen hatte oder Stützen der Gesellschaft* (U 1979) folgte mit *Clara S.* (U 1982, V 1984) eine historische Collage mit den Hauptpersonen Clara Schumann, ihrem (auf dem männlichen Kunst-Monopol beharrenden) Mann Robert und dem dekadenten Dichter Gabriele d'Annunzio. 1986 erhielt Jelinek den Heinrich-Böll-Preis.

Romane: *Die Liebhaberinnen* (1975), *Die Ausgesperrten* (1980), *Die Klavierspielerin* (1983). – Hörspiele: *Wien-West* (1972), *Die Jubilarin* (1978).

Walter Jens
*8. 3. 1923 in Hamburg

Dem Studium der Germanistik und klassischen Philologie (1941–1945, Hamburg und Freiburg i. Br.) folgte eine wissenschaftliche Laufbahn bis hin zur Professur (1963) am Lehrstuhl für allgemeine Rhetorik in Tübingen. Ab 1950 war Jens Mitglied der „Gruppe 47". Zu seinen Auszeichnungen gehören der Hamburger Lessing-Preis (1968) und der Düsseldorfer Heine-Preis (1981).

Die zentralen Themen des Schriftstellers Jens sind die nationalsozialistische dt. Vergangenheit, die Gefahr eines zukünftigen Totalitarismus und die Aktualität antiker Themen und Gestalten (u. a. Fernsehspiel *Der tödliche Schlag* mit Odysseus und Philoktet). Kontroversen löste das Fernsehspiel *Die rote Rosa* (1966) aus: Im Jenseits wird der Prozeß gegen die Mörder Rosa Luxemburgs unter zeitgeschichtlicher Perspektive wiederaufgenommen, wobei Kritik auch an den ehemaligen Genossen geübt wird. Als gesellschaftskritischer Analytiker sieht sich Jens in der Tradition der Aufklärung (↑Lessing). Gesellschaft-, Kunst- und Medienkritik verbinden seine „Momos"-Beiträge in „Die Zeit" (Slg. *Fernsehen, Themen und Tabus. Momos 1963–1973*, (1973).

Romane: *Nein. Die Welt der Angeklagten* (1950), *Der Blinde* (1951), *Vergessene Gesichter* (1952), *Der Mann, der nicht alt werden wollte* (1955), *Das Testament des Odysseus* (1957), *Herr Meister. Dialog über einen Roman* (1963). – Hörspiele: *Ein Mann verläßt seine Frau* (1951), *Der Besuch des Fremden* (1952), *Ahasver* (1956), *Der Telefonist* (1957). – Fernsehspiele: *Die rote Rosa* (1966), *Die Verschwörung* (1966, V 1969), *Der tödliche Schlag* (V 1974, 1975/78), *Der Teufel lebt nicht mehr, mein Herr! Ein Totengespräch zwischen Lessing und Heine* (1979). – Übersetzungen und Nacherzählungen: *Ilias und Odyssee* (1958), *Am Anfang der Stall – am Ende der Galgen: Jesus von Nazareth, seine Geschichte nach Matthäus* (1972), *Aischylos: Die Orestie. Agamemnon / Die Choephoren / Die Eumeniden* (1979). – Essays und Reden: Slg. *Literatur und Politik* (1963), Slg. *Von dt. Rede* (1969), *Der Fall Judas* (1975), Slg. *Republikanische Reden* (1976), Slg. *Ort der Handlung ist Dtl. Reden in erinnerungsfeindlicher Zeit* (1981). – Literaturgeschichte: *Statt einer Literaturgeschichte* (1957), *Moderne Literatur – moderne Wirklichkeit* (1958), *Dt. Literatur der Gegenwart* (1961).

Bernd Jentzsch
*27. 1. 1940 in Plauen (Vogtland)
Dem Gymnasium, Wehrdienst und Studium (Germanistik und Kunstgeschichte in Leipzig und Jena) folgte 1965 eine Tätigkeit als Lektor in Ost-Berlin; von 1975 an lebte Jentzsch hier als freier Schriftsteller. Von der Schweiz aus, wo er sich zu einem Studienaufenthalt befand, protestierte er 1976 in einem offenen Brief an den Staatsratsvorsitzenden Honecker gegen den Ausschluß ↑ Kunzes aus dem DDR-Schriftstellerverband und die Ausbürgerung ↑ Biermanns; die Reaktion in der DDR veranlaßte ihn, auf eine Rückkehr zu verzichten. Er lebt seit 1977 als Lektor in Küsnacht bei Zürich.

Als Lyriker verfolgt Jentzsch das Ziel, eigene Erlebnisse in den Zusammenhang allgemeiner Erfahrungen zu stellen: „Die wir unsere Väter nannten, erklärten nichts. / Ihre Stimmen schwiegen unter Befehlen und Schnee" (*Die grünen Bäume starben in uns*, 1962). Die Erzählungen bedienen sich vielfach der unbefangenen Betrachtungsweise von Kindern. Ähnlich wie ↑ Czechowski widmet sich Jentzsch als Hg. der Verbreitung von Lyrik; sein „Poesiealbum" (monatliche Lyrikhefte) erschien 1967–1977. Von 1978 bis 1981 gab er gemeinsam mit ↑ Heißenbüttel die Halbjahresschrift für Literatur „Hermannstraße 14" heraus.

Gedichtbände: *Alphabet des Morgens* (1961), *Quartiermachen* (1978). – Erzählungen: Slg. *Jungfer im Grünen und andere Geschichten* (1973), Slg. *Ratsch und ade! 7 jugendfreie Erzählungen. Mit einem Nach-Ratsch* (1975).

Johannes von Tepl (J. von Saaz)
*um 1350 in Sitbor oder Tepl (= Teplá bei Marienbad), †1414 in Prag
Urkundlich belegt sind eine Tätigkeit im böhm. Saaz als Stadtschreiber (ab 1378) und Rektor der Lateinschule (ab 1383); von 1411 an lebte er als Protonotar in der Prager Neustadt. Der Tod seiner Frau im Kindbett (August 1400) veranlaßte Johannes von Tepl zu dem durch Handschriften und Frühdrucke weit verbreiteten Streitgespräch *Der Ackermann aus Böhmen* in dt. Prosa.

Der Ackermann aus Böhmen. Prosadialog, E um 1400, 1. Druckausgabe um 1460 (Bamberg), 16 weitere Drucke des 15. / 16. Jh.s.
Der Dialog gliedert sich in 2 × 16 Kapitel, in denen jeweils einer der Beteiligten zu Wort kommt. Es sind dies ein „Ackermann", dessen Pflug die Feder ist, und der personifizierte Tod. Als Streitgespräch lehnt sich der Dialog an die Form einer prozessualen Auseinandersetzung an. Den Ausgangspunkt bildet die Verfluchung des Angeklagten (Tod) durch den Ankläger (Ackermann); im 2. Kapitel folgen die Aufforderung des Todes zur Mäßigung und seine Frage nach der Person des Anklägers und dem Gegenstand der Klage; beides ist der Inhalt des 3. Kapitels: Als „Mörder" seiner Frau hat der Tod dem Ackermann das Lebensglück geraubt („ir habt meiner wunnen lichte sumerblumen mir aus meins herzen anger jemerlich ausgebeutet"). Im Bewußtsein der Gottebenbildlichkeit beruft sich der Mensch auf seinen Anspruch auf irdisches Glück, während sich der Tod auf die gleichfalls von Gott hergeleitete Vergänglichkeit alles Irdischen beruft. Somit stehen sich mittelalterliche Weltverachtung und frühhumanistische Weltbejahung gegenüber.
Gottes Urteil im 33. Kapitel („Ir habet beide wol gevochten") gibt dem Kläger die Ehre, dem Tod aber den Sieg; im abschließenden Gebet befiehlt der Ackermann die Seele der Verstorbenen dem Schutz des Allmächtigen.

Uwe Johnson

*20. 7. 1934 in Cammin in Pommern (= Kamień Pomorski), †23. 2. 1984 in Sheerness-on-Sea on Isle of Sheppey (Kent)

Aus einer in Mecklenburg und Pommern ansässigen Bauernfamilie stammend, wuchs Johnson in Anklam auf, besuchte vor Kriegsende eine „Dt. Heimschule" in Posen, floh 1945 nach Recknitz in Mecklenburg, besuchte ab 1946 in Güstrow die Oberschule und studierte 1952–1956 in Rostock, dann in Leipzig Germanistik. Trotz bestandener Diplomprüfung (bei Hans Mayer) „nicht geeignet für Beschäftigung in staatlichen Institutionen", bewarb er sich vergeblich mit seinem Roman *Ingrid Babendererde* bei DDR-Verlagen und lebte von literarischen Gelegenheitsarbeiten. Die Annahme seines Romans *Mutmaßungen über Jakob* in der B. D. veranlaßte ihn 1959 zur Übersiedlung nach West-Berlin. Er wurde Mitglied der „Gruppe 47", hielt sich 1961 erstmals in den USA auf und war 1962 Stipendiat der Villa Massimo in Rom. 1966 ließ er sich vorübergehend in New York nieder (Lektor eines Schulbuchverlags, Beginn der Arbeit am Roman *Jahrestage*), 1968 kehrte er nach Berlin-Friedenau zurück, von 1974 an lebte er auf der engl. Insel Isle of Sheppey. 1979 war er Gastdozent für Poetik an der Universität Frankfurt a. M. (*Begleitumstände*, V 1980). Zu seinen Auszeichnungen gehören der Büchner-Preis 1971, der Lübecker Thomas-Mann-Preis 1979 und der Kölner Literaturpreis (1983).

Johnsons Etikettierung als „Dichter beider Dtl." bezieht sich auf das zentrale Thema der nicht allein politischen, sondern vor allem bewußtseinsmäßigen Trennung zwischen den beiden dt. Staaten. Exemplarisch und in vergleichsweise „einfacher" Form handelt hiervon die Erzählung *Zwei Ansichten* (1965): Die Beziehung zwischen dem Fotografen B. (West) und der Krankenschwester D. (Ost) besitzt keine Zukunft, obwohl es D. gelingt, in den Westen überzusiedeln. Das entscheidende Merkmal der Erzählkunst Johnsons ist jedoch die Umsetzung politischer und gesellschaftlicher Erfahrungen in eine Gestaltungsweise, die den Erzählvorgang und dessen Voraussetzungen zugleich reflektiert und manifestiert.

Mutmaßungen über Jakob. Roman, V 1959.

Den Anlaß zu „Mutmaßungen" gibt der Tod des Dresdner Eisenbahners Jakob Abs unmittelbar nach der Rückkehr von einem Besuch bei seiner Geliebten Gesine Cresspahl im Westen. Handelt es sich um einen Unfall, um Selbstmord oder um Liquidierung aus politischen Gründen? „Zeugen" sind Gesine, ihr Vater, der Kunsttischler Heinrich Cresspahl, der für die Beschattung von Abs zuständige Mitarbeiter der Militärischen Spionageabwehr, Hauptmann Rohlfs, und der Universitätsassistent Dr. Jonas Blach.

Der Text setzt sich aus fragmentarischen Dialogen, erzählenden Passagen und inneren Monologen zusammen. Die perspektivische Gebundenheit der einzelnen Beiträge verhindert zwar eine Antwort auf die Frage nach der tatsächlichen Ursache jenes „Unfalls" (der zum Inspektor avancierte Rangierer Abs wurde von einer Lokomotive überfahren), läßt aber ein um so dichteres Geflecht der Lebensumstände des ohne sonderliches politisches Engagement loyalen DDR-Bürgers Abs erkennbar werden. Deutlich wird die unlösliche Verbindung zwischen Privatem und Politischem im Spannungsfeld zwischen Ost und West (Gesine, mit ihrer Mutter in den Westen geflohen, soll als Spionin angeworben werden). Zum zeitgeschichtlichen Hintergrund gehört der Aufstand in Ungarn 1956.

Eine Funktion der diskontinuierlichen Erzählweise ist die Einbeziehung des Lesers in den Prozeß des Mutmaßens.

Das dritte Buch über Achim. Roman, V 1961.
Als „Beschreibung einer Beschreibung" handelt der Roman vom Versuch des Hamburger Sportjournalisten Karsch, während eines Besuchs in der DDR eine Biographie des erfolgreichen Radsportlers Achim zu verfassen. Das Scheitern ergibt sich vordergründig daraus, daß es sich um eine Auftragsarbeit mit klar definierter Zielsetzung handelt: In der Gestalt Achims, der in die Volksvertretung gewählt worden ist, soll die Einheit von sportlicher Leistung und politischem Engagement beispielhaft zur Darstellung kommen. Details aus Achims Biographie, die dieses Bild in Frage stellen, müssen außer acht bleiben (Zugehörigkeit zur HJ, Verwicklung des als Flugzeugkonstrukteur tätigen Vaters in eine Sabotageaffäre, Achims durch ein Foto belegte Teilnahme am Aufstand des 17. Juni 1953): Das nach rein sportlich orientierten Darstellungen nun der politischen Persönlichkeit gewidmete „dritte Buch" soll „enden mit der Wahl Achims in das Parlament des Landes, das war die Zusammenarbeit von Sport und Gesellschaft in einer Person (...) auf dies Ende zu sollte der Anfang laufen und sein Ziel schon wissen". Der Konflikt zwischen der Intention des Auftraggebers und der Einsicht des Journalisten erfährt seine Differenzierung in der Schilderung des Umgangs zwischen Karsch und Achim; eine Gemeinsamkeit besteht darin, daß Karsch früher mit Achims Freundin Karin zusammengelebt hat. Hier kommt die dt. Spaltung als Verständnisbarriere zwischen zwei Menschen zur Geltung. Eine hinreichend exakte Beschreibung läßt allenfalls ein Rennrad zu.
Der syntaktisch und in seiner Begrifflichkeit verfremdete Er-Bericht ist mit einem „Dialogspiel" verbunden, in dem zwei nicht näher bezeichnete Gesprächspartner die Beschreibungsversuche reflektieren. Nachträge hierzu sowie die Anwendung derselben Fragestellung auf die B. D. enthält die 1964 erschienene Slg. *Karsch und andere Prosa.*

Jahrestage. Aus dem Leben von Gesine Cresspahl. Roman, E ab 1967, V 1970–1973 und 1983 (4 Bde.).
Im Mittelpunkt stehen Gesine Cresspahl aus dem Roman *Mutmaßungen über Jakob* und ihre (sowie Jakob Abs' Tochter) Marie. Der Schauplatz der Gegenwartshandlung ist New York, ihr Zeitraum reicht vom 20. August 1967 bis zum 20. August 1968, gegliedert in vier zeitlich aufeinanderfolgende Abschnitte. Als Vermittler zwischen dem in den Erzählvorgang integrierten Leser und der dargestellten bzw. durch Gesine gesammelten, erinnerten, erläuterten Wirklichkeit fungiert Marie, die „wachsam bis zum Mißtrauen" ihre Fragen stellt. Der Lebensweg Gesines (Jahrgang 1933) liefert als „Geschichte, Ausbildung und Abrichtung einer Person" die Materialien für den Versuch einer Aufarbeitung der dt. Vergangenheit. Räumlich spannt sich der Bogen von der Kleinstadt Jerichow in Mecklenburg bis zur Weltstadt New York, zeitlich von der Weimarer Republik bis zur politischen Krise der USA Ende der 60er Jahre (Vietnamkrieg, Rassismus). Einen Schwerpunkt der retrospektiven Teile bilden die Anfangsjahre der DDR 1945–1953. Die Darstellungsformen reichen vom Zitat (Gesines Lektüre der „New York Times" als „Tagebuch der Welt" und „erprobte Lieferantin von Wirklichkeit") über anekdotische Schilderungen, tagebuchartige Eintragungen und Reflexionen bis hin zu imaginären Gesprächen mit Verstorbenen. Den inneren Zusammenhang schafft das Interesse an dem „Zustand und der Vorgeschichte einer bestimmten europäischen Person in New York", wobei sich der Zugang zur individuellen Gestalt Gesine Cresspahl nur aus der Kenntnis des zeitgeschichtlichen Kontextes ihrer Biographie gewinnen läßt. Dies ist letztlich die „Botschaft" des einem Höchstmaß an Akribie verpflichteten Romans. Als Orientierungshilfe (Register der Namen, Orte, Zitate) veröffentlichte Rolf Michaelis 1983 ein „Kleines Adreßbuch für Jerichow und New York".

Ernst Jünger
*29. 3. 1895 in Heidelberg

Der ältere Bruder ↑ F. G. Jüngers gehörte 1913 vorübergehend der frz. Fremdenlegion an und nahm (nach einem Notabitur) ab 1914 als Kriegsfreiwilliger am I. Weltkrieg teil (Auszeichnung mit dem Orden Pour le mérite). Nach einem Studium der Zoologie in Leipzig und Neapel war er ab 1925 als freier Schriftsteller tätig (Mitarbeiter von Zeitschriften der nationalen Rechten, 1927 Ablehnung eines Reichstagsmandats der NSDAP). 1939 als Hauptmann reaktiviert, wurde er nach dem Attentat vom 20. Juli 1944 als „wehruntüchtig" entlassen. 1945–1949 unterlag er einem Publikationsverbot (Weigerung, den Entnazifizierungs-Fragebogen der Alliierten auszufüllen). Seit 1950 lebt er in Wilflingen auf der Schwäb. Alb. Seine Auszeichnung mit dem Frankfurter Goethe-Preis 1982 stieß auf öffentliche Kritik.

Den Ausgangspunkt des schriftstellerischen Schaffens bildete *In Stahlgewittern. Aus dem Tagebuch eines Stoßtruppführers* (1920). Die hier registrierte Verwandlung des Menschen in der „Materialschlacht" blieb ein Grundelement der Suche nach Perspektiven des Menschen im technischen Zeitalter (*Der Arbeiter. Herrschaft und Gestalt,* 1932). Das autobiographische Hauptwerk bilden die 1939–1948 entstandenen 6 Tagebücher *Strahlungen* (V 1942–1958); ihm folgten die beiden Bände *Siebzig verweht* (1980–1981). Über seine Experimente mit Meskalin und LSD berichtet *Annäherungen. Drogen und Rausch* (1970). Das umfangreiche essayistische Spätwerk kreist um Fragen des Humanismus.

Friedrich Georg Jünger
*1. 9. 1898 in Hannover, †20. 7. 1977 in Überlingen

Der jüngere Bruder ↑ E. Jüngers ließ sich nach der Teilnahme am I. Weltkrieg, einem Jurastudium und anschließender Gerichts- und Anwaltspraxis 1926 als freier Schriftsteller in Berlin nieder; von 1937 an lebte er in Überlingen. Als Lyriker war er dem Vorbild der Antike und der Klassik verpflichtet („Hebung sind und Senkung eines, / Und im Steigen wie im Fallen / Spüre ich: ein Maß ist allen / Dingen dieser Welt verliehen", *Die Delphine*). Im Gegensatz zu seinem Bruder stand er der Technisierung der Gesellschaft unzweideutig kritisch gegenüber (*Die Perfektion der Technik,* 1946; *Maschine und Eigentum,* 1949). Einen wesentlichen Bezugspunkt seiner kulturkritischen Essayistik bildet die antike Mythologie (*Griech. Götter. Apollon – Pan – Dionysos,* 1943; *Die Titanen,* 1944).

Johann Heinrich Jung-Stilling (eigtl. J. H. Jung)
*12. 9. 1740 in Grund (Lkr. Siegen), †2. 4. 1817 in Karlsruhe

Aufgewachsen im bäuerlichen Milieu und als Schneider ausgebildet, wurde Jung Lehrer, eignete sich medizinische Kenntnisse an, studierte in Straßburg Medizin (1770 Bekanntschaft mit ↑ Goethe) und wurde zu einem erfolgreichen Augenarzt (Staroperationen). Nach einer Lehrtätigkeit als Professor für Finanz- und Kameralwissenschaften in Marburg (ab 1787) lebte er von 1806 an in Karlsruhe als religiöser Schriftsteller. Das Vertrauen in Gottes persönliche Führung spiegelt die als Er-Bericht verfaßte Autobiographie *Johann Heinrich Jung's, gen. Stilling Lebensgeschichte, oder dessen Jugend, Jünglingsjahre, Wanderschaft, Lehrjahre, häusliches Leben und Alter* (V postum 1835), die zuvor in 6 Teilen (1777–1817) erschienen ist. Literarische Bedeutung besitzt vor allem der 1. Teil: *Heinrich Stillings Jugend* (V 1777), den Goethe veranlaßt und redigiert hat.

Franz Kafka
*3. 7. 1883 in Prag, †3. 6. 1924 im Sanatorium Kierling bei Wien

„Kafkaesk" dient seit den 50er Jahren als Oberbegriff für den Eindruck des Absurden, auf unerklärliche Weise Bedrohlichen, des auf groteske Weise Undurchschaubaren, den Kunst und Literatur, aber auch das persönliche Erlebnis einer ambivalenten Alltäglichkeit vermitteln. So vage die mit dem Namen Kafka verbundenen Assoziationen auch sein mögen – letztlich unterwirft sich auch die Wissenschaft dem Kafkaesken: „Wie ein Fabeltier – unerreichbar, unfixierbar – taucht das Werk Franz Kafkas immer wieder aus dem Meer der Deutungen auf, die Wasser laufen wirkungslos ab, und es steht da wie zuvor: rätselhaft, anziehend, erschreckend, beschäftigend, bereit, neue Erklärungen zu zeugen und zu verschlingen" (Günter Blöcker).

Aus einer jüd. Kaufmannsfamilie tschech. Herkunft stammend (der Vater war aus einem südböhm. Dorf nach Prag gezogen), besuchte Kafka ab 1893 das Prager dt. Gymnasium am Altstädter Ring, studierte ab 1901 an der Prager dt. Universität Jura (1902 Beginn der lebenslangen Freundschaft mit ↑ Brod, 1903 Arbeit an dem verlorengegangenen Roman *Das Kind und die Stadt*) und promovierte 1906 zum Dr. jur.; nach einjähriger Gerichtspraxis wurde er Angestellter einer italien. Versicherungsgesellschaft, 1908 trat er als Beamter in die Prager „Arbeiter-Unfall-Versicherungsanstalt" ein (zugleich erste Publikation, 1910 Beginn der Tagebuchaufzeichnungen). Nach Ausbruch einer Kehlkopftuberkulose (1917) wurde Kafka vorzeitig pensioniert. Drei Verlobungen (1914 und 1917 mit Felice Bauer, 1919 mit Julie Wohryzek) folgten die Beziehung zu der tschech. Übersetzerin Milena Jesenská (*Briefe an Milena 1920–1922*) und die Lebensgemeinschaft mit Dora Diamant 1923/24 in Berlin. Kafkas Verfügung, den gesamten Nachlaß zu vernichten, leistete Brod nicht Folge und rettete hierdurch den Großteil des literarischen Werks (darunter die drei Romane).

Einblick in die psychische Grundsituation Kafkas gibt der 1919 verfaßte (jedoch nicht abgesandte) *Brief an den Vater,* (V 1952), der von seinem Sohn eine Erklärung für dessen Furchtsamkeit verlangte. Selbstbezichtigungen des Versagens, etwa angesichts der vergeblichen „Anstrengungen des Heiraten-Wollens", schlagen um in bittere Anklagen gegen den allmächtigen Patriarchen, die sich in dem Bild verdichten: „Manchmal stelle ich mir die Erdkarte ausgespannt und Dich quer über sie hingestreckt vor." Über den unbewältigten Vater-Sohn-Konflikt hinaus drückt dieses Bild das Ohnmachtsbewußtsein des Künstlers aus: Kafka hegt die Vermutung, daß der Vater den Brief als bloße Literatur betrachte und daher „in letzter Instanz" recht behalten könnte.

Romane: *Amerika* (ursprünglicher Titel *Der Verschollene*, Fragment, E ab 1912, Kapitel *Der Heizer*, V 1913, V 1927, Dramat 1957 Max Brod), *Der Prozeß* (E 1911/12–1914, V 1925), *Das Schloß* (E 1922, V 1926). – Erzählungen: *Betrachtung* (V 1908), *Beschreibung eines Kampfes* (E 1904/05, Teil-V 1909 und 1913, V 1936), Slg. *Betrachtung* (18 kurze Prosatexte, u. a. *Kinder auf der Landstraße, Das Unglück des Junggesellen, Zum Nachdenken für Herrenreiter,* E ab 1904, V 1913, 2. Auflage 1915), *Die Verwandlung* (E 1912, V 1915), *Das Urteil* (E 1912, V 1916), *Ein Landarzt* (E 1916/17, V 1918), Slg. *Ein Landarzt* (14 Parabeln und Erzählungen, u. a. *Auf der Galerie, Vor dem Gesetz, Ein Bericht für eine Akademie,* E ab 1914, V 1919), *In der Strafkolonie* (E 1914, V 1919), *Ein Hungerkünstler* (V 1922), Slg. *Ein Hungerkünstler* (4 Erzählungen, u. a. *Josefine, die Sängerin oder Das Volk der Mäuse,* E ab 1920, V 1924), *Der Jäger Gracchus* (E 1917, V 1931), *Beim Bau der Chinesischen Mauer* (Fragment, E 1818/19, V 1931), *Forschungen eines Hundes* (E 1922, V 1931), *Der Bau* (Fragment, E 1923/24, V 1931). – Autobiographisches: *Tagebücher* (E 1910–1923, Teil-V 1937, V 1951).

Das Urteil. Erzählung, E September 1912, V 1916.
Der junge und erfolgreiche Kaufmann Georg Bendmann, Geschäftsführer des väterlichen Betriebes, hat sich nach langem Zögern dazu durchgerungen, seinem glücklos in Rußland tätigen Freund brieflich von seiner Verlobung mit einem wohlhabenden Fräulein zu berichten. Nun sucht er seinen verwitweten Vater in dessen Zimmer auf, in dem er „schon seit Monaten nicht gewesen" ist, um beiläufig diesen Brief zu erwähnen. Der Anblick des hinfälligen Vaters rührt Georg, und er faßt den Vorsatz, mehr Sorgfalt aufzubringen.
Doch die Vater-Sohn-Beziehung erfährt eine urplötzliche Veränderung, ausgehend vom Zweifel des Alten an der Existenz jenes Freundes. Von Gregor ins Bett gebracht und zugedeckt, erhebt sich der Vater als „Schreckbild", preist den Freund als „Sohn" nach seinem „Herzen", unterstellt Georg ein obszönes Verhältnis zu seiner Braut, die er von Georgs Seite zu „fegen" droht. Die Raserei des Vaters gipfelt in der Anklage der Ichbezogenheit: „Jetzt weißt du also, was es noch außer dir gab, bisher wußtest du nur von dir! Ein unschuldiges Kind warst du ja eigentlich, aber noch eigentlicher warst du ein teuflischer Mensch! – Und darum wisse: Ich verurteile dich jetzt zum Tode des Ertrinkens." Georg fühlt sich „aus dem Zimmer gejagt" und stürzt sich in den nahe gelegenen, zu Beginn der Erzählung vom Schreibtisch aus in seinem Blickfeld liegenden Fluß.
Indem Georg widerspruchslos das Urteil des Vaters akzeptiert, enthüllt sich blitzartig seine bisher verdeckte Abhängigkeit. Kennzeichnend für Kafkas Gestaltungsweise ist die Verschmelzung von Innen- und Außenwelt zu einer neuen erzählerischen Realität, die sich einer nachträglichen Trennung widersetzt. Thematisch (Vater-Sohn-Konflikt) knüpft die Erzählung an den Expressionismus an, gestalterisch weist sie (wie auch *Die Verwandlung*) auf den Surrealismus voraus.

Die Verwandlung. Erzählung, E November / Dezember 1912, V 1915.
Der Reisevertreter Gregor Samsa erwacht eines Morgens als „zu einem ungeheuren Ungeziefer verwandelt". Dies ist, wie ausdrücklich betont wird, „kein Traum". Vielmehr schildert die Erzählung detailgenau Gregors Mühe, den neuen Körper zu beherrschen, d. h., das Bett zu verlassen, den Raum zu durchqueren und die Türe zu öffnen. Die erste Begegnung mit den Familienangehörigen endet damit, daß Gregor brutal in sein Zimmer zurückgejagt wird. Lediglich die Schwester überwindet ihren Ekel und ist in den folgenden Tagen bemüht, ihn zu versorgen, ausgehend von der Erprobung der ihm zuträglichen Speisen.
Nach und nach ergeben sich einschneidende Veränderungen im Leben der übrigen Familie: Da der Sohn als Ernährer ausfällt, gehen die Eltern und die Schwester beruflichen Tätigkeiten nach, was vor allem beim Familienoberhaupt eine Verwandlung bewirkt: „(...) war das noch der Vater? Der gleiche Mann, der müde im Bett vergraben lag, wenn früher Gregor zu einer Geschäftsreise ausgerückt war (...)?" Es kommt zur Konfrontation zwischen Vater und Sohn: „Er wußte wohl selbst nicht, was er vorhatte; immerhin hob er die Füße ungewöhnlich hoch, und Gregor staunte über die Riesenfüße seiner Schuhsohlen." Vom Vater mit Äpfeln bombardiert, flüchtet Gregor verletzt in sein Zimmer. Schließlich führt er durch die Verweigerung von Nahrung seinen Tod herbei, den Eltern und Schwester mit einem arbeitsfreien Tag und einer Fahrt ins Freie feiern.
Der Deutungsspielraum reicht von der Selbstvernichtung des Sohnes, der freiwillig dafür büßt, den Vater aus seiner beherrschenden Stellung gedrängt zu haben, bis hin zur Interpretation der Tiergestalt Gregors als Sinnbild seiner beruflichen Degradierung zum Arbeitstier; hierauf verweist der Prokurist, der an jenem Morgen der Verwandlung als erster zur Stelle ist, um Gregor unter Drohungen an seine Pflichten zu mahnen.

Der Prozeß. Roman (teilweise unausgeführt), E 1911/12–1914, V 1925; Dramat 1947 Gide und Jean-Louis Barrault (dt. U 1950), 1968 Jan Grossman, vgl. ↑Weiss; Vert 1953 Gottfried von Einem, 1966 u. d. T. „The Visitation" Gunther Schuller; Verf Frank./Italien/B. D. 1962 Orson Welles.

Der Bankprokurist K. wird, „ohne daß er etwas Böses getan hätte, (...) eines Morgens verhaftet". K. versucht, den Vorfall als „Spaß" anzusehen, „als einen groben Spaß, den ihm aus unbekannten Gründen, vielleicht weil heute sein dreißigster Geburtstag war, die Kollegen in der Bank veranstaltet hatten"; zugleich will er, die „Komödie" mitspielend, „sich irgendwie in die Gedanken der Wächter einschleichen, sie zu seinen Gunsten wenden oder sich bei ihnen einbürgern".

Tatsächlich scheint es sich um ein Spiel zu handeln, denn K. bleibt trotz seiner Verhaftung in Freiheit, allerdings begleitet von einem sich nach und nach verstärkenden Rechtfertigungszwang und im Bewußtsein, daß der gegen ihn angestrengte Prozeß seinen Verlauf nimmt. Einer Ladung des Gerichts folgend, gelangt er zu einem in der verwinkelten Vorstadt gelegenen Mietshaus und hier in einen mit lärmenden Menschen gefüllten Sitzungssaal; K. versucht, die „Sinnlosigkeit des Ganzen" nachzuweisen. Als er das Haus erneut aufsucht, gelangt er zwar zu den auf dem Dachboden untergebrachten Gerichtskanzleien; das Resultat sind jedoch Verwirrung und Erschöpfung. Inzwischen nehmen andere Anteil an seinem Prozeß, so sein Onkel, der ihm rät, seinen Schulfreund Huld mit der Verteidigung zu beauftragen. K. wird sich bewußt, daß er sich mitten in seinem Prozeß befindet und gezwungen ist, sich zu wehren. Andererseits erhält er von einem „Gefängniskaplan", dem er im Dom begegnet, die Beruhigung: „Das Gericht will nichts von dir. Es nimmt dich auf, wenn du kommst, und es entläßt dich, wenn du gehst." Doch nach einjähriger Prozeßdauer und ohne jemals seinen Richtern begegnet zu sein, wird K. von zwei Schergen abgeholt und in einem Steinbruch erstochen; die letzte Empfindung des Sterbenden ist Scham.

Die Versuche einer Entschlüsselung können sich teilweise auf biographische Fakten stützen, beispielsweise die erste Entlobung Kafkas (1914), die sich möglicherweise in dem schuldbehafteten erotischen Verhältnis zwischen K. und seiner Zimmernachbarin Fräulein Bürstner (im Manuskript mit den Initialen F. B. von Kafkas Braut Felice Bauer abgekürzt) spiegelt. Indem K. auf die sexuellen Wünsche einer Haushälterin eingeht, versäumt er es, einen womöglich hilfreichen hohen Gerichtsbeamten kennenzulernen. Die Empfindung der Scham erweist sich unter diesem Gesichtspunkt als Reflex eines Schuldbewußtseins hinsichtlich der Beziehung zu Frauen; kurz vor K.s Hinrichtung bringt ihm Fräulein Bürstner sein mitmenschliches Versagen zum Bewußtsein und bricht hierdurch seinen letzten Widerstand. An diese Bestandteile der Handlung knüpft das Verständnis des Romans als Darstellung eines „Selbstgerichts" an, während das Gericht aus religiöser Sicht als göttliche Instanz erscheint.

Einen immanenten Interpretationsansatz enthält die Domszene, in der jener Geistliche die Parabel *Vor dem Gesetz* erzählt: Ein Mann vom Lande kommt zum „Gesetz" und bittet den Türhüter um Einlaß, der ihm grundsätzlich zugesagt wird, jedoch zu einem späteren Zeitpunkt. Der Mann läßt sich vertrösten. Obwohl er weiß, daß das Gesetz „doch jedem und immer zugänglich sein" soll, wartet er Jahr um Jahr, bis sein Tod naht. Auf seine Frage, warum niemand außer ihm Zugang zum Gesetz erbeten hat, obwohl doch alle nach dem Gesetz streben, bekommt er zur Antwort: „Hier konnte niemand sonst Einlaß erhalten, denn dieser Eingang war nur für dich bestimmt. – Ich gehe jetzt und schließe ihn." Einen Berührungspunkt zwischen Romanhandlung und Gleichnis bildet die Unterordnung unter eine subjektiv als unausweichliche erfahrene Autorität.

Das Schloß. Roman (Fragment), E 1922, V 1926, Dramat 1955 Max Brod, Verf B. D. 1969 Rudolf Noelte.

Der Landvermesser K. kommt an einem Winterabend in ein Dorf, das einem Schloß untersteht; als er versucht, dieses zu erreichen, wird er durch einen labyrinthischen Weg in die Irre und zum Ausgangspunkt zurückgeführt. Bei seiner Rückkehr ins Wirtshaus findet er zwei (allerdings des Landvermessens unkundige) Gehilfen vor, die ihm vom Schloß zugewiesen worden sind; eine briefliche Nachricht des Schloßbeamten Klamm enthält die Mitteilung seiner Aufnahme in „herrschaftliche Dienste". Das mit Klamm liierte Schankmädchen Frieda wird K.s Geliebte; sie soll ihm Zugang zum Schloß verschaffen. Auch bei anderen Dorfbewohnern sucht K. Hilfe, so bei der verfemten Familie des Barnabas, dessen eine Schwester, Amalia, sich der Zudringlichkeit eines Schloßbeamten widersetzt hat, während sich ihre Schwester Olga zur Sühne regelmäßig den Schloßknechten hingibt. Offensichtlich hat K.s Anwesenheit die Beziehungen zwischen Schloß und Dorf verändert, erkennbar an den Komplikationen, die sich bei der Verteilung von Akten durch die Schloßdiener ergeben. Doch K.s Bemühungen um unmittelbaren Zugang zum geheimnisvollen Zentrum des Dorflebens, um Einsicht in die Zusammenhänge, erlahmen. „Über ihn hinweg gingen die Befehle, die ungünstigen und die günstigen, und auch die günstigsten hatten wohl einen letzten ungünstigen Kern. Jedenfalls aber gingen alle über ihn hinweg, und er war viel zu tief gestellt, um in sie einzugreifen oder gar sie verstummen zu machen und für seine Stimme Gehör zu bekommen." Der Roman bricht ab, nachdem K. zu einem Verhör ins Schloß beordert worden ist, und er vergeblich versucht hat, Frieda zurückzugewinnen; an ihre Stelle tritt das Zimmermädchen Pepsi. Laut Brod sollte K. am Ende die Erlaubnis erhalten, sich als Landvermesser im Dorf niederzulassen, und zwar im Augenblick seines Todes.

Ähnlich wie *Der Prozeß* besitzt *Das Schloß* einen zentralen und zugleich unzugänglichen Bezugspunkt der dargestellten Ereignisse. Wie jenes Gericht, so übt das Schloß einen Bann aus, dessen Wirkung an der jeweiligen Hauptfigur exemplifiziert wird. Indem dieses hier wie dort neu in den Bannkreis tritt, knüpft sich an sie die Frage nach der Veränderung, nach Aufhebung der bannenden Gewalt, der alle anderen schon zum Opfer gefallen sind. Ein Beispiel hierfür ist die Familie des Barnabas, dessen Eltern an ihren nutzlosen Bittgängen mit dem Ziel, Verzeihung für Amalias „Vergehen" zu erlangen, zugrunde gegangen sind. Eine andere Spiegelung der vom Schloß ausgehenden Gewalt sind die Schloßdiener, die sich im Dorf in ein „statt von den Gesetzen von ihren unersättlichen Trieben beherrschtes Volk" verwandeln.

Die Deutungen dieses letzten Romans Kafkas sind in besonderem Maße kontrovers. Das religiöse Verständnis des Schlosses als Sinnbild des Orts der Gnade steht in schroffem Gegensatz zu einer gesellschaftskritischen Interpretationsweise, die das Schloß als Sinnbild der Unterdrückung durch Abhängigkeit, ja ganz konkret als Ausdrucksform der kapitalistischen Gesellschaftsordnung deutet. Unter dieser Voraussetzung enthält der Roman einen „Hoffnungsschimmer", indem das Schloß zwar aus der Ferne als „frei und unbekümmert", aus der Nähe jedoch als hinfällig erscheint: „(...) der Anstrich war längst abgefallen und der Stein schien abzubröckeln."

Ein dritter Interpretationsansatz verzichtet hier wie bei Kafkas Erzählweise insgesamt auf eine wie auch immer geartete inhaltliche „Übersetzung" und betont statt dessen die Modernität der Erzählstruktur, die den Leser gleichsam in die Pflicht nimmt, sich „in den Text" zu begeben und dessen Lücken, labyrinthische Irrwege, Kreisbewegungen und Widersprüche als das präzise Abbild der Realität wahrzunehmen bzw. sich „aktiv" an der Durchdringung des die Protagonisten fesselnden Gespinstes zu beteiligen.

Georg Kaiser
*25.11.1878 in Magdeburg, †4.6.1945 in Ascona
Der Sohn eines Kaufmanns war nach einer Ausbildung im väterlichen Beruf in Buenos Aires tätig. Als Schriftsteller (ab 1905) wurde er zum meistgespielten Dramatiker des dt. Expressionismus. Von 1921 an lebte er in Grünheide bei Berlin. 1933 in Dtl. verfemt, emigrierte er 1938 in die Schweiz.
Ein zentrales Thema des rund 60 Dramen umfassenden Gesamtwerks Kaisers ist, im Zusammenhang mit der Hoffnung auf den „neuen Menschen", der Opfertod; er steht im Mittelpunkt des durch die gleichnamige Skulptur von Auguste Rodin angeregten historischen Dramas *Die Bürger von Calais* und am Ende des zeitgeschichtlichen Stücks *Das Floß der Medusa* mit einem Rettungsboot als Schauplatz, in dem sich 13 Kinder als Überlebende eines versenkten Schiffs befinden. Stilbildend für das expressionistische Theater wurden die drei zusammengehörigen Dramen *Die Koralle, Gas I* und *Gas II* mit den Themen: Vater-Sohn-Konflikt, Mensch und Maschine, Industriegesellschaft; die typisierende Gestaltungsweise führt im dritten Teil bis zur Reduzierung der Personen auf die beiden Gruppen der „Blaufiguren" und der „Gelbfiguren". Eine Sexualisierung des Judith-Stoffes bildet *Die jüd. Witwe*; als Ausdruck einer radikalen Liebesethik des Verzichts ist das blutige Traumspiel *Rosamunde Floris* zu betrachten. Als eindringliche Parabel des Protests gegen den Krieg im Namen der Menschenwürde gestaltete Kaiser in dem Drama *Die Lederköpfe* eine von Herodot überlieferte Anekdote; der Mythos von der Entführung Europas durch Zeus liegt *Europa* zugrunde.

Dramen: *Die jüd. Witwe. Biblische Komödie* (V 1911, U 1921), *Die Bürger von Calais* (V 1914, U 1917), *Europa* (V 1915, U 1920), *Von Morgens bis Mitternachts* (E 1912, V 1916, U 1917), *Die Koralle* (U, V 1917), *Gas I* (U, V 1918), *Der Brand im Opernhaus. Ein Nachtstück* (U 1918, V 1919), *Gas II* (U, V 1920), *Der gerettete Alkibiades* (U, V 1920), *Kolportage* (U, V 1924, Verf u. d. T. „Der Farmer aus Texas" bzw. „Der Tag der Vergeltung" Dtl. 1925 J. May), *Die Lederköpfe* (U, V 1928), *Rosamunde Floris* (E 1936/37, V 1940, U 1953, Vert 1960 Boris Blacher), *Das Floß der Medusa* (E 1940–1943, U 1945, Teil-V 1948, V 1963).

Hermann Kant
*14.6.1926 in Hamburg
Der Sohn eines Gärtners, ausgebildet als Elektriker, wurde kurz vor Kriegsende zur Wehrmacht eingezogen, 1949 aus poln. Kriegsgefangenschaft entlassen und in die „Arbeiter-und-Bauern-Fakultät" der Greifswalder Universität aufgenommen. 1952–1956 studierte er in Ost-Berlin Germanistik, anschließend war er als wissenschaftlicher Assistent tätig. Kant lebt als freier Schriftsteller in Ost-Berlin. Seit 1978 ist er Präsident des Schriftstellerverbands der DDR. Zu seinen Auszeichnungen gehören der Heinrich-Mann-Preis der DDR (1967) und der Nationalpreis der DDR (1983). Kennzeichnend für Kants schriftstellerisches Schaffen ist der Roman *Die Aula*: Der Auftrag, eine Rede anläßlich der Schließung der von ihm besuchten „Arbeiter-und-Bauern-Fakultät" zu halten, wird für den Journalisten Iswall zum Anlaß, die Anfangsjahre der DDR zu rekapitulieren; aus einer Vielzahl von Anekdoten ergibt sich eine insgesamt positive Bilanz.

Romane: *Die Aula* (1965), *Das Impressum* (1972), *Der Aufenthalt* (1977 Verf DDR 1983 Frank Beyer und Wolfgang Kohlhaase). – Erzählungen: Slg. *Ein bißchen Südsee* (1962), Slg. *Eine Übertretung* (1975), Slg. *Bronzezeit – Geschichten aus dem Leben des Buchhalters Farßmann* (1986). – Essays: Slg. *Unterlagen. Zu Literatur und Politik* (1982).

Hermann Kasack
*24. 7. 1896 in Potsdam, † 10. 1. 1966 in Stuttgart

Der Sohn eines Arztes war nach einem Germanistikstudium ab 1920 als Verlagslektor tätig (Kiepenheuer, S. Fischer, ab 1941 als Nachfolger ↑ Loerkes bei Suhrkamp). Von 1949 an lebte er als freier Schriftsteller in Stuttgart. 1953 bis 1963 war Kasack Präsident der Dt. Akademie für Sprache und Dichtung in Darmstadt.
Kasacks schriftstellerische Arbeit ging von ekstatisch gestimmter expressionistischer Lyrik aus; sein Drama *Vincent* (1924) ist dem Vorexpressionisten van Gogh gewidmet. Der 1941 aufgezeichnete *Totentraum* bildete die Keimzelle des Romans *Die Stadt hinter dem Strom* (Zs 1946, V 1947): Im Mittelpunkt steht der Archivar Lindhoff, der als Chronist in eine „dem Totenreich gleichgesetzte" Stadt berufen wird und hier miterlebt, wie die Verstorbenen ihr irdisches Treiben in einer seelenlosen, bürokratisierten Welt fortführen, bis sie sich von ihrem Lebenswillen gelöst haben. Der Roman mündet in die von Schopenhauer und der fernöstlichen Philosophie beeinflußte Kulturkritik am Individualismus.

Gedichtbände: *Der Mensch* (1918), *Die Insel* (1920), *Der Gesang des Jahres* (1921), *Das ewige Dasein* (1943), *Aus dem chines. Bilderbuch* (1955), *Wasserzeichen* (1964). – Romane: *Der Webstuhl* (1949), *Das große Netz* (1952). – Essays: Slg. *Das unbekannte Ziel* (1963).

Marie Luise Kaschnitz (eigtl. Freifrau von K.-Weinberg)
*31. 1. 1901 in Karlsruhe, † 10. 10. 1974 in Rom

Aus elsäss. Adel stammend und aufgewachsen in Potsdam und Berlin, erhielt Kaschnitz in Weimar und München eine Ausbildung im Buchhandel. 1925 heiratete sie den Wiener Archäologen Guido Freiherr von Kaschnitz-Weinberg, mit dem sie jeweils mehrere Jahre in Rom, Königsberg, Marburg a. d. L. und Frankfurt a. M. lebte sowie ausgedehnte Studienreisen im Mittelmeerraum unternahm. Von 1958 (Tod ihres Mannes) an lebte sie als freie Schriftstellerin in Frankfurt (1960 Dozentin für Poetik); sie starb während eines Rombesuchs. Zu ihren Auszeichnungen gehören der Büchner-Preis 1955 und die Roswitha-Gedenkmedaille der Stadt Bad Gandersheim (1973).
Als Lyrikerin gelangte Kaschnitz von der Gebundenheit an klassische Formen zu freirhythmischer Gestaltung, thematisch offen für die Gefährdungen des Menschen. Ein wesentliches Thema ist die Suche nach Partnerschaft, exemplarisch im Hörspiel *Wer fürchtet sich vorm schwarzen Mann?* (1958) über ein Kind, das durch sein hilfloses Klavierspiel seine Isolation aufzuheben versucht. Die tagebuchartigen Aufzeichnungen spiegeln die Teilnahme am zeitgeschichtlichen Geschehen bis hin zur Studentenbewegung; vom Wesen des (literarischen) Tagebuchs handelt der Vortrag *Gedächtnis, Zuchtrute, Kunstform* (1965).

Gedichtbände: *Gedichte* (1947), *Zukunftsmusik* (1950), *Ewige Stadt. Rom-Gedichte* (1952), *Neue Gedichte* (1957), *Dein Schweigen – meine Stimme. Gedichte 1958–1961* (1962), *Ein Wort weiter* (1965), *Überallnie. Ausgewählte Gedichte 1928–1965* (1965), *Kein Zauberspruch* (1972). – Romane: *Liebe beginnt* (1933), *Elissa* (1937). – Erzählungen: *Spätes Urteil. Dämmerung* (1930), Slg. *Das dicke Kind und andere Erzählungen* (1951), Slg. *Lange Schatten* (1960), Slg. *Ferngespräche* (1966), Slg. *Vogel Rock. Unheimliche Geschichten* (1969), Slg. *Eisbären* (1972). – Hörspiele: *Die fremde Stimme* (1952), *Das Gartenfest* (1964), Slg. *Gespräche im All* (1971). – Essays: Slg. *Menschen und Dinge* (1946), *Das Besondere der Frauendichtung* (1957), *Liebeslyrik heute* (1962), *Zwischen Immer und Nie. Gestalten und Themen der Dichtung* (1971). – Autobiographisches: *Das Haus der Kindheit* (1956), *Wohin denn ich* (1963), *Tage, Tage, Jahre* (1968), *Orte* (1973).

Erhart Kästner
*13.3.1904 in Augsburg, †3.2.1974 in Staufen bei Freiburg i. Br.
Der Sohn eines Gymnasialprofessors wuchs in Regensburg und Augsburg auf; nach Studium (Germanistik, Geschichte, Geographie, 1924–1927), Promotion und Bibliotheksvolontariat war er ab 1929 Bibliothekar in Dresden. Ab 1941 als psychologischer Gutachter Mitglied einer dt. Luftwaffeneinheit in Griechenland, gab ihm der Auftrag, für die Soldaten ein Buch über Griechenland zu schreiben, den (als „Ausstieg" aus dem Militärleben begrüßten) Anstoß zur schriftstellerischen Arbeit (*Griechenland*, 1942; Neufassung *Ölberge, Weinberge*, 1953). Von der engl. Kriegsgefangenschaft in Ägypten 1945–1947 handelt das tagebuchartige *Zeltbuch von Tumilad* (1949). Von 1950 an war Kästner Direktor der Herzog-August-Bibliothek in Wolfenbüttel. Die Begegnung mit der byzantin. Tradition Griechenlands (*Die Stundentrommel vom heiligen Berg Athos*, 1956) schilderte er unter dem Gesichtspunkt ihres heilsamen Gegensatzes zur Moderne.

Erich Kästner
*23.2.1899 in Dresden, †29.7.1974 in München
Der Sohn eines Sattlermeisters begann 1913 eine Lehrerausbildung, die er (nach Kriegsdienst und Lazarett) 1918 abschloß. 1919 begann er ein Studium der Germanistik, Theaterwissenschaft, Geschichte und Philosophie (Leipzig, Rostock, Berlin; 1925 Promotion zum Dr. phil.), 1922 erhielt er eine Anstellung als Redakteur im Verlag des „Leipziger Tagblatts", von 1927 an lebte er in Berlin (Mitarbeit u. a. bei der „Weltbühne"). 1928 erschienen Kästners erster Gedichtband *(Herz auf Taille)* und erstes Jugendbuch (*Emil und die Detektive*, Beginn der Zusammenarbeit mit dem Illustrator Walter Trier); hier wie dort erwies sich Kästner als (im einen Fall satirischer, im anderen Fall ermutigender) Anwalt der Vernunft. Mit dem Roman *Fabian* (1931) unternahm er den Versuch, „mit allen Mitteln", d. h. durch die Schilderung der Skala sittlicher Abartigkeiten, „in letzter Minute Gehör und Besinnung [zu] erzwingen". 1933 mit Publikationsverbot belegt (seine Bücher wurden verbrannt, 1934 und 1937 verhaftete ihn die Gestapo), veröffentlichte er bis zum Schreibverbot 1943 im Ausland; seine Autorenschaft am Drehbuch zum UFA-Jubiläumsfilm „Münchhausen" (1942) wurde durch ein Pseudonym verschleiert. In München gründete Kästner 1945 das Kabarett „Die Schaubude", 1946–1949 gab er die Jugendzeitschrift „Pinguin" heraus, 1951 gründete er das Kabarett „Die kleine Freiheit" (Slg. *Die kleine Freiheit. Chansons und Prosa*, 1952). 1958 engagierte er sich gegen die atomare Aufrüstung. Zu seinen Auszeichnungen gehört der Büchner-Preis 1957.

Gedichtbände: *Herz auf Taille* (1928), *Ein Mann gibt Auskunft* (1930), *Gesang zwischen den Stühlen* (1932), *Doktor Erich Kästners lyrische Hausapotheke* (1936), *Der tägliche Kram* (1948), *Kurz und bündig* (Epigramme, 1950), *Die dreizehn Monate* (1955). – Romane: *Fabian. Die Geschichte eines Moralisten* (1931, Verf B. D. 1978 Wolf Gremm). – Erzählungen: *Drei Männer im Schnee* (1934, Verf B. D. 1955 Kurt Hoffmann), *Georg und die Zwischenfälle* (1938, Neuauflage u. d. T. *Der kleine Grenzverkehr* 1949, Verf u. d. T. „Salzburger Geschichten" B. D. 1956 Kurt Hoffmann). – Jugendbücher: *Emil und die Detektive. Ein Roman für Kinder* (1928, Dramat 1930; Verf Dtl. 1930 G. Lamprecht, England 1931, Dtl. 1954 R. A. Stemmle, USA 1965), *Pünktchen und Anton* (1930, Dramat 1932), *Das fliegende Klassenzimmer* (1933, Verf B. D. 1954 Kurt Hoffmann), *Emil und die drei Zwillinge* (1934), *Das doppelte Lottchen* (1949, Verf B. D. 1950 Josef von Baky, Dramat 1952). – Dramen: *Die Schule der Diktatoren* (V 1956, U 1957). – Autobiographisches: *Als ich ein kleiner Junge war* (1957).

Gottfried Keller
*19.7.1819 in Zürich, † 15.7.1890 in Zürich

Im Revolutionsjahr 1848 erlebte der knapp 30jährige Heidelberger Student Keller unter dem Einfluß des Religionskritikers Ludwig Feuerbach eine weltanschauliche Wende: die Befreiung vom „Trugbild der Unsterblichkeit". Keller notierte: „Für mich ist die Hauptfrage die: Wird die Welt, wird das Leben prosaischer und gemeiner nach Feuerbach? Bis jetzt muß ich auf das bestimmteste antworten: Nein! Im Gegenteil, es wird alles klarer, strenger, aber auch glühender und sinnlicher." Die bedingungslose Weltoffenheit gehört zu den Grundlagen des „poetischen Realismus", der im „Humoristen" Keller seinen bedeutendsten Vertreter gefunden hat. Ausgehend von der (1851 in einem Brief geäußerten) Überzeugung, „daß kein Künstler mehr eine Zukunft hat, der nicht ganz und ausschließlich sterblicher Mensch sein will", bekannte Keller sich im Alter zum (wie es im *Abendlied* heißt) „goldnen Überfluß der Welt", deren Mittelpunkt der oft genug wunderliche und weltblinde Mensch bildet.

Der Sohn eines Drechslermeisters verlor als Fünfjähriger seinen Vater; die zweite Ehe der Mutter endete 1834 durch Scheidung. In demselben Jahr wurde Keller als angeblicher Rädelsführer eines Schülerprotests von der höheren Schule verwiesen, und es begann die „verfluchte Autodidakterei". Seine Ausbildung als Maler setzte er 1840 in München fort, kehrte jedoch 1842 als gescheiterte Existenz nach Zürich zurück. Seine Laufbahn als Schriftsteller begann er als Lyriker (1844 erschien sein Gedicht *Jesuitenzug*, 1846 die Slg. *Gedichte* mit dem Zyklus *Lebendig begraben*), ein Staatsstipendium ermöglichte ihm 1848 den Beginn eines Studiums in Heidelberg. Zur Hauptbeschäftigung wurde die Arbeit am 1846 begonnenen Roman *Der grüne Heinrich*, den Keller in Berlin (ab 1850) vollendete (V 1854/55). Zugleich entstand die erfolgreiche Slg. *Die Leute von Seldwyla* (1. Bd. 1856). Von 1855 an lebte Keller mit Mutter und Schwester in Zürich; als Erster Staatsschreiber übte er 1861–1876 ein hohes politisches Amt aus (1869 Ehrendoktor der Universität). In seinen Erzählungen wandte er sich zunehmend historischen Stoffen zu *(Züricher Novellen)*, die bis in die Zeit des Frühchristentums zurückreichen (*Sieben Legenden*), eine ironisch-heitere Neubearbeitung der 1804 erschienenen Slg. von Kosegarten); die wirtschaftliche, politische und moralische Krise der „Gründerzeit" ist Thema des Zeitromans *Martin Salander*. Im Unterschied zur kritischen Einstellung gegenüber ↑Gotthelf und ↑Meyer verband Keller enge Freundschaft mit ↑Heyse sowie in den letzten Lebensjahren mit dem Maler Arnold Böcklin; zu seinen Briefpartnern gehörte ↑Storm.

Gedichtbände: *Gedichte* (1846), *Neuere Gedichte* (1851), *Gesammelte Gedichte* (1883). – Romane: *Der grüne Heinrich* (E ab 1846, 1. Fassung V 1854/55, 2. Fassung V 1879/80), *Martin Salander* (Fragment, 1886). – Erzählungen: Slg. *Die Leute von Seldwyla* (E ab 1851, 1. Bd. 1856: *Pankraz der Schmoller; Romeo und Julia auf dem Dorfe*, Vert 1907 Frederick Delius, Verf Frankr. 1940, Schweiz 1941, Dtl. u.d.T. „Jugendliebe" 1944 Eduard von Borsody; *Frau Regel Amrain und ihr Jüngster; Die drei gerechten Kammacher; Spiegel das Kätzchen*; 2. Bd. 1873/74: *Kleider machen Leute*, Verf Dtl. 1940 Helmut Käutner, B. D. 1963 Paul Verhoeven; *Der Schmied seines Glückes*, Verf B. D. 1964 Claus Peter Witt; *Die mißbrauchten Liebesbriefe*, Verf Schweiz 1940 Leopold Lindtberg; *Dietegen; Das verlorene Lachen*), *Das Fähnlein der sieben Aufrechten* (1861, Verf Dtl. 1934 Frank Wisbar), Slg. *Sieben Legenden* (1872, u.a. *Das Tanzlegendchen*), Slg. *Züricher Novellen* (Zs 1876/77, V 1878, u.a. *Der Landvogt von Greifensee*, Verf Schweiz 1978 Wilfried Bolliger), *Das Sinngedicht* (E ab 1851, V 1881: *Von einer törichten Jungfrau; Regine*, Verf B. D. 1955 Harald Braun; *Die arme Baronin; Die Geisterseher; Don Correa; Die Berlocken*).

Der grüne Heinrich. Roman, E ab 1846, 1. Fassung V 1854/55, 2. Fassung V 1879/80.

Der hinsichtlich der Kindheits- und Jugendgeschichte des Titelhelden weitgehend autobiographische Roman handelt von Heinrich Lee, der in seiner Jugend aufgrund der aus Uniformstücken des verstorbenen Vaters geschneiderten grünen Jacken den Spitznamen „grüner Heinrich" erhalten hat.

Nach dem frühen Verlust des Vaters wächst Heinrich in der Obhut der Mutter auf. Die Schilderung der häuslichen religiösen Erziehung gewinnt durch die Erzählung *Das Meretlein* (fingierte Auszüge aus dem „Diarium" eines Pfarrers, dem ein Mädchen mit „Abneigung gegen Gebet und Gottesdienst jeder Art" zur „Heilung" anvertraut wurde) eine kulturgeschichtliche Dimension.

Kellers Schulschicksal spiegelt sich in Heinrichs Verweisung von der Schule, der die Ausbildung als Maler und das Scheitern des angehenden Künstlers in der „großen Hauptstadt" folgen. Von der Rückkehr in die Heimatstadt an besitzt die Handlung fiktiven Charakter: Heinrich gelangt in das Schloß eines Grafen, der sich als Sammler seiner frühen Studien erweist und durch einen Gemäldeauftrag Heinrich das Bewußtsein vermittelt, als Maler immerhin „mit Ehren bestehen" zu können. Endlich zu Hause angelangt, bricht Heinrich unter dem Eindruck des Tods seiner Mutter zusammen und findet selbst den Tod (1. Fassung).

Kennzeichnend für Heinrichs Unzulänglichkeit ist seine schwankende Zuneigung einerseits zur zarten Anna, andererseits zur vitalen jungen Witwe Judith. Beiden begegnet er im Dorf seines Onkels, in dem er sich nach dem Abbruch seiner Schulausbildung aufhält; hier nimmt er gemeinsam mit Anna an einer Laienaufführung von †Schillers „Wilhelm Tell" teil. Während Anna das geistige Element der Liebe vertritt, verkörpert Judith kreatürliche, mit mythologischen Motiven (Venus) assoziierte Sinnlichkeit, der Heinrich sich jedoch als an Anna gebunden nicht hinzugeben vermag.

Zu Heinrichs (und Kellers) literarischen Bildungserlebnissen gehören die Werke †Jean Pauls und †Goethes. Kellers Auseinandersetzung mit der Romantik spiegelt sich in Heinrichs „Heimatsträumen", die durch den Bericht eines Landsmannes über das kummervolle Warten der Mutter auf die Rückkehr des Sohnes ausgelöst werden: Die „Traumarbeit" führt nicht in eine höhere Wirklichkeit, sondern reflektiert die Realität in vom Schuldgefühl durchdrungener Gestaltung. Insofern dienen die „Heimatsträume" durch ihre psychologische Plausibilität der Demonstration einer auch im Phantastischen sich behauptenden Realistik.

Die Neufassung betraf die Herstellung eines linearen Erzählverlaufs im Unterschied zur Einfügung der Kindheits- und Jugendgeschichte als „Rückblende" in die Schilderung der Studienzeit in München (Erstfassung). Gemildert wurden die „Nuditäten" (Keller) im Zusammenhang mit der Judith-Gestalt, die neue Gestalt der als Arbeiterin tätigen Näherin Hulda erweiterte das soziale Spektrum. Vor allem aber änderte Keller den Schluß des Romans: Heinrich bleibt am Leben (entsprechend ist in der Zweitfassung nicht nur die Kindheits- und Jugendgeschichte, sondern der gesamte Roman als Ich-Erzählung gestaltet), trifft erneut mit der nach Amerika ausgewanderten und nun zurückgekehrten Judith zusammen und bleibt mit ihr – wenn auch im Zeichen der Entsagung – bis an ihr Lebensende in Verbindung.

Als Bildungs- und Entwicklungsroman zwangsläufig an Goethes „Wilhelm Meister" orientiert, spiegelt *Der grüne Heinrich* nicht nur die gewandelten gesellschaftlichen Voraussetzungen, unter denen „ein talent- und lebensfroher junger Mensch (...) in die Welt hinauszieht, um sich ein künftiges Lebensglück zu begründen" (Keller 1850 im Brief an den Verleger Vieweg), sondern bildet durch seine spezifische Verbindung von „Dichtung und Wahrheit" ein Hauptwerk realistischer Menschen- und Zeitdarstellung.

Die Leute von Seldwyla. Slg. von 10 Erzählungen, E ab 1851, 1. Bd. V 1856, 2. Bd. bzw. erweiterte Neuausgabe (2 Bde.) V 1873/74.

Seldwyla, so erläutert die Vorrede, „bedeutet nach der älteren Sprache einen wonnigen Ort, und so ist auch in der Tat die kleine Stadt dieses Namens gelegen irgendwo in der Schweiz". Die Bewohner der Stadt halten „die Gemütlichkeit für ihre besondere Kunst", leisten in der Regel im Ausland weit mehr als zu Hause, sind politisch stets in Opposition zur jeweils herrschenden Ordnung und bekommen hin und wieder „als Beruhigungsmittel eine Untersuchungskommission auf den Hals". Allerdings ist nicht Seldwyla als solches das Thema der Erzählungen; vielmehr schildern sie „Abfällsel, die so zwischendurch passierten, gewissermaßen ausnahmsweise, und doch auch gerade nur zu Seldwyla vor sich gehen konnten".

Pankraz der Schmoller erzählt von einem aus Indien zurückgekehrten Seldwyler, der sich als Kolonialsoldat in ein ausnehmend schönes Mädchen verliebt hat und sein romantisches Phantasiegebilde auch dann nicht aufzugeben vermag, als er die Geistlosigkeit und Eitelkeit der Verehrten erkennt; erst die Bedrohung durch einen Löwen heilt ihn von seinem Realitäts- und zugleich Selbstverlust.

Romeo und Julia auf dem Dorfe beruht auf einer tatsächlichen Begebenheit: dem Freitod zweier Jugendlicher, deren Väter sich verfeindet hatten. In Kellers Gestaltung gewinnt der aus nichtigem Anlaß entstandene, mit Hilfe der Seldwyler Advokaten geführte Kampf zwischen zwei Bauern den Charakter einer das Genre der „Dorfgeschichte" sprengenden Tragödie menschlicher Starrheit, der das Lebensglück der Kinder zwangsläufig zum Opfer fällt. Da ihnen die Väter den „guten Grund und Boden" der Ehe entzogen haben, gehen Sali und Vrenchen gemeinsam in den Tod.

Frau Regel Amrain und ihr Jüngster zeichnet das pädagogische Musterbild einer Mutter, deren Sohn sich zum aufrechten Demokraten entwickelt.

Die drei gerechten Kammacher sind eine Satire auf den wirtschaftlichen Konkurrenzkampf, gipfelnd im Wettlauf der Anwärter auf ein Kammachergeschäft und die Hand Züs Bünzlins, eines Ausbunds an phrasenhafter Tugendhaftigkeit.

Spiegel das Kätzchen karikiert in Form eines Märchens (sprechende Tiere, Hexenmeister und Hexe) blindes Besitzstreben.

Kleider machen Leute handelt vom arbeitslosen Schneidergesellen Wenzel Strapinski, der als inkognito reisender Graf gilt und Nettchens Liebe gewinnt; ein satirisches Enthüllungsspiel droht den romantischen Betrüger wider Willen zu vernichten, doch gelingt es Nettchen, sich über den inhumanen Wertmaßstab von „Ehre" und „Schande" hinwegzusetzen.

Der Schmied seines Glückes ist der Seldwyler Müßiggänger Johannes Kabis bzw. John Kabys, der seine planmäßig entwickelte glänzende Zukunft selbst wieder zunichte macht und schließlich zu einem tüchtigen Nagelschmied wird.

Die mißbrauchten Liebesbriefe parodieren ein dienstfertiges, von Konkurrenzhand geprägtes Literatentum der leeren Worte.

Dietegen schildert eine Liebesgeschichte als Beispiel für die Überwindung krisenhafter Lebenssituationen durch Güte und unverstellte Empfindung.

Das verlorene Lachen gibt Verstörungen im Privaten als Widerspiegelung gesellschaftlicher Unzulänglichkeiten, vor allem der Entfremdung zwischen dem Volk und seinen politischen Institutionen, zu erkennen.

In jeweils unterschiedlicher Ausprägung gestalten die 10 Erzählungen das menschliche Treiben im gesellschaftlichen Zusammenhang, dessen labilen Zustand das „Modell" Seldwyla verdeutlicht. Der zumeist vorherrschende humoristische Zugriff Kellers dient der Vermittlung zwischen den beiden im Doppelbegriff des „poetischen Realismus" zusammengefügten Gestaltungstendenzen, ohne eine entlastende Versöhnung zu stiften.

Züricher Novellen. Slg. von Erzählungen, Zs 1876/77, V 1878.
Zugrunde liegt der Plan einer im Mittelalter einsetzenden Folge kulturgeschichtlicher Erzählungen im Sinne einer Entwicklungsgeschichte Zürichs. Keller begnügte sich schließlich damit, 3 Erzählungen (*Hadlaub* über den gleichnamigen epigonalen Minnesänger, *Der Narr auf Manegg* und *Der Landgraf von Greifensee*) durch eine Rahmenhandlung zu verbinden: Die Erzählungen dienen dem Paten des von der Originalitätssucht geplagten Herrn Jacques als Beispiele für wahre Größe. Der 2. Bd. enthält *Ursula* und *Das Fähnlein der sieben Aufrechten* (Idealbild republikanischer Tugenden anhand der Schilderung eines Schützenfestes, wobei die Überwindung der Engherzigkeit von zwei Vätern zugleich der Erfüllung des Liebesglücks ihrer Kinder dient; V 1861 in ↑Auerbachs „Volkskalender").
Die herausragende Erzählung handelt von Salomon Landolt, dem „Landvogt von Greifensee". Sie gliedert sich in eine Rahmenhandlung (die Wiederbegegnung mit seiner Jugendliebe Salome veranlaßt Landolt, diese wie ihre vier Nachfolgerinnen zu einem gemeinsamen Fest einzuladen) und 5 Binnenerzählungen, die von den einzelnen Liebesabenteuern des jungen Landolt berichten. Wie Keller, so mußte auch Landolt das Scheitern aller Bemühungen um eine Ehe hinnehmen; eine zweite Gemeinsamkeit besteht in dem Streben nach mustergültiger Ausübung eines öffentlichen Amtes (bei Landolt die Verwaltung seiner Stelle als Landvogt). Das zentrale Thema bildet eine aus der Überwindung von Enttäuschungen hervorgegangene Daseinsfreude. Zum kulturgeschichtlichen Kolorit (bürgerliches Rokoko des 18. Jh.s) gehört die Szene eines Besuchs bei ↑Geßner, an dem auch ↑Bodmer teilnimmt, sich „in lauter Melancholie dem Andenken an jene trüben Erfahrungen" hingebend, die ihm die „seraphischen Jünglinge" ↑Klopstock und ↑Wieland während ihrer Aufenthalte in Zürich bereitet hatten.

Das Sinngedicht. Novellenzyklus, E ab 1851, V 1881.
Der in einsamem Experimentieren befangene Naturforscher Reinhart verläßt seine Studierstube, um dem Leben neu zu begegnen. Allerdings verfolgt er auch hierbei ein Experiment: Er versucht, ein Epigramm (Sinngedicht) ↑Logaus („Wie willst du weiße Lilien zu roten Rosen machen? / Küß eine weiße Galatee: sie wird errötend lachen") in der Wirklichkeit zu erproben.
Der Erfolg bleibt zunächst aus – eine Zöllnerstochter lacht beim Kuß, ohne zu erröten, eine Pfarrerstochter errötet, ohne zu lachen. Die ebenso schöne wie gebildete Lucie verweigert sich dem Experiment.
Statt dessen entwickelt sich ein geselliges Beisammensein, an dem auch Lucies Onkel teilnimmt. Die von Reinhart (*Regine, Die arme Baronin, Don Correa*), Lucie (*Von einer törichten Jungfrau, Die Berlocken*) und dem Onkel (*Die Geisterseher*) vorgetragenen Geschichten reflektieren das Grundthema von Schein und Sein, Vorstellungswelt und konkreter Wirklichkeit. So unternimmt etwa in *Regine* ein reicher Amerikaner den Versuch, sein Dienstmädchen zu seiner Ehegattin heranzubilden; in *Don Correa* verkleidet sich ein portugies. Admiral als armer Edelmann, um die Liebe der von ihm begehrten Frau kraft seiner Persönlichkeit zu gewinnen; in *Die Berlocken* verliert ein frz. Frauenheld eine aus Andenken an seine Geliebten zusammengefügte Kette an eine Indianerin.
Die Funktion des ausschweifenden Fabulierens wird von Reinhart mit dem Satz kommentiert und zugleich kritisiert: „Wenn man immer in Bildern und Gleichnissen spricht, so versteht man die Wirklichkeit zuletzt nicht mehr und wird unhöflich." Indem es dem Paar schließlich gelingt, unverstellt von sich selbst zu sprechen, kann das Logausche Sinngedicht Wirklichkeit werden und in ein Ehebündnis münden. In diesem vereinigen sich Sitte (in der Bildsprache des Sinngedichts das Erröten) und Sinnlichkeit (Lachen).

Walter Kempowski
*29. 4. 1929 in Rostock

Der Sohn eines Reeders, im Krieg Flakhelfer und danach in Wiesbaden Mitglied einer Arbeiterkompanie der Amerikaner, wurde 1948 nach seiner Rückkehr nach Rostock wegen angeblicher Spionage zu 25 Jahren Zuchthaus verurteilt und 1956 amnestiert (Haftbericht *Im Block*, 1969). Als Schriftsteller erarbeitete Kempowski eine „Dt. Chronik" in Form einer autobiographischen, materialreich fundierten Familiengeschichte als Spiegel der Zeitgeschichte. 1971 erschien der Roman *Tadellöser & Wolff* (Schilderung des bürgerlichen Familienlebens im Dritten Reich), an den sich als Vor- und als Nachgeschichte die weiteren Romane anfügen: *Aus großer Zeit* (1978) und *Schöne Aussicht* (1981) sowie *Ein Kapitel für sich* (1975) und *Uns geht's ja noch gold* (1971). Als Hörspielautor (u. a. *Moin Vaddr läbt*, 1980) wurde Kempowski 1981 mit dem Hörspielpreis der Kriegsblinden ausgezeichnet. Der Reformpädagoge (Kritik an technokratischer Didaktik) kommt im Porträt eines „altmodischen" Lehrers *Unser Herr Böckelmann* (1979) und im Unterrichtswerk *Kempowskis Einfache Fibel* (1980) zur Geltung.

Justinus Kerner
*18. 9. 1786 in Ludwigsburg, †21. 2. 1862 in Weinsberg (Lkr. Heilbronn)

Im Anschluß an ein Medizinstudium in Tübingen (1805 Beginn der lebenslangen Freundschaft mit ↑ Uhland) reiste Kerner 1809/10 nach Hamburg, Berlin, Wien und Prag; seine als „Schattenbilder" gestalteten Eindrücke enthält das Erstlingswerk *Reiseschatten* (1811, u. a. satirische Angriffe auf die als „Plattisten" auftretenden Gegner der Romantiker). Populär wurden Lieder Kerners wie das 1807 entstandene *Wanderlied* („Wohlauf! noch getrunken / Den funkelnden Wein!"). Von 1819 an lebte er als Oberamtsarzt in Weinsberg; das „Kernerhaus" wurde zum geselligen Mittelpunkt der „Schwäb. Dichterschule". 1826–1828 pflegte Kerner die Somnambule Friederike Hauffe aus dem Dorf Prevorst (Oberamt Marbach a. N.); seine Beobachtungen veröffentlichte er 1829 in der okkultistischen Abhandlung *Die Seherin von Prevorst. Eröffnungen über das innere Leben des Menschen und über das Hereinragen einer Geisterwelt in die unsere.*

Irmgard Keun
*6. 2. 1910 in Berlin, †5. 5. 1982 in Köln

Aus einer großbürgerlichen Familie stammend, war Keun 1926 vorübergehend beim Theater tätig und begann zugleich zu schreiben. Dem Roman *Gilgi – eine von uns* (1931) folgte mit *Das kunstseidene Mädchen* (1932) die rückhaltlose, kaleidoskopartig gestaltete Schilderung der gesellschaftlichen Krise der späten 20er Jahre: Der Weg der Ich-Erzählerin Doris führt aus der Provinz in das Elend der „glanzvollen" Weltstadt Berlin. Nach einer Schadensersatzklage anläßlich der Beschlagnahmung ihrer Bücher (1933) von der Gestapo verhört, emigrierte Keun 1935 nach Belgien. Der Roman *Nach Mitternacht* (1937) schildert die ersten Jahre nationalsozialistischer Herrschaft. Das Zusammenleben mit ↑ Roth 1936–1938 spiegelt der Roman *Kind aller Länder* (1938). Nach einem USA-Aufenthalt lebte sie ab 1940 unter falschem Namen in Dtl.; 1947 erschienen ihre *Bilder und Gedichte aus der Emigration*, 1954 die Satiren *Wenn wir alle gut wären*. Nach Jahrzehnten der Isolation der Autorin wurden ihre Werke seit 1979 wieder verbreitet; 1981 erhielt sie den Marieluise-Fleißer-Preis der Stadt Ingolstadt.

Heinar Kipphardt
*8.3.1922 in Heidersdorf (Schlesien), † 18.11.1982 in Angelsbruck (Bayern)
Nach einem Psychiatriestudium war Kipphardt an mehreren Kliniken tätig, zuletzt in Ost-Berlin. Hier wurde er 1950 Chefdramaturg des Dt. Theaters. 1953 brachte er sein Erfolgsstück *Shakespeare dringend gesucht* auf die Bühne, eine Satire auf die Mittelmäßigkeit der dramatischen Produktion. Zunehmende Formalismus-Kritik veranlaßte ihn 1959 zur Übersiedlung in die B.D.; von 1960 an lebte er in München, ab 1972 in Angelsbruck. Sein Vertrag als Chefdramaturg der Münchner Kammerspiele (ab 1969) wurde 1971 nicht verlängert. Zu seinen Auszeichnungen gehören der Nationalpreis der DDR 1953, mehrere Fernsehpreise (die Mehrzahl seiner Dramen liegt auch als Fernsehspiel vor) und der Bremer Literaturpreis 1977.

Im Mittelpunkt von zwei Dramen Kipphardts steht Eichmann als der bürokratische Verwalter der Judenvernichtung: *Joel Brand. Die Geschichte eines Geschäfts* handelt von Eichmanns Angebot an die Alliierten, 1 Million Juden gegen 10 000 Lastwagen freizugeben. *Bruder Eichmann* (vgl. T. † Manns Essay „Bruder Hitler") verwertet Material des Eichmann-Prozesses; aktualisierende Analogieszenen (bei der Erstinszenierung stark reduziert) handeln von gegenwärtigem Fremdenhaß oder militärischen Planspielen auf dem atomaren Schlachtfeld Europa. Während Eichmann in Kipphardts Gestaltung totale Anpassung verkörpert, vertritt die Roman- und Dramenfigur des schizophrenen Dichters März die Verweigerung.

Gedichtbände: *Mitten in diesem Jahrhundert* (1950), *Angelsbrucker Notizen* (1977, mit Zeichnungen von HAP Grieshaber). – Romane: *März* (1976, Verf u. d. T. *Leben des schizophrenen Dichters Alexander März* B.D. 1975, Dramat u. d. T. *März, ein Künstlerleben* U, V 1980). – Erzählungen: *„Fremd stirbt ein junger Bruder". Späte Erkenntnis* (1951), Slg. *Die Ganovenfresse* (1964), Slg. *Der Mann des Tages und andere Erzählungen* (1977). – Dramen: *Shakespeare dringend gesucht* (U 1953, V 1954), *Der Aufstieg des Alois Piontek* (U, V 1956), *Die Stühle des Herrn Szmil* (U 1961, V 1973, Verf B.D. 1979), *Der Hund des Generals* (U 1962, Verf B.D. 1964, V 1973), *Joel Brand. Die Geschichte eines Geschäfts* (Verf u. d. T. *Die Geschichte von Joel Brand* B.D. 1964, U, V 1965), *Die Nacht in der der Chef geschlachtet wurde* (U 1967, V 1974, Verf B.D. 1979), *Sedanfeier. Montage aus Materialien des 70er Krieges* (U 1970, V 1974), *Bruder Eichmann* (E ab 1965, U, V 1983). – Autobiographisches: *Traumprotokolle* (1981).

In der Sache J. Robert Oppenheimer.
Drama, E 1962/63, Verf B.D. 1963, U, V 1964, Neufassung („Hamburger Fassung") 1977.

In der Form des Dokumentarspiels rekonstruiert das Stück das Verhör Oppenheimers (Leiter des amerikan. Entwicklungsprogramms der Atombombe) im Jahr 1954, nachdem Zweifel an seiner Loyalität aufgekommen waren. Während der Tag für Tag andauernden Befragung treten bei dem Wissenschaftler, dem u. a. vorgeworfen wird, den Bau der H-Bombe absichtlich verzögert zu haben, tatsächlich die ihm unterstellten Zweifel ein bzw. treten ins Bewußtsein bis hin zu der Frage, „ob wir den Geist der Wissenschaft nicht wirklich verraten haben, als wir unsere Forschungsergebnisse den Militärs überließen, ohne an die Folgen zu denken" (Schlußwort des Bühnen-Oppenheimer, gegen das sich der reale Oppenheimer verwahrte).

Kipphardt berief sich hinsichtlich seines freien Umgangs mit dem dokumentarischen Material auf die Verpflichtung des Künstlers, eine „neue Qualität von Dokumenten" zu schaffen, „die auf verkürzte Art und Weise Sinn und Zweck der Begebenheit enthält". Die Neufassung betont die Thematik der Gesinnungsschnüffelei unter der Perspektive: „Im Atomstaat steckt der Überwachungsstaat" (Programmheft-Notiz zur Hamburger Inszenierung 1977).

Sarah Kirsch (geb. Bernstein)
*16.4.1935 in Limlingerode (Südharz)

Die Tochter eines Fernmeldetechnikers studierte in Halle Biologie und gehörte 1963–1965 in Leipzig mit ihrem Mann Rainer Kirsch (*17.7.1934 in Döbeln [Sachsen], Eheschließung 1958) dem Institut für Literatur „Johannes R. Becher" an. Anschließend lebte das Ehepaar in Halle (1965 gemeinsame Auszeichnung mit dem Kunstpreis der Stadt Halle für den Gedichtband *Gespräch mit dem Saurier*). Nach ihrer Scheidung ließ sich Sarah Kirsch 1968 in Ost-Berlin nieder, 1976 gehörte sie zu den Unterzeichnern des Protests gegen die Ausbürgerung ↑Biermanns (Ausschluß aus der SED), 1977 durfte sie nach West-Berlin übersiedeln, seit 1983 lebt sie in Tielenhemme (Schleswig-Holstein). Zu ihren Auszeichnungen gehören der Heine-Preis der DDR 1973, der Österreich. Staatspreis für Literatur 1981, die Roswitha-Gedenkmedaille der Stadt Bad Gandersheim 1983 und der Bad Homburger Hölderlin-Preis 1984.

Die zumeist herbe Bildsprache der Lyrikerin Kirsch steigert alltägliche Wahrnehmungen, persönliche Erfahrungen und Natureindrücke zum Ausdruck der Suche nach Orientierung im menschlichen Zusammenleben: „Am Anfang war meine Natur sorglos und fröhlich / Aber was ich gesehen habe zog mir den Mund / In Richtung der Füße." Literaturgeschichtliche Bezugspersonen sind B. v. ↑Arnim („[...] Immer / Sind wir allein, wenn wir den Königen schreiben / Denen des Herzens und jenen / des Staats. [...]") und ↑Droste-Hülshoff. Zu den neueren Arbeiten gehören (mitunter auf einen Satz reduzierte) Prosagedichte mit tagebuchartigem Charakter (Slg. *La Pagerie* unter dem Eindruck eines Aufenthalts in Südfrankreich). 1981 erschienen 15 Lieder für Mezzosopran und Klavier von Wolfgang von Schweinitz nach Gedichten von Sarah Kirsch („Papiersterne").

Gedichtbände: *Landaufenthalt* (1967), *Zaubersprüche* (1973), *Es war dieser merkwürdige Sommer* (1974), *Rückenwind* (1976), *Drachensteigen* (1979), *Erdreich* (1982), *Katzenleben* (1984). – Erzählungen: Slg. *Die Pantherfrau. 5 unfrisierte Erzählungen aus dem Kassetten-Recorder* (1973), Slg. *Die ungeheuren berghohen Wellen auf See* (1973).

Egon Erwin Kisch
*29.4.1885 in Prag, †31.3.1948 in Prag

Der Sohn eines jüd. Kaufmanns wandte sich nach einem Studium an der Prager TH 1904 dem Journalismus zu (1912 Slg. *Aus Prager Gassen und Nächten*, 1913 Slg. *Prager Kinder*). Nach Kriegsteilnahme und Leitung der „Roten Garde" in Wien (1918) ließ er sich in Berlin nieder. Ausgehend von der Überwindung des distanzierten Berichts, gelangte er zu packender Unmittelbarkeit im Sinne der „Neuen Sachlichkeit", verbunden mit kultur- und sozialkritischer Analyse zeittypischer Schauplätze vom Sportpalast oder von der „Waggonvilla" einer Arbeiterfamilie bis zum Weimarer „Naturschutzpark der Geistigkeit". „Nichts ist verblüffender", so lautete seine Arbeitsmaxime, „als die einfache Wahrheit, (...) nichts ist phantasievoller als die Sachlichkeit." 1925 erschien die Slg. *Der rasende Reporter*, 1926 die Slg. *Hetzjagd durch die Zeit*. Reisen führten ihn in die UdSSR (*Zaren, Popen, Bolschewiken*, 1927), nach Afrika, in die USA (*Paradies Amerika*, 1930) und nach China (*China geheim*, 1933). In der Emigration (1933 Verhaftung und Abschiebung nach tschech. Protest) erschien die Slg. *Abenteuer in 5 Kontinenten* (1936). Nach seiner Teilnahme am Span. Bürgerkrieg lebte Kisch ab 1940 in Mexiko (*Entdeckungen in Mexiko*, 1945) und kehrte 1946 nach Prag zurück.

Heinrich von Kleist
*18.10.1777 in Frankfurt a. d. O., †21.11.1811 am Wannsee bei Potsdam

„Warum, dachte ich, sinkt wohl das Gewölbe nicht ein, da es doch keine Stütze hat? Es steht, antwortete ich, weil alle Steine auf einmal einstürzen wollen – und ich zog aus diesem Gedanken einen unbeschreiblichen erquickenden Trost, (...) daß auch ich mich halten würde, wenn alles mich sinken läßt." Dieses „Bogengleichnis" aus einem Brief (November 1800), aufgenommen in *Penthesilea* („Steh, stehe fest, wie das Gewölbe steht, / Weil seiner Blöcke jeder stürzen will!"), vergegenständlicht eine Grundsituation in Kleists Leben und Werk: das Bewußtsein vom stets drohenden „Einsturz", vom Scheitern, als zugleich unabdingbarer Voraussetzung für den „Halt" der menschlichen Existenz. Es handelt sich um ein zutiefst „dramatisches" Weltbild, das aus dem Raum von Klassik und Romantik in die Moderne vorausweist.

Der Sohn eines Kompaniechefs aus altem preuß. Adel und Großneffe des Dichters Ewald von Kleist (1715–1759) erhielt seine Erziehung nach dem Tod des Vaters (1788) in Berlin. 1792 trat er, der Familientradition folgend, in den Militärdienst ein (Potsdamer Regiment Garde Nr. 15), im folgenden Jahr nahm er (wie ↑ Goethe) an der Belagerung von Mainz teil; von 1795 an verrichtete er seinen Dienst wieder in Potsdam, zugleich widmete er sich mathematischen Studien sowie der Musik (Klarinettenquartett mit Freunden).

Nach dem ihm bewilligten Abschied begann Kleist in seiner Heimatstadt ein Studium (Physik, Mathematik, Kulturgeschichte, Latein und Naturrecht). Anfang 1800 verlobte er sich mit Wilhelmine von Zenge (Entlobung 1802), im Sommer führte ihn eine rätselhafte Reise über Dresden nach Würzburg, Ende des Jahres entschied er sich für das „schriftstellerische Fach" und bereitete sich auf den Staatsdienst (Fabrikwesen) vor. Nach der sog. Kant-Krise (Relativität aller Erkenntnis, Zweifel am Wissen als höchster Erfüllung des Menschen) reiste Kleist 1801 mit seiner Halbschwester Ulrike nach Paris und allein weiter in die Schweiz, wo er sich bis Oktober 1802 aufhielt: Arbeit an den Dramen *Robert Guiskard* und *Der zerbrochne Krug*, Einsiedelei auf der Delosea-Insel im Thuner See, schwere Erkrankung. Ende 1802 hielt er sich in Weimar auf, bis Februar 1803 war er in Oßmannstedt der Gast ↑ Wielands. Anonym erschien das Drama *Die Familie Schroffenstein* (U 1804). Nach einer Schweiz- und Italienreise verbrannte Kleist im Oktober 1803 in Paris das *Robert-Guiskard*-Manuskript („Die Hölle gab mir meine halben Talente", schrieb er an Ulrike) und versuchte, in frz. Kriegsdienst zu treten, wurde jedoch nach Preußen zurückgeschickt.

1804 bemühte sich Kleist um Eintritt in den preuß. Staatsdienst; Beginn der Arbeit an *Michael Kohlhaas*. 1805/06 war er in Königsberg Mitglied der Domänenkammer und widmete sich neben der staatswissenschaftlichen Ausbildung der literarischen Tätigkeit. Nach dem Zusammenbruch Preußens Anfang 1807 in Berlin als angeblicher Spion verhaftet, befand er sich bis Mitte Juli in frz. Gefangenschaft. Ende des Jahres gründete er in Dresden mit Adam Müller die Zeitschrift „Phöbus", die nach 12 Heften (Anfang 1808–Anfang 1809) ihr Erscheinen einstellen mußte. Von Kleist enthielt sie u.a. das mit Entrüstung aufgenommene „organische Fragment" aus *Penthesilea*, nach der erfolglosen Weimarer Uraufführung der Komödie *Der zerbrochne Krug* dessen Teil-V, ferner *Das Käthchen von Heilbronn* (U 1810).

1809 setzte sich Kleist für eine preuß. Teilnahme an der österreich. Erhebung gegen Napoleon ein (*Was gilt es in diesem Kriege?*, *Katechismus der Deutschen*,

Plan der Zeitschrift „Germania") und reiste zu den Kriegsschauplätzen; es verbreitete sich das Gerücht vom Tod Kleists in einem Prager Spital.
Vom 1. Oktober 1810 an erschienen Kleists „Berliner Abendblätter", ein neuartiges publizistisches Unternehmen mit zunächst breiter Popularität, das um so mehr unter Zensur- und sonstigen Behördenmaßnahmen zu leiden hatte und Ende März 1811 sein Ende fand; zu den Mitarbeitern gehörten A. v. ↑Arnim und ↑Brentano, ein Großteil der Beiträge stammte von Kleist (u. a. die *Anekdoten*). Die Slg. *Erzählungen* erschien 1810/11 (2 Bde.). Die erhoffte Wirkung des Preußendramas *Prinz Friedrich von Homburg* bei Hofe (Widmungsexemplar 1811) blieb aus, Bemühungen um den erneuten Eintritt in den Staatsdienst waren erfolglos. Gemeinsam mit der schwermütigen Henriette Vogel nahm sich Kleist am Wannsee das Leben. Die nachgelassenen Werke gab 1821 ↑Tieck heraus.

Erzählungen: *Das Erdbeben in Chili* (V 1807), *Die Marquise von O . . .* (V 1808, Dramat 1933 ↑Bruckner, Vert u. d. T. „Julietta" 1959 Hans Werner Henze, Verf B. D./Frankr. 1975 Eric Rohmer), *Michael Kohlhaas* (E ab 1804, Teil-V 1808, V 1810, Dramat u. a. 1929 ↑Bronnen, Vert 1933 P. von Klenau, Verf u. d. T. „Michael Kohlhaas – Der Rebell" B. D. 1968/69 Volker Schlöndorff), *Das Bettelweib von Locarno* (V 1810), *Die hl. Cäcilie oder Die Gewalt der Musik* (V 1810), *Die Verlobung in St. Domingo* (V 1811, Verf u. d. T. „San Domingo" B. D. 1970 Hans-Jürgen Syberberg), *Der Findling* (V 1811), *Der Zweikampf* (V 1811). – Dramen: *Robert Guiskard, Herzog der Normänner* (Fragment, E ab 1802, V 1808, U 1901), *Die Familie Schroffenstein* (V 1803, U 1804), *Der zerbrochne Krug* (E ab 1802, U 1808, Teil-V 1808, V 1811, Verf Dtl. 1937 Gustav Ucicky), *Amphitryon* (E 1805/06, V 1807, U 1898, Verf u. d. T. „Amphitryon – Aus den Wolken kommt das Glück" Dtl. 1935 Reinhold Schünzel), *Penthesilea* (E 1806/07, V 1808, U 1876, Vert [Symphonische Dichtung] 1883–1885 Hugo Wolf, 1927 Othmar Schoeck), *Das Käthchen von Heilbronn oder Die Feuerprobe* (E 1807/08, V 1808, U 1810, Vert 1905 Hans Pfitzner), *Die Hermannsschlacht* (E 1808, V 1821, U 1860), *Prinz Friedrich von Homburg* (E 1809–1811, U, V 1821, Vert u. d. T. „Der Prinz von Homburg" 1958 Hans Werner Henze, Libretto ↑Bachmann). – Essays: *Über das Marionettentheater* (V 1810).

Michael Kohlhaas. Aus einer alten Chronik. Erzählung, E ab 1804, Teil-V 1808, V 1810. Zugrunde liegt der Fall des Hans Kohlhase, dem 1532 auf Anordnung eines Junkers zwei Pferde gestohlen wurden; nach erfolglosem Rechtsstreit steckte er Wittenberg in Brand und wurde 1540 hingerichtet.
Den Ausgangspunkt bildet die willkürliche Beschlagnahmung zweier Rappen des Roßhändlers Michael Kohlhaas durch den Junker Wenzel von Tronka. Im Rechtsstreit siegend, verlangt Kohlhaas nun die Wiederherstellung der inzwischen völlig heruntergekommenen Tiere. Der Tod seiner Frau, die beim Versuch, eine Petition zu überreichen, niedergestoßen wird, veranlaßt Kohlhaas zu einem Rachezug gegen Tronka: Er brennt die Tronkenburg nieder und zieht mit einem ständig wachsenden Heerhaufen als „Erzengel Michael" vor Wittenberg, um die Auslieferung Tronkas zu verlangen. Luther, der einen Aufruf gegen den Aufrührer veröffentlicht hat, sagt in einer geheimen Unterredung Fürsprache beim sächs. Kurfürsten zu, worauf Kohlhaas sein Heer entläßt. Der wiederaufgerollte Prozeß entwickelt sich zu seinen Ungunsten, zumal da der kaiserliche Hof in Wien eingeschaltet wird. Auch der erneute Einsatz des wortbrüchigen sächs. Kurfürsten (er weiß, daß Kohlhaas im Besitz einer ihn betreffenden Prophezeiung ist) bleibt erfolglos. Kohlhaas wird hingerichtet, nachdem das Urteil im ursprünglichen Rechtsstreit erneut zu seinen Gunsten ausgefallen ist.
Im Mittelpunkt steht der Konflikt zwischen individuellem Rechtsempfinden und offensichtlich unvollkommener, gleichwohl dominierender Rechtsordnung. In diesem Konflikt erweist sich Kohlhaas als „einer der rechtschaffensten zugleich und entsetzlichsten Menschen seiner Zeit".

Novellen. V 1810/11 in der Slg. *Erzählungen* (2 Bde.).

Die Marquise von O... (V 1808 im „Phöbus") beginnt mit einer für Kleists dramatische Grundhaltung kennzeichnenden Paradoxie: Eine „Dame von vortrefflichem Ruf, und Mutter von mehreren wohlerzogenen Kindern", fordert durch Zeitungsannoncen den ihr unbekannten Vater des Kindes, das sie erwartet, auf, sich zu melden, da sie „aus Familienrücksichten" entschlossen ist, ihn zu heiraten. Die nun enrollte Vorgeschichte schildert die erste Begegnung jener Dame, der verwitweten Marquise von O..., mit dem Grafen F., einem russ. Offizier, der sie während der Eroberung einer von ihrem Vater verteidigten Zitadelle vor der Vergewaltigung durch Soldaten gerettet und anschließend in einen Raum gebracht hat, in dem sie in Ohnmacht gesunken ist. Die bald darauf mit aller Dringlichkeit vorgebrachte Werbung des Grafen F. um ihre Hand bleiben ihr ebenso unerklärlich wie die Anzeichen körperlichen Unwohlseins, das sich als Schwangerschaft entpuppt. Daraufhin von den Eltern des Hauses verwiesen, „hob sie sich plötzlich, wie an der eigenen Hand, aus der ganzen Tiefe, in welche das Schicksal sie herabgestürzt hatte, empor" und entschloß sich zu jenem Schritt an die Öffentlichkeit. Die Reaktion ist die Ankündigung des Gesuchten, sich an einem bestimmten Zeitpunkt im Elternhaus der Marquise einzufinden. Wer erscheint, ist Graf F., dem schließlich nach seinem Verzicht auf alle Rechte des Gatten die Ehe gewährt wird. Nach Ablauf eines Jahres willigt die Marquise in eine tatsächliche Eheschließung ein. Sie erklärt ihre ursprüngliche Weigerung damit, daß er ihr bei seinem unverhofften Auftreten „nicht wie ein Teufel erschienen sein (würde), wenn er ihr nicht, bei seiner ersten Erscheinung, wie ein Engel vorgekommen wäre". In dieser Erklärung enthüllt sich als ein zentrales Thema der Novelle die Polarisierung des Gefühls als Widerspiegelung einer (u. a. im Krieg zur Geltung kommenden) Disharmonie, die angesichts der „gebrechlichen Einrichtung der Welt" im Verzeihen überwunden wird.

Die Verlobung in St. Domingo handelt vor dem Hintergrund eines Negeraufstands vom Scheitern der Liebe zwischen der Mestizin Toni und dem Schweizer Gustav von Ried; dieser mißversteht eine von Toni zu seiner Rettung unternommene List als Verrat und tötet sie; seinen Irrtum erkennend, nimmt er sich selbst das Leben.

Der Findling greift das Tartuffe-Thema auf: Nicolo treibt seinen Adoptivvater, den Makler Piachi, aus dem Haus; dieser schlägt die göttliche Gnade aus, um seinen Gegner bis in die Hölle verfolgen zu können. In Piachis Bereitschaft zur Selbstvernichtung drückt sich die Radikalität seines (an *Michael Kohlhaas* anknüpfenden) Versuchs aus, erlittenes Unrecht zu rächen.

Der Zweikampf schildert die scheinbare Entlastung eines der Anstiftung zum Mord schuldigen Ritters durch einen als Gottesurteil ausgeführten Zweikampf, wodurch zugleich die Ehre der Edelfrau Littegarde von Auerstein in Zweifel gezogen wird. Ihr gilt die Mahnung: „Bewahre deine Sinne vor Verzweiflung! türme das Gefühl, das in deiner Brust lebt, wie einen Felsen empor: halte dich daran und wanke nicht!"

Das Bettelweib von Locarno gehört dem Genre der Gespenstergeschichte an: Das Vergehen eines Marchese (er verschuldet den Tod einer Bettlerin, die seine Frau aufgenommen hat) rächt sich, indem die Verstorbene als Spuk dessen Vernichtung (er steckt schließlich sein Schloß an und kommt in den Flammen um) bewirkt. Die Diskrepanz zwischen der Irrealität des Geschehens und der nüchternen Darstellungsweise weist auf ↑ Kafka voraus. Lediglich auf dem Höhepunkt (vom Hund wahrgenommene Spukerscheinung) entwickelt sich aus gesteigerter Hypotaxe und fragmentierter Parataxe packende sprachliche Unmittelbarkeit. Die Erzählung besitzt den Charakter einer gegen Mißstände im Adel gerichteten gesellschaftskritischen Parabel.

Der zerbrochne Krug. Drama (Lustspiel) in 1 Akt, E ab 1802, U (aufgegliedert in 3 Akte) 1808, Teil-V 1808, V 1811. Zugrunde liegt ein 1802 in Bern von Kleist, Heinrich Zschokke, ↑Geßners Sohn Heinrich und ↑Wielands Sohn Ludwig unternommener Wettstreit, den Stich „Der Richter und der zerbrochene Krug" literarisch umzusetzen. Möglicherweise hatte Kleist auch das Gemälde „Der zerbrochene Krug" (im Sinne: die verlorene Unschuld) von Jean-Baptist Greuze vor Augen.

Der niederländ. Dorfrichter Adam ist an Bein und Kopf verletzt; durch seinen Schreiber Licht erfährt er von der unmittelbar bevorstehenden Ankunft des neuen Gerichtsrats Walter, der zur Revision der Verwaltung auf dem Lande umherreist. In Walters Anwesenheit muß Adam (der seine Perücke vermißt) den anstehenden Gerichtstag abhalten. Als Klägerin tritt Frau Marthe auf. Sie beschuldigt den Bauernsohn Ruprecht, in die Kammer ihrer Tochter Eve eingedrungen zu sein und einen kostbaren, mit Reliefszenen verzierten Krug beschädigt zu haben. Ruprecht dagegen behauptet, Eve bei einem Stelldichein mit seinem Rivalen Lebrecht, dem Flickschustergesellen, überrascht zu haben.

Adams sprunghafte Verhandlungsführung mit dem offenkundigen Ziel, eine Aufklärung des Vorfalls zu verhindern, weckt Walters Verdacht gegen den Richter. Doch auch dem Gerichtsrat gelingt es nicht, Eve zu einer Aussage zu bewegen. Die Zeugin, Frau Brigitte, lenkt den Fall in eine ganz neue Richtung: Sie hat vom Tatort aus eine im Schnee erkennbare Spur verfolgt, die ohne Zweifel vom Teufel stammt. Doch damit ist zugleich Adams Schuld bewiesen, denn sein Klumpfuß hat die pferdefußähnliche „Teufelsspur" hinterlassen, und die angeblich vom Teufel verlorene Perücke paßt ihm wie angegossen. Von Walter aufgefordert, die Verhandlung um des Ansehens des Gerichtes willen schleunigst durch ein Urteil zu beenden, spricht Adam Ruprecht für schuldig und wird von diesem aus dem Zimmer gejagt.

Die nun folgende Aufklärung des nächtlichen Vorfalls in Eves Kammer liegt in einer ausführlichen Fassung *(Variant)* und in der knapperen der Buchausgabe vor. Letztere beschränkt sich darauf, daß Adam Eve vorgespiegelt hat, der zum Militärdienst einberufene Ruprecht werde nach Übersee verschifft, doch könne ihn ein Attest vor dem Kolonialdienst bewahren; mit dem Attest als Druckmittel wollte Adam ein Schäferstündchen mit Eve erzwingen, wurde jedoch von Ruprecht überrascht und bei der Flucht verletzt. Walter klärt die Betroffenen darüber auf, daß die ausgehobenen Truppen ausschließlich im Heimatland eingesetzt werden. Der *Variant* erweitert diesen Sachverhalt zu einer Darstellung der Vertrauenskrise: Eve bleibt mißtrauisch und schenkt dem Gerichtsrat erst Glauben, als dieser mit einer Geldsumme für die Richtigkeit seiner Erklärung bürgt.

In der schrittweisen Selbstentlarvung des Schuldigen ist das Vorbild der Tragödie „König Oidipus" von Sophokles erkennbar; im übrigen verbindet Adam und Oidipus („Schwellfuß") der Klumpfuß, ein körperliches Gebrechen, das seine defekte Menschlichkeit versinnbildlicht. Der Lustspielcharakter des Stückes ergibt sich nicht zuletzt aus der unübertrefflichen Wendigkeit Adams im Umgang mit der Wahrheit, die er durch unzählige Erfindungen zu umhüllen weiß. Zudem ist Adam ein pessimistischer Realist. Er weiß: „Gestrauchelt bin ich hier; denn jeder trägt / Den leidgen Stein zum Anstoß in sich selbst." Und im Hinblick auf den Revisor vertraut er der Erfahrung: „Der Mann hat seinen Amtseid ja geschworen, / Und praktiziert, wie wir, nach den / Bestehenden Edikten und Gebräuchen." In Eves Aufforderung an Ruprecht, die Schuld vertrauensvoll auf sich zu nehmen, klingt Kleists Thema der trotz allen trügerischen Anscheins bewahrten Gewißheit des Gefühls an. Ihre Problematisierung erfährt diese an den Menschen gestellte Forderung in Kleists Gestaltung des Amphitryon-Stoffes.

Penthesilea. Drama in 24 Auftritten, E 1806/07, V 1808, U 1876. Der Tragödie liegt die Version der Beziehung zwischen Penthesilea und Achilleus zugrunde, der zufolge nicht die Amazonenkönigin vom griech. Heros getötet wurde, sondern dieser der Unterlegene war.

Unter Penthesileas Führung tauchen die Amazonen auf dem trojanischen Kriegsschauplatz auf, um Gefangene für ihr vom Gesetz des Amazonenstaates vorgeschriebenes Liebesfest zu machen. Dieses Gesetz schreibt zugleich vor, daß sich die kämpfenden Jungfrauen ihren Partner nicht auswählen dürfen. Hiergegen verstößt Penthesilea, indem sie sich im Kampf von Achill angezogen fühlt und ihn vor allem zu besiegen versucht. Die Tatsache, daß Achill sie überwindet, bleibt der in Ohnmacht gesunkenen Königin verborgen. Im Schutz ihrer Selbsttäuschung, den Geliebten als den Unterlegenen rechtmäßig zu besitzen, öffnet Penthesilea dem Reichtum ihrer Empfindungswelt. Doch mit der Wirklichkeit konfrontiert, mißdeutet sie Achills Herausforderung zu einem Zweikampf, in dem dieser sich besiegen lassen will, und tötet den Wehrlosen; in unmenschlicher Raserei zerfleischt sie Achill mit ihren Hunden und findet selbst den Tod.

Der Gegensatz zum klassischen Bild der Antike besteht inhaltlich wie in der sprachlichen Form (die Kampfszenen werden zumeist in „lawinenartigen" Berichten geboten). Die von ↑Goethe erkannte „Verwirrung des Gefühls" spiegelt den Widerspruch zwischen Individuum und Gesetz. Für Penthesilea wird die Stärke des Gefühls zur Waffe, die sie gegen sich selbst wendet: „Denn jetzt steig ich in meinen Busen nieder, / Gleich einem Schacht, und grabe, kalt wie Erz, / Mir ein vernichtendes Gefühl hervor. / Dies Erz, dies läutr' ich in der Glut des Jammers / Hart mir zu Stahl; tränk es mit Gift sodann, / Heißätzendem, der Reue, durch und durch; / (. . .). Und diesem Dolch jetzt reich ich meine Brust: / So! So! So! So! Und wieder! – Nun ist's gut."

Das Käthchen von Heilbronn oder Die Feuerprobe. Drama in 5 Akten, E 1807/08, V 1808, U 1810. Anregungen gingen u. a. von G. H. Schuberts „Ansichten von der Nachtseite der Naturwissenschaft" aus.

Das „große historische Ritterschauspiel" beginnt mit der Sitzung eines Femegerichts. Angeklagt ist Graf vom Strahl, sich die Tochter des wohlhabenden Heilbronner Waffenschmieds Friedeborn mit Zaubermitteln hörig gemacht zu haben, denn Käthchen folgt ihm als „zweiter Schatten". Eine Schuld des Grafen läßt sich jedoch nicht nachweisen. Ein Traum hat dem Grafen prophezeit, eine Kaisertochter zur Frau zu bekommen. Er glaubt, diese in Kunigunde von Thurneck, seiner früheren Gegnerin, gefunden zu haben. Um sich an Kunigundes Untreue zu rächen, plant der Rheingraf einen Überfall auf Thurneck. Käthchen erfährt von dem Plan und warnt den Grafen vom Strahl, der sich bei Kunigunde auf Thurneck befindet. Während des Überfalls rettet sie aus dem brennenden Schloß (beschützt durch einen Engel) ein Bild des Grafen („Feuerprobe"). Unter einem Holunderbusch schlafend und vom Grafen befragt, enthüllt sie, daß sie es ist, in deren Kammer Strahl in jenem prophetischen Traum geführt wurde. Tatsächlich erweist sich Käthchen als illegitimes Kind des Kaisers, als „Kind der Liebe". Ein Giftanschlag der als hexenhafter Ausbund an Häßlichkeit entlarvten Kunigunde (ihre „Zähne gehören einem Mädchen aus München, ihre Haare sind aus Frankreich verschrieben", ihren Körper formt ein eisernes Korsett) mißlingt, und Käthchen wird die Frau des Grafen.

Das zentrale Thema bildet die somnambulisch in Erscheinung tretende höhere Wirklichkeit der Liebe Käthchens und des Grafen; damit diese Liebe auch in der Realität Gültigkeit erlangen kann, müssen die Standesgrenzen fallen, was wiederum voraussetzt, daß Käthchen als die Verkörperung ursprünglicher Harmonie dem ihr selbst unerklärlichen Gefühl vertraut.

Prinz Friedrich von Homburg. Drama in 5 Akten, E 1809–1811, U, V 1821. Mit seinem historischen Vorbild Friedrich von Hessen-Homburg, in 2. Ehe mit einer Nichte des Großen Kurfürsten Friedrich Wilhelm von Brandenburg verheiratet, hat die Titelgestalt nicht viel mehr als den Namen und die Teilnahme an der Schlacht bei Fehrbellin (1675) gegen die Schweden gemeinsam. Das tatsächliche „Vorbild" war möglicherweise der im Kampf gegen Napoleon 1806 gefallene Prinz Louis Ferdinand.

Den Ausgangspunkt der Handlung bildet die Begegnung zwischen dem Kurfürsten, seiner Nichte Natalie und Gefolge mit dem schlafwandelnden Prinzen, der sich einen Siegeskranz windet; im Scherz schlingt der Kurfürst seine Halskette um den Kranz und läßt diesen durch Natalie überreichen. Als Friedrich sich dieser leidenschaftlich zuwendet und sie als seine Braut anspricht, zieht sich die Gesellschaft schockiert zurück; dem Träumenden bleibt ein Handschuh Natalies. Verwirrt durch die Entdeckung, daß er Natalie begegnet sein muß, nimmt Friedrich die Instruktionen vor Beginn der Schlacht gegen die Schweden nur beiläufig zur Kenntnis. Während der Schlacht greift er befehlswidrig auf eigene Faust in den Kampf ein. Er hat hierdurch zwar wesentlichen Anteil am Sieg, wird aber dennoch wegen Insubordination vor ein Kriegsgericht gestellt und zum Tode verurteilt. Friedrichs Überzeugung, es handle sich um eine Formalität, weicht der Gewißheit, daß ihm der Tod bestimmt ist. Von Verzweiflung gepackt (eine der vom Hof mit Mißfallen aufgenommenen Szenen), bittet er die Kurfürstin um Fürsprache für das nackte Leben („[....] dem Troßknecht könnt ich, / Dem schlechtesten, der deine Pferde pflegt, / Gehängt am Halse flehen: rette mich!") und entsagt auch der Ehe mit Natalie, mit der er sich nach der Schlacht heimlich verlobt hat. Auf Natalies Bitte hin ist der Kurfürst zur Begnadigung bereit, sofern Friedrich das Urteil des Kriegsgerichts für ungerecht erklärt.

Selbst zur Entscheidung aufgerufen, ist der Prinz bereit, das „heilige Gesetz des Kriegs" durch einen „freien Tod" zu verherrlichen, und zwar im Sinne eines Sieges über den „verderblichsten / Der Feind' in uns, den Trotz, den Übermut". Der Kurfürst sieht sich nun in der Lage, die Begnadigung auszusprechen. Die Schlußszene läßt den Traum der Anfangsszene Wirklichkeit werden.

Als ins „Positive" gewendete Summe aus Kleists literarischem Schaffen reflektiert das Drama die zentralen Fragen nach der Beziehung zwischen Individuum und Gesellschaft, individuellem Rechtsempfinden und herrschender Rechtsordnung, nach der Realität des Gefühls, dessen eigentliche Heimat der Traum zu sein scheint. Wesentlich für das Verständnis des Schauspiels ist die Einsicht in die beiden thematischen Bereiche der staatspolitischen Verantwortung einerseits, der Empfindungswelt andererseits. Eine Vermittlung versucht Oberst Kottwitz, Friedrichs Fürsprecher, im Disput mit dem Kurfürsten: „Willst du das Heer, das glühend an dir hängt, / Zu einem Werkzeug machen, gleich dem Schwerte, / das tot in deinem goldnen Gürtel ruht? / Der ärmste Geist, der, in den Sternen fremd, / Zuerst solch eine Lehre gab! die schlechte, / Kurzsicht'ge Staatskunst, die, um eines Falles, / Da die Empfindung sich verderblich zeigt, / Zehn andere vergißt, im Lauf der Dinge, / Da die Empfindung einzig retten kann!" (Im zeitgeschichtlichen Zusammenhang der Entstehung des Dramas bezieht sich dieser Appell auch auf das Zögern des preuß. Hofes, dem unter den Offizieren verbreiteten Wunsch nach Abschüttelung der Napoleonischen Fremdherrschaft nachzugeben.) Letztlich gelingt diese Vermittlung jedoch nur durch die Umformung der Staatstragödie in ein Märchenspiel. Nicht das „In Staub mit allen Feinden Brandenburgs!" beschließt im Grunde Kleists letztes Drama, sondern Friedrichs Frage: „Nein, sagt! ist es ein Traum?", worauf Kottwitz antwortet: „Ein Traum, was sonst?"

Friedrich Maximilian (von) Klinger
*17. 2. 1752 in Frankfurt a. M., †9. 3. 1831 in Dorpat
Schon während seines 1774 in Gießen begonnenen Jurastudiums (zugleich Beginn der Freundschaft mit ↑ Goethe) trat Klinger als Dramatiker an die Öffentlichkeit: 1775 erschien das Ehebruchdrama *Das leidende Weib* (Kulturkritik unter dem Einfluß von Jean-Jacques Rousseau), 1776 kam in Hamburg das Drama *Die Zwillinge* zur Aufführung (Rivalität zwischen ungleichen Brüdern, Brudermord und Gericht des Vaters über den Mörder). Nach einem Zerwürfnis mit Goethe während des Aufenthalts in Weimar Ende 1776 schloß Klinger sich der Seylerschen Theatertruppe als Schauspieler und Theaterdichter an; in Leipzig brachte er 1777 sein Drama *Wirrwarr* zur Aufführung, dessen späterer Titel *Sturm und Drang* zur Epochenbezeichnung wurde: Auf dem amerikan. Kriegsschauplatz des Unabhängigkeitskriegs treten Kraftnaturen auf, denen das alte Europa zu eng geworden ist. 1779 wurde Klinger Offizier, 1780 trat er (geadelt) in russ. Kriegsdienst (1802 Leiter des Pagenkorps, 1803–1817 zugleich Kurator der Universität in Dorpat). Als Dramatiker widmete er sich antiken Stoffen (*Medea in Korinth*, 1787; *Medea auf dem Kaukasos*, 1791). Der Roman *Fausts Leben, Taten und Höllenfahrt* (1791) schildert Faust als Erfinder des Buchdrucks; sein Pakt mit dem Teufel resultiert aus der Mittelmäßigkeit seiner Umgebung und zielt darauf ab, „etwas Kühnes zu wagen und Unabhängigkeit von den Menschen" zu gewinnen. Innerhalb eines Romanzyklus erschien 1797 *Faust der Morgenländer*.

Friedrich Gottlieb Klopstock
*2. 7. 1724 in Quedlinburg, †14. 3. 1803 in Hamburg
Nach einem Theologiestudium 1745–1748 in Jena und Leipzig war Klopstock als Hauslehrer tätig; zugleich erschienen die ersten 3 Gesänge des „Heldengedichts" *Der Messias* (1748), die von ↑ Bodmer begeistert begrüßt wurden (Zusammentreffen in Zürich 1750). 1751 ließ Klopstock sich in Kopenhagen nieder, wo ihm eine Lebensrente des dän. Königs zu materieller Unabhängigkeit verhalf. Die Bemühungen um die Gründung einer Akademie der Wissenschaften in Wien scheiterten 1768, von 1770 an lebte Klopstock in Hamburg.
Klopstocks literarisches Schaffen war über Jahrzehnte der Vollendung des *Messias* gewidmet: 1751 erschienen der 4. und 5. Gesang, 1773 lag das 20 Gesänge umfassende Werk vollständig vor (überarbeitete Neuausgaben 1781 und 1798). Die entscheidende Wirkung des Hexameterepos (zugrunde liegen das Johannesevangelium und die Offenbarung) ging von der z. T. durch Wortneubildungen und syntaktische Freiheit gewonnenen Ausdrucksvielfalt aus, die wegweisend für die Dichtung des Sturm und Drang wurde (↑ Herder, ↑ Goethe); als Klopstock-Gemeinde bildete sich in Göttingen 1772 der „Hainbund" (↑ Hölty, ↑ Voß), dem Klopstock 1774 beitrat. Eine kennzeichnende Ode ist *Die Frühlingsfeier* (V 1771), ein Lobpreis der göttlichen Allmacht angesichts des Wassertropfens wie des Gewittersturms, dem der Regenbogen folgt: „Siehe, nun kommt Jehova nicht mehr im Wetter; / In stillem, sanftem Säuseln / Kommt Jehova, / Und unter ihm neigt sich der Bogen des Friedens!" Nationale kulturelle Eigenständigkeit und Unabhängigkeit von starrem Regelwerk forderte Klopstock in seiner Programmschrift *Die dt. Gelehrtenrepublik* (1. Teil 1774). Als „Bardiet" (von lat. „barditus" = Schlachtgesang) bezeichnete Klopstock sein Drama *Hermanns Schlacht* (1769), dem *Hermann und die Fürsten* (1784) und *Hermanns Tod* (1787) folgten.

Wolfgang Koeppen
*23. 6. 1906 in Greifswald

Aufgewachsen im Haus seines Onkels, studierte Koeppen in Hamburg, Greifswald, Würzburg und Berlin Germanistik und Theaterwissenschaft, gehörte 1926/27 dem Stadttheater in Würzburg als Hilfsdramaturg an und leitete 1930–1933 das Feuilleton des „Berliner Börsen-Courier". 1934 erschien als erster Roman *Eine unglückliche Liebe*; im selben Jahr ließ er sich in Holland nieder. 1939 kehrte er nach Dtl. zurück und war in Berlin als Drehbuchautor tätig. Koeppens 3 Nachkriegsromane, *Tauben im Gras* (1951), *Das Treibhaus* (1953) und *Der Tod in Rom* (1954), stehen im Zusammenhang mit der Kritik am verpaßten gesellschaftlichen Neubeginn in der B. D. im Zeichen der Ost-West-Konfrontation und der Remilitarisierung einschließlich des Risikos eines 3. Weltkriegs. Die Eindrücke einer 1957 auf Einladung des sowjet. Schriftstellerverbandes unternommenen Reise durch die UdSSR enthält der Band *Nach Rußland und anderswohin. Empfindsame Reisen* (1958); als weitere Reisebücher folgten *Amerikafahrt* (1959) und *Reisen nach Frankreich* (1961). Autobiographisch geprägt sind der Prosaband *Romanisches Café* (1972) und die Erzählung *Jugend* (1976). Zu Koeppens Auszeichnungen gehört der Büchner-Preis 1962.

Tauben im Gras. Roman, V 1951.
In einem an ↑Döblin (Montagetechnik) und James Joyce (innerer Monolog) orientierten Mosaik aus sich nach und nach verknüpfenden Einzelszenen schildert Koeppen ein Kaleidoskop von Lebenshaltungen. Als zeitlicher Rahmen dient ein Tag des Jahres 1948, als Schauplatz eine westdt., amerikan. besetzte Großstadt (München). Gemeinsam ist den Akteuren (Arzt, Lehrer, Schriftsteller, Schauspieler, farbige Soldaten, Vortragsgäste, Biertrinker, Halbstarke) eine vage Vorstellung von ihrer neu gewonnenen Freiheit, während sie in Wirklichkeit schutzlos wie „Tauben im Gras" dem „Metzger ausgeliefert" sind.

August (von) Kotzebue
*3. 5. 1761 in Weimar, †23. 3. 1819 in Mannheim

Von 1781 an in gehobenem russ. Staatsdienst stehend (1785 geadelt), machte sich Kotzebue zugleich als Verfasser zugkräftiger Dramen einen Namen (1789 *Menschenhaß und Reue*, die effektvolle Schilderung der Wiederherstellung einer Ehegemeinschaft). 1797–1799 lebte er als Theaterdichter in Wien, 1800 wurde er nach seiner Rückkehr nach Rußland wegen seines Dramas *Der alte Leibkutscher Peters III.* (1799) nach Sibirien verbannt, jedoch kurz darauf rehabilitiert und mit der Direkton des Dt. Theaters in Petersburg betraut. 1801 kam das Erfolgsstück *Die beiden Klingsberg* zur Aufführung (Vater und Sohn aus einem Grafengeschlecht treiben ihr Unwesen als Schürzenjäger), 1803 folgten *Die dt. Kleinstädter*, eine Satire auf Ämter- und Titelsucht im Städtchen Krähwinkel (insgesamt verfaßte Kotzebue über 200 Dramen). In Berlin gab er 1803–1807 die gegen ↑Goethe und die Romantiker gerichtete Zeitschrift „Der Freimütige" heraus, in Königsberg die antinapoleonischen Zeitschriften „Die Biene" (1808–1810) und „Die Grille" (1811/12). 1816 wurde er in den russ. Staatsrat berufen, als persönlicher Berichterstatter des Zaren (ab 1817) bereiste er Dtl.; in seinem 1818 gegründeten „Literarischen Wochenblatt" attackierte er die von der studentischen Jugend vertretenen liberalen Ideen. Kotzebues Ermordung durch den Burschenschafter Karl Ludwig Sand veranlaßte die „Karlsbader Beschlüsse".

Karl Kraus
*28. 4. 1874 in Jičin (Ostböhmen), † 12. 6. 1936 in Wien

Der Sohn eines jüd. Kaufmanns und Papierfabrikanten kam mit seiner Familie 1877 nach Wien. 1892 begann er hier ein Jurastudium, das er nach dem Wechsel zur Philosophie und Germanistik 1898 abbrach; von 1892 an war er als Mitarbeiter verschiedener Zeitschriften tätig.
1899 schuf sich Kraus mit der Zeitschrift *Die Fackel* ein eigenes Publikationsorgan (zu den Mitarbeitern gehörten ↑Altenberg und ↑Wedekind), dessen Inhalt er ab 1911 allein bestritt; bis 1936 erschienen 922 Ausgaben. Kraus setzte sich das Ziel der „Trockenlegung des weiten Phrasensumpfes"; während der „unpersönliche Antikorruptionismus" der „Wiener Journalistik als Deckmantel für eigene, bereits vorhandene oder erst noch zu übende Korruption" diente, folgte er der nicht allein mit juristischen, sondern auch handgreiflichen Angriffen erkauften Maxime: „Der sachliche Kampf gegen die Korruption ist aber in Wahrheit der persönliche." Als erste Auswahl von *Fackel*-Beiträgen erschien 1908 die Slg. *Sittlichkeit und Kriminalität*; ihr zentrales Thema ist die Verletzung grundlegender Rechtsgüter durch eine am „Volksempfinden" bzw. an der „öffentlichen Meinung" orientierte Sexualjustiz. Seine Auffassung vom Wesen der Dichtung erörterte Kraus anhand der Kritik an ↑Heine als dem Ausgangspunkt der für die kulturelle Krise symptomatischen Vermischung von Ästhetik und Journalismus (*Heine und die Folgen*, 1910, ergänzt 1911 und 1917).
Das (Lese-)Drama *Die letzten Tage der Menschheit* (E ab 1915, 1. Fassung 1918/19, 2. Fassung 1922, Teil-U 1923, U einer Bearbeitung 1964) entwickelt in 220 Szenen ein apokalyptisches Bild des I. Weltkriegs; u. a. enthält es die These von der Kriegsschuld der Presse. *Die dritte Walpurgisnacht* (E 1933, Teil-V 1934, V 1952) analysiert anhand dokumentarischen Materials (u. a. Presseberichte) den Nationalsozialismus. Zu den von Kraus geförderten Schriftstellern gehörten ↑Lasker-Schüler, ↑Trakl und ↑Werfel. Auf Vortragsreisen verwirklichte er eine Art Ein-Mann-Lesetheater (Shakespeare, ↑Nestroy, Offenbach).

Ursula Krechel
*4. 12. 1947 in Trier

Ihr 1966 in Köln begonnenes Studium der Germanistik, Theaterwissenschaft und Kunstgeschichte schloß Krechel 1972 mit der Promotion ab; während des Studiums erarbeitete sie mit jugendlichen Untersuchungsgefangenen Theaterprojekte. Das Drama *Erika* (U, V 1974) schildert in 26 Szenen den Aufbruch einer an der Stagnation ihrer Lebensverhältnisse (Ehe, Tätigkeit als Schreibkraft) leidenden Frau, die schließlich, von einem Freund geschwängert, zu ihrem Mann zurückkehrt. Als Kompendium der Neuen Frauenbewegung erschien 1975 der Bericht *Selbsterfahrung und Fremdbestimmung* (erweiterte Neuausgabe 1982). Das Verhältnis zwischen Frauenbewegung und Sozialismus reflektiert der Essay *Verbotene Utopien*. Thema des Romans *Zweite Natur* (1981) ist am Beispiel einer Wohngemeinschaft das zur „zweiten Natur" gewordene ritualisierte soziale Verhalten; es wird ansatzweise durchbrochen durch den Versuch, in der gemeinsamen Beschäftigung mit Träumen die Verbindung zur „ersten Natur" wiederherzustellen. Im Spannungsfeld zwischen Innerlichkeit und gesellschaftlich determinierter Erfahrung ist auch Krechels Lyrik angesiedelt (Gedichtbände *Nach Mainz*, 1977; *Verwundbar wie in den besten Zeiten*, 1979).

Franz Xaver Kroetz
*25. 2. 1946 in München

Der Sohn eines Finanzbeamten war nach abgebrochenem Besuch der Wirtschaftsoberschule ab 1961 Schauspielschüler (München, Wien) und Gelegenheitsarbeiter; 1972–1980 gehörte er der DKP an. Anknüpfend an die Tradition des kritischen Volksstücks (↑Fleißer, ↑Horváth), entwickelte er sich zu einem erfolgreichen Vertreter des sozialen (Dialekt-)Dramas. Das zentrale Thema ist die in der Klassengesellschaft begründete, in sprachlichen Defiziten und (verbaler) sexueller Brutalität sich manifestierende soziale Deformierung; sie wird durch die Gefahr weiterer Deklassierung (Arbeitslosigkeit, wirtschaftliche Belastung durch Kinder) verschärft. Einzelne Stücke führen einen emanzipatorischen Lernprozeß vor (z. B. *Das Nest*, U 1975, Dramatikerpreis der Stadt Mülheim 1976).

Erzählungen: *Chiemgauer Geschichten* (1977). – Dramen: *Heimarbeit* (U, V 1971), *Wildwechsel* (U 1971, V 1973, Verf B. D. 1973 Rainer Werner Fassbinder), *Oberösterreich* (U 1972, als Hörspiel 1973, V 1974, Verf B. D. 1976), *Maria Magdalena* (nach ↑Hebbel, U 1973, V 1974, Verf B. D. 1974, als Hörspiel 1980), *Mensch Meier* (U 1978, V 1979, Verf B. D. 1982), *Der stramme Max* (V 1979, U 1980), *Nicht Fisch nicht Fleisch* (U, V 1981, als Hörspiel 1982), *Furcht und Hoffnung der BRD* (U, V 1984).

Stallerhof. Drama in 3 Akten, U, V 1972. Auf dem Stallerhof leben zwei Außenseiter, die „schwachsinnige" Tochter Beppi und der alte Landarbeiter Sepp; sie finden aneinander Halt. Sepp, der sich „allerweil net traut", findet auf rüde Weise sexuellen Kontakt zu Beppi. Als diese ein Kind erwartet, erwägen die Eltern zwar, Tochter samt Baby zu beseitigen oder zumindest eine Abtreibung zu versuchen, doch wirken in diesem Punkt Moralbegriffe nach. Sepp dagegen wird vom Hof gejagt. Eine Änderung der Beziehungen verhindert dumpfe Abhängigkeit.

Karl Krolow
*11. 3. 1915 in Hannover

Seit dem Abschluß seines 1935 begonnenen Studiums der Germanistik, Romanistik, Kunstgeschichte und Philosophie (Göttingen, Breslau) im Jahr 1942 ist Krolow als freier Schriftsteller tätig (Lyriker, Übersetzer, Herausgeber, Rezensent, Essayist). 1960/61 war er Gastdozent für Poetik an der Universität Frankfurt a. M., 1972–1975 Präsident der Dt. Akademie für Sprache und Dichtung. Zu seinen Auszeichnungen gehört der Büchner-Preis 1956. Ausgehend von der Naturlyrik (↑Lehmann, ↑Loerke), entwickelte Krolow innerhalb der Grenzen der „poetischen Diskretion" (durchbrochen durch die derb-erotische Slg. *Bürgerliche Gedichte*, 1970) ein breites Spektrum des lyrischen, auch zeitgeschichtliche Bezüge ins Exemplarische transponierenden Ausdrucks.

Gedichtbände: *Hochgelobtes, gutes Leben* (mit Hermann Gaupp, 1943), *Heimsuchung* (1948, Vorwort ↑Hermlin), *Auf Erden* (1949), *Die Zeichen der Welt* (1952), *Wind und Zeit. Gedichte 1950–1954* (1954), *Fremde Körper* (1959), *Landschaften für mich* (1966), *Alltägliche Gedichte* (1968), *Nichts weiter als Leben* (1970), *Bürgerliche Gedichte* (unter dem Pseudonym Karol Kröpcke, 1970), *Zeitvergehen* (1972), *Der Einfachheit halber* (1977), *Sterblich* (1980), *Nocturnos* (1981), *Zwischen Null und Unendlich* (1982), *Schönen Dank und vorüber* (1984). – Übersetzungen: *Nachdichtungen aus 5 Jahrhunderten frz. Lyrik* (1948), *Die Barke Phantasie. Zeitgenössische frz. Lyrik* (1957), *Span. Gedichte des 20. Jh.s* (1962), ferner Werke von Apollinaire und Verlaine. – Erzählungen: *Das andere Leben* (1979). – Essays: *Aspekte zeitgenössischer dt. Lyrik* (1961).

Günter Kunert
*6. 3. 1929 in Berlin

Aufgrund seiner jüd. Abstammung war Kunert eine Weiterbildung nach Abschluß der Volksschule verwehrt. 1946 begann er in Berlin-Weißensee ein Graphikstudium, ab 1948 veröffentlichte er in der Zeitschrift „Ulenspiegel" Gedichte und Erzählungen, 1950 erschien als erster Gedichtband *Wegschilder und Mauerinschriften*. Als Lyriker, Erzähler, Essayist sowie Autor von Kinderbüchern, Hörspielen und Drehbüchern gehörte Kunert in den 50er Jahren zu den produktivsten DDR-Autoren. In den 60er Jahren geriet er in den Verdacht, eine „Philosophie der Lebensangst" zu vertreten; Beunruhigung lösten seine epigrammatischen Gedichte aus, etwa: *„Als unnötigen Luxus / Herzustellen verbot, was die Leute / Lampen nennen, / König Xantos von Tharsos, der / von Geburt / Blinde"* (1963). Der Roman *Im Namen der Hüte* (1967), eine 1945 einsetzende zeitgeschichtliche Darstellung mit Märchenmotiven (der Volkssturmmann Henry nimmt die Erinnerungen und Vorstellungen der Personen wahr, deren Kopfbedeckung er aufsetzt), konstatiert ein Absterben der Erinnerungsbereitschaft. 1972/73 war Kunert Gast der Universität in Austin (Texas), 1975 der Universität im engl. Warwick (Reisebücher: *Der andere Planet. Ansichten von Amerika*, 1975; *Ein engl. Tagebuch*, 1978). Literaturgeschichtliche Bezugspersonen wurden ↑ Kafka und ↑ Kleist (Hörspiel *Ein anderer K.*, U 1975, V 1977). Nach seiner Beteiligung am Protest gegen die Ausbürgerung ↑ Biermanns 1976 wurde Kunert 1977 aus der SED ausgeschlossen, 1979 erhielt er ein mehrjähriges Visum für die B. D.; er lebt als freier Schriftsteller bei Itzehoe. 1981 war Kunert an der Universität in Frankfurt a. M. Dozent für Poetik.

Gedichtbände: *Unter diesem Himmel* (1955), *Das kreuzbrave Liederbuch* (1961), *Der ungebetene Gast* (1965), *Warnung vor Spiegeln* (1970), *Im weiteren Fortgang* (1974), *Verlangen nach Bomarzo. Reisegedichte* (mit Zeichnungen Kunerts, 1978), *Abtötungsverfahren* (1980). – Hörspiele: *Fetzers Flucht. Funkoper* (1959, Verf DDR 1962), *Countdown* (1983). – Drehbücher: *Seilergasse 8* (Verf DDR 1959 Joachim Kunert), *Karpfs Karriere* (Verf B. D. 1971 Bernhard Wicki). – Essays: Slg. *Diesseits des Erinnerns* (1982).

Reiner Kunze
*16. 8. 1933 in Oelsnitz (Erzgebirge)

Der Sohn eines Bergmanns studierte 1951–1955 in Leipzig Philosophie und Journalistik und erhielt einen Lehrauftrag, verließ jedoch 1959 nach politischen Angriffen die Universität und war als Hilfsschlosser, ab 1962 als freier Schriftsteller tätig (Lyrik, Kinderbücher, Übersetzungen tschech. Dichtung). 1976 erschien in der B. D. die Prosa-Slg. *Die wunderbaren Jahre* mit Schilderungen der Pressionen, unter denen Jugendliche in der DDR leiden (der Titel stammt aus einem Gedicht Capotes, Verf unter Kunzes Regie 1979). Nach seiner Beteiligung am Protest gegen die Ausbürgerung ↑ Biermanns und dem Ausschluß aus dem Schriftstellerverband der DDR erhielt Kunze 1977 die Erlaubnis zur Ausreise; im selben Jahr wurde er mit dem Büchner-Preis ausgezeichnet. Er lebt als freier Schriftsteller bei Passau. Als politische Standortbestimmung erschien 1984 die Slg. *In Dtl. zuhaus. Funk- und Fernsehinterviews 1977–1983*.

Gedichtbände: *Vögel über dem Tau* (1959), *Sensible Wege* (1969), *Zimmerlautstärke* (1972), *Widmungen* (1973), *Auf eigene Hoffnung* (1981). *Eines jeden einziges Leben* (1986). – Essays: *Wesen und Bedeutung der Reportage* (1960), *Ergriffen von den Messen Mozarts* (1981).

Elisabeth Langgässer
*23. 2. 1899 in Alzey, †25. 7. 1950 in Rheinzabern
Die Tochter eines Architekten war in Hessen als Lehrerin tätig, bevor sie sich 1929 in Berlin als freie Schriftstellerin niederließ. Als Halbjüdin erhielt sie 1936 Schreibverbot, 1944 wurde sie dienstverpflichtet. An multipler Sklerose erkrankt, kehrte sie 1948 in ihre rheinpfälz. Heimat zurück. In ihrem Todesjahr wurde Langgässer mit dem hess. Büchner-Preis ausgezeichnet.
Als erster Gedichtband erschien 1924 *Der Wendekreis des Lammes*, ein Jahreszyklus mit der Spiegelung der Erlösung im Naturgeschehen. *Die Tierkreisgedichte* (1935) greifen die antike Naturmythologie auf; die „panischen Kräfte der rohen Natur" stehen auch im Mittelpunkt einer Reihe von Erzählungen (*Triptychon des Teufels*, 1932; *Proserpina*, 1933). Die im Katholizismus wurzelnde Weltanschauung Langgässers prägte auch ihr Romanschaffen, das andererseits durch die Abkehr von einer psychologisierenden Darstellungsweise gekennzeichnet ist. *Der Gang durch das Ried* (1936) handelt von einem aus dem Irrenhaus entlassenen, von Blutschuld belasteten Mann ohne Erinnerungsvermögen, der durch die Hinwendung zu im Elend hausenden Geschöpfen eine neue Identität gewinnt. Der Titel des Romans *Das unauslöschliche Siegel* (1946) bezieht sich auf das Sakrament der Taufe, das sich als stärker erweist als der Pakt des getauften Juden Lazarus Belfontaine mit dem Teufel. Zeitgeschichte und Erlösungsweg verbindet der 1950 postum erschienene Roman *Märkische Argonautenfahrt;* er schildert den Weg von 7 auf unterschiedliche Weise schuldigen Menschen vom zerstörten Berlin des Jahres 1945 zum („Auferstehungs"-)Kloster Anastasiendorf.

Else Lasker-Schüler (eigtl. Elisabeth L.-S., geb. Schüler)
*11. 2. 1869 in Elberfeld (= Wuppertal), †22. 1. 1945 in Jerusalem
Die Enkelin eines Rabbiners und Tochter eines jüd. Architekten wuchs in großbürgerlichen Verhältnissen auf. 1894–1899 war sie mit dem Arzt Berthold Lasker verheiratet, 1901–1912 mit Herwarth Walden, dessen Zeitschrift und Galerie „Der Sturm" den Mittelpunkt des Berliner Expressionismus bildeten; dazwischen lag das Zusammenleben mit dem Dichter-Vaganten Peter Hille, der Lasker-Schüler als Lyrikerin entdeckte. 1909 erschien ihr Drama *Die Wupper* (U 1919), die Darstellung des Zerfalls der Fabrikantenfamilie Sonntag als Modell des Zusammenbruchs der wilhelminischen Gesellschaft. Der „Liebesroman" *Mein Herz* (1912) spiegelt in Briefen an Walden das aus kritischer Beobachtung und spielerischer Imagination gespeiste Lebensgefühl der „Dichterin von Arabien, Prinzessin von Bagdad, Enkelin des Scheiks"; als „Prinz Jussuf" verkörperte sie inmitten der Berliner Boheme die Freiheit der Phantasie. Zu ihren Freunden und Förderern gehörten ↑ Benn, ↑ Kraus, ↑ Werfel und die Maler Kokoschka und Marc. 1920 war sie in der Anthologie „Menschheitsdämmerung" mit 12 Gedichten vertreten, 1932 erhielt sie den Kleist-Preis.
1933 mit Publikationsverbot belegt, emigrierte Lasker-Schüler in die Schweiz und lebte von 1937 an in Palästina. Hier erschien 1943 als lyrisches Vermächtnis der Gedichtband *Mein blaues Klavier*.

Gedichtbände: *Styx* (1902), *Der siebente Tag* (1905), *Meine Wunder* (1911), *Hebräische Balladen* (1913), *Theben* (mit 10 Lithographien Lasker-Schülers, 1923), *Mein blaues Klavier* (1943). – Erzählungen: Slg. *Die Nächte Tino von Bagdads* (1908), Slg. *Der Prinz von Theben* (1914), *Arthur Aronymus. Die Geschichte meines Vaters* (1932).

Heinrich Laube
*18. 9. 1806 in Sprottau (Schlesien), †1. 8. 1884 in Wien
Der Sohn eines Maurers promovierte nach einem Studium der Theologie und Literaturgeschichte in Halle und Breslau zum Dr. phil. und übernahm 1832 in Leipzig die Leitung der „Zeitung für die elegante Welt". 1833 erschien der Briefroman *Die Poeten* (1. Teil der Trilogie *Das junge Europa*): 5 männliche Briefpartner schildern ihre Liebesabenteuer; zugleich setzen sie sich für die Ziele der frz. Julirevolution und die poln. Erhebung gegen Rußland ein. Laube wurde daraufhin 1834 aus Sachsen ausgewiesen und 1835 in Berlin in Untersuchungshaft genommen; Ende 1835 traf Laube gemeinsam mit ↑ Gutzkow und ↑ Heine das von der Bundesversammlung des Dt. Bundes beschlossene Verbot sämtlicher Schriften des „Jungen Deutschland". Nach Erscheinen des 2. Teils der Trilogie (*Die Krieger:* Niederschlagung der poln. Erhebung) und des 3. Teils (*Die Bürger:* Nach einer Haftstrafe ordnet sich Valerius als „Bürger unter Bürgern" in die Gesellschaft ein) im Jahr 1837 wurde Laube zu Festungshaft verurteilt, die er in Muskau im Schloß des Grafen Pückler-Muskau verbüßte. Von 1840 an war er als Theaterkritiker in Leipzig tätig, 1846 kam sein Drama *Die Karlsschüler* (↑ Schiller und Herzog Karl Eugen im Jahr 1782) zur Aufführung (V 1847).
1848 noch als Vertreter des Liberalismus Mitglied der Nationalversammlung in Frankfurt a. M., wandelte Laube sich zum Monarchisten (*Das erste dt. Parlament*, 1849) und machte fortan Karriere als Theaterdirektor: 1849 übernahm er die Leitung des Wiener Burgtheaters (bis 1869), 1871 gründete er das Wiener Stadttheater, das er bis 1879 leitete.
Auf Laubes 1839 erschienene *Geschichte der dt. Literatur* geht der Begriff „dt. Klassik" zurück: Die Epoche von Lessing bis Goethe stellte er unter der Überschrift „Das Klassisch-Deutsche" dar.

Johann Kaspar Lavater
*15. 11. 1741 in Zürich, †2. 1. 1801 in Zürich
Der Sohn eines Arztes, u. a. Schüler ↑ Bodmers, schloß 1762 ein Theologiestudium ab und war zunächst politisch tätig: Sein Kampf gegen einen korrupten Landvogt endete mit einem Jahr der freiwilligen Verbannung. 1769 wurde er Diakon am Zürcher Waisenhaus, 1778–1786 betreute er die Pfarrei St. Peter.
Literarisch trat Lavater 1767 mit dem Volksliederbuch *Schweizer Lieder* hervor. 1776 veröffentlichte er das „religiöse Drama" *Abraham und Isaak,* das in Isaaks schwärmerischer Opferbereitschaft gipfelt. Unter ↑ Klopstocks Einfluß, jedoch „weniger neuchristlich", verfaßte er das Hexameterepos in 24 Gesängen *Jesus Messias oder Die Zukunft des Herrn, nach der Offenbarung Johannes'* (V 1780).
Die stärkste zeitgenössische Wirkung gewann Lavaters anthropologisches Hauptwerk *Physiognomische Fragmente zur Beförderung der Menschenkenntnis und Menschenliebe* (4 Bde., 1775–1778; Illustrationen u. a. von Chodowiecki); zu den Mitarbeitern gehörte ↑ Goethe, zu den schärfsten Kritikern ↑ Lichtenberg. Zugrunde liegt die Annahme eines unmittelbaren Zusammenhangs zwischen moralischer Konstitution und äußerem Erscheinungsbild, religiös untermauert durch die Bibelstelle: „Gott schuf den Menschen sich zum Bilde" (1. Moses 1, 27; 9, 6). Die Analyse betrifft historische Persönlichkeiten und Zeitgenossen, aber auch Tiere und im letzten Band Christusbilder. „Noch ein paar Jahr wird's Gelächter", erwartete Lavater, „dann ernste, heilige Wahrheit sein: Mit dem Steigen und Sinken des Christentums steigt und sinkt physiognomischer Sinn."

Gertrud von Le Fort
*11. 10. 1876 in Minden (Westfalen), †1. 11. 1971 in Oberstdorf (Allgäu)
Aus einer Hugenottenfamilie stammend, wuchs Le Fort auf dem Familiengut Bök in Mecklenburg auf. In Heidelberg studierte sie protestantische Theologie, Geschichte und Philosophie. Der 1925 in Rom vollzogenen Konversion zur kath. Kirche ging 1924 der Gedichtband *Hymnen an die Kirche* voraus. Autobiographisch fundiert ist der Doppelroman *Das Schweißtuch der Veronika:* Der 1. Teil, *Der römische Brunnen* (1928), schildert in Form der Ich-Erzählung Rom als ambivalenten, von der heidnisch-antiken und der christlichen Tradition geprägten Erlebnisraum Veronikas, die sich schließlich für den Katholizismus entscheidet. Der 2. Teil, *Der Kranz der Engel* (1946), handelt von der Bekehrung des im Krieg verwundeten Dichters Enzio; für ihn geht Veronika das Wagnis der „Gottferne" ein. Schauplatz der Erzählung *Die Letzte am Schafott* (1931) ist Paris im Jahr 1794; während die von Todessehnsucht durchdrungene Novizenmeisterin Marie dem Martyrium entsagt, gelangt Blanche zur Selbstüberwindung, indem sie ihre Zuflucht verläßt und ihren Schwestern aufs Schafott folgt. Zu Le Forts Essays gehören *Die ewige Frau* (1934) und *Die Frau und die Technik* (1959).

Wilhelm Lehmann
*4. 5. 1882 in Puerto Cabello (Venezuela), †17. 11. 1968 in Eckernförde
Aufgewachsen in Wandsbek, studierte Lehmann in Tübingen, Straßburg, Berlin (Freundschaft mit ↑Loerke) und Kiel Philosophie, Naturkunde und Sprachen und promovierte 1905. Als Lehrer gehörte er 1912–1920 dem 1906 von Gustav Wyneken gegründeten Landerziehungsheim Freie Schulgemeinde Wickersdorf an. Zuletzt war er als Studienrat in Eckernförde tätig.
Als Schriftsteller ging Lehmann von Prosaarbeiten aus. Die Erzählung *Der bedrängte Seraph* (E 1915, V 1924) handelt von der Notwendigkeit, den Zwiespalt zwischen überwältigendem Naturerleben und sozialem Leben in Beruf und Ehe zu überwinden. Im Roman *Der Bilderstürmer* (1917) schildert Lehmann das Scheitern eines Pädagogen, der es unternimmt, die Naturverbundenheit einer Dorfgemeinschaft zu unterminieren. *Die Schmetterlingspuppe* (1918) enthält als Grundmuster die Polarisierung von Naturnähe (verkörpert durch einen Tierarzt) und Naturferne; zu den Schauplätzen gehört Irland als außerzivilisatorischer Bereich. 1923 erhielt Lehmann als Erzähler den Kleist-Preis.
Den Kern der Lyrik Lehmanns kennzeichnet die Notiz aus dem Jahr 1932: „Ich kann die Welt und ihr Wesen nur da feiern, wo die Zeichen der Natur auftauchen, den Geist nur da, wo er mit ihren Lauten spricht." Als erste repräsentative Slg. erschien 1935 der Gedichtband *Antwort des Schweigens,* gewidmet der Darstellung der „inneren Anschauungsformen" der Natur; assoziierte Gestalten aus Mythologie und Dichtung verdeutlichen das Streben nach überzeitlicher Betrachtung. Die einfachsten Naturerscheinungen besitzen gleichnishafte Bedeutung; so mündet das Gedicht *Abgeblühter Löwenzahn* in die Verse: „Ein zweites Dasein überwächst / Das erste, das geopfert liegt. / Verweh es denn wie Löwenzahn, / Damit des traumgekräftigt fliegt."

Gedichtbände: *Der grüne Gott* (1942), *Entzückter Staub* (1946), *Noch nicht genug* (1950), *Überlebender Tag* (1954), *Abschiedslust* (1962), *Sichtbare Zeit. Gedichte 1962–1966* (1967). – Essays: Slg. *Dichtung als Dasein (1956), Kunst des Gedichts* (1961), *Dauer des Staunens* (1962). – Autobiographisches: *Bukolisches Tagebuch aus den Jahren 1927–1932* (1948).

Johann Anton Leisewitz
*9. 5. 1752 in Hannover, †10. 9. 1806 in Braunschweig
Aus der umfangreichen Produktion des Dramatikers ragt als exemplarisches Drama des Sturm und Drang *Julius von Tarent* hervor, Trauerspiel in 5 Akten. Es entstand 1774 und wurde von Leisewitz 1775 anläßlich des vom Hamburger Theaterdirektor Schröder ausgeschriebenen Wettbewerbs (Thema: Brudermord) umgeschrieben, unterlag jedoch ↑Klingers Tragödie „Die Zwillinge"; dennoch wurde das Stück 1776 veröffentlicht sowie in Berlin aufgeführt und hielt sich lange Zeit auf den Bühnen. Zugrunde liegt in freier Bearbeitung die Geschichte des Medici-Großherzogs Cosimo I. von Florenz und seiner Söhne Johann und Garsias. Leisewitz konfrontiert leidenschaftliche Empfindsamkeit, verkörpert durch den Thronfolger Julius, und kalte Herrschsucht, verkörpert durch Guido. Beide Brüder lieben Blanca, die jedoch in einem Kloster in Sicherheit gebracht worden ist. Als Julius sie entführen will, wird er (unwissentlich) von Guido getötet. An der aufgebahrten Leiche ersticht der Vater, Fürst Constantin, den Sohn und Brudermörder. Im Mittelpunkt steht der (unter dem Einfluß von Jean-Jacques Rousseau entwickelte) Konflikt zwischen dem Anspruch des Gefühls und der politischen Pflicht, in dem sich Julius befindet.

Nikolaus Lenau (eigtl. N. Franz Niembsch, Edler von Strehlenau)
*13. 8. 1802 in Csatád (Ungarn), †22. 8. 1850 in Oberdöbling (= Wien)
Aufgewachsen in Ungarn (sein heute zu Rumänien gehörender Geburtsort wurde in Lenauheim umbenannt), studierte Lenau in Wien (Freundschaft mit ↑Grün) Rechtswissenschaft und Medizin. Von Schwermut belastet („Mir wird oft so schwer, als ob ich einen Toten mit mir herumtrüge", schrieb er 1831 an ↑Kerner), wanderte er 1832 nach Nordamerika aus, kehrte jedoch schon 1833 enttäuscht zurück und lebte in den folgenden Jahren abwechselnd in Wien und Schwaben. Nach Anzeichen geistiger Zerrüttung ab 1844 in Gewahrsam gehalten, starb er in der Heilanstalt in Oberdöbling. Zu Lenaus Biographen gehört ↑Härtling.
Als Lyriker trat Lenau 1832 mit der Slg. *Gedichte* an die Öffentlichkeit. Seine Natur- und Menschenschilderungen besitzen den Grundton der Melancholie, so auch das Lied *Die drei Zigeuner* mit den Versen: „Dreifach haben sie mir gezeigt, / Wenn das Leben uns nachtet, / Wie man's verraucht, verschläft, vergeigt / Und es dreimal verachtet." 1835 erschien das 1833 begonnene Drama *Faust* (U 1954): Durch Liebe und Mord schuldig geworden, folgt Faust, „niemandem hörig mehr und untertan", der „einwärts" führenden Bahn und endet im Selbstmord. In zwei Versepen vergegenwärtigte Lenau die Niederschlagung antikirchlicher Oppositionsbewegungen: *Savonarola* (1837, geplant als 1. Teil einer Hus und Hutten einbeziehenden Trilogie) schildert den Lebensweg des Dominikanermönchs von der Priesterberufung bis zur Hinrichtung in Florenz 1498. *Die Albigenser* (1842) handeln vom Vernichtungskreuzzug des Papstes Innozenz III. gegen die in Südfrankreich ansässigen „Ketzer"; der Schlußgesang stellt das Geschehen des 13. Jh.s in den Zusammenhang einer Kette gewaltsamer Auseinandersetzungen: „Den Albigensern folgen die Hussiten / Und zahlen blutig heim, was jene litten; / Nach Hus und Ziska kommen Luther, Hutten, / Die dreißig Jahre, die Cevennenstreiter, / Die Stürmer der Bastille, und so weiter." Lebensüberdruß beherrscht den Helden des 1844 beendeten Dramas *Don Juan* (V postum 1851): Er läßt sich im Duell töten, da ihn sein Sieg „langweilt" wie „das ganze Leben".

Jakob Michael Reinhold Lenz
*12. 1. 1751 in Seßwegen (Livland), †24. 5. 1792 in Moskau

„Bist mir willkommen, Bübchen. Es ist mir, als ob ich mich in dir bespiegelte", ruft ↑Goethe, mühelos einen Berg besteigend, dem mühsam folgenden Lenz zu. Die Szene befindet sich in der als Drama gestalteten Literatursatire *Pandämonium Germanicum*, die Lenz 1775 verfaßt hat. Sie nimmt die Tatsache vorweg, daß Goethes „Bruder" zeitlebens in dessen Schatten stand; ja ihm wurde sogar nachgesagt, er habe sich aus krankhaftem Nachahmungstrieb der verlassenen Friederike Brion genähert, um Goethes Platz einzunehmen. Nachdem ↑Büchner in Lenz nicht allein den gescheiterten Künstler, sondern auch den großen Realisten entdeckt hatte, dauerte es weitere Jahrzehnte, bis der Sturm-und-Drang-Dramatiker als der Begründer des sozialen Dramas erkannt wurde.

Der als russ. Staatsbürger geborene Sohn eines Pfarrers besuchte nach der Übersiedlung der Familie nach Dorpat (1759) die dortige Lateinschule; als 15jähriger veröffentlichte er das Gedicht *Der Versöhnungstod Christi*, 1767 verfaßte er das (verlorene) biblische Drama *Dina* über die Tochter Jakobs und Leas. 1768 begann Lenz in Königsberg ein Theologiestudium, hörte jedoch vor allem die Vorlesungen Kants. 1769 erschien sein erstes Buch, das Versepos *Die Landplagen* mit der melodramatischen Schilderung von Krieg, Hunger, Feuers-, Wassersnot und Erdbeben. 1771–1774 stand Lenz als Hofmeister im Dienst der Brüder Friedrich Georg und Ernst Nikolaus von Kleist. Mit ihnen reiste er im Frühjahr 1771 nach Straßburg (erste Begegnung mit Goethe) und lebte abwechselnd hier sowie in den Garnisonen Landau, Fort Louis und Weißenburg. Als Mitglied der Straßburger „Sozietät" sprach er über literarische und theologische Themen.

1774 veröffentlichte Lenz (anonym) 4 Werke: *Lustspiele nach dem Plautus fürs dt. Theater* (5 Prosaübersetzungen bzw. Nachgestaltungen); *Anmerkungen übers Theater nebst angehängten übersetzten Stück Shakespeares* (nämlich „Love's Labour's Lost" u. d. T. „Amor vincit omnia") mit der Verteidigung der neuen, statt den aristotelischen Regeln dem Vorbild Shakespeares folgenden Dramaturgie (Shakespeares „Sprache ist die Sprache des kühnsten Genius, der Erd und Himmel aufwühlt" und der „ein Theater fürs ganze menschliche Geschlecht" geschaffen hat, „vom obersten bis zum untersten"); das Drama *Der Hofmeister oder Vorteile der Privaterziehung* (U 1778) und das Drama *Der neue Menoza* (U 1963), anknüpfend an den Briefroman „Menoza, ein asiatischer Prinz, welcher die Welt umher gezogen, Christen zu suchen, aber des Gesuchten wenig gefunden" (dt. 1742) des Dänen Eric Pontoppidan. 1775 folgte als theologisches Hauptwerk *Meinungen eines Laien, den Geistlichen zugeeignet* (die Bibel als Offenbarung von „Empfindungen" und „sittlichen Entscheidungen", die der Mensch in sich trägt), 1776 das Drama *Die Soldaten* (U 1863).

Von 1775 an führte Lenz ein unruhiges Wanderleben: 1776 hielt er sich in Weimar und Berka auf (Beziehung zu ↑Herder und ↑Wieland, Zerwürfnis mit Goethe, Ausweisung aus Sachsen-Weimar), 1777 in der Schweiz; nach sich häufenden Anzeichen einer Schizophrenie befand er sich Anfang 1778 (20. 1.–8. 2.) in der Obhut des Pfarrers Oberlin in Waldbach (Elsaß), danach in Emmendingen bei Goethes Schwager Schlosser. 1779 kehrte er in Begleitung seines Bruders nach Livland zurück, reiste 1780 nach Petersburg (vergebliche Versuche, eine Anstellung als Lehrer oder Soldat zu finden) und ließ sich 1781 in Moskau nieder. Hier erschien 1787 seine Übersetzung *Übersicht des Russ. Reichs* (von S. Pleschtschejew). Lenz wurde tot auf einer Moskauer Straße aufgefunden.

Der Hofmeister oder Vorteile der Privaterziehung. Drama in 5 Akten, V 1774, U 1778, Bearbeitung ↑Brechts für das „Berliner Ensemble" 1950.
Läuffer, Sohn eines Pfarrers und Theologiestudent, erhält eine Anstellung als Hofmeister (Hauslehrer und Erzieher) der Kinder (Sohn Leopold und Tochter Gustchen) des Majors von Berg. Während dieser sich durchaus unklar darüber ist, was er von seinem neuen Domestiken zu verlangen hat („Daß er – was ich – daß er meinen Sohn in allen Wissenschaften und Artigkeiten und Weltmanieren – Ich weiß auch nicht [...]"), unterzieht Frau von Berg Läuffer einem eingehenden Examen (u. a. Vorführung von Tanzschritten). Gustchen ist mit ihrem Vetter Fritz von Berg liiert; bei ihrer Trennung (Fritz wird zum Studium nach Halle geschickt) schwören sie sich nach dem Vorbild Romeos und Julias ewige Treue. Doch bald fühlt sich Gustchen einsam und setzt Läuffers Drängen keinen Widerstand entgegen. Beide müssen das Haus verlassen: Läuffer findet bei einem Dorfschulmeister Unterschlupf, Gustchen bringt in der Hütte der blinden Marthe ihr Kind zur Welt und will sich in einem Teich das Leben nehmen, wird jedoch von ihrem Vater gerettet. Läuffer entmannt sich und wird vom Lehrer ob solcher „sittlichen Größe" gepriesen: „Das ist die Bahn, auf der Ihr eine Leuchte der Kirche, ein Stern erster Größe, ein Kirchenvater selber werden könnt (...)." Parallel zur Läuffer-Handlung wird das Studentenleben Fritz von Bergs geschildert. Die Tragödie findet einen Komödienschluß: Fritz verzeiht Gustchen und akzeptiert ihr Kind, Läuffer erhält das Dorfmädchen Lise zur Frau.
Das zentrale Thema ist die Knebelung des selbstbewußten Bürgers Läuffer im feudalen Milieu. Als Anwalt der antifeudalen Opposition dient der Geheime Rat von Berg, der Läuffers Vater vorwirft: „Ihr beklagt euch so viel übern Adel und seinen Stolz, die Leute säh'n Hofmeister als Domestiken an, Narren! (...) Aber was heißt euch Domestiken werden, wenn ihr was gelernt habt (...)?"

Die Soldaten. Drama in 5 Akten, E 1774/75, V 1776, U (in der Bearbeitung Eduard von Bauernfelds u. d. T. „Soldatenliebchen") 1863, Vert Bernd Alois Zimmermann (Teil-U im Rundfunk 1963, U 1965). Bearbeitung von ↑Kipphardt (U, V 1968, Verf B. D. 1977).
Marie, die Tochter des Galanteriewarenhändlers Wesener und Verlobte des Tuchhändlers Stolzius, erliegt den Verführungskünsten des adligen Offiziers Desportes. Obwohl er ihr die Ehe versprochen hat, verläßt er sie. Maries Enttäuschung und der Wunsch, dem kleinbürgerlichen Elternhaus zu entkommen, treibt sie in die Arme des Offiziers Mary sowie des jungen Grafen de la Roche, dessen Mutter sie zum Schutz vor weiteren Nachstellungen in ihr Schloß aufnimmt. Doch Marie macht sich ebenso wie ihr Vater auf den Weg, Desportes zu suchen; der Verführer wird von Stolzius vergiftet. Von einer Bettlerin auf der Straße angesprochen, erkennt Wesener in dieser seine Tochter, beide „wälzen sich halbtot auf der Erde". Im Schloß der Gräfin wird die „furchtbare Ehelosigkeit" der Soldaten angeprangert und als Abhilfe die Anwerbung von „Konkubinen" vorgeschlagen, „die allenthalben in den Krieg mitzögen" (ein Vorschlag, von dem sich Lenz in seiner Schrift *Über die Soldatenehen* wieder distanziert hat).
Die Gattungsbezeichnung „Komödie" steht hier wie beim *Hofmeister* im Zusammenhang der in *Anmerkungen übers Theater* entwickelten Gattungstheorie; der zufolge müssen die „dt. Komödiendichter komisch und tragisch zugleich schreiben, weil das Volk, für das sie schreiben (...) ein solcher Mischmasch von Kultur und Rohigkeit, Sittigkeit und Wildheit ist". Die Kritik richtet sich nicht allein gegen den Adel, der bürgerliche Mädchen wie Marie als Freiwild betrachtet, sondern auch gegen das untertänige Bürgertum. Die Auflösung der Standesordnung spiegelt sich in der „offenen" Form des Dramas, das sich in eine Vielzahl von Einzelszenen und Schauplätzen gliedert.

Siegfried Lenz
*17. 3. 1926 in Lyck (Ostpreußen)

Die Literatur braucht den Schriftsteller als Ein-Mann-Partei und *Zwischen Literatur und Politik gibt es keine Versöhnung* sind zwei Beiträge der Artikelserie *Bemerkungen zur Literatur* überschrieben, die Lenz 1976 veröffentlicht hat. Die hier angedeutete Position als unabhängig-kritische Instanz hat ihre Bestätigung durch eine in Millionen zählende Auflage seiner Bücher gefunden. Zugleich geriet Lenz in den Augen der Literaturkritik in das Zwielicht des „Bestseller"-Autors, so daß eine dritte Überschrift lauten könnte: „Zwischen Publikum und Kritik gibt es keine Versöhnung."

Der Sohn eines Zollbeamten wuchs in Masuren auf, wurde 1939 in die HJ aufgenommen und legte 1943 das Notabitur ab. Als Soldat gehörte er der Marine an, überlebte die Versenkung der „Admiral Scheer", desertierte in Dänemark und kam in engl. Kriegsgefangenschaft. 1945 nach Hamburg entlassen, begann er hier ein Studium der Philosophie, Anglistik und Literaturwissenschaft und wurde zugleich journalistisch tätig; 1950 erhielt er eine Anstellung als Feuilletonredakteur. Seit 1951 (Erscheinen des ersten Romans: *Es waren Habichte in der Luft*, er handelt von der kommunistischen Machtübernahme in Karelien nach dem I. Weltkrieg) lebt Lenz in Hamburg als freier Schriftsteller. Von 1965 bis zum Beginn der 70er Jahre trat er in Wahlkämpfen für die SPD ein (1970 Teilnahme an der Unterzeichnung des Warschauer Vertrags). Zu seinen Auszeichnungen gehören der Bremer Literaturpreis 1961, der Literaturpreis der dt. Freimaurer 1970 und der Thomas-Mann-Preis der Stadt Lübeck 1984.

Die Lenz zugute gehaltene bzw. angelastete Fortführung einer „ungebrochenen Erzähltradition" zielt darauf ab, durch die Gestaltung zeittypischer Charaktere und Ereigniszusammenhänge die zeitgeschichtliche Realität durchschaubar zu machen. Zentrale Themen sind die Bewältigung von Schuld (*Duell mit dem Schatten*, 1953), moralische Gefährdung (Karriere des Langstreckenläufers Buchner in *Brot und Spiele*, 1959), das Unheil der Ideologisierung (*Heimatmuseum*, 1978) und der Verlust an Leitbildern (im Roman *Das Vorbild* aus dem Jahr 1973 scheitert der Versuch dreier Pädagogen, das Kapitel „Vorbilder" eines Lesebuchs zu gestalten). Die Verknüpfung zwischen Gegenwart und Vergangenheit wird erzähltechnisch vielfach durch protokollartige Erinnerungsberichte hergestellt, wobei die anschauliche Schilderung episodenhafter Ereignisse gegenüber der Problematisierung des Erinnerungsprozesses überwiegt. Das Ideal des humorvollen Fabulierens kennzeichnet die masurischen Geschichten der Slg. *So zärtlich war Suleyken* (1955).

Romane: *Es waren Habichte in der Luft* (1951), *Duell mit dem Schatten* (1953), *Der Mann im Strom* (1956), *Brot und Spiele* (1959), *Stadtgespräch* (1963), *Das Vorbild* (1973), *Heimatmuseum* (1978), *Der Verlust* (1981), *Exerzierplatz* (1985). – Erzählungen: Slg. *So zärtlich war Suleyken* (1955), Slg. *Jäger des Spotts* (1958), Slg. *Das Feuerschiff* (1960), Slg. *Lehmanns Erzählungen oder So schön war mein Markt. Aus den Bekenntnissen eines Schwarzhändlers* (1964, Verf B. D. 1974 Wolfgang Staudte), Slg. *Der Spielverderber* (1965), Slg. *Der Geist der Mirabelle. Geschichten aus Bollerup* (1975), Slg. *Einstein überquert die Elbe bei Hamburg* (1975), Slg. *Die Kunstradfahrer und andere Geschichten* (1976), *Ein Kriegsende* (1984). – Dramen: *Das Gesicht* (1964), *Die Augenbinde* (1970), *Nicht alle Förster sind froh* (1973). – Hörspiele: Slg. *Haussuchung (Das schönste Fest, Die Enttäuschung, Das Labyrinth, Haussuchung;* 1967). – Essays: *Der Held in der Mauser. Über den Gestaltwandel des Heros* (1955), *Rede über Literatur und Politik. Pendler zwischen Elfenbeinturm und Barrikaden* (1976). – Autobiographisches: *Schreiben als Selbstbefragung* (1964), *Jahrgang 1926* (1966).

Zeit der Schuldlosen. Drama in 2 Akten, U 1961, V 1962. Zugrunde liegen die Hörspiele *Zeit der Schuldlosen, Zeit der Schuldigen*, 1960.

Neun Bürger eines totalitären Staates sind in einer Zelle eingesperrt; zu ihnen wird der Attentäter Sason gebracht. Nachdem bisher alle Folterungen vergeblich waren, sollen die Mitgefangenen, um wieder in Freiheit zu gelangen, Sason die Namen seiner Helfer und Hintermänner entlocken. Zunächst weigern sich die „Unschuldigen", Handlanger des Regimes zu werden; zermürbt durch die Haft, werden sie schließlich ihrer angestauten Aggressivität nicht mehr Herr. Zwar beschließen der Konsul, der Arzt, der Student und der Bauer, Sason vor den übrigen Gefangenen zu schützen; einer von ihnen erwürgt jedoch Sason in der Nacht.

Vier Jahre später werden die potentiellen Mörder Sasons nochmals zwangsweise versammelt. Inzwischen ist das alte Regime gestürzt worden, und die Parteigänger Sasons sind an die Macht gekommen. Zu ihnen gehört der Student, in dessen Händen nun die Befragung der ehemaligen Mitgefangenen liegt. Das wechselseitige Verhör bleibt ergebnislos, und die Selbstbezichtigung des naiven Bauern wirkt unglaubhaft. Schließlich erschießt sich der als intellektueller Außenseiter geschilderte Konsul und nimmt damit die Schuld auf sich. Den Beteiligten ist jedoch klar, daß er „durch seinen Tod etwas verhindern (wollte), was er nicht ertragen hätte", nämlich die Verurteilung des Bauern wider besseres Wissen. Der Student stellt fest: „(...) die Tat ist gebüßt, aber die Schuld wird unter uns bleiben."

In parabolischer Gestaltungsweise handelt das Stück (vor dem Hintergrund der in der B.D. kontrovers geführten Kollektivschulddiskussion) von der unausweichlichen Mitschuld auch derjenigen, die sich als bloße „Mitwisser von Verbrechen" für unschuldig halten: „Wer zu handeln versäumt, ist noch keineswegs frei von Schuld. Niemand erhält seine Reinheit durch Teilnahmslosigkeit."

Deutschstunde. Roman, V 1968, Verf B. D. 1970.

Als Erzählanlaß dient die Siggi Jepsen, Zögling einer Anstalt für schwererziehbare Jugendliche, im Rahmen des Deutschunterrichts und zugleich als therapeutische Maßnahme gestellte Aufgabe, einen Aufsatz mit dem Thema „Die Freuden der Pflicht" zu schreiben. Hierdurch wird bei Siggi ein Prozeß der Auseinandersetzung mit der eigenen Entwicklung ausgelöst, deren Ausgangspunkt im Konflikt mit dem Vater liegt. Die Form der Auseinandersetzung ist die Niederschrift von Erinnerungen vor allem an die Kindheit zur Zeit des Nationalsozialismus. Im Mittelpunkt stehen der alte Jepsen, Polizist von Rugbüll im nördlichen Schleswig-Holstein, und der expressionistische Maler Nansen (gemeint ist der in Seebüll ansässige Emil Nolde, eigtl. E. Hansen). Beide Männer sind befreundet, doch als 1943 aus Berlin der Auftrag kommt, jegliche künstlerische Tätigkeit Nansens zu unterbinden, macht Jepsen die Durchsetzung des Malverbots zu seiner persönlichen Aufgabe. Er erweist sich als Inbegriff blinder Pflichterfüllung, unter der nicht zuletzt die eigene Familie zu leiden hat. Während der Vater von der Überwachung Nansens zur Zerstörung seiner Werke übergeht, bildet sich in Siggi die Manie, Kunstwerke retten zu müssen, wodurch er später als Bilderdieb straffällig wird. Das Ende des Nationalsozialismus bringt keine grundsätzliche Veränderung. Nach kurzer Internierung kehrt Jepsen auf seinen Posten zurück, weiterhin geprägt von Autoritätsgläubigkeit.

Die Wahl eines provinziellen Schauplatzes dient der Absicht, die „am Rande" und im Alltäglichen wirksamen, von vorgeblich unpolitischem biederem „Heimatsinn" kaschierten autoritären Denk- und Verhaltensweisen zu enthüllen, und zwar als eine der Grundlagen des Nationalsozialismus. Siggis Beschreibungsversuche spiegeln den fortwährenden Kampf gegen die am Vater erlebte Aggressivität, wobei das Bild des duldenden Künstlers Nansen eine Heroisierung erfährt.

Gotthold Ephraim Lessing
*22. 1. 1729 in Kamenz (Lausitz), †15. 2. 1781 in Braunschweig
Zur Wirkungsgeschichte Lessings, des aus ↑ Heines Sicht zweiten dt. Befreiers nach Luther, gehörte der Versuch, ihn nachträglich in die spätfeudalistische Gesellschaft des 18. Jh.s zu integrieren. Diese von Heinrich von Treitschke entworfene und von Franz Mehring als Reflex der Selbstaufgabe des freiheitlich gesinnten Bürgertums analysierte „Lessing-Legende" sieht Lessing und Friedrich II. von Preußen „dicht nebeneinander auf demselben Wege: den Künstler, der unserer Dichtung die Bahn gebrochen, und den Fürsten, mit dem das moderne Staatsleben der Deutschen beginnt" (Treitschke, 1863). Demgegenüber betonte Bundespräsident Gustav Heinemann als Lessing-Preisträger des Jahres 1974 die an Lessing erkennbare Zusammengehörigkeit von „Aufklärung, Widerspruch und Anstoß", die „allesamt Kinder der Freiheit" sind.
Der Sohn eines Pfarrers besuchte die Fürstenschule in Meißen und studierte in Leipzig 1746–1748 Theologie, Philosophie und Medizin. Zugleich wandte er sich dem Theater zu (Auseinandersetzung mit dem Vater über die Frage, „ob ein Theaterschriftsteller zugleich ein moralischer Mensch und guter Christ sein könne"): 1748 spielte die Neubersche Schauspieltruppe Lessings Lustspiel *Der junge Gelehrte* (eine Verspottung des Studenten, dessen Fleiß auf die Erlangung materieller Vorteile abzielt), 1749 das Lustspiel *Die Juden* (mit der Gestalt eines von einem Rezensenten als „unwahrscheinlich" kritisierten, seinen christlichen Kontrahenten moralisch weit überlegenen Juden).
1748–1755 lebte Lessing als freier Schriftsteller in Berlin (Mitarbeit an der „Berlinischen Privilegierten Zeitung", Mitglied des „Berliner Montagklub"); 1751 erschien die Slg. *Kleinigkeiten* mit überwiegend anakreontischer Lyrik, 1753 der 1. Bd. der *Schriften* (6 Bde.) mit den seit 1747 in Zeitschriften veröffentlichten *Fabeln* (in Versen). Als Dramatiker schuf Lessing das bürgerliche Trauerspiel: *Miß Sara Sampson* (U, V 1755) handelt von der Vernichtung Sara Sampsons, der tugendhaften Geliebten des durch sie gewandelten Lebemannes Mellefont, durch ihre Rivalin, die Kurtisane Marwood; wegweisend wurde u. a. die Gestaltung von „gemischten Charakteren".
1756 wollte Lessing als Begleiter eines Leipziger Kaufmannssohnes eine Englandreise antreten, die durch den Beginn des Siebenjährigen Kriegs scheiterte. Nach einem Aufenthalt in Leipzig (Freundschaft mit ↑ Kleists Großonkel Ewald Christian von Kleist) ließ er sich 1758 erneut in Berlin nieder; gemeinsam mit ↑ Nicolai und dem jüd. Philosophen und Theologen Moses Mendelssohn (1729–1786) verfaßte er ab 1759 die *Briefe, die neueste Literatur betreffend* (bis 1765), deren 17. Brief eine Szene aus Lessings *Faust*-Fragment, Kritik an ↑ Gottsched und die Huldigung an das Genie Shakespeares enthält. 1761–1765 stand Lessing in Breslau als Sekretär im Dienst des preuß. Generals Graf Tauentzien; Hauptwerke dieser Zeit sind die 1766 veröffentlichte kunsttheoretische Schrift *Laokoon* (Unterscheidung zwischen den spezifischen Gestaltungsmitteln von Literatur und bildender Kunst) und *Minna von Barnhelm* (U, V 1767). Als Mitarbeiter des Dt. Nationaltheaters in Hamburg verfaßte Lessing 1767–1769 die für die Entwicklung des bürgerlichen Theaters sowie der Literaturkritik grundlegende *Hamburgische Dramaturgie*.
Von 1769 an stand Lessing als Bibliothekar in Wolfenbüttel im Dienst der Herzöge von Braunschweig und Lüneburg. 1772 kam anläßlich des Geburtstags der Herzogin *Emilia Galotti* zur Aufführung. 1775 bereiste Lessing als Begleiter

des Prinzen Italien. 1776 heiratete er die verwitwete Eva König (†1778). In den „Beiträgen zur Geschichte der Literatur aus der herzoglichen Bibliothek zu Wolfenbüttel" (ab 1773) veröffentlichte Lessing 1774 u. d. T. „Apologie oder Schutzschrift für die vernünftigen Verehrer Gottes" die Schrift „Von Duldung der Deisten. Fragmente eines Ungenannten", nämlich des Gymnasialprofessors Hermann Samuel Reimarus (1694–1768); 1777 folgte „Ein Mehreres aus den Papieren des Ungenannten". Auf die Angriffe des Hamburger Pfarrers Goeze, eines radikalen Vertreters der kirchlichen Orthodoxie, antwortete Lessing 1778 mit der Streitschrift *Anti-Goeze* (11 Teile, die Veröffentlichung des 12. Teils wurde vom Herzog untersagt), gerichtet u. a. gegen den Anspruch objektiver Wahrheit einer vom Wortlaut der Bibel abgeleiteten und durch kirchliche Tradition verfestigten Dogmatik. Die hier entwickelten theologischen und zugleich gesellschaftskritischen Positionen bildeten die Grundlage des Toleranzdramas *Nathan der Weise* (V 1779, U postum 1783). Vertrauen in die Entwicklungsfähigkeit der Vernunft und damit der Gesellschaft zeigt *Die Erziehung des Menschengeschlechts*, Ideen der Freimaurer vertritt der Dialog *Ernst und Falk*.

Gedichtbände: *Kleinigkeiten* (1751). – Dramen: *Der junge Gelehrte* (E ab 1745, U 1748, V 1754), *Der Misogyn* (E 1748, V 1755, Neufassung 1767), *Die Juden* (U 1749, V 1754), *Der Freigeist* (E 1749, V 1755), *Miß Sara Sampson* (U, V 1755), *Doktor Faust* (Fragment, V 1759), *Philotas* (V 1759, U 1780), *Minna von Barnhelm oder Das Soldatenglück* (U, V 1767), *Emilia Galotti* (E ab 1757, U, V 1772), *Nathan der Weise* (V 1779, U postum 1783). – Schriften zur Literatur, Kunst, Theologie und Philosophie: *Abhandlungen über die Fabel* (1759), *Laokoon oder Über die Grenzen der Malerei und Poesie* (1766), *Hamburgische Dramaturgie* (1767–1769), *Briefe antiquarischen Inhalts* (1768/69), *Wie die Alten den Tod gebildet* (1769), *Die Erziehung des Menschengeschlechts* (Teil-V 1777, V 1780), *Anti-Goeze* (1778), *Ernst und Falk* (1778–1780).

Minna von Barnhelm oder Das Soldatenglück. Drama in 5 Akten, U, V 1767; Verf Dtl. 1940 Hans Schweikart, u. d. T. „Heldinnen" B. D. 1960 D. Haugk, DDR 1962 Martin Hellberg.
Die Komödie spielt unmittelbar nach Ende des Siebenjährigen Kriegs, als Schauplatz dient ein Berliner Gasthof. Anläßlich der Ankunft des sächs. Edelfräuleins Minna von Barnhelm und ihrer Zofe Franziska wird der verwundete, unschuldig unehrenhaft aus der Armee entlassene und zahlungsunfähige preuß. Major von Tellheim umquartiert und beschließt, auszuziehen; als Pfand hinterläßt er seinen Verlobungsring, denn Geld von seinem Freund, dem Wachtmeister Werner, anzunehmen würde gegen seine Ehre verstoßen. Minna, die auf der Suche nach ihrem Verlobten Tellheim ist, erkennt an jenem Ring dessen Nähe. Das Wiedersehen endet mit Tellheims Entschluß, Minna freizugeben: Er empfindet sich als ihrer nicht mehr würdig. Minna gibt nunmehr vor, verstoßen zu sein, wodurch es zu Tellheims Ehrenpflicht wird, ihr beizustehen. Den Weg zum glücklichen Ende ebnen Tellheims Rehabilitierung und die Ankunft von Minnas Erbonkel.
Im Mittelpunkt steht der Zusammenprall zwischen dem durch Tellheim verkörperten übersteigerten, von äußeren Umständen bestimmten Ehrbegriff und der aus Vernunft und der „Sprache des Herzens" resultierenden Menschlichkeit Minnas. Die überragende Bedeutung des Lustspiels besteht in Lessings Überwindung der auf Bloßstellung bestimmter Torheiten beschränkten Typenkomödie. Kennzeichnend für die Humanisierung der Komödie ist die Einbeziehung der Nebenpersonen (Tellheims Diener Just, der Wirt, Franziska und Werner) in die individualisierende Gestaltungsweise. Ein Glanzstück ironischer Spiegelung bildet die Figur des gleichfalls abgedankten, vom (betrügerischen) Glücksspiel lebenden frz. Chevaliers Riccaut.

Emilia Galotti. Drama in 5 Akten, E ab 1757, U, V 1772, Verf DDR 1958 Martin Hellberg.

Hettore Gonzaga, Prinz des Fürstentums Guastalla, begeistert sich für das Bildnis des Bürgermädchens Emilia Galotti und ist fest entschlossen, auch das lebende Original in seinen Besitz zu bringen. Zwar steht Emilias Heirat mit dem Grafen Appiani unmittelbar bevor, doch Hettores Kammerherr Marinelli läßt das Brautpaar überfallen und Appiani töten; wie vorherberechnet, sucht Emilia im nahe gelegenen Lustschloß des Prinzen Zuflucht, gefolgt von ihrer Mutter und schließlich dem Vater. Gräfin Orsina, die verstoßene Geliebte des Prinzen, durchschaut die Zusammenhänge und übergibt Odoardo Galotti einen Dolch, mit dem er den Prinzen töten soll, um Appiani zu rächen und seine Tochter vor dem Verführer zu schützen. Von seinen Moralvorstellungen am Mord an Hettore gehindert, ersticht der Vater auf Emilias Drängen hin seine Tochter; Hettore wälzt die Verantwortung für das Geschehen auf den „Teufel" Marinelli ab.

Lessings ursprünglicher Plan war es, den römischen Virginia-Stoff aus dem politischen Zusammenhang (Signal zur Volkserhebung) herauszulösen, davon ausgehend, „daß das Schicksal einer Tochter, die von ihrem Vater umgebracht wird, dem ihre Tugend werter ist als ihr Leben, für sich schon tragisch genug und fähig genug sei, die ganze Seele zu erschüttern, wenn auch gleich kein Umsturz der ganzen Staatsverfassung darauf folgt" (Brief an Nicolai, 1758). In der Ausführung gewann jedoch die Anklage gegen die menschenverachtende Willkür der durch den Prinzen und Marinelli verkörperten feudalistischen Staatsgewalt und somit der gesellschaftliche Bezugsrahmen an Gewicht. Als bürgerliches Trauerspiel zeigt das Drama sowohl den erwachenden Widerstand des bürgerlichen Selbstbewußtseins als auch dessen Zuflucht zum Selbstopfer. In der Nachfolge von *Emilia Galotti* steht ↑ Schillers „Kabale und Liebe".

Nathan der Weise. Drama in 5 Akten, V 1779, U postum 1783.

Der Schauplatz des „dramatischen Gedichts" (in Blankversen) ist Jerusalem zur Zeit der Kreuzzüge. Der jüd. Kaufmann Nathan erfährt, von einer Geschäftsreise zurückgekehrt, von der Rettung seiner Adoptivtochter Recha vor dem Feuertod, und zwar durch einen jungen christlichen Tempelherrn. Dieser ist der persönliche Gefangene des Sultans Saladin, des Herrschers über Jerusalem, und wird vom Patriarchen aufgefordert, im Interesse der christlichen Rückeroberungspläne tätig zu werden. Mehr noch als der hierdurch heraufbeschworene Konflikt (Loyalität gegenüber Saladin) belastet den Tempelherrn jedoch, daß er sich in die Jüdin Recha verliebt hat. Als er erfährt, daß diese in Wirklichkeit ein Christenkind ist, hält er bei Nathan um ihre Hand an, muß sich jedoch gedulden. Es stellt sich heraus, daß der Tempelherr und Recha Geschwister sind und Kinder von Saladins Bruder sind, der während seines Aufenthalts in Europa eine Christin geheiratet hat: Mitglieder verschiedener Religionen erweisen sich als Mitglieder einer Familie.

Seinen gedanklichen wie formalen Mittelpunkt besitzt das Drama in der von Nathan als Antwort auf die Frage des Sultans nach der einzigen wahren Religion vorgetragenen „Ringparabel" (zugrunde liegt die 3. Erzählung des 1. Tages in Boccaccios „Decamerone"): Ein Königshaus besaß einen Ring, der seinen Besitzer „vor Gott und den Menschen angenehm" machte und jeweils dem Lieblingssohn des Herrschers vererbt wurde. Als sich einer der Könige nicht entscheiden konnte, welcher seiner Söhne ihm der liebste sei, ließ er zwei weitere, dem ursprünglichen zum Verwechseln ähnliche Ringe anfertigen. Den Streit um den echten Ring schlichtete ein Richter, indem er das Verhalten des Trägers zum Kennzeichen der Echtheit des Ringes erklärte. Saladin erkennt in der Parabel die Lehre praktischer Humanität auf der Grundlage religiöser Toleranz als Voraussetzung einer humanen Gesellschaftsordnung.

Rahel Levin ↑ Rahel Varnhagen von Ense

Georg Christoph Lichtenberg
*1. 7. 1742 in Ober-Ramstadt bei Darmstadt, †24. 2. 1799 in Göttingen
Als Naturwissenschaftler gehörte der in Göttingen lehrende Professor für Mathematik zu den führenden Experimentalphysikern seiner Zeit (nach ihm sind die zwischen zwei Elektroden sich bildenden „Lichtenbergschen Figuren" benannt). Als Grundlage der schriftstellerischen Arbeit dienten dem von Natur aus verwachsenen Lichtenberg seine von früher Jugend an im Sinne pietistischer Selbstbeobachtung geführten Tagebücher („Sudelbücher"). Die bevorzugte Form ist der Aphorismus, etwa: „Gott schuf den Menschen nach seinem Bilde, das heißt vermutlich, der Mensch schuf Gott nach dem seinigen", eine nicht zuletzt gegen ↑Lavater gerichtete Umkehrung des biblischen Satzes, wissenschaftlich ausgeführt in der Streitschrift *Über Physiognomik, wider die Physiognomen*. Die insgesamt der Aufklärung verpflichteten Aphorismen erschienen postum als *Bemerkungen vermischten Inhalts* in den *Vermischten Schriften* (9 Bde., 1800–1806; Neuausgabe auf der Grundlage der 1896 wiederentdeckten Manuskripte u. d. T. *Aphorismen* 1902–1909). In der Slg. *Briefe aus England* (1775, V 1776 und 1778) setzt sich Lichtenberg anhand einzelner Schauspielerkritiken umfassend mit der Schauspielkunst auseinander, wobei der Shakespeare-Darsteller Garrick als Bühnengenie in Erscheinung tritt. Als sein Hauptwerk betrachtete Lichtenberg die *Ausführliche Erklärung der Hogarthischen Kupferstiche* (V ab 1784 im „Göttingischen Taschenkalender", als selbständige Slg. 1794–1799); Gegenstand der Erklärung sind die in Stichen verbreiteten Bilder bzw. Gemäldezyklen „Die Heirat nach der Mode", „Herumstreichende Komödiantinnen", „Der Weg der Buhlerin", „Der Weg des Liederlichen" und „Fleiß und Faulheit" von William Hogarth (1697–1764). Die Detailfreudigkeit der Vorlagen aufgreifend, gibt Lichtenberg der Gesellschafts- und Moralsatire des Malers die entsprechende sprachliche Gestalt. So heißt es etwa über die Hauptgestalten des 1. Blatts des Zyklus „Die Heirat nach der Mode": „Se. Hochgräfliche Gnaden sind (...) ebenso bankbrüchig, als Sie gichtbrüchig sind, und Dero pekuniäres Vermögen fast noch geringer als Dero physisches. Hingegen ist der Wohlgeborene Herr ebenso rangsüchtig, als er reich ist, und doch sieht es in den Venen und Arterien seiner Familie ebenso erbärmlich bürgerlich aus als in seiner Kasse fürstlich."

Alfred Lichtenstein
*23. 8. 1889 in Berlin, †25. 9. 1914 in Vermandevillers bei Reims
Während seines 1913 in Erlangen abgeschlossenen Jurastudiums gehörte Lichtenstein in Berlin zu den Mitarbeitern der Expressionismus-Zeitschrift „Die Aktion". Als Lyriker und Erzähler gestaltete er unter dem Einfluß von ↑Hoddis die Erfahrung von Bedrohung und Vereinsamung; das vorherrschende Gestaltungsmittel ist die Reihung grotesker Bilder: „[...] Ein grauer Clown zieht sich die Stiefel an. / Ein Kinderwagen schreit und Hunde fluchen" (*Die Dämmerung*, Titelgedicht der 1913 erschienenen Slg., 1920 mit 7 weiteren Gedichten in der Anthologie „Menschheitsdämmerung" enthalten). 1913 in ein bayer. Infanterieregiment eingetreten, fiel Lichtenstein im Frankreichfeldzug. Postum erschien 1919 die Slg. *Gedichte und Geschichten* (darin u. a. die Erzählungen *Café Klößchen* und *Der Selbstmord des Zöglings Müller*).

Detlev von Liliencron (eigtl. Friedrich Adolf Axel Frhr. v. L.)
*3. 6. 1844 in Kiel, †22. 7. 1909 in Alt-Rahlstedt (= Hamburg)
Der Offizier in preuß. Dienst, Teilnehmer der Kriege 1866 und 1870/71, mußte 1875 wegen völliger Verschuldung seinen Dienst quittieren und lebte nach vergeblichen Bemühungen um ein Amt von 1887 an als freier Schriftsteller in München und Berlin. Als Lyriker entwickelte Liliencron eine impressionistische Form der Naturschilderung, vielfach in Gestalt von Liebesliedern. Daneben entstanden Balladen mit Themen wie dem Widerstand gegen die Beseitigung von Freiheitsrechten (*Pidder Lüng* mit dem Refrain „Lewwer duad üs Slaav") oder Brandstiftung als Verzweiflungstat einer alten Frau *(Der Heidebrand)*. Die Kriegserlebnisse liegen Liliencrons *Kriegsnovellen* (1895) zugrunde; autobiographisch geprägt ist das „kunterbunte Epos in 29 Kantussen" *Poggfred* (1896).

Oskar Loerke
*13. 3. 1884 in Jungen bei Marienwerder, †24. 2. 1941 in Berlin
Der Sohn eines Bauern studierte 1903–1907 in Berlin dt. Philologie, Geschichte, Philosophie und Musik; schriftstellerisch trat er zunächst als Erzähler an die Öffentlichkeit (1913 Kleist-Preis), Reisen führten ihn u. a. nach Italien und Algerien (1914). Von 1914 an war Loerke als Lektor im S. Fischer Verlag tätig, enge Freundschaft verband ihn mit ↑ Lehmann. Seit 1926 Mitglied der Preuß. Akademie der Künste, wurde er 1933 aus seinem Amt als Sekretär der Sektion für Dichtkunst entlassen. Als Lyriker fand Loerke nach Anfängen unter dem Einfluß ↑ Georges sowie des Expressionismus zur Konzeption des „sich selbst aussprechenden" poetischen Wortes, das Esoterik und sinnliche Wahrnehmung verbindet. Ein Grundthema ist die Klage über den Verlust der Lebensunmittelbarkeit. So heißt es im Gedicht *Gebetsfrage:* „Wir konnten selten, Vater, / Die Schriften deines Griffels lesen, / Sind deine Kinder nie gewesen."

Gedichtbände: *Wanderschaft* (1911), *Gedichte* (1916), *Die heimliche Stadt* (1921), *Der längste Tag* (1926), *Atem der Erde* (1930), *Der Silberdistelwald* (1934), *Der Wald der Welt* (1936), *Der Steinpfad* (1941). – Essays: *Probleme der Lyrik* (1928), Slg. *Literarische Aufsätze aus der „Neuen Rundschau" 1909–1914* (1967).

Erich Loest
*24. 2. 1926 in Mittweida (Bez. Chemnitz, heute Karl-Marx-Stadt)
Der Sohn eines Kaufmanns wurde 1944/45 als Soldat eingesetzt (zuletzt als Werwolf), absolvierte 1947–1950 ein Volontariat bei der „Leipziger Volkszeitung" und studierte 1955/56 am Leipziger Literaturinstitut „Johannes R. Becher". 1957 wegen „konterrevolutionärer Gruppenbildung" verhaftet, verbüßte er bis 1964 eine Zuchthausstrafe und war anschließend wieder als freier Schriftsteller in Leipzig tätig. 1979 trat Loest aus dem Schriftstellerverband der DDR aus, seit 1981 lebt er in Osnabrück. Die Romane *Jungen, die übrig blieben* (1950) und *Der Abhang* (1968) schildern die Erlebnisse Loests im letzten Kriegsjahr und in der Nachkriegszeit, die Gefangenschaft spiegelt u. a. der Roman *Schattenboxen* (1973). Anstoß erregte der Roman *Es geht seinen Gang oder Mühen in unserer Ebene* (1978, Verf nach einem Drehbuch von ↑ Plenzdorf B. D. 1981), der Resignation als Grundstimmung des DDR-Alltags zur Darstellung bringt. Schriftstellerische Arbeit als Verkleidung, um überleben zu können, ist das Thema des Karl-May-Romans *Swallow, mein wackerer Mustang* (1980).

Friedrich von Logau
*Juni 1604 in Dürr Brockuth bei Strehlen (Schlesien), †24. 7. 1655 in Liegnitz
Aus altem schles. Adel stammend, wurde Logau nach dem Besuch des Gymnasiums in Brieg Page der Herzogin Dorothea Sibylle, studierte Rechtswissenschaft, widmete sich der Verwaltung des väterlichen Gutes und lebte ab 1644 am Hof in Brieg; 1653 folgte er Herzog Ludwig IV. nach Liegnitz.
Als Schriftsteller erneuerte Logau die volkstümliche Spruchdichtung in epigrammatisch zugespitzter Form; zu den vielfältigen Themen seiner Dichtung (vgl.
↑ Kellers Novellenzyklus „Das Sinngedicht") gehört die Entwicklung der Ausdrucksfähigkeit des Deutschen: „Kann die deutsche Sprache schnauben, schnarchen, poltern, donnern, krachen, / Kann sie doch auch spielen, scherzen, liebeln, gütteln, tändeln, lachen." Den *200 dt. Reimsprüchen* (1638) folgte 1654 unter dem Pseudonym Salomon von Golaw die Slg. *Dt.er Sinngedichte drei Tausend*.

Hermann Löns
*29. 8. 1866 in Culm (Westpreußen), †26. 9. 1914 bei Reims
Der Sohn eines Gymnasiallehrers studierte in Münster und Greifswald Naturwissenschaften und Medizin, war in Gera, Hamburg und Bückeburg als Journalist tätig und ließ sich schließlich in Hannover als freier Schriftsteller nieder. Er meldete sich 1914 als Freiwilliger und fiel im Frankreichfeldzug.
Popularität gewann Löns durch seine Naturlyrik sowie Tier- und Landschaftsschilderungen, v. a. aus der Lüneburger Heide, die umgangssprachlich zur „Hermann-Löns-Gedächtniswiese" wurde. Der „Bauernroman aus der Lüneburger Heide" *Der letzte Hansbur* (1909) schildert die Umkehr eines zum Wilderer und Trinker verkommenen Bauernsohns. *Der Wehrwolf. Eine Bauernchronik* (1910) spielt im Dreißigjährigen Krieg und handelt vom Zusammenschluß von Bauern gegen marodierende Soldaten; im Unterschied zu Löns' empfindsamen Naturbildern ist der Roman mit seiner drastischen Schilderung von Gewalttakten der von Paul de Lagarde proklamierten „german. Renaissance" verpflichtet.

Gedichtbände: *Mein goldenes Buch* (1901), *Mein blaues Buch* (1909), *Der kleine Rosengarten* (1911). – Erzählungen: Slg. *Mein grünes Buch* (1901), Slg. *Mein braunes Buch* (1907), Slg. *Was da kreucht und fleucht* (1909), *Mümmelmann* (1909).

Otto Ludwig
*12. 2. 1813 in Eisfeld, †25. 2. 1865 in Dresden
Der Sohn eines Stadtsyndikus und Hofadvokaten wandte sich nach einer weitgehend autodidaktischen Ausbildung als Komponist der Literatur zu. Seine Erzählungen *Die Heiterethei* und *Aus dem Regen in die Traufe* (1857 im 1. Bd. der Slg. *Thüringer Naturen. Charakter- und Sittenbilder in Erzählungen*) gehören dem von ↑ Auerbach begründeten Genre der Dorfgeschichte an. Eindringliche Milieuschilderung und Psychologisieren kennzeichnen die Darstellung des Zwists zwischen den Söhnen eines Dachdeckers im Roman *Zwischen Himmel und Erde* (1856). Das „Genredrama" *Der Erbförster* (U 1850, V 1853) bedient sich dagegen der Handlungsmotive der Schicksalstragödie. Als Theoretiker verfocht Ludwig den „künstlerischen" bzw. „poetischen Realismus": Der Realist läßt, im Unterschied zum Idealisten, „seiner wiedererschaffenen Welt so viel von ihrer Breite und Mannigfaltigkeit, als sich mit der geistigen Einheit vertragen will". Die *Shakespeare-Studien* (postum 1874) leiten vom Drama Regeln für den Roman ab.

Heinrich Mann
*27. 3. 1871 in Lübeck, †12. 3. 1950 in Santa Monica bei Los Angeles
1949 zum Präsidenten der neu zu gründenden Dt. Akademie der Künste in Ost-Berlin gewählt und von der DDR-Kulturpolitik als Repräsentant des „Übergangs vom bürgerlichen zum sozialistischen Humanismus" gewürdigt, drohte Heinrich Mann in der B. D. in Vergessenheit zu geraten. Den Undank gegenüber seinem Bruder sah ↑T. Mann in der Fremdheit der Deutschen gegenüber der „Verbindung des Dichters mit dem politischen Moralisten" begründet (1951 in einem Brief an Alfred Kantorowicz).
Der Sohn eines Großkaufmanns und Reeders verließ vor dem Abitur das Gymnasium, begann 1889 in Dresden eine Buchhandelslehre, volontierte 1890–1892 in Berlin beim S. Fischer Verlag und lebte aus gesundheitlichen Gründen 1893–1898 vorwiegend in Italien. Sein hauptsächlicher Wohnsitz wurde München.
Der satirische Roman *Im Schlaraffenland* (1900) schildert Aufstieg und Fall des Studenten Zumsee inmitten einer durch betrügerische Bankiers, korrupte Journalisten, schmarotzende Künstler, durch Adlige und Proletarier repräsentierten Gesellschaft. Heinrich Manns Ruf als artistischer „Dichter der Moderne" begründete die Romantrilogie *Die Göttinnen* (1902), eine Auseinandersetzung mit dem Renaissance- und Dekadenzkult der Jahrhundertwende anhand der Metamorphosen der Herzogin Violante von Assy, die „im ersten Teil vor Freiheitssehnen (glüht), im zweiten Teil vor Kunstempfinden, im dritten vor Brunst". Während *Professor Unrat* (1905) und der 1906 begonnene Roman *Der Untertan* (Teil-V 1914, V 1918) jeweils am Beispiel einer Hauptfigur den Zusammenbruch der wilhelminischen Gesellschaft prognostizieren, dient im Roman *Die kleine Stadt* (1909) die Bevölkerung eines italien. Provinzorts als Spiegel der historischen Entwicklung vom Liberalismus des 19. Jh.s zur Demokratie. Der Essay *Geist und Tat* (1910, zugleich Titel der 1931 veröffentlichten Essay-Slg.) enthält die für Heinrich Manns weiteres Schaffen grundlegende Forderung an die Intellektuellen, „daß sie Agitatoren werden, sich dem Volk verbünden gegen die Macht, daß sie die ganze Kraft des Wortes seinem Kampf schenken, der auch der Kampf des Geistes ist". Als Vorbilder dienen die großen frz. Schriftsteller, „die, von Rousseau bis Zola, der bestehenden Macht entgegentraten". Hieran knüpft der autobiographisch geprägte *Zola*-Essay des Jahres 1915 an, der die öffentliche Polemik zwischen den Brüdern Mann auslöste.
Während der Weimarer Republik gehörte Heinrich Mann als Publizist (insgesamt hat er etwa 700 Essays und Reden verfaßt) zu den entschiedenen Verfechtern der Demokratie, der dt.-frz. Aussöhnung und einer paneuropäischen Bewegung. 1931 wurde er Präsident der Sektion Dichtung der Preuß. Akademie der Künste. Als dritter Teil der „Kaiserreich-Trilogie" erschien 1925 *Der Kopf*. Der Roman *Eugénie oder Die Bürgerzeit* (1928) parallelisiert das Scheitern Napoleons III. mit dem Bankrott eines Lübecker Kaufmannshauses. Die Satire *Kobes* (1925) handelt von der „Vertrustung" der Welt durch die Großindustrie.
Anfang 1933 (Aufruf zur Einigung zwischen SPD und KPD im Kampf gegen den Nationalsozialismus) emigrierte Heinrich Mann über die Tschechoslowakei nach Frankreich und ließ sich in Nizza nieder. 1935 wurde er zum Präsidenten der dt. Volksfront gewählt. Das literarische Hauptwerk dieses ersten Teils des Exils bildet das *Henri Quatre*-Romanwerk (1935 und 1938). 1940 floh Heinrich Mann über Spanien und Portugal in die USA und wurde, ansässig in Santa Monica, als Drehbuchautor tätig. Als letzter zu Lebzeiten veröffentlichter Roman erschien

1949 *Der Atem;* er handelt vom Tod der an ihre Erinnerungen geketteten Gräfin Traun bzw. Arbeiter-Gefährtin Kobalt, deren Kampf dem Bündnis von Geld und Macht gegolten hat. Postum erschienen *Empfang bei der Welt* (Spekulanten, Schieber und Hochstapler veranstalten einen vorgeblich im Dienst der Kunst stehenden, in Wirklichkeit der Sanierung einer Bank und eines Opernagenten dienenden Empfang) und der Fragment gebliebene Dialogroman *Die traurige Geschichte von Friedrich dem Großen,* eine kritische Bilanz der dt. Geschichte. Heinrich Mann starb während der Vorbereitung zur Rückkehr nach Ost-Berlin.

Romane: *In einer Familie* (1894), *Im Schlaraffenland* (1900), *Die Göttinnen oder Die drei Romane der Herzogin von Assy* (Trilogie, 1902), *Die Jagd nach Liebe* (1903), *Zwischen den Rassen* (1907), *Die kleine Stadt* (1909), *Mutter Marie* (1927), *Eugénie oder Die Bürgerzeit* (1928), *Die große Sache* (1930), *Ein ernstes Leben* (1932), *Lidice* (1943), *Der Atem* (1949), *Empfang bei der Welt* (1956, Verf. u. d. T. „Belcanto" B.D. 1977 Robert van Ackeren), *Die traurige Geschichte von Friedrich dem Großen* (Fragment, 1960). – Erzählungen: Slg. *Das Wunderbare und andere Novellen* (1897), Slg. *Flöten und Dolche* (1905, darin: *Pippo Spano*), *Schauspielerin* (1906), *Die Bösen* (*Die Branzilla* und *Der Tyrann*, 1908), Slg. *Bunte Gesellschaft* (1917), Slg. *Abrechnungen* (1924), Slg. *Sie sind jung* (1929). – Dramen: *Madame Legros* (V 1913, U 1916, Vert 1966 Ottmar Gerster), *Brabach* (V 1917, U 1919). – Essays: *Geist und Tat* (1910), Slg. *Macht und Mensch* (1919), Slg. *Geist und Tat. Franzosen 1780–1930* (1931, darin: *Choderlos de Laclos*, 1905; *Gustave Flaubert und George Sand*, 1905; *Zola*, 1915; *Anatole France*, 1924; *Victor Hugo*, 1925; *Stendhal*, 1931; *Philippe Soupault*, 1931), Slg. *Das öffentliche Leben* (1932), *Bekenntnis zum Übernationalen* (1933), *Was will die dt. Volksfront?* (1937). – Autobiographisches: *Ein Zeitalter wird besichtigt* (1945).

Professor Unrat oder Das Ende eines Tyrannen. Roman, V 1905; Verf u. d. T. „Der blaue Engel" Dtl. 1929/30 Josef von Sternberg, u. d. T. „The Blue Angel" USA 1959 Edward Dmytryk, u. d. T. „Lola" B. D. 1981 Rainer Werner Fassbinder; Dramat 1932 Erich Ebermayer.

Der Gymnasialprofessor Raat mit dem Spitznamen Unrat ist der erklärte Feind seiner Schüler, stets darauf bedacht, „jeden je möglichen Widerstand zu brechen, alle bevorstehenden Attentate zu vereiteln" und „Kirchhofsruhe herzustellen". Eine „einflußreiche Kirche, ein handfester Säbel, strikter Gehorsam und starre Sitten" sind die Eckpfeiler und Normen seines Gesellschaftsbildes. Seinen Schülern auch außerhalb der Schule nachspionierend, um sie zu „fassen", gerät er in die Spelunke „Zum blauen Engel". Hier tritt die „Barfußtänzerin" Rosa Fröhlich auf, unter deren Eindruck sich Raats unterdrücktes Triebleben Geltung verschafft. Raat heiratet Rosa und muß daher aus dem Schuldienst ausscheiden. Seiner Herrschaft über die Schüler verlustig, richtet Raat nun seine Machtbesessenheit gegen die Bürger der Stadt.

Mittels seiner vor den Toren gelegenen, als Vergnügungsstätte eingerichteten Villa arbeitet er an der „Entsittlichung der Stadt": „Was sie hertrieb, war die Leere ihrer Gehirne, der Stumpfsinn der humanistisch nicht Gebildeten, ihre dumpfe Neugier, ihre mit Sittlichkeit schlecht zugedeckte Lüsternheit, ihre Habgier, Brunst, Eitelkeit und zu alledem hundert verquickte Interessen." Raats neuerliche Herrschaft findet dadurch ihr Ende, daß er als Dieb einer Brieftasche verhaftet wird.

Raat verkörpert die Autoritätshörigkeit des Wilhelminismus und zugleich deren anarchischen Untergrund: Der autoritäre Spießbürger enthüllt sich als zielloser Aufrührer und zynischer Verächter der bürgerlichen Moral und weist insofern auf den Zusammenbruch des Kaiserreichs voraus. Thematisch wie aufgrund seiner sprachlichen Gestaltung steht der Roman im Vorfeld des Expressionismus.

Der Untertan. Geschichte der öffentlichen Seele unter Wilhelm II. Roman, E ab 1906, Teil-V (nach Kriegsbeginn abgebrochene Zs-Publikation) 1914, Privatdruck 1916, V 1918, Verf DDR 1951 Wolfgang Staudte.

Als Exposition dient die Charakterisierung des jungen Diederich Heßling: Er „war ein weiches Kind, das am liebsten träumte, sich vor allem fürchtete und viel an den Ohren litt"; bestraft zu werden ist ihm ein Bedürfnis, ein permanentes schlechtes Gewissen verwehrt ihm jegliche Selbstachtung, die Schule erlebt er als „unerbittlichen, menschenverachtenden, maschinellen Organismus", wobei es sein Stolz ist, an der „kalten Macht" – „wenn auch nur leidend" – teilzuhaben: „Am Geburtstag des Ordinarius bekränzte man Katheder und Tafel. Diederich umwand sogar den Rohrstock." Das lustvolle Erleiden von Macht ist gepaart mit Machtausübung gegenüber Schwächeren: den jüngeren Schwestern oder dem einzigen Juden in der Klasse.

Diese Disposition des Anti-Helden Heßling erfährt durch die Romanhandlung ihre zeitgeschichtliche Konkretisierung. In Berlin wird er als Student Mitglied einer schlagenden Verbindung, drückt sich als Simulant vor dem Militärdienst, gibt der von ihm verführten Agnes den Laufpaß und kehrt als Akademiker nach Netzig zurück. Hier übernimmt er die väterliche Papierfabrik, zettelt einen Majestätsbeleidigungsprozeß an, gewinnt eine wirtschaftliche Schlüsselstellung und repräsentiert schließlich als Festredner bei der Einweihung eines Denkmals Wilhelms I. seine Heimatstadt.

Ein Leitmotiv ist die schrittweise Identifikation Heßlings mit Wilhelm II.; dies gilt für das Äußere des „Untertans" wie für seine Sprache, die sich zu einer Montage aus Kaiserzitaten entwickelt. Dieser Annäherungsprozeß wird von Heßlings Jugendfreund, dem Rechtsanwalt Wolfgang Buck, als Zeitsymptom analysiert: „Eine romantische Prostration vor einem Herrn, der seinem Untertan von seiner Macht das Nötige leihen soll, um die noch Kleineren niederzuhalten. Und da es in Wirklichkeit und im Gesetz weder den Herrn noch den Untertan gibt, erhält das öffentliche Leben einen Anstrich schlechten Komödiantentums. Die Gesinnung trägt Kostüm, (...) und das Pappschwert wird gezogen für einen Begriff wie den der Majestät, den doch kein Mensch mehr, außer in Märchenbüchern, ernsthaft erlebt." Buck begnügt sich freilich mit dem Beweis seiner rhetorischen Fähigkeiten; insgeheim hat er, mit dem Beruf des Schauspielers liebäugelnd, Verständnis für das perfekte Rollenspiel des Kaisers und bemängelt lediglich den Dilettantismus der Imitation.

Unter dem Schutz des Regierungspräsidenten von Wulckow übersteht Heßling unbeschadet alle Konflikte, in die er forschdreist gerät. Als Chauvinist, Gegner des „Umsturzes", skrupelloser Unternehmer, Antisemit, Intrigant, Denunziant und scheinheiliger Moralapostel mit sexueller Perversion (er zieht Lustgewinn aus der Unterwerfung unter seine Frau, die ihn in den Bauch tritt und damit seine Untertanen-Existenz sinnlich demonstriert) behauptet Heßling das Feld. Lediglich die aufgrund eines Gewitters in chaotischer Flucht der Festgäste endende Szene der Denkmalseinweihung scheint Heßlings Triumph zu brechen, doch „der Umsturz der Macht von seiten der Natur war ein Versuch mit unzulänglichen Mitteln gewesen. Diederich zeigte dem Himmel seinen Wilhelms-Orden und sagte ‚Ätsch!' (...)."

Gleichwohl liegt dem Roman die Gewißheit des unausweichlichen Zusammenbruchs der durch Heßling repräsentierten Gesellschaft zugrunde. „Wenn die Katastrophe, der sie auszuweichen gedenken, vorüber sein wird", ermutigt der alte Buck seinen Sohn, „sei gewiß, die Menschheit wird das, worauf die erste Revolution folgte, nicht scham- und vernunftloser nennen als die Zustände, die die unseren waren."

Der Untertan bildet mit den Romanen *Die Armen* (1917) und *Der Kopf* (1925) die Trilogie *Das Kaiserreich*.

Die Jugend des Königs Henri Quatre. Die Vollendung des Königs Henri Quatre. Roman in 2 Teilen, V 1935 und 1938.

Den ersten Anstoß zur Darstellung Heinrichs IV. (1553–1610, frz. König ab 1589) erhielt Mann durch seinen Besuch von Heinrichs Geburtsort Pau im Jahr 1925; das auf umfangreiche historische Studien gestützte Projekt wurde zur literarischen Hauptarbeit der Jahre des frz. Exils.

Der 1. Teil reicht von der Jugend Heinrichs von Navarra in den heimatlichen Pyrenäen bis zum Tod Heinrichs III., des letzten Herrschers aus dem Haus Valois, im Jahr 1589 und zum daraufhin von Heinrich erhobenen Thronanspruch. Im Mittelpunkt stehen die Eheschließung des Hugenotten Heinrich mit Margarete von Valois („Margot"), der Schwester Karls IX., und die Ermordung der aus diesem Anlaß in Paris zusammengekommenen Hugenotten in der „Bartholomäusnacht" (23./24. 8. 1572).

Die Darstellungsweise der historischen Gestalten und Ereignisse stellt vor allem in diesem Teil Bezüge zur zeitgeschichtlichen Gegenwart her. So trägt der Führer der kath. Liga, der Herzog von Guise, die Züge Hitlers, und im Volksverhetzer Boucher ist Goebbels zu erkennen. Darüber hinaus intendierte die Wahl einer Gestalt aus der Epoche der Religionskriege und des auf diesem Hintergrund sich abzeichnenden Humanismus einen letztlich utopischen Gegenwartsbezug, wobei Mann sein Romanwerk als „weder verklärte Historie noch freundliche Fabel", sondern als „ein wahres Gleichnis" verstanden wissen wollte.

Den durchaus freien Umgang mit den historischen Fakten verdeutlichen die erfundenen Begegnungen Heinrichs mit Montaigne, von dem der zukünftige König lernt, daß „nichts so volkstümlich [ist] wie Gutsein". Im Zusammenhang der zweiten Begegnung heißt es: Montaigne „wollte sehen, ob ein maßvoller, vom Zweifel geneigter Sinn sich mit Erfolg erwehren konnte der Ausschweifungen der Unvernunft, die ihn überall bedrohten". Damit ist zugleich das Interesse des Erzählers an seiner Gestalt bezeichnet. Nicht historische Distanz, sondern unmittelbare Beteiligung einschließlich der Hinwendung an Heinrich kennzeichnet die Erzählerperspektive.

Diese Haltung kennzeichnet auch die im 1. Teil den Hauptkapiteln angefügten, mit „Moralité" überschriebenen Zusammenfassungen, Reflexionen und Verallgemeinerungen. Ihrer Abfassung in frz. Sprache liegt die Absicht zugrunde, „daß Deutsch und Französisch sich dieses eine Mal durchdrängen. Davon erhoffte ich immer das Beste für die Welt."

Der 2. Teil reicht von Heinrichs Durchsetzung seines Thronanspruchs gegen den Widerstand der Liga (1593 Konversion zum Katholizismus, 1594 Krönung) bis zur Ermordung durch den von Jesuiten gedungenen Fanatiker Revaillac. Im Mittelpunkt stehen die Beendigung der Hugenottenkriege durch das Toleranzedikt von Nantes (1598) und der „Große Plan"eines Völkerbundes. Die Bedrohung des „guten Königs" nistet u. a. in der Umgebung seiner zweiten Frau, Maria von Medici. Der 2. Teil endet mit „Ansprache" des Königs „von der Höhe einer Wolke herab", in der Mann die Nutzanwendung seiner Vergegenwärtigung von Geschichte formuliert: „Bewahrt euch all euren Mut, mitten im fürchterlichen Handgemenge, in dem so viele mächtige Feinde euch bedrohen. Es gibt immer Unterdrücker des Volkes, die habe ich schon zu meiner Zeit nicht geliebt [...]. Ich habe den König von Spanien gehaßt, der euch unter anderen Namen bekannt ist. Er denkt noch lange nicht daran, zu verzichten auf seine Anmaßung, Europa zu verführen, und zuallererst mein Königreich Frankreich." Dieses ist „immer noch der Vorposten der menschlichen Freiheiten, die da sind: Die Gewissensfreiheiten und die Freiheit, sich satt zu essen". In *Gestalt und Lehre* (1939) betonte Mann: „Da aber das Beispiel einst gegeben worden ist, die historische Gestalt leben und handeln konnte, sind wir berechtigt, Mut zu fassen und ihn anderen mitzuteilen."

Klaus Mann
*18.11.1906 in München, †21.5.1949 in Cannes
Der älteste Sohn ↑T. Manns schloß sich 1925 in Berlin mit seiner Verlobten Pamela Wedekind, seiner Schwester Erika und deren Mann (1925–1928), Gustaf Gründgens, zu einer Theatergruppe zusammen (1926 Aufführung der *Revue für Vier*), 1926 erschien die autobiographisch geprägte Erzählung *Kindernovelle*, 1929 unternahm er mit Erika eine Weltreise (gemeinsamer Bericht *Rundherum*), 1932 veröffentlichte er die Autobiographie *Kind dieser Zeit*.
1933 emigrierte Klaus Mann (Auseinandersetzung mit ↑ Benn), in Amsterdam gab er bis 1935 die Emigrantenzeitschrift „Die Sammlung" heraus. 1936 erschien der auf Gründgens bezogene „Roman einer Karriere" *Mephisto* (Verbot in der B.D. 1968, Dramat 1979 Ariane Mnouchkine, Verf Ungarn/B.D. 1981 István Szabó). Der Roman *Der Vulkan* (1939) schildert die verschiedenen Strömungen unter den Emigranten. Von 1936 an lebte er als Journalist in den USA (1938 Beobachter im Span. Bürgerkrieg), 1942 erschien die Autobiographie *The Turning Point* (dt. 1952 *Der Wendepunkt*). Vor seinem Selbstmord verfaßte er den von Pessimismus bestimmten Essay *Die Heimsuchung des europäischen Geistes*.

Thomas Mann
*6.6.1875 in Lübeck, †12.8.1955 in Zürich
Während der NS-Herrschaft wie kaum ein anderer Emigrant als Repräsentant des „anderen Dtl." geachtet, geriet Thomas Mann nach dem Krieg in Konflikt mit den Vertretern der „inneren Emigration" (Frank Thieß), die sich ihren Verzicht auf die „Logen und Parterreplätze" des Auslands zugute hielten. Mann blieb in zumindest räumlicher Distanz zur dt. Nachkriegsentwicklung und verkörperte zugleich – im Goethe-Jahr 1949 in Frankfurt und Weimar, im Schiller-Jahr 1955 in Stuttgart und Weimar – das Bewußtsein vom die „dt. Schmach" überdauernden und die dt. Spaltung möglicherweise überwindenden kulturellen Erbe.
Der jüngere Bruder ↑ H. Manns verließ nach der mittleren Reife das Lübecker Gymnasium und übersiedelte 1893 mit der im Vorjahr verwitweten Mutter nach München. Hier war er 1894 Volontär einer Feuerversicherungsgesellschaft und 1895/96 Student an der TH, ab 1896 hielt er sich in Italien auf, 1898 (Novellenband *Der kleine Herr Friedemann*) und 1899 gehörte er in München zu den Mitarbeitern des „Simplicissimus", 1900 leistete er seinen Militärdienst ab. Prägende Einflüsse gingen von ↑ Heine aus (spürbar bis hin zur Auseinandersetzung mit der Moses-Gestalt in der Erzählung *Das Gesetz*, 1944) sowie von ↑ Nietzsche und Richard Wagner. Berühmtheit brachte der Roman *Buddenbrooks* (1901). 1905 heiratete Mann Katja Pringsheim (1905 Geburt der Tochter Erika, 1906 des Sohns ↑ Klaus, 1909 des Sohns Golo, es folgten drei weitere Kinder).
Während des I. Weltkriegs spitzte Mann seine Auffassung des Gegensatzes zwischen Leben (Staat) und Geist (Kunst) bis hin zur (positiven) Definition des dt. Wesens als „Antidemokratismus" zu; in den *Betrachtungen eines Unpolitischen* (E 1915–1917, V 1918) richtete er scharfe Angriffe gegen das von H. Mann geforderte politische Engagement des Künstlers, das er als „reglementierte Geistigkeit" verwarf. Während der Weimarer Republik öffnete er sich einem neuen Demokratieverständnis, wobei ↑ Goethe zum Leitbild eines der Humanität verpflichteten Künstlertums wurde (1923 Essay *Goethe und Tolstoi*, 1932 Rede im Goethe-Jahr *Goethe als Repräsentant des bürgerlichen Zeitalters*, 1939 folgte der Goethe-Roman *Lotte in Weimar*). 1929 erhielt er den Literaturnobelpreis.

1930 wandte sich Mann mit seiner *Dt. Ansprache. Ein Appell an die Vernunft* gegen den Nationalsozialismus; die im selben Jahr erschienene Erzählung *Mario und der Zauberer* schildert als antifaschistische Parabel einen seine Umgebung faszinierenden verkrüppelten Hypnotiseur, der von seinem Opfer Mario erschossen wird. Im Münchner Vortrag (Februar 1933) zum 50. Todestag Wagners sprach Mann vom politischen Weg des Komponisten „von der Revolution zur Enttäuschung, zum Pessimismus und einer resignierten, machtgeschützten Innerlichkeit" und löste damit eine Hetzkampagne aus, die ihn veranlaßte, von einem Auslandsaufenthalt aus nicht nach Dtl. zurückzukehren. Zur literarischen Hauptarbeit im Exil in Küsnacht bei Zürich wurde die Romantetralogie *Joseph und seine Brüder* (V 1933–1943); 1936 wurde ihm die dt. Staatsbürgerschaft aberkannt, 1938 übersiedelte er in die USA (Gastprofessur in Princeton, 1940 Umzug nach Kalifornien, 1941–1952 Wohnsitz in Pacific Palisades, 1944 erhielt er die amerikan. Staatsbürgerschaft). Als selbstkritische Auseinandersetzung mit dem Nationalsozialismus erschien 1938 der Essay *Bruder Hitler* (Ausdruck der „peinlichen Verwandtschaft" mit der abscheulichsten „Erscheinungsform des Künstlertums"). Während des II. Weltkriegs engagierte sich Mann in zahlreichen antifaschistischen Vereinigungen (u. a. Ehrenvorsitz der „American Guild for German Cultural Freedom"), von 1940 an wandte er sich über die BBC an Dtl. (Slg. *Dt. Hörer! 25 Radiosendungen nach Dtl.*, 1942; erweiterte Ausgabe 1945). Von 1943 an entstand der Roman *Doktor Faustus* (V 1947), der nicht zuletzt eine Abrechnung mit dem eigenen Anteil am Irrationalismus der Jahrhundertwende bildet. Als „Rekapitulation eines abendländischen Mythos" erschien 1951 der Roman *Der Erwählte*, eine Nachgestaltung des Epos „Gregorius" ↑ Hartmanns von Aue. Fragment blieb die Gestaltung des Felix-Krull-Stoffes als ironischer Künstler- und erneuerter Schelmenroman. 1949 kehrt Mann erstmals nach Dtl. zurück, 1952 ließ er sich in der Schweiz nieder (1954 in Kilchberg bei Zürich). Wenige Wochen vor seinem Tod diagnostizierte er in Reden anläßlich des 150. Todestags ↑ Schillers das Taumeln einer „von Verdummung trunkenen, verwahrlosten Menschheit unterm Ausschreien technischer und sportlicher Sensationsrekorde ihrem schon gar nicht mehr ungewollten Untergange entgegen".

Romane: *Buddenbrooks. Verfall einer Familie* (E 1897–1900, V 1901), *Königliche Hoheit* (1909, Verf B.D. 1953 Harald Braun), *Bekenntnisse des Hochstaplers Felix Krull. Buch der Kindheit* (E 1911, V 1922), *Der Zauberberg* (1924), *Joseph und seine Brüder* (Tetralogie: *Die Geschichten Jaakobs*, 1933; *Der junge Joseph*, 1934; *Joseph in Ägypten*, 1936; *Joseph, der Ernährer*, 1943), *Lotte in Weimar* (1939, Verf DDR Egon Günther), *Doktor Faustus. Das Leben des dt. Tonsetzers Adrian Leverkühn, erzählt von einem Freunde* (E 1943–1947, V 1947), *Der Erwählte* (1951), *Bekenntnisse des Hochstaplers Felix Krull. Der Memoiren erster Teil* (1954, Verf B.D. 1957 Kurt Hoffmann). – Erzählungen: Slg. *Der kleine Herr Friedemann* (1898), Slg. *Tristan* (1903, darin u.a. *Tonio Kröger*), *Der Tod in Venedig* (1912), Slg. *Das Wunderkind* (1914), *Wälsungenblut* (1921, Verf B.D. 1964 Rolf Thiele), *Unordnung und frühes Leid* (1926, Verf B.D. 1976 Franz Seitz), *Mario und der Zauberer. Ein tragisches Reiseerlebnis* (1930), *Die vertauschten Köpfe. Eine indische Legende* (1940), *Das Gesetz* (1944), *Der Betrogene* (1953). – Dramen: *Fiorenza* (V 1905, U 1907). – Essays und Reden: *Friedrich und die große Koalition* (1915), *Betrachtungen eines Unpolitischen* (E 1915–1917, V 1918), *Goethe und Tolstoi* (1923, Neufassung 1932), *Von Dt. Republik* (1923), *Dt. Ansprache. Ein Appell an die Vernunft* (1930), Slg. *Leiden und Größe der Meister* (1935), *Versuch über Schiller* (1955). – Autobiographisches: *Herr und Hund* (1919), *Lübeck als geistige Lebensform* (1926), *Leiden an Dtl. Tagebuchblätter aus den Jahren 1933 und 1934* (1946), *Die Entstehung des Doktor Faustus. Roman eines Romans* (1949).

Buddenbrooks. Verfall einer Familie.
Roman, E 1897–1900, V 1901; Verf Dtl. 1923 Gerhard Lamprecht, B.D. 1959 Alfred Weidenmann.

Das ursprünglich als Erzählung (mit der Gestalt des jungen „décadent" Hanno als Hauptfigur) sowie als Gemeinschaftsarbeit mit ↑H. Mann geplante Werk ist nach T. Manns eigener Charakterisierung „ein als Familien-Saga verkleideter Gesellschaftsroman, (...) ein vom Verfallsgedanken überschattetes Kulturgemälde". Die Handlung erstreckt sich über den Zeitraum 1835–1877 und schildert vier Generationen der Lübecker Kaufmannsfamilie Buddenbrook, die das sowohl getreue ·als auch stilisierte Abbild der Familie Mann darstellt. Ebenso besitzen zahlreiche Nebenfiguren ihr reales Vorbild; schon bald nach dem Erscheinen des Romans setzten die Bemühungen ein, sämtliche Gestalten des „Schlüsselromans" zu dechiffrieren.

Das tatkräftige, wirtschaftlich erfolgreiche und weltoffene Bürgertum wird durch den zu Beginn des Romans etwa 70jährigen Johann Buddenbrook repräsentiert. In seinem Sohn, dem Konsul Johann Buddenbrook, verbinden sich bürgerliche Rechtschaffenheit und pietistische, die Weltoffenheit einschränkende Lebensauffassung. Der hier sich andeutende Zwiespalt zwischen der Bindung an Beruf und politische Tätigkeit einerseits und der seelischen Entwicklung andererseits verschärft sich in der dritten Generation. Zum entscheidenden Bildungserlebnis des als Senator im Gemeinwesen zu einer führenden Stellung gelangten Thomas Buddenbrook wird die Philosophie Arthur Schopenhauers; kennzeichnend ist sein Vergleich zwischen den Schauplätzen Hochgebirge und Meer: „Man klettert keck in die wundervolle Vielfachheit der zackigen, ragenden, zerklüfteten Erscheinungen hinein, um seine Lebenskraft zu erproben, von der noch nichts verausgabt wurde. Aber man ruht an der weiten Einfachheit der äußeren Dinge, müde wie man ist von der Wirrnis der inneren."

Den Typus des – an bürgerlichen Maßstäben gemessen – lebensuntüchtigen, clownesken Exzentrikers verkörpert Christian Buddenbrook, der in Bohemekreisen verkehrende Bruder des Senators. Die lebenslustige Schwester Tony durchleidet zwei scheiternde Ehen, ohne an Reife zu gewinnen. Die als „grau" geschilderte Schwester Clara stirbt kurz nach ihrer Heirat. Die künstlerische Begabung der Ehefrau des Senators, die zugleich ein gewisses Maß an „Exotik" und „nervöse Kälte" besitzt, gewinnt im Repräsentanten der vierten Generation, dem hochmusikalischen und übersensiblen Hanno, die Oberhand. Sein Tod in jungen Jahren an Typhus versinnbildlicht den Endpunkt eines schrittweisen Verlustes an Vitalität, den der Abbau wirtschaftlicher Potenz und gesellschaftlicher Reputation begleitet. Die gegenläufige Entwicklungslinie bezeichnet der Aufstieg der Familie Hagenström; durch sie tritt der Typus des kapitalistischen Bourgeois an die Stelle des patrizischen Bürgers.

Die Schilderung des „Verfalls einer Familie" besitzt aufgrund der kulturgeschichtlichen Konzeption T. Manns auch Aspekte des Neubeginns. Verfall steht, als notwendige Phase der Aufhebung traditioneller Werte, in engstem Zusammenhang mit Fortentwicklung. Die Gestalt Hannos deutet die Möglichkeit einer aus Lebensuntüchtigkeit hervorgehenden Lebenssteigerung im Geistigen an.

Das Grundthema einer zunehmenden geistigen und seelischen Differenzierung bestimmt auch die Erzählweise. Die zunächst vorherrschende Realistik (chronologische Abfolge, Personencharakterisierung durch jeweils spezifisches Sprachverhalten) weicht schrittweise einer Auflösung des unmittelbaren Erzählzusammenhangs zugunsten eines Gefüges aus indirekter und erlebter Rede, Exkursen, mehrgliedriger Handlungsführung und vielfältig variierten Motiven. Kennzeichnend ist die Tatsache, daß Hannos Tod nur mittelbar einer medizinischen Erörterung über den Typhus zu entnehmen ist.

Tonio Kröger. Novelle, E ab 1899, V 1903, Verf B. D. 1964 Rolf Thiele.
Die Symmetrieachse der dreiteiligen Komposition bildet ein Gespräch des jungen Schriftstellers Tonio Kröger mit der russ. Malerin Lisawetta Iwanowna, die in ihrem Freund den „verirrten Bürger" erkennt. Im Mittelpunkt der Auseinandersetzung steht das Verhältnis zwischen Leben und Kunst, das von Kröger als Mißverhältnis erlebt wird. Symptomatisch ist die ursächliche Verbindung von gesteigerter künstlerischer Kraft und geschwächter Gesundheit.
Der erste Teil schildert die Jugend des sensiblen Kröger, sein Werben um die Freundschaft des unkomplizierten Hans Hansen, die mit „seliger Selbstverleugnung" verbundene Liebe zur fröhlichen Inge während der Tanzstundenzeit. Der dritte Teil variiert in gemilderter Form die im ersten geschilderte Sehnsucht nach den „Wonnen der Gewöhnlichkeit" anläßlich der Wiederbegegnung Krögers mit Hans und Inge während eines Tanzfests in einem dän. Badeort.

Tristan. Novelle, E 1901, V 1903.
Als Schauplatz dient das Sanatorium „Einfried". Hier prallen zwei Lebenshaltungen aufeinander, verkörpert durch den derben Großkaufmann Klöterjahn und den in Selbststilisierung befangenen Literaten Spinell. Dieser gewinnt Einfluß auf Klöterjahns wegen eines angeblich nur leichten Leidens im Sanatorium weilende Ehefrau Gabriele. Die Verschlechterung ihres Zustandes steht im Zusammenhang mit dem (von den Ärzten verbotenen) Klavierspiel (Auszug aus Wagners Oper „Tristan und Isolde"), zu dem Spinell sie bewegt hat. Ausdruck der „Gemeingefährlichkeit" (Klöterjahn) des Schwärmers Spinell ist der Stolz auf seinen Anteil daran, daß Gabriele „selig unter dem tödlichen Kusse der Schönheit vergeht". Zugleich enthüllt Klöterjahns zu späte Einsicht, daß Gabriele lungenkrank war, seine (Spinells Lebensfremdheit entsprechende) Unfähigkeit, die Wirklichkeit zu erfassen.

Der Tod in Venedig. Novelle, E 1911, V 1912, Verf England/Italien 1971 Luchino Visconti.
Der in München lebende, schon früh zu Erfolg gelangte Schriftsteller Gustav von Aschenbach wird von einer „ins Leidenschaftliche, ja bis zur Sinnestäuschung" gesteigerten Reiselust gepackt, die ihn auf eine Insel vor der Küste Istriens und weiter nach Venedig führt. Hier weckt die Begegnung mit dem durch antikische Schönheit ausgezeichneten und durch Krankheit geadelten poln. Knaben Tadzio in dem alternden Künstler homoerotische Empfindungen, die zwar seine schöpferische Kraft neu aufleben lassen, jedoch in diametralem Gegensatz zu Aschenbachs bürgerlichen Idealen der Haltung und Würde stehen: Die „anderthalb Seiten erlesener Prosa", die Aschenbach gelingen, werden von ihm als „geistige Ausschweifung" empfunden. Der Zwiespalt findet seinen äußeren Ausdruck in der tödlichen Erkrankung Aschenbachs an der in Venedig grassierenden Choleraseuche.
In der Gestalt Aschenbachs verschmelzen autobiographische Elemente mit Zügen Gustav Mahlers († 1911), Richard Wagners und ↑ Platens (Ästhetizismus und Homoerotik). Der ursprüngliche Plan sah eine Darstellung der Beziehung ↑ Goethes zu Ulrike von Lewetzow vor, verstanden als „Entwürdigung eines hochgestiegenen Geistes" durch den „Einbruch von Leidenschaft". Als Grundthema erweist sich die Gefährdung der im Artistischen beheimateten künstlerischen Existenz.
Die sprachliche Gestaltung vermittelt den Eindruck einer vielfach mit Ironie gepaarten Distanz. Kennzeichnend ist ferner die Einkleidung der Todesthematik in verschiedene Gestalten, die als Todesboten zu verstehen sind. Ihre Abfolge reicht von der zu Beginn auf einem Friedhof in Erscheinung tretenden Gestalt eines Reisenden, an der sich Aschenbachs Reiselust entzündet, über einen jung geschminkten Greis und einen finsteren venezianischen Gondoliere bis hin zu Tadzio.

Der Zauberberg. Roman, E ab 1912, v. a. 1919–1924, V 1924, Verf B. D. 1982 Hans W. Geissendörfer.
Als Schauplatz dient das von Hofrat Behrens ärztlich geleitete Lungensanatorium „Berghof" in Davos, die Handlung „spielt (...) ehedem, in den alten Tagen, der Welt vor dem großen Kriege". Im Mittelpunkt steht der aus dem „Flachland" stammende junge Hans Castorp, der nach Davos reist, um seinen Vetter Ziemßen zu besuchen; er verbringt schließlich 7 Jahre als Patient im „Berghof" und wird dann in den Krieg entlassen, in das „Weltfest des Todes".
Um Castorp, einen „einfachen, wenn auch ansprechenden jungen Menschen", gruppieren sich Repräsentanten der verschiedensten geistigen Strömungen und Lebensauffassungen. Insbesondere der Jesuit Naphta und der Humanist Settembrini versuchen, auf Castorp Einfluß zu gewinnen (der Erzähler bekennt sich zur „pädagogischen Neigung", die er im Laufe seiner Geschichte zu Castorp gefaßt hat); einen heroischen Vitalismus verkörpert der im Selbstmord endende Holländer Pieter Peeperkorn. Inmitten des „hermetischen Zaubers" des Sanatoriums entsteht das vielfach ins Groteske gesteigerte Bild einer von der Faszination durch den Tod geprägten Epoche – dem Roman liegt die Absicht zugrunde, „etwas wie ein Satyrspiel zum Tod in Venedig" zu gestalten. Zugleich erfährt Castorp, so betont T. Mann, auf dem „Zauberberg" eine „Steigerung, die ihn zu moralischen, geistigen und sinnlichen Abenteuern fähig macht, von denen er sich in der Welt, die immer ironisch als Flachland bezeichnet wird, nie hätte etwas träumen lassen".
Eine das Erzählte und den Erzählvorgang verknüpfende Thematik ist die Zeit, ausgehend von der Reflexion des Erzählers über den „Vergangenheitscharakter" der nur wenige Jahre zurückliegenden Geschichte, deren „hochgradige Verflossenheit" daher rührt, daß sie „vor einer gewissen, Leben und Bewußtsein tief zerklüftenden Wende und Grenze spielt".

Joseph und seine Brüder. Romantetralogie, E ab 1926: *Die Geschichten Jaakobs* (1933), *Der junge Joseph* (1934), *Joseph in Ägypten* (1936), *Joseph, der Ernährer* (1943), Gesamtausgabe 1948.
T. Mann folgte einer Anregung ↑ Goethes, der in „Dichtung und Wahrheit" über die biblische Josephs-Legende bemerkt: „Höchst liebenswürdig ist diese natürliche Geschichte: nur erscheint sie zu kurz, und man fühlt sich versucht, sie in allen Einzelheiten auszuführen." Die Handlung folgt im wesentlichen dem Bericht im 1. Buch Moses, ist jedoch in ein breit angelegtes kulturgeschichtliches Gesamtbild Altägyptens, Mesopotamiens und Kleinasiens eingefügt. Die im engeren Sinne romanhafte Schilderung ist mit textkritischen, religionsgeschichtlichen und soziologischen Kommentaren und Reflexionen verknüpft, wobei sich eine humoristische Grundhaltung Geltung verschafft; sie ergibt sich aus der Überzeugung, daß „das Wissenschaftliche, angewandt auf das ganz Unwissenschaftliche und Märchenhafte, (...) pure Ironie" ist.
Die zeitgeschichtliche Verankerung des scheinbar so fernliegenden Stoffes deutet eine Äußerung gegenüber dem Mythenforscher Kerényi an: „Man muß dem intellektuellen Faschismus den Mythos wegnehmen und ihn ins Humane umfunktionieren." Joseph steht an der Grenze zwischen mythischer Vorwelt und durch das Individuum erfaßter und mitgestalteter Geschichte (Joseph als Erfinder der Vorratswirtschaft, als erster „Volkswirt"). Innerhalb des die Schöpfungsmythen einbeziehenden Beziehungssystems aus Leitmotiven (z. B. der Sturz) gewinnt Joseph seine individuelle Gestalt durch die „Geburt des Ich aus dem mythischen Kollektiv".
Wesentliche Anregungen gingen von der Tiefenpsychologie Sigmund Freuds aus (Theorie der Bewußtseinsschichtung), einschließlich der Trieblehre, die als Grundlage der Schilderung der Beziehung zwischen Joseph und Mut-em-enet, der Frau des Eunuchen Potiphar, erkennbar ist.

Doktor Faustus. Das Leben des dt. Tonsetzers Adrian Leverkühn, erzählt von einem Freunde. Roman, E 1943–1947, V 1947, Verf B. D. 1982.

Als Erzähler dient der Altphilologe Dr. Serenus Zeitblom, der (genau wie T. Mann selbst) am 23. Mai 1943 mit der Niederschrift der Biographie beginnt. Leverkühn, 1885 als Sohn eines Bauern geboren, entwickelt als Schüler ein leidenschaftliches Interesse für Musik, studiert jedoch zunächst Theologie, um sich schließlich als Komponist ganz der Musik zu widmen. Geprägt von dem Bewußtsein, daß alle herkömmlichen musikalischen Mittel ausgeschöpft sind, wächst in ihm die Bereitschaft zum Teufelspakt: 1905 in Leipzig in einem Bordell von dem Mädchen Esmeralda an der Wange berührt (vgl. ↑Gotthelfs Erzählung „Die schwarze Spinne"), sucht der „Gezeichnete" im folgenden Jahr Esmeralda in Preßburg auf und setzt, obwohl vor der zu erwartenden Syphilis-Infektion gewarnt, sein „tief geheimstes Verlangen nach dämonischer Empfängnis, nach einer tödlich entfesselnden chymischen Veränderung seiner Natur" durch. Besiegelt wird der Pakt fünf Jahre später durch eine Begegnung mit dem leibhaftigen Teufel. Der Pakt besagt: „Liebe ist dir verboten, insofern sie wärmt. Dein Leben soll kalt sein – darum darfst du keinen Menschen lieben. (...) Kalt wollen wir dich, daß kaum die Flammen der Produktion heiß genug sein sollen, dich darin zu wärmen. In sie wirst du flüchten aus der Lebenskälte..." In zunehmender Zurückgezogenheit gelangt Leverkühn zu der ihm zugesagten künstlerischen Steigerung, ausgehend von der (in einer Nachbemerkung als Arnold Schönbergs geistiges Eigentum ausgewiesenen) Zwölfton- bzw. Reihentechnik. Sein letztes Werk ist die Tondichtung „Dr. Fausti Wehklag". Während einer Lebensbeichte, zu der Leverkühn (wie Faust in der „Historia von D. Johann Fausten", 1587) seine Freunde 1930 versammelt hat, bricht er zusammen; er lebt bis zu seinem Tod 1940 in geistiger Umnachtung.

Leverkühns Lebensweg ist als Widerspiegelung der dt. Kulturgeschichte und ihrer krisenhaften Entwicklung im 20. Jh. konzipiert. Hierbei dient die Musik als „Mittel, die Situation der Kunst überhaupt, der Kultur, ja des Menschen, des Geistes selbst in unserer durch und durch kritischen Epoche auszudrücken". Die Person des Erzählers Zeitblom, dem es vollkommen fernliegt, sich „mit den unteren Mächten verwegen einzulassen", dient dazu, das „Dämonische durch ein exemplarisch undämonisches Mittel gehen zu lassen". Zugleich repräsentiert Zeitblom das Bewußtsein des inneren Zusammenhangs zwischen der Vergangenheits- und der Gegenwartshandlung, nämlich der Niederschrift der Leverkühn-Biographie während des sich abzeichnenden Zusammenbruchs des Hitlerreichs. Im Hinblick auf die Vergangenheit bemerkt Zeitblom: „Die Zeit, von der ich schreibe, war für uns Deutsche eine Ära des staatlichen Zusammenbruchs, der Kapitulation, der Erschöpfungsrevolte und des hilflosen Dahingegebenseins in die Hände der Fremden." Im Hinblick auf die Gegenwart: „Die Zeit, in der ich schreibe, die mir dienen muß, in stiller Abgeschiedenheit diese Erinnerungen zu Papier zu bringen, trägt, gräßlich schwellenden Bauches, eine vaterländische Katastrophe im Schoß, mit der verglichen die Niederlage von damals als mäßiges Mißgeschick, als verständige Liquidierung eines verfehlten Unternehmens erscheint."

In seinem autobiographischen Bericht *Die Entstehung des Doktor Faustus. Roman eines Romans* (1949) schildert T. Mann die keineswegs durch „Abgeschiedenheit", sondern politisch-publizistische Inanspruchnahme gekennzeichneten Lebensumstände während der Arbeit an seinem „Lebens- und Geheimwerk". Vor allem aber gibt er Hinweise auf die zahllosen Anregungen, etwa durch die Musikphilosophie Theodor W. Adornos; zu den „Vorbildern" Leverkühns gehören ↑Nietzsche und Hugo Wolf. Für sein erzählerisches Verfahren prägt Mann den Begriff „Montage-Technik".

Friederike Mayröcker
*20.12.1924 in Wien

Von 1946 bis zur Beurlaubung 1969 war Mayröcker als Englischlehrerin an Wiener Hauptschulen tätig. Als Schriftstellerin (erste Veröffentlichung von Gedichten 1946 in der Wiener, der Tradition von Expressionismus, Dadaismus und Surrealismus verpflichteten Zeitschrift „Plan") erhielt sie wesentliche Anregungen durch ↑ Artmann, 1954 begann ihre Zusammenarbeit mit ↑ Jandl. Innerhalb der experimentellen Poesie vertritt sie die Konzeption einer von der „Bewußtseinsmaschine" gesteuerten Verknüpfung sprachlicher Assoziationen zu einem Ausdruck des „Bewußtseins von der Welt", wobei diese als „etwas Vielschichtiges, Dichtes, Bruchstückhaftes, Unauflösbares" verstanden wird. Seit Ende der 60er Jahre widmet sich Mayröcker dem Hörspiel (1968 gemeinsam mit Jandl Hörspielpreis der Kriegsblinden); 1978 erschien die Slg. *Schwarmgesang – Szenen für die poetische Bühne* (darin u.a. *Arie auf tönernen füszen*, 1969). Die Prosa-Slg. *Heiligenanstalt* enthält imaginäre Musikerbiographien (u.a. Chopin, Robert und Clara Schumann, Schubert). Zu ihren Auszeichnungen gehören der Preis der Stadt Wien 1976 und der Trakl-Preis 1977 (gemeinsam mit ↑ Kunze).

Gedichtbände: *metaphorisch* (1965), *texte* (mit dem Zyklus *Tod durch Musen* 1966, Neuausgabe 1973), *Blaue Erleuchtungen* (1972), *In langsamen Blitzen* (1974), *Ausgewählte Gedichte* (1979). – Romane: *Das Licht in der Landschaft* (1975), *Fast ein Frühling für Markus M.* (1976). – Kurzprosa und Erzählungen: *Larifari. Ein konfuses Buch* (1956), *Minimonsters Traumlexikon* (1968), *je ein umwölkter gipfel* (1973), *Augen wie Schaljapin bevor er starb* (1974). – Kinderbücher: *Sinclair Sofokles der Babysaurier* (1971), *meine träume ein flügelkleid* (1974).

Christoph Meckel
*12.6.1935 in Berlin

Der Sohn des Schriftstellers und ↑ Hebel-Forschers Eberhard Meckel wuchs in Freiburg i.Br. auf, unternahm nach abgebrochener Gymnasialzeit Reisen durch Europa, nach Afrika und Amerika und studierte 1954–1956 an den Kunstakademien in München und Freiburg i.Br. Graphik. 1956 erschien der erste Gedichtband *(Tarnkappe)*, 1959 der erste Graphikband. Meckel war 1962 Stipendiat der Villa Massimo in Rom, zu seinen Auszeichnungen gehören der Bremer Literaturpreis 1981 und der Salzburger Trakl-Preis 1982; er lebt in West-Berlin als freier Schriftsteller und Graphiker.

Bildnerische und sprachliche Gestaltung stehen bei Meckel in engem Zusammenhang; hier wie dort herrschen skurrile Figurationen vor mit vielfach bedrohlichem Charakter: „Schlachtet meine Fische und Papageien / und prüft, wie tief unter Wasser die Eisberge fahren, / und hängt alles, was ihr findet, an eure großen Glocken, / das alles kostet euch nichts" (*Ode an mächtige Mannschaften*, 1959). Das *Manifest der Toten* (1960) schildert das Treiben der „Totenhersteller" aus der Sicht der Verstorbenen. Kriegs- und Nachkriegszeit spiegelt das autobiographische *Suchbild. Über meinen Vater* (1980).

Gedichtbände: *Tarnkappe* (mit Graphiken Meckels, 1956), *Nebelhörner* (1959), *Wildnisse* (1962), *Bei Lebzeiten zu singen* (1967), *Wen es angeht* (mit Graphiken Meckels, 1974), *Liebesgedichte* (mit Graphiken Meckels, 1977). – Erzählungen: *Dunkler Sommer und Musikantenknochen* (1964), Slg. *Kranich* (mit Graphiken Meckels, 1973), *Licht* (1978), Slg. *Ein roter Faden* (1983), Slg. *Die Gestalt am Ende des Grundstücks* (1984). – Hörspiele: *Der Wind der dich weckt, der Wind im Garten. Eine Romanze für Stimmen* (1966).

Walter Mehring
*29.4.1896 in Berlin, †3.10.1981 in Zürich
Nach einem Kunststudium (zugleich Mitarbeit an der Expressionismus-Zeitschrift „Der Sturm") und der Teilnahme am I. Weltkrieg (1916 Kriegsfreiwilliger) gehörte Mehring zur Gruppe der Berliner Dadaisten. Neben ↑ Kästner, ↑ Ringelnatz und ↑ Tucholsky wurde er zum erfolgreichen Autor von Chansons und Liedern für das politisch-zeitkritische Kabarett (1919 Wiedereröffnung von „Schall und Rauch"). Um dem Aussterben der Lyrik durch „Blutarmut" vorzubeugen, forderte Mehring die Einbeziehung der Fach- und Alltagssprache vom „Diplomatenargot" bis zum „Zuhälter- und Nuttenjargon"; eine kennzeichnende Form der kabarettistischen Vortragslyrik ist der „Sprachen-Ragtime". *Berlin – Simultan*, eines der *Berliner Chansons und Sittengedichte*, enthält die „polyphonen" Verse: „Die Reaktion flaggt schon am Dom / Mit Hakenkreuz und Blaukreuzgas – / Monokel contra Hakennas' – / Auf zum Pogrom / Beim Hippodrom! / Is' alles Scheibe! / Bleib mir vom Leibe / Mit Wahlgeschrei / Und Putsch! / Eins! zwei! drei! / Rrrutsch mir den Puckel lang / Puckel lang!" 1929 inszenierte Erwin Piscator das Inflationsdrama *Der Kaufmann von Berlin*. 1933 emigrierte Mehring über Wien nach Frankreich; aus der Internierung (1939) konnte er 1940 in die USA fliehen. 1951 erschien seine „Autobiographie einer Kultur" *The Lost Library* (dt. 1958 *Die verlorene Bibliothek*).

Gedichtbände: *Das politische Cabaret* (darin: *Berliner Chansons und Sittengedichte*, 1920), *Ketzerbrevier* (1921), *Die Gedichte, Lieder und Chansons* (1929), *Arche Noah SOS* (1931), *Und Euch zum Trotz* (1934), *Neues Ketzerbrevier* (1962). – Romane: *Paris in Brand* (1927), *Müller. Chronik einer dt. Sippe von Tacitus bis Hitler* (1935).

Ernst Meister
*3.9.1911 in Hagen, †15.6.1979 in Hagen
Der Sohn eines Fabrikanten studierte in Marburg, Berlin, Frankfurt a. M. und Heidelberg Philosophie, Theologie, Germanistik und Kunstgeschichte und veröffentlichte 1932 seinen ersten Gedichtband (*Ausstellung*, die Slg. wurde als „Kandinsky-Lyrik" charakterisiert und geriet damit in die Nähe der „entarteten" Kunst); 1940 wurde er zum Militär eingezogen. 1946 erschienen als Privatdrucke *Mitteilungen für Freunde* (6 Hefte), 1960 gab Meister seine Anstellung im väterlichen Unternehmen auf und lebte in Hagen als freier Schriftsteller (tätig auch als Maler und Graphiker). Meisters Lyrik steht in der Tradition der „hermetischen" Dichtung (↑ Benn, ↑ Celan); philosophische Fragestellungen (er bekannte, daß bei ihm „Dichten identisch ist mit Denken") verbinden sich mit Sprachskepsis („Viele / haben keine Sprache. // Wäre ich nicht selbst / satt von Elend, ich // bewegte / die Zunge nicht", 1972). Zu seinen Auszeichnungen gehören der Petrarca-Preis 1976 und der postum verliehene Büchner-Preis 1979.

Gedichtbände: *Ausstellung* (1932), *Unterm schwarzen Schafspelz* (1953), *Dem Spiegelkabinett gegenüber* (1954), *Der Südwind sagte zu mir* (1955), *Zahlen und Figuren* (1958), *Lichtes Labyrinth* (1960), *Flut und Stein* (1962), *Zeichen um Zeichen* (1968), *Schein und Gegenschein* (mit Radierungen von Emil Schumacher, 1969), *Sage vom Ganzen den Satz* (1972), *Schatten* (mit Lithographien von Meister, 1973), *Im Zeitspalt* (1976), *Wandloser Raum* (1979), *Das Leben ist länglich, dachte ich kürzlich*. Nonsens-Gedichte (postum 1980). – Dramen: *Ein Haus für meine Kinder* (V 1964, U 1966). – Hörspiele: *Schieferfarbene Wasser* (1963), *... und aufwecken wollte ich ihn nicht* (1975). – Essays: *Das nächste Beste. Ein Versuch, Hölderlin zu entdecken* (1979).

Conrad Ferdinand Meyer
*11.10.1825 in Zürich, †28.11.1898 in Kilchberg bei Zürich
„Ketzer, Gaukler, Mönche und Landsknechte, sterbende Borgias, Cromwells, Colignys, Medusen, Karyatiden, Bacchantinnen, Druiden, Purpurmäntel, Bahrtücher; Hochgerichte, Tempel, Klostergänge", resümierte † Hofmannsthal anläßlich Meyers 100. Geburtstag die bunte Fülle der in Lyrik und Prosa enthaltenen Gestalten, Motive und Schauplätze, in denen „die Welt des gebildeten, alles an sich raffenden Bürgers ihre Schrecknisse entfaltet". Meyer selbst begründete seine Vorliebe für historische Stoffe bzw. die historische Novelle in einem Brief aus dem Jahr 1888: „Ich ziehe sie dem Zeitroman vor, weil sie mich besser maskiert (...). Auf diese Art und Weise bin ich mittels einer sehr objektiven und außerordentlich künstlerischen Form vollkommen subjektiv und individuell." Aus dieser „maskierten" Subjektivität erklärt sich die Nähe zum Symbolismus.

Der Sohn eines Ratsherrn († 1840) erhielt seine Schulausbildung in Zürich, 1843 befand er sich in privater Obhut in Lausanne (Förderung der Hinwendung zur frz. Kultur), 1844 begann er in Zürich ein Jurastudium und erhielt Malunterricht; nach zunehmender Abkapselung kam Meyer 1852 zur Behandlung akuter Depression in die Nervenheilanstalt in Préfargier (Kt. Neuchâtel) und kehrte 1854 nach Zürich zurück, wo er als dt.-frz. Übersetzer tätig wurde. 1856 starb seine Mutter, selbst Patientin in Préfargier, durch Unfall (oder Selbstmord). Meyer lebte von nun an mit seiner um 6 Jahre jüngeren Schwester Betsy zusammen; 1857 reisten sie gemeinsam nach Paris, 1858 nach Italien. 1864 veröffentlichte Meyer anonym *20 Balladen eines Schweizers*, von 1866 an arbeitete er am Roman *Jürg Jenatsch* (Vorabdruck 1874, Buchfassung 1876).

Während des Dt.-Frz. Kriegs 1870/71 wurde Meyer von einem „unmerklich gereiften Stammesgefühl jetzt mächtig ergriffen" und tat „das frz. Wesen ab"; Ausdruck fand die Neuorientierung in der Verserzählung *Huttens letzte Tage* (V 1871), das den sterbenden streitbaren Humanisten in seinem Asyl auf der Insel Ufenau im Zürichsee mit den repräsentativen Gestalten seiner Epoche konfrontiert. Nach seiner Heirat mit Luise Ziegler (1875, zuvor kursierten Gerüchte um Meyers „Geschwisterehe" mit Betsy, eine Spiegelung dieses Konflikts bildet die 1885 veröffentlichte Erzählung *Die Richterin*) ließ sich der zu Anerkennung gelangte Schriftsteller 1875 in Kilchberg bei Zürich nieder. In rascher Folge erschienen seine historischen Novellen, die vorwiegend in der Epoche der Renaissance spielen. 1882 bezeugte der Band *Gedichte* Meyers Rang als Lyriker; die Slg. enthält Natur- und Liebesgedichte *(Zwei Segel)*, Huldigungen an das Genie großer Meister *(Michelangelo und seine Statuen)* und historische Balladen *(Die Füße im Feuer)*; viele der Gedichte haben mehrere Stadien durchlaufen *(Der römische Brunnen)*.

1892 mußte sich Meyer aufgrund von Wahnvorstellungen in Königsfelden in psychiatrische Behandlung begeben; im folgenden Jahr wieder entlassen, blieb ihm die Rückkehr zu seiner schriftstellerischen Arbeit versagt.

Gedichtbände: *20 Balladen von einem Schweizer* (1864), *Romanzen und Bilder* (1869), *Gedichte* (1882, 5. Auflage 1892). – Romane: *Jürg Jenatsch* (E ab 1866, Zs 1874, V 1876). – Erzählungen: *Das Amulett* (1873), *Der Schuß von der Kanzel* (1878, Verf Schweiz 1942 Leopold Lindtberg), *Der Heilige* (1879), *Plautus im Nonnenkloster* (1881), *Gustav Adolfs Page* (1882, Verf Österreich 1960 Rolf Hansen), *Das Leiden eines Knaben* (1883), *Die Hochzeit des Mönchs* (1884), *Die Richterin* (1885, Verf u. d. T. "Violanta" Schweiz 1976/77 Daniel Schmid), *Die Versuchung des Pescara* (1887), *Angela Borgia* (1891).

Jürg Jenatsch. Eine Bündnergeschichte. Roman, E ab 1866, Zs 1874, V 1876, Verf u. d. T. „Oberst Jürg Jenatsch" Schweiz 1979 Tony Flaadt.

Im Mittelpunkt steht der protestantische Pfarrer und spätere Heerführer Georg (Jürg) Jenatsch (1596–1639). Die Ausgangssituation bildet die Rückkehr des 1618 vertriebenen und für vogelfrei erklärten Pompejus Planta (1570–1621), des Anführers der kath. Partei in dem zum Protestantismus übergetretenen Graubünden. Planta war für schuldig befunden worden, landesverräterische Beziehungen zu Habsburg unterhalten zu haben. Jenatsch ist strafweise in die von Graubünden annektierte, in ihrer Mehrheit jedoch kath. Provinz Veltlin versetzt worden. Bei einem von Planta geschürten Volksaufstand verliert er seine Frau und muß fliehen. Er beschließt, sich als Soldat ausbilden zu lassen, um für die Befreiung des inzwischen von Spanien besetzten Graubünden zu kämpfen; bevor er sich nach Dtl. begibt, erschlägt er Planta (dessen Tochter Lucretia Jenatsch liebt) auf dessen Burg Riedberg mit einer Axt. Etwa 10 Jahre später befindet sich Jenatsch in Venedig. Hier stellt er sich dem Hugenottenführer und frz. Feldherrn Herzog Rohan (1579–1638) zur Verfügung, der den Auftrag hat, Graubünden zu befreien bzw. in frz. Gewalt zu bringen. Lucretia, die in Venedig Exil gefunden hat, erhält von Rohan die Erlaubnis zur Rückkehr in die väterliche Burg. Auf ihrer Heimreise in Begleitung des aus Zürich stammenden Leutnants Wertmüller (er kommt als verschrobener Alter in Meyers Novelle *Der Schuß von der Kanzel* wieder vor) begegnet sie dem in span. Gefangenschaft geratenen Jenatsch und wirkt an seiner Befreiung mit. Rohan und Jenatsch mit seinen Freischaren gelingt es, die österreich.-span. Besatzung aus Graubünden zu vertreiben; die frz. Regierung des Kardinals Richelieu verweigert jedoch den Bündnern die von Rohan zugesagte Autonomie und verlangt die Anerkennung eines Besatzungsstatuts. Im Konflikt zwischen der Treue gegenüber Rohan und dem Ziel der Freiheit seines Landes entscheidet sich Jenatsch dafür, nunmehr die Franzosen mit span. Hilfe zu vertreiben, wobei Lucretia Vermittlerdienste leistet; der Preis, den er bezahlen muß, ist der Übertritt zum Katholizismus. Der Plan gelingt, doch indem sich Jenatsch in der Landeshauptstadt Chur feiern lassen will, fällt er einem Attentat seiner innenpolitischen Gegner zum Opfer; mit jener Axt, die Jenatsch als Mordwaffe gedient hatte, tötet Lucretia den schwer Verwundeten, wobei sie sowohl Rache ausübt als auch Jenatsch einen letzten Liebesdienst erweist.

Der Gestaltung des Romans liegen neben historischen auch ausführliche Lokalstudien zugrunde (Reisen der Jahre 1866, 1867 und 1871). So steht am Anfang die Landschaftsschilderung des Julierpasses und der hier noch heute als Überreste aus römischer Zeit erhaltenen Säulenstümpfe. Der historische Stoff diente Meyer dazu, einen leidenschaftlichen Tatmenschen zu vergegenwärtigen, der zugleich an Machiavelli geschult zu sein scheint. Hierin ist der Einfluß von Jacob Burckhardts Epochendarstellung „Die Kultur der Renaissance in Italien" (1860) erkennbar, die den Kult der herausragenden Persönlichkeit förderte. Zugleich war sich Meyer jedoch der zeitgeschichtlichen Bezüge seines Stoffes bewußt. Im Hinblick auf Parallelen zwischen den machtpolitischen Auseinandersetzungen im Deckmantel von „Glaubenskriegen" im 17. Jahrhundert und der durch Bismarck verfolgten Politik im Interesse der als Zweck die Mittel heiligenden dt. Einigung unter preuß. Hegemonie schrieb er 1866 in einem Brief: „Es ist merkwürdig, daß jene Zeit zur Besprechung derselben Fragen Anlaß gibt, ja nötigt, die jetzt die Welt bewegen: ich meine den Konflikt von Recht und Macht, Politik und Sittlichkeit." Die hier noch erkennbare Kritik am politischen „rohesten Positivismus" hinderte Meyer jedoch nicht, Bismarck 1870 mit dem Lied *Der dt. Schmied* zu huldigen („Er steht umlodert von Feuersglut, / Die Funken spritzen wie rotes Blut").

Der Heilige. Novelle, 1879.
Den historischen Stoff bildet die Beziehung zwischen dem engl. König Heinrich II. und dessen Kanzler Thomas Becket, der als Erzbischof von Canterbury für die Rechte der Kirche und gegen die des Monarchen eintrat, 1170 ermordet und kurz darauf heiliggesprochen wurde. Um die Wandlung im Verhalten Beckets zu motivieren, erfand Meyer eine Tochter, die vom König verführt und durch dessen Mitschuld getötet wird. Dennoch bleibt der „Heilige" eine „rätselhafte Figur". Meyer erreicht dies durch die Einschaltung eines Erzählers, der als ehemaliger Königsknecht Heinrichs II. zwar ein glaubwürdiger Gewährsmann ist, Becket jedoch nur in subjektiver Brechung zu schildern vermag. Dies entspricht Meyers Verwendung von Rahmenhandlungen mit dem Ziel, sich den Gegenstand der Erzählung „vom Leibe oder richtiger (...) so weit als möglich vom Auge" zu halten.

Die Hochzeit des Mönchs. Novelle, 1884.
Am Hof der Scaliger in Verona ist eine heitere Gesellschaft versammelt, die sich die Zeit mit Erzählungen vertreibt. Zu ihr gehört Dante. Sein Beitrag handelt von dem Mönch Astorre, der um des Fortbestehens seiner Familie willen gezwungen wird, ins weltliche Leben zurückzukehren und die Braut seines verstorbenen Bruders zu heiraten. Astorre verliebt sich jedoch in eine andere Frau und heiratet sie heimlich. Beim eigentlichen Hochzeitsfest kommt es zur Auseinandersetzung zwischen Diana, der Braut, und Antiope, der Ehefrau Astorres, bei der beide Eheleute den Tod finden. Dantes Erzählung endet mit einem „fernen Gelächter".
Den Kern der Binnenerzählung bezeichnet das zu Beginn der Rahmenerzählung erwähnte Sprichwort: „Wer gestoßen wird, springt schlecht." Es verweist auf das Thema des Verlustes einer dem Individuum angemessenen Lebensform, das bei Meyer aufgrund seiner Jugendzeit nicht zuletzt biographisch fundiert ist.

Die Versuchung des Pescara. Novelle, 1887.
Die Titelgestalt ist der im Dienst Kaiser Karls V. stehende Feldherr Pescara (1489–1525). Er wird nach der Schlacht bei Pavia (1525) umworben, sich der gegen den dt. Kaiser bildenden Liga (Mailand, Venedig, der Papst) anzuschließen. Auch Pescaras Frau, die Dichterin Viktoria Colonna, will ihn zum Verrat bewegen, um „mit dem Schwert Italiens Bande" zu zerschneiden. Keiner seiner Gesprächspartner weiß jedoch, daß Pescara „außerhalb der Dinge" steht: Die Verwundung, die ihm in der Schlacht bei Pavia zugefügt wurde, hat sich zu einer tödlichen Krankheit entwickelt. Pescara folgt dem kaiserlichen Befehl, das abtrünnige Mailand zu erobern; sterbend bittet er um Gnade für den Mailänder Herzog Sforza und dessen Kanzler Morone.
Die Erzählung bietet ein Höchstmaß an komprimierter kulturgeschichtlicher Darstellung in Form eines vor allem in den Gesprächen sich entwickelnden Geflechts von Fakten und Anspielungen; zur Sprache kommen das für die Renaissance kennzeichnende neue Verständnis politischer Wertmaßstäbe, der Zweifel gegenüber der kirchlichen Autorität, die seit der Antike neue Entdeckung der „Fülle des Daseins".
Das eigentliche Thema aber bildet die Distanz eines zum Handeln aufgeforderten Menschen gegenüber der zeitgeschichtlichen Handlungssituation, wobei letztlich keine zwingende Verbindung zwischen kulturgeschichtlichem Stoff und inhaltlichem Kern besteht. Die lyrische Gestaltung des Pescara-Themas bildet das Gedicht *Unter den Sternen*: „Wer in der Sonne kämpft, ein Sohn der Erde, / Und feurig geißelt das Gespann der Pferde, / Wer brünstig ringt nach seines Zieles Ferne, / Von Staub umwölkt – wie glaubte der die Sterne? // Doch das Gespann erlahmt, die Pfade dunkeln, / Die ewgen Lichter fangen an zu funkeln, / Die heiligen Gesetze werden sichtbar. / Das Kampfgeschrei verstummt. Der Tag wird richtbar."

Alfred Mombert
*6. 2. 1872 in Karlsruhe, †8. 4. 1942 in Winterthur (Kt. Zürich)
Der ab 1899 in Heidelberg tätige Anwalt jüd. Herkunft widmete sich von 1906 an ausschließlich seinem literarischen Schaffen sowie philosophischen und naturwissenschaftlichen Studien. Momberts „sinfonische" Dichtungen (Slg. *Der Glühende,* 1895) handeln vom Verhältnis zwischen Mythos und Geschichte, Kosmos und Welt; die Sprache neigt zum ekstatischen Ausdruck („Reicht eine Harfe! Das Tief-Ewige / Umschauert mich"). Ein Hauptwerk ist die dramatische Dichtung *Aeon:* Die Trilogie führt vom kosmischen Ursprung des „ewigen Menschen" (*Aeon, der Weltgesuchte,* 1907) über die „ewige Zeit der schönen Liebe" (*Aeon zwischen den Frauen,* 1910) zur Geschichte (*Aeon vor Syrakus,* 1911). Mythische Weltsicht prägt auch das Epos *Sfaira der Alte* (2 Teile, 1936–1942). Mombert war 1940/41 im südfrz. KZ Gurs inhaftiert und starb im Schweizer Exil.

Christian Morgenstern
*6. 5.1871 in München, †31. 3. 1914 in Meran
Aus einer Künstlerfamilie stammend, war Morgenstern als Lektor, Übersetzer (Ibsen, Strindberg, Hamsun) und freier Schriftsteller tätig. An Tuberkulose erkrankt, ließ er sich nach mehreren Aufenthalten in Sanatorien 1910 in Südtirol nieder. Ab 1895 entstanden die *Galgenlieder,* die Morgenstern im Berliner Kabarett „Überbrettl" vortrug und 1905 veröffentlichte; es folgte die Slg. *Palmström* (1910), postum erschienen die Bände *Palma Kunkel* (1916), *Der Gingganz* (1919), *Egon und Emilie* (1950) und *Die Versammlung der Nägel* (1969). Dieser Teil der Lyrik Morgensterns mit den Gestalten des nur im Singular flektierbaren Werwolfs, des Nasobēms, Palmströms und Korfs oder der *Anto-Logie* vom Gig-ant über Zwölef- und Elef-ant bis zum Nulef-ant steht in der Tradition der Sprachgroteske und ist zugleich sprachkritisch fundiert. Daneben diente die Lyrik Morgenstern als Ausdruck bekenntnishafter Gottsuche (*Auf vielen Wegen,* 1897); bestimmend wurde die Anthroposophie Rudolf Steiners (*Wir fanden einen Pfad,* 1914). Die als „Tagebuch eines Mystikers" konzipierten epigrammatischen Aufzeichnungen erschienen postum 1919 u. d. T. *Stufen.*

Irmtraud Morgner (eigtl. Irmtraud Elfriede Schreck)
*22. 8. 1933 in Chemnitz (Karl-Marx-Stadt)
Die Tochter eines Eisenbahners studierte 1952–1956 in Leipzig Literaturwissenschaft und lebt seit 1958 als freie Schriftstellerin in Ost-Berlin. Zentrale Themen ihres Romanschaffens sind die (vor allem in der Frau wirksame) belebende und verändernde Kraft der Phantasie und die Aufhebung der Rollenfixierung. In *Hochzeit in Konstantinopel* (1968) verläßt die Laborantin Bele auf dem Weg zum Standesamt ihren karrierebewußten Bräutigam; *Gauklerlegende. Eine Spielfrauengeschichte* (1970) kontrastiert einen Kongreß mit dem Treiben einer Figur aus dem Puppenmuseum, die durch die Imaginationskraft der Frau eines Kongreßteilnehmers zum Leben erweckt wurde. Im Mittelpunkt der Romane *Leben und Abenteuer der Trobadora Beatriz nach Zeugnissen ihrer Spielfrau Laura* (1974) und *Amanda. Ein Hexenroman* (1983) stehen die nach 800jährigem Zauberschlaf wiedererwachte Beatriz und die „Normalfrau" Laura (deren brachliegenden Wesenteil die Hexe Amanda verkörpert); die kritische Darstellung der patriarchalischen Gesellschaftsstruktur verbindet Phantastik und Realistik.

Eduard Mörike
*8. 9. 1804 in Ludwigsburg, †4. 6. 1875 in Stuttgart

„Deine Abneigung gegen moderne Zerrissenheit kann ich nur mit Einschränkung gelten lassen. Denn dieses Element liegt in der ganzen Zeit, und wir werden mit plastischem Zudecken des Risses vergeblich uns bemühen", mahnte 1833 der Philosoph Friedrich Theodor Vischer seinen Freund Mörike. Tatsächlich litt die Wirkung des „Idyllikers" unter dem Vorbehalt des Unzeitgemäßen. Es bedurfte einer neuen Sicht für die in der sog. „Biedermeier"-Literatur enthaltenen Formen der Konfliktbewältigung, um Mörike als einen herausragenden Lyriker und Erzähler im Spannungsfeld zwischen Romantik und Realismus zu erkennen.

Der Sohn eines Oberamtsarztes, geboren als siebtes von 13 Kindern, trat nach Schuljahren in Ludwigsburg und Stuttgart 1818 in das ev.-theologische Seminar in Urach und 1822 als Theologiestudent in das Tübinger Stift ein. 1823 erfaßte Mörike eine leidenschaftliche Zuneigung zu der ein unstetes Wanderleben führenden Kellnerin Maria Mayer; sie ist das Urbild der Zigeunerin Elisabeth im Roman *Maler Nolten* (E ab 1829, V 1832) und die Peregrina des 1824/25 entstandenen Zyklus von Gedichten, in dem die Entsagung in den Versen zum Ausdruck kommt: „Krank seitdem, / Wund ist und weh mein Herz. / Nimmer wird es genesen!"

Von 1826 an war Mörike in mehreren schwäb. Orten Vikar bzw. Pfarramtsverweser (die 1829 geschlossene Verlobung mit der Pfarrerstochter Luise Rau wurde 1833 gelöst), 1834 erhielt er die Pfarrstelle in Cleversulzbach bei Heilbronn. Im selben Jahr erschien als Bruchstück eines geplanten Romans die Novelle *Miß Jenny Harrower,* deren Titelheldin sich als geistige Urheberin eines Mordes zur Sühne verpflichtet sieht. 1838 folgte die Slg. *Gedichte;* sie enthält u. a. die Naturschilderung *An einem Wintermorgen vor Sonnenaufgang* („O flaumenleichte Zeit der dunkeln Frühe!"), das in neuer Gestaltungsweise allegorische Naturgedicht *Um Mitternacht* („Gelassen stieg die Nacht ans Land"), die Ballade *Schön-Rohtraut* und das bekenntnishafte Gedicht *Verborgenheit* mit der Anfangs- und Schlußstrophe: „Laß, o Welt, o laß mich sein! / Locket nicht mit Liebesgaben, / Laßt dies Herz alleine haben / Seine Wonne, seine Pein!" Zu Mörikes lyrischem Schaffen gehört die Übersetzung antiker Dichtung (Catull, Horaz); vielfach genügten ihm Gegenstände der vertrauten Umgebung als Themen (*Auf eine Lampe; Der alte Turmhahn,* 1840/41). Zeichnungen belegen eine bildnerische Begabung. Enge Freundschaft verband ihn mit ↑ Kerner im nahen Weinsberg.

Von 1844 an lebte Mörike in Bad Mergentheim im vorzeitigen Ruhestand. Nach der Eheschließung mit Margarethe von Speeth nahm er in Stuttgart eine Tätigkeit als Literaturlehrer am Katharinenstift auf (bis 1866). In dieser Zeit entstanden das Märchen *Das Stuttgarter Hutzelmännlein* (darin *Die Historie von der schönen Lau*) und die Novelle *Mozart auf der Reise nach Prag.* Die letzten Lebensjahre verlebte Mörike, zeitweise von Frau und Kindern getrennt, in Lorch (hier erlernte er das Töpferhandwerk), Nürtingen und Bebenhausen. Zu den Freunden der späten Jahre gehörten ↑ Storm und der Maler Moritz von Schwind.

Gedichtbände: *Gedichte* (1838, erweiterte Neuauflagen 1848, 1856, 1867), *Classische Blumenlese* (1840). – Versepen: *Idylle vom Bodensee oder Fischer Martin und die Glockendiebe* (1846). – Romane: *Maler Nolten* (E ab 1829, V 1832, unvollendete Neufassung ab 1853, V postum 1877). – Erzählungen: *Miß Jenny Harrower* (1834, Neufassung u. d. T. *Lucie Gelmeroth* 1839), *Der Schatz* (1836), *Das Stuttgarter Hutzelmännlein* (1853), *Mozart auf der Reise nach Prag* (1855).

Maler Nolten. Roman, E ab 1829, V 1832, unvollendete Neufassung ab 1853, V postum 1877.

Theobald Nolten ist auf geheimnisvolle Weise an Elisabeth (die uneheliche Tochter seines Onkels mit einer Zigeunerin) gebunden. Sie durchkreuzt seine Liebe zur bürgerlich-einfachen Agnes (die als neue Ophelia im Wahnsinn und Selbstmord endet) und verhindert, daß er in der aristokratischen Sphäre der Gräfin Konstanze von Armond heimisch wird; durch Elisabeth fühlt sich Theobald aber auch zum Künstler berufen. Ihr Wesen bringt Theobalds Bildnis zum Ausdruck: Auf einer Orgel musizierend, scheint Elisabeth „mehr auf den Gesang der zu ihren Füßen strömenden Quelle als auf das eigene Spiel zu horchen. Das schwarze, seelenvolle Auge taucht nur träumerisch aus der Tiefe des inneren Geisterlebens." Als Nolten, gezeichnet durch „schläfrige Übersättigung von langem Leiden", stirbt, nimmt der blinde Knabe Henni wahr, daß er Elisabeth folgt, angezogen von einer Macht, der er sich in letzter Konsequenz zu entziehen versucht hat.

Ruhe findet Nolten in der „Richtung der Seele auf die Natur und die nächste Außenwelt in ihren kleinsten Erscheinungen"; auch ist es für ihn wohltuend, bei einer Rast auf einem Friedhof „mitten auf dem Felde der Verwesung einzelne Spuren des alltäglichen lebendigen Daseins anzutreffen". Entsprechend bemüht sich Noltens Freund, der Schauspieler Larkens, sein Maskenleben aufzugeben und als Tischler im tätigen Leben Fuß zu fassen. Das Glück der Idylle bleibt den Hauptgestalten des Romans jedoch verwehrt aufgrund der Übermacht der „Nacht- und Traumseite der Seele", ein Motiv, das den Roman mit der Romantik verbindet.

Zu den zahlreichen lyrischen Einlagen gehören die Ballade *Der Feuerreiter,* das *Lied vom Winde,* das Jahreszeitengedicht *Er ist's* („Frühling läßt sein blaues Band / Wieder flattern in die Lüfte") und der 1824/25 entstandene *Peregrina*-Zyklus.

Mozart auf der Reise nach Prag. Novelle, 1855.

Während eines Aufenthalts der gemeinsam mit Konstanze unternommenen Reise von Wien nach Prag, dem Ort der Uraufführung seiner neuen Oper „Don Giovanni", besucht Mozart einen Schloßgarten. Unter einem Orangenbaum sich niederlassend, pflückt er gedankenverloren eine Frucht und zerteilt sie; vom Gärtner barsch zur Rede gestellt, wendet er sich mit einem entschuldigenden Billett an die gräfliche Hausherrin. Der peinliche Vorfall hat eine überraschende Folge: Mozart ist der Gräfin wohlbekannt, vor allem aber besitzt er in deren Pflegetochter Eugenie eine glühende Verehrerin. Gemeinsam mit Konstanze ist Mozart Gast der Nachfeier von Eugenies Verlobung. Am Ende des durch Tanz, Spiel und musikalische Improvisation aufgelockerten heiteren Zusammenseins der Rokoko-Menschen steht Mozarts ergreifender Klaviervortrag des Opernfinales. Am anderen Morgen reist das Ehepaar Mozart in einer Kutsche weiter, die ihm der Graf zum Geschenk macht.

Durch ein Gespräch Mozarts und Konstanzes zu Beginn der Novelle, durch Erzählungen der Ehepartner und Rückblicke des Erzählers erweitert sich die Darstellung des einen Tages zu einem Bild der Existenz und Persönlichkeit Mozarts: seiner materiellen Notlage und Arbeitsüberlastung, seiner Großzügigkeit, Heiterkeit und unerfüllbaren Sehnsucht nach Ruhe und Geborgenheit. Breiten Raum nimmt Mozarts Erinnerung an ein Kindheitserlebnis in Neapel ein, die jener Orangenbaum im gräflichen (Paradies-)Garten geweckt hat. Den von Mörikes Künstlerverständnis geprägten Kern der Erzählung verdeutlicht der Nachklang, den die Begegnung mit Mozart bei Eugenie besitzt: „Es ward ihr so gewiß, so ganz gewiß, daß dieser Mann sich schnell und unaufhaltsam in seiner eigenen Glut verzehre, daß er nur eine flüchtige Erscheinung auf Erden sein könne, weil sie den Überfluß, den er verströmen würde, in Wahrheit nicht ertrüge."

Karl Philipp Moritz
*15. 9. 1756 in Hameln, †26. 6. 1793 in Berlin

Aufgewachsen in einem ärmlichen, von pietistischen Moralvorstellungen geprägten Elternhaus, wurde Moritz Hutmacherlehrling, wandte sich jedoch dem Schauspielerberuf zu. 1782 kam er nach England, 1786 nach Italien (erste Begegnung mit ↑Goethe), Ende 1788 nach Weimar. Von 1789 an lehrte er in Berlin als Professor für Altertumskunde. Zu seinen literatur- und kunsttheoretischen Schriften gehören der *Versuch einer dt. Prosodie* (1786) und die Abhandlung *Über die bildende Nachahmung des Schönen* (1788); 1791 erschien die *Götterlehre der Alten*. 1783–1793 gab er das „Magazin für Erfahrungsseelenkunde" heraus.

Anton Reiser. Ein psychologischer Roman. 4 Teile, 1785–1790.

In seinem weitgehend autobiographischen Werk schildert Moritz die von Armut, sektiererischer Frömmigkeit und Krankheit belastete Kindheit, den ihm auferlegten Verzicht auf eine höhere Schulbildung, den Besuch der Armenschule in Hannover, die Verbindung zur Schauspielertruppe Konrad Ekhofs und die Mitgliedschaft in der Speichschen Theatergesellschaft. Entscheidende Bildungserlebnisse sind die Lektüre Youngs („Nachtgedanken"), Goethes („Die Leiden des jungen Werthers") und Shakespeares. Das höchste Ziel ist die Verkörperung Clavigos, Lears oder Hamlets; hier sieht Reiser die Möglichkeit, „Empfindungen und Gesinnungen" zum Ausdruck zu bringen, die „in die wirkliche Welt nicht paßten".

Das Streben nach einem „Ausgleich zwischen Ideal und Wirklichkeit" durch das Theater steht im Zusammenhang der durchgehenden Thematik des „Widerspruchs zwischen außen und innen", der sich auch in den sozialen Verhältnissen ausprägt: Reiser empfindet die Förderung, die ihm zuteil wird, als Demütigung. Vorherrschend ist das (von pietistischer Selbsterforschung beeinflußte) psychologische Interesse, das sich in den Vorreden zu den vier Teilen unmittelbar bekundet. In kulturgeschichtlicher Hinsicht gibt der Roman Einblick in die Epoche des Sturm und Drang.

Friedrich Müller (gen. „Maler Müller")
*13. 1. 1749 in Bad Kreuznach, †23. 4. 1825 in Rom

Der Sohn eines Gastwirts mußte nach dem Tod des Vaters das Gymnasium verlassen, um seine Mutter zu unterstützen. Sein in Zweibrücken begonnenes Kunststudium setzte Müller 1774 in Mannheim fort (Wandlung vom Landschafts- und Tiermaler zum Historienmaler), 1777 wurde er kurfürstlicher Kabinettmaler, von 1778 an lebte er in Rom, wo er jedoch unbeachtet blieb und schließlich als Fremdenführer zu den antiken Kunstdenkmälern tätig war.
Als Schriftsteller gewann Müller vor allem durch seine 1774/75 entstandenen Idyllen Bedeutung, die eine radikale Abkehr vom Vorbild ↑Geßners bilden. Sie gliedern sich in die Gestaltung biblischer und griech. Stoffe sowie die Gruppe der Pfälzer Idyllen mit realistischer, im Sinne des Sturm und Drang sozialkritischer Darstellung des ländlichen Milieus; doch auch die antiken Faune und Satyrn tragen nach Müllers eigenen Worten die „Mützen" der „rheinländischen Bauern" (etwa in der „Idylle in 3 Gesängen": *Der Satyr Mopsus*, V 1775). Faust gestaltete Müller als Sturm-und-Drang-Gestalt, nach Macht und Besitz strebend und voller Verachtung für den Philister, der sich „an seiner Niedrigkeit weidet" (Bruchstück eines „philosophischen Romans" *Situation aus Fausts Leben;* Fragment *Fausts Leben dramatisiert,* V 1778; Neufassung in Versen mit einem durch Reue erlösten Faust 1823). 1811 erschien das Drama *Golo und Genovefa* (E 1775–1781).

Heiner Müller
*9. 1. 1929 in Eppendorf (Sachsen)
Der Sohn eines (1933 als SPD-Funktionär verhafteten) Angestellten wurde 1945 im Volkssturm eingesetzt. 1950 ließ er sich in Ost-Berlin nieder, zunächst als Journalist, seit 1955 als Dramatiker tätig (Mitarbeit seiner Frau Inge, Pseudonym Ingeborg Schwenkner, †1966). Ausgehend von ↑Brecht, widmete sich Müller in seinen „Geschichten aus der Produktion" den Problemen des Aufbaus der sozialistischen Gesellschaft; sein Ziel war es, den „Kampf zwischen Altem und Neuem, den ein Stückeschreiber nicht entscheiden kann, (...) in das neue Publikum zu tragen, das ihn entscheidet". 1961 wurde er (nach Absetzung des Stückes *Die Umsiedlerin oder Das Leben auf dem Lande*) aus dem Schriftstellerverband ausgeschlossen. Müller wandte sich nun der Bearbeitung von Klassikerdramen (Sophokles, Shakespeare) zu, wobei vor allem die *Macbeth*-Version (1972) als „geschichtspessimistisch" kritisiert wurde; seine Anstellung als Dramaturg am „Berliner Ensemble" (ab 1970) endete 1976. Die „dt. Misere" ist das gemeinsame Thema der drei aus disparaten Szenen montierten Stücke *Die Schlacht* (U DDR und B. D. 1975), *Germania Tod in Berlin* (U B. D. 1978) und *Leben Gundlings Friedrich von Preußen Lessings Schlaf Traum Schrei* (U B. D. 1979). Die Aufhebung dramaturgischer Konventionen reicht in *Verkommenes Ufer Medeamaterial Landschaft mit Argonauten* (U B. D. 1983) bis zum Verzicht auf die Text-Sprecher-Zuordnung. In der Edition *Heiner Müller Texte* (Stücke, Prosa, Gedichte) sind 1974–1983 7 Bde. erschienen. Zu Müllers Auszeichnungen gehören der Heinrich-Mann-Preis der DDR 1959 (mit Inge Müller), der Hamburger Lessing-Preis 1975, der Dramatikerpreis der Stadt Mülheim 1979, der Büchner-Preis 1985 und der Nationalpreis der DDR 1986. Im Rahmen des „Holland-Festivals 1983" fand unter Mitwirkung von 10 Bühnen ein Heiner-Müller-Projekt statt.

Dramen: *Traktor* (E 1955, V 1974, U 1975), *Philoktet* (V 1966, U 1968), *Ödipus Tyrann* (U 1967, V 1968), *Weiberkomödie* (U 1971, V 1975), *Zement* (U 1973, V 1974), *Hamletmaschine* (V 1978, U 1979), *Der Auftrag* (U 1980, V 1983), *Herzstück* (U 1981, V 1983), *Quartett* (U 1982, V 1983). – Essays und andere Prosa: Slg. *Rotwelsch* (1982).

Der Lohndrücker. Drama in 15 Szenen, U 1958, V 1974.
Dem 1948/49 in der DDR angesiedelten Stück liegt derselbe Fall einer umstrittenen Steigerung der Produktivität (Reparatur von Brennöfen ohne deren Stillegung) zugrunde, auf den sich ↑Brechts „Büsching"-Fragment stützt. Im Mittelpunkt steht der Arbeiter Balke als Erfinder jener technischen Verbesserung, die zwangsläufig eine Erhöhung der Arbeitsnormen zur Folge hat. Hieraus ergeben sich Anfeindungen seitens der Arbeitskollegen wie der Betriebsparteigruppe. Zur Diskussion steht die Überwindung der privaten zugunsten der gesellschaftlichen Interessen, es geht um den dialektischen Zusammenhang zwischen der Änderung der Verhältnisse und der des individuellen Verhaltens.

Germania Tod in Berlin. Drama, V 1977, U 1978.
Die Rahmenhandlung reicht von 1918 bis zur Aufbauphase der DDR. Die hauptsächlich aus der Arbeiterschaft stammenden Protagonisten verkörpern Verhaltensweisen, die von der Anpassung an die jeweiligen Verhältnisse bis zur revolutionären Einsatzbereitschaft reichen; das Finale enthält die Vision von „roten Fahnen über Rhein und Ruhr". Eingefügt sind ins Groteske gesteigerte historische Szenen; zu den Repräsentanten der im Terror mündenden dt. Geschichte gehört Friedrich II. von Preußen. Die Tendenz zum schockierenden Einzelbild verdeutlicht die Geburtsszene im Führerbunker: Goebbels bringt als Nachfolger des Dt. Reichs einen Wolf im Schafspelz zur Welt.

Adolf Muschg
*13. 5. 1934 in Zollikon (Kt. Zürich)
Der Sohn eines Volksschullehrers studierte in Zürich und Cambridge Germanistik, Anglistik und Philosophie; nach einer Tätigkeit als Gymnasiallehrer und Aufenthalten in Japan und den USA erhielt er 1970 an der TH Zürich eine Professur für Literaturwissenschaft, 1979/80 war er Gastdozent für Poetik an der Universität in Frankfurt a. M. (*Literatur als Therapie?*, V 1981). 1974–1977 nahm Muschg als Mitglied der Schweizer Sozialdemokratischen Partei an der Arbeit einer Kommission zur Revision der Bundesverfassung teil. Zu seinen Auszeichnungen gehören der Preis der Schweizer. Schillerstiftung 1965, der C.-F.-Meyer-Preis 1968 und der Hesse-Preis 1974.
Als Romancier setzte sich Muschg mit der Rolle des Intellektuellen angesichts revolutionärer gesellschaftlicher Entwicklungen auseinander; so handelt der Roman *Albissers Grund* (1974) vom Scheitern eines Gymnasiallehrers, der sich als „Küchenbursche" und „Chauffeur der Revolution" einer linksradikalen Lehrlingsgruppe angeschlossen hat. Das Scheitern der Revolution von 1848 bildet den Hintergrund des Dramas *Kellers Abend* (U, V 1975), das ein (historisch verbürgtes) Zusammentreffen zwischen Lassalle, ↑ Herwegh und dem (stumm anwesenden) ↑ Keller schildert, dem Muschg eine Monographie gewidmet hat (V 1977).

Romane: *Im Sommer des Hasen* (1965), *Gegenzauber* (1967), *Mitgespielt* (1969), *Bayun oder Die Freundschaftsgesellschaft* (1980). – Erzählungen: Slg. *Fremdkörper* (1968), Slg. *Entfernte Bekannte* (1976), Slg. *Besuch in der Schweiz* (1978), *Noch ein Wunsch* (1979), Slg. *Leib und Leben* (1981). – Dramen: *Rumpelstilz. Ein kleinbürgerliches Trauerspiel* (U, V 1968), *Watussi oder Ein Stück für zwei Botschafter* (U 1977, als Fernsehspiel 1973, als Hörspiel 1978). – Hörspiele: Slg. *Übersee* (1982).

Robert Musil
*6. 11. 1880 in Klagenfurt, †15. 4. 1942 in Genf
Der Sohn eines (1917 geadelten) Beamten begann nach dem Besuch verschiedener Militärerziehungsanstalten 1897 in Wien ein Studium an der Technischen Militärakademie, wechselte jedoch zum Maschinenbau über (1898–1901 Studium in Brünn, 1902/03 Assistent an der TH in Stuttgart) und studierte anschließend in Berlin Philosophie und Psychologie (Promotion 1908), Physik („Musilscher Kreisel" zur Untersuchung der Farbwahrnehmung) und Mathematik. 1906 veröffentlichte er mit Erfolg den Roman *Die Verwirrungen des Zöglings Törleß*, 1911 folgte die Slg. *Vereinigungen* mit den Erzählungen *Die Vollendung der Liebe* und *Die Versuchung der stillen Veronika*, zwei Ehebruchsgeschichten. 1911–1914 war Musil in Wien als Bibliothekar tätig, am I. Weltkrieg nahm er als Offizier teil. Nach einer Anstellung beim österreich. Bundesministerium für das Heerwesen (1919–1922) ließ sich Musil als freier Schriftsteller in Berlin nieder. Das 1921 erschienene Konversationsstück *Die Schwärmer* (Kleist-Preis 1923, U 1929) thematisiert den Wirklichkeitsverlust; das „Satyrspiel" zu demselben Thema ist *Vinzenz und die Freundin bedeutender Männer* (U 1923). Die Erzählungen *Grigia, Die Portugiesin* und *Tonka* (Slg. *Drei Frauen*, 1924) schildern in der Darstellung von Zweierbeziehungen die Verunsicherung, die von der Frau ausgeht.
1933 kehrte Musil nach Wien zurück, 1938 emigrierte er in die Schweiz. Seine Hauptarbeit galt dem um 1900 begonnenen, in 3 Teilen 1930 und 1933 veröffentlichten und unvollendet hinterlassenen Zeit- und Gesellschaftsroman *Der Mann ohne Eigenschaften*.

Die Verwirrungen des Zöglings Törleß. Roman, V 1906, Verf u. d. T. „Der junge Törless" B.D./Frankr. 1966 Volker Schlöndorff.

In einer „weitab von der Residenz, im Osten des Reiches" gelegenen Kadettenanstalt für Söhne angesehener Familien gerät der des Kameradendiebstahls überführte Basini in die Gewalt der sadistischen Mitschüler Beinberg und Reiting, mit denen Törleß in freundschaftlichem Kontakt steht; er wird Zeuge der Exzesse roher, von irrationaler Pseudophilosophie verbrämter Gewalt. Nachdem Basini der gesamten Klasse ausgeliefert worden ist, stellt er sich, von Törleß vor noch gesteigerter Grausamkeit gewarnt, dem Lehrerkollegium. In der sich anschließenden Untersuchung der Vorgänge gewinnen die Lehrer den Eindruck, daß Törleß aufgrund der „Verwirrung ganz einfacher Dinge" im Institut fehl am Platz ist. Der Abgang vom Institut entspricht seinem eigenen Wunsch.

Musil schildert die Pubertätskrise, in der sich die Zöglinge befinden, aus der Sicht des jungen Törleß. Dieser durchlebt in grüblerischer Selbstbeobachtung den Verlust der kindlichen Bindung an die Eltern, das an die Prostituierte Božena fixierte dumpfe Sexualverlangen, die von Basini ausgehende homoerotische Anziehungskraft. Vor allem aber quält ihn die Ambivalenz seiner Empfindungen, die sich im Kontrast zwischen dem scheinbar geordneten Institut und den im Bauwerk enthaltenen Geheimkammern als Schauplatz der Torturen Basinis vergegenständlicht. Törleß begegnet diesem Zwiespalt der Wirklichkeit am Beispiel der imaginären Zahlen selbst in der Mathematik.

Die Unfähigkeit der Pädagogen enthüllt ein Gespräch zwischen Törleß und dem Mathematiklehrer sowie die Befragung durch das Kollegium. Törleß dagegen klärt aus eigener Kraft sein Verhältnis zur Welt: Er wird sie „bald mit den Augen des Verstandes ansehen, „bald mit den andern (...) Ich werde nicht mehr versuchen, dies miteinander zu vergleichen (...)".

Der Mann ohne Eigenschaften. Roman, E ab etwa 1900, V Teil 1–3 1930 und 1933, Bd. 3 1943, Neuausgabe mit Teilen aus dem Nachlaß als „Leseausgabe" anstelle einer kritischen Ausgabe 1952.

Im Mittelpunkt steht der zu Beginn der Handlung im August 1913 32jährige Ulrich (sein Nachname bleibt ungenannt), dessen Versuche gescheitert sind, als Offizier, Ingenieur oder Mathematiker ein „bedeutender Mann" zu werden (vgl. die Biographie Musils). Sein Selbstverständnis als „Mann ohne Eigenschaften" entspricht der Einsicht, daß im Zentrum der modernen Wirklichkeit nicht der Mensch, sondern „Sachzwänge" stehen; Erlebnisse ereignen sich „ohne den, der sie erlebt".

Handlungselemente ergeben sich aus Ulrichs Tätigkeit als Sekretär einer „vaterländischen Aktion" von Österreichern, die sich auf das 1918 anstehende 70jährige Regierungsjubiläum Kaiser Franz Josephs vorbereitet, und zwar als „Parallelaktion" zum 30jährigen Regierungsjubiläum Wilhelms II. Innerhalb dieses Handlungszusammenhangs steht Ulrich in Beziehung zu Personen, die nach dem Prinzip der Spiegelung auf ihn zentriert sind; sie personifizieren bestimmte Anlagen Ulrichs und bilden gleichsam Projektionen von Ulrichs „Möglichkeitssinn". Als einer extremen „Möglichkeit" begegnet Ulrich in der Gestalt des Prostituiertenmörders Moosbrugger, dessen Wahnvorstellungen sich mit Ulrichs Erfahrung des „anderen Zustands" berühren. Als „schattenhafte Verdoppelung seiner selbst an der entgegengesetzten Natur" erlebt Ulrich seine Schwester Agathe. Der inzestuösen Geschwisterliebe ist unter dem Titel „Ins tausendjährige Reich" der 3. Teil des Romans gewidmet. Sie bildet eine „Reise an den Rand des Möglichen".

Der Auflösung des Zusammenhangs zwischen Individuum und individuellen Eigenschaften entspricht eine dem Essay angenäherte Erzählweise, der „ein Ding von vielen Seiten nimmt, ohne es ganz zu fassen".

Johann Nepomuk Nestroy
*7. 12. 1801 in Wien, †25. 5. 1862 in Graz
„Ich sitze fest zwischen vier Wänden. Gestohlen kann ich unmöglich werden", schrieb Nestroy 1836 während einer (5tägigen) Arreststrafe, zu der er wie des öfteren wegen beleidigender Abweichung vom Rollentext, also „Extemporierens", verurteilt worden war. Sprache diente dem „österreich. Aristophanes" bzw. „wienerischen Shakespeare" (so der Titel einer Monographie aus dem Jahre 1970) stets dazu, das Gegebene in Frage zu stellen, indem er es in einen neuen Sinnzusammenhang rückte. Er war, wie ↑ Kraus 1912 anläßlich des 50. Todestages des Dramatikers und Schauspielers feststellte, „der erste dt. Satiriker, in dem sich die Sprache Gedanken macht über die Dinge".
Der Sohn eines Hof- und Gerichtsadvokaten besuchte in Wien das Gymnasium (zugleich Musikunterricht, Debüt als Sänger 1818) und begann 1820 ein Jurastudium. 1822 schloß er nach seinem Erfolg als Sarastro in Mozarts „Zauberflöte" einen Vertrag mit dem Wiener Hoftheater, 1823 mit dem Dt. Theater in Amsterdam (im selben Jahr Eheschließung, 1827 Trennung, 1845 Scheidung). 1825 erhielt Nestroy ein Engagement in Brünn, 1827 in Graz; hier debütierte er als Autor mit dem Vorspiel *Der Zettelträger Papp* zur Posse „Zwölf Mädchen in Uniform", in der er als alkoholisierter Festungssoldat Sansquartier erfolgreich war. 1829/30 trat er in Preßburg auf (u. a. in Stücken ↑ Raimunds); schließlich erhielt er 1831 gemeinsam mit seiner Lebensgefährtin, der Sängerin Maria Weiler, ein Wiener Engagement; ihr Arbeitgeber war der Direktor des Theaters an der Wien, Karl Carl. Der Durchbruch als Autor wie als Schauspieler gelang Nestroy 1833 mit *Lumpazivagabundus,* einer Zauberposse mit Gesang in der Tradition des Wiener Volkstheaters mit sozialkritischen Zügen; im selben Jahr kam *Robert der Teuxel* zur Aufführung, eine Parodie auf Meyerbeers Oper „Robert der Teufel" (zu Nestroys weiteren Parodien gehört *Judith und Holofernes,* nach ↑ Hebbel, 1849). Es folgten die „klassischen" Stücke *Der Talisman, Das Mädl aus der Vorstadt* (mit Nestroy als Winkeladvokat Schnoferl), *Einen Jux will er sich machen* (mit Nestroy als Kommis Weinberl) und *Der Zerrissene;* insgesamt hat Nestroy etwa 90 Stücke verfaßt. 1847 gastierte er in Berlin, Hamburg und Frankfurt a. M. 1848 brachte Nestroy in der kurzen Zeit der Zensurfreiheit das Stück *Freiheit in Krähwinkel* (mit den Teilen *Die Revolution* und *Die Reaktion*) zur Aufführung, das u. a. Kritik am hohlen Revolutionspathos übt. Von der Zensur verboten wurde 1849 das Stück *Der alte Mann und die junge Frau* (U in bearbeiteter Fassung u. d. T. *Der Flüchtling* 1890), das ein klares Bekenntnis zur Revolution von 1848 enthält. 1854 übernahm Nestroy als Pächter die Direktion des Carl-Theaters (unterstützt von Maria Weiler); 1860 nahm er nach dem Erfolg als Jupiter in Offenbachs Operette „Orpheus in der Unterwelt" mit einem Quodlibet seiner beliebtesten Rollen Abschied vom Wiener Publikum. Die erste Aufführung einer Nestroy-Posse am Burgtheater fand 1901 statt *(Lumpazivagabundus).*

Dramen: *Zu ebener Erde und erster Stock oder Die Launen des Glücks* (U 1835, V 1838, Verf Österreich 1969 Gustav Manker), *Eulenspiegel oder Schabernack über Schabernack* (U 1835, V 1839), *Die beiden Nachtwandler oder Das Notwendige und das Überflüssige* (U 1837, V 1891, Verf Österreich 1973 Leopold Lindberg), *Das Haus der Temperamente* (U 1837, V 1891), *Das Mädl aus der Vorstadt oder Ehrlich währt am längsten* (U 1841, V 1845, Verf u. a. Österreich 1967 Leopold Lindberg), *Einen Jux will er sich machen* (U 1842, V 1844, Verf u. a. Österreich 1916, 1957, 1974), *Der Zerrissene* (U 1844, V 1845; Verf Dtl. 1944 Hans Thimig, Österreich 1967 Josef Meinrad; Vert 1964 Gottfried von Einem),

Der böse Geist Lumpazivagabundus oder Das liederliche Kleeblatt. Zauberposse mit Gesang in 3 Akten, U 1833, V 1835; Verf u. a. Österreich 1919, 1936, 1967 (mit Helmut Qualtinger als Knieriem), Dtl. 1922, B. D. 1956, Schweden 1923, 1966.

Den Ausgangspunkt bildet ein Zwist zwischen der Glücksfee Fortuna und der Liebesfee Amorosa; beide nehmen für sich die Fähigkeit in Anspruch, die Anhänger des bösen Geistes Lumpazivagabundus, des „Beherrschers des lustigen Elends, Beschützers der Spieler, Protektors der Trinker", zur Umkehr zu bewegen. Als Versuchsobjekte dienen drei vagabundierende Handwerker: der Tischler Leim, der Schneider Zwirn und der Schuster Knieriem (eine der Paraderollen Nestroys). Diesen zeigt Fortuna im Traum die Nummer des Lotteriegewinnloses; sie kaufen mit ihrem letzten Geld das betreffende Los und erhalten in der Tat 100 000 Taler. Jeder zieht mit seinem Drittel weiter, in einem Jahr wollen sie sich wieder treffen. Leim sieht nun endlich die Gelegenheit, bei seinem ehemaligen Meister um die Hand der geliebten Peppi anzuhalten, und macht sein Glück als Ehemann und tüchtiger Schreiner. Zwirn dagegen vertut sein Geld als Don Juan, und Knieriem vertrinkt sein Vermögen. Somit ist Amorosa die Siegerin im Feenwettstreit; ihr gelingt es sogar, auch Zwirn und Knieriem zum Besseren zu bekehren.

Nestroys „liederliches Kleeblatt" sprengt den Rahmen der typisierenden Darstellung menschlicher Schwächen durch realistische und individualisierende Charakterisierung; dies gilt vor allem für den Alkoholiker Knieriem („Wann ich mir meinen Verdruß nit versaufet, ich müßt' mich grad aus Verzweiflung dem Trunk ergeben"), der einen auf die Bedrohung der Erde durch Kometen fixierten „Sinn für die Astronomie" besitzt („Da wird einem halt angst und bang, / Die Welt steht auf kein' Fall mehr lang").

Die Fortsetzung *Die Familien Zwirn, Knieriem und Leim oder Der Weltuntergangstag* (1834) zeigt den Rückfall der scheinbar geheilten Vagabunden.

Der Talisman. Posse mit Gesang in 3 Akten, U 1840, V 1843, Vert 1958 Heinrich Sutermeister; Verf B. D. 1964 Michael Kahlmann, B. D. 1969 Gerhard Klingenberg, Österreich/B. D. 1976 Otto Schenk.

Titus Feuerkopf ist ein Opfer der gegen Rothaarige gerichteten abergläubischen Befürchtungen. Seine Erfahrung: „Das Vorurteil ist eine Mauer, von der sich noch alle Köpf', die gegen sie ang'rennt sind, mit blutige Köpf' zuruckgezogen haben." Durch Zufall gelangt er in den Besitz eines „Talismans" in Gestalt einer schwarzen Perücke. Unter ihrem Schutz gelingt ihm der Aufstieg vom Gärtner (als Günstling der verwitweten Flora) zum Jäger (als Günstling der verwitweten Kammerfrau Constantia) bis zum (nun mit einer blonden Perücke geschmückten) Sekretär der Schloßbesitzerin Frau von Cypressenburg. Doch er wird entlarvt. Der glückliche Ausgang zeichnet sich durch den Auftritt des „Biersilberers" (d. h. Schankwirts) Spund ab, der seinem Vetter Titus in Wien ein Geschäft einrichten will; als Feuerkopf ihm in einer grauen Perücke entgegentritt und seine Haarfarbe mit dem Kummer erklärt, den ihm die Verstoßung durch Spund bereitet hat, wird Titus gar zum Universalerben und begehrten Heiratskandidaten. Eine erneute Entlarvung scheint ihn endgültig ins Unglück zu stoßen. Spund bleibt aber seiner Zusage treu, und Titus nimmt zur Enttäuschung Constantias die gleichfalls rothaarige Gänsehüterin Salome zur Frau.

Die generelle Kritik an Vorurteilen verbindet sich mit der Satire auf die „bessere Gesellschaft", als deren Repräsentantin die literarisch ambitionierte Frau von Cypressenburg dem Gelächter preisgegeben wird (Titus erkennt: „Ich stehe jetzt einer Schriftstellerin gegenüber, (. . .) da heißt's, jeder Red' ein Feiertagsg'wand'l anziehn"). Das Hauptmerkmal dieser Gesellschaft ist menschenverachtender Standesdünkel. Daß Titus sich mit der deklassierten Salome verbindet, ist nicht zuletzt Ausdruck der sozialen Haltung des „Vormärz"-Dramatikers.

Nibelungenlied
Um 1200 im bayer.-österreich. Raum entstanden, faßt das mhdt. Heldenepos Mythen sowie Sagenstoffe, die in der Zeit der Völkerwanderung und der Hunneneinfälle wurzeln, zu einer vom Geist der Stauferzeit mitgeprägten Dichtung zusammen. Es hat einen Umfang von mehr als 2000 sog. „Nibelungenstrophen" aus vier jeweils in zwei Kurzzeilen unterteilten Langzeilen: „Uns ist in alten maeren wunders vil geseit / von heleden lobebaeren von grôzer arebeit / von vröuden, hôhgeziten, von weinen und von klagen, / von küener recken striten muget ir nun wunder hoeren sagen" (Beginn der Handschrift C aus der 1. Hälfte des 13. Jh.s, Donaueschingen).
Die Handlung gliedert sich in 39 „aventiuren"; im Mittelpunkt steht als die Handlungsteile verbindende Gestalt Kriemhilt (Krimhild), die Schwester der Burgundenkönige Gunther, Gernot und Giselher. Als Einleitung dient Kriemhilts prophetischer Traum vom Tod ihres Falken (Sinnbild des Geliebten) durch zwei Adler. Bald darauf wirbt der Königssohn Siefrit (Siegfried) um Kriemhilt. Hagen berichtet von dessen Drachenkampf (Unverwundbarkeit durch das Drachenblut) sowie vom Erwerb des Schatzes des Nibelungen und der Tarnkappe des Zwergs Alarich. Vorbedingung für die Ehe mit Kriemhilt ist Siegfrieds Unterstützung Gunthers bei dessen Werbung um Prünhilt (Brunhilde). In dem von ihr verlangten Dreikampf bleibt Gunther durch die Hilfe des dank seiner Tarnkappe unsichtbaren Siegfried Sieger. Nach der in Worms gefeierten Doppelhochzeit ist Gunther erneut auf Siegfrieds Hilfe angewiesen, da Prünhilt ihn in der ersten Hochzeitsnacht gefesselt und an einen Nagel gehängt hat; Siegfried überwindet sie in der zweiten Nacht unsichtbar im Ringkampf und raubt ihr Gürtel und Ring – ein Pfand, das er seiner Frau Kriemhilt überläßt. Zehn Jahre später sind Siegfried und Kriemhilt in Worms zu Gast. Beim Streit der Königinnen um den Vortritt in den Dom offenbart Kriemhilt das Geheimnis jener zweiten Hochzeitsnacht und weist zum Beweis Gürtel und Ring vor. Die Beleidigung ist für Hagen willkommener Anlaß, seine Herrin zu rächen. Er entlockt Kriemhilt das Geheimnis der einzigen verwundbaren Stelle Siegfrieds und ermordet ihn während einer Jagd. Kriemhilts Macht beruht nun auf dem Nibelungenhort, dessen sich jedoch Hagen bemächtigen kann; er versenkt ihn im Rhein. Kriemhilt wird die Frau des Hunnenkönigs Etzel (Attila); ihr Ziel bleibt die Rache. Dieser dient 13 Jahre später die Einladung der Burgunden an Etzels Hof. In einem furchtbaren Gemetzel kommen sämtliche Gefolgsleute Gunthers und am Hof befindlichen Hunnen um; die Überlebenden, Gunther und Hagen, werden von Dietrich von Bern (Theoderich) überwältigt und Kriemhilt ausgeliefert. Nach der Enthauptung Gunthers fällt Hagen von Kriemhilts Hand, nachdem er sich geweigert hat, die Stelle preiszugeben, an der er den Nibelungenhort versenkt hat. Das Epos endet mit dem Vers: „hie hât das maere ein ende: daz ist der Nibelungen nôt." Eine daran anschließende spätere Dichtung in Reimpaaren schildert die Klage der Hinterbliebenen.
Das Epos ist in 34 Handschriften aus dem 13.–16. Jh. überliefert. Teil-V (nach der Wiederentdeckung 1755) durch ↑ Bodmer 1757, V 1782. Das „Lied vom hürnen Seyfrid" (16. Jh.) liegt dem Drama „Der hörnen Sewfriedt" (1557) von ↑Sachs zugrunde. Die bedeutendste Bearbeitung bildet Wagners vierteiliges Musikdrama „Der Ring des Nibelungen" („Das Rheingold", U 1869; „Die Walküre", U 1870; „Siegfried", U 1876; „Götterdämmerung", U 1876). Voraus gingen Nibelungendramen von Motte-Fouqué („Der Held des Nordens", 1808–1810) und ↑Hebbel. Verf u. d. T. „Nibelungen" Dtl. 1922–1924 Fritz Lang.

Friedrich Nicolai
*18. 3. 1733 in Berlin, †8. 1. 1811 in Berlin
Als Leiter der väterlichen Verlagsbuchhandlung (ab 1758) und Schriftsteller gehörte Nicolai zu den führenden Köpfen der sog. Berliner Aufklärung. Gemeinsam mit ↑Lessing und Moses Mendelssohn verfaßte er die *Briefe, die neueste Literatur betreffend* (1759–1765), als Hg. der „Allgemeinen Dt. Bibliothek" veröffentlichte er Rezensionen aus dem gesamten dt. Sprachbereich. Nicolais Hauptwerk ist der Roman *Das Leben und die Meinungen des Herrn Magister Sebaldus Nothanker* (3 Bde., 1773–1776, illustriert von Daniel Chodowiecki); er schildert den Leidensweg eines von der orthodoxen Amtskirche angefeindeten aufgeklärten Geistlichen. Vom Standpunkt des Rationalismus aus polemisierte Nicolai gegen Empfindsamkeit, Sturm und Drang (↑Goethe-Parodie *Freuden des jungen Werthers*, 1775) sowie Romantik und wurde seinerseits heftig angegriffen.

Friedrich Nietzsche
*15. 10. 1844 in Röcken bei Lützen, †25. 8. 1900 in Weimar
Der Sohn eines Pfarrers studierte in Bonn Altphilologie und erhielt 1869 in Basel eine Professur (bis 1879); zugleich wandte er sich endgültig der Philosophie zu. Aufenthalten in der Schweiz (Sils Maria) und Italien folgte Anfang 1889 der psychische Zusammenbruch; die letzten Lebensjahre verbrachte Nietzsche in geistiger Umnachtung in Jena, Naumburg und Weimar.
Unter dem Einfluß der Musikdramatik Richard Wagners entwickelte Nietzsche ein neues, von der Polarität des Apollinischen und des Dionysischen geprägtes Bild der griech. Antike (*Die Geburt der Tragödie aus dem Geiste der Musik*, 1872). Die umfassende Kritik am Objektivitätsstreben der Wissenschaft (zu Lasten der Persönlichkeit), an der christlichen Jenseitshoffnung und „Sklavenmoral" sowie am Ästhetizismus legte Nietzsche in Form von Aphorismen dar (*Menschliches, Allzumenschliches*, 1878/79; *Jenseits von Gut und Böse*, 1886), die sich zu Lehrreden steigern (*Also sprach Zarathustra*, 1883–1885). Mißdeutungen erfuhren Begriffe wie „Übermensch" (Zarathustra), „Herrenmoral" und „Wille zur Macht". Nietzsches Lyrik (*Dionysos-Dithyramben*, E 1888, V 1891) beeinflußte ↑George und den Expressionismus: „Ja, ich weiß, woher ich stamme! / Ungesättigt gleich der Flamme / Glühe und verzehr ich mich. / Licht wird alles, was ich fasse, / Kohle alles, was ich lasse: / Flamme bin ich sicherlich!" *(Ecce Homo)*.

Helga (Maria) Novak (verh. Karlsdottir)
*8. 9. 1935 in Berlin-Köpenick
Nach einem Studium der Journalistik und Philosophie an der Universität Leipzig (1954–1957) arbeitete Novak in verschiedenen Berufen; zugleich veröffentlichte sie erste Gedichte, die sich kritisch mit Staatsallmacht und Funktionärswesen auseinandersetzen. 1961 verheiratete sie sich nach Island; nach der Rückkehr in die DDR wurde ihr 1966 die Staatsbürgerschaft aberkannt. Sie kehrte nach Island zurück und lebt heute in West-Berlin. Das zentrale Thema ihrer Lyrik blieb der dem Machtanspruch des Staates ausgelieferte Mensch. Novaks Autobiographie enthalten die Bde. *Die Eisheiligen* (1979) und *Vogel federlos* (1982).

Gedichtbände: *Die Ballade von der reisenden Anna* (1965), *Colloquium mit vier Häuten* (1967), *Balladen vom kurzen „Prozeß"* (1975), *Margarete mit dem Schrank* (1978), *Grünheide Grünheide. Gedichte 1950–1980* (1983). – Erzählungen: Slg. *Palisaden* (1980).

Novalis (eigtl. Georg Philipp Friedrich von Hardenberg)
*2. 5. 1772 in Wiederstedt bei Mansfeld, †25. 3. 1801 in Weißenfels
„Indem ich dem Gemeinen einen hohen Sinn, dem Gewöhnlichen ein geheimnisvolles Ansehn, dem Bekannten die Würde des Unbekannten, dem Endlichen einen unendlichen Schein gebe, so romantisiere ich es – Umgekehrt ist die Operation für das Höhere", schreibt Novalis im *Logologischen Fragment* Nr. 105; ein anderer Aphorismus lautet: „Nach innen geht der geheimnisvolle Weg. In uns oder nirgends ist die Ewigkeit mit ihren Weiten, die Vergangenheit und die Zukunft." Es sind dies Grundpositionen der Romantik, die Novalis selbst als „magischen Idealismus" verstanden hat. Anders als die meisten Frühromantiker stand er ↑ Goethe kritisch gegenüber und lehnte „Wilhelm Meisters Lehrjahre" nach anfänglicher Begeisterung als „poetisierte bürgerliche und häusliche Geschichte", als „Satire auf die Poesie, Religion etc." ab. Sein Zukunftsentwurf zielte auf die vollständige Aufhebung der Gegensätze zwischen Poesie und Leben, Kunst und Wissenschaft, Ich und Welt, Traum und Wirklichkeit.
Der Sohn des Direktors der Sächs. Salinen wuchs in einem pietistisch geprägten Elternhaus auf (Vater und Mutter waren Mitglieder der Herrnhuter Gemeine). Nach einer standesgemäßen Privaterziehung und einem Vorbereitungsjahr in Eisleben studierte er 1790–1794 in Jena, Leipzig und Wittenberg Philosophie und Rechtswissenschaft; Bekanntschaft und Freundschaft verband ihn mit ↑ Schiller, F. ↑ Schlegel, A. W. ↑ Schlegel, ↑ Tieck sowie Fichte. In Tennstedt war er als Mitglied der Kreishauptmannschaft im Verwaltungsdienst tätig. 1795 verlobte sich Novalis mit der 13jährigen Sophie von Kühn; ihr Tod 1797 verstärkte seine Hinwendung zur Mystik. 1797/98 studierte er an der Bergakademie in Freiberg, 1798 verlobte er sich mit Julie von Charpentier, 1799/1800 war er in der Saline Artern tätig. Novalis starb als designierter Amtshauptmann im Alter von 29 Jahren an der Schwindsucht. 1802 veröffentlichten F. Schlegel und Tieck die (z. T. unvollendet) hinterlassenen Werke („Schriften", 2 Bde.).
Als „Bruchstücke des fortlaufenden Selbstgesprächs in mir" verfaßte Novalis um 1795 bis um 1800 mehr als 1000 Aphorismen, in denen die frühromantische Philosophie, Ästhetik, Religions-, Geschichts- und Naturauffassung mittels „Kombinations- und Variationsfertigkeit" (Novalis) ihre poetische Gestaltung finden. Jeweils eine Auswahl erschien 1798 in den Zeitschriften „Athenäum" *(Blüthenstaub)* und „Jahrbücher der Preuß. Monarchie unter der Regierung von Friedrich Wilhelm III." *(Glauben und Liebe oder Der König und die Königin).* Die Auffassung des Mittelalters als „echtchristliche" Zeit einer Einheit von Gott, Welt und Mensch enthält der Aufsatz *Die Christenheit oder Europa* (E 1799, V 1826). 1799/1800 entstanden die 15 Gedichte des Zyklus *Geistliche Lieder* (Teil-V 1801, V 1802), die ein von ↑ Böhme beeinflußtes religiöses Empfinden zum Ausdruck bringen, etwa im *Marienlied:* „Ich sehe dich in tausend Bildern, / Maria, lieblich ausgedrückt, / Doch keins von allen kann dich schildern, / Wie meine Seele dich erblickt. / / Ich weiß nur, daß der Welt Getümmel / Seitdem mir wie ein Traum verweht, / Und ein unnennbar süßer Himmel / Mir ewig im Gemüte steht." Das Fragment *Die Lehrlinge zu Sais* (E ab 1798, V 1802) besteht aus den Teilen *Der Lehrling* („Chifferenschrift" der Naturerscheinungen) und *Die Natur* mit Gesprächen der Lehrlinge über Formen der Beziehung zwischen Mensch und der Natur sowie dem Märchen von Hyazinth und Rosenblüte: Die getrennten Geliebten werden neu vereint, indem Hyazinth auf der Suche nach dem Götterbildnis der Isis die Welt durchstreift und dieses sich ihm in Gestalt Rosenblütes enthüllt.

Hymnen an die Nacht. Zyklus von 6 Gedichten, E 1797–1800, V 1800 in der Zeitschrift „Athenäum". Im Unterschied zur überwiegenden Versform der überlieferten handschriftlichen Fassung wechseln in der Druckfassung Vers- und Prosaform. Zugrunde liegt die Erschütterung durch den Tod der fünfzehnjährigen Braut Sophie von Kühn.

Der thematische Bogen spannt sich vom Leben inmitten der im Licht glänzenden Naturerscheinungen („Welcher Lebendige, Sinnbegabte, liebt nicht vor allen Wundererscheinungen des verbreiteten Raums um ihn, das allererfreuliche Licht – mit seinen Farben, seinen Strahlen und Wogen", 1. Hymne) bis zur „Sehnsucht nach dem Tode" (Titel der 6. Hymne): „Hinunter zu der süßen Braut, / Zu Jesus, dem Geliebten – / Getrost, die Abenddämmerung graut / Den Liebenden, Betrübten. / Ein Traum bricht unsre Bande los, / Und senkt uns in des Vaters Schoß."

Licht und Dunkel, Tag und Nacht, Diesseits und Jenseits, Leben und Tod sind gleichsam die Schalen einer Waage, die sich zugunsten der Nacht senkt: Am Grab der Geliebten zerreißt „des Lichtes Fessel", Trost bietet die „Nachtbegeisterung" (3. Hymne). Die 5. Hymne stellt die Polarität von Licht und Dunkel in den weltgeschichtlichen Zusammenhang der Entgöttlichung der Welt: „Nicht mehr war das Licht der Götter Aufenthalt und himmlisches Zeichen – den Schleier der Nacht warfen sie über sich. Die Nacht ward der Offenbarungen mächtiger Schoß – in ihn kehrten die Götter zurück [...]." Konkret bezieht sich die Entgöttlichung auf die Herrschaft des „Verstandeslichts": „Einsam und leblos stand die Natur. Mit eiserner Kette band sie die dürre Zahl und das strenge Maß." Die Aufhebung des Widerstreits zwischen Leben und Tod ist die Erlösungstat Christi: „Was uns gesenkt in tiefe Traurigkeit, / Zieht uns mit süßer Sehnsucht nun von hinnen. Im Tode ward das ewge Leben kund, / Du bist der Tod und machst uns erst gesund."

Heinrich von Ofterdingen. Romanfragment, E ab 1799, V 1802. Anregungen boten eine Legenden-Slg. über die hl. Elisabeth von Thüringen und zwei thüring. Chroniken. Die Titelgestalt ist der (historisch nicht erwiesene) Minnesänger; er steht im Zusammenhang mit dem legendären Sängerwettstreit auf der Wartburg, Wagner hat ihn in der Oper „Tannhäuser" mit der Tannhäuser-Gestalt verschmolzen.

Den Ausgangspunkt bildet Heinrichs Reaktion auf die Erzählung eines fremden Reisenden von einer wunderbaren „blauen Blume"; ihr begegnet Heinrich im Traum, wobei inmitten der zu einem „Kragen" ausgebreiteten Blütenblätter „ein zartes Gesicht schwebte". Auf einer Reise, die der 20jährige Heinrich mit seiner Mutter und Kaufleuten vom heimischen Eisenach zum Großvater nach Augsburg unternimmt, wird er durch Erzählungen mit der Welt des Handels vertraut, ein Aufenthalt auf einer Burg gibt ihm Kunde von den Kreuzzügen, eine Morgenländerin schildert die „romantische Schönheit" ihrer Heimat Arabien, ein alter Bergmann und ein Einsiedler tragen gleichfalls zum „leisen Bilden der inneren Kräfte" Heinrichs bei. In Augsburg schließlich begegnet der Jüngling dem Dichter Klingsohr und dessen Tochter Mathilde, die er im Traum mit jenem Mädchengesicht im Kelch der blauen Blume identifiziert; zugleich kündigt ihm der Traum an, daß er die Geliebte verlieren wird, um sie erneut und für immer zu gewinnen. Der 1. Teil *(Die Erwartung)* endet mit Klingsohrs Märchen von Eros und Fabel und dem Beginn eines neuen Goldenen Zeitalters. Im 2. Teil *(Die Erfüllung)* verläßt Heinrich nach Mathildes Tod als Pilger Augsburg und gelangt zu einem Einsiedler, der ihm die „unmittelbare Sprache" der Natur deutet und die Ankündigung des Goldenen Zeitalters wiederholt. Notizen zur Fortführung deuten dieses als Poetisierung des Menschengeschlechts und sprechen von Heinrichs „Übergang aus der wirklichen Welt in die geheime – Tod – letzter Traum und Erwachen".

Martin Opitz (M. O. von Boberfeld)
*23. 12. 1597 in Bunzlau (Niederschlesien), †20. 8. 1639 in Danzig
Aus einer wohlhabenden ev. Familie stammend, besuchte Opitz in Breslau das Gymnasium und studierte 1618/19 in Frankfurt a. d. O., anschließend in Heidelberg. Im Anschluß an eine Reise durch Holland hielt er sich 1620/21 in Jütland auf (hier entstand das *Trostgedicht in Widerwärtigkeit des Kriegs,* V 1633), 1622 unterrichtete er am Gymnasium in Weißenburg in Siebenbürgen (Lehrgedicht *Zlatna oder Von der Ruhe des Gemütes*), von 1623 an war er am Hof in Liegnitz tätig. 1624 erschien die Slg. *Teutsche Poemata* (zumeist Übersetzungen), 1625 wurde Opitz in Wien durch Kaiser Ferdinand II. zum „poeta laureatus" gekrönt. 1626 trat er in den Dienst des kath. Burggrafen von Dohna (1627 wurde er geadelt), nach dessen Vertreibung aus Schlesien 1633 in den Dienst der schles. Piastenherzöge, ab 1636 war er in Danzig als königlicher poln. Geschichtsschreiber tätig. 1636 übersetzte er die Sophokleische „Antigone", kurz vor seinem Tod (er starb an der Pest) gab er das mhdt. Annolied (um 1100) heraus.
Die literaturgeschichtliche Bedeutung von Opitz beruht auf dem 1624 erschienenen *Buch von der dt. Poeterey.* Es handelt von der Aufgabe der grundsätzlich lehrbaren, allerdings am antiken Vorbild zu orientierenden Dichtung, Weisheit zu vermitteln (Ausschluß der Volks- und Gelegenheitsdichtung). Im praktischen Teil gibt Opitz Anweisungen zur Handhabung der Metrik; grundlegend wurde die Forderung, statt der Unterscheidung zwischen langen und kurzen Silben das Versmaß (Jambus und Trochäus) bzw. dessen rhythmisches Schema mit der natürlichen Wortbetonung in Einklang zu bringen. Fremdwörter und mundartliche Ausdrücke sollen vermieden werden, dagegen werden Wortneubildungen empfohlen. Das Ziel ist eine Angleichung der dt. Dichtung an das sprachliche Niveau der antiken sowie der frz. Literatur.
Mit *Daphne* (1626), einer Übersetzung der Oper von O. Rinuccini, hat Opitz den ersten dt. Operntext geschaffen (die Vertonung von Schütz ist nicht erhalten).

August von Platen (eigtl. A. Graf von P.-Hallermünde)
*24. 10. 1796 in Ansbach, †5. 12. 1835 in Syrakus
Aus verarmtem Adel stammend, war Platen in München Kadett, königlich bayer. Page und ab 1814 Offizier; 1818 quittierte er aus Abscheu vor dem Militär den Dienst und studierte in Würzburg und Erlangen Rechtswissenschaft, Philosophie und Naturwissenschaften. Von 1826 an lebte er in Italien.
Als Lyriker strebte Platen angesichts des Zwiespalts zwischen Leben und Kunst nach erlesener Sprachform („Wer die Schönheit angeschaut mit Augen, / Ist dem Tode schon anheimgegeben", beginnt das Gedicht *Tristan,* 1825). Nicht zuletzt aus artistischem Interesse folgte er dem Vorbild der orientalischen Lyrik (*Ghaselen,* 1821; *Spiegel des Hafis,* 1822; *Neue Ghaselen,* 1823). Den hierauf gemünzten Spott ↑ Immermanns („Xenien", 1827) erwiderte Platen in seiner Literatursatire *Der romantische Ödipus* (V 1829, U 1855) und löste damit ↑ Heines Gegenangriff (Anspielungen auf Platens homoerotische Neigung) aus. Mit der Literatursatire *Die verhängnisvolle Gabel* (V 1826) kritisierte Platen die Verflachung des Tragischen in den populären Schicksalsdramen. Zu Platens historischen Balladen gehören *Das Grab im Busento* (Beisetzung Alarichs) und *Der Pilgrim vor St. Just* (über Karl V.). Die Slg. *Sonette aus Venedig* (1825) schildert die Schönheit der Lagunenstadt als dem Untergang geweiht.

Ulrich Plenzdorf
*26. 10. 1934 in Berlin-Kreuzberg

Der Sohn eines Arbeiters studierte nach dem Abitur 1954/55 am Franz-Mehring-Institut in Leipzig und war anschließend als Bühnenarbeiter tätig. Dem Wehrdienst folgte 1959–1963 ein Studium an der Filmhochschule in Babelsberg. Plenzdorf arbeitet als Filmdramaturg, Drehbuchautor und Schriftsteller. Sein zentrales Thema bildet die (in der Sprache gespiegelte) Bewußtseinslage des Teils der DDR-Nachkriegsgeneration, der sich im Widerspruch zur etablierten sozialistischen Gesellschaftsordnung sieht. Ausgangspunkt ist die Schilderung des Kampfs einer Junglehrerin gegen die pädagogische Oberflächlichkeit ihrer Kollegen; die Dreharbeiten mußten 1965 abgebrochen werden, das Drehbuch *Karla* erschien 1978. Der aufsehenerregenden „Werther"-Neufassung folgte der Film *Die Legende von Paul und Paula* (1973, Regie Heiner Carow, Drehbuch V 1974) mit dem Thema des Ausbruchs aus einer oberflächlichen Ehebeziehung; die Geschichte Pauls wird im Roman *Legende vom Glück ohne Ende* (1979) fortgeführt. Die Erzählung *Keiner runter, keiner fern* (1979) handelt in Form eines inneren Monologs von der Isolierung eines Jungen, dessen Ziel es ist, die Rolling Stones („Mick und die Schdons") zu sehen. 1976 kam Plenzdorfs Dramatisierung von ↑Bruyns Roman „Buridans Esel" zur Aufführung (Verf u. d. T. „Glück im Hinterhaus" DDR 1980 Hermann Zschoche). 1973 erhielt Plenzdorf den Heinrich-Mann-Preis der DDR, 1978 den Klagenfurter Ingeborg-Bachmann-Preis.

Die neuen Leiden des jungen W. E als Filmszenarium 1969, Prosafassung V 1972, Bühnenfassung U 1972, V 1974, Verf B. D. 1976 E. Itzenplitz.

Der 18jährige Edgar Wibeau hat Lehre und Elternhaus verlassen und sich in einer Ostberliner Laubenkolonie eingenistet. Hier wird er, eine von ihm verbesserte Farbspritze erprobend, Opfer eines Stromschlags. Von „jenseits des Jordan" begleitet er kommentierend die Versuche seiner Bezugspersonen, die Ereignisse zu rekonstruieren. In zweierlei Weise ist ↑Goethes „Werther" integriert: durch Parallelen zwischen den Erlebnissen Werthers und Wibeaus (z. B. Liebe zur verlobten „Charlie", Ausschluß aus einer gesellschaftlichen Elite, nämlich einer Arbeiterbrigade) sowie durch Wibeaus Lektüre des Romans, dessen Sprache er sich aneignet: „[...] Die Grenzen der Menschheit, unter dem machte es Old Werther nicht. Aber ich hatte Dieter voll getroffen." Die Kritik richtet sich sowohl gegen rigide Anpassungszwänge als auch gegen eine lebensferne Klassiker-Rezeption.

Elisabeth Plessen (eigtl. Gräfin P.)
*15. 3. 1944 in Neustadt (Holstein)

Nach einem Studium der Philosophie, Geschichte und Literaturwissenschaft (Dissertation *Fakten und Erfindungen. Zeitgenössische Epik im Grenzgebiet von fiction und nonfiction*, V 1971) unternahm Plessen Reisen nach Westindien, Südamerika und in die UdSSR; sie lebt als freie Schriftstellerin in München. Der autobiographische Roman *Mitteilung an den Adel* (1976) handelt in Form von Rückblenden während der Fahrt der Erzählerin zur Beerdigung des Vaters von den innerfamiliären Auseinandersetzungen im zeitgeschichtlichen Zusammenhang von der Nachkriegszeit bis zur Studentenbewegung und APO. Der Roman *Kohlhaas* (1979) entwirft ein auf neues dokumentarisches Material gestütztes und zur Gegenwart (Auseinandersetzung mit dem Extremismus) in Beziehung gesetztes Bild des von ↑Kleist gestalteten Rebellen. Der Roman *Stella Polare* (1984) schildert eine von Egozentrik belastete Beziehung.

Wilhelm Raabe
*8. 9. 1831 in Eschershausen, †15. 11. 1910 in Braunschweig
„Wie während oder nach einer großen Feuersbrunst in der Gasse ein Sirupfaß platzt und der Pöbel und die Buben anfangen zu lecken, so war im dt. Volk der Geldsack aufgegangen, und die Taler rollten auch in den Gassen, und nur zu viele Hände griffen auch dort danach. Es hatte fast den Anschein, als sollte dieses der große Gewinn sein, den das geeinte Vaterland aus seinem großen Erfolg in der Weltgeschichte hervorholen könnte", schrieb Raabe 1890 (im Vorwort zur 2. Auflage der Erzählung *Christoph Pechlin*) im Rückblick auf die Gründerzeit. Die Kritik an rücksichtslosem Macht- und Besitzstreben bildet eine Hauptlinie seines schriftstellerischen Schaffens, in dessen Mittelpunkt die Gestalten absonderlicher Außenseiter rückten. Damit steht sein Verständnis der humoristischen Gestaltungsweise in Zusammenhang: „Wer ist ein Humorist? Der den winzigsten aller Nägel in die Wand oder die Hirnschale des hochlöblichen Publikums schlägt und die Garderobe der Zeit und aller vergangenen Zeiten dran aufhängt."
Der Sohn eines Justizbeamten wuchs in Holzminden a. d. Weser und in Stadtoldendorf auf, 1844 zog er mit der verwitweten Mutter nach Wolfenbüttel; 1849 verließ er das Gymnasium und machte in Magdeburg eine Buchhandelslehre (bis 1853). Der Versuch, das Abitur nachzuholen, blieb erfolglos; dennoch hielt sich Raabe 1854–1856 als Gasthörer in Berlin auf, zugleich entstand sein Roman *Die Chronik der Sperlingsgasse,* den er 1857 unter dem Pseudonym Jakob Corvinus veröffentlichte. 1859 unternahm er eine Bildungsreise nach Wien, in die Alpen und ins Rheinland, 1860 trat er dem Dt. Nationalverein bei, 1862 erlaubte ihm der Erfolg seiner schriftstellerischen Arbeit die Eheschließung. 1862 ließ er sich in Stuttgart nieder, von 1870 an lebte er in Braunschweig.
Als Werke des „poetischen Realismus" verbinden Raabes Romane und Erzählungen die milieugerechte Schilderung der Schauplätze und Gestalten mit Leitmotiven, die der intendierten Interpretation der Wirklichkeit die Richtung weisen. So enthält der Roman *Die Leute aus dem Walde* die beiden Erziehungsmaximen „Sieh nach den Sternen" und „Gib acht auf die Gassen"; im Roman *Der Hungerpastor* führt der „Hunger nach dem Maß der Dinge" zu einem bescheidenen Glück, im Gegensatz zum Hunger nach Besitz und Macht; der Titel des Romans *Schüdderump* bezieht sich auf einen ehemaligen Pestkarren als Sinnbild des Ruins, dem „alles Liebliche und Schöne in der Welt" anheimfällt (die beiden letztgenannten Romane bilden mit *Abu Telfan* eine trilogieähnliche Einheit, verbunden durch eine von Schopenhauer beeinflußte Weltsicht). Die Erzählungen sind vielfach historisch lokalisiert: in den Hussitenkriegen *(Des Reiches Krone),* im niederländ. Freiheitskampf *(Die schwarze Galeere),* im Siebenjährigen Krieg *(Das Odfeld)* oder zur Zeit der Frz. Revolution *(Die Gänse von Bützow).*

Romane: *Die Leute aus dem Walde, ihre Sterne, Wege und Schicksale* (E 1859–1862, V 1863), *Der Hungerpastor* (E 1862/63, V 1864), *Abu Telfan oder Die Heimkehr vom Mondgebirge* (E 1865–1867, Zs 1867, V 1868), *Der Schüdderump* (E 1866–1869, V 1870), *Alte Nester. Zwei Bücher Lebensgeschichte* (E 1877–1879, Zs 1879, V 1880), *Die Akten des Vogelsangs* (E 1893–1895, V 1896), *Altershausen* (Fragment, E 1899–1903, V postum 1911). – Erzählungen: *Die schwarze Galeere* (1861), *Unseres Herrgotts Canzlei* (1862), *Else von der Tanne oder Das Glück Domini Friedemann Leutenbachers armen Dieners am Worte Gottes zu Wallrode im Elend* (E 1862–1864, V 1865), *Drei Federn* (1865), *Die Gänse von Bützow* (1866), *Des Reiches Krone* (1870), *Der Dräumling* (1871), *Zum Wilden Mann* (1874), *Frau Salome* (1875), *Pfisters Mühle* (1884), *Das Odfeld* (1888), *Hastenbeck* (1891).

Die Chronik der Sperlingsgasse. Hg. von Jakob Corvinus. Roman, E 1854–1856, V 1857.
Als Erzähler dient der gealterte Gelehrte Johannes Wachholder, der seine Arbeit an dem Werk „De vanitate hominum" unterbricht, um seine Erinnerungen aufzuzeichnen, die „an die Stelle der Hoffnung" getreten sind. Eine Chronik nennt er sein Werk, da es, „was den Zusammenhang betrifft, gar sehr jenen alten, naiven Aufzeichnungen gleichen wird, welche in bunter Folge die Begebenheiten aus Vergangenheit, Gegenwart und Zukunft erzählen, die jetzt eine Schlacht mitliefern, jetzt das Erscheinen eines wundersamen Himmelszeichens beobachten, die bald über den nahen Weltuntergang predigen, bald wieder sich über ein Stachelschwein, welches die dt. Kaiserin im Klostergarten vorführen läßt, wundern und erfreuen". An die Stelle von derlei Absonderlichkeiten treten die Personen und Ereignisse der Sperlingsgasse, einer „Bühne des Weltlebens, wo Krieg und Friede, Elend und Glück, Hunger und Überfluß, alle Antinomien des Daseins sich widerspiegeln".
Die gegenwartsbezogenen Tagebucheintragungen sind mit traumseligen Erinnerungen, älteren Niederschriften, Briefen und Erzählungen Dritter verknüpft. Zu den charakteristischen Gestalten gehören der Karikaturist Strobel und der Journalist Wimmer, der wegen eines „fatalen politischen Hustens" aus Berlin ausgewiesen worden ist. Den roten Faden bildet die Vergegenwärtigung der Liebe zu Luise, die den gemeinsamen Freund, den Maler Ralff, geheiratet hat; ihre Tochter Elise ist bei Wachholder aufgewachsen und lebt nun mit ihrem Mann, dem Maler Berg, in Italien.
Kennzeichnend für Raabes weiteres Schaffen ist die Verflechtung unterschiedlicher Stimmungen und Betrachtungsweisen innerhalb eines durch den Erzähler abgesteckten Rahmens, ferner das nachhaltige Gewicht der Kindheitserinnerung, die im Spätwerk bis hin zu *Altershausen* dominierend wird.

Stopfkuchen. Eine See- und Mordgeschichte. Roman, E ab 1888, V 1891.
Der Landbriefträger Störzer hat vor Jahren den brutalen Emporkömmling Kienbaum im Affekt erschlagen, ohne in Verdacht zu geraten. Statt dessen wurde der mit seiner verwilderten Tochter Valentine im Gehöft Rote Schanze hausende Bauer Quakatz als Mörder verschrien. Der Sonderling Heinrich Schaumann (der wegen seiner angeblichen Dummheit und Verfressenheit von seiner Kindheit an den Spitznamen „Stopfkuchen" trägt) konnte Quakatz vom Mordverdacht befreien, ohne den wahren Täter zu nennen. Dies geschieht erst nach Störzers Tod während eines Zusammenseins mit dem nach Südafrika ausgewanderten Jugendfreund Eduard, der während eines Aufenthalts in Dtl. auch seinen Heimatort aufgesucht hat.
Als schmale Rahmenhandlung dient Eduards Rückreise nach Südafrika; die einmonatige Schiffahrt nutzt dieser dazu, die Gespräche mit Schaumann (und dessen Frau Valentine) und damit den Tathergang aufzuzeichnen (der hierauf bezogene Untertitel „See- und Mordgeschichte" ist zugleich eine ironische Anspielung auf den Publikumsgeschmack). Das eigentliche Thema des Romans ergibt sich aus der Konfrontation der durch Eduard und Schaumann verkörperten Lebenshaltungen. Eduard ist ein ebenso erfolgsbewußter und aktiver wie oberflächlicher Mensch, der gleich zu Beginn seiner Niederschrift zu beweisen bestrebt ist, daß er sich „noch zu den Gebildeten (...) zählen darf", obwohl er es in Südafrika zu einem Vermögen gebracht hat, denn „das bringen Leute ohne tote Sprachen, Literatur, Kunstgeschichte und Philosophie eigentlich am leichtesten zustande" (zur Trennung zwischen Besitz- und Bildungsbürgertum vgl. ↑Fontanes „Frau Jenny Treibel"). Schaumann dagegen erweist sich in all seiner Skurrilität (er hat sich zum Paläontologen herangebildet und eine Sammlung fossiler, mit seiner Leibesfülle kontrastierender Knochen angelegt) als Vertreter einer humanen und sozialen Lebensführung.

Ferdinand Raimund (eigtl. F. Reimann)
*1. 6. 1790 in Wien, †5. 9. 1836 in Pottenstein (Niederösterreich)
Der Sohn eines Drechslermeisters mußte nach dem Tod des Vaters 1804 seine schulische Ausbildung abbrechen und begann eine Lehre als Zuckerbäcker. 1808 schloß er sich einer reisenden Schauspielertruppe an; 1814 erhielt er in Wien ein Engagement am Theater in der Josephstadt, 1817 am Theater in der Leopoldstadt, das er 1828–1830 leitete; anschließend gastierte er an verschiedenen Theatern.
1823 gab Raimund mit der „Zauberposse mit Gesang und Tanz" *Der Barometermacher auf der Zauberinsel* sein Debüt als Bühnenautor; 1824 folgte *Der Diamant des Geisterkönigs*. Er blieb zwar der bühnenwirksamen Einbeziehung der Geisterwelt und damit der Tradition des Wiener Volkstheaters treu, strebte jedoch nach der Gestaltung ernster menschlicher Konflikte und deren Lösung aufgrund sittlicher Läuterung. Das „Original-Zauberspiel" *Das Mädchen aus der Feenwelt oder Der Bauer als Millionär* (1826) handelt von der Einsicht in den wahren Reichtum der Bescheidenheit (populär wurde das Lied der Jugend „Brüderlein fein"); in *Der Alpenkönig und der Menschenfeind* (1828) wird der Misanthrop Rappelkopf angesichts seines leibhaftigen Spiegelbilds geheilt („Der Mensch soll vor allem sich selber erkennen, / Ein Satz, den die ältesten Weisen schon kennen", heißt es im Schlußgesang); *Der Verschwender* (1834) kontrastiert den zunächst am Bettelstab endenden leichtsinnigen Edelmann von Flottwell mit dem biederen Tischler Valentin Holzwurm, dessen *Hobellied* („Da streiten sich die Leut herum / Oft um den Wert des Glücks") als „Wienerlied" Verbreitung fand.
Der Erfolg ↑ Nestroys überschattete Raimunds letzte Lebensjahre. Aus Furcht vor einer Tollwutinfektion nahm er sich, vom eigenen Hund gebissen, das Leben.

Josef Reding
*20. 3. 1929 in Castrop-Rauxel
Nach seinem Kriegseinsatz als Schüler, nach Abitur (1951) und Arbeit in einer Betonfabrik studierte Reding Germanistik, Anglistik, Psychologie und Kunstgeschichte. Während eines Studienaufenthalts in den USA (1953/54) engagierte er sich in der Bürgerrechtsbewegung. 1955/56 leistete er Aufbauhilfe im Durchgangslager Friedland (*Friedland. Chronik der großen Heimkehr*, 1956). Von 1959 an war er in Aussätzigen- und Armenvierteln in Asien, Afrika und Südamerika tätig (*Reservate des Hungers. Tagebuch*, 1964; *Wir lassen ihre Wunden offen. Tagebuch*, 1965). 1961 gehörte Reding neben ↑ Grün zu den Begründern der „Gruppe 61" (*Der Mensch im Revier*, 1967; *Menschen im Ruhrgebiet. Berichte, Reden, Reflexionen*, 1974). Redings Erzählungen (zumeist Kurzgeschichten) liegt das von christlicher Sozialethik geprägte Engagement des Autors zugrunde. Ihre Themen reichen vom Rassismus über die „Weltmacht Hunger" in der Dritten Welt bis zu Lebensschicksalen in den Altersheimen, Mietskasernen und Gefängnissen der westlichen Industriegesellschaft. Die Vermarktung der Christusgestalt ist Thema der „Weihnachtsgeschichten für unsere Zeit" *Kein Platz in kostbaren Krippen* (1979). Als Jugendbuchautor und „vor Ort" in Schulen bemüht sich Reding um praktische Literaturpädagogik.

Erzählungen: Slg. *Nennt mich nicht Nigger* (1957), Slg. *Wer betet für Judas?* (1958), Slg. *Allein in Babylon* (1960), Slg. *Ein Scharfmacher kommt* (1967), Slg. *Die Anstandsprobe* (1973), Slg. *Schonzeit für Pappkameraden* (1977). – Jugendbücher: *Silberspeer und Roter Reiher. Jungen abenteuern sich durch ein Seifenkistenrennen* (1952), *Gutentagtexte* (1974), *Tim, König der Rodeos* (1975), *Ach und Krach Texte* (1976), *Sprengt den Eisberg und andere Abenteuer* (1981).

Brigitte Reimann (verh. Pitschmann)
*27. 7. 1933 in Burg bei Magdeburg, †20. 2. 1973 in Ost-Berlin

Nach einer Tätigkeit als Lehrerin und in verschiedenen anderen Berufen sowie ersten Veröffentlichungen (Erzählungen *Die Frau am Pranger* und *Kinder von Hellas,* 1956) folgte Reimann dem 1959 in der DDR-Kulturpolitik eingeschlagenen „Bitterfelder Weg" („Dichter in die Produktion!") und lebte als Schriftstellerin im Kombinat Hoyerswerda. *Ankunft im Alltag* (1961, Preis des Freien Dt. Gewerkschaftsbunds der DDR 1962) schildert die Integration der aus einer privilegierten Funktionärsfamilie stammenden Abiturientin Recha in die Arbeitswelt (der Begriff „Ankunftsliteratur" leitet sich von diesem Roman her). In der Erzählung *Die Geschwister* (1963, Heinrich-Mann-Preis 1965) gelingt es der Ich-Erzählerin, ihren Bruder vom Plan einer Übersiedlung in den Westen abzubringen. Fragment blieb der Roman *Franziska Linkerhand* (V 1974, Dramat U, V 1978, Verf u. d. T. „Unser kurzes Leben" DDR 1981 Lothar Warneke); er handelt illusionslos vom mühevollen Prozeß der Emanzipation der aus bürgerlicher Familie stammenden Architektin Linkerhand innerhalb ihrer Arbeit und im Privatleben. Mit ihrem Mann Siegfried Pitschmann verfaßte Reimann die Hörspiele *Ein Mann steht vor der Tür* (1960) und *Sieben Scheffel Salz* (1961).

Christa Reinig
*6. 8. 1926 in Berlin

In Berlin in beengten Verhältnissen aufgewachsen, war Reinig während des Krieges als Arbeiterin tätig. Sie machte das Abendabitur, studierte ab 1950 an der Arbeiter-und-Bauern-Fakultät, ab 1953 Kunstgeschichte und Archäologie an der Humboldt-Universität und war 1957–1963 wissenschaftliche Assistentin am Märkischen Museum in Ost-Berlin. Reinig gehörte nach 1948 zu den Mitarbeitern der satirischen Zeitschrift „Ulenspiegel"; nach Erscheinen ihrer Erzählung *Ein Fischerdorf* (E 1946) und dem Verbot einer Fortsetzungsserie publizierte sie ausschließlich in der B.D. (vor allem im Verlag Eremiten-Handpresse). 1964 kehrte sie nach Entgegennahme des Bremer Literaturpreises nicht in die DDR zurück; 1965 war sie Stipendiatin der Villa Massimo in Rom, sie lebt jetzt als freie Schriftstellerin in München.

Als Lyrikerin knüpft Reinig an herkömmliche Formen an („Manchmal weint er wenn die worte / still in seiner kehle stehn / doch er lernt an seinem orte / schweigend mit sich umzugehn" lautet die 1. Strophe des einen Gefängnisaufenthalt assoziierenden Gedichts *Robinson,* 1963). Eine groteske Moritat bildet die *Ballade vom blutigen Bomme* (1972, Illustrationen von ↑Meckel) über eine Hinrichtung. Der Roman *Die himmlische und die irdische Geometrie* (1975) verbindet autobiographische Schilderungen mit „Pausen", in denen sich Gestalten wie Satan und J. S. Bach, Arminius und Tacitus, Kant und de Sade unterhalten. Hitchcock und Freud gehören zu den Gesprächspartnern im (feministischen) Roman *Entmannung* (1976) über den Chirurgen und Playboy Kyra und die in seinem Umkreis leidenden Frauen. Für das Hörspiel *Das Aquarium* (V 1969) wurde Reinig 1967 mit dem Hörspielpreis der Kriegsblinden ausgezeichnet.

Gedichtbände: *Die Steine von Finisterre* (1960), *Gedichte* (1963), *Schwabinger Marterln* (1969), *Schwalbe von Olevano* (1969), *Papantscha-Vielerlei* (1971), *Poèmes* (frz.-dt., 1976), *Müßiggang ist aller Liebe Anfang* (1979). – Erzählungen: Slg. *Drei Schiffe* (1965), Slg. *Orion trat aus dem Haus* (1969), Slg. *Der Wolf und die Witwe* (1980). – Hörspiele: *Die kleine Chronik der Osterwoche* (1962), *Mädchen in Uniform* (1979).

Erich Maria Remarque (eigtl. E. Paul Remark)
*22. 6. 1898 in Osnabrück, †25. 9. 1970 in Locarno

Als Angehöriger einer Generation, „die vom Krieg zerstört wurde – auch wenn sie seinen Granaten entkam", verfaßte Remarque mit dem Roman *Im Westen nichts Neues* (1929) ein mit schonungslosem Realismus gestaltetes Antikriegsbuch, das weltweite Verbreitung fand (Verf u. d. T. „All Quiet on the Western Front" USA 1930 Lewis Milestone, Ü in mehr als 30 Sprachen). Der Ich-Erzähler Paul Bäumer schildert den Zusammenbruch der von den Erwachsenen angefachten chauvinistischen Kriegsbegeisterung unter dem Druck von Kasernenschikanen (Unteroffizier Himmelstoß) und des Lebens an der Front zwischen „Trommelfeuer, Verzweiflung und Mannschaftsbordells"; eine Schlußbemerkung stellt fest, daß Bäumer als letzter einer Gruppe von Schulkameraden an einem Tag im Oktober 1918 gefallen ist, an dem der Heeresbericht sich „auf den Satz beschränkte, im Westen sei nichts Neues zu melden". Als eine Art Fortsetzung schildert der Roman *Der Weg zurück* (1931) Kriegsheimkehrerschicksale im Winter 1918/19. Nach dem von Goebbels initiierten Verbot der dt. Version von „All Quiet on the Western Front" im Jahr 1930 emigrierte Remarque 1931 in die Schweiz, 1939 ließ er sich in den USA nieder. Der Emigrantenroman *Arc de Triomphe* (1946) spielt unmittelbar vor dem II. Weltkrieg in Paris.

Christian Reuter
Getauft am 9. 10. 1665 in Kütten bei Halle a. d. Saale, †nach 1712 in Berlin (?)

Der Sohn eines Bauern wurde 1688 an der Leipziger Universität immatrikuliert. Sein literarisches Schaffen löste die in Gerichtsakten belegte Auseinandersetzung mit seiner Wirtin, der Gastwirtswitwe Anna Rosine Müller, aus, die Reuter 1694 wegen ausstehender Miete aus ihrem Gasthof zum „Roten Adler" ausquartiert hatte. Reuter rächte sich mit der (als Übersetzung aus dem Frz. fingierten) Komödie *L'honnête femme oder Die ehrliche Frau zu Plißine* (V 1695, U 1937). Sie handelt von der ebenso ordinären und gewinnsüchtigen wie eitlen und prahlerischen Familie der „ehrlichen Frau Schlampampe", Wirtin zum „Göldenen Maulaffen", deren beide Töchter auf die Werbung von zwei als Adlige verkleideten Burschen hereinfallen (vgl. Molières Komödie „Die lächerlichen Preziösen"). Reuter wurde von Frau Müller angezeigt, zu Karzer verurteilt und der Universität verwiesen. Daraufhin veröffentlichte er 1696 die Komödie *Der ehrlichen Frau Schlampampe Krankheit und Tod* und 1697 eine fingierte Leichenrede auf Frau Schlampampe, die ihm, nachdem Frau Müller kurz darauf tatsächlich gestorben war, erneut eine Strafe eintrug. Ein Sohn Frau Schlampampes steht im Mittelpunkt des satirischen Abenteuer- und Schelmenromans *Schelmuffskys kuriose und sehr gefährliche Reisebeschreibung zu Wasser und zu Land* (1696) bzw. *Schelmuffskys wahrhaftige kuriose und sehr gefährliche Reisebeschreibung zu Wasser und zu Lande* (2 Teile, 1696/97). Der Titelheld, eine Frühgeburt, erlebt in Hamburg, Holland, Indien und Italien die absonderlichsten Abenteuer, wobei sein Grobianismus eine krause Verbindung mit angelernter Galanterie eingeht. Zu Recht vermutet allerdings ein Vetter, daß Schelmuffsky in Wahrheit sein Geld unweit der Heimatstadt versoffen hat. Gegenstand der Satire ist neben der gängigen Gattung des abenteuerlichen Reiseromans die Anmaßung des Kleinbürgertums, es den höheren Ständen gleichzutun. Die Komödie *Graf Ehrenfried* (1700) handelt von einem adligen Habenichts. Reuter wurde nach langer Vergessenheit von A. v. ↑Arnim und ↑Brentano wiederentdeckt.

Rainer Maria Rilke (eigtl. René M. R.)
*4. 12. 1875 in Prag, †29. 12. 1926 in Val Mont bei Montreux

„So sind Sie nun, großer Meister, für mich unsichtbar geworden, entrückt wie durch eine Himmelfahrt in die Sphären, die die Ihren sind", schrieb Rilke im Mai 1906 an den Bildhauer Auguste Rodin, nachdem dieser ihn entlassen hatte. „Ich werde Sie nicht mehr sehen – doch, wie für Apostel, die betrübt und allein zurückblieben, beginnt jetzt das Leben für mich (. . .)." Über den unmittelbaren Anlaß hinaus verweist diese briefliche Äußerung auf eine Grundsituation in Rilkes Leben und Werk: die Empfindung von Einsamkeit und Verlust. Rilke sprach später von der „Namenlosigkeit, die wieder bei Gott beginnen muß, um vollkommen zu sein"; „die Eigenschaften werden Gott, dem nicht mehr Sagbaren, abgenommen und fallen zurück an die Schöpfung, an Liebe und Tod". Es ist dies zugleich ein seelischer Prozeß, der sich in Rilkes Dichtung vollzieht.

Der Sohn eines Bahnbeamten besuchte in seiner Heimatstadt die Militärschule, holte das Abitur nach und studierte an der Prager Universität Philosophie, Kunst- und Literaturgeschichte, 1894 wandte er sich der Dichtung zu (die frühen Gedichte erschienen 1909 und 1913). 1896 lernte Rilke in München die Schriftstellerin Lou Andreas-Salomé kennen, mit der er sich 1897 in Berlin niederließ und 1899 sowie 1900 zwei ausgedehnte Rußlandreisen unternahm (*Das Stunden-Buch,* V 1905). 1899 entstand die in rhythmisierter Prosa gestaltete Novelle *Die Weise von Liebe und Tod des Cornets Christoph Rilke* (V 1906), eine durch Familienüberlieferung angeregte Schilderung der ersten Liebe und des Soldatentods eines jungen Offiziers in Ungarn zur Zeit der Türkenkriege.

1900 ließ sich Rilke in der Künstlerkolonie Worpswede bei Bremen nieder und heiratete 1901 die Bildhauerin Clara Westhoff (Rilke-Bildnis von Paula Modersohn-Becker, 1903 erschien Rilkes Monographie *Worpswede*). 1902/03 und 1905/06 stand er in Paris und Meudon mit Rodin in Beziehung, zuletzt als dessen Privatsekretär, dazwischen lagen Reisen nach Italien und Schweden sowie der Beginn der Arbeit am Roman *Die Aufzeichnungen des Malte Laurids Brigge* (V 1910). Rodin wurde für den Dichter zum Lehrmeister, sich der konkreten Gegenständlichkeit zuzuwenden (*Neue Gedichte,* 1907; im selben Jahr erschien der Vortrag über Rodin aus dem Jahr 1905). Von 1906 an führte Rilke ein unruhiges Reiseleben mit Aufenthalten in Dtl., Böhmen, Italien, Spanien, Nordafrika und Paris (1908–1910); 1911 folgte er der Einladung der Fürstin Marie von Thurn und Taxis auf Schloß Duino an der Adria (1912 Beginn der Arbeit an den *Duineser Elegien*), 1913 hielt er sich erneut in Paris auf (Versöhnung mit Rodin), 1919 übersiedelte er von München aus (hier erlebte er Revolution und Räterepublik) in die Schweiz. Von 1921 an lebte er auf Schloß Muzot bei Siders im Wallis; hier vollendete er 1922 die *Duineser Elegien,* deren Forderung des rühmenden Gesangs die Gedichte der Slg. *Die Sonette an Orpheus* erfüllen.

Einen wesentlichen Teil von Rilkes Schaffen bildet die Korrespondenz als „Mittel des Umgangs (. . .), der schönsten und ergiebigsten eines"; postum erschienen die *Briefe an einen jungen Dichter* (Franz Xaver Kappus, E 1903/04 und 1908, V 1929) und die *Briefe an eine junge Frau* (Lisa Heise, E 1919–1924, V 1930).

Gedichtbände: *Das Buch der Bilder* (1902), *Das Stunden-Buch* (1905), *Neue Gedichte* (1907), *Der neuen Gedichte anderer Teil* (1908), *Die frühen Gedichte* (1909), *Requiem* (1909), *Erste Gedichte* (1913), *Das Marienleben* (1913), *Duineser Elegien* (1923), *Die Sonette an Orpheus* (1923), *Späte Gedichte* (postum 1934). – Prosa: *Die Weise von Liebe und Tod des Cornets Christoph Rilke* (1906), *Die Aufzeichnungen des Malte Laurids Brigge* (1910).

Die Aufzeichnungen des Malte Laurids Brigge. Tagebuchroman, E ab 1904, V 1910.

In der Form von Tagebuchaufzeichnungen entwickelt der Roman die Gestalt des 28jährigen Dänen adliger Herkunft Brigge, der nach dem Verlust der Eltern und des Familienbesitzes in Paris als Dichter lebt. Ein wesentliches Kompositionsmittel bildet die Kontrastierung von Gegenwart und erinnerter Vergangenheit. Das gegenwärtige Erleben wird durch die Großstadt Paris bestimmt. Sie zeigt sich in Bildern von Armut, Krankheit, Zerstörung und Tod. Diese verbinden sich mit dem Bewußtsein Brigges vom Aussterben seines Geschlechts. Die Gegenbilder entstammen der Erinnerung an die Kindheit auf Schloß Ulsgaard und an ein Kloster, den Sitz der mütterlichen Familie. Die Kindheit ist jedoch kein entfernter, in sich geschlossener Erlebnisraum, sondern enthält auch in der Gegenwart nachwirkende und auf die Zukunft vorausweisende „okkulte Begebnisse"; Malte spricht von einer noch „ungetanen Kindheit". In diesem Zusammenhang steht die Vergegenwärtigung der Liebe zur Mutter und zu deren jüngerer Schwester Abelone, an die sich Gestalten wie Sappho und Bettina von ↑ Arnim anschließen.

Die Überwältigung durch die disparaten Wahrnehmungen des Großstadtlebens bringt die folgende Nachtszene zum Ausdruck: „Daß ich es nicht lassen kann, bei offenem Fenster zu schlafen. Elektrische Bahnen rasen läutend durch meine Stube. Automobile gehen über mich hin. Eine Tür fällt zu. Irgendwo klirrt eine Scheibe herunter, ich höre ihre großen Scherben lachen, die kleinen Splitter kichern. Dann plötzlich dumpfer, eingeschlossener Lärm von der anderen Seite, innen im Hause. Jemand steigt die Treppe. Kommt unaufhörlich. Ist da, ist lange da, geht vorbei. Und wieder die Straße. Ein Mädchen kreischt: Ah tais-toi, je ne veux plus. Die Elektrische rennt ganz erregt heran, darüber fort, fort über alles. Jemand ruft. Leute laufen, überholen sich. Ein Hund bellt. Was für eine Erleichterung: ein Hund."

Der Impressionismus dieses modernen „Nachtstücks" erweitert sich zur Empfindung der Rätselhaftigkeit der Welt, die zur Loslösung von der Oberflächenerscheinung zwingt. Mit dem „Scheinwerfer seines Herzens" versucht Brigge, einen „Innenraum" zu erhellen. Dies findet seinen Ausdruck im Überwiegen von Reflexionen Brigges im zweiten Teil des Romans. Sie münden in einer Parabel in Gestalt einer völligen Umdeutung des Gleichnisses vom verlorenen Sohn in eine „Legende dessen, der nicht geliebt werden wollte". Der Trennung von der als ichsüchtig erlebten Familie liegt das Ziel zugrunde, nicht „ihr ungefähres Leben nachlügen" zu müssen. Sein Leben in der Fremde befähigt den „verlorenen Sohn" schließlich, als ein ihr Entfremdeter in die Familie zurückzukehren: „Was wußten sie, wer er war. Er war jetzt furchtbar schwer zu lieben, und er fühlte, daß nur Einer dazu imstande war. Der aber wollte noch nicht."

Der Roman endet somit in einer Frage, einer Erwartung. Dies gilt auch für die Reflexion der Darstellungsform. Brigge bzw. Rilke ist zunächst von der Überzeugung durchdrungen: „Daß man erzählte, wirklich erzählte, das muß vor meiner Zeit gewesen sein" (vgl. ↑ Hofmannsthals Sprachpessimismus in „Ein Brief"). Zugleich kommt die in die Zukunft gerichtete Hoffnung zum Ausdruck: „Die Zeit der anderen Auslegung wird anbrechen, und es wird kein Wort mehr auf dem anderen bleiben."

Die Modernität des Werks beruht einerseits auf inhaltlichen Aussagen, in denen beispielsweise das Bewußtsein von der „Existenz des Entsetzlichen" zum Ausdruck kommt, das sich unwillkürlich im Menschen niederschlägt, denn „alles, was sich an Qual und Grauen begeben hat (...): alles das besteht auf sich und hängt, eifersüchtig auf alles Seiende, an seiner schrecklichen Wirklichkeit". Andererseits hat Rilke mit einer bis dahin unbekannten Konsequenz die herkömmliche Form des Epischen aufgehoben und literarisches Neuland erschlossen.

Lyrik. Wie †Hofmannsthal trat Rilke als junger Lyriker mit †George als dem entschiedenen Gegner einer epigonalen oder naturalistischen Veräußerlichung der Sprache in Verbindung (erste Begegnung in Berlin 1897). Berührungspunkte ergaben sich durch das Ziel, aus Bildern der inneren Anschauung eine neue dichterische Welt der Bilder zu erschaffen. Im „Eingang" zur Slg. *Das Buch der Bilder* (E ab 1898, V 1902, erweiterte Neuausgabe 1906) heißt es: „Mit deinen Augen, welche müde kaum / von der verbrauchten Schwelle sich befrein, / hebst du ganz langsam einen schwarzen Baum / und stellst ihn vor den Himmel: schlank, allein. / Und hast die Welt gemacht. Und sie ist groß / und wie ein Wort, das noch im Schweigen reift."

Als Ausdruck des in Rußland gewonnenen neuen Verständnisses des Religiösen als Demut und Brüderlichkeit entstand ab 1899 die Slg. *Das Stunden-Buch* (V 1905), gegliedert in die 3 Teile *Vom mönchischen Leben*, *Von der Pilgerschaft* und *Von der Armut und dem Tode*. Die Lyrik drängt zum Bekenntnis der Gottesschau: „Ich finde dich in allen diesen Dingen, / denen ich gut und wie ein Bruder bin; / als Samen sonnst du dich in den geringen, / Und in den großen gibst du groß dich hin." Die Andacht wechselt mit der Kritik der modernen Lebensverhältnisse: „Die Städte aber wollen nur das Ihre / und reißen alles mit in ihren Lauf. / Wie hohles Holz zerbrechen sie die Tiere / und brauchen viele Völker brennend auf." Die Menschen „nennen Fortschritt ihre Schneckenspuren", sie „fühlen sich und funkeln wie sie Huren / und lärmen lauter mit Metall und Glas".

Nicht zuletzt unter dem Eindruck des Umgangs mit bildenden Künstlern (Künstlerkolonie Worpswede, Rodin) gelangte Rilke zur Anerkennung des Eigenwerts der sinnlichen Wahrnehmung. Sie überwiegt in den Gedichten der Slg. *Neue Gedichte* (2 Teile, 1907 und 1908). Die sprachliche Gestaltung erschließt das Wesenhafte der äußeren Anschauung, beispielsweise eines in einem Käfig im Pariser Jardin des Plantes vegetierenden Panthers: „Sein Blick ist vom Vorübergehn der Stäbe / so müd geworden, daß er nichts mehr hält. / Ihm ist, als ob es tausend Stäbe gäbe / und hinter tausend Stäben keine Welt. / / (...) Nur manchmal schiebt der Vorhang der Pupille / sich lautlos auf –, dann geht ein Bild hinein, / geht durch der Glieder angespannte Stille – / und hört im Herzen auf zu sein."

Der Hinwendung zur äußeren Erscheinungswelt folgte die Rückkehr zur inneren Anschauung: „Durch alle Wesen reicht der eine Raum: / Weltinnenraum. Die Vögel fliegen still / durch uns hindurch. O, der ich wachsen will, / ich seh hinaus, und in mir wächst ein Baum." Rilke selbst sprach von einem Übergang von der Impression zur seelischen Expression: „Spanien war der letzte ‚Eindruck'. Seither wird meine Natur von innen getrieben, stark und beständig, daß sie nicht mehr nur ‚eingedrückt' werden kann." Ausdruckslyrik sind die 1912 begonnenen und 1922 vollendeten zehn *Duineser Elegien* (V 1923) insofern, als sie schrittweise das Bekenntnis zur Erde als Inbegriff des Strebens nach Vergeistigung entfalten: „Erde, du liebe, ich will. Oh glaub, es bedürfte / nicht deiner Frühlinge mehr, mich dir zu gewinnen –, einer, / ach, ein einziger ist schon dem Blute zu viel" (9. Elegie). Den Ausgangspunkt bildet das Bewußtsein von der ungeheuren Kluft zwischen dem Menschen und dem Göttlichen: „Wer, wenn ich schriee, hörte mich denn aus der Engel / Ordnungen? und gesetzt selbst, es nähme / einer mich plötzlich ans Herz: ich verginge von seinem / stärkeren Dasein" (Beginn der 1. Elegie).

Während der Vollendung der Elegien entstanden die 55 Gedichte der Slg. *Die Sonette an Orpheus* (V 1923) mit dem Leitmotiv der Verwandlung: „(...) Jeder glückliche Raum ist Kind oder Enkel von Trennung, / den sie staunend durchgehn. Und die verwandelte Daphne / will, seit sie Lorbeern fühlt, daß du dich wandelst in Wind" (12. Sonett des II. Teils).

Joachim Ringelnatz (eigtl. Hans Bötticher)
*7. 8. 1883 in Wurzen bei Leipzig, †16. 11. 1934 in Berlin
Der Sohn des Jugendschriftstellers, Humoristen und Zeichners Georg Bötticher war nach der Schule Seemann, versuchte sich dann als Kaufmann und gehörte ab 1909 in München zum Kabarett „Simpl"; 1912 erschien seine als „Stumpfsinn in Versen" betitelte Slg. *Schnupftabakdose*. Nach dem I. Weltkrieg (Dienst in der Kriegsmarine) war der Maler und Poet Ringelnatz in München und Berlin wiederum kabarettistisch tätig, 1920 veröffentlichte er die *Turngedichte* und die Slg. *Kuttel Daddeldu* mit den Abenteuern des Seemanns, der „so um die Welten schifft", und anderen, durch ihren skurrilen Humor der Lyrik ↑ Morgensterns verwandten Gedichten (das *Abendgebet einer erkälteten Negerin* endet frei nach ↑ Goethe: „Drüben im Walde / Kängt ein Guruh – – // Warte nur balde / Kängurst auch du"). Als Autobiographie erschien u. a. *Mein Leben bis zum Kriege* (1931).

Luise Rinser (eigtl. L. Herrmann)
*30. 4. 1911 in Pitzling (= Landsberg a. Lech)
Die Tochter eines Lehrers war nach einem Studium der Psychologie und Pädagogik von 1935 bis 1939 an der Volksschule tätig und anschließend als Schriftstellerin (Erzählung *Die gläsernen Ringe*, 1941), erhielt Schreibverbot und wurde 1944 wegen „Hochverrats und Wehrkraftzersetzung" inhaftiert (*Gefängnis-Tagebuch*, 1946). Nach dem Krieg gehörte Rinser zu den Mitarbeitern der „Neuen Zeitung" in München, 1953–1959 war sie in 3. Ehe mit dem Komponisten Carl Orff verheiratet, seit 1963 lebt sie in der Nähe von Rom. Zu ihren Auszeichnungen gehört die Roswitha-Gedenkmedaille der Stadt Bad Gandersheim 1979.
Als Darstellung des Läuterungsweges einer „in Übertreibungen" lebenden Frau (Nina) sind die beiden frühen Romane *Mitte des Lebens* (1950) und *Abenteuer der Tugend* (1957) konzipiert. Rinsers Positionen als Antifaschistin, Sozialistin und antiklerikale Katholikin kommen in einer Vielzahl von Kommentaren zum Zeitgeschehen zum Ausdruck: *Baustelle. Eine Art Tagebuch 1967–1970* (1970), Tagebuch *Grenzübergänge* (1972), *Kriegsspielzeug. Tagebuch 1972–1978* (1978). Der Rolle der Frau in Geschichte und Gegenwart sind der Essay *Zölibat und Frau* (1967) und die Slg. *Unterentwickeltes Land Frau* (1970) gewidmet. Zwei Reiseberichte handeln vom geteilten Korea: *Wenn die Wale kämpfen. Portrait eines Landes: Süd-Korea* (1976) und *Nordkoreanisches Reisetagebuch* (1982). Als Autobiographie erschien 1981 *Den Wolf umarmen*.

Peter Rosegger (eigtl. P. Roßegger)
*31. 7. 1843 in Alpl bei Krieglach (Obersteiermark), †26. 6. 1918 in Krieglach
Der Sohn eines Gebirgsbauern führte als Schneidergeselle ein Wanderleben, ein Gönner ermöglichte ihm eine späte Schulausbildung. Als Schriftsteller folgte Rosegger dem Vorbild ↑ Stifters. Der Roman *Die Schriften des Waldschulmeisters* (1876) schildert das Leben des Lehrers Andreas Erdmann, der am Ende einer von ihm selbst eingeleiteten zivilisatorischen, zugleich die Naturverbundenheit lokkernden Entwicklung verständnislos gegenübersteht. Kapitalismuskritik enthält der Roman *Jakob der Letzte* (V 1888, Verf B. D. 1976 Axel Corti) am Beispiel der Vertreibung von Bauern aus einem in ein Jagdgebiet umgewandelten Tal. Autobiographische Werke sind *Waldheimat* (1877) und die überaus erfolgreiche Slg. *Als ich noch der Waldbauernbub war* (3 Bde., 1900–1902, hg. vom Hamburger Jugendbuch-Ausschuß).

Eugen Roth
*24. 1. 1895 in München, †28. 4. 1976 in München
Nach einem Studium der Philosophie, Geschichte, Kunstgeschichte und Germanistik (Promotion 1922) war Roth von 1927 an Zeitungsredakteur, ab 1933 lebte er als freier Schriftsteller in München. Gedankenschwerer Lyrik (Slg. *Die Dinge, die unendlich uns umkreisen,* 1918; Slg. *Erde, der Versöhnung Stern,* 1920) folgte mit der Slg. *Ein Mensch* (1935) ein Zyklus humoristischer, mit Skepsis gewürzter Gedichte, der Roths Popularität begründete (*Der Wunderdoktor,* 1939; *Eugen Roths Tierleben,* 2 Bde., 1948 und 1949; *Neue Rezepte vom Wunderdoktor,* 1959). Ein wesentliches Gestaltungsmittel ist das pointierte Sprachspiel, etwa indem ein Mensch beschließt, „im Lenze faulzulenzen". Roth trat auch als humoristischer Erzähler (*Sammelsurium,* 1955) und Kinderbuchautor hervor.

Friederike Roth
*6. 4. 1948 in Sindelfingen
Nach einem Studium der Linguistik und Philosophie an der Universität Stuttgart (Promotion 1975) war Roth 1976–1979 Lehrbeauftragte an der Fachhochschule in Esslingen a. N. und wurde anschließend Hörspieldramaturgin beim Süddt. Rundfunk; 1981 war sie Stipendiatin der Villa Massimo in Rom.
Roth begann während des Studiums mit experimenteller Prosa (Slg. *minimalerzählungen,* 1970; 1972 Mitarbeit an Ottomar Domnicks Experimentalfilm „Augenblick"), deren Montagetechnik sie in der Erzählung *Ordnungsträume* (1979) auf die Darstellung von Formen des Realitätsverlustes durch Suche nach „gedanklichen Ordnungen" anwandte. Zentrale Themen der Gedichtbände *Tollkirschenhochzeit* (1978) und *Schieres Glück* (1981) sind das Verhältnis zwischen Sprache und Wirklichkeit sowie (am Beispiel von Liebesbeziehungen) zwischen Vorstellung und Lebensrealität. Dem erfolgreichen Drama *Klavierspiele* (V 1980, U 1981, als Hörspiel 1980) mit der Darstellung der Selbstverwirklichung einer alleinstehenden Frau folgte mit dem Drama *Ritt auf die Wartburg* (V 1981, als Hörspiel 1981) die sarkastische Schilderung einer Reise von vier äußerlich emanzipierten, gleichwohl orientierungslosen Frauen nach Eisenach.

Gerhard Roth
*24. 6. 1942 in Graz
Der Sohn eines Arztes war nach einem Medizinstudium 1966–1977 am Rechenzentrum in Graz tätig und lebt seit 1978 als freier Schriftsteller in Obergreith (Steiermark) und Graz; zu seinen Auszeichnungen gehört der Döblin-Preis 1983. Die frühen Romane Roths (*die autobiographie des albert einstein,* 1972; *Der Wille zur Krankheit,* 1973) schildern die Wirklichkeit im Spiegel der Schizophrenie. Die Eindrücke mehrerer Aufenthalte in den USA bestimmen die Kulisse der Romane *Der große Horizont* (1974) und *Ein neuer Morgen* (1976); hier wie im Roman *Winterreise* (1979) stehen Versuche im Mittelpunkt, aus den gegebenen Verhältnissen auszubrechen. Das Untertauchen eines in einen Kunstfehlerprozeß verwickelten Mediziners und seine Integration in eine Dorfgemeinschaft schildert der Roman *Der Stille Ozean* (1980). An diesen schließen sich der Roman *Landläufiger Tod* (1984) mit Aufzeichnungen eines zeitweise in einer Heilanstalt lebenden Erzählers und die Kurzprosa der *Dorfchronik zum „Landläufigen Tod"* (1984) an. Kennzeichnend für Roths Arbeitsweise sind Recherchen mit der Kamera (*Fotografische Notizen zum Roman „Der Stille Ozean",* 1979).

Joseph Roth
*2. 9. 1894 in Schwabendorf bei Brody (Galizien), †27. 5. 1939 in Paris
„Nur wir, nur unsere Generation, erlebte das Erdbeben, nachdem sie mit der vollständigen Sicherheit der Erde seit der Geburt gerechnet hatte", schreibt Roth in der Einleitung seines Reiseberichts *Im mittäglichen Frankreich* (1925) im Hinblick auf den I. Weltkrieg, die ihm folgenden tiefgreifenden politischen Veränderungen und die Erschütterung der kulturellen Identität. „Seitdem glaube ich nicht, daß wir, Fahrkarten in der Hand, in einen Zug steigen können. Ich glaube nicht, daß wir mit der Sicherheit eines für alle Fälle ausgerüsteten Touristen wandern dürfen. Die Fahrpläne stimmen nicht, die Führer berichten falsche Tatsachen. (. . .) Wir haben die Relativität der Nomenklatur und selbst die der Dinge erlebt. In einer einzigen Minute, die uns vom Tode trennte, brachen wir mit der ganzen Tradition, mit der Sprache, der Wissenschaft, der Literatur, der Kunst: mit dem ganzen Kulturbewußtsein."
Aus einer jüd. Familie stammend, studierte Roth nach dem Besuch des Gymnasiums in Brody in Lemberg und Wien Germanistik und nahm von 1916 an am Krieg teil; anschließend war er in Wien, ab 1922 in Berlin als Journalist tätig (u. a. Beiträge im sozialdemokratischen „Vorwärts"). In seinem ersten, 1923 in der Wiener „Arbeiter-Zeitung" veröffentlichten Roman, *Das Spinnennetz*, schildert er noch vor dem Münchner Putschversuch Hitlers und Ludendorffs die Machenschaften einer von München aus ihr „Netz" knüpfenden faschistischen Geheimorganisation; im Mittelpunkt der Romanhandlung steht der „wild gewordene Kleinbürger" Lohse. Als Mitarbeiter der „Frankfurter Zeitung" (ab 1923) unternahm Roth 1926 eine Studienreise durch die Sowjetunion, die seine Abkehr vom Sozialismus zur Folge hatte (eine negative Bilanz der Oktoberrevolution zieht der Roman *Der stumme Prophet*, Teil-V 1929, V 1966). Der Essay *Juden auf Wanderschaft* (1927) schildert die Lebensverhältnisse der Ostjuden in den „westlichen Gettos": in Wien, Berlin, Paris und den USA, sowie in der UdSSR; der Roman *Hiob* (1930) handelt von dem frommen Ostjuden Mendel Singer, der das Schicksal des biblischen Hiob erleidet und als Emigrant in den USA die Musikerkarriere seines Sohnes miterlebt.
1933 emigrierte Roth und lebte u. a. in Südfrankreich und Paris; seine Lebensgefährtin der Jahre 1936–1938 war die Schriftstellerin ↑ Keun. Im kulturkritischen Essay *Der Antichrist* (1934) setzt sich Roth u. a. mit der eigenen journalistischen Tätigkeit im Dienst des „Herrn über die tausend Zungen" auseinander. Die Erzählung *Die Legende vom heiligen Trinker* (1939) handelt von Andreas, einem als Clochard unter den Pariser Brücken hausenden Trinker und mit Zuchthaus bestraften Mörder; ein Geschenk von 200 Franc löst eine turbulente Folge von Ereignissen aus bis hin zum Tod des „heiligen Trinkers" in den Armen eines Mädchens, das Andreas als Heilige erscheint. Roth selbst war in der Isolation des Exils dem Alkohol verfallen und starb in einem Pariser Armenhospital.

Romane: *Das Spinnennetz* (Zs 1923, V 1967), *Hotel Savoy* (1924), *Die Rebellion* (1924), *Die Flucht ohne Ende. Ein Bericht* (1927), *Zipper und sein Vater* (1928), *Rechts und Links* (1929), *Der stumme Prophet* (Teil-V 1929, V 1966), *Hiob. Roman eines einfachen Mannes* (1930), *Tarabas, ein Gast auf dieser Erde* (1934), *Die hundert Tage* (1935), *Beichte eines Mörders, erzählt in einer Nacht* (1936), *Das falsche Gewicht* (1937), *Die Geschichte von den 1002. Nacht* (1939). – Erzählungen: Slg. *April* (1925), *Die Büste des Kaisers* (1934), *Die Legende vom heiligen Trinker* (1939). – Essays: *Juden auf Wanderschaft* (1927), *Panoptikum* (1930), *Schluß mit der „Neuen Sachlichkeit"* (1930), *Der Antichrist* (1934).

Radetzkymarsch. Roman, V 1932.
Die Kapuzinergruft. Roman, V 1938,
Verf u. d. T. „Trotta" B. D. 1970
Johannes Schaaf.

Der Handlungszeitraum des ersten Romans reicht von 1859 bis zum Jahr 1916. Im Mittelpunkt steht die Familie von Trotta. Franz Trotta wird geadelt, nachdem er 1859 in der Schlacht bei Solferino Kaiser Franz Joseph das Leben gerettet hat. Die propagandistische, bis in die Lesebücher eindringende Umformung und Verwertung dieser einer spontanen Regung entsprungenen Tat löst beim „Helden von Solferino" einen Prozeß der Entfremdung von der Monarchie aus und veranlaßt ihn, sich auf die bäuerliche Lebensweise seiner Vorfahren zurückzuziehen; eine Audienz beim Kaiser hat ihm gezeigt, daß auch dieser das Opfer staatserhaltender Mythenbildung ist.

Franz von Trottas Sohn verkörpert als Bezirkshauptmann den Typus des pflichtbewußten Beamten ohne Einsicht in die Vordergründigkeit des Ordnungsgefüges, an dessen Erhaltung er mitwirkt. Seine Identifikation mit der Donaumonarchie bringt die Angleichung seines Erscheinungsbildes an das des Kaisers zum Ausdruck (ein Motiv, das in H. ↑ Manns Roman „Der Untertan" vorgebildet ist).

Dagegen leidet Franz Joseph von Trotta, der Enkel des „Helden von Solferino" und wie dieser Soldat, an der gesellschaftlichen Erstarrung. Zu ihren Symptomen gehört der lebensfeindliche Ehrenkodex, dem Trottas Freund, der jüd. Arzt Dr. Demant, durch ein aus nichtigem Anlaß ausgetragenes Duell zum Opfer fällt. Franz Joseph von Trotta wird von Schuldgefühlen gequält und nimmt nach der Ermordung des Thronfolgers in Sarajewo seinen Abschied, wird aber nach Kriegsbeginn wieder eingezogen und fällt, als er im Begriff ist, für seine Soldaten Wasser zu holen. Die schlichte humane Tat steht in symbolträchtigem Kontrast zum anonymen Wüten des Krieges. Der Bezirkshauptmann Trotta stirbt unmittelbar nach dem Tod „seines" Kaisers 1916.

Roth parallelisiert den Niedergang des Habsburgerreichs mit dem einer Familie, deren Mitglieder allenfalls eine dumpfe Ahnung besitzen, daß die Donaumonarchie längst dem Untergang zusteuert. Einzig der poln. Graf Chojnicki erkennt: „Sie zerfällt, sie ist schon zerfallen! Ein Greis, dem Tode geweiht, (...) hält den alten Thron einfach durch das Wunder, daß er noch auf ihm sitzen kann."

Im Mittelpunkt des als zeitgeschichtliche Fortsetzung des Abgesangs auf die Donaumonarchie konzipierten zweiten Romans steht der aus einer Nebenlinie stammende Franz-Ferdinand Trotta. Die Handlung setzt unmittelbar vor dem I. Weltkrieg ein und führt bis zum „Anschluß" Österreichs an das nationalsozialistische Dtl. 1938. Trotta ist geprägt vom „Bekenntnis zur sogenannten ,Dekadenz'" der Vorkriegszeit, „zu einer halb gespielten und outrierten Müdigkeit und einer Gelangweiltheit ohne Grund". Im Krieg kommt er nach dem ersten Gefecht in russ. Kriegsgefangenschaft, 1918 kehrt er nach Wien zurück. Die Versuche einer Existenzgründung scheitern: Das Geschäft seines Schwiegervaters, an dem sich Trotta beteiligt hat, geht in Konkurs; die im Elternhaus eingerichtete Pension wird vornehmlich von zahlungsunfähigen Freunden aus der Vorkriegszeit bevölkert; seine Frau verliert Trotta an die lesbische Kunstgewerblerin Prof. Szatmary. Trotta beschränkt sich schließlich auf eine Kaffeehausexistenz.

Den Gegenpol des „Ursprünglichen", der Trotta insgeheim anzieht, repräsentieren dessen slowenischer Vetter, der Bauer und Maronibrater Joseph Branco, und der Fiakerkutscher Manes Reisiger. Der vorherrschende Grundton ergibt sich jedoch aus Trottas melancholischer Verbundenheit mit einer „verlorenen Welt". Diese wird durch die Kapuzinergruft der Wiener Hofburg symbolisiert; Trotta besucht die Grabstätte der Herrscher aus dem Haus Habsburg am Ende des Romans in dem Bewußtsein der Ausweglosigkeit: „Wohin soll ich, ich jetzt, ein Trotta?"

Ludwig Rubiner
*12. 7. 1881 in Berlin, †26. 2. 1920 in Berlin
Als Mitarbeiter der Zeitschrift „Die Aktion" veröffentlichte Rubiner 1912 u. d. T. *Der Dichter greift in die Politik* das für die aktivistische Strömung innerhalb des Expressionismus kennzeichnende, sozial motivierte Bekenntnis zu den gesellschaftlichen Außenseitern, zum „heiligen Mob". 1916 erschien sein Gedichtband *Das himmlische Licht* (darin u. a. *Die Stimme:* „Aber der Lichtmensch sprüht aus der Todeskruste heraus. (. . .) Er hat seine Stimme in tausend Posaunen geschrien"). 1919 gab Rubiner die Slg. „Kameraden der Menschheit, Dichtungen zur Weltrevolution" und „Dokumente der geistigen Weltwende" („Die Gemeinschaft") heraus. Im selben Jahr erschien sein Drama *Die Gewaltlosen. Eine Legende* (U postum 1920); es propagiert den gewaltlosen Kampf gegen Unterdrückung und Ausbeutung.

Friedrich Rückert
*16. 5. 1788 in Schweinfurt, †31. 1. 1866 in Neuses bei Coburg
Als Lyriker begann Rückert mit patriotischen, zum Befreiungskampf anfeuernden Gedichten (Slg. *Dt. Gedichte* mit dem Zyklus *Geharnischte Gedichte,* 1814). Aufgrund seiner Übersetzungen oriental. Lyrik (Slg. *Die Makamen des Hariri,* 1826) erhielt er 1826 eine Professur für oriental. Philologie an der Universität Erlangen, 1841–1847 lehrte er in Berlin. Dem Vorbild der arab., pers. und ind. Literatur folgt seine Spruch- und Gleichnisdichtung (Slg. *Die Weisheit des Brahmanen,* 6 Bde., 1836–1839). 1844 erschien die Slg. *Liebesfrühling,* postum 1872 die Slg. *Kindertotenlieder* (Vert 1902 Gustav Mahler).

Peter Rühmkorf
*25. 10. 1929 in Dortmund
Nach einem 1951 in Hamburg begonnenen Studium der Pädagogik und Kunstgeschichte, dann der Germanistik und Psychologie war Rühmkorf 1958–1964 als Verlagslektor tätig und lebt seitdem als freier Schriftsteller in Hamburg. Als Gastdozent las er 1969/70 an der Universität in Austin (Texas) über moderne dt. Literatur, 1980 an der Universität in Frankfurt a. M. über Poetik (*agar agar – zaurzaurim. Zur Naturgeschichte des Reims und der menschlichen Anklangsnerven,* V 1981). Zu seinen Auszeichnungen gehören der Bremer Literaturpreis 1980 und die Ehrengabe der Heine-Gesellschaft 1984; 1975 war er Stadtschreiber von Bergen-Enkheim.
Als Lyriker bedient sich Rühmkorf vielfach der zeitkritischen parodistischen Verfremdung des „Traditionsguts" (Slg. *Kunststücke,* 1962; darin u. a. eine Neufassung von ↑Eichendorffs Lied „Das zerbrochene Ringlein" [„Im Kühlen Wiesengrunde"]: „In meinem Knochenkopfe / da geht ein Kollergang"). Dasselbe umgangssprachliche Verfahren dokumentieren die „Exkurse in den literarischen Untergrund" *Über das Volksvermögen* (1967). Das Drama *Was heißt hier Volsinii? Bewegte Szenen aus dem klassischen Wirtschaftsleben* (V 1969, U 1973) schildert in aktualisierter Form die Niederschlagung eines Aufstands im etrusk. Volsinii. Die Slg. *Der Hüter des Misthaufens* (1983) enthält „aufgeklärte Märchen".

Gedichtbände: *Irdisches Vergnügen in g* (1959, vgl. ↑ Brockes), *Kunststücke. 50 Gedichte nebst einer Anleitung zum Widerspruch* (1962), *Phoenix – voran!* (1977), *Haltbar bis Ende 1999* (1979), *Im Fahrtwind* (1980). – Essays: *Walther von der Vogelweide, Klopstock und ich* (1975), Slg. *Strömungslehre I. Poesie* (1978).

Hans Sachs
*5. 11. 1494 in Nürnberg, †19. 1. 1576 in Nürnberg
Der Sohn eines Schneidermeisters besuchte die Lateinschule, begann 1509 eine Schusterlehre und befand sich 1511–1516 auf der Wanderschaft; 1520 wurde er in Nürnberg Schuhmachermeister. Sein Eintreten für die Reformation bekunden das Gedicht *Die Wittenbergisch Nachtigall* (1523), eine popularisierte Darstellung der Lehre Luthers, und vier 1524 erschienene Dialoge (u. a. *Disputatio zwischen einem Chorherrn und einem Schuhmacher*). Sachs verfaßte als Mitglied der Nürnberger Singschule über 4000 Meisterlieder. Seine 85 Fastnachtspiele vermeiden übermäßige Grobheit und verspotten Dummheit (*Der farent Schueler ins Paradeis*, U 1550, V 1560) und Bosheit; *Das Narren Schneyden* (1558) schildert die Heilung eines Narrsüchtigen, aus dessen aufgeblähtem Bauch die „Narren" Geiz, Neid, Zorn, Unkeuschheit, Zorn und Faulheit herausoperiert werden. Die Tragödien und Komödien gestalten biblische, antike und mittelalterliche Stoffe. Das Versmaß der Dichtungen und Schauspiele ist der Knittelvers. Nach der Wiederentdeckung durch ↑ Wieland und ↑ Goethe (Gedicht „Hans Sachsens poetische Sendung", 1776) gipfelte der Nachruhm des Schuster-Dichters in Richard Wagners Oper „Die Meistersinger von Nürnberg" (1868).

Nelly Sachs (eigtl. Leonie S.)
*10. 12. 1891 in Berlin, †12. 5. 1970 in Stockholm
Die Tochter eines jüd. Fabrikanten stand ab 1907 in Briefwechsel mit Selma Lagerlöf, die sie zu eigenen Schreibversuchen anregte (Slg. *Legenden und Erzählungen*, 1921; Gedichte in verschiedenen Zeitungen). Dank der Fürsprache Lagerlöfs beim schwed. Hof und dessen Intervention konnte Sachs 1940 mit ihrer Mutter emigrieren; sie lebte fortan in Stockholm. 1947 trat sie als Lyrikerin (Slg. *In den Wohnungen des Todes*) und Übersetzerin an die Öffentlichkeit *(Von Welle und Granit. Querschnitt durch die schwed. Lyrik des 20. Jh.s)*. 1951 erschien als erstes Drama *Eli. Ein Mysterienspiel vom Leiden Israels* (U als Hörspiel 1958, als Rundfunkoper mit der Musik von Moses Pergament 1959, als Oper mit der Musik von Walter Steffens 1967). Einer Reise in die B. D. (Entgegennahme des Droste-Hülshoff-Preises), nach Zürich und Paris (Begegnung mit ↑ Celan) im Jahr 1960 folgte ein psychischer Zusammenbruch. 1965 erhielt Sachs den Friedenspreis des Dt. Buchhandels, 1966 mit Samuel Josef Agnon den Literaturnobelpreis.
Als Lyrikerin steht Sachs in der Tradition der Psalmendichtung und der kabbalistischen Mystik. Bezogen sich die Gedichte zunächst unmittelbar auf das Grauen der Judenverfolgung und die Mitschuld der die Vergangenheit verdrängenden „Zuschauenden" („Wieviel brechende Augen werden euch ansehen, / Wenn ihr aus den Verstecken ein Veilchen pflückt"), so entwickelte sich die zunehmend metaphorisch verschlüsselte Sprache zum Ausdruck der Hoffnung auf „die Verwandlungen der Welt" (*In der Flucht*, enthalten in der Slg. *Flucht und Verwandlung*, 1959).

Gedichtbände: *In den Wohnungen des Todes* (1947), *Sternverdunkelung* (1949), *Und niemand weiß weiter* (1957), *Flucht und Verwandlung* (1959), *Glühende Rätsel*. Teil 1 (1963) und Teil 2 (1964), *Die Suchende* (1966), *Teile dich Nacht. Die letzten Gedichte* (postum 1971). – Dramen: *Der magische Tänzer. Versuch eines Ausbruchs. Für zwei Menschen und zwei Marionetten* (V 1959, U 1969), Slg. *Zeichen im Sand* (1962; darin u. a: *Abraham im Salz*, U als Oratorium mit der Musik von Moses Pergament 1963; *Versteckspiel mit Emanuel*, U 1963; *Simson fällt durch Jahrtausende*, U 1970, als Hörspiel 1967; *Beryll sieht durch die Nacht*).

Friedrich (von) Schiller
*10. 11. 1759 in Marbach a. Neckar, †9. 5. 1805 in Weimar
Als 1839 auf dem Stuttgarter Alten Schloßplatz (heute Schillerplatz) die von Thorwaldsen geschaffene Statue des antik gewandeten, lorbeerbekränzten Dichters enthüllt wurde, war dies die erste Ehrung eines Künstlers in Dtl. durch ein Standbild. Der Adel hielt sich von der Feier fern, die Kirche hatte versucht, ein Festgeläut zu unterbinden, und sprach von „Götzendienst"; Schiller war der „Besitz" des liberalen Bürgertums, das ihn nach der gescheiterten Revolution von 1848 im Schiller-Jahr 1859 weiterhin als Inbegriff des Strebens nach nationaler Einheit feierte: „Ertönen wird der Glockenruf in die Zerrissenheit des dt. Gesamtvaterlandes, in dessen klaffende Wunde wir eben erst tief hinabblickten", prophezeite ↑ Uhland als Festredner, um, an Schillers *Lied von der Glocke* anknüpfend, fortzufahren: „‚Concordia soll ihr Name sein!' tauft der Meister seine Glocke. Concordia bedeutet aber nicht eine träge, tote Eintracht, nein! wörtlich: Einigung der Herzen, in Schillers Sinne gewiß: Eintracht frischer, tatkräftiger, redlicher dt. Herzen." Die hier sich abzeichnende „Verinnerlichung" Schillers zum bildungsbürgerlichen „Moraltrompeter von Säckingen" (↑ Nietzsche) bildet den wirkungsgeschichtlichen Hintergrund der im 20. Jh. vielfach unternommenen Versuche, den Dramatiker Schiller von „Klassiker"-Unverbindlichkeit zu befreien.
Der Sohn eines Wundarztes und Leutnants wuchs in Marbach und Lorch auf, in Ludwigsburg besuchte er 1767–1772 die Lateinschule. Das angestrebte Theologiestudium wurde 1773 durch die Einberufung in die von Herzog Karl Eugen bei Schloß Solitude gegründete „Militär-Pflanzschule" (Karlsschule) unterbunden (ab 1775 als Militärakademie in Stuttgart). Schiller wählte 1774 das Fach Jura, wechselte 1776 zur Medizin über und schloß seine Ausbildung 1780 mit der Dissertation *Über den Zusammenhang der tierischen Natur des Menschen mit seiner geistigen* ab; Ende 1780 erhielt er in Stuttgart eine Anstellung als Regimentsmedikus. Als Lyriker trat Schiller erstmals 1776 an die Öffentlichkeit *(Der Abend)*, 1782 erschien seine *Anthologie auf das Jahr 1782*. 1781 veröffentlichte er anonym sein 1777 begonnenes Drama *Die Räuber*, das Anfang 1782 mit außerordentlichem Erfolg am Mannheimer Nationaltheater zur Uraufführung kam.
Eine Arreststrafe wegen einer unerlaubten Reise nach Mannheim und das vom Herzog erlassene Schreibverbot veranlaßten Schiller Ende September 1782 zur Flucht ins pfälzische „Ausland" (Mannheim, Oggersheim) und schließlich nach Bauerbach bei Meiningen, 1783 erhielt er in Mannheim eine Anstellung als Theaterdichter (*Die Verschwörung des Fiesco zu Genua*, U 1783 in Bonn, 2. Fassung 1784 in Mannheim; *Kabale und Liebe*, U 1784). Als Mitglied der Kurfürstlichen Dt. Gesellschaft hielt Schiller 1784 den Vortrag *Vom Wirken der Schaubühne auf das Volk* (V 1802 u. d. T. *Die Schaubühne als eine moralische Anstalt betrachtet*); Ende des Jahres trug er am Hof in Darmstadt den I. Akt von *Don Carlos, Infant von Spanien* vor und erhielt vom anwesenden Herzog Karl August den Ehrentitel eines Weimarischen Rats. Anfang 1785 erschien die 1. Nummer der von Schiller weitgehend mit eigenen Beiträgen gefüllten Zeitschrift „Rheinische Thalia" (u. a. Rezensionen Mannheimer Inszenierungen).
Unstimmigkeiten im Verhältnis zum Mannheimer Theater und die problematische Beziehung zu Charlotte von Kalb veranlaßten Schiller, im März 1785 der Einladung Christian Gottfried Körners nach Sachsen zu folgen (Leipzig, Gohlis, Loschwitz, Dresden). Herausgabe der „Thalia" (bis 1791: *An die Freude, Verbrecher aus Infamie, Der Geisterseher*), Vollendung des *Don Carlos* (U, V 1787).

Mitte 1787 ließ Schiller sich in Weimar nieder (Verbindung mit ↑ Herder und ↑ Wieland, Beginn der Arbeit als Historiograph mit *Geschichte des Abfalls der Vereinigten Niederlande*, V 1788). Anfang 1789 erhielt er in Jena eine Professur (Antrittsvorlesung *Was heißt und zu welchem Ende studiert man Universalgeschichte?* mit der Gegenüberstellung von „Brotgelehrtem" und „philosophischem Kopf"). Anfang 1790 heiratete Schiller Charlotte von Lengefeld. Anfang 1791 erzwang eine schwere Erkrankung die Unterbrechung der Lehrtätigkeit; Beginn des Kant-Studiums, ab 1792 eigene, in der „Neuen Thalia" (1792/93) veröffentlichte Schriften zur Philosophie und Poetik *(Über den Grund des Vergnügens an tragischen Gegenständen)*, 1793 1. Fassung der Briefe *Über die ästhetische Erziehung des Menschen* (V 1795).

Schillers Aufenthalt in Ludwigsburg und Stuttgart (1793/94) führte zur Zusammenarbeit mit dem Verleger Johann Friedrich Cotta (Zeitschrift „Die Horen" 1795–1797, „Musen-Almanach" ab 1795). Mitte 1794 begann die auf wechselseitige Ergänzung gegründete Verbindung mit ↑ Goethe *(Über naive und sentimentalische Dichtung*, 1795/96; 1796 E der *Xenien*, 1797 „Balladenjahr", 1798 Wiedereröffnung des Weimarer Theaters mit *Wallensteins Lager*, 1799 Weimarer Uraufführung von *Die Piccolomini* und *Wallensteins Tod).*

Schillers letzte Lebensjahre in Jena und Weimar (1802 endgültige Übersiedlung nach Weimar, im selben Jahr Erhebung in den Adel) waren der rastlosen Arbeit für die Bühne gewidmet: *Maria Stuart* (1800), *Die Jungfrau von Orleans* (1801), *Die Braut von Messina* (1803), *Wilhelm Tell* (1804), Beginn der Arbeit an *Demetrius;* als Bearbeitungen brachte Schiller Shakespeares „Macbeth" (1800), Gozzis „Turandot" (1801), ↑ Lessings „Nathan der Weise" (1801) auf die Bühne, als Übersetzungen Piccards Komödien „Der Neffe als Onkel" und „Der Parasit" (beide 1803) und Racines „Phaedra" (1805). 1804 diente eine Reise nach Berlin der Vorbereitung einer eventuellen Loslösung von Weimar. 1827 wurden Schillers Gebeine in die Weimarer Fürstengruft überführt.

Gedichtbände und Einzelgedichte: *Anthologie auf das Jahr 1782* (1782, darin u. a. *Oden an Laura), Resignation* (E 1784/85, V 1786), *An die Freude* (E 1785, V 1786; Vert 1786 Christian Gottfried Körner, 1824 Ludwig van Beethoven [Schlußchor der 9. Sinfonie]), *Die Götter Griechenlands* (1788, 2. Fassung 1800), *Der Künstler* (1789), *Das Ideal und das Leben* (1795), *Der Spaziergang* (1795), *Xenien* (V 1797), *Balladen* (1798 „Musen-Almanach für das Jahr 1798", mit Beiträgen von Goethe; von Schiller u. a. *Der Handschuh, Die Kraniche des Ibykus, Der Ring des Polykrates, Der Taucher* [Vert 1802 K. F. Zelter]; 1799 erschien *Die Bürgschaft*, 1804 *Der Graf von Habsburg), Das Lied von der Glocke* (E 1799, V 1800), *Nänie* (1800), *Gedichte* (Teil I und II, 1800 und 1803). – Erzählungen: *Verbrecher aus Infamie* (E 1785, V 1786, u. d. T. *Der Verbrecher aus verlorener Ehre* 1792), *Der Geisterseher. Aus den Papieren des Grafen von O...* (Fragment, E ab 1786, Zs 1787, V 1789). – Dramen: *Die Räuber* (E ab 1777, V 1781 [„Schauspiel"-Fassung], U 1782, 2. Fassung [„Trauerspiel"-Fassung] V 1782), *Die Verschwörung des Fiesco zu Genua* (E 1782, U, V 1783, 2. Fassung U 1784), *Kabale und Liebe* (E 1782/83, U, V 1784), *Don Carlos, Infant von Spanien* (E ab 1782, Teil-V 1785–1787, U, V 1787), *Wallenstein* (E ab 1794, V 1800: *Wallensteins Lager*, U 1798; *Die Piccolomini*, U 1799; *Wallensteins Tod*, U 1799), *Maria Stuart* (E ab 1799, U 1800, V 1801), *Die Jungfrau von Orleans* (E ab 1800, U, V 1801), *Die Braut von Messina oder Die feindlichen Brüder* (E ab 1799, U, V 1803), *Wilhelm Tell* (E ab 1802, U, V 1804), *Demetrius* (Fragment, E 1804/05, V 1815). – Historische Schriften: *Geschichte des Abfalls der Vereinigten Niederlande* (1788), *Geschichte des Dreißigjährigen Kriegs* (E ab 1789, V 1791–1793). – Schriften zur Philosophie und Poetik: *Über den Grund des Vergnügens an tragischen Gegenständen* (1792), *Über Anmut und Würde* (1793), *Vom Erhabenen* (1793), *Über die ästhetische Erziehung des Menschen, in einer Reihe von Briefen* (E ab 1793, V 1795), *Über naive und sentimentalische Dichtung* (1795/96).

Die Räuber. Drama in 5 Akten, E ab 1777, V 1781 („Schauspiel"-Fassung), U 1782, 2. Fassung („Trauerspiel"-Fassung) 1782; Vert u. d. T. „I Masnadieri" 1847 Giuseppe Verdi, 1957 Giselher Klebe, Verf Dtl. 1907 und 1913, USA 1913 und 1914, B. D. 1967 G. Keil.

Franz, der mißgestaltete und als der Zweitgeborene von der Erbfolge ausgeschlossene Sohn des Grafen Moor, denunziert mit Erfolg seinen älteren Bruder Karl. Dieser ist zwar als Student in üble Gesellschaft geraten, hat aber als „verlorener Sohn" den Vater brieflich um Verzeihung gebeten. Diesen Brief unterschlägt Franz und legt dem Vater statt dessen einen fingierten Bericht vor, dem zufolge Karl steckbrieflich gesucht wird. Franz erhält den Auftrag, Karl mitzuteilen, daß er (vorerst) vom Vater verstoßen sei. Dieser Brief stürzt Karl in tiefe Verzweiflung; er erklärt sich bereit, an die Spitze einer vom Schurken Spiegelberg gebildeten Räuberbande zu treten. Franz beschließt, den körperlichen Verfall des Vaters zu beschleunigen; auf die fingierte Nachricht hin, Karl sei bei einem Gefecht gefallen, stirbt der von Reue gequälte Vater (scheinbar). Angesichts der bei der Rettung des Bandenmitglieds Roller vom Galgen begangenen Grausamkeiten (eine ganze Stadt wurde in Brand gesteckt) will Karl die Bande verlassen; das Lager ist jedoch umstellt, Karl nimmt gemeinsam mit den Räubern den Kampf auf. Vergeblich wirbt Franz um Amalia, die Braut Karls. Dieser sucht verkleidet das väterliche Schloß auf und wird von Franz, zuletzt auch von Amalia erkannt, muß sich jedoch von der Geliebten losreißen. Die Räuber befreien aus einer Schloßruine den lebendig begrabenen Grafen Moor; Karl schickt seine Räuber aus, um Franz ins Lager zu bringen. Franz ist durch einen Traum, in dem er sich als den einzigen Verdammten der ganzen Menschheit erkannt hat, in apokalyptischen Schrecken versetzt; die Räuber zünden sein Schloß an und reißen ihn aus den Flammen. Karl erhält (unerkannt) von seinem Vater Segen und Kuß, als „sei es Vaters Kuß"; Franz wird ins Schloßverlies gestoßen; der Graf stirbt, nachdem sich ihm Karl als Sohn und Räuberhauptmann zu erkennen gegeben hat; Amalia erfleht von Karl den Tod und wird von ihm erstochen; Karl trennt sich von der Bande, um sich einem Tagelöhner auszuliefern, der das auf seinen Kopf ausgesetzte Lösegeld kassieren soll (das Drama endet: „Dem Manne kann geholfen werden").

Die in der Erstfassung in der Gegenwart angesiedelte Handlung wurde bei der Mannheimer Inszenierung ins Spätmittelalter verlegt; Schiller folgte dieser „Historisierung" in seiner „Trauerspiel"-Fassung (1782). Dennoch blieb die Zeitkritik unverkennbar (ein 1782 erschienener Nachdruck der „Schauspiel"-Fassung trägt das Motto „in Tirannos"): Franz verkörpert die skrupellose Feudalmacht, als deren Opfer Karl zum schuldlos-schuldigen Sozialrebellen wird, der erkennen muß, daß zwei Menschen wie er „den ganzen Bau der sittlichen Welt zugrunde richten würden".

Kennzeichnend für die Epoche des Sturm und Drang sind Karls Ekel vor dem „tintenkleckenden Säkulum" („Schauspiel"-Fassung), die expressive Sprache, das Motiv der feindlichen Brüder („Die Zwillinge" von ↑Klinger, „Julius von Tarent" von ↑Leisewitz, „Zur Geschichte des menschlichen Herzens" von ↑Schubart). Vor allem aber spiegelt das mangelnde Vertrauen zwischen dem Grafen Moor und Karl, die beide allzu leicht das Opfer der von Franz in Gang gesetzten Intrigen werden, modellhaft eine tiefgreifende Verstörung. Karls Schrei „Ich habe keinen Vater mehr, ich habe keine Liebe mehr, und Blut und Tod soll mich vergessen lehren, daß mir jemals etwas teuer war!" ist Ausdruck einer im Grunde der Handlung vorausgehenden „Vaterlosigkeit" in sozialer, religiöser und metaphysischer Hinsicht. Hierin aber berühren sich Karl und Franz Moor, das Zerrbild des jeglicher Bindung entbehrenden „aufgeklärten", gegen die Natur rebellierenden Rationalisten.

Die Verschwörung des Fiesco zu Genua.
Drama in 5 Akten, E 1782, U, V 1783, 2. Fassung U 1784, Verf Dtl. 1921.
Das „republikanische Trauerspiel" bezieht sich auf den im Jahr 1547 vom Grafen Giovanni Luigi de Fieschi, gen. Fiesco, unternommenen Versuch, mit der Unterstützung durch Frankreich und Papst Paul III. die Herrschaft des kaisertreuen Andrea Doria über Genua zu beseitigen. Fiesco kam während dieses Unternehmens durch einen Unglücksfall ums Leben.
In Schillers freier Gestaltung des historischen Stoffes gibt sich Fiesco zunächst den Anschein der Leichtlebigkeit, um seine Pläne zu kaschieren. Lediglich den engsten republikanischen Freunden, allen voran dem greisen Verrina, enthüllt er seine zur Wiederherstellung der Republik getroffenen Vorbereitungen. Zugleich steht Fiesco in der Versuchung, um der Größe dieses Betrugs willen selbst die Macht zu übernehmen: „Es ist schimpflich, eine Börse zu leeren – es ist frech, eine Million zu veruntreuen, aber es ist namenlos groß, eine Krone zu stehlen. Die Schande nimmt ab mit der wachsenden Sünde." Fiescos Helfershelfer ist der verbrecherische Mohr Muley Hassan. Tatsächlich läßt sich Fiesco nach geglücktem Aufstand vom Volk zum Herzog ausrufen, wird jedoch von Verrina im Hafen ins Meer gestoßen und ertrinkt. Das Melodramatische streift der Tod Leonores, die von ihrem Mann Fiesco irrtümlich (d. h. aufgrund einer Verkleidung) während des Aufstands erstochen wird.
Schiller rechtfertigte die Abweichung der Handlung von den geschichtlichen Tatsachen mit der dramaturgischen Notwendigkeit, „denn die Natur des Dramas duldet den Finger des Ohngefährs oder der unmittelbaren Vorsehung nicht". Die vom Mannheimer Intendanten Dalberg verlangte 2. Fassung, in der Fiesco am Leben bleibt und freiwillig der Krone entsagt, kommentierte Schiller in einem Brief: „Republikanische Freiheit ist hier zu Lande ein Schall ohne Bedeutung, ein leerer Name – in den Adern der Pfälzer fließt kein römisches Blut."

Kabale und Liebe. Drama in 5 Akten, E 1782/83, U, V 1784, Vert u. d. T. „Luisa Miller" 1849 Giuseppe Verdi; Verf u. a. Dtl. 1907, u. d. T. „Luise Miller" Dtl. 1922 Carl Froelich, B. D. 1959 M. Hellberg.
Anknüpfend an ↑Lessings „Emilia Galotti", konfrontiert das (ursprünglich *Luise Millerin* betitelte) „bürgerliche Trauerspiel" Adel und Bürgertum. Ferdinand, der Sohn des Präsidenten von Walter, liebt Luise, die Tochter des Musikers Miller. Beide Väter mißbilligen die Liebesbeziehung, der Bürger aus Einsicht in die Unüberwindbarkeit der Standesgrenzen, der Adlige aufgrund anderweitiger Pläne: Ferdinands Ehe mit Lady Milford, der Mätresse des Herzogs, soll die eigene Macht im Staat sichern. Mit Hilfe seines Sekretärs Wurm setzt der Präsident eine Intrige in Gang: Um ihre verhafteten Eltern zu retten, muß Luise, durch Eid zur Verschwiegenheit verpflichtet, ein vertrauliches Billett an den albernen Hofmarschall von Kalb verfassen, das Ferdinand in die Hände gespielt wird. Dieser wird von Luises Untreue überzeugt und vergiftet sie und sich selbst. Sterbend enthüllt Luise die „Kabale", der sie beide zum Opfer gefallen sind.
Ferdinand verkörpert die Auflehnung gegen die vom korrupten Hofadel repräsentierte feudale Gesellschaft; die für ihn vorgesehene Karriere lehnt er entrüstet als ein „Erbe" ab, das ihn „an einen abscheulichen Vater erinnert". (Unmittelbare Kritik am Absolutismus übt das Stück am Beispiel des Verkaufs von Landeskindern als Söldner; sie bilden den Kaufpreis der Brillanten, die der Herzog Lady Milford als Hochzeitsgabe schickt.) Zugleich bildet Ferdinands Unbedingtheit die Voraussetzung für die Katastrophe: Schon der geringste Zweifel an Luises Liebe stürzt ihn von der Höhe seines verabsolutierten Glücksgefühls in die lebensverneinende Tiefe seines Unglücks. Auch Ferdinand ist letztlich „Absolutist": „Du Luise und ich und die Liebe! – Liegt nicht in diesem Zirkel der ganze Himmel? oder brauchst du noch etwas Viertes dazu?"

Don Carlos, Infant von Spanien. Drama in 5 Akten, E ab 1782, Teil-V 1785–1787, U, V 1787, Vert 1867 Giuseppe Verdi, Verf u. d. T. „Carlos" B. D. 1971 Hans W. Geissendörfer.

In der span. Sommerresidenz Aranjuez kommt es zum Wiedersehen zwischen Don Carlos, dem Sohn Philipps II., und seinem Freund Marquis von Posa; dieser ist soeben aus Flandern zurückgekehrt, in dem sich Widerstand gegen die span. Unterdrückung regt. Posa vermittelt ein ungestörtes Gespräch zwischen Carlos und Elisabeth von Valois, seiner ehemaligen Braut und jetzigen Stiefmutter. Die Königin verweist den sie schwärmerisch verehrenden Infanten standhaft an Spanien als seine „zweite Liebe" und spricht schließlich von den „Tränen aus den Niederlanden". Um so mehr ist Carlos bereit, Posas Wunsch nachzukommen, für die Freiheitsrechte der Niederländer einzutreten. Allerdings bittet er nach der Rückkehr des Hofes nach Madrid seinen Vater vergeblich um das Kommando über die in die Niederlande zu entsendenden Truppen; den Oberbefehl erhält Herzog Alba. Einem anonymen Billett folgend, dringt Carlos in der Hoffnung, Elisabeth anzutreffen, in ein Kabinett ein und trifft auf die Prinzessin Eboli. Diese erahnt etwas von der Liebe des Infanten zur Königin, während Carlos Beweise dafür erhält, daß sein Vater um die Prinzessin wirbt. Die Eboli erklärt sich gegenüber Alba und Philipps Beichtvater Domingo bereit, Beweise für die Liebesbeziehung zwischen Carlos und Elisabeth beizubringen, und weckt Philipps Verdacht. Posa gewinnt Elisabeths Unterstützung für den Plan, Carlos zur eigenmächtigen Abreise in die Niederlande zu bewegen. Unterdessen gerät Carlos, von Posas enger Beziehung zu Philipp und zu Elisabeth unterrichtet, in die Hände der Prinzessin; um ihn vor dieser zu schützen, läßt Posa den Freund verhaften und einkerkern. Zur Opferung des eigenen Lebens bereit und um Carlos von allen Verdächtigungen zu befreien, bezichtigt sich Posa selbst der Liebe zu Elisabeth; Philipp läßt den angeblichen Verräter Posa erschießen und befreit Carlos. Bevor dieser jedoch, Posas Vermächtnis folgend, in die Niederlande flüchten kann, wird der wahre Sachverhalt aufgedeckt. Philipp läßt seinen Sohn verhaften und übergibt ihn der Inquisition.

In der Entstehungsgeschichte des Dramas spiegelt sich Schillers Entwicklung vom Sturm und Drang zur Frühklassik, von der Darstellung der Empörung des Titelhelden gegen die Unnatur der Ehe eines Vaters mit der Verlobten seines Sohnes und gegen die Fesseln der Konvention zum Ideendrama. Kennzeichnend für diese Entwicklung sind das Hervortreten der Gestalt des Marquis Posa und das Gewicht, das Posas Unterredung mit Philipp II. im 3. Akt erhalten hat. Hier tritt Posa als Anwalt des aufgeklärten Humanismus dem (vereinsamten) Repräsentanten des Despotismus gegenüber. Ausgehend von dem Bekenntnis, er könne kein „Fürstendiener" sein, steigert sich Posas Plädoyer über die Schilderung der im span. Weltreich herrschenden „Ruhe eines Kirchhofs" bis zur Forderung: „Gehn Sie Europens Königen voran. / Ein Federzug von dieser Hand, und neu / Erschaffen wird die Erde. Geben Sie / Gedankenfreiheit – (...) Stellen Sie der Menschheit / Verlornen Adel wieder her. Der Bürger / Sei wiederum, was er zuvor gewesen, / Der Krone Zweck – ihn binde keine Pflicht, / Als seiner Brüder gleich ehrwürd'ge Rechte." Der Kritik, Posas republikanische Ideale seien eine anachronistische Vorwegnahme, hielt Schiller in seinen 1788 veröffentlichten *Briefen über Don Carlos* die Auffassung des 16. Jh.s als „Morgendämmerung der Wahrheit" entgegen: „Der Zeitpunkt, worin er (Posa) auftrat, war gerade derjenige, worin stärker, als je, von Menschenrechten und Gewissensfreiheit die Rede war. Die vorhergehende Reformation hatte diese Ideen zuerst in Umlauf gebracht, und die flandrischen Unruhen erhielten sie in Übung." Es sind dies Argumente des Historikers und Geschichtsschreibers Schiller, deren sich der Dramatiker Schiller bedient.

Der Verbrecher aus verlorener Ehre. Erzählung, E 1785, Zs 1786 u. d. T. *Verbrecher aus Infamie,* V 1792. Zugrunde liegt das Schicksal des Wirtssohnes Friedrich Schramm aus Ebersbach a. d. Fils. Schillers Lehrer an der Karlsschule, Jakob Friedrich Abel, dessen Vater Schramm verhaftet hatte, dürfte im Psychologieunterricht über den Fall berichtet haben; er veröffentlichte 1787 eine eigene Schilderung des Falls. Hermann Kurz gestaltete den Stoff in seinem Roman „Der Sonnenwirt" (1854).

Christian Wolf ist in Schillers Schilderung ein körperlich benachteiligter Junge, der „ertrotzen" wollte, „was ihm verweigert war". Um einem Mädchen durch Geschenke imponieren zu können, beginnt er zu wildern; von seinem Rivalen Robert ertappt, muß er sein gesamtes Vermögen als Geldbuße ausliefern. Ein zweites und ein drittes Mal der Wilderei überführt, erhält Wolf Festungshaft, wird hier von den Mitgefangenen zum Verbrecher erzogen („Ich betrat die Festung als ein Verirrter", beginnt der als Ich-Erzählung gestaltete zweite Teil, „und verließ sie als ein Lotterbube"). Nach seiner Freilassung erlebt Wolf die schroffe Zurückweisung durch die Bewohner seines Heimatorts und erschießt, als er durch Zufall im Wald Robert begegnet, diesen im Affekt. Als Mörder wird er Anführer einer Diebesbande, will schließlich in Kriegsdienste treten und gibt sich, in einem Städtchen unter allgemeinem Verdacht festgehalten, dem Amtmann als der gesuchte Sonnenwirt zu erkennen.

Einleitend spricht Schiller von zwei Faktoren der menschlichen Handlungsweise: von der „unveränderlichen Struktur der menschlichen Seele" und den „veränderlichen Bedingungen", die „von außen" mitwirken. Die Erzählung ist ein auf diese äußeren Bedingungen eingehender sozialpsychologischer Beitrag zur „Seelenkunde", gerichtet gegen den „grausamen Hohn und die stolze Sicherheit (...), womit gemeiniglich die ungeprüfte aufrechtstehende Tugend auf die gefallne herunterblickt".

Der Geisterseher. Aus den Papieren des Grafen von O . . . Romanfragment, E ab 1786, Zs 1787, V 1789. Von den zwei ausgeführten Teilen schildert der erste als Erzählung des Grafen von O... eine Reihe seltsamer Erlebnisse, die ein Prinz aus einem dt. protestantischen Fürstenhaus in Venedig hat; der zweite besteht überwiegend aus Briefen des Barons von F... an jenen Grafen, die vom Fortgang der Ereignisse berichten. Zu den Hauptfiguren gehört ein im Hintergrund agierender Armenier.

Den Höhepunkt des ersten Teils bildet eine (später als kunstvolle Sinnestäuschung enthüllte und in ihrer Technik erläuterte) Geisterbeschwörung, durch die der Prinz zu einem gefallenen Freund in Beziehung treten soll, der ein bestimmtes Geheimnis mit ins Grab genommen hat.

Der zweite Teil handelt von einer eigentümlichen Veränderung im Verhalten des zunächst heiteren und vernunftbetonten Prinzen, der zum bald hochverschuldeten Spieler und Verschwender mit melancholischen Anwandlungen wird, sich in Sehnsucht nach einer kath. Griechin verzehrt, von der Erbfolge ausgeschlossen wird und schließlich (in den Armen jenes Armeniers) zum Katholizismus konvertiert. Alles deutet auf eine verwickelte Intrige hin, die darauf abzielt, den Prinzen als Werkzeug einer politischen Operation zu verwenden.

Wesentlich bleibt Schillers psychologisches und sozialkritisches Interesse an der Gestalt eines Aristokraten, der jegliches konkrete Legitimationsbewußtsein verloren hat: „Das, was Sie den Zweck meines Daseins nennen", erklärt der Prinz in einem Gespräch mit dem Baron von F..., „geht mich nichts mehr an. Ich kann mich ihm nicht entziehen, ich kann ihm nicht nachhelfen; ich weiß aber und glaube fest, daß ich einen solchen Zweck erfüllen muß und erfülle. Ich bin einem Boten gleich, der einen versiegelten Brief an den Ort seiner Bestimmung trägt. Was er enthält, kann ihm einerlei sein – er hat nichts als seinen Botenlohn dabei verdient."

Schriften zur Philosophie und Poetik. Schillers Tätigkeit als Rezensent und Theoretiker erweiterte sich von 1791 an (Kant-Studium) zu einer für die Ästhetik der Klassik grundlegenden Theoriebildung.

Über Anmut und Würde (1793) definiert Anmut als Ausdruck der „schönen Seele" in der sinnlichen Erscheinung, Würde als Ausdruck einer im Kampf gewonnenen erhabenen Gesinnung.

Vom Erhabenen (1793) unterscheidet zwischen moralischem und ästhetischem Urteil; letzteres gründet sich auf die Einsicht in die Freiheit der sittlichen Willensentscheidung.

Über die ästhetische Erziehung des Menschen, in einer Reihe von Briefen (E ab 1793, V 1795) bestand zunächst aus 10 an den Herzog Friedrich Christian von Schleswig-Holstein-Sonderburg-Augustenburg als Dank für dessen finanzielle Unterstützung gerichteten Briefen, erweitert zu 27 Briefen. Ausgehend von der Kritik an der Vereinzelung der menschlichen Fähigkeiten in der modernen Gesellschaft, entwickelt Schiller die Versöhnung von Geistigkeit und Sinnlichkeit, von Formtrieb und von Stofftrieb, durch den Spieltrieb („Der Mensch ist nur da ganz Mensch, wo er spielt"). Die Abhandlung ist als Überwindung der von Kant postulierten Gegensätzlichkeit von Pflicht und Neigung und der hieraus abgeleiteten Unterordnung des Sinnlichen unter das Geistige konzipiert.

Die poetologische Abhandlung *Über naive und sentimentalische Dichtung* (1795/96), entstanden unter dem Eindruck der Verbindung und Auseinandersetzung mit ↑Goethe, unterscheidet idealtypisch zwischen zwei Grundformen: der naiven, im unmittelbaren Zusammenhang mit der Natur stehenden Dichtung (Beispiele sind die klassische Antike, aber auch Goethe) und der sentimentalischen, in der das Streben nach Wiederherstellung der verlorengegangenen Einheit mit der Natur zum Ausdruck kommt, z. B. durch die Darstellung des Ideals (im Unterschied zur naiven, „möglichst vollständigen Nachahmung des Wirklichen").

Lyrik. Die Anfänge Schillers als Lyriker sind von hochpathetischer, expressiver Begriffs- und Bildsprache geprägt (u. a. Einfluß ↑Schubarts); seine *Elegie auf den Tod eines Jünglings* (aufgenommen in die *Anthologie auf das Jahr 1782*) machte den jungen Dichter-Arzt nach dessen eigenem Urteil „berüchtigter als 20 Jahre Praxis".

Ein Höhepunkt der frühklassischen Lyrik ist das Lied *An die Freude* (E 1785, V 1786), ein Hymnus auf die Triebkräfte Freundschaft und Liebe, welche die vereinzelten Geschöpfe untereinander und mit der allumfassenden Gottheit verbinden. *Die Götter Griechenlands* (1788, Zweitfassung V 1800) unterscheiden schroff zwischen der antiken und der christlichen Welt bzw. Menschheitsepoche: „Da ihr noch die schöne Welt regiertet, / An der Freude leichtem Gängelband / Glücklichere Menschenalter führtet, / Schöne Wesen aus dem Fabelland! / (...) Damals trat kein gräßliches Gerippe / Vor das Bett des Sterbenden. Ein Kuß / Nahm das letzte Leben von der Lippe, / (...)."

Vorherrschend wurde die philosophisch-ästhetische Gedankenlyrik; *Der Künstler* (E 1788, V 1789) definiert Kunst als Offenbarung der Wahrheit im Gewand der Schönheit; *Der Spaziergang* (1795) verbindet geschichtsphilosophische Reflexionen mit der Gestaltung konkreter erlebnismäßiger Anschauung. Seine Auffassung des Dichters als „verfeinerter Wortführer" entwickelte Schiller 1791 in seiner vernichtenden Kritik der Gedichte ↑Bürgers.

In enger Zusammenarbeit mit ↑Goethe entstanden 1796 die kämpferischen *Xenien*, 1797 die Mehrzahl der Schillerschen Balladen. In ihnen herrscht (vom Realisten Goethe mitunter behutsam korrigiert) dramatische Zuspitzung menschlicher Verhaltensweisen (der „Balladenalmanach" 1798 enthält u. a. *Die Kraniche des Ibykus, Der Ring des Polykrates, Der Taucher*). Die stärkste Nachwirkung gewann *Das Lied von der Glocke* mit der Schilderung von Glück und Gefährdung des bürgerlichen Lebens.

Wallenstein. Dramen-Trilogie, E ab 1794, U 1798/99, V 1800. Voraus ging Schillers *Geschichte des Dreißigjährigen Kriegs,* E ab 1789, V 1791–1793.

Wallensteins Lager schildert in 11 Auftritten das bunt zusammengewürfelte Heer des kaiserlichen Feldherrn Albrecht Eusebius Wenzel von Wallenstein (bzw. Waldenstein), Herzog von Friedland, Sagan und Mecklenburg. Inmitten der 1634 bei Pilsen zusammengezogenen Soldaten versuchen ein Bauer und sein Sohn ihr Glück im Würfelspiel, die Marketenderin Gustel von Blasewitz und ihre Nichte werden umschwärmt, ein Kapuzinermönch wettert (im Stil des Barockpredigers Abraham a Santa Clara) gegen die Sittenlosigkeit der Soldateska und die Selbstherrlichkeit ihres Herrn: „So ein hochmütiger Nebukadnezar, / So ein Sündenvater und muffiger Ketzer. / Läßt sich nennen den Wallenstein; Ja freilich ist er uns allen ein Stein / Des Anstoßes und des Ärgernisses, / Und so lange der Kaiser diesen Friedeland / Läßt walten, wo wird nicht Fried' im Land." Ohne selbst aufzutreten, erweist sich Wallenstein als das vielfach gespiegelte Zentrum des Lagers, von dem es im *Prolog* heißt, es „erkläret seine Verbrechen".

Die Piccolomini spielen in der Sphäre der höheren Offiziere Wallensteins; dieser tritt lediglich im zweiten der 5 Akte in Erscheinung. Das zentrale Thema bildet die Verpflichtung gegenüber dem Feldherrn, der eigenmächtig Verhandlungen mit den gegnerischen Schweden aufgenommen hat, bzw. gegenüber dem Kaiser. Ein Festbankett soll dazu dienen, die Befehlshaber zu einer bedingungslosen Treueerklärung gegenüber Wallenstein zu veranlassen. Der junge Max Piccolomini ist in doppelter Weise an diesen gebunden: Er verehrt ihn als Friedensbringer, und er liebt Wallensteins Tochter Thekla. Sein Vater Octavio gehört insgeheim zu den Gegnern Wallensteins; in seiner Hand befinden sich die von Kaiser Ferdinand II. bereits unterzeichnete Verurteilung und Ächtung des „Verräters" Wallenstein. Max setzt allen ihm vorgelegten Beweisen für Wallensteins Schuld das Urteil seines Herzens entgegen.

Wallensteins Tod beginnt mit der Darstellung des astrologiegläubigen Feldherrn unmittelbar vor der entscheidenden Unterredung mit dem schwed. Unterhändler Wrangel (Monolog: „Wär's möglich? Könnt ich nicht mehr, wie ich wollte?"), in der er sich zum Bündnis entschließt. Octavio gelingt es, die Anzahl der Feinde Wallensteins in dessen unmittelbarer Umgebung zu vergrößern; mehrere Regimenter ziehen heimlich ab. Max sieht sich mit Thekla unschuldig in den „Kreis des Unglücks und Verbrechens" gezogen und sucht den Tod in der Schlacht. Mit den ihm verbliebenen Truppen zieht Wallenstein nach Eger, wo er sich mit den Schweden vereinigen will. Seine Ermordung ist das Werk der Handlanger des Verräters Buttler, dem Octavio die Verantwortung für die Bluttat anlastet, während er selbst den Fürstentitel erhält. Die ungeheure Stoffmasse wird durch zwei gegenläufige Entwicklungslinien strukturiert: durch eine sinkende, soweit es sich um Wallensteins äußeren, machtpolitischen Erfolg handelt, und durch eine steigende hinsichtlich der neu sich entwickelnden Willenskraft des Helden. In der Gegenläufigkeit dieser beiden Bewegungen manifestiert sich das Problem der Handlungsfreiheit, das den gemeinsamen Bezugspunkt der einzelnen Bereiche des Bühnengeschehens bildet.

Im *Prolog* zur Trilogie setzt sich Schiller mit der Frage der Vergegenwärtigung eines komplexen historischen Geschehens durch das Drama auseinander, anknüpfend an die kontroverse Beurteilung Wallensteins: „Von der Parteien Gunst und Haß verwirrt, / Schwankt sein Charakterbild in der Geschichte. / Doch euren Augen soll ihn jetzt die Kunst, / Auch eurem Herzen, menschlich näher bringen. / Denn jedes Äußerste führt sie, die alles / Begrenzt und bindet, zur Natur zurück, / Sie sieht den Menschen in des Lebens Drang / Und wälzt die größere Hälfte seiner Schuld / Den unglückseligen Gestirnen zu."

Maria Stuart. Drama in 5 Akten, E ab 1799, U 1800, V 1801, Vert u. d. T. „Buondelmonte" („Maria Stuarda") 1834 D. M. G. Donizetti; Verf u. a. Österreich 1959.
Die nach England geflohene und hier in Gefangenschaft gehaltene schott. Königin Maria Stuart wird beschuldigt, an Mordplänen gegen Elisabeth I. beteiligt gewesen zu sein. Die Bühnenhandlung setzt mit der Überbringung des gerichtlichen Schuldspruchs ein. Zugleich gewinnt Maria in Mortimer, dem in Italien zum Katholizismus konvertierten Neffen ihres Bewachers, einen glühenden Verehrer, der sie gemeinsam mit Freunden befreien will; Maria verweist ihn an ihren ehemaligen Verlobten und jetzigen Günstling Elisabeths, Lord Leicester. In der Hoffnung, sie zu einem Gnadenakt bewegen zu können, führt Leicester Elisabeth mit Maria zusammen. Von der Königin verhöhnt und beleidigt, antwortet Maria ihrerseits mit Beschimpfungen; ein kurz darauf mißglücktes Attentat besiegelt Marias Vernichtung. Als nach der Hinrichtung die Belastungszeugen Marias ihre Aussagen widerrufen, weist Elisabeth die Verantwortung für die Ausführung des Todesurteils von sich.
Das zentrale Thema des nur lose mit den historischen Fakten verbundenen Dramas bildet die Entfaltung der „schönen Seele" Marias angesichts des unausweichlichen Todes, während Elisabeth in der Scheinhaftigkeit ihrer Existenz befangen bleibt. Als Sinnbild der Versöhnung zwischen Seele und Sinnlichkeit dient der im 5. Akt zelebrierte kath. Kultus (Beichte, Kommunion), ein Motiv, das im 1. Akt in Mortimers begeisterter Schilderung seines Romerlebnisses anklingt. Es ist dies ein Beispiel für die vielfältigen symmetrischen Bezüge (mit der Begegnung zwischen den Königen im 3. Akt als Symmetrieachse), die den Aufbau des Trauerspiels bestimmen. Es wurde zum Musterbeispiel für den klassischen „pyramidalen Bau" (mit der Peripetie an der „Spitze"), den ↑ Freytag in „Die Technik des Dramas" (1863) erläutert hat.

Die Jungfrau von Orleans. Drama in 5 Akten, E ab 1800, U, V 1801; Vert u. d. T. „Giovanna d'Arc" 1845 Giuseppe Verdi, u. d. T. „Orleanskaja Dewa"1881 Peter Tschaikowski.
In Anlehnung an das historische Eingreifen des Bauernmädchens Jeanne d'Arc in den Hundertjährigen Krieg schildert Schillers „romantische Tragödie" den Weg Johannas von der gleichsam vorgeschichtlichen heimatlichen Idylle des Landlebens durch die geschichtliche Welt der Machtkämpfe und des Konflikts zwischen menschlicher Regung und göttlichem Gebot bis hin zur Vision des für sie geöffneten Himmels, die ihr sterbend zuteil wird.
Als Handlungsgerüst dienen Johannas Berufung, ihre Begegnung mit dem frz. König Karl VII., die Folge der unter ihrer Führung errungenen Siege bis zur Begegnung mit dem engl. Feldherrn Lionel. Indem sie diesem gegenüber Liebe verspürt und sein Leben schont, verletzt sie das Gesetz, unter dem ihr Handeln steht. Auf dem äußeren Höhepunkt ihres Triumphes (Krönung Karls VII. in Reims) wird sie der Zauberei beschuldigt und verstoßen. Sie fällt in die Hände der mit den Engländern verbündeten Königinmutter Isabeau, kann jedoch ihre Ketten sprengen und führt die frz. Truppen nochmals zum Sieg; sie stirbt auf dem Schlachtfeld: „Wie wird mir – Leichte Wolken haben mich – / Der schwere Panzer wird zum Flügelkleide. / Hinauf – hinauf – Die Erde flieht zurück – / Kurz ist der Schmerz und ewig ist die Freude."
Wie in keinem anderen seiner Historiendramen hat Schiller hier das wirkungsästhetisch begründete Streben nach „Freiheit von der Geschichte" verwirklicht mit dem Ziel, „das Realistische zu idealisieren". In diesem Sinne spricht er im Gedicht *Das Mädchen von Orleans* (1801) vom Aufschwung der Dichtkunst zu den „ew'gen Sternen", im Gegensatz zur Vorliebe der „Welt, das Strahlende zu schwärzen" / Und das Erhabne in den Staub zu ziehn" (gemeint ist u. a. Voltaires ironisches Drama „Pucelle d'Orleans" aus dem Jahr 1757).

Die Braut von Messina oder Die feindlichen Brüder. Drama in 5 Akten, E ab 1799, U, V 1803.

Den Ausgangspunkt der Handlung bildet die Versöhnung der beiden feindlichen Brüder Don Manuel und Don Cesar durch ihre Mutter, die verwitwete Fürstin von Messina, Donna Isabella. Zugleich soll den Brüdern ihre aufgrund eines Befehls des Vaters dem Tod geweihte, jedoch in einem Kloster aufgewachsene Schwester Beatrice zugeführt werden. Manuel und Cesar sind jedoch schon Beatrice begegnet und haben sich beide in sie verliebt. Als Cesar die Geliebte in den Armen Manuels findet, tötet er ihn aus Eifersucht und nimmt sich zur Sühne seiner Tat selbst das Leben. Damit geht ein Traum Donna Isabellas in Erfüllung, der ihr prophezeit hat, Beatrice werde die Ursache für die Wiedervereinigung der entzweiten Brüder bilden, zugleich aber auch für das Aussterben ihres Geschlechts.

Das „Trauerspiel mit Chören" bildet Schillers Versuch einer unmittelbaren Erneuerung der antiken Tragödie (1789 hat er seine teilweise Übersetzung der Tragödie „Die Phönizierinnen" von Euripides veröffentlicht). „Antik" sind die Schicksalsidee, die Einbeziehung des Vergangenen in die Gegenwartshandlung (nach dem Vorbild des Sophokleischen „König Oidipus" ist „alles schon da, es wird nur herausgewickelt") und die Verwendung von Chören (Älteste von Messina, das jeweilige Gefolge der beiden Brüder).

Die Abhandlung *Über den Gebrauch des Chors in der Tragödie* (1803) definiert die Aufgabe des als „Kunstorgan" verstandenen Chors, „die moderne gemeine Welt in die alte poetische zu verwandeln"; der Chor reinigt „das tragische Gedicht, indem er die Reflexion von der Handlung absondert und eben durch diese Absonderung sie selbst mit poetischer Kraft ausrüstet". Zu den Leistungen des Chors gehört es, „verhältnismäßig die ganze Sprache des Gedichts zu erheben und dadurch die sinnliche Gewalt des Ausdrucks überhaupt zu verstärken".

Wilhelm Tell. Drama in 5 Akten, E ab 1802, U, V 1804, Vert 1829 Gioacchino Rossini.

Das Bühnengeschehen gliedert sich in drei Handlungsbereiche: die Tell-Sage (mit der Wandersage der Apfelschuß-Probe), die Entstehung der Eidgenossenschaft (Rütlischwur der drei Urkantone Schwyz, Unterwalden und Uri, der Überlieferung zufolge 1307 als Erneuerung des 1291 geschlossenen „Ewigen Bundes") und die Familien- und Liebesgeschichte um den Freiherrn Attinghausen, dessen Neffen Ulrich von Rudenz und Berta von Bruneck.

Den gemeinsamen Bezugspunkt bildet die Willkürherrschaft der nominell die Reichsrechte wahrnehmenden habsburg. Landvögte. Die Befreiung der Urkantone bzw. die Wiederherstellung ihrer Reichsunmittelbarkeit ergibt sich aus dem Zusammenspiel der drei Handlungsbereiche: Die Ermordung des Landvogts Geßler durch Tell bildet lediglich den Anstoß zur Volkserhebung (ebenso die Gefangenschaft Berta von Brunecks), deren Voraussetzungen durch die Initiatoren des Rütlischwurs geschaffen wurden (Ende 1803 stellte Schiller in einem Brief an den Berliner Intendanten August Wilhelm Iffland fest, Tell stehe „ziemlich für sich in dem Stück, seine Sache ist eine Privatsache und bleibt es, bis sie zum Schluß mit der öffentlichen Sache zusammengreift").

Die Aufgliederung in unterschiedliche Handlungsbereiche gestattete es Schiller, ein differenziertes Gesamtbild der historisch-gesellschaftlichen Verhältnisse zu gestalten sowie unterschiedliche, ja gegensätzliche Motive und Formen des Handelns zur Darstellung zu bringen bis hin zur Konfrontation des „Tyrannenmörders" Tell und Johann Patricidas, der seinen Onkel, den dt. König Albrecht I., aus privater Rache ermordet hat.

Als ideelles Zentrum des (im nationalsozialistischen Dtl. ab 1941 verbotenen) Freiheitsdramas ist das in der Rütli-Szene naturrechtlich begründete Widerstandsrecht gegen „Tyrannenmacht" zu betrachten.

Johannes Schlaf ↑ Arno Holz

August Wilhelm (von) Schlegel
*5. 9. 1767 in Hannover, †12. 5. 1845 in Bonn
Der Sohn eines Theologen und ältere Bruder ↑ F. Schlegels erhielt nach einem Studium in Göttingen (Theologie, dann Philologie) und einer Tätigkeit als Hauslehrer in Amsterdam 1798 eine Professur in Jena. Mit seiner Frau Karoline (verw. Böhmer, Heirat 1796, nach der Scheidung 1803 wurde sie die Frau Schellings) bildete er den Mittelpunkt des frühromantischen Kreises; mit seinem Bruder gab er 1798–1800 die Zeitschrift „Athenäum" heraus. Neben formvollendeter Lyrik (Sonette, Balladen) entstanden Übersetzungen von Dramen Shakespeares (9 Bde., 1797–1801 und 1810, Fortsetzung durch ↑ Tieck) und Calderóns (1803, 1809). 1804 wurde Schlegel Sekretär der Madame de Staël. Bedeutung für die Systematisierung der romantischen Kunstauffassung gewannen seine Vorlesungen in Berlin (1801–1804) und Wien (*Über dramatische Kunst und Literatur*, 1808). 1815 geadelt, lehrte er von 1818 an als Professor für Kunst- und Literaturgeschichte in Bonn (u. a. Förderung der altind. Philologie).

Friedrich (von) Schlegel
*10. 3. 1772 in Hannover, †12. 1. 1829 in Dresden
Der jüngere Bruder ↑ A. W. Schlegels wurde nach abgebrochener Banklehre (1788) und abgebrochenem Studium (1790/91 in Göttingen und Leipzig) als Literarhistoriker (*Geschichte der Poesie der Griechen und Römer*, 1798) und Kritiker tätig. Als philosophisch-poetologischer Wortführer der Frühromantiker (Freundschaft mit ↑ Novalis, Schleiermacher und ↑ Tieck) definierte er die „romantische Poesie" als „progressive Universalpoesie" mit dem Ziel, sämtliche Gattungen sowie Poesie und Philosophie zu vereinigen, vor allem aber „die Poesie lebendig und gesellig, und das Leben und die Gesellschaft poetisch" zu machen. Diesem Programm folgte Schlegel mit seinem Roman *Lucinde* (1799), dessen formale Modernität jedoch weniger Aufsehen erregte als die autobiographisch gefärbte Darstellung von Müßiggang und freier Liebe (Schlegel lebte in Berlin mit Dorothea Veit zusammen, der Tochter Moses Mendelssohns; er heiratete sie nach ihrer Scheidung 1799 im Jahr 1804). 1798–1800 gab er mit seinem Bruder die Zeitschrift „Athenäum" (darin u. a. Schlegels *Fragmente*) heraus, 1803–1805 die Zeitschrift „Europa". 1800 habilitierte er sich in Jena, 1802 hielt er in Paris, ab 1804 in Köln Vorlesungen über Geschichte, Sprache und Literatur; mit der Abhandlung *Über die Sprache und Weisheit der Inder* (1808) wurde er zum Begründer des Sanskritstudiums und Anreger der vergleichenden Sprachwissenschaft.

Nach seiner Konversion zum Katholizismus ließ sich Schlegel 1808 in Wien nieder (1810 Vorlesungen *Über die neuere Geschichte*, 1812 über *Geschichte der alten und neuen Literatur;* zu seinen Hörern gehörte ↑ Eichendorff). Als Vertrauter Metternichs trat er während des Wiener Kongresses journalistisch für den österreich. Standpunkt (Bildung eines dt. Staatenbundes) und die Wiederherstellung kirchlicher Rechte ein; 1815 wurde er geadelt, 1816–1818 gehörte er in Frankfurt a. M. zur Gesandtschaft Österreichs beim Bundestag, 1820–1823 gab er als Organ der sog. Wiener Spätromantik die theologisch-enzyklopädische Zeitschrift „Concordia" heraus. Die letzten Lebensjahre waren der Ausarbeitung seiner von der Tradition der Mystik geprägten Geschichtsphilosophie gewidmet.

Klaus Schlesinger
*9. 1. 1937 in Berlin

Nach einer Tätigkeit als Chemiker war Schlesinger 1963–1969 als freier Journalist, dann als Schriftsteller tätig; er wurde 1979 aus dem Schriftstellerverband der DDR ausgeschlossen und lebt seit 1980, verheiratet mit der Liedermacherin Bettina Wegner, in West-Berlin. Sein Roman *Michael* (Zs 1965, V 1971) handelt in subjektiver Brechung vom Zweifel an der Integrität der Aufbau-Generation. Das Thema der Erzählung *Alte Filme* (1975, Verf u. d. T. „Kotte" B. D. 1979), der Slg. *Berliner Traum* (1977) und der Erzählung *Leben im Winter* sind Irritationen, die das alltägliche Leben als fragwürdig erscheinen lassen.

Arno Schmidt
*18. 1. 1914 in Hamburg, †3. 6. 1979 in Celle

Der Sohn eines Polizisten machte 1933 in Görlitz das Abitur und mußte 1934 aus politischen Gründen das in Breslau begonnene Studium (Mathematik und Astronomie) abbrechen. Schmidt wurde Angestellter in der Textilindustrie, kam 1940 zur Wehrmacht und befand sich 1945 in brit. Kriegsgefangenschaft. Nach einer Tätigkeit als Dolmetscher arbeitete er als freier Schriftsteller (1955 nach dem Erscheinen von *Seelandschaft mit Pocahontas* Anzeige wegen Gotteslästerung und Pornographie) und Übersetzer; 1958 ließ er sich im Dorf Bargfeld (Lkr. Celle) nieder. Zu seinen Auszeichnungen gehören der Fontane-Preis 1964 und der Frankfurter Goethe-Preis 1973.

Themen des Frühwerks sind Krieg und Nachkriegszeit (*Brand's Haide*, 1951; *Aus dem Leben eines Fauns*, 1953); *Schwarze Spiegel* (1951) spielt 1960 nach einem 1955 datierten Krieg mit ABC-Waffen (die drei Erzählungen erschienen 1963 als Romantrilogie *Nobodaddy's Kinder*). Der Titel des Romans *Kaff auch Mare Crisium* (1960) verweist auf zwei Schauplätze: das „Kaff" Giffendorf und verschiedene Mondkrater, in denen die Überlebenden eines Atomkriegs hausen, wobei eine amerikan. Modernisierung des ↑ Nibelungenlieds und eine russ. Adaption von ↑ Herders „Cid"-Nachdichtung zum Vortrag kommen. Schmidt entwikkelte seine Kombinationstechnik zu einer Erzählweise der Vieldeutigkeit mittels Verweisen und Anklängen bis hin zur eigenwillig-assoziativen Orthographie (ein Trinker muß „säufzen", eine Varieté-Darbietung ist „ein klarer Phall"). Zugrunde liegt das von Freud und James Joyce beeinflußte Ziel einer Nachbildung des „Schalks-Esperanto" des Unbewußten, das „einerseits Bildersymbole, andererseits Wort-Verwandtheiten ausnützt, um mehrere – (immer aber im Gehirn des Wirtstieres engbeieinanderlagernde!) – Bedeutungen gleichzeitig wiederzugeben". Diese Theorie der „Etyms" entwickelt der Polyhistor Pagenstecher in dem (unter Verwertung von rund 130 000 Exzerpten gestalteten Roman *Zettels Traum* (Faksimile des Typoskripts 1970). Die „Hinter-Gedanken" Karl Mays (z. B. Landschaftsschilderungen als Indizien latenter Homosexualität) analysiert die Studie *Sitara und der Weg dorthin*.

Romane: *Das steinerne Herz. Historischer Roman aus dem Jahr 1954* (1956), *Die Gelehrtenrepublik* (1957), *Die Schule der Atheisten. Novellen-Comödie in 6 Aufzügen* (1972), *Abend mit Goldrand. Eine Märchen-Posse* (1975). – Erzählungen: Slg. *Leviathan* (1949), Slg. *Kühe in Halbtrauer* (1964, darin u. a. *Caliban über Setebos*). – Essays: Slg. *Dya Na Sore. Gespräche in einer Bibliothek* (1958), Slg. *Belphegor. Nachrichten von Büchern und Menschen* (1961), *Vom Grinsen der Weisen. Ausgewählte Funkessays* (postum 1982). – Übersetzungen: Werke von E. Bulwer-Lytton, J. F. Cooper, Stanislaus Joyce, E. A. Poe („Werke", 4 Bde., 1966–1973).

Peter Schneider
*21. 4. 1940 in Lübeck

Der Sohn eines Kapellmeisters studierte ab 1959 in Freiburg i. Br., München und Berlin Germanistik, Geschichte und Philosophie (Abschluß 1972). 1965 engagierte sich Schneider für die SPD, ab 1967 nahm er aktiv an der Studentenbewegung teil (Vorbereitung des Springer-Tribunals, 1969 erschien der Essay *Die Phantasie im Spätkapitalismus und die Kulturrevolution*). Er trat einer Betriebsgruppe bei, arbeitete 1969 als Hilfsarbeiter (Report *Die Frauen bei Bosch,* 1970) und lernte die italien. Arbeiterbewegung kennen. Die autobiographisch geprägte Erzählung *Lenz* (1973) schildert das Spannungsverhältnis zwischen Teilnahme am Klassenkampf und individueller Bedürfnisbefriedigung. 1973 fiel Schneider unter den „Radikalenerlaß"; er reagierte mit der Fiktion und Dokumentation verbindenden Erzählung . . . *schon bist du ein Verfassungsfeind. Das unerwartete Anschwellen der Personalakte des Lehrers Kleff* (1975). Der Film „Messer im Kopf" (B. D. 1978 Reinhard Hauff) handelt von der Suche eines durch Kopfschuß verletzten Wissenschaftlers nach seiner Identität. Der Verlust politischer Identität im geteilten Berlin ist das Thema der zur Erzählung *Der Mauerspringer* (V 1982, Verf B. D. 1982 R. Hauff) zusammengefügten Geschichten.

Reinhold Schneider
*13. 5. 1903 in Baden-Baden, †6. 4. 1958 in Freiburg i. Br.

Der Sohn eines Hoteliers war kaufmännischer Angestellter, bevor er Anfang der 30er Jahre als freier Schriftsteller tätig wurde. 1945 wurde er des Hochverrats angeklagt. Als Essayist, Lyriker, Erzähler und Dramatiker setzte sich der Katholik Schneider mit Möglichkeiten der religiösen Deutung und Überwindung der von Gewalt und Unrecht geprägten Geschichte auseinander (Essay *Macht und Gnade.* 1940). Ein kennzeichnendes Gedicht der Slg. *Die Sonette von Leben und Zeit, dem Glauben und der Geschichte* (1953) stellt dem Täter den Beter gegenüber, dem allein es noch gelingen kann, das „Schwert ob unsern Häuptern aufzuhalten". Die historische Erzählung *Las Casas vor Karl V.* (1938) bezieht sich mit der Schilderung der Ausbeutung der Indios zugleich auf die Leiden der Juden unter dem NS-Regime. Zu Schneiders Dramen gehört *Innozenz und Franziskus* (1953).

Rolf Schneider
*17. 4. 1932 in Chemnitz (= Karl-Marx-Stadt)

Der Sohn eines Werkmeisters war nach einem Studium der Germanistik und Pädagogik an der Universität Halle-Wittenberg (1951–1955) in Ost-Berlin leitender Redakteur der Zeitschrift „Aufbau" und ist seit 1958 als freier Schriftsteller tätig. Ab 1965 nahm er an Tagungen der „Gruppe 47" teil, er beteiligte sich am Protest gegen die Ausbürgerung ↑ Biermanns und wurde 1979 aus dem Schriftstellerverband der DDR ausgeschlossen.

Im Frühwerk Schneiders herrschen Parodie (Slg. *Aus zweiter Hand,* 1958), Satire und Groteske vor (Slg. *Brücken und Gitter,* 1965). Der Roman *Die Tage in W.* (1965) handelt von der Verhinderung der Aufklärung eines Mordes an einem Kommunisten im Jahr 1932, *Der Tod des Nibelungen* (1970) schildert den Werdegang eines NS-Bildhauers. Die Auseinandersetzung mit den Verhältnissen in der DDR spiegeln die Romane *Die Reise nach Jaroslaw* (1974), *Das Glück* (1976) und *November* (Ausbürgerung eines Schriftstellers, 1979). *Prozeß in Nürnberg* (U 1967, V und als Hörspiel 1968) besitzt die Form des dokumentarischen Theaters.

Arthur Schnitzler
*15. 5. 1862 in Wien, †21. 10. 1931 in Wien

Als „Komödie unserer Seele, / Unsres Fühlens Heut' und Gestern, / (...) Agonien, Episoden" charakterisierte „Loris" ↑Hofmannsthal 1892 in seinem „Prolog" zu *Anatol* Schnitzlers dramatisches Erstlingswerk. Von diesem impressionistisch-ästhetizistischen Ausgangspunkt aus führt das Schaffen des Dramatikers und Erzählers mitten in die gesellschaftliche Auseinandersetzung, ohne sich einer „Tendenz" zu unterwerfen. Symptome der Treffsicherheit, mit der Schnitzler den Nerv der Zeit berührt hat, sind das 1912 durch die Wiener Zensurbehörde „vom Standpunkte der Wahrung religiöser Gefühle der Bevölkerung" aus erlassene Aufführungsverbot von *Professor Bernhardi* und der 1921 in Berlin geführte *Reigen*-Prozeß zwecks Aufrechterhaltung der Sittlichkeit.

Der Sohn eines jüd. Arztes, Universitätsprofessors und Klinikgründers studierte in Wien 1879–1885 Medizin, arbeitete mit Sigmund Freud an einer psychiatrischen Klinik und eröffnete eine Privatpraxis für Nerven- und Kehlkopferkrankungen. Zugleich wandte sich Schnitzler der Literatur zu und veröffentlichte nach ersten Prosaskizzen in der Zeitschrift „An der schönen blauen Donau" 1889 die Szene *Episode* aus *Anatol*. Zu seinen engsten Freunden gehörte ↑Bahr, der ihm bescheinigte, er habe wie kein anderer „den letzten Reiz des verschimmernden Wien mit zarter Hand gefaßt", und zwar „als Arzt an seinem Sterbebett".

Von Liebe und Tod handelt das 1895 uraufgeführte Schauspiel *Liebelei:* Das „süße Mädel" Christine stürzt sich aus dem Fenster, nachdem ihr Geliebter wegen einer schon beendeten Liebschaft, aus „nichtigem Grund", im Duell erschossen worden ist. Der erstarrte Ehrenkodex ist auch Thema der Erzählung *Lieutenant Gustl* (1900). Die hier angewandte Erzählform des „inneren Monologs" fand ihre klarste Ausprägung in *Fräulein Else* (1924): Zur Sprache kommen ausschließlich die disparaten, von tiefer Vereinsamung zeugenden Empfindungen und Wahrnehmungen der Titelgestalt, die den Wunsch eines Kunsthändlers, sich ihm nackt zu zeigen, in aller Öffentlichkeit erfüllt und danach Selbstmord begeht. Als literarische Umsetzung der tiefenpsychologischen Erkenntnisse Freuds schildert die *Traumnovelle* (1926) die im Traum und in traumhaftem Erleben geleistete Aufarbeitung der sexuellen Bedrängnisse eines Ehepaares. In *Spiel im Morgengrauen* (1927) spiegelt sich die gesellschaftliche Disharmonie in der von Zufällen bestimmten Handlungsstruktur. Der Roman *Therese* (1928) mündet als „Chronik eines Frauenlebens" in die melancholische Erkenntnis des persönlichen Versagens. Als satirisches Frühwerk konfrontiert der Einakter *Der grüne Kakadu* (U, V 1899) die künstlerische Scheinwelt (Schauspieler attackieren von der Bühne herab ihr aristokratisches, belustigtes Publikum) mit der Tatkraft des Volkes, das die Bastille erstürmt.

Romane: *Der Weg ins Freie* (1908), *Therese. Chronik eines Frauenlebens* (1928). – Erzählungen: *Sterben* (1895), *Lieutenant Gustl* (Zs 1900, V 1901), *Fräulein Else* (1924, Verf Dtl. 1929 Paul Czinner), *Traumnovelle* (1926), *Spiel im Morgengrauen* (1927). – Dramen: *Anatol* (Teil-V ab 1889, V 1893, U 1910), *Liebelei* (U 1895, V 1896; Verf u. a. Österreich 1911, Dtl. 1932 Max Ophüls, u. d. T. „Christine" Frankr./Italien 1958 Pierre Gaspard-Huit), *Reigen. Zehn Dialoge* (E 1896/97, Privatdruck 1900, V 1903, Teil-U 1903, U 1920), *Der grüne Kakadu* (U, V 1899), *Der einsame Weg* (V 1903, U 1904), *Komtesse Mizzi oder Der Familientag* (V 1908, U 1909), *Das weite Land* (U, V 1911), *Professor Bernhardi* (U, V 1912). – Essays: *Der Geist im Wort und der Geist in der Tat* (1926). – Autobiographisches: *Eine Jugend in Wien* (postum 1968).

Anatol. Drama in 7 Szenen, Teil-V ab 1889, V 1893, U 1910.

Anatol ist ein von Stimmungen und stets neuen Reizen abhängiger Dandy, der repräsentative Typus des Fin de siècle. In der Episode *Die Frage an das Schicksal* versetzt er seine Geliebte Cora in Hypnose, um ihre Liebe und Treue zu prüfen, verzichtet aber auf die entscheidende, weil nicht zu beantwortende Frage. *Weihnachtseinkäufe* handelt von der gemeinsamen Suche Anatols und der mondänen Gabriele nach einem Geschenk für Anatols Geliebte aus der Vorstadt. In *Episode* schwelgt Anatol in der Erinnerung an seine Liebschaft mit der Zirkusreiterin Bianca, doch als er ihr erneut begegnet, erkennt sie ihn nicht wieder. In *Denksteine* kommt es fast zu einer Heirat, doch die Braut Emilie ist nicht bereit, sich von den Erinnerungsstücken ihrer früheren Liebhaber zu trennen. Beim *Abschiedssouper* erlebt Anatol die Überraschung, daß die selbstbewußte Geliebte Annie seinem Trennungswunsch zuvorkommt, und reagiert mit der Behauptung, er habe sie ohnehin schon betrogen. Die *Agonie* der Liebe Anatols zur verheirateten Else ergibt sich aus dem ständigen Zwang zur Rücksichtnahme und dem Bewußtsein, die Frau eines anderen zu umarmen. *Anatols Hochzeitsmorgen* zeigt, daß sich die Schauspielerin Ilona in den Kopf gesetzt hat, ihrem ehemaligen und am Polterabend wiedergefundenen Geliebten Anatol trotz dessen nun bestehenden ehelichen Bindung treu zu bleiben.

Das vorherrschende Gestaltungsmittel ist neben der dem Inhalt unmittelbar entsprechenden Auflösung der Handlung in einzelne Episoden der verhüllende, introvertierte Dialog; Hofmannsthal spricht in seinem „Prolog" vom „halben, heimlichen Empfinden" der Gestalten. Der „leichtsinnige Melancholiker" und „Hypochonder der Liebe" Anatol sehnt sich zwar insgeheim nach robuster Natürlichkeit, hüllt sich jedoch als übersensibler Ästhetizist mit Vorliebe in die Atmosphäre des „Halbdunkels eines sterbenden Nachmittags".

Reigen. Zehn Dialoge. E 1896/97, Privatdruck 1900, V 1903, Teil-U (Szene 4-6) 1903, U 1920; Verf Dtl. 1920 Richard Oswald, Frankr. 1950 Max Ophüls, u.d.T. „Das große Liebesspiel" B.D. 1963 Alfred Weidenmann, Frankr./Italien 1964 Roger Vadim, B.D. 1976 Otto Schenk.

In 10 Szenen treten insgesamt 10 mit ihren Berufs- bzw. Standesbezeichnungen benannte Personen in wechselnde Beziehung; zwischen der ersten und der zweiten Halbszene liegt jeweils der vom Vorhang verhüllte Geschlechtsakt. Die ersten Paare bilden Dirne und Soldat, Soldat und Stubenmädchen, dieses und der Junge Herr, dieser und die verheiratete Junge Frau, die in der 5. Szene von ihrem Ehemann „verführt" wird. Den Ehemann zeigt die 6. Szene mit dem Süßen Mädel; es folgen die Paare Süßes Mädel – Dichter, Dichter – Schauspielerin, Schauspielerin – Graf; dieser erwacht in der letzten Szene im Zimmer der Dirne der 1. Szene. Entscheidend ist, wie der Untertitel des Dramas betont, der Dialog, d. h. das jeweilige Sprachverhalten vor und nach der Zäsur. Hierdurch gewinnt das grundsätzlich stets gleiche Geschehen sein sozial bedingtes Gepräge, wobei es Schnitzler gelingt, den soziologisch typisierten Gestalten individuelle Züge zu verleihen. Mit ansteigendem sozialem Milieu werden das Ritual des Werbens und die Artikulation der Ernüchterung schrittweise komplizierter, bleiben jedoch aufgrund ihrer Zweckhaftigkeit durchschaubar. Dem Ehemann ist das höchste Maß an Verlogenheit zugeordnet („Man liebt nur, wo Reinheit und Wahrheit ist"), die größte Enttäuschung erlebt der Graf, der beim Erwachen irrtümlich glaubt, er habe der Dirne in der Nacht im Vollrausch lediglich „die Augen geküßt". Durch seine Wiederholungsstruktur gemahnt das Stück an Totentanz-Darstellungen. Der Berliner Uraufführung folgten ein Verbot und 1921 ein Prozeß (er endete mit Freispruch), dessen Akten eine Dokumentation der auf Verdrängung und Frustration basierenden Scheinmoral bilden.

Lieutenant Gustl. Novelle, Zs 1900, V 1901.

Nach einem Konzertbesuch im Gedränge an der Garderobe wegen seines arroganten Verhaltens als „dummer Bub" bezeichnet, sieht sich Leutnant Gustl in seiner Ehre verletzt. Da sein Beleidiger nicht satisfaktionsfähig ist und somit ein Duell ausgeschlossen bleibt, sieht Gustl keine andere Lösung, als sich am kommenden Morgen „gleich eine Kugel vor den Kopf" zu schießen. Er verbringt die Nacht im Prater und besucht nach Tagesanbruch sein Stammcafé, um ein letztes Mal ausgiebig zu frühstücken. Hierbei erfährt er von seinem „Mordsglück", daß nämlich sein Beleidiger in der Nacht gestorben ist; durch diesen Zufall erscheint die eigene Schande als getilgt, und Gustl kann sein gewohntes Leben fortführen.

Gibt allein schon der Handlungsverlauf den militärischen Ehrenkodex der Lächerlichkeit preis, so wird diese Wirkung durch die Erzählweise zur satirischen Selbstentlarvung gesteigert. Erstmals in der dt. Literatur ist hier eine Erzählung konsequent als „innerer Monolog" gestaltet. Der Erzähler tritt vollständig hinter die Wiedergabe der subjektiven Eindrücke, Urteile, Erinnerungen und Entschlüsse der Hauptgestalt zurück; der ausschließlich „personale" Text wird zum Psychogramm der Erzählfigur.

Zugrunde liegen Erkenntnisse aus der Erforschung des Unbewußten (Sigmund Freud, Ernst Mach, eigene Erfahrungen Schnitzlers aufgrund seiner Tätigkeit als Nervenarzt) und die hieraus sich ergebende Auffassung des Bewußtseins als „Bühne" eines Geschehens, das vom Ich nicht rational geordnet, sondern vom Unbewußten sowie von äußeren Eindrücken und Reizen geformt wird. Die Wiedergabe dieses Geschehens erweist sich als wirkungsvolles Mittel einer psychologisch-realistischen Darstellung der Gesellschaft, gespiegelt in der subjektiven, von individuellen Bedingungen und Bedürfnissen beeinflußten Verarbeitung ihrer Wertmaßstäbe und Verhaltensnormen.

Professor Bernhardi. Drama in 5 Akten, U, V 1912.

Prof. Bernhardi, Gründer und Direktor der Klinik „Elisabethinum", verwehrt einem Priester den Zutritt zum Sterbebett einer Patientin, um zu verhindern, daß sie durch die Letzte Ölung aus ihrem kurz vor dem Tod eingetretenen euphorischen Zustand gerissen wird. Diese humanitäre Entscheidung des jüd. Arztes wird von seinen Gegnern, allen voran dem Vizedirektor Dr. Ebenwald, zum Anlaß genommen, ihn aus seiner Stellung zu drängen; ein Prozeß gegen ihn soll dazu dienen, „der christlichen Bevölkerung Wiens Genugtuung zu verschaffen". Nachdem Bernhardi sich geweigert hat, bei der Neubesetzung einer Institutsstelle den hochqualifizierten jüd. Arzt Dr. Wenger fallenzulassen und für Ebenwalds Kandidaten zu stimmen, kommt es obendrein zu einer antisemitischen Interpellation an die Regierung, in der indirekt ein Ausschluß von Juden aus öffentlichen Ämtern gefordert wird. Bernhardi, der schon vor Prozeßbeginn seine Ämter niedergelegt hat, wird zu 2 Monaten Haft verurteilt. Dies hat allerdings zur Folge, daß ihn die liberale Presse als „politisches Opfer klerikaler Umtriebe" zum Märtyrer erhebt. Nach seiner Entlassung bewirkt die demonstrative Konsultation durch einen Prinzen seine Rehabilitierung.

Während das Stück 1912 in Berlin zur Uraufführung kam, folgte die Wiener Erstaufführung nach einem 1912 verhängten und 1913 vom „Standpunkt des patriotischen Empfindens" aus bestätigten Aufführungsverbot des „pamphletistischen Werks" erst 1920. In einem Brief an den Historiker Richard Charmatz, der sich Bernhardi als „Urteutonen" gewünscht hätte, vertrat Schnitzler die Überzeugung, daß es unmöglich sei, „heute ein in politischen Kreisen spielendes österreich. Stück zu schreiben, ohne (...) dem Vorhandensein jüd. Elemente und der Eigentümlichkeit jüd. Geistes (...) Rechnung zu tragen. Und eine österreich. Komödie", betont Schnitzler, „habe ich geschrieben."

Wolfdietrich Schnurre
*22. 8. 1920 in Frankfurt a. M.

Der Sohn eines Bibliothekars und Naturwissenschaftlers ging in Berlin zur Schule und war 1939–1945 Soldat, zuletzt in einer Strafkompanie. 1947 war Schnurre Gründungsmitglied der „Gruppe 47", ab 1950 lebte er nach einer Tätigkeit als Journalist und Verlagslektor als freier Schriftsteller in West-Berlin (heute in Schleswig-Holstein und Italien). Zu seinen Auszeichnungen gehören der Kölner Literaturpreis 1983 und der Büchner-Preis 1984.

Neben ↑Böll und ↑Borchert gehörte Schnurre in der Nachkriegszeit zu den Hauptvertretern der Kurzgeschichte (1950 Slg. *Die Rohrdommel ruft jeden Tag*, darin u. a. *Das Brot;* Slg. *Eine Rechnung, die nicht aufgeht*, 1958; Essays: *Auszug aus dem Elfenbeinturm*, 1949; *Kritik und Waffe. Zur Problematik der Kurzgeschichte*, 1961). Als „Roman in Geschichten" erschien 1958 *Als Vaters Bart noch rot war*. Der Roman *Das Los unserer Stadt. Eine Chronik* (1959) schildert in mehr als 100 Einzelszenen parabelhaft die Abfolge von Katastrophen, die einen mittelalterlichen Stadtstaat treffen und schließlich vernichten. Als Lyriker trat Schnurre 1956 mit der Slg. *Kassiber* an die Öffentlichkeit, von 1954 an entstanden zahlreiche Hörspiele (Slg. *Spreezimmer möbliert*, 1964), ab 1959 auch Drehbücher zu Filmen und Fernsehspielen (1950 war die Streitschrift *Rettung des dt. Films* erschienen). Eine Vielzahl der Kinderbücher (*Schnurren und Murren*, 1967) und Erzählbände sind mit eigenen Illustrationen des Autors bzw. mit Zeichnungen seiner Frau Marina ausgestattet. 1978 erschien die Autobiographie *Der Schattenfotograf;* Affinität zur jüd. Tradition läßt der zeitgeschichtliche Roman *Der Unfall* (1981) erkennen.

Christian Friedrich Daniel Schubart
*24. 3. 1739 in Obersontheim bei Schwäb. Hall, †10. 10. 1791 in Stuttgart

Der Sohn eines Kantors und Theologen studierte 1758–1760 in Erlangen Theologie, widmete sich jedoch vor allem der Musik und Literatur; 1764 wurde er in Geislingen a. d. Steige Organist, 1767 erschien die Slg. *Todesgesänge*, von 1769 an war er in der württemberg. Residenz Ludwigsburg Organist und Hofkapellmeister. 1773 wegen „lockeren Lebenswandels" und der Beleidigung eines Höflings des Landes verwiesen, führte er ein unstetes Wanderleben, 1774 gründete er in Augsburg die von ihm selbst verfaßte, gegen Klerikalismus und Absolutismus gerichtete *Teutsche Chronik*. Die 1775 erschienene Erzählung *Zur Geschichte des menschlichen Herzens* dürfte ↑Schiller zu seinem Drama „Die Räuber" angeregt haben, im selben Jahr trat Schubart mit seinem *Freiheitslied eines Kolonisten* für das Unabhängigkeitsstreben der amerikan. Kolonisten ein. 1777 ließ Herzog Karl Eugen den „Freidenker" aus der Freien Reichsstadt Ulm auf württemberg. Gebiet (Blaubeuren) locken, verhaften und ohne Gerichtsurteil auf dem Hohenasperg bei Ludwigsburg einkerkern (bis 1787; Schiller, dessen frühe Lyrik ebenso wie die ↑Hölderlins wesentlich von Schubart beeinflußt ist, besuchte ihn Ende 1781). In der Haft entstand 1780 das Gedicht *Die Fürstengruft*, veröffentlicht in ↑Wielands „Teutschem Museum"; der Verkauf württemberg. Regimenter an die Holländ.-Ostind. Kompanie zum Einsatz gegen die Engländer in Südafrika veranlaßte 1787 Schubarts *Kaplieder (Abschiedslied, Für den Trupp)*. Nachdem die Hofdruckerei 1785/86 Schubarts *Sämtliche Gedichte* veröffentlicht hatte, wurde der „gezähmte" Dichter nach seiner Entlassung Theater- und Musikdirektor des Stuttgarter Hofes; seine *Teutsche Chronik* führte er als *Vaterlandschronik* weiter.

Kurt Schwitters
*20. 6. 1887 in Hannover, †8. 1. 1948 in Ambleside (Westmorland, England)
Nach einem Kunststudium in Dresden (1910–1914) lebte Schwitters in Hannover als freischaffender Künstler. 1918 nahm er Verbindung zum Berliner „Sturm"-Kreis auf, 1919 zur Dada-Bewegung (die Aufnahme in die Berliner Gruppe blieb ihm verwehrt). 1919 entstand sein erstes *Merzbild,* eine Collage, benannt nach dem eingeklebten Fragment des Firmentitels „Commerz- und Privat-Bank Hannover". Es folgten Skulpturen *(Merzsäule)* und schließlich eine zwei Stockwerke des Wohnhauses in Hannover ausfüllende Assemblage *(Merzbau).* 1923–1932 gab Schwitters die Zeitschrift „Merz" heraus; sie diente der Verbreitung einer von unmittelbarer politischer Kampfrichtung befreiten Form des Dadaismus (u. a. Verbindung zur holländischen „Stijl"-Gruppe; Heft 2 enthält ein von ↑Arp, Theo van Doesburg, Tristan Tzara und Schwitters verfaßtes Manifest „Proletkunst", das der Kunst Kräfte zuschreibt, „die stark genug sind, die ganze Kultur zu beeinflussen, statt durch soziale Verhältnisse sich beeinflussen zu lassen"). 1935 emigrierte Schwitters nach Norwegen, 1940 nach Großbritannien.
Als „Merzgedicht 1" veröffentlichte Schwitters 1919 im „Sturm" das Gedicht *An Anna Blume:* „O du, Geliebte meiner siebenundzwanzig Sinne, ich liebe dir – Du deiner dich dir, du mir. – Wir? / (...) Weißt du es Anna, weißt du es schon? / Man kann dich auch von hinten lesen, und du, du / Herrlichste von allen, du bist von hinten wie von vorne: / ‚a-n-n-a'." Im selben Jahr erschien die Slg. *Anna Blume. Dichtungen,* gefolgt von den Bänden *Memoiren Anna Blumes in Bleie. Eine leichtfaßliche Methode zur Erlernung des Wahnsinns für Jedermann* (1922) und *Die Blume Anna. Die neue Anna Blume, eine Gedicht-Slg. aus den Jahren 1918 bis 1922* (1923). Schwitters führte seine Sprachexperimente weiter zu Textcollagen (frühes Beispiel: *Die Zwiebel,* 1919) und rein phonetischen Texten *(Urlautsonate).* Sein Schaffen enthält wesentliche Elemente der neueren konkreten, experimentellen und visuellen Poesie.

Charles Sealsfield (eigtl. Karl Anton Postl)
*3. 3. 1793 in Poppitz (= Popice, Mähren), †26. 5. 1864 auf Gut Unter den Tannen bei Solothurn
Der Sohn eines Obst- und Weinbauern begann 1809 im Prager Stift des Ordens der „Kreuzherren mit dem roten Stern" ein Studium, wurde 1809 Novize, legte 1814 das Klostergelübde ab und erhielt als Ordenssekretär Verwaltungsaufgaben. 1823 floh Postl in die USA (Einbürgerung unter dem Namen Charles Sealsfield), 1826 kehrte er als Reisejournalist nach Europa zurück. Es folgten 3 weitere Aufenthalte in den USA (1827–1830, 1837, 1853–1858), dazwischen und in den letzten Jahren lebte Sealsfield in der Schweiz.
Das zentrale Thema der Romane und Reiseskizzen Sealsfields ist die Gegenüberstellung von Alter und Neuer Welt; den Schwerpunkt bildet die Schilderung der (gefährdeten) demokratischen Staatsform in den USA. Erfolgreich war vor allem der Roman *Das Kajütenbuch oder Nationale Charakteristiken* (1841); als Rahmenhandlung dient eine Abendgesellschaft im „Kajüte" genannten Landhaus des Kapitäns Murky in Louisiana; zu den Themen der eingefügten Erzählungen gehört der texanische Unabhängigkeitskampf gegen Mexiko *(Die Prärie am Jacinto).* Voraus gingen die Romane *Lebensbilder aus beiden Hemisphären* (6 Bde., 1835–1837) und der unvollendete Roman *Die dt.-amerikan. Wahlverwandtschaften* (1839/40) mit Schauplätzen in der Schweiz und Neuengland.

Anna Seghers (eigtl. Netty Radványi, geb. Reiling)
*19. 11. 1900 in Mainz, †1. 6. 1983 in Ost-Berlin

Die Verleihung der Ehrenbürgerwürde Ost-Berlins (1975), der Mainzer Gutenberg-Universität (1977) und der Stadt Mainz (1981) deuteten eine Überbrückung jenes „Bruchs, der die Welt in zwei Lager spaltet", an, über den Seghers im Zusammenhang ihres DDR-Romans *Die Entscheidung* schrieb, daß er „auf alle, auch auf die intimsten Teile unseres Lebens einwirkt".
Die Tochter eines jüd. Kunst- und Antiquitätenhändlers studierte 1919–1924 in Heidelberg und Köln Geschichte, Philologie, Sinologie und Kunstgeschichte (Promotion über Jude und Judentum im Werk Rembrandts; ihr ab 1927 verwendetes Pseudonym ist der Name des Rembrandt-Zeitgenossen Hercules Seghers). 1925 heiratete sie den ungar. Soziologen László Radványi. 1928 erhielt Seghers für die Erzählung *Aufstand der Fischer von St. Barbara* den Kleist-Preis; im selben Jahr trat sie der KPD, 1929 dem Bund Proletarisch-Revolutionärer Schriftsteller bei. Ihr erster Roman, *Die Gefährten*, handelt am Beispiel des ungar. Aufstands 1918 von den Klassenkämpfen der Nachkriegszeit.
Nach Verhaftung und Vernehmung emigrierte Seghers mit ihrer Familie Mitte 1933 nach Frankreich und ließ sich bei Paris nieder. Dem Roman *Der Kopflohn* (1933) mit dem Thema der Ausbreitung des Nationalsozialismus vor 1933 folgten als weitere Teile eines Dtl.-Romanzyklus 1935 *Der Weg durch den Februar* (Niederschlagung des Wiener Arbeiteraufstands gegen das Dollfuß-Regime) und 1937 *Die Rettung* (Wandlung eines unpolitischen Arbeiters zum Widerstandskämpfer), schließlich *Das siebte Kreuz* (E ab 1937) und *Transit*. In der Realismus-Debatte verwahrte sich Seghers gegen eine Einengung der realistischen Darstellungsweise. 1940 floh sie nach Marseille, 1941 nach Mexiko.
1947 (Verleihung des Büchner-Preises das Landes Hessen) kehrte Seghers nach Dtl. zurück und ließ sich in Ost-Berlin nieder. 1949 erschien der Epochenroman (1918 bis 1945) *Die Toten bleiben jung* mit der Darstellung von Industrie, Großgrundbesitz und Militär als sozialer Grundlage der reaktionären Kräfte. Die Romane *Die Entscheidung* (1959) und *Das Vertrauen* (1968, mit der Darstellung des 17. Juni 1953) schildern die Probleme des Aufbaus der sozialistischen Gesellschaft. Eine Reihe von Erzählungen spielt in der Karibik (*Das Licht auf dem Galgen* handelt vom Versuch der Negerbefreiung auf Jamaika zur Zeit der Frz. Revolution). Zu den mit zahlreichen Ehrungen bedachten kulturpolitischen Tätigkeiten der Schriftstellerin gehörte der Vorsitz des Schriftstellerverbands der DDR 1952–1978.

Romane: *Die Gefährten* (1932), *Der Kopflohn. Roman aus einem dt. Dorf im Spätsommer 1932* (1933), *Der Weg durch den Februar* (1935), *Die Rettung* (1937), *Die Toten bleiben jung* (1949, Verf DDR 1968 Joachim Kunert), *Die Entscheidung* (1959), *Das Vertrauen* (1968). – Erzählungen: *Grubetsch* (1927), *Aufstand der Fischer von St. Barbara* (1928, Verf u. d. T. „Wosstanije rybakow/Der Aufstand der Fischer" UdSSR 1934 Erwin Piscator), Slg. *Auf dem Weg zur amerikan. Botschaft* (1931), *Der letzte Weg des Koloman Wallisch* (1934), *Die schönsten Sagen vom Räuber Woynok* (1938), Slg. *Der Ausflug der toten Mädchen* (1946), Slg. *Die Linie* (1950), *Der Mann und sein Name* (1952), Slg. *Die Hochzeit von Haiti* (1954), *Das Licht auf dem Galgen* (1960, Verf DDR 1976 Helmut Nitzschke), Slg. *Die Kraft der Schwachen* (1965), Slg. *Das Schilfrohr* (Verf der Titelerzählung DDR 1974 Joachim Kunert), *Die Tochter der Delegierten* (1970, Verf der Titelerzählung Polen/DDR 1977 Wojcieck Fiwek), Slg. *Drei Frauen aus Haiti* (1980), Slg. *Vierzig Jahre der Margarete Wolf* (1982). – Essays: *Über Tolstoi. Über Dostojewski* (1963), Slg. *Glauben an Irdisches. Essays aus 4 Jahrzehnten* (1969), *Über Kunstwerk und Wirklichkeit* (Bd. 1–3 1970/71, Bd. 4 1979).

Das siebte Kreuz. Roman, E ab 1937, Teil-V 1939, V 1942, Verf USA 1944 Fred Zinnemann.
Der „Roman aus Hitler-Dtl.", gewidmet „den toten und lebenden Antifaschisten", spielt im Herbst des Jahres 1937. Aus dem KZ Westhofen bei Mainz sind sieben Häftlinge entflohen. Der Lagerkommandant läßt auf dem Appellplatz sieben Bäume als Kreuze herrichten, an denen die Geflohenen nach ihrer erneuten Einlieferung zu Tode gequält werden sollen. Vier der Verfolgten werden nach kurzer Zeit wieder gefaßt, ein weiterer stirbt auf der Flucht, der sechste stellt sich freiwillig. Nur dem Kommunisten und früheren Widerstandskämpfer Georg Heisler gelingt es, die Grenze zu erreichen und zu überwinden. Das siebte Kreuz bleibt leer und wird zum Symbol einer für das NS-Regime „unabschätzbaren Macht" und des Zweifels an der „Allmacht" des nationalsozialistischen Terrors.
Um diese Hoffnung zu stärken, schildert der Roman die Hilfeleistung einer Vielzahl von Menschen unterschiedlicher Einstellungen, die bereit sind, ihr Leben und das ihrer Angehörigen aufs Spiel zu setzen, um Heislers Flucht zu unterstützen. Zu ihnen gehören Parteigenossen ebenso wie politisch Andersdenkende. Ihre Motive wurzeln in einem moralischen Bereich, im „Innersten", das „unangreifbar war und unverletzbar".
Der besondere Rang des Romans beruht auf der Überwindung eines ideologischen Schematismus hinsichtlich der Darstellung der sowohl proletarischen als auch bürgerlichen Partner Heislers; weder sind die einen grundsätzlich vorbildlich noch die anderen grundsätzlich dekadent. Diese von der Volksfront-Konzeption beeinflußte inhaltliche Gestaltung ist mit einer Erzählweise verbunden, die das Geschehen in eine Vielzahl von Einzelszenen sowie Erzählabschnitten mit innerem Monolog oder Rückblenden aufgliedert. Auch in dieser Hinsicht verzichtete Seghers auf eine gleichsam „linientreue" realistische Erzählhaltung.

Transit. Roman, E 1939–1941, V span. 1942, dt. 1948.
Die Handlung spielt 1940. Im Mittelpunkt steht ein junger deutscher Arbeiter, dem die Flucht aus einem KZ nach Frankreich gelungen ist. Hier nach Kriegsbeginn interniert, ist er erneut geflohen und in das besetzte Paris gelangt. Er hat den Auftrag, den Schriftsteller Weidel zu benachrichtigen, daß in Marseille für ihn ein Einreisevisum nach Mexiko bereitliegt, trifft Weidel jedoch nicht mehr an (er hat beim Herannahen der dt. Truppen Selbstmord begangen) und flieht mit dessen Hinterlassenschaft und einem auf „Seidler" ausgestellten Paß in den unbesetzten Teil Frankreichs, um in Marseille als Seidler/Weidel seine Ausreise zu bewerkstelligen. Nach Monaten hat er die für die Auswanderung nach Übersee notwendigen Papiere zusammen, ebenso für Frau Weidel, die er in Marseille getroffen hat. Die Witwe weist allerdings seine Liebe zurück, da sie nicht an den Tod ihres Mannes glaubt, sondern ihn in Übersee wiederzufinden hofft. Sie reist allein ab, während Seidler sich entschließt, als Landarbeiter im noch freien Teil Frankreichs zu bleiben und am Widerstand teilzunehmen.
Seidler berichtet über diese Entwicklung als Ich-Erzähler aus der Rückschau, nachdem er sich von den „Abfahrtssüchtigen" distanziert hat. Gleichwohl bildet die qualvolle Situation der in Marseille aus den von Dtl. besetzten Ländern zusammengekommenen Exilanten den Schwerpunkt des Romans. Die Ungewißheit über die Möglichkeit, einen der wenigen Schiffsplätze zu erhalten, die drohende Gefahr, den dt. Verfolgern doch noch in die Hände zu fallen, die Schikanen der Behörden („Transit" bezeichnet eines der zahlreichen Papiere, die benötigt werden), dies alles verbindet sich mit Selbstverlust und Selbstentfremdung der in einer Transit-Situation Lebenden. Als „Abgeschiedene" betrachtet der Erzähler seine ehemaligen Leidensgefährten, „die ihre wirklichen Leben in ihren verlorenen Ländern gelassen hatten".

Gerold Späth
*16. 10. 1939 in Rapperswil am Zürichsee

Der Sohn eines Orgelbauers erhielt eine Ausbildung als Exportkaufmann und arbeitete nach Aufenthalten in London und Fribourg im väterlichen Geschäft. Ende der 60er Jahre trat Späth als Schriftsteller an die Öffentlichkeit (1970 Preis der C.-F.-Meyer-Stiftung und Werkjahr der Stadt Zürich). 1980 lebte er als Stipendiat in Berlin, 1980/81 gehörte er in Rom zum Istituto Svizzero. Für seinen Roman *Commedia* wurde er 1979 mit dem von ↑Grass gestifteten Döblin-Preis ausgezeichnet.

Späth knüpft als Erzähler an die Tradition des gesellschaftskritischen barocken Schelmenromans an. Die Titelgestalt des Romans *Unschlecht* (1970) schildert rückblickend ihre Verwandlung vom törichten, von allen Seiten übers Ohr gehauenen reichen Erben zum gerissenen Geschäftsmann Guttmann. Groteske Familiengeschichten enthalten die Romane *Stimmgänge* (1972), der Lebensbericht des Orgelbauers Hasslocher, und *Balzapf oder als ich auftauchte* (1977), dessen Hauptschauplatz der Ort „Spießbünzen Molchgüllen Barbarswil" bildet. *Commedia* (1980) bietet im ersten Teil ein Kaleidoskop aus rund 200 Einzelporträts, gestaltet als innerer Monolog, Brief, Antwort auf Befragungen oder wortreiche Aussageverweigerung; im zweiten Teil wird eine Gruppe durch ein Heimatmuseum mit zunehmend absurden bzw. bedrohlichen Exponaten geführt und verschwindet schließlich in einem Turmverlies. Neben einer Reihe von Hörspielen entstanden Schweizer Mundartübersetzungen von Dramen, u. a. von ↑Fleißer (*De schtarch Schtamm*, U 1975), ↑Zuckmayer (*De fröhlich Wüberg*, U 1978), ↑Sperr (*Jagtszeene*, U 1979) und Ibsen (*En Volksfind*, U 1981).

Friedrich Spee von Langenfeld
*25. 2. 1591 in Kaiserswerth (= Düsseldorf), †7. 8. 1635 in Trier

Der Sohn eines Kölner Burgvogts trat 1610 in den Jesuitenorden ein, erwarb 1613 in Köln die Magisterwürde und studierte anschließend in Fulda und Würzburg Theologie, unterrichtete in den Lehranstalten seines Ordens in Speyer, Worms und Mainz und lehrte 1625/26 an der Universität in Paderborn Philosophie; als Professor für Moraltheologie war er in Würzburg, Köln und Trier tätig. Schon während seiner Studienzeit, dann als geistlicher Beistand der Verurteilten, hatte Spee von Langenfeld zahlreiche Hexenprozesse miterlebt und war zu der Überzeugung gelangt, daß hierbei zumeist Unschuldige von niederträchtigen Richtern in den Tod geschickt wurden. 1631 veröffentlichte er anonym die Kampfschrift *Cautio criminalis* (dt. *Gewissensbuch*, 1647), gerichtet „ad Magistratus Germaniae" („an die Obrigkeiten in Dtl."); sie enthält in 50 Fragen und Antworten eine scharfe Verurteilung der Praxis der Hexenprozesse und fordert die Abschaffung der Folter als Mittel, Geständnisse zu erpressen. Möglicherweise plante Spee von Langenfeld ein zweites, gegen den Hexenglauben selbst gerichtetes Buch.

Als Lyriker steht Spee von Langenfeld in der Tradition der Mystik. 1649 erschienen postum die Gedichtbände *Güldenes Tugendbuch* und *Trutznachtigall*. Das zentrale Thema ist das vom „Hohenlied" des Alten Testaments abgeleitete Verständnis der Seele als Braut Christi. Zugleich strebte Spee von Langenfeld nach wohlklingender dt. Sprachform; so spricht der Dichter im Einleitungsgedicht zu *Trutznachtigall* von der Nachtigall als dem „Vögelein", mit dem er sich will „erschwingen / Und manchem schwebend ob / Den Lorbeerkranz ersingen / In deutschem Gotteslob".

Martin Sperr
*14. 9. 1944 in Steinberg (Niederbayern)
Nach seiner Schulausbildung (u. a. im Internat der „Barmherzigen Brüder" in Algasing und in der Handelsschule in Landshut) begann Sperr 1961 eine Ausbildung als Schauspieler (München, Wien); 1965/66 besaß er ein Engagement in Bremen. Hier brachte er 1966 seine *Jagdszenen aus Niederbayern* zur Uraufführung, die ihn noch vor ↑ Kroetz als Erneuerer des kritischen Volksstücks auswiesen. *Koralle Meier* (U 1970) handelt von der Entwicklung einer mehrfach inhaftierten und gepeinigten Prostituierten zur Antifaschistin. Volkstümliche Gestalten stehen im Mittelpunkt der Fernsehfilme *Der Räuber Mathias Kneißl* (B. D. 1971 Reinhard Hauff) und *Adele Spitzeder* (B. D. 1972 Peer Raben); letzterer schildert die als „Engel des Volkes" verehrte betrügerische Inhaberin der „Dachauer Volksbank". 1972 erlitt Sperr einen Zusammenbruch (Gehirnbluten). 1974 konnte er wieder als Schauspieler arbeiten, 1976 gab er *Adele Spitzeder* eine Bühnenfassung (*Die Spitzeder*, U 1977). 1981 wurde Sperr mit dem Dramatikerpreis der Stadt Mülheim ausgezeichnet.

Jagdszenen aus Niederbayern. U, V 1966, Verf B. D. 1969 Peter Fleischmann, als Erzählung *Jagd auf Außenseiter* 1971.
Die Themen des 1948 im Dorf Reinöd spielenden Dramas sind die faschistoide Diskriminierung von Außenseitern und deren Unfähigkeit zur Solidarisierung. Die als Hure verschriene Magd Tonka erwartet von dem Homosexuellen Abram ein Kind; Abrams Zuneigung gehört dem verhaltensgestörten Rovo. Von Tonka erpreßt und beschimpft, ersticht Abram sie und wird von den zur „Jagd" aufbrechenden Dorfbewohnern gestellt („Vergast gehört der!").
Als weitere Teile einer *Bayr. Trilogie* folgten 1967 *Landshuter Erzählungen* (die Kinder zweier konkurrierender Bauunternehmer können heiraten, nachdem ein Vatermord vertuscht worden ist), 1971 *Münchner Freiheit* (vergeblich durchkreuzen 1969 Studenten, denen sich die Millionärstochter Manja angeschlossen hat, die politisch gedeckten Machenschaften einer Großbrauerfamilie).

Ernst Stadler
*11. 8. 1883 in Colmar, †20. 10. 1914 bei Ypern (Westflandern)
Der Sohn eines Staatsanwalts studierte in Straßburg und München Romanistik, Germanistik und vergleichende Sprachwissenschaft (Promotion 1906), setzte seine Ausbildung in Oxford fort, habilitierte sich 1908 in Straßburg und lehrte 1910–1914 in Brüssel. Als Elsässer widmete sich Stadler der dt.-frz. Verständigung. Er fiel als Artillerieoffizier.
Als Lyriker stand Stadler zunächst unter dem Einfluß ↑ Georges (Slg. *Präludien,* 1905), löste sich jedoch vom Ästhetizismus und entwickelte sich zu einem bedeutenden Dichter des Frühexpressionismus (Slg. *Der Aufbruch,* 1914). Das Gedicht *Form ist Wollust* enthält das bezeichnende Bekenntnis: „Form will mich verschnüren und verengen, / Doch ich will mein Sein in alle Weiten drängen – (. . .)." Zum vorherrschenden Ausdrucksmittel wurde die freirhythmische Langzeile; thematisch wandte sich Stadler aus dem Drang heraus, „Sicherheit für die Frommen, Würde der Gerechten anzuspeien", der „Schmach und Dumpfheit der Geschlagenen" zu *(Tage).* Ein Höchstmaß an sinnlicher Erregung gestaltet das Gedicht *Fahrt über die Kölner Rheinbrücke bei Nacht* (es wurde von Kurt Pinthus neben 9 anderen Gedichten Stadlers in die 1920 erschienene Expressionismus-Anthologie „Menschheitsdämmerung" aufgenommen).

Carl Sternheim
*1. 4. 1878 in Leipzig, †3. 11. 1942 in Brüssel
Der Sohn eines Bankiers und Zeitungsverlegers machte 1897 in Berlin das Abitur und studierte in München, Göttingen, Leipzig, Jena und Berlin Philosophie, Geschichte, Literatur- und Kunstgeschichte; 1908 ließ er sich, finanziell unabhängig, in München nieder, wo er bis· 1910 die Zeitschrift „Hyperion" herausgab. Zwar wurde 1909 die Berliner Uraufführung des Dramas *Don Juan* ein Mißerfolg, doch begann 1911 mit den Uraufführungen der Komödien *Die Hose* und *Die Kassette* eine überaus erfolgreiche, wenn auch zunächst durch Aufführungsverbote begleitete Karriere als Dramatiker, die ihren Höhepunkt in den 20er Jahren erreichte. Sternheim hielt sich 1912–1918 in Belgien und der Schweiz auf, nach einer schweren Nervenerkrankung 1928 ließ er sich 1930, in 3. Ehe mit ↑ Wedekinds Tochter Pamela verheiratet, in Brüssel nieder. Von 1933 an waren seine Werke in Dtl. verboten.
Als satirischer Darsteller des Kleinbürgertums, dessen Kritik sich auf einen „antiautoritären Individualismus" gründet, stand Sternheim dem Expressionismus nahe; dies gilt auch für den sprachlichen „Telegrammstil" vieler seiner Bühnengestalten. Zugleich lehnte er den künstlerischen Entwurf einer besseren Gesellschaft ab und besaß letztlich Verständnis für seine egozentrischen Helden, die „zum Schluß jedes Stückes geschwellter Brust den letzten Schritt auf sich selbst zu" tun (*Inhalt meiner sämtlichen Dramen*, 1923). 1918 fügte er den Großteil seiner Komödien zum Zyklus *Aus dem bürgerlichen Heldenleben* zusammen, innerhalb dessen die mit dem Drama *Die Hose* beginnende *Maske-Tetralogie* eine eigene Gruppe bildet. Sternheims Hauptwerk als Erzähler ist die *Chronik von des 20. Jh.s Beginn* (2 Bde., 1918; 3 Bde., 1926–1928); 1936 erschien die Autobiographie *Vorkriegseuropa im Gleichnis meines Lebens*.

Die Hose. Drama in 4 Akten, E 1909/10, U, V 1911, Verf Dtl. 1927 Hans Behrendt.
Die Frau des Beamten Theobald Maske hat in der Öffentlichkeit ihr intimes Kleidungsstück verloren. Um die zu erwartende Deklassierung auszugleichen zu können, bietet das Ehepaar Zimmer zur Miete an. Als Mieter stellen sich zwei Zeugen jenes Vorfalls ein, die sich nicht unberechtigte Chancen bei Frau Maske ausrechnen. Herr der Lage bleibt jedoch am Ende Maske, der sich aufgrund der inzwischen gesicherten Verhältnisse darauf vorbereitet, Vater zu werden.
Als Fortsetzung schildert *Der Snob* (U, V 1914) den gesellschaftlichen Aufstieg des Sohns Christian Maske, der in *1913* (V 1915, U 1919) geschäftlich seiner skrupellosen ältesten Tochter unterliegt. Im Mittelpunkt des 4. Teils, *Das Fossil* (U, V 1923), steht der General a. D. von Beeskow, der Schwiegervater von Maskes Tochter Sophie.

Bürger Schippel. Drama in 5 Akten, E 1911, U, V 1913.
Ein kleinbürgerliches Sängerquartett hat unmittelbar vor einem Sängerwettkampf eines seiner Mitglieder verloren; als Ersatz kommt lediglich der uneheliche „dreckige Prolet" Schippel in Frage. Man überwindet sich, ihn aufzunehmen, nachdem er versprochen hat, sich bürgerlicher Verhaltensweisen zu befleißigen, zumal ihn die Schwester des Leiters des Quartetts mit Wohlgefallen betrachtet; daß Thekla ihre Unschuld an einen Duodezfürsten verliert, stärkt Schippels Position (seine „Mannesehre" verbietet ihm, die Werbung um Thekla aufrechtzuerhalten). Die letzte bürgerliche Weihe erhält er durch ein Pistolenduell.
Als Fortsetzung zeigt *Tabula rasa* (V 1916, U 1919) Schippel als Unternehmer. Im Mittelpunkt steht jedoch der Kunstglasbläser und Aktionär Ständer, der sein Gewinnstreben mit klassenkämpferischen Parolen verdeckt.

Adalbert Stifter (eigtl. Adelbert S.)
*23. 10. 1805 in Oberplan (= Horní Planá, Südböhmen), †28. 1. 1868 in Linz
Unter dem Eindruck seiner erneuten Stifter-Lektüre notierte T. ↑Mann in „Die Entstehung des Doktor Faustus" (1949): „Man hat oft den Gegensatz hervorgekehrt zwischen Stifters blutig-selbstmörderischem Ende und der edlen Sanftmut seines Dichtertums. Seltener ist beobachtet worden, daß hinter der stillen, innigen Genauigkeit gerade seiner Naturbetrachtung eine Neigung zum Exzessiven, Elementar-Katastrophalen, Pathologischen wirksam ist (...)." Mann plädierte damit für eine Beschäftigung mit dem vielfach zum Inbegriff des Biedermeier verharmlosten Erzähler unter dem Gesichtspunkt des Spannungsverhältnisses zwischen der Oberflächen- und der Tiefenstruktur seiner Texte.

Der Sohn eines Leinwebers erhielt nach dem Tod des Vaters (1817) von 1818 an seine höhere Schulausbildung im Stiftsgymnasium der Benediktinerabtei Kremsmünster; zu den Schwerpunkten gehörten naturwissenschaftliche Fächer und der Kunstunterricht, durch den Stifters Begabung als Maler gefördert wurde. Das 1926 in Wien begonnene Jurastudium beendete Stifter 1830 ohne Abschluß; er verdiente seinen Lebensunterhalt als Privatlehrer (1837 gehörte Metternichs Sohn Richard zu seinen Schülern) und verfolgte sein Ziel einer Existenz als freischaffender Künstler (bedeutende Werke dieser Zeit sind Ansichten Wiener Gassen sowie Wolkenstudien); 1837 heiratete er die Modistin Amalie Mohaupt.

Als Schriftsteller gewann Stifter rasch Popularität durch Erzählungen, die zunächst in verschiedenen Zeitschriften und Almanachen erschienen: 1840 *Der Condor* mit der Schilderung eines Ballonaufstiegs und *Feldblumen* mit dem Thema der kulturellen Emanzipation der Frau, 1842 *Der Hochwald* mit dem (aus räumlicher Distanz dargestellten) Einbruch des Dreißigjährigen Krieges in einen entlegenen Waldwinkel; bis zu seinem Lebensende beschäftigte Stifter der Stoff der Erzählung *Die Mappe meines Urgroßvaters*, konzipiert als Erziehungsroman unter der Fragestellung, wie „ein Mensch neben dem andern bestehe und seine menschliche Bahn gehen könne". 1844–1850 erschienen die (bearbeiteten) Erzählungen als *Studien* (6 Bde.). Wissenschaftliche und poetische Darstellungsweise verbindet der Bericht *Die Sonnenfinsternis am 8. Juli 1842*.

Im Revolutionsjahr 1848 übersiedelte das Ehepaar Stifter von Wien nach Linz. Hier wurde Stifter 1850 zum Schulrat ernannt; er übte die Inspektion der Volksschulen in Oberösterreich bis zur Pensionierung aus gesundheitlichen Gründen im Jahr 1865 aus. In den Mittelpunkt der literarischen Arbeit rückten die Romane *Der Nachsommer* (1857) und *Witiko* (1865–1867). Von 1854 an führte Stifter ein Tagebuch seiner Arbeit als Maler (zunehmend abstrahierende Landschaftsdarstellungen). Umstritten blieb, inwiefern Stifter, der an Lebererhärtung litt, seinen Tod durch eine Verwundung am Hals herbeigeführt bzw. beschleunigt hat.

Romane: *Der Nachsommer* (erste Bruchstücke 1848, E ab 1853, V 1857), *Witiko* (Plan ab 1855, V 3 Bde. 1865–1867). – Erzählungen: *Der Condor* (1840), *Feldblumen* (1840), *Das Heidedorf* (1840), *Die Mappe meines Urgroßvaters* („Urmappe" 1841/42, „Studienmappe" 1847, „letzte Mappe" E 1864, V postum 1870, 4. unvollendete Fassung V postum 1939), *Der Hochwald* (1842), *Abdias* (1843), *Wirkungen eines weißen Mantels* (1843, u.d.T. *Bergmilch* 1853), *Das alte Siegel* (1844), *Brigitta* (1844), *Der Hagestolz* (1845), *Der Heilige Abend* (1845, u.d.T. *Bergkristall* 1853), *Der Waldsteig* (1845), *Der beschriebene Tännling* (1846), *Zwei Schwestern* (1846), *Zuversicht* (1846), *Der arme Wohltäter* (1848, u.d.T. *Kalkstein* 1853), *Prokopus* (1848), *Der Pechbrenner* (1849, u.d.T. *Granit* 1853), *Katzensilber* (1852), *Der Pförtner im Herrenhaus* (1852, u.d.T. *Turmalin* 1853).

Abdias. Erzählung, Zs 1843, 2. Fassung 1847 im 4. Band der Slg. *Studien*.
Abdias wächst als Sohn eines jüd. Händlers in einer alten Römerstadt in der afrikan. Wüste auf, wird selbst Händler und gewinnt die schöne Deborah zur Frau; in einer als Wohnung dienenden Ruine häuft er seine Schätze auf. Nachdem Pocken sein Gesicht entstellt haben, wendet sich Deborah von ihm ab; Räuber plündern sein Versteck aus. Nach Deborahs Tod verläßt Abdias Afrika, um sich in den böhm. Wäldern niederzulassen. Um seine blind geborene Tochter Ditha nach seinem Tod versorgt zu wissen, treibt er wieder Handel und Wucher. Durch einen Blitzschlag gewinnt Ditha die Fähigkeit zu sehen; behutsam macht sie der Vater mit den Erscheinungen der Welt vertraut; er gibt seine Handelsreisen auf und treibt Landwirtschaft. Ein Blitzschlag ist es aber auch, der Ditha an einem Erntetag auf dem Feld tötet.
Die Erzählung hat vielerlei Deutungen veranlaßt bis hin zur Auffassung jenes ersten Blitzschlags als Pfingstereignis und der Gestalt Dithas als Verkörperung der Poesie, ihres Todes als Heimkehr des Poetischen vor seiner Verunreinigung durch die Welt. Kennzeichnend für Stifters Erzählweise ist jedoch das Streben nach einer in sich selbst ruhenden, von bloßer Sinnbildlichkeit befreiten Gestaltung der Naturerscheinungen und ihres Einwirkens auf menschliche Schicksale. Das offenkundige Zentrum der Erzählung ist Dithas „Bildungserlebnis", wobei der Reichtum der sinnlichen Wahrnehmung zugleich seelischen Reichtum hervorbringt, der sich wiederum im Körperlichen ausprägt und in der Sprache der Augen zur Sprache des Herzens wird.
Thematisch verwandt ist die Erzählung *Turmalin* (1853 in der Slg. *Bunte Steine*, Zs 1851 u. d. T. *Der Pförtner im Herrenhaus*). Sie handelt vom Schicksal eines Mädchens, das im Dunkel eines Kellers aufgewachsen ist und dem nach seiner Entdeckung liebevolle Erziehung zuteil wird.

Bunte Steine. Ein Festgeschenk. Slg. von sechs 1843–1852 erschienenen Erzählungen, V 1853.
In seiner *Vorrede* greift Stifter den vor allem von ↑Hebbel erhobenen Vorwurf auf, daß er „nur das Kleine bilde" und seine Gestalten „stets gewöhnliche Menschen seien". In seiner Entgegnung stellt Stifter die hier verwendeten Kategorien groß und klein, gewöhnlich und ungewöhnlich, bedeutend und unbedeutend in Frage: „Die Kraft, welche die Milch im Töpfchen der armen Frau empor schwellen und übergehen macht, ist es auch, die die Lava in den feuerspeienden Bergen empor treibt (...)." Nur die „Unkundigen und Unaufmerksamen" lassen sich von letzteren Erscheinungen mehr als von den ersteren beeindrucken, während der „Geisteszug des Forschers vorzüglich auf das Ganze und Allgemeine geht"; nur hier liegt „Großartigkeit", „weil es allein das Welterhaltende ist". Der in diesem Zusammenhang verwendete Begriff „sanftes Gesetz" ist im Sinne stetiger Gesetzmäßigkeit zu verstehen.
Innerhalb der (neu) nach Gesteinsarten bzw. Mineralien benannten Erzählungen bildet den künstlerischen Höhepunkt *Bergkristall* (Zs 1845 u. d. T. *Der Heilige Abend*): Die Geschwister Konrad und Susanna verirren sich am Weihnachtsabend auf dem Weg zu den im benachbarten Tal lebenden Großeltern; steter Schneefall hüllt sie in immer größere Einsamkeit, die Nacht verbringen sie inmitten der Eiswelt. Doch die Natur hilft ihnen „in ihrer Größe" (Nordlicht, Bersten des Gletschereises), dem tödlichen Schlaf zu widerstehen. Als Einleitung dient eine Schilderung der Bergwelt und des sozialen Verhaltens ihrer Bewohner. Auf dieses wirkt die Rettung der Kinder ein, indem deren Mutter, eine Ortsfremde, nun in die Dorfgemeinschaft aufgenommen wird.
Granit (Zs 1849 u. d. T. *Der Pechbrenner*) verknüpft Jugenderinnerungen mit einer Erzählung über die Pest; *Kalkstein* (Zs 1847 u. d. T. *Der arme Wohltäter*) handelt von einem aufopferungsvollen Geistlichen.

Der Nachsommer. Roman, erste Bruchstücke 1848, E ab 1853, V 1857. Im Mittelpunkt der Handlung stehen zwei Paare: Zur älteren Generation gehören Freiherr von Risach, der Besitzer des von Rosen umgebenen Asperhofs, und dessen Jugendliebe Mathilde Tarona, die auf dem benachbarten Sternenhof lebt; die jüngere Generation repräsentieren Heinrich Drendorf (der Ich-Erzähler) und Mathildes Tochter Natalie. Während die Leidenschaftlichkeit ihrer Liebe einst Risach und Mathilde daran hinderte, eine Ehe einzugehen (sie sind nun, im Alter, durch „nachsommerliche" Liebe verbunden), gelingt Heinrich und Mathilde die Ehegemeinschaft; der Roman endet nach einem zweifelnden Ausblick Heinrichs auf seinen beruflichen Werdegang mit der Überzeugung: „(...) das reine Familienleben, wie es Risach verlangt, ist gegründet, es wird, wie unsre Neigung und unsre Herzen verbürgen, in ungeminderter Fülle dauern, ich werde meine Habe verwalten, werde sonst noch nützen, und jedes selbst das wissenschaftliche Bestreben hat nun Einfachheit Halt und Bedeutung."
Um dieses Ziel zu erreichen, bedarf es eines Bildungsweges, der Heinrich unter Risachs väterlicher Obhut vom Naturstudium über das Verständnis der Kunst zum Umgang mit Menschen führt. Am Beispiel der Rosenpflege, des Beschneidens von Obstbäumen, des Restaurierens von Kunstwerken gelangt Heinrich zur Einsicht in die Notwendigkeit, das menschliche Handeln nicht von eigenen Zwecken, sondern den in den Dingen wirkenden Gesetzen leiten zu lassen. Entsprechend ist die Erzählweise weniger handlungsorientiert als vielmehr beschreibend und dient dazu, den (geschichtslosen) Erlebnis- und Bildungsraum gegenüber störenden Einwirkungen von außen schützend zu umgrenzen. Demzufolge hat gerade *Der Nachsommer* zu vielfältigen Versuchen animiert, die (pathologische) „Tiefendimension" der u. a. konsequent entsexualisierten Darstellungsweise auszuloten.

Witiko. Roman, Plan ab 1855, V 3 Bde. 1865–1867.
Die Handlung setzt im Spätsommer 1138 ein: Witiko, der nach dem frühen Tod seines tschech. Vaters in der Obhut seiner bayer. Mutter aufgewachsen ist, reitet als 20jähriger von seinem Schulort Passau aus nach Böhmen. Am Fuß des Dreisesselberges begegnet er Bertha von Jugelbach, seiner künftigen Gattin. Zwei Jahre später nimmt er als Kundschafter des todkranken böhm. Herzogs Sobeslaw am Prager Wahllandtag teil, auf dem statt des designierten Sohns Sobeslaws dessen Neffe Wladislaw II. zum neuen Herzog gewählt wird. Witiko, der die Rechtmäßigkeit dieser Wahl nicht zu beurteilen vermag, zieht sich auf den Oberen Plan zurück. Während der Nachfolgekämpfe stellt er sich mit seinen „Waldleuten" auf die Seite Wladislaws. Eigenmächtiges Handeln (er läßt Fürsten aus Mähren entkommen) bringt ihn vor ein Kriegsgericht, doch rechtfertigen ihn die sittlichen Motive und der politische Weitblick. Witikos weiterer Weg führt nach Wien, wo seine Mutter am Babenbergerhof lebt, und zurück nach Böhmen. Witiko wird von Wladislaw mit dem südlichen Waldland belehnt und errichtet seine Stammburg Witthinghausen. Als Gefolgsmann Wladislaws beteiligt sich Witiko am 2. Italienzug Friedrichs I. Barbarossa und steigt zum böhm. Truchseß auf. Der Roman endet mit dem Mainzer Hoftag 1184.
Stifters Ziel war es, Geschichte als „großen Strom" zu vergegenwärtigen; die einzelnen Menschen werden von ihm „getragen, und helfen den Strom bilden". Statt packender Ereignisschilderung herrscht eine distanzierende Erzählweise vor. Politische Relevanz besaß und besitzt Stifters Auffassung der dt.-tschech. Gemeinsamkeit hinsichtlich der Geschichte Böhmens. Zugrunde liegt der antinationalistische „Austroslawismus", den Stifter zu einer Zeit zunehmender nationalistischer Polarisierung innerhalb der Donaumonarchie vertreten und damit in Kauf genommen hat, als „tschechenfreundlich" abgelehnt zu werden.

Klaus Stiller
*15. 4. 1941 in Augsburg

Der Sohn eines Arztes studierte 1961–1968 in München, Grenoble und West-Berlin Romanistik und Germanistik, war anschließend als freier Schriftsteller tätig und wurde 1981 Literaturredakteur beim RIAS Berlin.
Stiller entwickelte eine Form der Dokumentarliteratur, die durch Zitatcollagen und die Verwendung von Sprachmustern darauf abzielt, die Sprache „sich selbst darstellen, d. h. decouvrieren zu lassen". So bedienen sich die Texte der Slg. *Absperrung* (1966) der Amtssprache. *H. Protokoll* (1970) enthält aus Hitler-Texten montierte Monologe; die „Latinisierung" Südtirols gehört zu den Themen der „italien. Novellen" *Die Faschisten* (1976). Die 25 Texte der Slg. *Traumberufe* (1977) wenden die Werbesprache auf Berufsbilder wie das des Warenhausdiebs oder des „Sympathisanten" an. Stillers erster Roman, *Weihnachten. Als wir Kinder den Krieg verloren* (1981), ist autobiographisch fundiert und wirft in präzisen anekdotischen Details Schlaglichter auf die unmittelbare Nachkriegszeit.

Theodor Storm
*14. 9. 1817 in Husum, †4. 7. 1888 in (Hanerau-)Hademarschen

Der Sohn eines Advokaten studierte in Kiel Jura und eröffnete 1847 in Husum eine Praxis als Rechtsanwalt. Nach der Eingliederung Holsteins in Dänemark (1852) mußte Storm wegen seines Eintretens für die schleswig-holstein. Erhebung von 1848 seine Heimat verlassen. Er wurde 1853 Assessor beim Kreisgericht Potsdam (Verbindung zu den literarischen Kreisen Berlins), 1856 in Heiligenstadt auf dem Eichsfeld Kreisrichter. Nach dem Dt.-Dän. Krieg 1864 kehrte er nach Husum, in die „graue Stadt am Meer", zurück, wo er von 1867 an als Amtsrichter tätig war. 1880 ließ er sich in Hademarschen nieder.
Als Lyriker stand Storm zunächst unter dem Einfluß von ↑ Claudius und ↑ Eichendorff. Das zentrale Thema ist die heimatliche Landschaft, vielfach als Spiegel der Vergänglichkeit. So mündet das Gedicht *Über die Heide* in die Strophen: „Brauende Nebel geistern umher; / Schwarz ist das Kraut und der Himmel so leer. // Wär ich hier nur nicht gegangen im Mai! / Leben und Liebe, – wie flog es vorbei!" Diese Grundstimmung verbindet die Gedichte mit den frühen Novellen, den sog. „Erinnerungsnovellen", die Storm einer breiten Leserschaft bekannt machten. Sein weiteres Schaffen als Erzähler (er verfaßte knapp 60 Novellen) reicht von der realistischen Gegenwartsschilderung *(Draußen im Heidedorf, Waldwinkel, Carsten Curator)* bis hin zur archaisierenden „Chroniknovelle" *(Aquis submersus, Renate, Zur Chronik von Grieshuus)*. In beiden Gattungen ergeben sich tragische Konflikte aus der Liebesbeziehung zwischen gegensätzlichen Naturen bzw. aus der Beziehung zwischen den Generationen (Vater-Sohn-Konflikt in *Hans und Heinz Kirch*). Ein bedeutender Beitrag zur Theorie des „poetischen Realismus" ist der ab 1877 mit ↑ Keller geführte Briefwechsel Storms.

Gedichtbände: *Liederbuch dreier Freunde* (mit Tycho und Theodor Mommsen, 1843), *Gedichte* (1852, Ausgabe letzter Hand 1885). – Erzählungen: *Im Saale* (1848), *Ein grünes Blatt* (E 1850, Zs 1854, V 1855), *Späte Rosen* (E 1859, Zs 1860, V 1861), *Draußen im Heidedorf* (Zs 1872, V 1873), *Viola tricolor* (1874), *Aquis submersus* (Zs 1876, V 1877), *Waldwinkel* (Zs 1874, V 1875), *Carsten Curator* (1878), *Renate* (1878), *Eekenhof* (Zs 1879, V 1880), *Der Herr Etatsrat* (1881), *Hans und Heinz Kirch* (Zs 1882, V 1883), *Zur Chronik von Grieshuus* (1884, Verf Dtl. 1924 Arthur von Gerlach), *John Riew'* (1885), *Ein Fest auf Haderslevhuus* (1885), *Ein Bekenntnis* (1887). – Märchen: *Der kleine Häwelmann* (1851).

Immensee. Novelle, Zs 1850, Neufassung 1881 in der Slg. *Sommergeschichten und Lieder,* V 1852, Verf Dtl. 1943 Veit Harlan.
Die „Erinnerungsnovelle" handelt von der auf dem Lande verbrachten Kindheit und Jugend eines in die „große weite Welt" gezogenen und einsam gealterten Mannes. Sein ganzes Glück lag in der Liebe zu seiner Kindheitsgefährtin Elisabeth. Durch das Studium von ihr getrennt, hat er sie an den Schulfreund Erich, den Gutsherrn des Hofes Immensee, verloren. An den wesentlichen Stellen der ereignisarmen Handlung sind Gedichte eingefügt (*Meine Mutter hat's gewollt, Lied des Harfenmädchens;* nach Storms eigenem Urteil hat sich seine Novellistik aus der Lyrik entwickelt). Vorherrschend sind Stimmungsbilder (Erdbeerensuche der Kinder im Wald, Tod eines Vogels). Als Sinnbild der nur scheinbar greifbaren Liebeserfüllung dient eine auf dem Immensee schwimmende Wasserlilie.

Pole Poppenspäler. Novelle, Zs 1874, V 1875.
Der junge Paul Paulsen, aus einer biederen Handwerkerfamilie stammend, lernt in seiner Heimatstadt den hier mit seiner Tochter Lisei gastierenden Puppenspieler Tendler kennen und ist von dessen Kunst fasziniert. 12 Jahre später begegnet er ihnen wieder und kann dazu beitragen, daß die Unschuld des inhaftierten Tendler bewiesen wird. Den Vorurteilen gegen die „Herumtreiber" zum Trotz heiratet Paulsen Lisei und nimmt es gelassen hin, als „Pole Poppenspäler" verhöhnt zu werden. Aggressive Feindseligkeit kommt in der Störung von Tendlers Abschiedsvorstellung zur Wirkung. Als „Kunstdrechsler und Mechanikus" wird Paulsen zum Lehrmeister eines jungen Mannes, der als Ich-Erzähler den Erzählrahmen gestaltet und dem Paulsen seine Kindheits- und Jugendgeschichte berichtet. Die rückblickende Erzählung ist frei von Verklärung; ihr Zentrum bildet der Gegensatz zwischen Künstlertum und Bürgertum, den Paulsen überwunden hat.

Der Schimmelreiter. Novelle, V 1888; E ab 1885, Verf Dtl. 1934 Curt Oertel und Hans Deppe, B. D. 1977 Alfred Weidenmann.
In dreifacher Rahmung bietet sich die Geschichte des Deichgrafen Haien dar: Als erster meldet sich ein Erzähler zu Wort, der als Kind in einer Zeitschrift die Erzählung eines Reisenden gelesen hat, die er nun aus dem Gedächtnis wiedergibt. Jener Reisende hat seine Erzählung während einer stürmischen Nacht in einem Gasthaus von einem Schulmeister vernommen (der betont: „Freilich, die Wirtschafterin unseres Deichgrafen würde sie Ihnen anders erzählt haben").
Der Schauplatz ist die Nordseeküste Frieslands. Hier wächst Hauke Haien auf. Früh interessiert er sich für Mathematik und Technik und deren Anwendung auf den Deichbau; an Modellen erprobt er Verbesserungen. Als Knecht tritt Hauke in den Dienst des Deichgrafen Volkerts; als dessen Schwiegersohn wird er neuer Deichgraf. Sein Ziel ist der Bau eines neuen Deichs, der zugleich neues Land dem Meer abgewinnen soll. Hauke überwindet alle Schwierigkeiten und bringt sein Werk zustande. Zugleich wird er, ein freisinniger, gegen Aberglauben einschreitender Tatmensch, mit Teufelsspuk in Verbindung gebracht; sein Schimmel gilt vielen als Zaubertier, dessen Gerippe vor kurzem noch auf einer Hallig lag. Die Geburt eines schwachsinnigen Sohnes verbindet Hauke um so enger mit seiner Frau Elke, während ringsum Feindschaft wächst. Schließlich siegt die Naturgewalt: Vor Haukes Augen kommen Frau und Kind bei einem Bruch des alten Deichs in den Fluten um, er selbst stürzt sich mit seinem Pferd in die vor ihm aufgerissene Tiefe. Im Volksglauben lebt Hauke als gespenstischer Schimmelreiter fort, der bei drohender Gefahr über den Deich galoppiert. Zugleich ist der unbeschädigte Hauke-Haien-Deich der Beweis seiner überlegenen Kenntnisse und Willenskraft. Aberglaube und verändernde Tat erscheinen als zwei Antworten auf die Herausforderung des Menschen durch die Natur.

August Stramm
*29. 7. 1874 in Münster, †1. 9. 1915 in der Polesje
Nach dem Abitur wurde Stramm im Postdienst tätig (Inspektor in Bremen und Berlin, Versetzung ins Reichspostministerium). Zugleich studierte er als Gasthörer (Berlin, Halle; 1909 Promotion zum Dr. phil.). Er fiel in Rußland.
Als Schriftsteller wurde Schramm 1913 durch Herwarth Walden entdeckt; in dessen Zeitschrift „Der Sturm" erschien 1914 das Drama *Sancta Susanna. Ein Gesang der Mainacht* (U postum 1918, Vert 1921 Paul Hindemith): Die Titelheldin, eine Nonne, wird zur Märtyrerin einer neuen Religion der Leiblichkeit. Die sprachliche Verknappung zu Evokationen ist in *Erwachen* (V 1914, U postum 1921) mit dem Verzicht auf Handlung verbunden: „Er" steht zwischen zwei Frauen, von denen nur eine zum Blick zu den „Sternen" fähig ist. Als Lyriker (Slg. *Du,* 1915; postum Slg. *Tropfblut,* 1919) verdichtete Stramm die Expression bis zum 1-Wort-Vers: „Droben schmettert ein greller Stein / Nacht grant Glas / Die Zeiten stehn / Ich / Steine. / Weit / Glast / Du!" *(Verzweifelt).* In der Anthologie „Menschheitsdämmerung" (1920) ist er mit 13 Gedichten vertreten.

Botho Strauß
*2. 12. 1944 in Naumburg a. d. Saale
Der Sohn eines Lebensmittelberaters wuchs im Ruhrgebiet auf, studierte in Köln und München Germanistik, Theatergeschichte und Soziologie und wurde 1967 Mitarbeiter der Zeitschrift „Theater heute", 1970 der Schaubühne am Halleschen Ufer in West-Berlin. 1976 war er Stipendiat der Villa Massimo in Rom, 1982 erhielt er den Dramatikerpreis der Stadt Mülheim.
Als Dramatiker und Erzähler schildert Strauß zumeist Personen, die in einer Zeit politischer und gesellschaftlicher Stagnation orientierungslos zwischen Anpassung und Selbstverwirklichung verharren. Aus dieser Grundsituation entwickelte er sein dem analytischen entgegengesetztes „mentales Theater", in dem sich Realitätsbezüge und Irrational-Phantastisches durchkreuzen. *Die Hypochonder* (U, V 1972) sind eine Mischung aus Kriminalgroteske und Ehedrama; in *Bekannte Gesichter, gemischte Gefühle* (V 1974, U 1975) dient eine Tiefkühltruhe, in die sich einer von sieben isolierten Hotelgästen zurückzieht, als Sinnbild der Kälte der Empfindungen; *Trilogie des Wiedersehens* (V 1976, U 1977, Verf B. D. 1980 Peter Stein) parodiert Kulturbeflissenheit; *Kalldewey, Farce* (V 1981, U 1982, Verf B. D. 1983 Luc Bondy) bildet u. a. eine Collage aus verschiedenen Jargons; *Der Park* (V 1983, U 1984) ist eine Neufassung von Shakespeares „Sommernachtstraum".

Groß und klein. Drama in 10 Szenen, U, V 1978, Verf B. D. 1980 Peter Stein. In Form eines Stationendramas zeigt das Stück die arbeitslose Grafikerin Lotte, die sich auf der Suche nach ihrem Mann befindet, auf den verschiedensten Schauplätzen zwischen Sylt und Marokko, zwischen Villa und Mietskaserne. Ihr „Glauben an das Gute im Menschen" erweist sich inmitten eines gesellschaftlichen Eiszeitklimas als Anachronismus.

Rumor. Erzählung, 1980. Im Mittelpunkt steht der „entwurzelte Vater" Bekker, der sein berufliches Scheitern mit der Wunschvorstellung einer inzestuösen Beziehung zu seiner Tochter kompensiert. Aus Anekdoten und Diskursen ergibt sich das Bild einer „zerstückelten Welt", das Bekker auf die „ursprünglichste Unordnung" zurückführt. Statt der Rolle des weisen Narren besitzt er jedoch am Ende die eines „rumorenden Nachtwächters".

Erwin Strittmatter
*14. 8. 1912 in Spremberg (Niederlausitz)
Der Sohn eines Bäckers und Kleinbauern erlernte das Bäckerhandwerk und war vor dem Krieg auch als Kellner, Tierwärter und Chauffeur tätig. Im Zuge der 1945 in der SBZ eingeleiteten Bodenreform erhielt er Land zugeteilt, wurde Bürgermeister sowie Zeitungsredakteur und veröffentlichte 1950 den autobiographischen Dorfroman *Ochsenkutscher* (Handlungszeitraum 1918–1933). Aus einer Folge von 1951 im Auftrag der FDJ für die Weltjugendfestspiele in Auftrag gegebenen, jedoch abgelehnten Dorfszenen entstand in Zusammenarbeit mit ↑ Brecht („Katzgraben-Notate") das Versdrama *Katzgraben* (U 1953, V 1954, Neufassung 1958); es spielt 1947/48 im Dorf Katzgraben und handelt am Beispiel eines Straßenbauprojekts von den Klassengegensätzen auf dem Land. Mit *Tinko* (1954) und *Der Wundertäter* (1957, Bd. 2 1973) entwickelte Strittmatter den Typus des „sozialistischen Dorfromans". Vorwiegend ländliche Impressionen in volkstümlich-humoristischer Gestaltung enthalten die Erzählbände *Schulzenhofer Kramkalender* (1966), *Ein Dienstag im September* (1969), *Dreiviertelhundert Kleingeschichten* (1971) und *Meine Freundin Tina Babe. Drei Nachtigall-Geschichten* (1977). Strittmatter ist mit der Lyrikerin Eva Strittmatter (*8. 2. 1930 in Neuruppin) verheiratet.

Ole Bienkopp. Roman, 1963. Anfang der 50er Jahre gründet der „Neubauer" Ole Hansen, gen. Bienkopp, im DDR-Dorf Blumenau die Genossenschaft „Blühendes Feld". Nicht allein reaktionäre Kräfte, sondern auch Parteifunktionäre bekämpfen Hansens „hinter dem Rücken der Partei" unternommene Initiative zur genossenschaftlichen Produktionsweise. Selbst als die Kollektivierung der Landwirtschaft das offizielle Ziel bildet und Hansen LPG-Vorsitzender wird, muß er mit Intrigen kämpfen, denen er schließlich zum Opfer fällt: Um einen ausgebliebenen Bagger zu ersetzen, gräbt und schaufelt er sich in geistiger Verwirrung zu Tode. Den Roman traf zunächst die Kritik mangelnden Vertrauens in die Führungskraft der SED.

Karin Struck
*14. 5. 1947 in Schlagtow (Bez. Rostock)
Nach der Flucht der Familie in die B. D. (1953) wuchs Struck in Westfalen auf und studierte in Bochum, Bonn und Düsseldorf Romanistik und Germanistik. Politisch engagierte sie sich im SDS und zeitweilig in der DKP. Sie lebt als freie Schriftstellerin in Hamburg. 1976 erhielt sie den Gryphius-Preis.
Strucks schriftstellerisches Programm umreißt der Titel des Essays *Das Private ist das Politische. Das Starren auf die Außenwelt hat die Innenwelt verwaisen lassen* (1976). In persönlicher Unmittelbarkeit behandeln ihre Romane das Spannungsverhältnis zwischen proletarischer Herkunft und bildungsbürgerlichem Aufstieg (*Klassenliebe*, 1973), Mutterschaft und Emanzipation (*Die Mutter*, 1975), männlicher und weiblicher Sexualität (*Lieben*, 1977), Erinnerung und Zukunftsentwurf (Erzählung *Trennung*, 1978, Verf B. D. 1979 Peter Beauvais). 1982 erschienen das selbstkritische „Journal einer Krise" *Kindheits Ende* und der Roman *Zwei Frauen* mit den Themen Vater-Tochter-Konflikt, Emanzipation und Friedensbewegung. In *Finale. Geschichte eines unentdeckten Pferdes* (1984) findet eine Schauspielerin durch die Hinwendung zu einem Pferd einen neuen Zugang zur Natur und zu Menschen. *Glut und Asche. Eine Liebesgeschichte* (1985) bildet, anknüpfend an den Essay *Ist nur eine tote erotische Autorin eine gute erotische Autorin?* (1983), einen betont weiblichen Beitrag zur erotischen Literatur.

Hannelies Taschau
*26. 4. 1937 in Hamburg

Aufgewachsen in Süddtl. und im Ruhrgebiet, war Taschau nach dem Schulabschluß Sekretärin einer Nachrichtenredaktion und schrieb selbst Reportagen, 1959 erschien ihr erster Gedichtband *(Verworrene Route)*. Sie lebte 1962–1964 in Paris, war bei einem Rechtsanwalt angestellt und arbeitet seit 1967 als freie Schriftstellerin. 1973 unternahm sie eine Reise durch Armenien und Georgien, 1974 und 1977 führten sie Vortragsreisen durch Norwegen.
Taschau reflektiert als Lyrikerin, Erzählerin und Hörspielautorin die sozialen und politischen Ursachen privater Verstörungen. Der Roman *Die Taube auf dem Dach* (1967) spielt in Paris und handelt von zwei jungen Frauen, die zu wechselseitiger Ergänzung gelangen. Der Provinzroman *Landfriede* (1978) schildert das Scheitern der „wilden Ehe" zwischen einem nach Anpassung strebenden Lehrer und einer in die konventionelle Frauenrolle gedrängten Journalistin. *Erfinder des Glücks* (1981) spiegelt in Form des inneren Monologs einer aus Norwegen zurückgekehrten Schriftstellerin die Situation in der B. D. 1977 (u. a. Schleyer-Entführung, Tod der RAF-Häftlinge in Stammheim). Die Slg. *Strip und andere Erzählungen* (1974) bietet Milieustudien (z. T. auch als Hörspiele, z. B. *Seniorentage,* 1974). Gedichte aus der Zeit 1962–1979 enthält die Slg. *Doppelleben* (1979).

Johannes Tauler
*um 1300 in Straßburg, †15. 6. 1361 (?) in Straßburg

Der Sohn eines wohlhabenden Kaufmanns trat 1315 in den Dominikanerorden ein und war um 1326 in Köln Schüler des Meisters ↑Eckhart, 1339 wurde er Prediger in Basel, 1347 in Straßburg. Erhalten sind 80 seiner *Predigten* (V 1498), in denen die Lehre von der Vita contemplativa zugunsten der Lehre von der Vita activa in den Hintergrund tritt, die mystische Spekulation der Moralanweisung weicht, wobei jedoch das „innere Werk" den Vorrang vor äußerer Werkgerechtigkeit besitzt; hierbei konnten Auseinandersetzungen mit der Kirche nicht ausbleiben. Das Adventslied *Es kommt ein Schiff geladen* geht auf Tauler zurück.

Gerhard Tersteegen (eigtl. Gerrit ter Steegen)
*25. 11. 1697 in Moers, †3. 4. 1769 in Mülheim a. d. Ruhr

Entgegen seinem Wunsch, Theologie zu studieren, wurde Tersteegen Kaufmann und später, um „abgeschieden" leben zu können, Seidenbandweber. Als pietistischer Schriftsteller und Seelsorger (ab 1728) war er maßgeblich an der niederrhein. Erweckungsbewegung beteiligt und entwickelte sich zu einem bedeutenden Vertreter der ev. Mystik. 1733–1753 gab er *Auserlesene Lebensbeschreibungen heiliger Seelen* heraus; die hier in den Vordergrund gerückte Erfahrung des persönlichen Durchbruchs zum Glauben förderte die auf verstärkte Selbstwahrnehmung gegründete autobiographische Literatur (↑Jung-Stilling, ↑Moritz). 1729 erschien die Slg. *Geistliches Blumengärtlein inniger Seelen oder Kurze Schlußreime, Betrachtungen und Lieder, über allerhand Wahrheiten des inwendigen Christentums; zur Erbauung, Stärkung und Erquickung in dem verborgenen Leben mit Christo in Gott;* sie enthält Epigramme („Schlußreime"), Betrachtungen über „auserlesene Sprüche aus den 4 großen Propheten, auf das innere Leben gerichtet", und Lieder *(Gott ist gegenwärtig, Ich bete an die Macht der Liebe),* von denen mehrere in das Ev. Gemeindegesangbuch Eingang fanden.

Jürgen Theobaldy
*7. 3. 1944 in Straßburg

Der Sohn eines in wechselnden Berufen tätigen Vaters (u. a. Kellner, Heizer) wuchs in Mannheim auf und studierte nach einer kaufmännischen Lehre in Freiburg i. Br. und Heidelberg an der PH, anschließend in Heidelberg und Köln Literaturwissenschaft. 1968 veröffentlichte Theobaldy erste Gedichte, 1970–1973 gab er die Zeitschrift „Benzin" heraus. Er ließ sich 1974 in West-Berlin nieder, war 1977 Stipendiat in Rom und lebt seit 1984 in der Schweiz.

In zwei Romanen schildert Theobaldy jeweils anhand weniger Personen zeittypische Defizite: *Sonntags Kino* (1978) spielt 1960 unter Arbeiterjugendlichen, die „auf den großen Knüller warten"; *Span. Wände* (1981, Neufassung 1984) handelt 10 Jahre nach dem Höhepunkt der Studentenbewegung von der Ehekrise eines ursprünglich politisch engagierten Paares. Dazwischen liegt die von Theobaldy herausgegebene Slg. „Und ich bewege mich doch. Gedichte vor und nach 1968" (1977). Als Lyriker ging er von der „Alltagslyrik" aus, um sich klassischen Vorbildern zuzuwenden.

Gedichtbände: *Sperrsitz* (1973), *Blaue Flecken* (1974), *Zweiter Klasse* (1976), *Drinks. Gedichte aus Rom* (1979), *Schwere Erde, Rauch* (1980), *Die Sommertour* (1983), *Midlands, Drinks* (1984). – Erzählungen: Slg. *Das Festival im Hof* (1985).

Ludwig Thoma
*21. 1. 1867 in Oberammergau, †26. 8. 1921 in Rottach (= Rottach-Egern)

Der Sohn eines Oberförsters studierte zunächst Forstwirtschaft, dann Jura und war 1894–1897 in Dachau, anschließend in München als Rechtsanwalt tätig. 1899 wurde Thoma Redakteur des „Simplicissimus"; als solcher mußte er mehrere Haftstrafen verbüßen. 1906 gründete er mit ↑ Hesse die Zeitschrift „März". Der Kritiker des Wilhelminismus nahm während des I. Weltkriegs, vor allem aber unter dem Eindruck der Revolution, einen „festen, bürgerlichen, freien, aber nicht haltlos sozialistischen Standpunkt gegen die Anarchie" ein.

Thomas satirisches Hauptwerk ist der *Briefwechsel eines bayer. Landtagsabgeordneten* (1909, hervorgegangen aus Einzelbeiträgen im „Simplicissimus", 1912 fortgesetzt mit *Jozef Filsers Briefwexel*). Die Korrespondenz des „keniglichen Abgeordneten" mit seiner Frau, mit Geistlichen, Freunden, Kollegen und Bittstellern ist zugleich Gegenstand und Medium der Kritik an der Verquickung von Politik und Religion, an Scheinheiligkeit, Dünkelhaftigkeit und korrupter Interessenverflechtung. Treffend charakterisiert und offenbart Filser die herrschende und die eigene lüsterne Spießigkeit, wenn er in seinen „Bolidischen Gedangen" im Abschnitt „Über die Kunzt" definiert: „Die Mahlerei ist schohn eine Kunzt, haber plos bis zun Nahbl." Filser steht auch im Mittelpunkt des Schwanks *Erster Klasse* (U, V 1910). Mittelbare Kritik, hier aus der Perspektive eines unbotmäßigen Jungen, kennzeichnet auch die *Lausbubengeschichten. Aus meiner Jugend* (1905, 1907 fortgesetzt mit der Slg. *Tante Frieda*, Verf B. D. 1964 Helmut Käutner). Kleinbürgerlicher Untertanengeist ist das Thema der Komödie *Die Lokalbahn* (V 1902, U 1912), Scheinmoral geißelt die Komödie *Moral* (U 1908, V 1909; Verf Dtl. 1927 W. Wolff, Dtl. 1937 H. H. Zerlett). Das Volksstück *Magdalena* (U, V 1912) handelt von einem Mädchen, das Opfer einer Hetzjagd wird. Den Anfang einer Reihe von Bauernromanen bildete *Andreas Vöst* (1906) mit der Darstellung des Kampfes zwischen einem Bauern und dem Dorfgeistlichen.

Ludwig Tieck
*31. 5. 1773 in Berlin, †28. 4. 1853 in Berlin

„Wir träumen ja auch nur die Natur, und möchten diesen Traum ausdeuten; auf dieselbe Weise entfernt und nahe ist uns die Schönheit, und so wahrsagen wir auch aus dem Heiligtum unsers Innern wie aus der Welt des Traumes heraus", umschreibt einer der Gesprächspartner in der Rahmenhandlung des ersten *Phantasus*-Bandes (1812) das romantische Selbstverständnis. Tiecks Hellsichtigkeit hat Zweifel an der „Echtheit" seines romantischen Wesens geweckt; auf seine Tätigkeit als Herausgeber (Werkausgaben von ↑ Wackenroder, ↑ Novalis, ↑ Kleist) bezieht sich die Etikettierung als „Impresario" der Romantik. Tatsächlich spannt Tiecks Schaffen den Bogen von der Frühromantik bis zum Realismus.

Tieck besuchte in Berlin das Gymnasium und begann 1792 ein Studium der Theologie, Geschichte und Literatur (Halle, Göttingen und Erlangen, Freundschaft mit Wackenroder), das er 1794 abbrach, um sich in Berlin als Schriftsteller zu betätigen. 1799/1800 lebte er in Jena (Verkehr mit ↑ Brentano, Novalis und den Brüdern ↑ Schlegel), 1801/02 in Dresden, 1804–1806 bereiste er Italien, weitere Reisen führten ihn nach England und Frankreich; in Dresden (ab 1819) wurde er 1825 Dramaturg am Hoftheater, 1841 folgte er der Einladung Friedrich Wilhelms IV. nach Berlin, wo er an den königlichen Schauspielen tätig war.

Der Fragment gebliebene, aus der Zusammenarbeit mit Wackenroder hervorgegangene Künstlerroman *Franz Sternbalds Wanderungen* über einen in die Niederlande und nach Italien reisenden Dürer-Schüler enthält vor allem in den Landschaftsschilderungen den Ausdruck der Sehnsucht nach dem Unendlichen. Der Mißbrauch der im Wunderbaren sich offenbarenden Natur ist das Thema der Erzählung *Der Runenberg:* Nach dem im Berg verborgenen Schätzen suchend, kehrt der Held des „Naturmärchens" nach Jahren geistesverwirrt mit einem Sack gewöhnlicher Steine zurück. Als Schöpfer des Märchendramas entwickelte Tieck zugleich die romantische Ironie *(Der gestiefelte Kater).* Spätmittelalterliche Volksbücher liegen Erzählungen der Slg. *Volksmärchen* sowie den Dramen *Kaiser Octavianus* und *Fortunat* zugrunde. Die 1812–1816 erschienene Slg. *Phantasus* (3 Bde.) verbindet Erzählungen und Dramen durch einen Gesprächsrahmen. Zu Tiecks historisch-kritischen Erzählwerken gehören *Der Aufruhr in den Cevennen* (Konfessionalismus) und *Vittoria Accorombona* (Emanzipation der Frau). Bedeutend war Tieck auch als Übersetzer: „Don Quijote" (1799–1801), Anthologie „Minnelieder aus dem Schwäb. Zeitalter" (1803), Vollendung der Shakespeare-Übersetzungen A. W. Schlegels (1825–1833 Schlegel-Tiecksche Gesamtausgabe, gemeinsam mit der Tochter Dorothea und Wolf von Baudissin).

Romane: *Geschichte des Herrn William Lovell* (1795/96), *Franz Sternbalds Wanderungen. Eine altdt. Geschichte* (Fragment, 1798), *Vittoria Accorombona* (E ab 1836, V 1840). – Erzählungen: Slg. *Volksmärchen* (1797, darin u. a.: *Denkwürdige Chronik der Schildbürger; Die Geschichte von den vier Heymonskindern; Wundersame Liebesgeschichte der schönen Magelone und des Grafen Peter aus der Provence*, Vert von 15 Romanzen u. d. T. „Die schöne Magelone" 1855 Johannes Brahms), *Der getreue Eckart und der Tannhäuser* (1799), *Der Runenberg* (1804), Slg. *Phantasus* (Bd. 1 1812, darin u. a.: *Die Elfen, Liebeszauber, Phantasus, Der Pokal*), *Der Geheimnisvolle* (1823), *Der Aufruhr in den Cevennen* (Fragment, E ab 1820, V 1826), *Dichterleben* (1826), *Der fünfzehnte November* (1927), *Der junge Tischlermeister* (Teil-V 1819, V 1836). – Dramen: *Karl von Berneck* (E 1793, V 1797), *Ritter Blaubart* (1797), *Verkehrte Welt* (E 1798, V 1799), *Leben und Tod der hl. Genoveva* (1800), *Leben und Tod des kleinen Rotkäppchens* (1800, U 1873), *Anti-Faust* (1801), *Kaiser Octavianus* (1804), *Fortunat* (1816).

Der gestiefelte Kater. Ein Kindermärchen in 3 Akten mit Zwischenspielen, Prolog und Epilog. V 1797, U 1844. Tieck schildert einen gründlich mißlingenden Theaterabend: Vor teils aufgeklärtem, teils an Rührstücken wie denen ↑ Kotzebues oder aufwendigen Dekorationen hängendem Publikum kommt zu dessen größtem Mißfallen das Märchenspiel vom gestiefelten Kater (nach Charles Perrault) zur Aufführung. Man spart nicht an Zwischenbemerkungen (so wird bemängelt, das Stück verhindere durch Unwahrscheinlichkeiten wie das Auftreten eines sprechenden Tiers eine „vernünftige Illusion") und kann weder durch ein eingeschobenes Tanzbären-Ballett und den Hanswurst noch durch die kurzerhand vorgezeigten Dekorationen zur „Zauberflöte" besänftigt werden; im *Epilog* wird der Dichter mit „verdorbenen Birnen und Äpfeln" von der Bühne auf der Bühne vertrieben.
Tiecks Verbindung von Märchendrama und Literatur- bzw. Zeitsatire (Seitenhiebe auf die dt. Kleinstaaterei, aber auch gegen die Frz. Revolution) ist zugleich ein Musterbeispiel romantischer Ironie als spielerischer Umgang mit der theatralisch dargestellten Wirklichkeit. Kennzeichnend ist das Aus-der-Rolle-Fallen der Darsteller des Spiels im Spiel.
Als „gewissermaßen eine Fortsetzung des gestiefelten Katers" erschien 1799 das Lustspiel *Prinz Zerbino oder Die Reise nach dem guten Geschmack*. Es polemisiert gegen die erstarrte Aufklärung und den von ihren Anhängern verteidigten Kunstgeschmack. Der durch unmäßige Lesewut toll gewordene Prinz Zerbino gelangt auf seiner ihm als Kur verordneten „Reise zum guten Geschmack" zum Garten der Poesie; als Ahnherren der Romantik erscheinen Dante, Ariost, Gozzi, Petrarca, Tasso, Cervantes und Shakespeare, ↑ Sachs, ↑ Böhme und ↑ Goethe. Aus seiner Rolle fallend, dreht Zerbino das Stück mit Hilfe der Maschinerie zurück und wird am Ende, nachdem er die Poesie als Narrheit erkannt hat, wegen erwiesener Vernunft freigesprochen.

Der blonde Eckbert. Erzählung, 1797. Die Märchennovelle handelt vom Untergang eines unwissend in Geschwisterehe lebenden Paares, des Ritters Eckbert und seiner Frau Bertha. Diese erzählt Walther, einem Freund ihres Mannes, wie sie einst einen sprechenden Vogel, dessen Lied von der Waldeinsamkeit sie ängstigte, erdrosselt hat; er gehörte einer Alten, die mit einem Hündchen in einer Waldhütte lebte. Grauen erfaßt Bertha, als Walther den ihr selbst entfallenen Namen des Hündchens nennt; sie siecht dahin. Eckbert, der Walther für den Tod seiner Frau verantwortlich macht, tötet ihn. Jahre später erkennt er in dem Ritter Hugo den Ermordeten wieder; schließlich offenbart ihm jene Alte, daß sie selbst es war, die Walthers und Hugos Gestalt angenommen hat. Eckbert verfällt dem Wahnsinn und stirbt. Das zentrale Thema bildet die Verrätselung der Wirklichkeit durch deren subjektive, von dunklem Schuldbewußtsein gefärbte Wahrnehmung.

Des Lebens Überfluß. Erzählung, 1838. Heinrich und Klara haben gegen den Widerstand von Klaras adligem Vater geheiratet. Sie leben in kümmerlichen, jedoch durch ihre Liebe verklärten Verhältnissen. Als es ihnen im Winter an Brennmaterial mangelt, verfeuern sie die Treppe, die zu ihrer Dachkammer führt, und sind damit endgültig von der Außenwelt abgeschnitten. Aus ihrer prekären Situation (der Hauswirt alarmiert die Polizei) befreit sie ein aus dem Orient zurückgekehrter Freund, der mit Heinrichs kleinem Vermögen gewinnbringend spekuliert hat; das Paar läßt „die notgedrungene Philosophie der Armut fahren, deren Trost und Bitterkeit sie bis auf den letzten Tropfen ausgekostet hatten". Tieck relativiert die „romantische" Idylle und deren Poesie, indem er sie mit den Anforderungen des „realen" Lebens konfrontiert. Einen Höhepunkt bildet Heinrichs Traum von seiner Versteigerung, in dem der Horror vor einer verdinglichten Welt seinen Ausdruck findet.

Ernst Toller
*1. 12. 1893 in Samotschin (= Szamocin) bei Bromberg, †22. 5. 1939 in New York

Der Sohn eines jüd. Kaufmanns besuchte in Bromberg das Gymnasium und begann in Grenoble ein Jurastudium, das er 1914 abbrach, um sich als Kriegsfreiwilliger zu melden. Toller wandelte sich im Krieg zum sozialistischen Pazifisten; als dienstuntauglich entlassen, setzte er sein Studium in München und Heidelberg fort. Er trat der USPD bei, war 1918 führend an der Novemberrevolution in München beteiligt (Proklamation des republikanischen „Freistaats Bayern"), wurde nach der Ermordung Kurt Eisners als dessen Nachfolger Vorsitzender der Arbeiter-, Bauern- und Soldatenräte Bayerns bzw. des Zentralrats und befehligte die „Rote Garde" der Räterepublik; nach deren Scheitern wurde Toller von einem Standgericht zu 5 Jahren Festungshaft verurteilt, die er in Eichstätt und Niederschönenfeld verbüßte. Während der Haft setzte er sein Schaffen als Dramatiker und Lyriker fort (Slg. *Das Schwalbenbuch*, 1924). Nach seiner Entlassung ließ sich Toller 1924 in Berlin nieder; Vortragsreisen führten ihn in die UdSSR und die USA. Er emigrierte 1933 in die Schweiz (im selben Jahr erschien als eines der ersten Werke der dt. Exilliteratur die Autobiographie *Eine Jugend in Dtl.*) und ließ sich nach Aufenthalten in Frankreich und England 1936 in den USA nieder; Toller starb einen Freitod.

Als erstes Drama brachte Toller 1919 *Die Wandlung* auf die Bühne; es handelt von dem Kampf eines „vaterlandslosen" Juden um Anerkennung, derentwegen er am Kolonialkrieg teilnimmt, und seiner Hinwendung zum Pazifismus und zur völkerverbindenden Brüderlichkeit. *Die Maschinenstürmer. Drama aus der Zeit der Ludditenbewegung in England* (U, V 1922), schildert am Beispiel eines Weberaufstands 1815 das Scheitern der Idee der Gewaltlosigkeit im sozialen Kampf. Im Mittelpunkt der Tragödie *Der dt. Hinkemann* (E 1921/22, U, V 1923, ab 1924 u. d. T. *Hinkemann*) steht der entmannte Kriegsinvalide Eugen Hinkemann, dem „kein Staat, keine Gesellschaft, keine Gemeinschaft Glück bringen kann". *Der entfesselte Wotan* (V 1923, U 1926) karikiert die Nachkriegsgesellschaft der Schieber und Spekulanten. 1927 folgte der Hamburger Uraufführung die Berliner Inszenierung von *Hoppla, wir leben!* (Theater am Nollendorfplatz; vielteiliges Etagen-Spielgerüst, Filmprojektionen), mit der Erwin Piscator in Zusammenarbeit mit Toller den Stil seines „politischen Theaters" demonstrierte.

Masse Mensch. Ein Stück aus der sozialen Revolution des 20. Jh.s. Versdrama in 7 Bildern, E 1919, U 1920, V 1921. Das „den Proletariern" gewidmete Drama propagiert den gewaltlosen Kampf um die Befreiung und Verbrüderung der Menschen. Im Mittelpunkt steht eine Frau bürgerlicher Herkunft, die sich dem revolutionären Proletariat anschließt, den blutigen Klassenkampf jedoch ablehnt. Ihr Gegenspieler ist der Namenlose, eine Verkörperung der verhetzten Masse. Sprache und Traumszenen (u. a. Tanz der Börsenspekulanten) lassen die Herkunft aus dem Expressionismus erkennen.

Hoppla, wir leben! Drama in 5 Akten, U, V 1927. Ein Vorspiel zeigt 6 Akteure der gescheiterten Revolution von 1919 im Gefängnis. 8 Jahre später sucht einer von ihnen, der aus einer Nervenklinik entlassene Karl Thomas, die Genossen auf, die sich mit den sozialen Verhältnissen abgefunden haben; am Ende nimmt er sich, eines Mordes verdächtigt, das Leben. Das Stück bietet einen Querschnitt durch die Gesellschaft der Weimarer Republik im Rausch des wirtschaftlichen Aufschwungs nach der Inflation (der Titel zitiert einen Schlager); es steht der „Neuen Sachlichkeit" nahe.

Georg Trakl
*3. 2. 1887 in Salzburg, †3./4. 11. 1914 in Krakau

Der Sohn eines wohlhabenden Eisenhändlers besuchte in Salzburg ohne Abschluß das Gymnasium und studierte nach einem Apothekerpraktikum (Zugang zu Drogen) 1908–1910 in Wien Pharmazie. 1912 trat Trakl als Apotheker in den Militärdienst, ließ sich jedoch nach halbjähriger Tätigkeit am Innsbrucker Garnisonshospital in die Reserve versetzen. Anschließend lebte er in Innsbruck im Haus Ludwig von Fickers, in dessen Zeitschrift „Der Brenner" er ab 1912 Gedichte veröffentlichte; 1913 erschien der Band *Gedichte* (mit dem ↑ Kraus gewidmeten *Psalm*). Kurz nach Kriegsbeginn kam Trakl mit einer Sanitätsabteilung an die Ostfront (Galizien). Nach der Schlacht bei Grodek unternahm er einen Selbstmordversuch und wurde zur Beobachtung in das Militärhospital in Krakau eingeliefert; hier starb er an einer Überdosis Kokain. Postum erschienen die Slg. *Sebastian im Traum, Gedichte* (1915) und eine erste Gesamtausgabe seiner *Dichtungen* (1919), in der Anthologie „Menschheitsdämmerung" (1920) ist Trakl mit 10 Gedichten vertreten, die Prosadichtungen sind 1947 erschienen.

Trakls Grunderfahrung war das „namenlose Unglück, wenn einem die Welt entzweibricht"; zu Bezugspersonen wurden der Märtyrer Sebastian und Kaspar Hauser, mythologischen Charakter gewann die auch als „Mönchin" angesprochene, mit dem Bruder in inzestuöser Liebe verbundene Schwester („Wieder nachtet die Stirn in mondnem Gestein; / Ein strahlender Jüngling / Erscheint die Schwester in Herbst und schwarzer Verwesung", endet das Gedicht *Ruh und Schweigen*). Die Auflösung syntaktischer Zusammenhänge bzw. deren Vieldeutigkeit, der zumeist freirhythmische und reimlose Vers- und Strophenbau, ungewöhnliche Wortverwendungen und Bildschöpfungen verbinden Trakls Lyrik mit dem Frühexpressionismus; kennzeichnend sind Farbadjektive (weiß, silbern, golden, rot, purpurn, blau, schwarz), in denen das Erlebnis der Wirklichkeit als „infernalisches Chaos von Rhythmen und Bildern" zu lyrischer Verdichtung gelangt.

Kurt Tucholsky
*9. 1. 1890 in Berlin, †21. 12. 1935 in Hindås bei Göteborg

Der Sohn eines jüd. Fabrikanten studierte in Berlin, Genf und Jena Rechtswissenschaft (Promotion 1914); ab 1907 veröffentlichte er Rezensionen, Gedichte und Glossen, 1912 erschien *Rheinsberg* (Verf B. D. 1967 Kurt Hoffmann), ein „Bilderbuch für Verliebte" über die heiteren Urlaubstage eines angeblichen Ehepaars. Von 1913 an war Tucholsky Mitarbeiter der linksliberalen Zeitschrift „Schaubühne" bzw. (ab 1918) „Weltbühne", die er nach einem Aufenthalt als Korrespondent in Paris (1924/25) im Jahr 1926 leitete (Zusammenarbeit mit ↑ Kästner, ↑ Mehring, Carl von Ossietzky). Seine satirischen Beiträge (z. T. unter den Pseudonymen Theobald Tiger, Peter Panter, Ignaz Wrobel und Kaspar Hauser) richteten sich gegen die Saboteure der Demokratie („Wir dachten unter kaiserlichem Zwang an eine Republik... und nun ist's die!"), gegen Nationalismus und Militarismus (Slg. *Deutschland, Deutschland über alles,* 1929); in Chansons, Gedichten und pointierter Kurzprosa schilderte er als Mann mit „Schnauze und Herz" Berliner Charaktere und Alltagsszenen. *Ein Pyrenäenbuch* (1927) reflektiert die Eindrücke einer 1925 unternommenen Reise. 1929 ließ sich Tucholsky in Schweden nieder (Liebesroman *Schloß Gripsholm,* 1931, Verf B. D. 1963 Kurt Hoffmann). 1933 verlor er die dt. Staatsbürgerschaft; angesichts des in Dtl. siegreichen „Hordenwahnsinns" nahm er sich, krank und vereinsamt, das Leben.

Ludwig Uhland
*26. 4. 1787 in Tübingen, †13. 11. 1862 in Tübingen
Der Sohn eines Universitätssekretärs studierte 1802–1808 in Tübingen Jura und Sprachen (Beginn der lebenslangen Freundschaft mit ↑ Kerner). 1810/11 diente ein Parisaufenthalt dem Studium altdt. und altfrz. Handschriften. Nach einer unbesoldeten Anstellung als Sekretär beim Stuttgarter Finanzministerium war Uhland ab 1814 als Advokat tätig und setzte sich im Verfassungsstreit für das „gute alte Recht" ein; 1815 erschien die Slg. *Gedichte,* die ihn als Hauptvertreter der „Schwäb. Schule" bekannt machte. 1819–1829 gehörte Uhland als Tübinger Abgeordneter der württemberg. Ständekammer an; anläßlich der Annahme der Verfassung kam 1819 sein Trauerspiel *Ernst, Herzog von Schwaben* (V 1817) zur Aufführung. Nachdem er 1822 eine Monographie über ↑ Walther von der Vogelweide als „altdt. Dichter" veröffentlicht hatte, erhielt Uhland 1829 eine Professur der Tübinger Universität für altdt. Literatur (Vorlesungen über german. und roman. Sagen sowie das ↑ Nibelungenlied, 1831 erschien seine *Geschichte der altdt. Poesie*). 1832–1838 gehörte Uhland als Vertreter Stuttgarts dem württemberg. Landtag an (da die Regierung seine Beurlaubung verweigerte, legte er seine Professur nieder); 1836 veröffentlichte er die Abhandlung *Der Mythus von Thôr nach nordischen Quellen.* 1848/49 war Uhland als Vertreter des liberalen und großdt. Standpunkts Mitglied der Frankfurter Nationalversammlung und des Stuttgarter „Rumpfparlaments". Postum erschienen seine *Schriften zur Geschichte der Dichtung und Sage* (8 Bde., 1865–1873).
Als Lyriker mied Uhland „eine Poesie, die nur die individuellen Empfindungen ausspricht", und strebte nach volkstümlicher Schlichtheit des Ausdrucks. Ein frühes Beispiel ist *Die Kapelle* (E 1815) über die Wurmlinger Kapelle bei Tübingen („Droben stehet die Kapelle, / Schauet still ins Tal hinab"); populär wurden auch *Frühlingsglaube* („Die linden Lüfte sind erwacht"), *Der Wirtin Töchterlein* („Einst zogen drei Burschen wohl über den Rhein"), *Der gute Kamerad* („Ich hatt einen Kameraden, / Einen bessern findst du nit") und *Einkehr* („Bei einem Wirte wundermild, / Da war ich jüngst zu Gaste"). Uhlands Sagenforschung und geschichtliche Studien lieferten ihm die Stoffe seiner Balladen *(Das Glück von Edenhall, Bertran de Born, Des Sängers Fluch* und *Schwäb. Kunde).*

Rahel Varnhagen von Ense (geb. Levin)
*26. 5. 1771 in Berlin, †7. 3. 1833 in Berlin
Die Tochter eines jüd. Kaufmanns heiratete 1814 den Diplomaten und Schriftsteller Karl August Varnhagen von Ense (*21. 2. 1785 in Düsseldorf, †10. 10. 1858 in Berlin). Sie bildete einen Mittelpunkt des fortschrittlichen kulturellen Lebens in Berlin. Als faszinierende Persönlichkeit verband sie die Tradition der Aufklärung (Kampf gegen Vorurteile) mit dem Humanitätsideal der Klassik und dem Empfindungsreichtum der Romantik. In ihrem „Salon" versammelten sich, wie zuvor schon in der „Dachstube" ihres Elternhauses, Militärs und Diplomaten ebenso wie Studenten, Schriftsteller und Schauspieler. Zu Rahels engsten Bekannten und Freunden gehörten ↑ Brentano und seine Schwester (B. v. ↑ Arnim), ↑ Kleist, die Brüder ↑ Schlegel, ↑ Tieck und ↑ Heine. In ihrer Korrespondenz verfolgte Rahel das Ziel, „Gespräche zu schreiben, wie sie lebendig im Menschen vorgehen"; sie verabscheute gekünstelte Episteln und strebte nach spontaner Mitteilung. Nach ihrem Tod veröffentlichte ihr Mann als Auswahl von Briefen und Tagebuchaufzeichnungen *Rahel. Ein Buch des Andenkens für ihre Freunde* (1834).

Johann Heinrich Voß
*20. 2. 1751 in Sommersdorf (Mecklenburg), †29. 3. 1826 in Heidelberg
Der Enkel eines Leibeigenen und Sohn eines Wirts und Zolleinnehmers war als Hauslehrer tätig und studierte ab 1772 in Göttingen Theologie, dann Altertumswissenschaften. Gemeinsam mit ↑ Hölty gehörte er zu den Begründern des „Hainbund", 1775 gab er in Wandsbek den „Göttinger Musenalmanach" heraus, 1776–1780 den „Hamburger Musenalmanach". 1787 wurde Voß in Eutin Gymnasialdirektor, ab 1802 lebte er in Jena, ab 1805 in Heidelberg.
Als Lyriker widmete sich Voß der Versidylle (in Hexametern) mit zunächst antifeudalistischer, sozialkritischer Tendenz: *Die Pferdeknechte* (1775) bilden eine Anklage gegen einen wortbrüchigen Gutsherrn, der seinem leibeigenen Knecht Hochzeit und Freiheit versprochen hat. *Der siebzigste Geburtstag* (1781) schildert den Lebensumkreis eines Dorfschulmeisters, *Luise* (1783/84, Neufassung 1795) Brautzeit und Heirat im Milieu eines Landpfarrhauses. Bedeutung für die dt. Antikenrezeption gewann Voß als Übersetzer der „Odyssee" (1781) und der „Ilias" (1793). Mit seinen Söhnen übersetzte er Shakespeares Dramen.

Wilhelm Heinrich Wackenroder
*13. 7. 1773 in Berlin, †13. 2. 1798 in Berlin
Die 1796 anonym erschienenen *Herzensergießungen eines kunstliebenden Klosterbruders* artikulieren in Form von schlichten Künstlerbiographien (Dürer, Leonardo da Vinci, Michelangelo, Raffael) und Aufsätzen über das Kunstverständnis (u. a. *Wie und auf welche Weise man die Werke der großen Künstler der Erde eigtl. betrachten und zum Wohl seiner Seele gebrauchen müsse*) die für die Frühromantik grundlegende Auffassung der Kunst als intuitive Ausprägung des Religiösen; die Problematik eines auf Innerlichkeit gegründeten Künstlertums reflektiert die Erzählung *Das merkwürdige musikalische Leben des Tonkünstlers Joseph Berglinger*. Die Slg. enthält auch Beiträge ↑ Tiecks, mit dem Wackenroder während des gemeinsamen Studiums in Erlangen 1793 Freundschaft geschlossen hat. 1799 gab Tieck die *Phantasien über die Kunst, für Freunde der Kunst* heraus.

Heinrich Leopold Wagner
*19. 2. 1747 in Straßburg, †4. 3. 1779 in Frankfurt a. M.
1770 lernten sich in Straßburg die beiden Jurastudenten Wagner und ↑ Goethe kennen, 1774 ließ sich Wagner als Advokat in Frankfurt a. M. nieder. Mit seinem Trauerspiel *Die Kindermörderin* (U, V 1776) schuf Wagner (von Goethe des Plagiats an der dem Freundeskreis bekannten „Gretchentragödie" des „Urfaust" bezichtigt) ein Hauptwerk der sozialkritischen Dramenliteratur des Sturm und Drang: Evchen, die Tochter eines Metzgermeisters, wird von dem adligen Leutnant von Gröningseck in Anwesenheit ihrer durch ein Schlafmittel betäubten Mutter verführt und erhält dessen Eheversprechen; die Intrige eines Standesgenossen spiegelt Evchen vor, Gröningseck sei wortbrüchig, sie bringt ihr Kind bei einer Lohnwäscherin zur Welt und tötet es im Wahnsinn, nachdem sie erfahren hat, daß ihre Mutter vor Kummer gestorben ist und ihr Vater eine Belohnung für ihre Ergreifung ausgesetzt hat. Ähnlich wie ↑ Lenz („Die Soldaten") läßt Wagner das Drama in eine Erörterung der Ursachen der tragischen Handlung münden. Die 1779 u. d. T. *Evchen Humbrecht oder Ihr Mütter merkts Euch!* erschienene Neufassung (U 1778, Verf u. d. T. „Mädchen, hütet euch!" Dtl. 1927 V. Arnheim) verzichtet auf Grobianismen und den 1. Akt (Verführungsszene).

Günter Wallraff
*1. 10. 1942 in Burscheid bei Köln
Nach dem Abitur machte Wallraff eine Buchhändlerlehre (bis 1962), leistete als Kriegsdienstverweigerer 10 Monate Wehrdienst ohne Waffe und arbeitete anschließend in verschiedenen Unternehmen. Die hier gewonnenen Erfahrungen verarbeitete er in dem Reportageband *Wir brauchen dich. Als Arbeiter in dt. Industriebetrieben* (1966, 1970 u. d. T. *Industriereportagen. Als Arbeiter in dt. Großbetrieben*); 1969 folgte die Slg. *13 unerwünschte Reportagen* mit sog. „Rollenreportagen" (Erfahrungen in der Rolle als Alkoholiker, als Obdachloser, als Chemiefabrikant). Innerhalb der von ↑Grün mitbegründeten „Gruppe 61" gehörte Wallraff als konsequenter Vertreter der dokumentarischen Literatur zur Opposition und beteiligte sich an der Gründung des „Werkkreises Literatur der Arbeitswelt" (1. Tagung 1970). Dem Ziel, das totalitäre griech. Obristen-Regime in einem Prozeß zur Selbstentlarvung zu zwingen, diente 1974 Wallraffs in Athen durchgeführte Aktion (Selbstanketterung auf dem Syntagmaplatz, *Unser Faschismus nebenan. Griechenland gestern – ein Lehrstück für morgen*, 1975). In der Rolle eines Redakteurs war Wallraff Mitarbeiter der „Bild-Zeitung", um authentisch über den mehr oder weniger bewußten Prozeß der Verfälschung der Wirklichkeit im Medium des Massenblattes berichten zu können (*Der Aufmacher. Der Mann, der bei „Bild" Hans Esser war*, 1977; TV-Bericht *Informationen aus dem Hinterland. Wallraff bei „Bild"*, Erstsendung 1977 im schwed. Fernsehen; *Zeugen der Anklage. Die „Bild"-beschreibung wird fortgesetzt*, 1979; *Das BILD-Handbuch bis zum Bildausfall*, 1981, 1985 u. d. T. *Bild-Störung; Günter Wallraffs BILDerbuch*, 1985). Auch hier bildete die juristische Reaktion einen Bestandteil der Gesamtaktion (Slg. *Enthüllungen. Recherchen, Reportagen und Reden vor Gericht*, 1985). Politische Konsequenzen erzielte die Rollenreportage (als türk. Arbeiter Ali) *Ganz unten* (1985, Verf B. D. 1986 Jörg Gfrörer) u. a. über den menschenverachtenden Handel mit Leiharbeitern.

Martin Walser
*24. 3. 1927 in Wasserburg (Bodensee)
Seine durch Arbeitsdienst, Einsatz als Flakhelfer und Gefangenschaft unterbrochene Schulausbildung schloß Walser 1946 mit dem Abitur ab; 1948–1951 studierte er in Tübingen Geschichte, Philosophie und Literatur (Promotion über ↑Kafka). Als Mitarbeiter des Süddt. Rundfunks (ab 1949) war er in der Unterhaltungsabteilung, dann in der Abteilung Politik und Zeitgeschehen tätig. 1955 erhielt er den Preis der „Gruppe 47" (Slg. *Ein Flugzeug über dem Haus und andere Geschichten*), seit 1957 (Hesse-Preis für den Roman *Ehen in Philippsburg*) lebt er als freier Schriftsteller am Bodensee (Nußdorf bei Überlingen). Ende der 60er Jahre unterstützte er den Protest gegen den amerikan. Krieg in Vietnam, Anfang der 70er Jahre stand er mit dem von ↑Wallraff mitbegründeten „Werkkreis Literatur der Arbeitswelt" in Verbindung. 1981 erhielt er den Büchner-Preis.
Das zentrale Thema des Erzählers Walser ist der gesellschaftliche Zwang zur Anpassung, den seine zumeist aus der Mittelschicht stammenden bzw. in diese aufsteigenden Protagonisten resignierend hinnehmen. Dies demonstriert Anselm Kristlein, der Ich-Erzähler der Romantrilogie *Halbzeit* (1960), *Das Einhorn* (1966, Verf B. D. 1978 Peter Patzak) und *Der Sturz* (1973, Verf B. D. 1978 Alf Brustellin): Kristlein ist nach abgebrochenem Philologiestudium Handelsvertreter, Werbe-

fachmann, Schriftsteller (in *Das Einhorn* scheitert er an dem Auftrag, ein Sachbuch über die Liebe zu schreiben, wobei die Verlegerin sich als Studienobjekt anbietet) und Leiter eines Erholungsheims; stets ist der berufliche und private (familiäre) Erwartungsdruck größer als die Kraft, den eigenen Vorstellungen zu folgen. Der Roman *Seelenarbeit* (1979) schildert die selbstquälerischen Anstrengungen des Chauffeurs Xaver Zürn, seinem Herrn, dem Industriellen Dr. Gleitze, stets zu Diensten zu sein, wodurch er nicht allein als Ehemann (der Chef „siegt hier in unserem Schlafzimmer ununterbrochen") und Vater versagt, sondern auch erkrankt („Der Stoffwechsel ist abhängig von der Arbeit der Seele", ermahnt ihn ein Arzt); die Deklassierung zum Gabelstaplerfahrer läßt hoffen, daß er wieder festen Boden unter den Füßen bekommt. Als Dramatiker variiert Walser die Anpassungsthematik teilweise an historischen, zumeist grotesk gestalteten Themen: *Überlebensgroß Herr Krott. Requiem für einen Unsterblichen* (U 1963, V 1964) schildert die uneingeschränkte Herrschaft des kapitalistischen Monstrums Krott; *Das Sauspiel. Szenen aus dem 16. Jh.* (U, V 1975, Musik von Mikis Theodorakis) spielt in Nürnberg um 1526 nach Niederschlagung der Bauernerhebung. Walsers Beitrag zum Goethe-Jahr 1982 bildete das Stück *In Goethes Hand* über die Beziehung zwischen dem Dichterfürsten und seinem Sekretär Eckermann. Reden und Aufsätze Walsers enthalten die Bde. *Heimatkunde* (1968), *Wie und wovon handelt Literatur* (1973), *Was zu bezweifeln war* (1976) und *Wer ist ein Schriftsteller* (1978).

Eiche und Angora. Drama in 11 Bildern, U, V, 1962.
Als Schauplatz dient der „Eichenkopf": 1945 Hauptquartier der Verteidiger des Städtchens Bezgenburg, 1960 Standort des Höhenrestaurants „Teutach-Blick". Im Mittelpunkt steht der im KZ entmannte und einer Gehirnwäsche unterzogene ehemalige Kommunist Alois Grübel, Züchter „reinrassiger" Angorahasen. Im Unterschied zum NS-Kreisleiter Gorbach und zu anderen Honoratioren verpaßt Grübel im jeweils entscheidenden Moment die Anpassung an die neuen politischen Verhältnisse und ist insofern der Antiheld eines Stückes über das von Walser thematisierte „spezifisch dt. Talent, einem Staat zu dienen".
Als 2. Teil seiner „dt. Chronik" ließ Walser das Drama *Der schwarze Schwan* folgen (U, V 1964). Im Mittelpunkt steht der Sohn des ehemaligen KZ-Arztes Goothein, der Kenntnis von der Vergangenheit seines Vaters erhalten hat. Er nimmt sich das Leben, nachdem er vergeblich versucht hat, diesen durch ein Erinnerungsspiel (in dem er einen SS-Offizier, den „schwarzen Schwan", spielt) zu einem Geständnis zu bewegen.

Das fliehende Pferd. Novelle, V 1978, Dramat 1986.
Der Stuttgarter Oberstudienrat Helmut Halm, ein Endvierziger, ist in eine Lebenskrise geraten. Die Beschränkung auf ein erlebnis- und gefühlsarmes Leben erscheint ihm als Schicksal und zugleich notwendige Überlebenshilfe. Während seines Urlaubs, den er wie schon seit Jahren mit seiner Frau Sabine am Bodensee verbringt, wird die resignative Selbstbegrenzung in Frage gestellt, und zwar durch Halms früheren Freund Klaus Buch und dessen attraktive Frau Helene. Beide sind der Inbegriff von sportlichem Lebenselan und erfolgsgewohnter Pragmatik. Aus den Kleinigkeiten des täglichen Urlaubsumgangs der beiden Paare entwickelt sich eine von Halm als gezielter Angriff empfundene Herausforderung („Die machten ihn fertig"). Zu Buchs Triumph gehört es, daß es ihm gelingt, ein fliehendes Pferd einzufangen. Schließlich entladen sich die in Halm aufgestauten Aggressionen: Bei einer Segelpartie stößt er Buch aus dem Boot. Doch selbst diese „Tat" mißlingt, Buch kann sich retten; Halm sieht sich in seinem Selbstverständnis als ewiger Verlierer bestätigt.

Robert Walser
*15. 4. 1878 in Biel (Kt. Bern), †25. 12. 1956 bei Herisau (Kt. Appenzell)
Der Sohn eines Buchbinders führte nach der Schulzeit ein Wanderleben mit wechselnden Tätigkeiten in Zürich, 1903/04 in Wädenswil am Zürichsee (Vorbild der Gemeinde Bärenswil des Romans *Der Gehülfe*), in Stuttgart (Zusammenleben mit dem als Maler tätigen Bruder Karl) und Berlin. Kurz vor dem I. Weltkrieg kehrte Walser in die Schweiz zurück, leistete seinen Militärdienst ab und wurde 1921 Angestellter am Kantonsarchiv in Bern. Anzeichen von Schizophrenie und Selbstmordversuche veranlaßten 1929 seine Einweisung in die Berner Nervenheilanstalt, ab 1933 lebte Walser in der Nervenklinik von Herisau. Sein Schaffen, das Einfluß auf ↑ Kafka ausgeübt hat, ist erst nach 1945 wiederentdeckt worden. In jüngster Zeit gelang es, seine winzig geschriebenen „Mikrogramme" zu entziffern („Aus dem Bleistiftgebiet – Mikrogramme 1924/25", 1985).
Als erstes größeres Erzählwerk entstand und erschien 1906 der autobiographische Roman *Geschwister Tanner*. Die Hauptfigur Simon Tanner führt ein planloses „Leben des bloßen Beschauens und Sinnens", ohne ungesellig zu sein; allerdings weigert er sich, einen als schön empfundenen Tag „durch Arbeit zu entweihen". Seine Grundhaltung gibt das Bekenntnis zu erkennen: „Ich stehe noch immer vor der Tür des Lebens, klopfe und klopfe, allerdings mit wenig Ungestüm, und horche nur gespannt, ob jemand komme, der mir den Riegel zurückschieben möchte." Zur vorherrschenden Darstellungsform wurden kleine Prosaskizzen, u. a. über ↑ Brentano und ↑ Kleist.

Gedichtbände: *Gedichte* (1909, 1921). – Erzählungen: Slg. *Fritz Kochers Aufsätze* (1904), Slg. *Geschichten* (1914), Slg. *Kleine Dichtungen* (1914), Slg. *Der Spaziergang* (1917). – Essays und andere Prosa: *Aufsätze* (1913), *Kleine Prosa* (1917), *Poetenleben* (1918), *Die Rose* (1924).

Der Gehülfe. Roman, V 1907.
Konzipiert als ein „Auszug aus dem schweizer. täglichen Leben", schildert Walsers autobiographisch fundierter Roman einen Abschnitt aus dem Leben des „Gehülfen" Joseph Marti. Er ist Kontorist des Fabrikanten Tobler, eines Erfinders skurriler Apparaturen, und wird Zeuge des Niedergangs des Unternehmens und des Zerfalls der Familie Toblers. Für alle beteiligten Personen ist eine orientierungslose Sprunghaftigkeit kennzeichnend. Sie drückt sich bei Marti im Wechsel zwischen Selbstkritik und Oberflächlichkeit aus, zwischen mutigem Eintreten für die geistig zurückgebliebene Tochter Silvi und Unterwürfigkeit. Leichtsinn und Schwermut paaren sich bei Toblers Frau, der Marti als Partner beim Kartenspiel dient. Was Marti zuletzt übrigbleibt, ist der eigene Entschluß, seine Anstellung aufzugeben und weiterzuziehen. Breiten Raum nehmen die Schilderungen der Landschaft entlang dem Zürichsee ein.

Jakob von Gunten. Ein Tagebuch.
Roman, V 1908, Verf B. D. 1971 Peter Lilienthal.
Jakob von Gunten, Zögling des der Erziehung von Dienern und somit „brauchbaren Menschen" gewidmeten Berliner Instituts „Benjamenta's Knabenschule, ist sich bewußt, daß er und seine Mitschüler „etwas sehr Kleines und Untergeordnetes im späteren Leben sein" werden. Er fühlt sich zu dem Musterschüler Kraus und der Schwester des Direktors hingezogen. Auf rätselhafte Weise verödet das Institut, dessen Lehrer „aus irgendwelchen sonderbaren Gründen tatsächlich totähnlich daliegen und schlummern". Übrig bleiben Jakob und Benjamenta; sie beschließen, gemeinsam in die „Wildnis" des freien Lebens aufzubrechen. Die Tagebuchtexte spiegeln den Weg zur mit Skepsis verbundenen Befreiung in einem Gefüge aus erzählenden und essayistischen Passagen, aus Traumschilderungen und reflektierender Prosa.

Walther von der Vogelweide
*um 1170 in Österreich, †um 1230 in Würzburg(?)

Obwohl nur ein einziges gesichertes biographischs Datum urkundlich überliefert ist (am Martinstag des Jahres 1203 erhielt der Sänger vom Passauer Bischof Wolfger 5 Denare für einen Winterpelz), tritt Walther von der Vogelweide im Spiegel seiner vielfach personen- und ereignisbezogenen Dichtung innerhalb eines konkreten historischen Bezugsrahmens in Erscheinung. Vor allem aber bildet sein Schaffen den Ausdruck einer individuellen Persönlichkeit. So ist es kein Zufall, daß sein Autorenbild in der „Manessischen Handschrift" bzw. „Großen Heidelberger Liederhandschrift" aus der 1. Hälfte des 14. Jh.s den Anfangsversen eines Gedichts nachgebildet ist, die als „Selbstbildnis betrachtet werden können: „Ich saz ûf eime steine / und dahte bein mit beine: / dar ûf satzt ich den ellenbogen: / ich hete in mîne hant gesmogen / daz kinne und ein mîn wange" (Ich saß auf einem Stein / und hatte ein Bein übers andere geschlagen, / darauf den Ellenbogen gesetzt, / ich hatte in meine Hand das Kinn / und eine meiner Wangen geschmiegt).

Walther stammt vermutlich aus niederem Adel, einem Ministerialengeschlecht. Um 1190 bis zum Tod seines Gönners, des Herzogs Friedrich von Österreich (1198), hielt er sich in Wien am Hof der Babenberger auf, als Schüler, Herausforderer und Konkurrent des betont höfischen, „klassischen" Minnesängers Reinmar der Alte. Fortan führte er als „Fahrender" ein Wanderleben; es kann zur Erklärung der Vielfalt der in Walthers Dichtung erkennbaren Einflüsse sowie der Aufhebung erstarrter Traditionen herangezogen werden. Zu Walthers Gönnern gehörten der dt. König Philipp von Schwaben und dessen Rivale Kaiser Otto IV. aus dem Haus der Welfen, Landgraf Hermann I. von Thüringen, auf dessen Wartburg – wenn überhaupt – zwischen 1207 und 1210 der „Sängerwettstreit" u. a. mit ↑ Wolfram von Eschenbach stattgefunden hat, der Markgraf von Meißen, Erzbischof Engelbert von Köln und schließlich der Staufer Friedrich II., der ihm um 1200 ein kleines Lehen in Würzburg vermachte („Ich hân mîn lêhen, al die werlt, ich hân mîn lêhen"). Im Kreuzgang zwischen Würzburger Dom und Münster soll er beigesetzt worden sein.

Die überragende Bedeutung der Lyrik Walthers von der Vogelweide beruht zum einen auf der Erneuerung des Frauenbildes der Minnedichtung. Der Lobpreis gilt nicht mehr einer Traumvorstellung, sondern der sinnlich erfahrbaren Schönheit: „Si wunderwol gemachet wîp, / daz mir noch werde ir habedanc! / ich setze ir minneclîchen lîp / vil werde in mînen hôhen sanc" (Die wunderbar geschaffne Frau, / daß sie mir's einst noch danken möge! / Ich setze ihre liebliche Gestalt / herrlich in mein hohes Lied). Die Themen der Liebeslyrik reichen bis zum Mädchenlied (als Rollendichtung) der „niederen Minne": „,Under der linden / an der heide, / dâ unser zweier bette was, / (...) tandaradei, / schöne sanc diu nahtegal.'" Zum anderen entwickelte Walther eine politisch wirkungsvolle Spruchdichtung, die nicht allein Lebensweisheit vermittelt, sondern in umfassender Weise der Diagnose des moralischen, religiösen und staatlichen Lebens dient. In den Mittelpunkt rückte die Kritik an der Selbstherrlichkeit der päpstlichen Kirche: „ir pfaffen, ezzent hüener und trinkent wîn", läßt Walther Innozenz III. höhnen, „unde lânt die tiutschen leien magern unde vasten!" (Ihr Priester, eßt Hühner und trinkt Wein / und laßt die dt. Laien magern und fasten!). Als Vermächtnis ist Walthers wohl 1227 im Zusammenhang des zunächst gescheiterten Kreuzzugs Friedrichs II. entstandene sog. *„Elegie"* zu betrachten.

Frank Wedekind (eigtl. Benjamin Franklin W.)
*24. 7. 1864 in Hannover, †9. 3. 1918 in München
Der Sohn eines Arztes und einer Schauspielerin machte in Aarau das Abitur, studierte in München und Zürich Jura, wurde Reklamechef der Firma Maggi, gehörte 1888 als Sekretär einem Zirkus an und wurde nach Aufenthalten in Paris und London als Dramaturg, Regisseur und Schauspieler tätig. 1896 wurde er Mitarbeiter des „Simplicissimus" (1899/1900 Festungshaft wegen Majestätsbeleidigung), 1900 gab er sein Debüt als Dramatiker *(Der Liebestrank),* 1901/02 trug er im Münchner Kabarett „Die elf Scharfrichter" seine provozierenden Lieder zur Laute vor, anschließend trat er im Berliner „Überbrettl" auf, 1905–1908 gehörte er dem Berliner Dt. Theater an. Zuletzt lebte er mit seiner Frau, der Schauspielerin Mathilde (Tilly), geb. Newes (Heirat 1906), in München.
Wedekinds radikale Gesellschaftskritik bedient sich des Bekenntnisses zum Vitalismus, um die herrschende Scheinmoral zu entlarven. Die Zerstörung ursprünglicher Lebenskraft demonstriert die *Lulu*-Tragödie: Die im Prolog als „schönes Tier" vorgeführte Titelheldin richtet zwar sämtliche Personen, die sie in ihren Bann zieht, zugrunde und wird schließlich als Prostituierte von Jack the Ripper erstochen, ist aber zuallererst selbst das Opfer der auf sie gerichteten Begierden. Zur Macht gelangende Außenseiter wie der Hochstapler Marquis von Keith sind das Produkt einer zutiefst verlogenen Gesellschaft. Durch die Verwendung greller Kontraste in Sprache und szenischer Gestaltung bereitete Wedekind, ein entschiedener Gegner des durch G. ↑ Hauptmann repräsentierten Naturalismus, das expressionistische Drama vor; als Lyriker beeinflußte er ↑ Brecht.

Gedichtbände: *Die vier Jahreszeiten* (1905), *Lautenlieder* (postum 1920). – Romane: *Mine-Haha oder Über die körperliche Erziehung der jungen Mädchen* (Fragment, E 1895, V 1901). – Dramen: *Lulu*-Tragödie (E ab 1892; 1. Teil *Der Erdgeist,* V 1895, U 1898; 2. Teil *Die Büchse der Pandora,* V 1902, U 1904; Gesamtausgabe *Lulu* 1913; Vert 1929–1935 Alban Berg, U postum 1937), *Der Kammersänger* (U, V 1899), *Der Marquis von Keith* (V 1900, U 1901), *So ist das Leben* (U, V 1902, 1911 u. d. T. *König Nicolo,* Verf Dtl. 1919 P. Legband, Vert 1962 Hans Chemin-Petit), *Hidalla oder Sein und Haben* (V 1904, U 1905, 1911 u. d. T. *Karl Hetman, der Zwerg-Riese), Totentanz* (U, V 1905, 1909 u. d. T. *Tod und Teufel),* Musik (E 1906, V 1907, U 1908), *Schloß Wetterstein* (V 1912, U 1917).

Frühlings Erwachen. Eine Kindertragödie. Drama in 3 Akten, E 1890/91, V 1891, U 1906, Vert 1928 Max Ettinger. Im Mittelpunkt stehen die 14jährige, von ihrer Mutter in sexueller Hinsicht in Unwissenheit gehaltene Wendla sowie die Schulfreunde Moritz und Melchior; ersterer ist von der Schule und dem häuslichen Diktat der Pflichterfüllung überfordert, letzterer ein tolerant erzogener Realist. Wendla und Moritz verführen einander. Nachdem er das Klassenziel nicht erreicht hat, nimmt sich Moritz das Leben; einer bei ihm gefundenen Aufklärungsschrift, die Melchior für ihn verfaßt hat, wird die Schuld an seiner Verzweiflungstat gegeben. Wendla stirbt an einer von der Mutter veranlaßten Abtreibung. Melchior, der von der Schule verwiesen worden ist, will sich an Wendlas Grab das Leben nehmen, bestärkt von dem ihm erscheinenden Moritz; ein „vermummter Herr" bricht die Verführungskraft der Todesschilderung, die Moritz gibt, und zieht Melchior mit dem Versprechen mit sich fort: „Ich erschließe dir die Welt."
Die Haupthandlung mit ihrer Anklage gegen die Verständnislosigkeit der Erwachsenen gegenüber den ihnen anvertrauten Jugendlichen wird von z. T. lyrisch-expressiven Dialogen der Heranwachsenden (über Idealismus und Materialismus, Selbstbefriedigung, Homoerotik) und groteske Auftritte der Pädagogen (Sonnenstich, Knochenbruch, Prokrustes) begleitet.

Georg Weerth
*17. 2. 1822 in Detmold, †30. 7. 1856 in Havanna (Kuba)
Der Sohn eines Theologen (Generalsuperintendent) studierte nach dem Besuch des Gymnasiums und einer kaufmännischen Ausbildung in Bonn, ab 1843 war er in England in einem Textilunternehmen tätig (Bekanntschaft mit Friedrich Engels, Kontakt mit der Chartisten-Bewegung). 1847 trat er dem „Bund der Kommunisten" bei, 1848/49 leitete er in Köln das Feuilleton der von Karl Marx hg. „Neuen Rheinischen Zeitung". Für den hier veröffentlichten und 1849 als Buchausgabe erschienenen satirischen Roman *Leben und Taten des berühmten Ritters Schnapphahnski* wurde Weerth zu 3 Monaten Gefängnis verurteilt. Im Auftrag einer Hamburger Firma unternahm er in den folgenden Jahren Handelsreisen, ab 1852 leitete er eine für die Karibik zuständige Agentur.
In einem zwischen 1843 und 1847 entstandenen, erst 1956 veröffentlichten Romanfragment schildert Weerth die Zustände in einer dt. Baumwollspinnerei (Ausbeutung von Jugendlichen und Kindern), die Wandlung eines Fabrikantensohnes zum Sozialisten und die Versuche eines aus England zurückgekehrten Mechanikers, die Arbeiter über ihre Lage aufzuklären (mehrfach wird aus der Studie „Die Lage der arbeitenden Klasse in England" von Engels aus dem Jahr 1845 zitiert). Der hier auftretende skrupellose Kapitalist Preiss gehört auch zu den Personen der in Fortsetzungen 1847/48 in der „Kölnischen Zeitung" und 1848 in der „Neuen Rheinischen Zeitung" erschienenen Satire *Humoristische Skizzen aus dem dt. Handelsleben*. Im Roman über Schnapphahnski (den Namen prägte ↑Heine im Versepos „Atta Troll" für den erzreaktionären preuß. Fürsten Ernst Lichnowski) dient die Schilderung der kläglichen Liebesabenteuer und schrittweisen Deklassierung des Titelhelden als Rahmen für Parodien traditioneller Erzählmuster. Als Lyriker ging Weerth von volksliedhaften Formen aus, nahm Einflüsse Ludwig Feuerbachs auf und gelangte zu klassenbewußten proletarischen Gedichten; zu Lebzeiten erschien die Slg. *Lieder aus Lancashire* (1845).

Josef Weinheber
*9. 3. 1892 in Wien, †8. 4. 1945 in Kirchstetten (Niederösterreich)
Nach einer Kindheit und Jugend im Waisenhaus in Mödling bei Wien (bis 1908) war Weinheber Schlachterlehrling und Molkereigehilfe und trat 1911 in den Postdienst ein (bis 1932). Zugleich beschäftigte er sich als Autodidakt mit Malerei und Musik und als Schriftsteller: 1920 erschien der Gedichtband *Der einsame Mensch*, 1925 der autobiographische Roman *Das Waisenhaus*, 1926 die Erzählung *Der Selbstmörder*. Um 1930 fand er als Lyriker zu einem an klassischen Vorbildern geschulten Stil strenger Formgebung: Die Slg. *Adel und Untergang* (1934) enthält u. a. 10 Variationen auf ↑Hölderlins Ode „An die Parzen", die Slg. *Zwischen Göttern und Dämonen* (1938) enthält 40 Oden, in denen sich die Auseinandersetzung mit ↑Rilke spiegelt. Als Apologet des „kämpferischen Menschen" erwies sich Weinheber zeitweilig als konform mit der nationalsozialistischen Ideologie („Geehrt hat mich die Macht, doch nicht gefragt"). Mundartliche Gedichte enthält die Slg. *Wien wörtlich* (1935), Instrumente als Symbole von Lebenshaltungen schildern die Gedichte der Slg. *Kammermusik* (1939). Als Refugium diente die Naturlyrik („Glocken und Zyanen, / Thymian und Mohn. / Ach, ein fernes Ahnen / Hat das Herz davon", beginnt das Gedicht *Im Grase*). Weinheber nahm sich beim russ. Einmarsch das Leben.

Peter Weiss
*8. 11. 1916 in Nowawes (= Berlin), †10. 5. 1982 in Stockholm

Als Beendigung des „Interregnums der Mittelmäßigkeit" (Friedrich Luft) wurde 1964 die Uraufführung eines Dramas gefeiert, das zwei berüchtigte Gestalten der Geschichte (Marat und den Marquis de Sade) auf die Bühne brachte und als Diskussionsstück doch vor allem Theater zu sein schien, in dem sich die Extreme gegenseitig aufhoben. Vier Jahre später erwies sich Weiss durch seinen *Diskurs über Viet Nam* als Autor, der nichts weniger als „über den Dingen" stand, sondern Partei im antiimperialistischen Kampf bezog und, so schrieb er 1967 in *Che Guevara*, „die Grenzen des friedlichen Protestes erreicht" sah. Derselbe Aufsatz enthält das Bekenntnis: „Wir glauben an die eingeborene Kraft, die den Menschen dazu befähigt, seine Unterdrücker zu stürzen."

Der Sohn eines jüd., zum Christentum konvertierten tschech. Textilfabrikanten und einer Schauspielerin wuchs in Berlin und Bremen auf. 1934 emigrierte die Familie über London nach Prag (hier besuchte Weiss 1936–1938 die Kunstakademie) und 1939 über die Schweiz nach Schweden; 1945 erhielt er die schwed. Staatsbürgerschaft. Weiss arbeitete zunächst als bildender Künstler (1. Ausstellung in Stockholm 1940, 1958 Zyklus von Collagen zu „Tausend und eine Nacht", 1980 Ausstellung in Bochum mit Katalog „Der Maler Peter Weiss. Bilder. Zeichnungen. Collagen. Filme"), 1947 und 1948 veröffentlichte er schwed. Prosagedichte, 1952–1960 entstanden Experimental- und Dokumentarfilme (Aufsatz *Avantgarde Film,* schwed. 1956, dt. 1963). Als erster dt. Text erschien der „Mikro-Roman" *Der Schatten des Körpers des Kutschers* (E 1952, Zs 1959, V 1960). Weiss behielt Stockholm als Wohnsitz bei. Zu seinen Auszeichnungen gehören der Hamburger Lessing-Preis 1965, der Kölner (1981) und der Bremer Literaturpreis (1982) sowie der postum verliehene Büchner-Preis 1982.

Als Dramatiker ist Weiss neben ↑ Hochhuth und ↑ Kipphardt der bedeutendste Vertreter des dokumentarischen Theaters. *Die Ermittlung* basiert auf dem Frankfurter Auschwitz-Prozeß und verknüpft als stilisierendes „Oratorium" (Lesung von Texten) die Verbrechen der Vergangenheit mit dem Verdrängungsprozeß der Gegenwart. Der *Diskurs über Viet Nam* rafft 2000 Jahre vietnames. Geschichte von Unterdrückung und Widerstand bis zur Vorbereitung des amerikan. Eingreifens. *Trotzki im Exil* (Handlungszeitraum 1928–1940, mit Rückblenden) setzt sich mit dem Konflikt zwischen Lenins Mitkämpfer Trotzki und Stalin auseinander. *Hölderlin* greift Bertaux' These vom „Jakobiner" ↑ Hölderlin auf und enthält eine fiktive Begegnung zwischen dem in sein „großes Schweigen" geflüchteten Dichter und Marx. *Ästhetik des Widerstands* bildet eine imaginäre Rückschau als Suche nach der eigenen politisch-zeitgeschichtlichen Identität.

Romane: *Fluchtpunkt* (1962), *Die Ästhetik des Widerstands* (3 Bde., 1975–1981). – Dramen: *Nacht mit Gästen. Eine Moritat* (U, V 1963), *Die Ermittlung. Oratorium in 11 Gesängen* (U, V 1965, Musik von Luigi Nono), *Gesang vom lusitanischen Popanz* (U, V 1967), *Die Versicherung* (V 1967, U 1971), *Diskurs/über die Vorgeschichte und den Verlauf/des lang andauernden Befreiungskrieges/in Viet Nam/als Beispiel für die Notwendigkeit/des bewaffneten Kampfes/der Unterdrückten gegen ihre Unterdrücker/sowie über die Versuche/der Vereinigten Staaten von Amerika/die Grundlagen der Revolution zu vernichten* (U, V 1968), *Wie dem Herrn Mockinpott das Leiden ausgetrieben wurde* (E ab 1963, U, V 1968), *Trotzki im Exil* (E 1968/69, U, V 1971), *Hölderlin* (U, V 1971, 2. Fassung 1973), *Der Prozeß* (nach ↑ Kafka, U, V 1975), *Der neue Prozeß* (nach ↑ Kafka, U, V 1982). – Essays: *Notwendige Entscheidung. 10 Arbeitspunkte eines Autors in der geteilten Welt* (1965), *Laokoon oder Über die Grenzen der Sprache* (1965), *Enzensberger Illusionen* (1966), Slg. *Rapporte* (2 Bde., 1968 und 1971).

Abschied von den Eltern. Erzählung, E 1959, V 1961.
In einer ↑ Kafkas „Brief an den Vater" vergleichbaren Intensität des Klärungsprozesses schildert die autobiographische Erzählung zunächst den Kampf um Befreiung von der patriarchalischen Übermacht. Symptome der Unterlegenheit sind rückblickend die Unfähigkeit, sich in einer bestimmten Tätigkeit zu bewähren, und die relative Unberührtheit von den politischen Verhältnissen: „Meine Niederlage ist nicht die des Emigranten vor den Schwierigkeiten des Daseins im Exil, sondern die Niederlage dessen, der es nicht wagt, sich von seiner Gebundenheit zu befreien." Das Zusammenleben mit den Eltern, den „Portalfiguren" des Lebens, erweist sich aus der Rückschau als „gänzlich mißglückter Versuch". Die Arbeit als Laborant in einer Dunkelkammer gewinnt den Charakter einer Rückkehr zur pränatalen „Dunkelheit".
Als Fortsetzung erschien 1962 der Roman *Fluchtpunkt*. Er umfaßt den Zeitraum 1940–1947 und enthält eine Begründung für den Vorrang des Autobiographischen vor anderen literarischen Themen: Durch Faschismus und Krieg war die Literatur „verwelkt"; die „Forderung nach Wahrheit konnten nur noch die intimsten persönlichen Aussagen" erfüllen, „Tagebücher, Krankenjournale, Berichte aus Gefängnissen nahmen den Romanen die Kraft". In autobiographischer Hinsicht bildet eine Wandlung den Mittelpunkt des Romans: Das Bedürfnis nach „fruchtbarer Unzugehörigkeit" („keinem Volk, keinem Ideal, keiner Stadt, keiner Sprache" wollte Weiss angehören) weicht der Einsicht in die „Vermessenheit des Abstandnehmens" und in die mit dem Kriegsende neu gewonnenen Voraussetzungen zur Teilnahme am „Austausch von Gedanken, der ringsum stattfand, an kein Land gebunden". Schauplatz dieser Befreiung zum Engagement ist Paris im Frühjahr 1947. Ihren Abschluß fand die autobiographische Reflexion im 1937 einsetzenden Roman(-Essay) *Die Ästhetik des Widerstands*.

Die Verfolgung und Ermordung Jean Paul Marats, dargestellt durch die Schauspielgruppe des Hospizes zu Charenton unter Anleitung des Herrn de Sade. Drama in 2 Akten, E 1963/64, U, V 1964, revidierte 5. Fassung 1965, Musik von Hans-Martin Majewski.
Im Jahr 1808, zur Zeit der „Vollendung" der Frz. Revolution durch Napoleon, spielen die Insassen der Heilanstalt in Charenton ein vom Marquis de Sade verfaßtes Stück über die Ermordung des Jakobiners Marat durch Charlotte Corday im Jahr 1793. Als Zuschauer dienen andere Patienten, Pfleger, Schwestern, der Direktor und seine Frau. Das Spiel im Spiel entwickelt sich zu einer Konfrontation zwischen Marat und Sade, zwischen sozialrevolutionärer Aktion und bedingungslosem Individualismus. Sade faßt die Alternativen im Epilog in den Versen zusammen: „Ich war selbst ein Fürsprecher der Gewalt / doch im Gespräch mit Marat sah ich bald / daß meine Gewalt eine andre war als seine / und daß ich seinen Weg verneine / Einerseits der Drang mit Beilen und Messern / die Welt zu verändern und zu verbessern / anderseits das individuelle System / kraft seiner eigenen Gedanken unterzugehn." Das Schlußwort hat angesichts eines tumultuarischen Marsches („Charenton Charenton / Napoleon Napoleon / Nation Nation / Revolution Revolution / Kopulation Kopulation") der radikale Sozialist Roux mit dem Schrei: „Wann werdet ihr sehen lernen / Wann werdet ihr endlich verstehen."
Das zentrale Thema des vom Individualkonflikt abrückenden Dramas ist die revolutionäre Veränderung der Gesellschaft am Beispiel der Frz. Revolution. Ihre soziale Ergebnislosigkeit wird (wie in ↑ Büchners Drama „Dantons Tod") von vier „Sängern" als Repräsentanten des vierten Stands konstatiert: „Marat / wir sind immer noch arme Leute", worauf der „Ausrufer" sein „geehrtes Publikum" zu bedenken bittet, daß „das Volk immer wieder ins Unglück gerät / weil es von der Sachlage nichts versteht".

Franz Werfel
*10. 9. 1890 in Prag, †26.(?) 8. 1945 in Beverly Hills (Kalifornien)
Der Sohn eines jüd. Fabrikanten näherte sich während seiner Prager Schulzeit dem Katholizismus, ohne zu konvertieren. Nach einer kaufmännischen Ausbildung in Hamburg und dem Erscheinen des Gedichtbandes *Der Weltfreund* (1911) wurde Werfel in Berlin Verlagslektor (1913 Mitbegründer der Buchreihe „Der jüngste Tag"). 1915–1917 leistete er Kriegsdienst; seine 1915 erschienene pazifistische Bearbeitung der Tragödie „Die Troerinnen" von Euripides kam 1916 in Berlin zur Uraufführung. 1918 ließ Werfel sich in Wien als freier Schriftsteller nieder, 1929 heiratete er Alma Mahler, die Witwe des Komponisten. Reisen führten ihn nach Italien, Ägypten und Palästina. Er genoß hohes Ansehen als Erzähler und Dramatiker (Schiller-Preis 1921, Grillparzer-Preis 1925). Nach dem „Anschluß" Österreichs emigrierte Werfel 1938 nach Paris, dann nach Südfrankreich (Zuflucht in Lourdes) und 1940 in die USA.

Durch seine Lyrik wurde Werfel zu einem Hauptvertreter des enthusiastischen Frühexpressionismus. Vorherrschend ist der Ton der Verkündigung („Herz, Herz, wie bist du schöpferisch! / Du schwebst! Die Erde wird himmlisch!" heißt es im Gedicht *Das Maß der Dinge*). Von seinem Gedicht *An den Leser* leitet sich die Bezeichnung „O-Mensch-Dichtung" her („Mein einziger Wunsch ist, dir, o Mensch verwandt zu sein!"). In der Anthologie „Menschheitsdämmerung" (1920) ist er mit 27 Gedichten der am stärksten vertretene Dichter (die Slg. endet mit dem Gedicht *Ein Lebens-Lied*, das in die Verse mündet: „Doch über allen Worten / Verkünd' ich, Mensch, wir sind!!"). Der Vater-Sohn-Konflikt ist Thema der Erzählung *Nicht der Mörder, der Ermordete ist schuldig* (1920). Der Roman *Die vierzig Tage des Musa Dagh* (1933) schildert die türk. Verfolgung armen. Christen während des I. Weltkriegs. Ein Gelübde liegt dem Roman *Das Lied von Bernadette* (1941, Verf USA 1943 Henry King) über die Entstehung der Wallfahrten nach Lourdes zugrunde. Die „Komödie einer Tragödie" *Jacobowsky und der Oberst* (E 1941/42, U 1944, Verf USA 1958 P. Glenville) spielt 1940 und handelt von der gemeinsamen Flucht des poln. Juden Jacobowsky und des poln. Obersts Stjerbinsky durch das besetzte Frankreich.

Gedichtbände: *Wir sind* (1912), *Einander* (1915), *Gesänge aus den drei Reichen* (1917), *Der Gerichtstag* (1919), *Schlaf und Erwachen* (1927), *Zwischen Gestern und Morgen* (1942). – Romane: *Verdi, Roman der Oper* (1924), *Der Abituriententag. Die Geschichte einer Jugendschuld* (1928), *Barbara oder Die Frömmigkeit* (1929), *Der gestohlene Himmel* (1939, später *Der veruntreute Himmel*, Verf B. D. 1958). – Dramen: *Der Spiegelmensch. Magische Trilogie* (V 1920, U 1921), *Paulus unter den Juden* (U, V 1926).

Wernher der Gartenaere (Werner der Gärtner)
Das einzige erhaltene Werk des vermutlich aus Österreich stammenden „Fahrenden" ist die mhdt. Verserzählung in Reimpaaren *Meier Helmbrecht* (E zwischen 1250 und 1282, überliefert in 2 Handschriften des 16. Jh.s, V 1839). Im Mittelpunkt steht der Bauernsohn Helmbrecht. Von den Eltern verzogen, will er Ritter werden, wird jedoch der Spießgeselle von Raubrittern. In Gefangenschaft geraten, kehrt er verstümmelt und geblendet nach Hause zurück, wird jedoch vom Vater abgewiesen und von Bauern gehenkt. Die Kritik richtet sich sowohl gegen das verwahrloste Rittertum als auch gegen Helmbrechts Übertretung der Standesgrenze (seine „ordenunge ist der pfluog"), die mit dem Verstoß gegen das 4. Gebot verbunden ist. Sinnbild seiner Hoffart ist eine kostbare „hûbe" (Kopfbedeckung).

Wolfgang Weyrauch
*15. 10. 1907 in Königsberg, †7. 11. 1980 in Darmstadt
Nach dem Besuch des Gymnasiums in Frankfurt a. M. und einer Ausbildung als Schauspieler studierte Weyrauch Germanistik, Romanistik, Geschichte und war ab 1933 in Berlin als Redakteur tätig; 1934 erschien, illustriert von Alfred Kubin, die „Legende" *Der Main*. Ab 1940 Soldat, kam er 1945 in russ. Kriegsgefangenschaft. Ende 1945 wurde er in Berlin Redakteur der satirischen Zeitschrift „Ulenspiegel", 1952–1958 war er in Hamburg Verlagslektor, anschließend arbeitete er als freier Schriftsteller. Er gehörte zur „Gruppe 47" und erhielt u. a. den Hörspielpreis der Kriegsblinden 1961 und den Gryphius-Preis 1973.
1949 beschrieb Weyrauch im Nachwort zur Anthologie „Tausend Gramm" unter dem Begriff Kahlschlag die Voraussetzungen des literarischen Neubeginns; als Triebkraft seines Schreibens nannte er die Auflehnung gegen die „Entmenschlichung des Menschen durch den Menschen" (über sein Gedicht *Atom und Aloe*, in: *Das Gedicht ist mein Messer*, 1961). Seine bevorzugte Gestaltungsform war neben dem Hörspiel (Slg. *Dialog mit dem Unsichtbaren*, 1962) und dem Gedicht die Kurzgeschichte: Slg. *Mein Schiff, das heißt Taifun* (1959), Slg. *Auf der bewegten Erde* (1967), Slg. *Das Ende von Frankfurt a. M.* (1973), Slg. *Hans Dumm. 111 Geschichten* (1978).

Urs Widmer
*21. 5. 1938 in Basel
Der Sohn eines Lehrers und Übersetzers promovierte nach einem Studium der Germanistik, Romanistik und Geschichte 1966 über die dt. Nachkriegsprosa und ist seit 1967 in Frankfurt a. M. als Verlagslektor tätig. Als Schriftsteller beschäftigt sich Widmer u. a. mit Trivialmythen, z. B. in den Dramen *Die lange Nacht der Detektive* (U, V 1973) und *Stan und Ollie in Dtl.* (U, V und als Hörspiel 1979) oder in dem Roman *Die gelben Männer* (1976) über einen Science-fiction-Autor. Ein Merkmal seiner Erzählweise ist die Ironisierung von Erzählmustern und Erwartungshaltungen (*Die Forschungsreise. Ein Abenteuerroman*, 1974). Widmer übersetzte u. a. Kriminalromane von Raymond Chandler neu, erzählte die Dramen Shakespeares nach (*Shakespeares Geschichten*, 1978) und bot Beckett in Basler Dialekt (*Warte uf de Godot*, U 1980). Als Hörspielautor (*Wer nicht sehen kann, muß hören*, 1969) erhielt Widmer 1976 den Hörspielpreis der Kriegsblinden.

Ernst Wiechert
*18. 5. 1887 bei Sensburg (Ostpreußen), †24. 8. 1950 in Uerikon (Kt. Zürich)
Der Sohn eines Försters war in Königsberg Lehrer, nahm am I. Weltkrieg teil und arbeitete ab 1933 als freier Schriftsteller. 1938 war Wiechert im KZ Buchenwald inhaftiert. Nach Kriegsende führten ihn Vortragsreisen u. a. in die USA, 1948 ließ er sich in der Schweiz nieder. Die weiteste Verbreitung fand sein Roman *Das einfache Leben* (1939), in dem sich ein ehemaliger Korvettenkapitän nach dem I. Weltkrieg aus dem „Verfall und Rausch" des Lebens in der Stadt in eine Fischerhütte zurückzieht, eingehüllt in die symbolisch überhöhte ostpreuß. Landschaft. Wiecherts christliche Grundhaltung zeigt die Erzählung *Hirtennovelle* (1935), die mit dem Opfertod des jungen Dorfhirten Michael endet. *Die Jerominkinder* (E 1940/41, V 1945–1947) schildern als Epochenroman eine ostpreuß. Dorfgemeinschaft bis hin zu ihrem passiven Widerstand gegen den NS-Terror. Der „Bericht" *Der Totenwald* (1945) handelt von den Leiden im KZ.

Christoph Martin Wieland
*5. 9. 1733 in Oberholzheim (= Achstetten bei Biberach), †20. 1. 1813 in Weimar

Als „Schatten in der Nachtmütze" ließ ↑Goethe 1733 den Autor des Singspiels *Alceste* in der Unterwelt auftreten; unfähig, die eigenen Gestalten Alceste und Herkules wiederzuerkennen, erweist er sich als Interpret der Antike, der „keine Ader griech. Blut im Leibe" hat. Der Stürmer und Dränger Goethe empörte sich nicht allein über Wielands Selbsteinschätzung, mit *Alceste* sein Vorbild Euripides übertroffen zu haben, sondern erst recht über die formvoll gebändigte Sprache des in Weimar uraufgeführten Stückes. Doch die Attacke blieb ohne persönliche Folgen, im Gegenteil: Als die Farce „Götter, Helden und Wieland" 1774 erschien, erhielt sie von Wieland das Lob als „ein Meisterstück von Persiflage" – eine Geste, die Toleranz als Wesenszug Wielands erkennen läßt.

Der Sohn eines Pfarrers erhielt seine pietistisch geprägte Schulausbildung in Biberach und in der Schule des Klosters Bergen bei Magdeburg, 1749 begann er in Erfurt ein Studium, das er 1750 in Tübingen fortsetzte. Aufgrund des Epos *Hermann* (1751) erhielt Wieland eine Einladung ↑Bodmers, in dessen Haus er 1752–1754 wohnte, anschließend war er in Zürich als Hauslehrer tätig. 1760 wurde Wieland Senator und Kanzleiverwalter der Freien Reichsstadt Biberach (bis 1769); 1761 übernahm er die Leitung der ev. Komödiantengesellschaft und brachte seine Übersetzung von Shakespeares „Sturm" zur Aufführung (1762–1766 erschienen 21 Prosaübersetzungen von Dramen Shakespeares und „Ein Sommernachtstraum" in Versen). Mit zwei Romanen schuf Wieland während der Biberacher Amtstätigkeit die Grundlagen der klassischen epischen dt. Literatur: *Der Sieg der Natur über die Schwärmerei* schildert in geistreicher Überwindung der bloßen Konfrontation von Vernunft und Einbildungskraft die Heilung des Don Sylvio von seiner Befangenheit in der Welt der Feenmärchen; die *Geschichte des Agathon,* der erste dt. Bildungs- und Erziehungsroman mit der Entwicklung des Helden zu Sittlichkeit und Humanität, spielt im antiken Griechenland. 1769–1772 lehrte Wieland als Professor für Philosophie in Erfurt.

Der Staatsroman *Der goldne Spiegel* (1772) bildete den Anlaß für Wielands Berufung als Erzieher des Kronprinzen Karl August und dessen Bruder nach Weimar. Hier bildete er den Mittelpunkt des „Musenhofs" der Herzoginmutter Anna Amalia, zu dem ab 1776 Goethe und ↑Herder gehörten, ab 1787 stand Wieland in persönlicher Verbindung mit ↑Schiller. 1798 ließ Wieland sich mit seiner Familie auf Gut Oßmannstedt bei Weimar nieder (hier war 1802/03 ↑Kleist sein Gast); 1803 kehrte er nach Weimar zurück. Das lyrische Hauptwerk der Weimarer Zeit ist das Versepos *Oberon* (1780) mit Motiven aus Shakespeares „Sommernachtstraum", den Sagen um Karl d. Gr. und orientalischen Märchen. Die späten Romanwerke setzen sich mit der spätantiken Philosophie auseinander. Besondere Bedeutung für das literarische Leben gewann Wieland als Herausgeber der Monatszeitschrift „Der Teutsche Merkur" (1773–1789).

Romane: *Der Sieg der Natur über die Schwärmerei oder Die Abenteuer des Don Sylvio von Rosalva. Eine Geschichte, worin alles Wunderbare natürlich zugeht* (1764), *Geschichte des Agathon* (1. Fassung 1766/67, 2. Fassung 1773, 3. Fassung 1794), *Der goldne Spiegel oder Die Könige von Scheschian, eine wahre Geschichte. Aus dem Scheschianischen übersetzt* (1772), *Geheime Geschichte des Philosophen Peregrinus Proteus* (1788/89), *Agathodämon. Aus einer alten Handschrift* (E 1796–1798, V 1799), *Aristipp und einige seiner Zeitgenossen* (Fragment, 1800–1802). – Dramen: *Alceste* (nach Euripides, Singspiel mit Musik von Anton Schweitzer, U, V 1773). – Übersetzungen: „Shakespeares theatralische Werke" (8 Bde., 1762–1766).

Musarion oder Die Philosophie der Grazien. Versepos in Alexandrinern und Blankversen, V 1768.
Im Mittelpunkt der im antiken, arkadisch geschilderten Griechenland angesiedelten Dichtung stehen die schöne Musarion und ihr Freund Phanias. Nach einem Zerwürfnis hat dieser sich auf sein Landgut zurückgezogen und widersetzt sich als Stoiker allen Versuchen Musarions, zur Versöhnung zu gelangen. Um sie zu erreichen, bedarf es der Befreiung des Phanias vom Einfluß seiner beiden philosophischen Freunde und Mentoren, des Stoikers Kleanth und des Pythagoreers Theophron. Während ersterer allen sinnlichen Materialismus strikt ablehnt, sucht letzterer im Sinnlichen das Urbild des Schönen. Musarion arrangiert ein Festgelage, in dessen Verlauf die Kontrahenten von der erbittert geführten Auseinandersetzung zu einer Prügelei übergehen, ihr Streitgespräch erneut aufnehmen und schließlich Opfer ihres übermäßigen Weingenusses werden; während der eine im Stall schnarcht, vergnügt sich der andere mit einer Magd. Beide, so erkennt Phanias, sind „nicht ganz so weise wie ihr System". Zugleich werden Phanias die Augen dafür geöffnet, daß Musarion in vollkommener Weise die Verbindung des Guten mit dem Schönen verkörpert. Das Paar ist nun „geschickter / Zum weiseren Gebrauch, zum gereinigten Genuß / Des Glücks". Ernst und Scherz bestimmen fortan die gemeinsame Lebensführung im Dienst der „Philosophie der Grazien".
Wieland verband Elemente der Lehrdichtung, der Komödie und der Erzählung zum unterhaltsamen und anmutigen Lob des „rechten Maßes" zwischen Vernunft und Gefühl. Zugleich schuf er ein von den (jüngeren) Zeitgenossen als wahr und lebendig empfundenes Bild der Antike, das sich deutlich von der Rokoko-Dichtung und deren antikisierender Kostümierung unterschied. Die heitere Harmonie der antiken Lebensauffassung schien sich in Wielands Dichtung unmittelbar mitzuteilen.

Die Abderiten. Eine sehr wahrscheinliche Geschichte vom Herrn Hofrat Wieland. Roman, E ab 1733, V 1774, Neufassungen 1778 und 1781 *(Die Geschichte der Abderiten).*
Als Schauplatz dient Abdera in Thrakien, das antike Schilda. Seine Bewohner verkörpern die „Albernheiten und Narrheiten des ganzen Menschengeschlechts", und zwar, wie der Erzähler hinsichtlich der Nutzanwendung seines urkundlich belegten Geschichtswerks betont, „besonders unserer Nation und Zeit". Ein hervorstechendes Merkmal der Abderiten ist ihre Provinzialität, von der sie der weitgereiste Demokrit(us) vergeblich zu befreien versucht. Vielmehr soll Hippokrates beweisen, daß dieser geistesgestört ist. Übel steht es auch mit dem Kunstverstand: Einerseits völlig ungebildet, werden die Abderiten andererseits durch eine Kostprobe, die ihnen Euripides von seiner Kunst gibt, vor Begeisterung fast um den Verstand gebracht.
Ein Höhepunkt ist der Prozeß um des Esels Schatten: Der Zahnarzt Struthion hat einen Esel gemietet; als er sich während einer Rast in den Schatten des Esels setzt, wird ihm dies vom Besitzer des Tieres verwehrt, denn: „Ein andres ist der Esel, ein andres ist des Esels Schatten. (...) Hättet Ihr den Schatten auch dazu mieten wollen, so hättet Ihr's sagen müssen." Die hieraus sich ergebenden juristischen Auseinandersetzungen bringen Abdera an den Rand des Zusammenbruchs des gesamten Staatswesens.
Schließlich müssen die Abderiten aus ihrer Heimatstadt auswandern, nachdem die heiliggesprochenen Frösche der Göttin Latona zur unerträglichen Plage geworden sind.
Wieland konnte mit Befriedigung feststellen, daß die Leser „die Originale" zu seinen auf persönlichen Erfahrungen basierenden satirischen „Bildern" von Engstirnigkeit, Kulturlosigkeit und religiösem Fanatismus fanden. Kennzeichnend für Wielands Literaturauffassung ist die humoristische Milderung der Bloßstellung menschlicher Torheiten.

Gabriele Wohmann (geb. Guyot)
*21. 5. 1932 in Darmstadt
Die Tochter eines Pfarrers studierte in Frankfurt a. M. Germanistik, Romanistik, Philosophie und Musikwissenschaft und war als Lehrerin tätig. Mitte der 50er Jahre wandte sich Wohmann der Literatur zu (Erzählband *Mit einem Messer,* 1958), 1960–1967 war sie Mitglied der „Gruppe 47", 1967 Stipendiatin der Villa Massimo in Rom, 1971 erhielt sie den Bremer Literaturpreis.
Wohmanns zentrales Thema ist das menschliche Fehlverhalten im alltäglichen Umgang, dessen Niederschlag in psychischen Verstörungen sie mit der Schärfe eines ihr angelasteten „bösen Blicks" registriert. Kennzeichnend ist die Ausgangssituation des Romans *Ernste Absicht* (1970): Eine junge Frau versucht während einer Erkrankung, aus ihren Erinnerungen einen festen Standpunkt zu entwickeln. Statt dessen sieht sie sich am Ende der Einsicht ausgeliefert: „Ich sterbe, am Leben, immer weiter. Unverbindlich, unentschlossen. Sterbend enttäusche ich keine Ansicht über mich." Zu Wohmanns satirischen Darstellungen gehört der Roman *Paulinchen war allein zu Haus* (1974) über die mit Gewalttätigkeit verbundene antiautoritäre Erziehung eines Adoptivkindes. Seit Mitte der 60er Jahre hat sie mehrere Fernseh- und Hörspiele geschrieben.

Gedichtbände: *Grund zur Aufregung* (1978), *Ich weiß das auch nicht besser* (1980). – Romane: *Jetzt und nie* (1958), *Abschied für länger* (1965), *Schönes Gehege* (1975), *Ausflug mit der Mutter* (1976), *Frühherbst in Badenweiler* (1978), *Ach wie gut, daß niemand weiß* (1980). – Erzählungen: Slg. *Trinken ist das Herrlichste* (1963), Slg. *Ländliches Fest* (1968), Slg. *Böse Streiche* (1977), Slg. *Paarlauf* (1979). Slg. *Stolze Zeiten* (1981).

Christa Wolf (geb. Ihlenfeld)
*18. 3. 1929 in Landsberg a. d. Warthe (= Gorzów Wielkopolski)
Die Tochter eines Kaufmanns studierte 1949–1953 in Jena und Leipzig Germanistik und war anschließend wissenschaftliche Mitarbeiterin beim Dt. Schriftstellerverband, Redakteurin und Lektorin; seit 1962 arbeitet Wolf als freie Schriftstellerin (erste Erzählung: *Moskauer Novelle,* 1961); sie lebt in Ost-Berlin. 1963 erhielt Wolf den Heinrich-Mann-Preis der DDR, 1977 den Bremer Literaturpreis, 1980 den Büchner-Preis; 1983 war sie Gastdozentin für Poetik an der Universität in Frankfurt a. M. (*Voraussetzungen einer Erzählung: Kassandra,* 1983).
Wolfs literarische Entwicklung führte von einer mit dem „Bitterfelder Weg" noch in Einklang stehenden Erzählweise (*Der geteilte Himmel,* 1963) zur als „Verinnerlichung" kritisierten perspektivischen Differenzierung. Ein Themenbereich sind die Ursachen und mittelbaren Nachwirkungen des Faschismus (diesen Fragen ist der autobiographisch geprägte Roman *Kindheitsmuster* aus dem Jahr 1976 gewidmet). Die Slg. *Unter den Linden* (1974) enthält die an ↑ Hoffmann anknüpfende Satire *Die neuen Lebensansichten eines Katers* über Technokratiegläubigkeit. Die Schilderung einer Begegnung zwischen ↑ Kleist und ↑ Günderode (*Kein Ort. Nirgends,* 1979) steht im Zusammenhang einer Neubewertung der „dekadenten" Romantik in der DDR. Ein Höchstmaß an reflektierender, Geschichte und Gegenwart verknüpfender Darstellung zeigt die Erzählung *Kassandra* (1983). Als Essaybände erschienen *Lesen und Schreiben* (1971) und *Fortgesetzter Versuch* (1979). Wolfs Günderode-Werkausgabe (1979) enthält den Essay *Der Schatten eines Traumes;* die Beschäftigung mit B. v. ↑ Arnim spiegelt der „Brief über Bettine" *Nun ja! Das nächste Leben geht aber heute an* (1980).

Der geteilte Himmel. Roman, V 1963, Verf DDR 1964 Konrad Wolf.

Die angehende Lehrerin Rita Seidel, als Praktikantin Mitglied einer Arbeitsbrigade eines Waggonwerks, liegt nach einem Zusammenbruch im Krankenhaus. Aus ihrer Perspektive schildert der Roman retrospektiv das Scheitern ihrer Liebe zu dem Chemiker Manfred Herrfurth. Ihre Erinnerungen führen sie zurück zum eintönigen Leben in ihrem Heimatdorf und zu der unbefriedigenden Tätigkeit als Büroangestellte, zu ihrer Übersiedlung in die Stadt, zum Studium an einem Lehrerbildungsinstitut, zum Beginn ihrer Bekanntschaft mit Manfred und zu ihrem Zusammenleben. Dabei rekapituliert Rita mittelbar den Entwicklungsprozeß ihres gesellschaftlichen Bewußtseins anhand der unterschiedlichen politischen Einstellungen der Personen ihres Bekanntenkreises.

Im Mittelpunkt steht die Auseinandersetzung mit Manfred. Er ist mit seiner Erfindung einer verbesserten Spinnmaschine an den zuständigen Wirtschaftsfunktionären gescheitert und sieht die Chancen für sein Fortkommen allein im Westen. Ohnehin fehlt ihm aufgrund seines Elternhauses und seines individualistischen Wissenschaftsbegriffs das Verständnis für den Kampf um eine sozialistische Gesellschaft. Manfred begeht „Republikflucht" zu seiner Tante nach West-Berlin. Nach einigen Wochen folgt ihm Rita (kurz vor dem Berliner Mauerbau 1961), kehrt jedoch enttäuscht in die DDR zurück, gestärkt in dem Bewußtsein, nur hier zur Selbstverwirklichung zu gelangen.

Diskussionen entzündeten sich an der Tatsache, daß die von Manfred an Mängeln der Planwirtschaft und am Funktionärswesen geübte Kritik offensichtlich zutraf; auch geht die Entwicklung von Ritas gesellschaftlichem Bewußtsein nicht geradlinig voran und enthält die Möglichkeit der Kapitulation. Der Verzicht auf ein „mustergültiges" Verhalten der Heldin drückt sich auch in der aus Erinnerungsfragmenten zusammengefügten Darbietungsweise aus.

Nachdenken über Christa T. Roman, V 1968.

Aus eigenen Erinnerungen und authentischen Dokumenten (Zitaten aus Briefen und Tagebüchern) formt die Ich-Erzählerin das Lebensbild ihrer Schulkameradin und Freundin Christa T., die nach dem II. Weltkrieg in der DDR Lehrerin geworden und an Leukämie gestorben ist.

Die vielfältigen Ansätze des „Nachdenkens" sowie Reflexionen über den Gegenstand und den Vorgang des Schreibens haben als gemeinsamen Bezugspunkt die nach und nach deutlich werdende Spannung zwischen dem Aufbau der sozialistischen Gesellschaft der DDR und dem Anspruch der Christa T. auf individuelle Entwicklung ihrer Persönlichkeit. Markierungspunkte setzen schon die ersten Sätze: „Nachdenken, ihr nachdenken. Dem ‚Versuch, man selbst zu sein'. So steht es in ihren Tagebüchern, die uns geblieben sind, auf den losen Blättern, die man aufgefunden hat, zwischen den Zeilen der Briefe, die ich kenne." Über den Zweck des Nachdenkens heißt es: „Ein für allemal: Sie braucht uns nicht. Halten wir also fest, es ist unseretwegen, denn es scheint, wir brauchen sie." Die mosaikartige Darstellung gewinnt ihre Einheit durch das kommentierende Eingreifen der Erzählerin.

Ein kennzeichnendes Ereignis ist die Begegnung Christas mit einem ehemaligen Schüler, der die „Entdeckung" gemacht hat: „Der Kern der Gesundheit ist Anpassung. – Das wiederholt er gleich noch mal (...). Überleben, ist ihm klargeworden, sei das Ziel der Menschheit immer gewesen und werde es bleiben. Das heißt, ihr Mittel zu jeder Zeit: Anpassung, Anpassung um jeden Preis. Ob ihm das auffalle, daß er dieses Wort nun wenigstens zweimal zu häufig gebraucht habe?"

Als Motto dient eine Äußerung ↑Bechers: „Denn diese tiefe Unruhe der menschlichen Seele ist nichts anderes als das Witterungsvermögen dafür und die Ahnung dessen, daß der Mensch noch nicht zu sich selber gekommen ist."

Friedrich Wolf
*23. 12. 1888 in Neuwied, †5. 10. 1953 in Lehnitz (Lkr. Oranienburg, DDR)
Nach expressionistischen Anfängen (das Erstlingswerk *Das bist du* ist ein Spiel um „Wesen" und „Dinge") wandte sich der Arzt und Dramatiker unter der Losung „Kunst ist Waffe!" dem sozialkritischen, politisch engagierten Theater zu; 1928 trat er der KPD bei. In Berlin arbeitete er mit der „Gruppe junger Schauspieler" (1929 *Cyankali* – *§ 218*, 1930 Tournee durch die UdSSR) und der „Piscator-Bühne/Kollektiv" (1931 *Tai Yang erwacht*, Musik Hanns Eisler) zusammen, in Stuttgart 1932 mit der Agitprop-„Spieltruppe Süd-West". Wolf emigrierte 1933 in die UdSSR und nahm auf republikanischer Seite am Span. Bürgerkrieg teil. 1949–1951 vertrat er die DDR als Botschafter in Warschau.

Dramen: *Das bist du* (1919), *Cyankali – § 218* (1929, Verf 1930), *Die Matrosen von Cattaro* (1930), *Tai Yang erwacht* (1931), *Wie stehn die Fronten?* (1932), *Professor Mamlock* (1935, Verf UdSSR 1938 H. Rappaport, A. Minkin, DDR 1961 K. Wolf), *Thomas Münzer, der Mann mit der Regenbogenfahne* (1953). – Essays: *Kunst ist Waffe!* (1928), *Proletarische Kunst in Dtl.* (1932), *Schöpferische Probleme des Agitprop-Theaters* (1933), *Piscator und seine Bühne* (1947).

Cyankali – § 218. Schauspiel in 8 Bildern, U, V 1929. Nachdem 1927 in Deutschland die Abtreibung aus medizinischen Gründen erlaubt worden war, propagierte das mit großem Erfolg in Berlin uraufgeführte Stück die völlige Abschaffung von § 218. Es spielt im Berliner Arbeitermilieu. Hete erwartet von dem wegen Landfriedensbruchs polizeilich verfolgten Arbeiterführer Paul ein Kind. Ihre Armut zwingt sie zur Abtreibung: Von einem Modearzt an eine Kurpfuscherin verwiesen, stirbt sie an einer Überdosis Cyankali. Dokumentarisches Material unterstützt die politische Wirkungsabsicht der Milieuschilderung.

Professor Mamlock. Drama, 1935. Das im Exil entstandene Stück prangert die Blindheit der Intellektuellen gegenüber dem Nationalsozialismus vor 1933 an. Protagonist ist der jüd. Chirurg Mamlock. Er vertraut auf die menschliche Vernunft und verurteilt jegliche Gewalt; als sich sein Sohn Rolf im antifaschistischen Kampf engagiert, verweist er ihn des Hauses. Zu spät erkennt Mamlock, nachdem er Berufsverbot erhalten hat und gesellschaftlich völlig isoliert ist, seinen Irrtum und endet im Selbstmord. Das Stück wurde u. a. von Friedrich Wolfs Sohn Konrad (*1925) für die DEFA verfilmt.

Alfred Wolfenstein
*28. 12. 1888 in Halle a. d. Saale, †22. 1. 1945 in Paris
Wolfenstein wuchs in Berlin auf und lebte nach seiner Promotion zum Dr. jur. hier, unterbrochen durch einen Aufenthalt in München (1916–1922), als freier Schriftsteller und Mitglied der expressionistischen Bewegung (1920 war er in der Anthologie „Menschheitsdämmerung" mit 13 Gedichten vertreten). Er bekannte sich zur Formung der Sprache, „um den Menschen zu formen!" 1933 entging er der Verhaftung als Jude durch die Flucht nach Prag, 1939 nach Paris; nach Gefangenschaft im besetzten Frankreich lebte er im Untergrund. Schwer herzleidend, nahm sich Wolfenstein im schon befreiten Paris in einem Krankenhaus das Leben.

Gedichtbände: *Die gottlosen Jahre* (1914), *Die Freundschaft* (1917), *Menschlicher Kämpfer* (1919). – Erzählungen: Slg. *Der Lebendige* (1918), Slg. *Unter den Sternen* (1924). – Dramen: *Sturm auf den Tod* (1921), *Bäume in den Himmel* (1926), *Die Nacht vor dem Beil* (1929), *Celestina* (1929). – Essays: *Jüd. Wesen und neue Dichtung* (1922). – Übersetzungen: Werke von Nerval, Shelley, Poe, Verlaine, Rimbaud.

Wolfram von Eschenbach
*um 1170/80 in Eschenbach (seit 1917 Wolframs-Eschenbach, Lkr. Ansbach),
† um 1220 in Eschenbach

Das 1903 enthüllte Berliner Wagner-Denkmal zeigt eine jugendliche Gestalt mit Harfe, die Rechte verehrend zum Komponisten erhoben. Diese Unterordnung des Sängers Wolfram von Eschenbach, der hier seinen Nachruhm vor allem Wagners „Parsifal-Bühnenweihefestspiel" zu verdanken scheint, kennzeichnet nur einen Teilaspekt der breiten und nie völlig abgebrochenen Wirkungsgeschichte des Dichters, dessen Epen *Parzival* und *Titurel* beispielsweise die einzigen mhdt. Werke sind, die im 15. Jh. zum Druck gelangten.

Wolfram stammt aus einem Geschlecht von Dienstleuten (Ministerialen) der Grafen von Wertheim. Über seinen Lebensweg geben lediglich Andeutungen in seinen Werken Auskunft. Mit Sicherheit hat er sich an verschiedenen Orten in Oberfranken (Wertheim, Burg Wildenberg im Odenwald) und Thüringen aufgehalten; Eisenach war der Sitz seines Gönners Landgraf Hermann I., die Wartburg der Schauplatz des – wenn überhaupt – zwischen 1207 und 1210 ausgetragenen „Sängerwettstreits" (↑Walther von der Vogelweide). Nicht ausgeschlossen sind Aufenthalte in der damaligen Mark Steier und der Provence (Arles).

Um 1195 bis um 1210 hat Wolfram an seinem fast 25 000 Verse umfassenden Epos *Parzival* gearbeitet. Es folgten das Fragment gebliebene Epos *Willehalm* über den hl. Wilhelm von Aquitanien und dessen Kämpfe gegen die Sarazenen und das Epos *Titurel* (überliefert sind zwei Fragmente), das von Sigune und Schionatulander, zwei Nebenfiguren des *Parzival*, handelt. Von Wolframs Minnelyrik sind neun Gedichte erhalten, darunter fünf *Tagelieder* mit dem Thema des morgendlichen Abschieds der Liebenden nach einer heimlich gemeinsam verbrachten Nacht. Zu den zentralen Themen in Wolframs Epik gehört – vor dem Hintergrund des „gerechten" Kampfes gegen die Heiden im Zeitalter der Kreuzzüge – die fortwirkende Schuld der Kainstat, des Brudermords. Der sog. Toleranzrede der getauften Kalifentochter Gyburg im *Willehalm* bringt klar Wolframs Ethos der Menschlichkeit zum Ausdruck.

Parzival. Mhdt. Versepos, E um 1195 bis um 1210, überliefert in 84 Handschriften und Bruchstücken, V 1477, 1. nhdt. Übersetzung (↑Bodmer 1753), historisch-kritische Ausgabe (K. Lachmann) 1833. Zugrunde liegt das 1186, von Chrétien de Troyes begonnene afrz. Versepos „Perceval", das erstmals die drei Stoffkreise der Sagen um König Artus, den Gral und die Perceval-Gestalt verbindet.

Die Titelgestalt ist der Sohn des mit der Mohrenkönigin Belakane und Königin Herzeloyde verheirateten Königs Gahmuret. Dessen Tod auf einem Kriegszug im Dienst des Kalifen von Bagdad veranlaßt Herzeloyde, Parzival fernab der Menschen im Wald Soltane aufwachsen zu lassen. Seinen Drang zum Rittertum versucht sie, durch die Ausstattung als Narr zum Scheitern zu verurteilen. Parzival lädt vielfache, durch Unwissenheit begründete Schuld auf sich (u. a. Verwandtenmord) bis hin zur Unterlassung der Mitleidsfrage angesichts des an einer unheilbaren Wunde leidenden Gralskönigs Anfortas, zu dessen Nachfolge Parzival bestimmt ist. Der Weg der Läuterung vom Zustand trotziger Gottesferne zur Würde des Gralskönigtums wird teilweise „verdeckt" durch die Abenteuer des Artus-Ritters Gawan. In diesem Zusammenhang steht der Zauberer Klingsor. Ein spiritueller Höhepunkt ist die Belehrung Parzivals durch den Einsiedler Trevrizent. Sie bestärkt den Gralsucher in seiner „staete" – Leitbegriff und Entsprechung zur „triuwe" Gottes.

Wolf Wondratschek
*14. 8. 1943 in Rudolstadt (Thüringen)
Aufgewachsen in Karlsruhe, studierte Wondratschek in Heidelberg, Göttingen und Frankfurt a. M. Literaturwissenschaft und Philosophie und engagierte sich als Mitglied des SDS in der Studentenbewegung. Seit 1968 (1. Träger des Leonce- und-Lena-Preises) arbeitet er als freier Schriftsteller, 1969 erhielt er den Hörspielpreis der Kriegsblinden, 1970/71 war er Gastdozent für Poetik an der engl. Universität Warwick, 1977/78 unternahm er eine Vortragsreise durch die USA. Unter der Devise „Die Geschichten machen keinen Spaß mehr" veröffentlichte Wondratschek 1969 in der Slg. *Früher begann der Tag mit einer Schußwunde* u. a. 1-Satz-Liebesgeschichten: „Didi will immer. Olga ist bekannt dafür. Ursel hat schon dreimal Pech gehabt. (...)"; die Kurzprosa dient dem Ziel, „Zustände und Zusammenhänge" widerzuspiegeln (Slg. *Ein Bauer zeugt mit einer Bäuerin einen Bauernjungen, der unbedingt Knecht werden will*, 1970). Als Lyriker greift Wondratschek mit Vorliebe Themen und Sprachmuster aus der Pop- und Rock-Kultur auf; mit Erfolg erschienen die Bände *Chuck's Zimmer*(1974), *Das leise Lachen am Ohr eines andern*(1976), *Männer und Frauen*(1978), *Letzte Gedichte*(1980).

Peter-Paul Zahl
*14. 3. 1944 in Freiburg i. Br.
Nach einer Druckerlehre kam Zahl 1964 als Kriegsdienstverweigerer nach West-Berlin, gründete 1967 einen Verlag mit Druckerei und publizierte Materialien und Texte der Neuen Linken; 1969 erschien sein Roman *Von einem, der auszog, Geld zu verdienen*. 1970 wegen eines Plakats verurteilt, widersetzte sich Zahl 1972 einer Personenkontrolle (Schußwechsel mit der Polizei) und wurde 1972 zu vier, 1976 zu weiteren 11 Jahren Haft verurteilt. Als Gefangener entwickelte Zahl die schriftstellerische Arbeit zur Überlebenshilfe: 1975 erschien der literaturtheoretische Essay *Eingreifende oder ergriffene Literatur. Zur Rezeption „moderner Klassik"* (Literatur als „konkrete Utopie und Experimentierfeld sozialer Phantasie"), als politische „Knastliteratur" veröffentlichte er die Gedichtbände *Schutzimpfung* (1975) und *Alle Türen offen*(1977) sowie die Slg. *Die Barbaren kommen. Lyrik und Prosa*(1976); als „Schelmenroman" schildern *Die Glücklichen* (1979) die in einen Ballonaufstieg mündenden Abenteuer des Ganovensprößlings Jörg und der Kommunardin Ilona in Berlin-Kreuzberg. 1980 erhielt Zahl den Bremer Literaturförderpreis, Ende 1982 wurde er freigelassen.

Fritz Zorn (eigtl. F. Angst)
*1944 in Zürich, †2. 11. 1976
1977 erschien als „Lebenswerk eines Sterbenden" (↑Muschg im Vorwort) der Roman *Mars* des an Krebs erkrankten Spanisch- und Portugiesischlehrers Fritz Angst. Er enthält im 1. Teil den Rückblick auf ein Leben „in der besten und heilsten und harmonischsten und sterilsten und falschesten aller Welten", die beiden sich anschließenden Teile reflektieren das Resultat der Erinnerungsarbeit; es ist nicht „Distanzierung", sondern das Leid bricht „mit neuer und früher noch nie erreichter Gewalt" über den Schreibenden herein. Die Rebellion gegen das „kanzerogene bürgerliche Milieu" mündet in das Bewußtsein: „Ich werde auf eine für unsere Gesellschaft zu symptomatische Art gestorben sein, als daß man mich in meiner postumen Kaputtheit nicht auch als einen ebenso symptomatischen radioaktiven Abfall betrachten müßte (...), der seine Umwelt verseucht."

Carl Zuckmayer
*27. 12. 1896 in Nackenheim (Rheinhessen), †18. 1. 1977 in Visp (Kt. Wallis)
Der Sohn eines Fabrikanten besuchte in Mainz das Gymnasium und meldete sich 1914 als Kriegsfreiwilliger. Ab 1918 studierte er Jura, Nationalökonomie, Biologie, Literatur- und Kunstgeschichte (Frankfurt a. M. und Heidelberg), 1920 debütierte er erfolglos als Dramatiker und wurde als Dramaturg tätig (Kiel, München, 1924/25 in Berlin gemeinsam mit ↑Brecht am Dt. Theater). 1925 erzielte Zuckmayer mit dem rheinhess. Volksstück *Der fröhliche Weinberg* einen ungewöhnlichen Publikumserfolg und wurde als Erneuerer des realistischen Theaters mit dem Kleist-Preis ausgezeichnet, 1929 erhielt er den Büchner-Preis des Landes Hessen (1927 hatte er die Moritat vom edlen Räuber *Schinderhannes* auf die Bühne gebracht). Der zweite große Erfolg gelang mit dem „dt. Märchen" *Der Hauptmann von Köpenick*.
1933 erhielt Zuckmayer, der mütterlicherseits jüd. Herkunft war, Aufführungs- und Publikationsverbot. Er lebte bei Salzburg und floh nach dem „Anschluß" Österreichs 1938 in die Schweiz, verlor 1939 die dt. Staatsbürgerschaft und emigrierte in die USA (Tätigkeit als Drehbuchautor, Dozent und Pächter einer Farm). 1946 kehrte er als Beauftragter der amerikan. Regierung für Kulturfragen nach Dtl. zurück. Mit seinem 1946 in Zürich uraufgeführten Drama *Des Teufels General* griff er das Thema des Widerstands gegen das Hitler-Regime auf, konzentrierte jedoch das Interesse auf den rauhbeinigen Fliegergeneral Harras (gemeint ist Udet) und dessen Entscheidung für den freiwilligen „Heldentod"; 1950 folgte das Résistance-Drama *Der Gesang im Feuerofen* (eine Widerstandsgruppe verbrennt in einem von der SS in Brand gesteckten Schloß). Ab 1951 lebte Zuckmayer erneut in den USA, 1958 ließ er sich in der Schweiz nieder. Der Gewissenskonflikt eines Kernforschers, der für die UdSSR Atomspionage treibt, steht im Mittelpunkt des Dramas *Das kalte Licht* (1955).

Erzählungen: *Der Seelenbräu* (1945, Verf Österreich 1949 Gustav Ucicky), *Die Fastnachtsbeichte* (1959, Verf B. D. 1960 Wilhelm Dieterle). – Dramen: *Der fröhliche Weinberg* (U 1925, V 1926; Verf Dtl. 1927 J. und L. Fleck, B. D. 1952 Erich Engel), *Schinderhannes* (U, V 1927; Verf Dtl. 1927 Kurt Bernhard, B. D. 1958 Helmut Käutner), *Katharina Knie. Ein Seiltänzerstück* (U 1928, V 1929; Verf Dtl. 1929 Karl Grune, Schweiz 1942 M. Haufler, Vert 1957 M. Spoliansky), *Der Schelm von Bergen* (U, V 1934), *Des Teufels General* (U, V 1946, Verf B. D. 1954 Helmut Käutner, Neufassung 1966), *Barbara Blomberg* (U, V 1949), *Der Gesang im Feuerofen* (U, V 1950, Neufassung 1966), *Das kalte Licht* (U, V 1955). – Autobiographisches: *Als wär's ein Stück von mir* (1967).

Der Hauptmann von Köpenick. Ein dt. Märchen. Drama in 3 Akten, V 1930, U 1931; Verf Dtl. 1931 Richard Oswald, B. D. 1956 Helmut Käutner.
Zugrunde liegt ein Ereignis aus dem Jahr 1906: Als Hauptmann verkleidet, übernahm der Schuster Wilhelm Voigt das Kommando über eine Abteilung Soldaten, ließ im Rathaus von Berlin-Köpenick den Bürgermeister verhaften und beschlagnahmte die Gemeindekasse. Zuckmayer schildert die Vorgeschichte: Der mehrfach vorbestrafte Voigt erhält ohne Arbeit keine Aufenthaltsbewilligung und ohne diese keine Arbeit. Erneut im Zuchthaus, macht er sich mit der Militärordnung vertraut und inszeniert, wieder in Freiheit, mit einer geliehenen Uniform jenen „Überfall", dessen eigentliches Ziel es ist, an ein Paßformular zu gelangen.
Die Satire auf Obrigkeitshörigkeit und Militarismus, auf den „Zauber" der Uniform, gewinnt ihre Überzeugungskraft durch den sozialen Längsschnitt, den die Folge von „Bildern" anhand repräsentativer Typen der wilhelminischen Gesellschaft bietet.

Arnold Zweig
*10. 11. 1887 in Glogau (= Głogów), †26. 11. 1968 in Ost-Berlin

Der Sohn eines jüd. Sattlermeisters studierte Philosophie, Philologie und Germanistik, ab 1911 trat er als Erzähler, ab 1913 als Dramatiker an die Öffentlichkeit. Nach der Teilnahme am I. Weltkrieg arbeitete Zweig am Starnberger See, dann in Berlin als freier Schriftsteller. 1933 emigrierte er über die Schweiz und Frankreich nach Palästina. 1948 kehrte Zweig nach Ost-Berlin zurück und wurde 1950 an Stelle H. ↑Manns der erste Präsident der Dt. Akademie der Künste, 1957 als Nachfolger ↑ Brechts Präsident des Dt. PEN-Zentrums Ost und West.

Zweigs Hauptwerk als Erzähler ist der Zyklus *Der große Krieg der weißen Männer*, eine historisch-politische Analyse der dt. Gesellschaft am Ende des Kaiserreichs (Handlungszeitraum 1913–1918). Er gliedert sich in der Reihenfolge der Ereignisse in die Romane *Die Zeit ist reif* (V 1957), *Junge Frau von 1914* (V 1931), *Erziehung vor Verdun* (V 1935), *Der Streit um den Sergeanten Grischa* (V 1927), *Die Feuerpause* (u. a. Darstellung der Waffenstillstandsverhandlungen in Brest-Litowsk 1917, V 1954) und *Einsetzung eines Königs* (Plan der Gründung eines Königreichs Litauen 1918, V 1937); die bis dahin erschienenen Romane wurden 1950 als *Grischa-Zyklus* publiziert. Der antifaschistische Roman *Das Beil von Wandsbek* (E 1938–1943, V 1947, Verf DDR 1951 Falk Harnack) handelt, ein tatsächliches Ereignis nachgestaltend, von dem Schlachtermeister Teetjen aus Hamburg-Wandsbek, der sich, um dem Konkurs zu entgehen, dazu hergibt, vier Kommunisten hinzurichten, und im Selbstmord endet.

Der Streit um den Sergeanten Grischa.
Roman, E ab 1917, V 1927, Verf u. d. T. „The Case of Sergeant Grischa" USA 1930 H. Brenon; als Drama *Das Spiel um den Sergeanten Grischa*, U 1930. Dieser erste Roman des Zyklus *Der große Krieg der weißen Männer* spielt 1917. Am Beispiel der rechtswidrigen Hinrichtung des aus dt. Kriegsgefangenschaft geflohenen, dann als angeblicher Überläufer zurückgekehrten Russen Paprotkin, gen. Grischa, schildert Zweig den erfolglosen Kampf traditionsbewußter preuß. Militärs und jüd. Intellektueller gegen die skrupellose Machtanmaßung eines Generalmajors. Den Verteidigern rechtlicher Grundsätze geht es darum, daß Dtl. „nicht verkomme, während es zu steigen glaubt".

Stefan Zweig
*28. 11. 1881 in Wien, †23. 2. 1942 in Petrópolis bei Rio de Janeiro

Aus einer großbürgerlichen jüd. Familie stammend, studierte Zweig in Berlin und Wien Philosophie, Germanistik und Romanistik; Reisen führten ihn nach Amerika, Afrika und Indien. 1901 erschien der Gedichtband *Silberne Saiten*, 1907 das Drama *Tersites*. Während des I. Weltkriegs lebte Zweig in der Schweiz (Freundschaft mit dem Pazifisten Romain Rolland), 1919–1935 in Salzburg; 1934 entstand nach einer Komödie von Ben Jonson das Libretto zur Oper „Die schweigsame Frau" von Richard Strauss, U 1935). Zweig emigrierte über England und New York nach Brasilien (1941). Er nahm sich, unter Depressionen leidend, mit seiner Frau das Leben.

Das Interesse des Erzählers Zweig richtete sich, beeinflußt u. a. von Freud, auf „rätselhafte psychologische Dinge" und „sonderbare Menschen". Pubertäre Verwirrung ist das gemeinsame Thema der Novellen der Slg. *Erstes Erlebnis* (1911, darin u. a. *Brennendes Geheimnis*, Verf Dtl. 1933 Robert Siodmak). 1922 erschien *Die Kette, ein Novellenkranz* (3 Bde., u. a. die Slg. *Amok. Novellen einer Leiden-*

schaft). Der Roman *Ungeduld des Herzens* (1938) spielt 1914 und schildert am Beispiel der Beziehung zwischen einem jungen Offizier und einer gelähmten Frau jene Form von Mitleid, „das eigtl. nur Ungeduld des Herzens ist, sich möglichst schnell frei zu machen von der peinlichen Ergriffenheit vor einem fremden Unglück".
Zunehmende Bedeutung gewannen kulturgeschichtliche Themen. Die Slg. *Sternstunden der Menschheit* (1927) enthält 5 historische Miniaturen von „Werken" der Geschichte als der „größten Dichterin und Darstellerin"; die Ausgabe von 1943 enthält 12 Erzählungen; sie reichen von der Entdeckung des Pazifischen Ozeans 1513 bis zur Rückkehr Lenins nach Rußland 1917. Zur Reihe der historischen Biographien gehören *Joseph Fouché. Bildnis eines politischen Menschen* (1929), *Marie Antoinette* (1932), *Triumph und Tragik des Erasmus von Rotterdam* (1935), *Maria Stuart* (1935), *Amerigo. Die Geschichte eines historischen Irrtums* (1941).

Schachnovelle. V 1941, Verf B. D. 1960 G. Oswald.
Der Ich-Erzähler berichtet von seiner Begegnung mit dem Schachweltmeister Mirko Czentovic an Bord eines Passagierdampfers auf der Fahrt von New York nach Buenos Aires. Czentovic wird von einem Millionär zu einer bezahlten Simultanpartie herausgefordert; dank der Beratung des österreich. Emigranten Dr. B. kann der Herausforderer zu einem Remis gelangen. Es stellt sich heraus, daß Dr. B. als Gefangener der Gestapo seine Widerstandskraft durch das „blinde" Nachspielen von 150 Meisterschachpartien gestärkt hat, bis ein Nervenfieber auftrat und zu seiner Entlassung führte. Im ersten unmittelbaren Spiel gegen Czentovic siegt Dr. B. souverän. Bei der Revanche kommt jedoch jene „Schachvergiftung" wieder zum Ausbruch und führt zur Niederlage. Diese dient als Sinnbild der Unterlegenheit des kultivierten Intelligenz gegenüber dem brutalen Ungeist, den Czentovic verkörpert, stellvertretend für den Faschismus als Totengräber der abendländ. Kultur.

Gerhard Zwerenz
*3. 6. 1925 in Gablenz (= Karl-Marx-Stadt)
Der Sohn eines Ziegelarbeiters erhielt eine Ausbildung als Kupferschmied und meldete sich 1942 freiwillig zur Wehrmacht, desertierte 1944 und war bis 1948 in russ. Kriegsgefangenschaft. Ende 1948 trat Zwerenz in die Volkspolizei ein, 1950/51 lehrte er in Zwickau als Dozent für Gesellschaftswissenschaften, 1952 begann er in Leipzig ein Philosophiestudium (Ernst Bloch). Als Mitglied der antistalinistischen Opposition politisch bedroht, siedelte er 1957 in die B. D. über. Zwerenz arbeitete als freier Schriftsteller in Köln, München, Offenbach, Frankfurt a. M. und lebt heute in Schmitten i. Taunus. 1986 erhielt er die Carl-von-Ossietzky-Medaille der Liga für Menschenrechte.
Als dem Sozialismus verpflichteter Satiriker sieht sich Zwerenz in der Nachfolge von ↑Tucholsky, dessen *Biographie eines guten Deutschen* er 1979 veröffentlicht hat. Die eigene Biographie ist Gegenstand der Berichte *Kopf und Bauch. Die Geschichte eines Arbeiters, der unter die Intellektuellen gefallen ist* (1971), *Der Widerspruch* (1974) und *Das Großelternkind* (1978). Ein Leitmotiv der Gesellschaftskonzeption ist die Versöhnung von Intellekt und Sinnlichkeit, ausgehend von der Rehabilitierung der Sexualität: Roman *Casanova oder der Kleine Herr in Krieg und Frieden* (1966), Essay *Bürgertum und Pornografie* (1971); 1975 erschien parallel zur Slg. *Der politische Zwerenz* die Slg. *Der erotische Zwerenz*. *Der Bunker* (1983) schildert die Regierung der B. D. als Zuschauer des in Europa ausgetragenen (atomaren) 3. Weltkriegs.

Jahr	Werk	Seite
9. Jh.	Hildebrandslied	148
12. Jh.	Gregorius (Hartmann von Aue)	124
12. Jh.	Der arme Heinrich (Hartmann von Aue)	124
1200	Parzival (Wolfram von Eschenbach)	313
1200	Nibelungenlied	240
13. Jh.	Tristan (Gottfried von Straßburg)	97
13. Jh.	Meier Helmbrecht (Wernher der Gartenaere)	306
1400	Der Ackermann von Böhmen (Johannes von Tepl)	173
1651	Catharina von Georgien (Gryphius)	114
1669	Simplicissimus (Grimmelshausen)	111
1767	Minna von Barnhelm (Lessing)	211
1768	Musarion (Wieland)	309
1772	Emilia Galotti (Lessing)	212
1773	Götz von Berlichingen (Goethe)	86
1774	Die Leiden des jungen Werthers (Goethe)	87
	Clavigo (Goethe)	88
	Der Hofmeister (J. M. R. Lenz)	207
	Die Abderiten (Wieland)	309
1776	Die Soldaten (J. M. R. Lenz)	207
1779	Nathan der Weise (Lessing)	212
1781	Die Räuber (Schiller)	262
1783	Fiesco (Schiller)	263
1784	Kabale und Liebe (Schiller)	263
1785	Anton Reiser (Moritz)	234
1786	Der Verbrecher aus verlorener Ehre (Schiller)	264
	Der Geisterseher (Schiller)	264
1787	Iphigenie (Goethe)	89
	Don Carlos (Schiller)	265
1788	Egmont (Goethe)	88
1790	Torquato Tasso (Goethe)	90
1793	Leben des vergnügten Schulmeisterlein Maria Wuz in Auenthal (Jean Paul)	171
1795	Wilhelm Meisters Lehrjahre (Goethe)	91
1797	Hermann und Dorothea (Goethe)	92
	Hyperion (Hölderlin)	161
	Der gestiefelte Kater (Tieck)	293
1797	Der blonde Eckbert (Tieck)	293
1798	Wallenstein (Schiller)	267
1800	Hymnen an die Nacht (Novalis)	243
	Maria Stuart (Schiller)	268
1801	Die Jungfrau von Orleans (Schiller)	268
1802	Heinrich von Ofterdingen (Novalis)	243
1803	Die Braut von Messina (Schiller)	269
1804	Flegeljahre (Jean Paul)	171
	Wilhelm Tell (Schiller)	269
1808	Faust I (Goethe)	94
	Die Marquise von O... (Kleist)	193
	Der zerbrochne Krug (Kleist)	194
	Penthesilea (Kleist)	195
	Das Käthchen von Heilbronn (Kleist)	195
1809	Die Wahlverwandtschaften (Goethe)	92
1810	Michael Kohlhaas (Kleist)	192
1811	Prinz Friedrich von Homburg (Kleist)	196
1814	Peter Schlemihls wundersame Geschichte (Chamisso)	43
	Der Goldne Topf (Hoffmann)	152
1815	Ahnung und Gegenwart (Eichendorff)	60
1816	Der Sandmann (Hoffmann)	152
1817	Geschichte vom braven Kasperl und dem schönen Annerl (Brentano)	32
1819	Das Marmorbild (Eichendorff)	60
	Wilhelm Meisters Wanderjahre (Goethe)	91
	Kater Murr (Hoffmann)	153
1825	König Ottokars Glück und Ende (Grillparzer)	108

Werke in chronologischer Folge

Jahr	Werk	Seite
1826	Aus dem Leben eines Taugenichts (Eichendorff)	61
	Die Harzreise (Heine)	139
1827	Scherz, Satire, Ironie und tiefere Bedeutung (Grabbe)	101
1830	Reise von München nach Genua (Heine)	139
1831	Napoleon oder Die hundert Tage (Grabbe)	101
1832	Maler Nolten (Mörike)	233
1833	Faust II (Goethe)	95
	Der böse Geist Lumpazivagabundus (Nestroy)	239
1835	Dantons Tod (Büchner)	37
	Lenz (Büchner)	38
1836	Leonce und Lena (Büchner)	38
	Woyzeck (Büchner)	39
1838	Weh dem, der lügt! (Grillparzer)	108
	Des Lebens Überfluß (Tieck)	293
1840	Der Talisman (Nestroy)	239
1842	Die Judenbuche (Droste-Hülshoff)	51
	Die schwarze Spinne (Gotthelf)	98
1843	Atta Troll (Heine)	141
	Abdias (Stifter)	284
1844	Maria Magdalene (Hebbel)	135
	Deutschland. Ein Wintermärchen (Heine)	141
1847	Der arme Spielmann (Grillparzer)	109
1850	Immensee (Storm)	286
1852	Agnes Bernauer (Hebbel)	135
1853	Bunte Steine (Stifter)	284
1854	Der grüne Heinrich (Keller)	185
1855	Mozart auf der Reise nach Prag (Mörike)	233
1856	Die Leute von Seldwyla (Keller)	186
1857	Die Chronik der Sperlingsgasse (Raabe)	247
	Der Nachsommer (Stifter)	285
1865	Witiko (Stifter)	285
1872	Ein Bruderzwist in Habsburg (Grillparzer)	109
1874	Jürg Jenatsch (Meyer)	229
	Pole Poppenspäler (Storm)	286
1876	Züricher Novellen (Keller)	187
1879	Grete Minde (Fontane)	67
	Der Heilige (Meyer)	230
1881	Das Sinngedicht (Keller)	187
1882	Schach von Wuthenow (Fontane)	67
1884	Die Hochzeit des Mönchs (Meyer)	230
1885	Unterm Birnbaum (Fontane)	68
1887	Irrungen Wirrungen (Fontane)	68
	Die Versuchung des Pescara (Meyer)	230
1888	Bahnwärter Thiel (Hauptmann)	128
	Der Schimmelreiter (Storm)	287
1889	Vor Sonnenaufgang (Hauptmann)	128
1891	Stopfkuchen (Raabe)	247
	Frühlings Erwachen (Wedekind)	302
1892	Frau Jenny Treibel (Fontane)	69
	Die Weber (Hauptmann)	129
1893	Der Biberpelz (Hauptmann)	130
	Hanneles Himmelfahrt (Hauptmann)	130
	Anatol (Schnitzler)	274
1894	Effi Briest (Fontane)	70
1897	Der Stechlin (Fontane)	71
1899	Reitergeschichte (Hofmannsthal)	156
1900	Michael Kramer (Hauptmann)	131
1901	Buddenbrooks (T. Mann)	222
	Lieutenant Gustl (Schnitzler)	274
1902	Ein Brief (Hofmannsthal)	157
1903	Rose Bernd (Hauptmann)	131
	Tonio Kröger (T. Mann)	223
	Reigen (Schnitzler)	275
1904	Peter Camenzind (Hesse)	145
	Unterm Rad (Hesse)	145
1905	Professor Unrat (H. Mann)	217
1906	Die Verwirrungen des Zöglings Törleß (Musil)	237
1907	Der Gehülfe (R. Walser)	300

Jahr	Werk	Seite
1908	Jakob von Gunten (R. Walser)	300
1910	Die Aufzeichnungen des Malte Laurids Brigge (Rilke)	252
1911	Die Ratten (Hauptmann)	132
	Jedermann (Hofmannsthal)	157
	Die Hose (Sternheim)	282
1912	Der Tod in Venedig (T. Mann)	223
	Professor Bernhardi (Schnitzler)	275
1913	Bürger Schippel (Sternheim)	282
1915	Die Verwandlung (Kafka)	178
1916	Das Urteil (Kafka)	178
1918	Der Ketzer von Soana (Hauptmann)	132
	Der Untertan (H. Mann)	218
1920	Masse Mensch (Toller)	294
1921	Der Schwierige (Hofmannsthal)	158
1922	Siddharta (Hesse)	146
1924	Der Zauberberg (T. Mann)	224
1925	Der Prozeß (Kafka)	179
	Jud Süß (Feuchtwanger)	64
1926	Das Schloß (Kafka)	180
1927	Der Steppenwolf (Hesse)	146
	Hoppla, wir leben! (Toller)	294
	Der Streit um den Sergeanten Grischa (A. Zweig)	316
1929	Berlin Alexanderplatz (Döblin)	47
	Cyankali – § 218 (F. Wolf)	312
1930	Der Wartesaal (Feuchtwanger)	64
	Italienische Nacht (Horváth)	165
	Der Mann ohne Eigenschaften (Musil)	237
	Der Hauptmann von Köpenick (Zuckmayer)	315
1931	Geschichten aus dem Wienerwald (Horváth)	165
1932	Die heilige Johanna der Schlachthöfe (Brecht)	27
	Kasimir und Karoline (Horváth)	166
	Radetzkymarsch (J. Roth)	257
1933	Joseph und seine Brüder (T. Mann)	224
1935	Henri Quatre (H. Mann)	219
	Professor Mamlock (F. Wolf)	312
1937	Die Gewehre der Frau Carrar (Brecht)	27
	Jugend ohne Gott (Horváth)	166
1938	Furcht und Elend des Dritten Reiches (Brecht)	27
	Die Kapuzinergruft (J. Roth)	257
1941	Schachnovelle (S. Zweig)	317
	Mutter Courage und ihre Kinder (Brecht)	28
1942	Das siebte Kreuz (Seghers)	279
1943	Leben des Galilei (Brecht)	29
	Der gute Mensch von Sezuan (Brecht)	30
1944	Transit (Seghers)	279
1946	Die Chinesische Mauer (Frisch)	75
1947	Draußen vor der Tür (Borchert)	22
	Doktor Faustus (T. Mann)	225
1948	Der kaukasische Kreidekreis (Brecht)	30
1949	Romulus der Große (Dürrenmatt)	53
1951	Wo warst du, Adam? (Böll)	19
	Träume (Eich)	58
	Tauben im Gras (Koeppen)	198
1952	Die Ehe des Herrn Mississippi (Dürrenmatt)	53
	Der Richter und sein Henker (Dürrenmatt)	54
	Die Mädchen aus Viterbo (Eich)	58
1953	Don Juan (Frisch)	75
1954	Stiller (Frisch)	76
1955	Das Brot der frühen Jahre (Böll)	19
1956	Der Besuch der alten Dame (Dürrenmatt)	55
1957	Sansibar oder Der letzte Grund (Andersch)	5
	Homo faber (Frisch)	76